Zu diesem Buch

Was ist Hanf wirklich? Seit 5000 Jahren «heiliges Kraut der Götter». Seit 2000 Jahren das «Armeleut-Kraut» des süddeutschen
und der «Knaster» des norddeutschen Sprachraums. Als «starker
Tobak» qualmte es aus Großvaters Pfeife. Vor 50 Jahren wurde
Hanf in den USA zur «Mörderdroge» stilisiert. Seit 20 Jahren
streiten sich die Gelehrten: «Einstiegsdroge» oder «Ausstiegsdroge»? Für fast jeden zweiten jüngeren Menschen ist Hanf «ein
normales Genußmittel». Für die Gesetzgeber: eine illigale Droge.
Rund fünf Millionen haben im deutschen Sprachraum täglich mit
ihr zu tun. Rund 40 000 werden jährlich dafür vor Gericht gestellt.

Dieses Buch gibt einen Überblick. Hans-Georg Behr beschreibt
umfassend die Kultur und Geschichte der Pflanze und die wissenschaftliche und politische Diskussion der Droge. Der ausführliche
Materialienteil enthält die wichtigsten Unterlagen und die interessantesten Dokumente zum Thema.

Hans-Georg Behr, geboren 1937 in Wien, arbeitet als Journalist
und Sachbuchautor. Als rororo ist lieferbar «Alles Kohl und was
man damit machen kann. Rezepte für schwere Zeiten» (rororo
5138) und zusammen mit Andreas Juhnke u. a. «Drogenpolitik
in der Bundesrepublik» (rororo aktuell 5440).

Hans-Georg Behr

Von Hanf
ist die Rede

Kultur und Politik
einer Droge

Rowohlt

Umschlagbild: Walter Schmögner
Umschlagtypographie: Manfred Waller
Unter Mitarbeit von
Susanne G. Seiler, Übersetzungen, Eckhard Dück
und Helmut Drechsler, Dokumentation, u. v. a. m.
Gekürzte Fassung des 1982 beim Sphinx Verlag, Basel,
veröffentlichten gleichnamigen Buches
Veröffentlicht im Rowohlt Taschenbuch Verlag, GmbH,
Reinbek bei Hamburg, April 1985
Copyright © 1982 by Sphinx Verlag, Basel
Satz Times (Linotron 202)
Gesamtherstellung Clausen & Bosse, Leck
Printed in Germany
1680-ISBN 3 499 17878 8

Inhalt

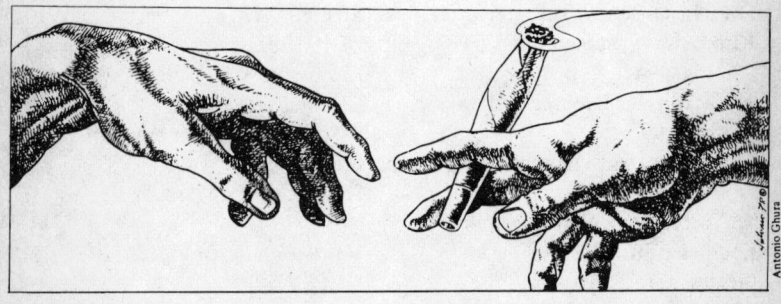

Antonio Chura

Leser, friedlich und bescheiden,
Kopf und Herz am rechten Fleck,
Wirf dies Teufelsbuch hinweg,
Das so toll und so voll Leiden.

Schwörst du nicht mit Satans Eiden.
Dieses Pfaffen schlau und keck,
Dann glaubst du mich krank.
Wirf's weg!
Wir verstehn uns nicht, wir beiden.

Doch wenn ohne sich zu trüben
In den Abgrund taucht dein Blick,
Lies mich dann, um mich zu lieben,

Herz voll Leid und Mißgeschick,
Das voll Sehnsucht Eden sucht,
Weine! – Oder sei verflucht!

Charles Baudelaire

Prolog:
Ein Terrorist aus der Natur

Was ist das eigentlich: Cannabis?

Einige hundertmal pro Tag wird diese Frage hierzulande gestellt, meist von jungen Menschen, und statt Cannabis kann es auch Haschisch, Marihuana, Dope oder Gras heißen, denn die Sache hat viele Namen. Nur: Was ist darauf zu sagen?

Das Natürlichste wäre: Es gibt Fragen, die sich nur durch Erfahrung beantworten. Das Eigentliche entzieht sich jeder Beschreibung, wenn es auch geduldig umschrieben werden kann. Die Ekstasen der Rauschmittel und der Sexualität können nur erlebt werden, als Zellkerne der Individualität. Jeder Bericht über Rauschmittel ist genauso tot wie anatomische Präparate des Sexus.

Nur: Diese Antwort darf ich nicht geben. Wer dies oder ähnliches sagt, macht sich beispielsweise in der BRD gemäß § 29, 10 Betäubungsmittelgesetz strafbar und muß damit rechnen, bis zu vier Jahren Gefängnis zu fassen. Ich könnte ja damit irgend jemanden «verleitet» haben, die Sache zu versuchen, und das ist im Auge des Gesetzes genauso schlimm wie die Sache selbst. Da Cannabis verboten ist, bleibt nur eine Antwort erlaubt: Du darfst nicht.

Zufällig bin ich genauso alt wie das Cannabis-Verbot, Jahrgang 1937. Damit gehöre ich zur Generation der Eltern, die froh sein sollen, wenn ihnen diese Frage überhaupt gestellt wird. So ehrliche Beziehungen sind nicht die Regel, und sie provozieren zu Ehrlichkeit: Wie war das eigentlich bei einem selbst? Das ist schon ziemlich lange her, die Sechziger, als mit verklärten Augen die Beatles gehört wurden und von den weniger Braven die Stones. Und dann kreiste, erst gelegentlich, dann immer öfter eine voluminöse Zigarette namens Joint. Fast jeder, der in die Beatschuppen ging, wie Discos damals hießen, hat dran genuckelt, zumindest einmal, probeweise. Manchen hat es gefallen, manchen gar nicht, und dann

---

Wer singt, behauptet nicht, daß seine Lieder unbekannt seien; im Gegenteil, er freut sich, daß die vermessenen und bösen Gedanken allen Menschen eigen sind.

Lautrémont, Maldoror, 1, 4

9

gab es die Zeitungsberichte, die Schreckliches allen denen prophezeiten, die es getan hatten. Und natürlich gab es auch die Eltern, von denen man sicher war, daß sie für derlei wie auch überhaupt keinerlei Verständnis hätten. Irgendwann ließ man die Sache bleiben, mangels Gelegenheit, aus Einsicht oder ganz einfachen Gründen – man hatte «einander gefunden», wie es altmodisch hieß, «machte eine Zweierkiste auf», wie die scheinbar Progressiven sagten, versuchte neue Erziehungsformen ... Plötzlich sind die Kinder auch schon in diesem Alter, und wer mit ihnen Glück hat, wird nun durch solche Fragen in Verlegenheit gebracht.

Zugegebenermaßen wurden sie damals kaum gestellt. Die meisten begnügten sich mit den üppig kursierenden Legenden. Das Zeug war einfach da. Manche machten einen schrecklichen Kult damit, gingen auf die «Magical Mystery Tour» und mischten im Töpfchen privater Mythologie unverdaut Östliches mit unverdautem Westen – was ist eigentlich aus ihnen geworden? Andere wurden ebenso schrecklich bürgerlich – was sagen die ihren Kindern? Oder haben sie die so erzogen, daß ihnen diese Fragen garantiert nicht gestellt werden? Und was machen jene, die es immer noch machen? Haben sie den Stoff vor ihrer Brut versteckt und heimlich, vielleicht auf dem Klo geraucht? Wie sagen's die ihren Kindern?

Die Frage nach Cannabis scheint mittlerweile mit ebensoviel doppelmoralischer Verlegenheit belastet wie noch vor zwei Generationen die nach Sexualität.

Manchmal gibt das originelle Situationen. Eine, auch schon wieder ein gutes Dutzend Jahre her, ergab sich an einem sonnigen Sonntagnachmittag im Dorfwirtshaus von Thalhausen in Bayern. Am langen Stammtisch saßen traditionsgemäß die Bauern, schwarze Sonntagsanzüge, zur politischen Philosophie passend, und Gesichter wie ihre Landschaft. In einer Ecke saß ein Häufchen naturtrunkener Hippies auf der Durchreise, unbayrisch bunt und provozierend langhaarig. Das Gesprächsthema war gegeben, und ich saß, wie so häufig, dazwischen.

«Und a Haschisch rauchen die sicherlich aa no==», knurrte der klobigste Bayer, und dann, zu mir: «Wos is denn dös ieberhaupt fier a Zeug?»

«Hanf», sagte ich vorsichtig.

Die Bauerngesichter wurden ungläubig lang.

«A Haunf is dös?» glotzte der Bürgermeister. «Oba dös hamma jo sölber g'raucht alsa Junger.»

Es stellte sich heraus: Damals war Hanfbau in Bayern noch üblich, und die ganz Alten stopften sich die Blättchen als Tabakersatz in die Pfeife. Die nun als Alte dasitzenden Jungen taten's ihnen heimlich nach. «Kraut» hieß die Sache, und der Name hat sich als Gattungsbezeichnung für billigsten Tabak erhalten.

Hanf (Cannabis L.), Pflanzengattung aus der Familie der Kannabineen, mit gegenüberstehenden, drei- und siebenfingerigen Blättern und zweihäusigen Blüten, von denen die männlichen an den Spitzen der Stengel in achselständigen Straußrispen stehen und die weiblichen blattwinkelständige Ährchen bilden. Die Frucht bildet eine Nuß. Die einzige Art, der gemeine H. ist einjährig, wird über 3 Meter hoch, blüht vom Juli bis August, hat frisch einen unangenehmen, betäubenden Geruch und ist narkotisch. Er stammt aus Persien und Ostindien, wurde aber schon in den ältesten Zeiten in Europa verbreitet. C. indica Lam., oft als Stammpflanze von C. sativa unterschieden, scheint nur eine tropische Kulturform des gemeinen Hanfs zu sein und kennzeichnet sich durch Reichtum an narkotischen, harzigen Bestandteilen (churrus), welche zur Herstellung gewisser narkotischer Genußmittel verwendet werden (vgl. *Haschisch*). In der Landwirtschaft unterscheidet man *gemeinen* oder *Spinnhanf* und *Riesen-* oder *Schleißhanf* (bolognesischer oder piemontesischer H.). Letzterer wird höher, keimt langsamer, reift später und liefert kräftigeren Bast als der gemeine H. Beide Kulturarten zeigen sich aber sehr wenig konstant und gehen leicht ineinander über. Auch des Samens halber, der das fette Hanf-Öl liefert und als Futter für Stubenvögel und Hofgeflügel dient, wird H. vielfach gebaut. In Gemüsegärten dient er als Schutzpflanze, indem die Schmetterlinge sowie die Raupen, welche die Kultur der Gemüse und Kohlgewächse sehr beeinträchtigen, den narkotischen Geruch der Hanf-Pflanze ungemein scheuen. Der H. liebt ein feuchtes und wärmeres Klima als der Flachs und ist gegen Kälte und Spätfröste ungemein empfindlich. Da er jedoch nur eine Vegetationsdauer von 90–105 Tagen hat, so läßt er sich bis 60° nördl. Br. noch in den Küstenländern der Ostsee kultivieren.

Gern benutzt man den Samen aus nördlichen Gegenden, der in wärmeren Ländern einen vorzüglichen H. erzeugt. Da die männlichen Pflanzen, welche auch *Sommerhanf* oder *Hemp*, im Niederdeutschen und Holländischen *Gelge, Hemp*, in Preußen *Hanfhahn*, am Rhein *Semmelhanf*, sonst auch *Hanfbahr, Staubhanf, Femel, Fimmel, Sünderhanf, tauber H.* genannt werden, bei dünnerem Stengel eine feinere Faser liefern als die weiblichen Pflanzen, die man auch *Hänfin*, in Niedersachsen *Helling*, im Österreichischen *Bösling*, in Preußen *Hanfhenne* oder *Hanfhinne*, sonst auch *Winterhanf, Büßling, grüner H., später H., Kopfhanf, Maskel, Mastel*, auch *Saathanf* zu nennen pflegt: so liegt das Streben nahe, um eine möglichst qualitätsreiche Faser zu produzieren, vorzüglich männliche Pflanzen heranzuziehen.

Zur Seilerarbeit, wozu vorzüglich der weibliche H. Verwendung findet, wird derselbe vorerst auf einer großen Hechel bearbeitet; hierauf werden die Fasern glatt gelegt und ausgeglichen. Der H. heißt dann eingeklärt und dient so zu grobem, dickem Tauwerk. Wird er auf einer Abzughechel ausgespitzt und rein gezogen, so werden hierdurch sowie durch das Feinhecheln beim Ausmachen die längeren von den kürzeren

Fasern getrennt und die einzelnen Faserbündel gespalten. Ein solcher ausgespitzer H. dient zu Seilen und Leinen, der ganz rein abgezogene und ausgemachte H. zu Bindfäden und Schnüren. Während der feinste, beste H. ähnlich wie der Flachs versponnen und zur Anfertigung von feinen Geweben benutzt wird, dient die gröbere Sorte zur Darstellung von groben Geweben, wie Segeltuch und Packleinwand. Nicht selten werden Hanf- und Flachsgarne gemischt verwendet zur Darstellung halbhänfener Gewebe, oder es dient der H. bei der Papierfabrikation sowie zum Anfertigen von Lunten, Dochten. Der beste H., wie der bolognesische, ist schön silberweiß, von seidenartigem Glanz und flachsartiger Milde und Weichheit. Diesem zunächst stehen die Sorten mit perlgrauer oder grünlicher Farbe, während die gelblichen, braunen oder dunkelbraunen den geringsten Wert besitzen. Ein solcher mehr oder weniger verdorbener H. riecht in der Regel recht dumpf, faulig oder schleimig, während der unverdorbene, gute H. einen eigentümlichen, starken Geruch besitzen muß.

In *Deutschland* wird H. hauptsächlich im Elsaß, in Baden, Hessen-Darmstadt, Westfalen, Hannover und Thüringen gebaut; doch genügt die inländische Produktion noch lange nicht, um den Bedarf zu decken. Die Einfuhr von H., Flachs und Werch, welche 1848 kaum etwas über 1 Mill. Kilogr. betrug, steigerte sich ungemein mit Gestattung des zollfreien Imports und bezifferte sich 1872 auf 70 Mill. Kilogramm, eine Steigerung von 20 Prozent gegenüber dem Vorjahr.

Das Kraut des *indischen* Hanfs, und zwar das der weiblichen blühenden Pflanze, welches sich von europäischem H. hauptsächlich durch ausgeschwitzte, unter der Lupe erkennbare Harztröpfchen unterscheidet, kommt wegen seiner physiologischen Wirkung, welche der europäische H. wenigstens in bei weitem nicht so hohem Grad besitzt, in den Handel. Man unterscheidet *Bang* oder *Guaza* (die von den Stengeln befreiten Blütensäfte) und *Gunjah* (die nach der Blüte getrocknete, von den größeren Blättern befreite, stark narkotisch riechende Pflanze, deren Blütenstiele infolge starker Harzausschwitzung und Pressung zu dichten Schwänzen zusammenkleben). Über die Benutzung des Hanfs in Asien s. Haschisch. Bei uns ist das Kraut officinell; man bereitet daraus einen alkoholischen Extrakt und aus diesem eine Tinktur und benutzt beide als schlafmachende Mittel oder in den Fällen, wo man eine mildere Opiumwirkung beabsichtigt.

(Meyers Konversationslexicon, Band 8, 1876)

«Und dös soll a Rauschgift sein?» staunte der Obmann der Freiwilligen Feuerwehr.

«Nun ja», fragte ich, «haben Sie damals nichts gespürt?»

«Jooo – rauschig is ma halt a wengerl worden. Deswegen hammers jo aa graucht.»

Und der Dorfgendarm, der als Grund- und Bodenloser natürlich nicht am Bauernstammtisch sitzen durfte und außerdem noch nach dem Krieg aus Thüringen zugewandert war, erzählte, daß in seiner Heimat das Zeug Knaster geheißen hatte und daß es im übrigen genauso war.

Damit hatte die schwarze Tafelrunde ein neues Thema gefunden, erging sich in aufgewärmten Jugendstreichen, und die Hippies blieben ungeschoren.

Ich fürchte nur, solche Gespräche sind heute sehr selten geworden. Die ganz Alten, die das Zeug noch als normal kannten, haben sich meist schon auf die Friedhöfe zurückgezogen, und die jetzt Älteren kennen die alten Namen nur noch als Spitznamen billigen Tabaks. Sie haben neue Namen gelernt und Schreckliches gehört. Ihr – das ist ein Ausdruck der Nazizeit – Weltbild gerät ins Trudeln, verlangt einer von ihnen, über das erlernt Ungeheure als etwas Normales nachzudenken.

Die Gesetzmäßigkeit ist aus der Werbeindustrie bekannt: Nicht Seife darf das Produkt sein, sondern ein Name, so exklusiv, daß niemand dabei mehr an Seife denkt. Auch Dämonisierung, Verungeheuerlichung erfolgt nach denselben Spielregeln. Werden sie lange genug durchgehalten, ist ihr Erfolg nicht nur eine babylonische Sprachverwirrung, sondern auch der Verlust einer nüchternen Urteilsfähigkeit. Marihuana klingt exotisch, also dem einen verführerisch, dem anderen gefährlich. Nach einiger Zeit kann sich dann keiner der beiden noch etwas unter «Hanfblätter» vorstellen. Eine Jeans ist schließlich keine Hose, nicht wahr?

Die so verschieden gezüchteten Bewußtseinswelten treffen manchmal scheppernd aufeinander. Nicht immer geht es dabei so heiter ab wie bei der österreichischen Bauerngroteske im Sommer 1981: In der kärntnerischen Wimitz, einem wirklich vergessenen Bergbauerntal, hatte der Bodenbauer wie schon sein Großvater sein Hanffeld bestellt. Da die Gegend nicht sehr sonnig ist, dürfte die Ernte wirklich nur zur Fasergewinnung gereicht haben, und was davon in die Pfeife wanderte, kann auch bei schlechtestem Willen keine Sünde gewesen sein. Ich kann mir den Schrecken nur mittelalterlich vorstellen, der den alten Bauern und seine Frau durchfuhr, als plötzlich ein Helikopter einfiel und eine Horde Polizisten als ungebetene Erntehelfer ausschwärmten. Nicht genug dieser in solchen Tälern immer peinlichen Situation, konnten die Nicht-Analphabeten der Gegend am nächsten Tag noch in der Zeitung lesen, dort oben sei eine «Rauschgiftplantage ausgehoben» worden. Der arme alte Mann kann sich heute noch nicht vorstellen, was dies mit seinem Hanffeld zu tun hatte.

Ihm und uns zuliebe, die wir tagtäglich mit immer neuen Fremdworten für meist alte Hüte traktiert werden, ist in diesem Buch also von Hanf die Rede.

Eine Antwort auf die Frage zu finden wird dadurch allerdings nicht leichter. Und wer da bei Büchern Hilfe erhofft, kann auch ganz schön verzweifeln. Im Laufe der Jahre sind bei mir zu dem Thema zwei stramme

Regale zusammengekommen, zwei weitere mit Ordnern voller Zeitungsartikel, Zettelkästen mit Bibliotheksexzerpten und zwei dicke Ordner Bibliographie. Das Thema hat eine Lawine Bedrucktes losgetreten, scheinbar auch leicht zu ordnen: Medizinisches (dick und dünn, aber immer sehr teuer), Juristisches, Psychologisches (wie bei Medizin), Völkerkundliches, volkstümliche und populäre Zusammenfassungen (ebenso preiswert wie oberflächlich) und einige Laufmeter Bändchen aus der Subkultur (bunt, billig und bedenklich). Wenn es nur das wäre! Aber schon die medizinischen Bände widersprechen einander auf eine grotesk komische Weise, jedoch ganz ernst gemeint. Die juristischen lesen sich wie Horrorvisionen, sind aber nüchtern geschrieben. Aus den psychologischen quellen Elefantenmücken. In den kulturgeschichtlichen und völkerkundlichen Abhandlungen erhält die Droge einen Stellenwert, den ich vor Ort nicht feststellen konnte. Und dasselbe gilt verstärkt für die Billigausgaben derselben Problematik.

Warum das so ist und anscheinend sein muß, wurde mir an einem ganz anderen Beispiel klar, das nur auf den ersten Blick nichts mit diesem zu tun hat. Nehmen wir einen Stein. So einfach, wie er am Wegrand liegt, ist über ihn nichts zu sagen (und nur Mineralogen werden da widersprechen). Fliegt dieser Stein nun in irgendein Fenster, dann war dies, bei gelassener Betrachtung, ein Dummerjungenstreich, schlimmstenfalls Sachbeschädigung. Fliegt er in dasselbe Fenster, aber bei einer Demonstration, dann ist das, wie wir im Laufe der letzten Jahre lernen mußten, Landfriedensbruch, vor Großer Strafkammer abzuhandeln. Der Stein spielt also, von seinem kurzen, klirrenden Auftritt abgesehen, kaum eine Rolle. Oder: Als Motorradfahrer bin ich zu einem Schutzhelm verpflichtet. Trage ich denselben aber, um mich beispielsweise vor Polizeiknüppeln zu schützen, ist dies «passive Bewaffnung», was auch immer mit diesem in sich absurden Begriff gemeint sein mag. Dasselbe nehmen Gerichte mittlerweile für Halstücher an, weil sie natürlicherweise gegen Kälte, aber auch (leider nicht so gut) gegen Tränengas schützen können. «Passive Gewalt» ist scheinbar alles, was dem aktiv und extensiv gepflegten Gewaltmonopol des Staates entgegensteht.

Die große Hänselei erfolgt nach anderen Regeln als den von Hänschen in der Schule gelernten. Nicht die Tatsache zählt, sondern ihr Umfeld, Ideologie dabei selbstverständlich besonders. Die Verhärtung der Drogendiskussion verläuft parallel zu einer Denkentwicklung, die im Namen des demokratischen Gleichheitsprinzips zwischen einem Bankraub aus gewöhnlichen und politischen Gründen unterscheidet.

So gesehen erklären sich die Widersprüche, die von der Droge allein nicht ausgelöst werden könnten. Ginge es nur um ihre Tatsächlichkeit, ginge es nur um Hanf, wäre die Sache einfach. So aber, wo die Sache trotz oder wegen ihres Verbotsmäntelchens unübersehbar durch unsere Straßen geistert, außerdem vorwiegend unter jenen meist jüngeren Menschen, mit denen unsere Obrigkeit sowieso Scherereien hat, bekam der Hanf eine dämonisierte Rolle: er ist der Terrorist aus der Natur.

Daß der dazu nun nicht geeignet ist, zeigt eine andere Tatsache: das Auseinanderklaffen zwischen politischem Anspruch und Wirklichkeit.

Der Gesetzgeber faßt sich kurz. Er rechnet Hanf, ausgenommen seine Textilfasern, zu den nicht verkehrsfähigen Betäubungsmitteln und stellt ihn strafrechtlich auf dieselbe Stufe wie beispielsweise Heroin. «Zumindest kann die Unschädlichkeit nicht nachgewiesen werden», heißt die Begründung dafür, und: «Als Regulativ für eine Differenzierung steht den Gerichten die Ausschöpfung des Strafrahmens ... zur Verfügung.» Das, heißt es an anderer Stelle, habe sich bislang bestens bewährt.

Nach Schätzungen der dafür zuständigen Ministerien machen sich somit in der BRD tagtäglich eine Viertelmillion meist jüngerer Menschen strafbar. Über die Gesamtzahl der Gewohnheits-Rechtsbrecher gehen die Schätzungen auseinander – etwa 800 000 teilt das Bundesgesundheitsministerium mit, rund zwei Millionen haben die Polizeibehörden errechnet. Das Justizministerium zählt die rechtskräftigen Verurteilungen, etwa 30 000 im Jahr, Tendenz steigend. Über die Gesamtzahl der Straftaten hat der Leiter eines Landeskriminalamtes eine Hochrechnung angestellt. Er kam, bei Hanf wohlgemerkt, auf 150 000 000 im Jahr, von denen rund 40 000 ein polizeiliches Nachspiel haben, also 0,026 Prozent oder eine von 3750. Das sind Zahlenspiele, Computerfutter, aber die Sache ist damit für rund 30 000 Menschen pro Jahr verhängnisvoll. Sie sind vorbestraft.

Ein anderes Zahlenspiel der Polizei: der geschätzte Umsatz dieses verbotenen Rauschmittels beträgt allein in der Bundesrepublik jährlich rund zweieinhalb Milliarden Mark, errechnet aus 291 000 kg Verbrauch, wobei die Beschlagnahmungen zwischen vier und sechs Tonnen ausmachen.

Diese schöne Summe hat nun auch immer wieder progressiv scheinende Politiker und andere Grüppchen zu dem Vorschlag inspiriert, Hanf doch so zu behandeln wie andere Drogen, deren Schädlichkeit zumindest nachgewiesen ist. Wie Alkohol und Nikotin sollte auch Cannabis frei erhältlich sein, und der Staat darf durch Steuern kräftig mitverdienen. Damit hätte man sozusagen zwei Fliegen auf einen Schlag: eine legale Einnahmequelle mehr und etliche Hunderttausend Kriminalisierte weniger. Da beide Fakten keine Fliegen sind, sondern eher schon dicke Brummer, gibt es unzählige Argumente dafür und dagegen, doch der gegenwärtige Zustand wird durch solche Diskussionen auch nicht schöner. Und dann bliebe noch die Frage: Welche Hersteller verdienen denn da, von den

Transporteuren nach Europa einmal abgesehen? Einmal mehr eine politische Frage.

Die wohl älteste Droge der Menschheit ist mit Sicherheit ihre umstrittenste – und vielleicht gerade deshalb. In Ländern, wo Hanf über Jahrhunderte seine Tradition hat und in das tägliche Leben integriert ist, wird über die Droge kaum geredet, und sie hat auch noch kein Problem geboren. Daß sie nun auch in einigen dieser Länder in die Grauzone politischer Doppelmoral sinkt, liegt daran, daß wir den Entwicklungsländern unsere politischen Dogmen bereitwilliger spenden als beispielsweise Entwicklungshilfe. Als könnten wir das Desaster, Hanf als Politikum zu sehen, durch weltweite Verbreitung verringern.

Vielleicht müßte man den heillosen Knäuel wieder entwirren und die einzelnen Komplexe wieder in ihren eigentlichen Zusammenhängen sehen: Drogen als Drogen, Drogen als Kulturausdruck, Drogen als Wirtschaftsfaktor und Drogen als Requisit und Objekt der Politik. Das ist Geduldsarbeit, zugegeben, aber eine notwendige. Der Faden, mit dem Theseus aus dem Labyrinth fand, war immerhin aus Hanf gesponnen.

Es ist Zeit für eine Bestandsaufnahme.

I. Teil
Die Welt der Droge

1. Aus dem Urnebel

Urnebel, modern

Zu den lieben Gewohnheiten der letzten Jahre gehört, vom Drogenproblem zu reden. Die vornehmste Form heißt Podium und besteht aus einem Moderator und sogenannten Experten. Deren gibt es viele – Mediziner beispielsweise, Psychologen, Sozialarbeiter, einschlägig tätige Journalisten, aber auch Richter, Staatsanwälte, Kriminalbeamte und Schreibtischhüter zuständiger Ministerien. Der Ausdruck «Experte» schmeichelt der Eitelkeit, und selbstverständlich ist, wovon man redet, ein Problem.

Das höchste Prestige genießen solche Rituale, wenn sie von einer Fernsehanstalt zelebriert werden. Die Gesprächsrunde ist handverlesen, und es gibt Kaffee, Sekt mit Orangensaft und Whisky. Auch Zigaretten liegen reichlich herum. Da keine Schleichwerbung betrieben werden darf, kommt der Whisky in einen Krug und schaut unschuldig drein wie Apfelsaft. Die Aschenbecher stehen griffbereit, wir nehmen noch einen Schluck, gießen nach, das rote Lämpchen auf der Kamera leuchtet auf, und wir beginnen, vom Drogenproblem zu reden.

Stamm einer Hanfpflanze, ⌀ 7,4 cm, Erinnerung an ein besonders schönes Exemplar, welches 1976 im nepalischen Garten des Autors wuchs. Kathmandu 1976.

Es waren alles schöne, sendewürdige Statements, und die Geladenen waren einig, daß Drogen verhängnisvoll sind und man die Finger von ihnen lassen sollte. Ich weiß nicht, ob es der Whisky war oder diese schöne Einigkeit, auf jeden Fall wurde ich unartig: «Ausgerechnet wir Politoxikomanen sagen so was?»

Der Moderator sah irritiert aus: «Wie bitte?»

«Politoxikomanie ist die Abhängigkeit von mehreren Rauschmitteln gleichzeitig. Wir zum Beispiel hier rauchen wie die Schlote, trinken auch nicht gerade wenig, dann kommt noch Kaffee nach und eine Pille für den klaren Kopf, und dann reden wir über Drogen. Nehmen wir etwa keine?»

Ob ich denn alle Drogen in einen Topf werfen will? Natürlich nicht. Aber jede Droge hat ihren Preis, und es gibt keine, die nicht ab einem bestimmten Punkt gefährlich wird. An diesem Punkt müßte relativiert und reguliert werden. Nur: alle bisherigen Methoden haben sich gerade dazu als ungeeignet erwiesen.

Einigkeit herrscht unter den Gelehrten der verschiedenen Disziplinen nur über den Begriff «Droge»: ein Stoff, der das Gefühl und damit auch das Bewußtsein des Menschen verändert. Ab diesem Punkt darf gestritten werden, und die Wissenschaft hat in ihrer gesamten Geschichte noch kein System gefunden, nach dem sich die einzelnen Drogen präzise einordnen lassen.

Wissenschaftlich wären dafür die Toxikologen zuständig, die «Giftgelehrten». Ihr Ahnherr war der deutsche Jude Louis Lewin, der vor rund hundert Jahren eine grobe Einteilung nach der Wirkweise der einzelnen Stoffe versuchte. Unter Euphorica oder «Seelenberuhigungsmittel» zählte er die Opiate und Kokain, er registrierte Hypnotica oder Schlafmittel, Excitantia oder Erregungsmittel – wozu auch Kaffee, Tee, Kakao und Tabak gehören –, Inebrantia oder Berauschungsmittel – vom Alkohol bis zu Benzindämpfen – und schließlich Phantastica, die Sinnestäuschungsmittel. Zu den letzteren gehören Nachtschattengewächse, Kakteen wie der Peyotl, Pilze vom Psilocybin bis zum Fliegenpilz und schließlich der Hanf. Diese Einteilung gilt in groben Zügen heute noch, obwohl sie sich längst als problematisch gezeigt hat. Die «seelenberuhigende» Wirkung von Opiaten beispielsweise entspringt ihrer Natur als schwerste Betäubungsmittel, die den Organismus in eine Art Todeszone führen, in der für andere Sorgen einfach keine Kraft bleibt. Auch über mögliche Sinnestäuschungen in Zusammenhang mit Hanf ließe sich lange diskutieren. Und vor allem werden die medizinischen Folgen dabei nicht gewürdigt.

Eine Hilfsmaßnahme aus jüngerer Zeit versucht, zwischen «harten» und «weichen» Drogen zu unterscheiden, wobei die Suchtstoffe als hart gelten. Es wäre schön, wenn dem so einfach wäre. Versteht man unter Sucht nur die körperliche Abhängigkeit, also die schmerzhaft zu spürende Notwendigkeit, immer wieder bestimmte Dosen einer Droge zu nehmen, hält diese Unterscheidung schon nicht, sobald Alkohol und Nikotin zu den weichen Drogen gerechnet werden. Immerhin wird Alkohol für jeden vierzigsten BRD-Bürger ein tödliches Suchtgift. Wissenschaftlich ist dieser Unterscheidungsversuch untragbar, aber er wurde ja auch, nun ja, von Politikern erfunden.

Aus derselben Ecke kommt auch die in den USA erfundene und in Europa dankbar aufgegriffene Tendenz, zwischen «ethischen» und «anderen» Drogen unterscheiden zu wollen. Als «ethische» gelten dabei alle, die «gesellschaftlich akzeptiert» sind, was auch immer das heißen mag, und «deren Wirkung mit den allgemeinen Tendenzen der jeweiligen Gesellschaft übereinstimmt». Das klingt zunächst einmal schön und gut, zumal ja unsere Leistungsgesellschaft jede Menge «ethischer» Drogen konsumiert. Zu ihnen gehören Tranquilizer wie Valium, das den Stress erträglich machen soll, Aufputschmittel vom Kaffee bis zu den Amphetaminen, die einen in das rechte Stresstempo katapultieren sollen, Appetitzügler mit Nebenwirkung, die uns dem schlanken Schönheitsideal anpassen, Alkohol, der die Gesellschaft gesellig machen soll, und ein breites Angebot der Pharmaindustrie, das werbewirksam als chemische Feineinstellung bei Gesellschaftsproblemen empfohlen wird. Böse ausgedrückt: Ethische Drogen sind also alle, die den Staatsbürger für die Verwaltung pflegeleicht machen. Böse weitergefragt: Und wo hört bei den ethischen Drogen die Ethik auf? Bei Mißbrauch, heißt die erlaubte Antwort. Und wo fängt der Mißbrauch an? Die Pharmaindustrie kann das schön definieren: Sobald ein Medikament nicht seiner erklärten, sondern einer Nebenwirkung wegen genommen wird, beispielsweise ein Appetitzügler als Aufputschmittel. Doch gerade dieser Mißbrauch macht einen Großteil der Umsätze aus und ist augenzwinkernd miteinkalkuliert. Bei allen anderen ethischen Drogen wird die Unterscheidung noch schwieriger, denn bei jeder kehrt sich die ursprüngliche Wirkung ab einem bestimmten Konsumgrad in ihr Gegenteil – zuviel Kaffee kann anschaulich zur Erschöpfung führen, andere Mittel bewirken dauernde Arbeitsunfähigkeit. Und außerdem: da (angebliche) Leistungssteigerung und (angebliches) Abschaltenkönnen zu den (angeblichen) Tugenden unseres Gesellschaftssystems gezählt werden, gehörten dann ja auch Kokain und Opiate zu unseren ethischen Stützen.

Viel Hilfe ist auch nicht von Medizinern und Pharmazeuten zu erhoffen. Die meisten als Rauschmittel definierten Drogen haben auch einen gewissen therapeutischen Wert, wobei oft auch die Rauschwirkung den

Segnender Buddha, von zwei Jüngern flankiert unter einem Hanfblatt sitzend, grüner Sandstein, Höhe 15,6 cm, Swat in Pakistan, um 200 v. Chr. Die kleine Plastik stammt wahrscheinlich von einem Hausheiligtum der Ghandara-Periode. Sedimentspuren und Auswaschungen zeigen, daß sie lange in einem Bach gelegen haben muß, ehe sie bei einem Hausbau verwendet wurde. Aus dessen Abbruchschutt wurde sie schließlich geborgen.

Heilprozeß beschleunigt. So gilt also, Heilung gegen Rausch zu wägen und bei suchtpotenten Mitteln zwischen der möglichen Suchtgefahr und der erhofften Wirkung zu entscheiden.

Es gibt, und damit müssen wir uns abfinden, keine für mehrere wissenschaftliche Disziplinen verbindliche Definition des Begriffs «Drogen». Ihre vernunftbeeinflussende Wirkung scheint auch in die Theorie durchzuschlagen, denn nur zu gern wird das Feld wissenschaftlicher Objektivität verlassen und ein Trip in moralische Kategorien genommen. Aber vielleicht ist die Forderung nach Objektivität ähnlich optimistisch wie die nach der Züchtung des eierlegenden Wollmilchschweins. Die Gelehrten leben davon und damit, im Auftrag zu forschen und Gutachten zu liefern, und daraus ergibt sich zwangsläufig, daß die Interessen des Auftraggebers – von Objektivität kann ja nicht einmal ein Asket leben – berücksichtigt werden.

Für den Gesetzgeber gibt es drei verschiedene Kategorien Drogen, was auch für die Forschung zu drei verschiedenen Maßstäben führt. Wird eine Droge von der Pharmaindustrie als mögliches Heilmittel ins Kalkül gezogen, muß höchstens die *Schädlichkeit* nachgewiesen werden bzw. daß der mögliche Nutzen den möglichen Schaden aufwiegt. Bei der Begutachtung als Droge, also als Rauschmittel, ist die *Unschädlichkeit* nachzuweisen. Daraus kann sich beispielsweise bei Opiaten, Kokain oder Amphetaminen die schizophrene Situation ergeben, daß legal hergestellte Pharmaka direkt vor dem Apothekentor zu Rauschgift werden. Und schließlich gibt es noch die Kategorie der Genußmittel, deren Schädlichkeit als erwiesen angenommen, aber in Kauf genommen wird. Schlimmstenfalls muß, wie

Wurzel, Länge 27 cm, Höhe 8 cm, nach einem Polizeibesuch in der Wohnung des Autors übriggeblieben. Hamburg 1980

bei Zigaretten, das Gesundheitsrisiko in der Werbung miterwähnt werden. Bei Alkohol, wo die Schäden noch größer sind, wagt noch kein Beamter soweit zu denken.

Dieses System sieht höchstens auf den ersten Blick vernünftig aus, und da hilft auch kein Hinweis auf seine Tradition. Es gibt eben keine unschädliche Droge, aber auch keine nur schädliche. Einer der ältesten Grundsätze der Medizin heißt: Dosis facit venenum, die Menge entscheidet, ob etwas Gift wird. Es kommt auch nicht nur auf die Droge an, sondern mehr noch auf die Person, die mit ihr zu tun hat.

Damit aber wird jede Kategorisierung relativ, wird, böse gesagt, der Willkür Tür und Tor geöffnet, freundlich: dem fürsorgerischen Ermessen. Der kategorische Begriff unseres Gesetzgebers in Drogenfragen heißt «Volksgesundheit» und stammt aus der NS-Zeit. Der Pharmaindustrie wird selbstverständlich unterstellt, daß diese Volksgesundheit ihr noch über die Bilanz ragendes Ziel sei; auch der nichtmedizinischen Drogenindustrie wird geglaubt, daß sie diese Volksgesundheit nicht gefährden möchte. Alle anderen Drogen sind verboten, nicht zuletzt mit der lakonischen Begründung, daß der Schaden durch die erlaubten groß genug sei. Dieses System ist allerdings uralt und begleitet die Menschheit zumindest seit Erfindung der Schrift. Und ehe Drogen zu Verwaltungsangelegenheiten der Staaten wurden, waren sie, deren Wirkung sich ja dem Verstand entzieht, dem zugeordnet, was die Menschen jenseits ihres Verstandes annahmen: den Göttern und Dämonen.

Urnebel

Die Geschichte ist eine unendlich lange Treppenflucht, deren untere Etagen aus deprimierend wenig gesicherten Tatsachen und um so mehr Vermutungen bestehen.

Wann und wo dabei die Menschheit auf den Hanf kam, gehört daher ebenfalls in den Bereich der Vermutungen, allerdings dadurch geadelt, daß sie von einschlägigen Kapazitäten als «gesichert» bezeichnet werden. In jenem Babyalter der Menschheit, in dem alles wahllos in den Mund gesteckt wurde, kann auch diese in Mittelasien üppig wuchernde Pflanze in das Futter geraten sein, und dann mag es einige Jahrhunderte gedauert haben, bis die Klügeren einen Zusammenhang erkannten zwischen diesem Kraut und dem seltsamen Zustand, der einige Zeit nach der Mahlzeit losging. Religionswissenschaftler gehen sogar so weit anzunehmen, mit solchen und ähnlichen Zuständen hingen die frühen Versuche zusammen, das Unerklärliche auf eine phantastische Weise zu systematisieren, also die Erschaffung der Götter. Darüber sind sich die Gelehrten einig: bei der Bevölkerung des Himmels mit Göttern und der näheren Umgebung mit Dämonen leisteten die Rauschdrogen der Natur Geburtshilfe.

Gegen diese Theorien gibt es nur einen gewissermaßen kulinarischen Einwand: Hanf schmeckt nicht gut, und das hat er mit allen anderen Rauschdrogen, Pilze ausgenommen, gemeinsam. Tiere gehen ihm daher respektvoll aus dem Weg, und höchstens wirklich nicht wählerische Ziegen machen im Verein mit hungersnotgeplagten Kühen gelegentlich eine Ausnahme. Der Mensch allerdings – und das läßt sich bis in die Gegenwart verfolgen – unterscheidet sich vom Tier auch dadurch, daß ihn der übelste Geschmack nicht abhält, wenn er die Wirkung als erfreulich empfindet.

Die Entdeckung des Hanfs als Nutzpflanze zur Fasergewinnung ist ein Ereignis, das mit Sicherheit erst einige Jahrtausende später notwendig wurde. Die Voraussetzungen dazu waren je nach Betrachtungsweise Verknappungen oder Verbesserungen: die Notwendigkeit, aus Mangel und Unzulänglichkeit der Felle Textilien herzustellen, aus Erschöpfung der freien Natur, den Ackerbau zu erfinden und aus Mangel an Sehnen Schnüre. Nach einigen Jahrhunderten Herumexperimentierens hat sich dann, immer noch in grauer Vorzeit, herausgestellt, daß Hanf die am wenigsten elastische Naturfaser aufweist. Das macht ihn für die Bekleidung wenig geeignet, aber zum idealen Material für Schnüre und Seile.

Wann das geschah, wird sich nie feststellen lassen, und schwerlich auch wo. Es gibt Zufallsfunde, vergleichbar dem Zahn des Urmenschen, wo selbst die Entdecker zugaben, daß der nicht vom Allerersten stammte. Gut 6000 Jahre alt sind einige bei gutem Willen als Hanfschnüre erkennbare Fasern in Peking, ein halbes Jahrtausend jünger Seile und Schnüre aus Turkestan, nun in Moskau, drei- bis viertausend Jahre alt soll als Hanf bezeichnetes Verdorrtes aus einem ägyptischen Grab sein, mindestens so alt einige Steinstößel mit Hanffasern in Taiwan, und dort gibt es auch

Milchkühe und Pferde haben in der Nähe der südafrikanischen Stadt Bethlehem die zweifelhaften Freuden von Marihuana entdeckt. Die Tiere verließen ihr Weidegebiet und fraßen von illegal angebautem Indischen Hanf, aus dem das Rauschgift Marihuana gewonnen wird. Anschließend wanderten die Kühe drei Tage ziellos umher. Bei den Pferden, die an der *pot party* teilnahmen, hatte das Marihuana die umgekehrte Wirkung. Sie standen mit steifen Beinen in ihren Koppeln und ließen sich weder durch Zuckerbrot noch Peitsche in Bewegung bringen.
(Süddeutsche Zeitung, 4. 7. 1980)

Keramik mit den Abdrücken von Hanfschnur. Letzteres ist keine chinesische Spezialität – nach demselben Verfahren dekorierte Scherben hüten noch etliche Museen. Dort liegen die Spuren der Urzeit, hinter Glas wie Schneewittchen, aber noch viel lebloser. Nur den Forschern flüstern sie angeblich etwas zu, zumindest, daß die Sache also schon am Anfang ziemlich verbreitet war, aber auch sonst sind das noch Vermutungen.

Zu den vielen Theorien zählt auch die, daß erst bei der Fasergewinnung die andere Seite des Hanfs entdeckt worden sei. Die Pflanzen haben nämlich, wie es ein deutsches Handbuch der Landwirtschaft vor hundert Jahren bezaubernd ausdrückte, «einen scharfen Geruch, der Kopfschmerz erzeugt und betäubend wirkt, was mitunter die bei der Arbeit Beschäftigten unliebsam empfinden».

Das Trankopfer spielt im Kult und in der Mystik eine bedeutende Rolle: Angesichts des heiligen Feuers wird es dargebracht, Haoma – der indische Soma –, zugleich ein Gott und ein berauschender Saft, dessen Wirkung in einer Art von orgiastischen Erregung gipfelt, dazu angetan, die davon Berauschten der Gottheit – und damit der Erhörung ihrer Gebete – näherzubringen. Wo Haoma als Gott erscheint, tritt er den Menschen gegenüber als Heilgott auf; als Getränk hat er heilsame Wirkungen, erweist sich heilbringend für den Körper gleichfalls wie für die Seele.

Am wirksamsten aber ist das Trankopfer im Schein des Mondes, denn unter den Himmelskörpern hat er größere Bedeutung als die Sonne und die übrigen Gestirne. Denn wenn er «mit seinem Licht Wärme bringt», wachsen die grünen Pflanzen auf der Erde, gedeihen auch die Haoma-Stauden und die übrigen Heilpflanzen. Haoma aber bleibt stets das wichtigste und wirksamste unter allen Kräutern und zu Heilzwecken gewonnenen pflanzlichen Produkten; denn Haoma ist der Gott und ist als solcher wiederum die Personifikation der geheiligten Pflanze schlechthin. Für die Parsen war er das heilige Sakrament, war Haoma zugleich der Inbegriff des Heilgedankens.

(Dietrich Brandenburg, Priesterärzte und Heilkunst im alten Persien, München 1969)

Es mag ja, zumindest im Altertum, Menschen gegeben haben, die diesen Geruch liebsam empfanden. Die ersten erhaltenen Schriften, in denen Hanf vorkommt, erwähnen die Fasergewinnung nur nebenbei, was allerdings daran liegen kann, daß eine solche Selbstverständlichkeit nicht der Schrift wert war. Die Chinesen legen auch hier Wert darauf, die ersten gewesen zu sein, und schon 2737 Jahre vor unserer Zeitrechnung ein Lehrbuch der Botanik und Heilkunde verfaßt zu haben.

Was davon an Text erhalten ist, liest sich erstaunlich sachlich. Hanf wird präzise beschrieben, auch daß es männliche und weibliche Pflanzen gibt. Es wird erwähnt, daß die Pflanze «den Geist für eine Zeit reisen läßt», und am Schluß wird gestattet, einen Teil der Steuern auch mit Hanffasern zu bezahlen. Diese nüchterne Anmerkung mit ihrer trocken fiskalischen Pointe stammt der Überlieferung nach vom großen Kaiser Shen-Nung, auch «der Rote» genannt.

Problematischer sind Texte, die sich mit Rauschmitteln oder Kräutern auf dem Gebiet der Religionen befassen. Die eine Schwierigkeit, aus ihnen klug zu werden, liegt an uns: zum Glauben an die Vernunft und einem dementsprechenden Mißtrauen Drogen gegenüber erzogen (was zumindest in der Theorie durchhält), denken wir bei den alten Legenden und Hymnen lieber an fein meditativ gesponnene Esoterik als an einen handfesten Rausch als Grundlage mystischer Erlebnisse. Den anderen Grund liefern die Alten selbst: Religiöse Texte unterscheiden sich von botanischen schon durch die erlaubte Untugend, poetische Umschreibungen und mystische Verbrämungen als höchste Tugend zu buchen. Keine Sache wird beim Namen genannt, sondern nur mit Titel, und wie das eine mit dem anderen zusammenhängt, wird so zur Aufgabe wissenschaftlicher Interpretation.

Bekanntlich streitet keine Berufsgruppe lieber als die Gelehrten, und so ist immer noch nicht mit letzter Sicherheit geklärt, was mit dem seltsamen «Kraut» gemeint sein kann, das die religiösen Texte der Assyrer beherrscht und das die Babylonier «Kraut des Lebens» nannten.

Der Götterhimmel des Zweistromlandes war mit alten Stadtgottheiten bevölkert, von denen jede Stadt mehrere hatte, etwa wie Regierungen Minister. Das hatte zur Folge, daß beim Entstehen größerer Reiche Kompetenzrivalitäten entstanden und himmlische Machtkämpfe anschaulich die irdischen spiegelten. Sieger war nach dem babylonischen Weltschöpfungsepos *Enuma elis* der «junge Sonnenstier» Marduk. Beim Endkampf gegen die «Dämonen des Chaos» schützte er sich mit einem Tonamulett zwischen den Zähnen, und «mit seiner Hand umklammerte er das giftvernichtende Kraut des Lebens».

Da an anderer Stelle mit Gift «die Trauer» bezeichnet wird und mit

Leben «die Wonne», kann es sich bei diesem Kampf auch um einen metaphorischen Vorgang handeln.

Auf eine reale Existenz dieses Krauts deutet eine Beschwörungsformel, die um 1800 v. Chr. entstand. Da sagt die Urmutter zu Marduk, der einen Vergifteten heilen will: «Geh hin, mein Sohn Marduk! Gib ihm deinen reinen Lebenstrank, laß ihn das Kraut des Lebens essen...» Zweihundert Jahre davor wurde in Ur ein sachliches Rezept dieses Lebenstranks notiert: «Zerstoße die Samen und Blätter, gieße Bier darüber und gib dem Patienten zu trinken.» Leider fehlt der Name des Krauts, und hier dürfen Detektive einsetzen. Einige Indizien gibt es immerhin: In einem Königsgrab in Ur wurde Haarschmuck gefunden, der aus Lapislazuliperlen und goldenen Hanfblättern besteht.

Natürlich bleiben einige Fragen. Als Mittel gegen Vergiftungen ist Hanf ungeeignet. Dennoch wird er in der alten Medizin immer wieder diesen Antidot genannten Cocktails beigegeben, auch noch von Galen und viel später von Ibn Sina, dem Avicenna der frühen Pharmazie. Ein mystischer Grund mag sein, daß Hanf in nahezu allen frühen Kulturen der Sonne zugeordnet ist und dem Leben, ein möglicher praktischer Hinweis dafür, daß der Hanfrausch zu einer gewissen Ruhe des Körpers beiträgt und so den angegriffenen Organen Gelegenheit gibt, sich zu erholen.

Der einzige wirklich unumstrittene Hinweis auf Hanf stammt aus der Endzeit des assyrischen Reiches um 650 v. Chr. Er fand sich in der Bibliothek des Assurpanipal, des letzten der großen Könige, nach dem es bergab ging. Auch die Alten konnten fast so gründlich zerstören wie die modernen Vernichtungswaffen, zusätzlich begünstigt durch die kleinen

Dies wurde mit 650 v. Chr. datiert, doch könnten die gefundenen Tafeln auch Abschriften von viel älteren Texten sein.

Tontafeln von 680–660 v. Chr., die in derselben Gegend gefunden wurden, führen Cannabis auf einer Liste von berauschendem Räucherwerk und Gewürzen an. Jedoch könnte auch dies eine Abschrift eines früheren Textes sein.

Auflagen des Schriftlichen – als Xenophon rund 200 Jahre nach der Katastrophe seine Griechen an den alten Hauptstädten vorbei nach Hause führte, wußte der gelernte Historiker nichts über die Assyrer. Durch die Bibel blieb immerhin ihr Name erhalten und verballhornt der ihres Kriegsgottes – Nimrod, der große Jäger vor dem Herrn.

Erst vor gut 150 Jahren wurden die Assyrer wiederentdeckt, durch die Ausgrabungen des Briten Sir Asten Henry Layard. Der wollte natürlich nicht die Assyrer finden, sondern Gold und Kunst. Daher störten ihn zunächst die riesigen Massen zerbrochener Ziegeltafeln, die ihm in den Ruinen eines alten Palastes den Zugang zu den Schätzen erschwerten. Leider erst sehr spät merkte er, daß er der Welt größte Bibliothek an Keilschrifttafeln beinahe auf den Müll geworfen hatte, einen Schatz, an dessen Hebung die Gelehrten immer noch arbeiten. Das Gilgamesch-Epos war beinahe vollständig dabei, und unter den mehr als 600 anderen Werken fand sich auch ein Register aller bekannten Pflanzen und Kräuter. Ziemlich sicher ist die Abschrift eines älteren Werkes, und über Hanf heißt es: «Gut für das Leben, sein Rausch erhebt die Gedanken, eignet sich auch zum Spinnen.»

So untergegangen die alten Kulturen Mesopotamiens waren, so weitreichend wirkten sie doch für das Abendland weiter. Wir danken ihnen die Einteilung des Tages in Stunden und Minuten und die des Kreises in 360 Grad. Wir danken ihnen die Grundlagen der Astronomie, der Traumbücher, der Astrologie und nebst vielen anderen Worten auch das für Hanf. Aus dem «Qunnubum» der alten Assyrer wurde das Wort Cannabis.

Das skytische Dampfbad

Der Ruhm der Nachwelt ist nicht nur von unterschiedlicher Haltbarkeit, sondern auch von schwankender Qualität. Das älteste Beispiel dafür ist Herodot, traditionsgemäß mit dem Titel «Vater der Geschichtsschreibung» bekränzt, von neueren Forschern, die auf seinen Spuren gruben und nur Legenden zutage förderten, mittlerweile «Vater der Verfälschungen» genannt. Beide Titel werden dem antiken Globetrotter nicht gerecht, denn seine Werke sind ehrlich gemeinte Reisebeschreibungen, und wer nicht nachvollziehen kann, wie Herodot an den Tatsachen vorbeiformulieren konnte, höre sich einmal die Berichte von Bekannten an, die gerade von einer Abenteuer-Reisegruppe an den häuslichen Diaprojektor heimkehrten.

Der Mann war ein ungewöhnlicher Grieche. Sein Name bezeichnet ihn als Geschenk der Ehegöttin und war üblich für den einzigen Sohn einer nicht wünschenswert fruchtbaren Ehe, außerdem war er um 484 v. Chr. im heute türkischen Bodrum geboren, also «ein Kind der Kolonien», wie die Griechen auf Hellas etwas herablassend sagten. Die Kolonialgriechen waren berühmt für ihre abenteuerliche Geschäftslust, und es wird auch der Geschäftsgeist gewesen sein, der ihn an die Grenzen der damals bekannten Welt trieb und Informationen sammeln ließ, was jenseits davon los sei. Erst nachdem er sich zur Ruhe gesetzt hatte, begann er, seine Reiseberichte zu schreiben, und augenscheinlich konnte er sie auch nicht mehr vollenden. Dieses Schöpfen aus der Erinnerung erklärt viele Ungenauigkeiten. Andere sind Deutungsversuche ihm unbekannter, unnachvollziehbarer Vorgänge, und seine Zahlenangaben entsprechen der geschäftsüblichen Übertreibung eines Kaufmanns mit exotischen Artikeln.

So ein Mißverständnis ist beispielsweise, was er in seinem *Buch Klio* über den Tempel der Astarte in Babylon schreibt: «Eine jede Frau des Landes muß, im Tempel der Aphrodite sitzend, einmal in ihrem Leben sich einem Fremden preisgeben ... Sie setzen sich in den heiligen Hain mit einem Kranz von Hanfschnüren um das Haupt, und es sind der Weiber viele ... Nach allen Seiten hin ziehen sich durch die Frauen schnurgerade Durchgänge, durch welche die Fremden gehen und ihre Wahl treffen. Wenn sich nämlich eine Frau hier gesetzt hat, so entfernt sie sich nicht eher in ihre Wohnung, als bis einer der Fremden ihr ein Stück Silber in den Schoß geworfen und dann außerhalb der geheiligten Stätte mit ihr Umgang gepflogen hat.»

Generationen prüder Gelehrter haben daraus den Begriff «Tempelprostitution» gekeltert. Nach neueren Erkenntnissen aber handelte es sich um ein in vielen Religionen bekanntes Ritual: Die Frau war für einen Tag

Priesterin der Astarte, als solche mit einem Kranz von Hanfblättern, Früchten und natürlich auch Schnüren geschmückt. Das Silberstück war ein Opfer an die Göttin, und alles weitere blieb der Dame überlassen, die nun als Priesterin die Göttin der Fruchtbarkeit verkörperte.

Es muß auch nicht mit der Rauschwirkung des Hanfs zu tun haben, daß er in den Kopfschmuck der Damen geriet – die Pflanze war und ist im Orient auch ein Fruchtbarkeitssymbol, ausgehend von ihrer Zweigeschlechtlichkeit und von der Tatsache, daß aus den vielen kleinen Samen stattliche Bäume werden können. Diese Symbolik ist in viele Geschichten eingegangen, und ihren Widerschein finden wir auch in der Bibel (Mathäus 13/31, Markus 4/30 und Lukas 13/18): «Das Himmelreich ist gleich einem Senfkorn ... welches das kleinste ist unter allen Samen; wenn es aber gewachsen ist, so ist es größer als alle Sträucher und wird ein Baum ...» Nur: für die Senfpflanze paßt dieses schöne Gleichnis aus botanischen Gründen nicht.

Mit seinen Berichten über die Skythen aber wurde Herodot die wichtigste Informationsquelle für gut zwei Jahrtausende. Ohne ihn wüßten wir nahezu nichts über die wilden Reitervölker mit dem griechischen Sammelnamen. Ihr Land lag östlich des mesopotamischen und griechischen Horizonts und ist auch heute noch menschlichem Vorstellungsvermögen schwer durchmeßbar: der unendlich weite Steppengürtel, der vom Schwarzen Meer aus Asien über Sibirien bis zum Chinesischen Meer durchzieht, im Norden in Wälder und schließlich die Tundra übergehend, im Süden in Wüsten versandend. Für die Alten war dieser grenzenlose Raum «die Welt jenseits des Grabes» und seine nomadisierenden Hirtenvölker «Barbaren», ein Name, der Verachtung und Furcht gleichzeitig ausdrückt, denn gelegentlich brachen von dort manche Stämme wie eine Sturmflut über den Westen und spülten auch etablierte Reiche glatt von der Welt.

Dem Abendland lieferten die Steppenvölker vor allem Geschichten von düsterer Wildheit, und die neuere Archäologie konnte die unglaublichsten davon sogar bestätigen und lokalisieren. An den östlichen Gestaden des Schwarzen Meeres, im heutigen Kuban-Gebiet, fanden die Argonauten ihr Goldenes Vlies und verbrachte Iphigenie ihr Exil als Priesterin der großen Göttin. Von dort brach auch der biblische Magog auf, der die Juden in so arge Bedrängnis brachte. Etwas südlich davon war die Amazonensage zu Hause, genauer: die Sarmaten, bei denen eine Frau erst heiraten konnte, wenn sie einen Feind erlegt hatte.

Natürlich gab es die Skythen nicht als ein einheitliches Volk, aber die vielen Rassen und Völkerschaften hatten einige Charakteristika gemeinsam: keine Schrift beispielsweise, eine Vorliebe für Teppiche, farben-

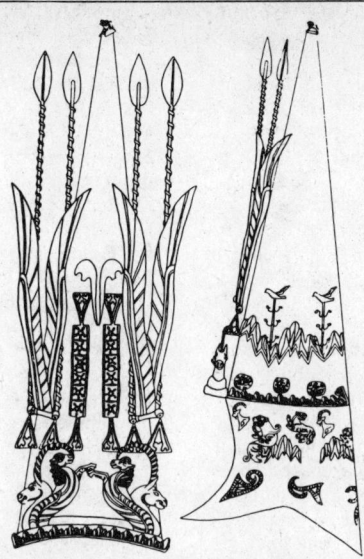

Die goldbesetzte Kopfbedeckung aus dem Issyk-Kurgan. Auf der Spitze stand ein kleiner goldener Widder, möglicherweise als Zeichen königlicher Abkunft.
(Renate Rolle, Die Welt der Skythen, Luzern u. Frankfurt/M. 1980)

prächtige Kleidung und archaische Sitten, die auch modernen, an perfektionierte Grausamkeiten gewöhnten Berichterstattern eine Gänsehaut verursachen können. So ging der Tod eines Fürsten dem Volk im Wortsinn unter die Haut – nicht nur, daß die gesamte Dienerschaft im geräumigen Grabhügel ihres Herrn Quartier beziehen mußte, auch die Normalbevölkerung hatte «Haare und Ohren zu stutzen», sich mit Pfeilen zu verletzen, zu verstümmeln und ähnliche Beweise von Untertanenmasochismus zu liefern. Mit etwas weniger zerfransten Ohren liefen Normalbegräbnisse ab, doch auch für sie galt das abschließende Ritual, das Herodot in offensichtlicher Unkenntnis seiner wahren Bedeutung beschrieb.

Natürlich wurde diese Geschichte so von den nüchternen Gelehrten überhaupt nicht geglaubt, und die anderen konnten zu Recht einwenden, daß die Hanfsamen nun der doch am wenigsten wirksame Teil der Pflanzen sind. Dennoch wurde gerade diese Geschichte von der Archäologie bestätigt. 1953 beschrieb der sowjetische Skythenforscher Rudenko, was er gerade in einem Grabhügel bei Pazyryk im Hochaltai gefunden hatte:

Nach der Beerdigung aber reinigen sich die Scythen auf folgende Weise: Sie reiben sich zuerst den Kopf und waschen ihn ab, hernach thun sie am Leibe Folgendes: sie stellen drei Stangen auf, welche einander zugekehrt sind; alsdann breiten sie wollene Decken darüber aus, diese stopfen sie so fest als möglich zusammen und werfen dann Steine, die von Feuer glühend sind, in eine Wanne, welche in der Mitte zwischen den Stangen und der Decke liegt.

Es wächst nemlich in ihrem Lande Hanf, welcher dem Linnen ganz ähnlich ist, mit Ausnahme der Dicke und Größe, worin dasselbe der Hanf bei weitem übertrifft; es wächst derselbe theils von selbst, theils wird er gesäet, und verfertigen sich daraus die Thracier sogar Kleider, welche den linnenen ganz ähnlich sind, so daß, wer nicht ganz genau den Hanf kennt, nicht unterscheiden kann, ob Etwas von Linnen oder von Hanf ist; wer den Hanf nicht kennt, wird glauben, das Kleid sei von Linnen.

Von diesem Hanf nehmen nun die Scythen den Samen, und schlüpfen dann unter die Decken; hernach werfen sie den Samen auf die durch Feuer glühenden Steine; der hingeworfene Samen fängt an zu rauchen und verbreitet einen solchen Dampf, daß kein Hellenisches Schwitzbad darüber gehen dürfte; die Scythen aber brüllen vor Freude über ein solches Schwitzbad: denn es dient ihnen statt eines Bades, weil sie nemlich überhaupt ihren Leib mit Wasser nicht waschen. Ihre Weiber zerreiben auf einem harten Stein Cypressen, Cedern- und Weihrauch-Holz, wozu sie Wasser gießen, und diese geriebene Masse, welche dick ist, legen sie hernach um den ganzen Leib und um das Gesicht. Davon bekommen sie nun einen guten Geruch; am andern Tage nehmen sie die ausgelegte Masse weg und werden rein und glänzend.

(Herodot, Buch IV, Ausgabe Langenscheidt 1855)

«In der Südwestecke der Grabkammer des 2. Paryryk-Kurgans wurde ein Bündel von sechs Stäben geborgen. Darunter stand ein rechteckiges Bronzegefäß auf vier Beinen, angefüllt mit zugeschlagenen Steinen. Die Länge der Stäbe beträgt 122,5 cm, ihr Durchmesser etwa 2 cm, am unteren Ende 3 cm. Durch Öffnungen an jedem Stab im Abstand von 2 cm unterhalb des oberen Endes war ein Riemchen gezogen, das die Stäbe zusammenhielt. Alle Stäbe sind spiralig mit einem schmalen Streifen aus Birkenbast beklebt. Nördlich davon, in der Westhälfte der Kammer, wurde ein zweites Bronzegefäß entdeckt, und zwar vom Typ eines skythischen Kessels. Es war ebenfalls mit Steinen gefüllt. Darüber lagen ausgespreizt sechs ebensolche Stäbe, die zusammen mit dem Räuchergefäß von einem großen Lederüberwurf bedeckt waren. In beiden Gefäßen wurde außer den erwähnten Steinen eine große Menge Hanfsamen (Cannabis sativa L. der Varietät ruderalis Janisch) festgestellt. Hanfsamen befanden sich auch in einer Lederflasche, die an einem der Stäbe des Sechsfußes befestigt war, der über dem Gefäß in Form eines skythischen Kessels stand. Die Steine in den Räuchergefäßen waren angeglüht, ein Teil der

Gerätschaften zur Hanfdampfberau-
schung aus den Pazyryk-Kurganen
(nach Artamonov).

Hanfsamen verkohlt ... Folglich haben wir hier vollständige Garnituren jener Utensilien vorliegen, die für die Durchführung des Reinigungsrituals notwendig waren ... Garnituren für Hanfinhalation gab es in allen Pazyryk-Kurganen ohne Ausnahme ... Das Rauchen von Hanf wurde folglich nicht nur bei Reinigungsritualen praktiziert, sondern auch im täglichen Leben ... Dabei rauchten sowohl Männer wie Frauen.»

Im Grunde hatten sie jene Kultur, von der Hanfraucher immer träumen, bis hin zur vollen Gleichstellung der Frauen, zusätzlich aber waren sie schrecklich kriegerisch, und auch etliche Damen wurden in voller Rüstung gefunden. So wurden die Skythen auch das erste Beispiel, daß Hanf und Kampf einander nicht ausschließen, und sie werden auch immer wieder erwähnt, um zu beweisen, daß die Sache doch aggressiv macht.

Auch die Karthager müssen zum Beweis dieser These herhalten, zumal ihr Haschisch, will man den Berichten glauben, eine ja in der Weltgeschichte einmalige Haltbarkeit aufwies. Daß Hannibal dann doch darauf verzichtete, das schutzlos vor ihm liegende Rom einzunehmen, soll ja auch auf einen dreitägigen Dauertörn zurückzuführen sein. Der war allerdings nicht mit Hanf, sondern mit Opium. Und dann wurde auch noch ein frühgermanisches Kriegergrab im märkischen Sand bei Berlin gefunden, in dem ebenfalls ein Klumpen Haschisch lag. Die Sache war verbreitet, aber ob Haschisch bei den Alten als Kriegerdroge angesehen wurde, muß bezweifelt werden. Die doch ganz schön vielen Militärbücher, die aus jener Zeit erhalten blieben, erwähnen nichts dergleichen.

Leider ist auch, von den Skythen abgesehen, nicht bekannt, wie die Sache genossen wurde. Es gibt allerdings eine veritable Sammlung von Pfeifen und Dschillums aus diversen Gräbern von Ägypten bis in die Türkei. Eigenartigerweise sind jedoch alle Geräte unbenutzt, also typische Grabbeigaben, nur zum Zweck des Verscharrtwerdens angeschafft. Da Tabak aber noch völlig unbekannt war, rätseln die Gelehrten, wofür die Pfeifen gut gewesen sein könnten.

Die verbreitetste Technik der Antike dürfte aber gewesen sein, die Sache skythisch zu genießen, als Teil der Atemluft. In einigen chinesischen Räuchergefäßen fanden sich üppige Reste verkohlten Hanfs, und ein ähnlicher Fund wurde in der Nähe von Ankara gemacht. Im Hindukusch war es bei den Kafiren noch vor rund hundert Jahren üblich, bei bestimmten Anlässen das ganze Haus aus großen Räucherpfannen einzuqualmen, und im Museum von Kabul befindet sich ein schöner Räucherkessel aus der Ghandara-Zeit, zweites vorchristliches Jahrhundert, dessen Aufsatz ein regelrechtes Mundstück hat, zwecks vielseitiger Verwendung.

Hanf spielte auch eine wichtige Rolle im Schamanismus, der sich im Steppengürtel bis in unsere Zeit erhalten hat, und daß sich die Sache bei den Skythen in Zelten abgespielt hat, läßt die Herzen aller Vertreter der Kulturwanderungstheorie höherschlagen – vom hebräischen Laubhüttenfest bis hin zu Tipis für besondere Rituale bei den Indianern lassen sich eine Unmenge Parallelbeispiele aufbieten. Die frappante Ähnlichkeit

---

Ein vor mehr als zweitausend Jahren vor der sizilianischen Westküste gesunkenes Kriegsschiff Karthagos hatte, wie sich jetzt herausstellte, zwei Behälter mit Haschisch an Bord. Wissenschaftler vermuten, daß die Rauschmittel zur Stärkung der Kampfmoral der Schiffsbesatzung im Krieg mit Rom diente. Britische Archäologen, die die Überreste des karthagischen Schiffes, einer Trireme, und seiner Ladung in der Nähe von Isola Lunga vor Marsala (Sizilien) entdeckt und geborgen hat-

ten, teilten mit, Laboruntersuchungen hätten ohne den Rest eines Zweifels ergeben, daß es sich bei der in zwei Behältern vorgefundenen schwarzen Masse um Haschisch handelt, das so gut erhalten sei, daß es noch heute seine berauschende Wirkung habe. Zu den an Bord des Schiffes gefundenen Resten gehört das Skelett eines Hundes, der möglicherweise das Maskottchen der Schiffsbesatzung war.

(Süddeutsche Zeitung, 30. 9. 1975)

Fabelwesen, Tätowierung auf dem linken Arm des
Häuptlings aus Kurgan II, Pazirik.
(Tamara Talbot Rice, Die Skythen, Köln 1957)

dürfte allerdings einfach zu erklären sein: die Ritualzelte bei Gesell-
schaftsformen mit nomadisierender Tradition entspringen demselben Bedürfnis wie Kirchen und Tempel bei immobilen.

Welche religiöse Bedeutung Hanf bei den Skythen hatte, ist nicht bekannt, da sie auf Schrift keinen Wert legten und Griechen oder Chinesen
darüber mit dem Überlegenheitsgefühl ihrer Götterhimmel nichts nieder-
schrieben. Herodots Mißverständnis deutet eine Reinigungszeremonie
an, aber ein Besucher von einem anderen Stern würde auch einen Lei-
chenschmaus bei uns als rituelles Reinigungsmahl interpretieren können.
Wann sonst, zu welcher Götter Ehren, aus welchen Anlässen oder ob nur
zu ihrem Vergnügen die Skythen kifften, ist verlorengegangen wie ihr
Rauch.

Aus der Bibel wissen wir, daß einige skythische Völkerschaften versuchten, quer durch Palästina ziehend, Ägypten auf dem Landweg zu
erobern. Hanf dürften sie dort schon vorgefunden haben. Salomon erwähnt seinen «Gott wohlgefälligen Duft», was auf seine Verwendung als
Räucherwerk hindeutet, und bei seinem phönizischen Zeitgenossen König Hiram bestellte er um 960 v. Chr. für den Bau des Tempels einen größeren Posten Hanfseile. Das Originalwort der Bibel für die Pflanze ist
kaneh, was sowohl Hanf als Schilf bedeutet, und meist steht noch das
Adjektiv *bosm* dabei, zu übersetzen als: duftend, aromatisch. Die mei-

Der große Schicksalsgott
Die Tore des Himmels sind weit geöffnet,
Ich reite dahin, von dunkler Wolke gewiegt.
Mag meine Vorhut aus böigen Winden bestehen,
Mögen den Staub heftige Schauer benetzen!
Der Gebieter zieht Kreise im Flug, er senkt sich hernieder;
Ich will den K'ung-sang-Berg queren und dir zu Diensten sein!
Aber in allen Neun Ländern sind Menschen in Menge,
Wie darf ich wähnen, uns gelte sein Werk?
Hoch droben fliegt er in friedvollen Schwüngen,
Getragen vom klaren Äther lenkt er das Yin und das Yang.
Ehrfürchtig und ernst überqueren ich und der Herr
Auf unserem Wege zu Gott die Neun Berge.
Es schleift sein Geistergewand,
Es klirren die Gürteljuwelen.
Ein Yin für jedwedes Yang –
Die Menge begreift unser Tun nicht.
Ich pflücke des Götterhanfs liebliche Blüte,
Sie jenem zu senden, von dem ich getrennt bin.
Schnell kriecht das Alter heran, bald ist alles vorüber;
Sich nicht mehr nahekommen, bedeutet sich weiter entfernen.
Laut rasselt das Drachengefährt, das er lenkt,
Hoch droben jagt er hinein in den Himmel.
Beim Binden von Kassiazweigen verweile ich lange;
Ch'iang! Je mehr ich seiner gedenke –
Desto trauriger wird mein Sinn. Doch was hilft alle Trübsal?
Könnte nur ewig es sein, so wie es dieses Mal war!
Doch festgesetzt ist des Menschen Geschick,
Dem Begegnen und Trennen kann sich keiner entziehn.

sten Übersetzer haben sich damit schwer getan und sagenhafte Pflanzen erfunden. Aber: Schilfseile gab es in der alten Welt genauso wenig wie heute, und auch «aromatisches Schilf» war unbekannt. Da in den Büchern des Alten Testaments die Begriffe *kaneh* und *bosm kaneh* gelegentlich nebeneinander stehen, kann es sein, daß der eine die Faser, der andere Haschisch bezeichnet. Und daß dieser Stoff zu den bedeutenden Handelsgütern zählte, würdigt Ezechiel in seinem Klagelied über die phönizische Handelsmetropole Tyros (27/19):

«Dan und Javan und Mehusal haben auf deine Märkte gebracht Eisenbarren, Gewürze und duftenden Hanf, auf daß du mit ihnen Handel triebest ...»

Und dann gibt es noch die Vorschrift im Codex Leviticus, die für das letzte Kleid des Toten eines aus Hanffasern bestimmt. Hier spiegelt sich ein Abglanz der Bedeutung, die Hanf schon für die ganz Alten gehabt haben dürfte: «Die Pflanze, die deine Seele ins Unendliche öffnet», wie es in einem chinesischen Text der Han-Periode heißt. In den schamanistischen Texten des Reichs der Mitte steht die Pflanze oft in diesem Zusammenhang, als Bindeglied zwischen dem Menschen und dem Göttlichen. Der wohl schönste dieser Gesänge stammt aus dem zweiten vorchristlichen Jahrhundert und stammt wahrscheinlich von den Chu-Schamanen, die zwischen dem Kaiserhof und den Göttern zu vermitteln hatten. Arthur Waley hat ihn übertragen und dabei auch die ergreifende Balance zwischen mystischem und privatem Eros erhalten, durch die einsame Sehnsucht in die Unendlichkeit greift.

Apoll und Dionysos

Die Grundlagen unseres abendländischen Denkens danken wir den alten Griechen, von denen wir zunächst einmal feststellen müssen, daß es sie als Ganzes nicht gab. Was für uns Hellas wurde, waren viele kleine Stämme und Völkerschaften in meist kargen Tälern, denen nur gemeinsam war, daß nicht alle ihrer Söhne von der Landwirtschaft leben konnten und daher immer wieder Schübe von ihnen als Kolonisatoren losgeschickt wurden. Wer von der Landwirtschaft nicht satt wurde und genügend Glück hatte, nicht in den Bergwerken arbeiten zu müssen, war auf die Städte angewiesen, die als Tor zur übrigen Welt entstanden, auf den Handel oder auf die Kolonien. Daraus entstand, was wir heute unter Hellas verstehen: die faszinierende und überaus fruchtbare Mischung permanenter Kleinstaaterei mit souveräner Weltläufigkeit, von kalkulierendem Krämergeist und kultureller Neugier, von Bäuerlichkeit und höchster Vergeistigung.

Was alle Griechen verband, lernten wir, seien die gemeinsamen Götter gewesen, die in voller Besetzung erstmals in den Epen Homers auftreten. Auch das ist so nicht wahr. Es gab viele Regionalgottheiten, die bei gemeinsamen Eigenschaften zu den gesamtgriechischen verschmolzen, ohne an ihren Ursprungsorten ihre Eigenheiten zu verlieren. Manche eroberten erst relativ spät den gesamten griechischen Horizont, und ihr Siegeszug spiegelt sich anschaulich in den alten Gesängen. So lassen sich auch die zahllosen Kompetenzüberschneidungen bei den Himmlischen erklären, die jeweils philosophisch kanalisiert wurden.

Uns interessieren in diesem Zusammenhang natürlich nur die beiden Götter, die für Ekstase zuständig sind, Apoll und Dionysos. Beide gelten als uneheliche Söhne des Zeus, und die Eifersucht der rechtmäßigen Gattin des Obergotts bescherte ihnen eine eher aufregende Kindheit. Beide

Und daneben gab es noch eine große und mächtige Sekte, die «Dionysiker», die inbrünstig an die Wiederkehr der Seele glaubten, aber in der Form der Seelenwanderungslehre. Im Mantel der Nacht, beim Flackerschein düsterer Fackeln tanzten sie zum Getöse kreischender Becken, donnernder Pauken und jauchzender Flöten den rasenden Rundreigen durch die wilden Wälder und öden Berghalden, Fuchspelze um die Schultern, Hörner auf dem Haupte, Schlangen und Dolche schwingend. Rauschtränke erhöhten die Ekstase, bis schließlich die Psyche aus dem Leibe trat und sich mit dem Gott vereinigte, dem thrakischen Fremdling Dionysos.

Das Merkwürdige ist, daß sich diese epidemischen Psychosen mit großer Regelmäßigkeit alle zwei Jahre wiederholten: an den trieterischen Dionysen, mitten im Winter.

Verwandt mit der dionysischen Religion war die orphische. Sie leitete sich von Orpheus her, der ebenfalls ein Thraker war. Sie unterschied sich von der olympischen Religion vor allem dadurch, daß sie eine feste Lehre entwickelt hatte, während diese im wesentlichen immer nur Kult und Mythologie geblieben ist. Man kann fast von einer Dogmatik reden. Nach dieser ist die Seele zur Buße für eine früher begangene Schuld in den Kerker des Körpers gebannt, das Leben auf Erden ist der Tod der Seele: *soma sema*, «der Leib ein Grab». Vom Gläubigen wird nicht Abkehr von diesen oder jenen irdischen Verfehlungen gefordert, sondern Absage an das irdische Dasein selbst: nur so kann er dem tödlichen Kreislauf der Geburten entfliehen. Die Taten des abgelaufenen Lebens werden in der nächsten Reinkarnation vergolten. Ist die Seele völlig rein und aller Flecken ledig geworden, so wird sie eines Tages frei werden und nie mehr den Tod erleiden, in ewiger Seligkeit wie der Gott lebend, von dem sie stammt. Der Weg zur Läuterung geht durch Askese, sittlichen Wandel, Empfang der Mysterienweihen. Fleischgenuß ist Brudermord. Dies alles mutet fast indisch an.

(Egon Friedell, Kulturgeschichte Griechenlands, London 1949)

sind auch keine eigentlichen Griechen, sondern Zuwanderer und haben in der griechischen Götterwelt die Plätze anderer eingenommen, die durch sie verdrängt und vergessen wurden.

Dionysos kam aus Thrakien im Osten des griechischen Horizonts, das nur von Wohlwollenden als eine Pufferzone zwischen Hellenen und Barbaren angesehen wurde. In Thrakien mag er ursprünglich ein Naturgott gewesen sein; in Griechenland kam er als Gott des Rausches an, wobei dieser Rausch ein animalischer war, eine Art Rückkehr in den Schoß der Natur unter Überwindung der menschlichen Eigenschaft des Verstandes. Beschränkte sich bei den «klassischen» griechischen Göttern die Religion auf verschiedene Opfer und eine blühende Mythologie, brachte Dionysos ein geschlossenes religiöses System mit, die Mysterien.

Für die meisten Griechen und später für die Römer, die den Gott Bacchus nannten, war die Droge der Ekstase Wein, doch zumindest in Thrakien und Makedonien war das «Blut des Gottes» ein Cocktail aller mög-

Man gelangte in das Gebiet der Agrianer, eines anderen thrakischen Stammes. Dareios hatte sie einst, als er gegen die Griechen zog, vergebens zu unterwerfen versucht: sie hatten sich auf den Höhen verschanzt und alle Angriffe abgewehrt.

In dieser Gegend wurde viel Hanf angebaut. Nach den Mahlzeiten pflegten die Einheimischen etwas von diesem Kraut, das wie Origanum roch, zu verbrennen, um den Rauch einzuatmen, worauf sie in tiefen Schlaf fielen. Da Alexander von Natur aus gut schlief, verzichtete er auf diese Erfahrung.

(Roger Peyrefitte, Der junge Alexander, Hamburg 1980)

lichen Drogen. Bilsenkraut gehörte dazu, Pilze werden in zwei Aufzeichnungen erwähnt und dann auch «der Saft des Hanfs». Die Pilze konnten als Verwandte des auch bei uns gedeihenden «Spitzkegeligen Kahlkopfs» identifiziert werden, einem Verwandten des Psilocybin. Bei dem Saft des Hanfs gibt es Probleme: Haschisch ist in Alkohol zwar löslich, doch da keine genaue Rezeptur erhalten blieb, wird dies ein Geheimnis der Thraker bleiben. Die Initialfeiern der Dionysien immerhin erfolgten «in rauchgeschwängerten Höhlen», und aus einer Hymne wissen wir auch, daß es hier «der süße Rauch des göttlichen Hanfs» war.   ·

Es sind nur wenige Beschreibungen der Mysterien erhalten geblieben, und sie ähneln frappant den tantrischen Ritualen des Himalaya, die in bestimmten Gegenden regelmäßig mit Massensex zu enden haben. Auch die orphischen Texte, die erhalten blieben, zeigen diese Ähnlichkeit. Um sie zu erklären, muß man keine Erdleitungen zwischen dem Himalaya und den Bergen Griechenlands konstruieren – da Hanf in beiden Ritualen eine wesentliche Rolle spielt, kann es auch an der Imaginationswirkung der Droge liegen. Die «Magical Mystery Tour» zielt, sofern sie in den einzelnen Kulten mit Hanf befeuert wird, immer auf eine mystische Ver-

Reitzenstein gibt eine Vorschrift aus der hellenischen Zeit wieder, die derjenige zu befolgen hatte, der den Geist Gottes schauen wollte: «Ziehe dreimal tief Atem aus dem Feuerstein ein, so weit du kannst, und du wirst sehen, daß du dich erleichtert fühlst und dich in die Höhe hebst, so daß du glauben wirst, in der Luft zu schweben.» Diese Anleitung erinnert an die heute gebräuchliche Inhalationstechnik beim Rauchen von Haschisch. *Stringaris* hält es für wahrscheinlich, daß die Priester in den großen Mysterien von Eleusis und in den zahlreichen Orakeln Griechenlands über geheime Mittel verfügten, mit deren Hilfe sie während der Kulthandlungen ekstatische Rauschzustände provozieren konnten. Wahrscheinlich handelte es sich vorwiegend um Haschisch und Opium.

(Brigitte Woggon, Haschisch, Berlin 1974)

einigung mit der «Großen Mutter Erde», und auch im Gottesdienst der kleinasiatischen Magna mater Kybele spielte Hanf eine wesentliche Rolle.

Seltsamerweise ist für Hanf aber auch der andere Gott der Ekstase zuständig, der Gott der Dichter und Seher, Apoll. Er scheint aus Kleinasien zu stammen und verdrängte als Sonnengott den altgriechischen Helios. Ergriff er in der Ilias noch für die kleinasiatischen Trojaner Partei, war er kurze Zeit später schon Herr der wichtigsten Orakel Griechenlands, vor allem des delphischen, außerdem der Anführer der Musen, der Halbgöttinnen aller Künste.

Wie wir ihn aus der Mythologie kennen, ist er der Lichtgott. Seine Zwillingsschwester Artemis (römisch: Diana) ist eine Art jungfräuliche Muttergöttin der Natur, und beide Gottheiten horten in ihren Köchern auch die Pfeile des Todes. Seit Apoll für die Sonne zuständig ist, trägt Artemis den Halbmond im Haar, aber die Mythen über beide haben auch Episoden von düsterer Wildheit. Manche Legenden ähneln – enterotisiert, da auf Zwillinge übertragen – den Geschichten des indischen Paares Shiva-Durga, und es ist interessant, daß Apoll nicht nur der Lorbeer heilig war, sondern auch der Hanf. Auch hier führt die Spur nach Thrakien und noch weiter: nach Kleinasien und zu den Skythen.

Ein wesentliches Element griechischen Lebens war das Orakel, «die Stimme der Gottheit». Man befragt es in Kultangelegenheiten, bei Städtegründungen, in Kriegen, bei öffentlichen Unglücksfällen aber auch in zahllosen Privatangelegenheiten. So war Delphi ein Kolonialamt, das für Städtegründungen Ortswahl und Anlage vorschlug, und auch eine Art Völkergerichtshof, ebenso parteiisch und ohnmächtig wie alle späteren. Alle diese zahllosen Ratschläge entnahm die Priesterschaft dem Gestammel der Pythien, älterer Frauen, die auf einem Dreifuß über der Erdspalte thronten, aus der Dämpfe stiegen. So berauscht, verkündete die Pythia «mit rasendem Mund», was der Gott aus ihr sprach. Was die Priester dann daraus formulierten, waren meist Verse grandioser Zweideutigkeit, und auf der Stirnwand des Tempels stand das berühmte: «Erkenne dich selbst.»

Über den heiligen Rauch von Delphi wissen wir Bescheid: zu den Schwefeldämpfen kam der Qualm von Lorbeer und nur sehr gelegentlich der «blühender Rispen des Hanfs», wie Hesiod notiert. Aber Delphi war

---

Diodor, der unter Cäsar und Augustus lebte, gedenkt der Pflanze. Die Weiber Thebens stellen nach ihm aus Hanf eine Flüssigkeit dar, die wie Nepenthes des Homer wirke.
(Louis Lewin, Phantastica, Berlin 1924)

Aus der Naturkunde des Plinius, Band 19, Kapitel 9:

«... ist besonders nützlich für Seile. Hanf wird gesät, wenn im Frühling die Westwinde blasen; je dichter das Feld bestellt ist, desto feiner werden die Fasern. Die reifen Fruchtstände werden bei der herbstlichen Tag- und Nachtgleiche gepflückt und durch Sonne und Wind getrocknet oder über einem Feuer geräuchert. Die Pflanze selbst wird nach der Ernte gepflückt und bei Kerzenlicht (= im Winter) geschält und gereinigt. Der beste Hanf kommt aus Arabien und wird besonders für Jagdnetze verwendet. Drei Arten Hanf werden dort produziert, wobei der zur Rinde der Pflanze liegende den gering-sten Wert hat, der aus der Mitte den höchsten. Der zweitbeste kommt aus Marseille. Was die Höhe betrifft, wächst der aus der rosigen Erde des Sabinerlandes (bei Rom) zur Größe von Obstbäumen.» (Die zwei Geschlechter der Pflanze wurden schon im Abschnitt über exotische Kräuter erwähnt, unter: «Bactrisches Lachkraut»; Bactrien entspricht etwa dem heutigen Afghanistan.) «In Italien sind die Früchte eine Art Nahrung; sie werden in Töpfen aufbewahrt und halten ein Jahr. Zwei verschiedene Teile der Pflanze werden als Gemüse benutzt: Die Fruchtstände und die Zweige.»

(Plinius: geb. um 23, gest. 79 n. Chr. beim Untergang Pompejis)

---

nur das berühmteste Orakel Apolls. Zur Zeit Alexanders gab es mindestens vierzig in Griechenland und Makedonien und außerdem noch drei berühmte des «thrakischen Apoll». Allesamt waren sie berühmte Wallfahrtsorte und, was ja heute noch in Bayern so ist, dadurch auch Märkte. Wer die einzelnen Lokalmythen vergleicht, kommt zu dem Schluß, daß hier viele alte Götter mit oft nur geringen Ähnlichkeiten zum gesamtgriechischen Apoll verschmolzen, aber eine weitere Gemeinsamkeit aller Orakel war der «heilige Rauch», der nur in Delphi aus der Erde kam. In den übrigen Heiligtümern hieß er «das «thrakische Feuer», und in Thrakien wurde es zu Ehren des Gottes mit Hanf gespeist.

Im übrigen war die Sache über die gesamte antike Welt verbreitet, hauptsächlich der Fasergewinnung wegen. Besonders guten Ruf genoß der Hanf aus der Gegend von Marseille und der aus dem Sabinerland bei Rom, den Plinius preist. Und hier finden wir einen der seltenen Hinweise darauf, daß die Pflanze nicht nur ihrer Fasern wegen geschätzt wurde.

In der antiken Heilkunst hatte Haschisch einen festen Platz als eine Art Universalmittel. Dioscorides, der den Kaiser Nero verarztete, meinte allerdings, allzuviel beeinträchtige die Potenz. Galen, dessen Kurbetrieb in Pergamon die berühmteste Anlage der Antike war und der bis in das Mittelalter die größte medizinische Kompetenz blieb, erwähnt: «Manche Leute rösten und essen die Samen zusammen mit anderen Süßigkeiten. Sie nehmen sie nach dem Essen zum Vergnügen, um ihren Appetit zu stimulieren und zu trinken. Die Samen verschaffen ein warmes Körpergefühl und, im Übermaß genossen, auch einen hitzköpfigen Rausch. Es vertreibt die Schwermut, macht aber so durstig, daß es bei allzu reichlichem Genuß der Potenz schadet. Andere Leute pressen den frischen Saft und nehmen ihn als Analgetikum bei Ohrenschmerzen.» Wiederum fällt in diesem Text auf, daß nur von den Samen die Rede ist, die ja eigentlich am wenigsten Wirkung haben. Eine spätere Illustration zu Dioscorides aber zeigt, was gemeint war: die gesamten Blütenstände der Pflanze. Und das Dessert der alten Römer wird heute noch so ähnlich in Nordafrika zubereitet. Dort heißt es Majoun.

Ihr Haschisch kam meist aus der heutigen Türkei, Syrien und dem Libanon. Außerdem gab es noch «westliches» Haschisch aus Südspanien und Marokko. Da es wesentlich billiger war, dürfte es sich dabei um Khif gehandelt haben. Insgesamt galt der Stoff weniger als Medizin, denn als Vergnügungsdroge. Den höchsten Stellenwert aller Drogen hatte für die Römer das Opium, und als Diokletian zum Ende des dritten nachchristlichen Jahrhunderts die Höchstpreise für alle Drogen des Reiches festlegen ließ, kostete ein Pfund Opium 150 Denare, während ein Pfund bestes Haschisch schon für 80 zu haben war, rezeptfrei aus der nächsten Apotheke.

Hexenkraut und Teufelsbann

Während wir über die Verbreitung des Weinbaus durch die Römer ziemlich genau Bescheid wissen, sind Quellen über den Hanfbau spärlich. Die Gründe dafür sind einfach: Wein war für Kelten und Germanen eine exotische Droge, außerdem das römische Staatsrauschgift. Ehe die Pflanze in unseren Breiten akklimatisiert wurde, aber auch noch lange Zeit später, war Weinhandel mit dem Norden ein äußerst profitables Geschäft, und die in unseren Museen gehorteten Grabsteine auf Geschäftsreisen verstorbener Weinhändler sind gewichtige Dokumente. Hanf aber war auch im «unzivilisierten» Norden eine überall wuchernde, selbstverständliche Pflanze. Eine ganz besondere Rolle in der Landwirtschaft allerdings spielte sie immer.

Den ersten Germanen bereits war sie eine «heilige Pflanze», und die meisten Gelehrten erklären dies mit der Faserqualität. Hier sind Zweifel anzumelden, denn auf den Feldern wuchsen auch Lein und Flachs, und obwohl Leinen eine für die Bekleidung weit größere Bedeutung hatte, war Hanf die geschätztere Pflanze. Da schriftliche Dokumente fast vollständig fehlen, sind wir auf das angewiesen, was Grabhügel berichten. Bereits um 500 v. Chr. bekamen sowohl keltische als germanische Frauen

In zwei deutschen Rezepten des 8. Jahrhunderts findet sich der Hanf unter der Bezeichnung «Hanov-samo» und als «Hanfsâmin» in einer Zürcher Heilkunde aus dem 11. Jahrhundert. Zur lokalen Anwendung bei Wunden und Geschwüren wurde Hanf im «Hortus sanitatis» von *Hildegard von Bingen* (1098 bis 1179) empfohlen. Der deutsche Arzt *Engelbert Kämpfer* beschrieb in seinem 1712 erschienenen Werk ‹*Amoenitatum exoticarum politico-physicomedicarum*› ausführlich den Hanf und seine Wirkung.

(Brigitte Woggon, Haschisch, Berlin 1974)

zu ihrer Spinden ein Büschel Hanffasern in das Grab mitgegeben, Bauern außerdem Hanfsamen und – hauptsächlich im heute mecklenburgischen Raum – gelegentlich auch Blütenstände der Pflanze. Außerdem sind die aufgefundenen Gewebereste, von ganz wenig Wolle abgesehen, ausnahmslos Hanftextilien, obwohl die Tageskleidung Leinen war. Das erinnert an die Vorschrift des Alten Testaments, doch Germanen und Kelten waren damals noch solide Heiden. Es mag eher damit zusammenhängen, daß Hanf die Pflanze der Liebesgöttin Freya war.

Nicht viel wissen wir auch über den Stellenwert des Hanfs bei den skandinavischen Völkern. Immerhin: ein Grabfund um 150 n. Chr. zeigt, daß die Pflanze bereits bekannt war, und bald darauf waren die Fasern das wichtigste Material für Schnüre, Angelleinen und Netze, während die rauhen Rohfasern – Werg – zusammen mit Pech zum Dichten der Schiffe verwendet wurde, denn Hanf ist extrem wasserresistent. Um 1250 sprossen jedenfalls Hanffelder sogar auf Island, und es ist möglich, daß es die Wikinger waren, die in ihrem Reisegepäck die Samen nach Nordamerika brachten. In jenen Gegenden jedenfalls, die Erik der Rote mit seinen Horden heimgesucht hatte, fanden spätere europäische Kolonialisten üppig wuchernde Hanfdschungel.

Über die berauschende Wirkung des Hanfs fehlt es jedoch an Hinweisen. Die besonders erwähnten Rauschmittel sind stets Alkohol – und mehr noch – Fliegenpilz, der teilweise mit hohen Preisen bezahlt wurde, aber das kann auch daran liegen, daß Hanf eben selbstverständlich war. Immerhin gibt es im germanischen Götterhimmel zwei für verschiedene Rauschformen Zuständige: Thor ist für Alkoholika und den «gewöhnlichen» Rausch zuständig, Wotan/Odin jedoch, ähnlich Apoll, für den seherischen. Wie in den griechischen Mythen läßt ein skandinavisches Lied aus dem 11. Jahrhundert diese Seherkraft aus «heiligem Rauch» entstehen, ohne jedoch das Heizmaterial dafür zu präzisieren.

Ethnologie und Anthropologie sind verhältnismäßig junge Wissenschaften, und so wissen wir nur sehr wenig über den Stellenwert des

Hanfs in Mitteleuropa. Ein besonderer jedoch scheint es immer gewesen zu sein, denn Karl der Große schrieb ihn 798 ausdrücklich für alle seine Länder vor, und wenig später berichtet der gelehrte Otto von Bamberg, daß auch bei den damals noch heidnischen Slaven in Pommern die Hanffelder blühten. Zwischen 800 und 1200 war Hanf die wichtigste Nutzpflanze Englands, und um dieselbe Zeit begann er im östlichen Voralpenraum zu wuchern. Eigenartig sind die vielen Ortsnamen in Niederösterreich, die sich auf die Pflanze beziehen, von der Mittelstadt Hampstätten, die später Amstetten hieß, bis zum kleinen Bauerndorf Hanfthal. Unter den Flurnamen des Mostviertels gibt es allein siebzehn Hanfkogel – keine andere Pflanze war Taufpate so vieler Ortsnamen.

Aus Niederösterreich stammt auch eine Tradition, die zeigt, daß Hanf keineswegs nur als Faserpflanze gesehen wurde. Allein acht Sagen aus dem westlichen Landesteil berichten von Jungfrauen, die sich, vom Teufel verfolgt, in ein Hanffeld retten konnten. Nun lauerte ja im Mittelalter der Teufel überall, und da war es schon nötig, satansfreie Zonen zu haben. Daß sie durch Hanf markiert wurden, ist allerdings interessant, und die Folge war, daß noch in unserem Jahrhundert um alle Bauernhäuser traditionsgemäß eine dichte Reihe Hanfpflanzen wuchs. Das allein mit dem insektenvertreibenden Geruch zu erklären, reicht nicht aus, obwohl der Satan ja mit einem seiner vielen Namen auch Fliegengott heißt, und das Rätsel wird noch etwas größer, wenn man die lokale Benennung dieses Pflanzengürtels hört: Rauhhanf, Rauchhanf oder schlicht Rauchkraut.

Auf die magische Bedeutung der Pflanze weisen auch andere Traditionen hin. Noch Anfang dieses Jahrhunderts war die Hanfaussaat im Badischen ein Fest. Zwischen 11 Uhr und Mittag wurden die Samen in die Erde gesenkt, und dann wurden kleine Kuchen gegessen, die «Hanfeier» hießen, und dieses Mahl sollte das Wachstum beflügeln. Aus ähnlichen Gründen gab es nahezu überall in Europa nach der Aussaat ein Tänzchen am Feldrand.

In Osteuropa ist Hanf auch mit dem Totenkult verbunden. Noch heute wird gelegentlich in Polen und Litauen am Heiligen Abend, wenn die Toten für eine Stunde ihre Familie besuchen, die «Semieniatka» verzehrt, eine Suppe aus Hanfsamen zu Ehren der Toten. In der Ukraine wird die aus denselben Gründen am Dreikönigstag gekocht.

Auch die Ernte des Hanfs war allerorten ein Fest, das diese Pflanze vor allen anderen auszeichnete. Zweifellos liegt es am Geruch eines reifen Hanffeldes, daß es dabei fröhlich-gesellig zuging und immer auch Gelegenheit war für die zarteren Formen bäuerlicher Erotik. In Polen wurden bei diesen Gelegenheiten die Bräute des nächsten Jahres von den wissenden Frauen über die nicht ganz zum Haushalt gehörigen Aufgaben aufge-

Seit relativ kurzer Zeit wird Cannabis von immer weiteren Kreisen der westlichen Gesellschaft – hauptsächlich in den Vereinigten Staaten und in Europa – als Rauschmittel konsumiert; die Droge ist zum Sorgenkind von Gesetzgebern und Justiz geworden und hat Probleme im sozialen Bereich und im Gesundheitswesen geschaffen. Noch herrscht über das Ausmaß oder die Art, wie man dieses Problem lösen könnte, wenig oder keine Übereinstimmung. Die Ansichten sind grundsätzlich in zwei Lager gespalten: Die einen sehen im Cannabis-Konsum eine große soziale, moralische und gesundheitliche Gefahr, die es zu beseitigen gilt; die anderen halten es für einen harmlosen, angenehmen Zeitvertreib, den man legalisieren sollte. Wahrscheinlich wird es noch eine Weile dauern, bis alle Fakten, die mit dem Gebrauch dieser uralten Droge zusammenhängen, vollends bekannt sind. Vielleicht können wir die gegenwärtige Situation nur in den Griff bekommen, wenn wir versuchen, die Geschichte und die Einstellung der Völker zu verstehen, die die Pflanze lange Zeit verwendet haben.

(Richard Evans Schultes, Albert Hofmann, Pflanzen der Götter, Bern 1980)

---

klärt, und in der Schweiz war das Sammeln der Pflanzen Anlaß für ein Fest namens Stelg, zu dem die Burschen in bunten Masken kamen.

Als heilige Pflanze wird Hanf auch durch einige bäuerliche Rituale geehrt. Die größte Pflanze eines Feldes blieb früher stets stehen. Im südlichen Polen wurde um sie zu Mitternacht des nächsten Neumonds ein Kalkkreis gestreut, dann wurde sie mit Weihwasser besprenkelt und vom Bauern selbst geerntet. Fiel dabei ein Blättchen in seine Schuhe, bedeutete das Glück für das nächste Jahr. In der Ukraine galt ein Hanfzweiglein, in der Johannisnacht gebrochen, als unfehlbares Mittel gegen Hexen und den bösen Blick.

Nicht zu diesem Bräuchen scheint zu passen, daß Hanf in einigen Gegenden Südtirols auch «Hexenkraut» heißt. Da aber lieferte ein alter Bauer Aufklärung: «Wann'st a Büscherl Hanfkraut unters Dach hängst, kaunn koa Hex wos ausrichten. Dös is a gaunz a guads Kraut.»

Auch eine Duftspur vom Kraut der Seher hat sich in der Ukraine erhalten. Sula Benet berichtet, was ein heiratslustiges Mädchen in der Ukraine zu tun hatte, wollte es den Namen seines Künftigen, den Hochzeitstermin und ähnliches wissen: «In der Andreasnacht, am 30. November, mußte sie unter bestimmten magischen Sprüchen ein Büschel Hanf auf den Boden legen. In ihrem Gürtel mußte sie Hanfsamen haben, dann auf das Büschel springen und singen:

Andrej, Andrej,
ich setze den Hanfsamen auf dich.
Wird Gott mich wissen lassen,
mit wem ich schlafe?»

Dann mußte sie etwas Wasser in den Mund nehmen, auf die Samen spucken und die den Vögeln geben. Einen ähnlichen Brauch gab es auch in den Alpen – aus der Richtung, aus der das erste Vögelchen kommt, wird auch der Zukünftige kommen. In der Ukraine allerdings mußte dann ein Mädchen sein Hemd ausziehen und dreimal nackt um das Haus laufen. Vielleicht wartete der Richtige schon im Gebüsch.

Shiva als Herr des Kailas mit Dreizack und Dschillum, den Halbmond im Haarknoten, aus dem der Ganges entspringt. Bronze, Höhe 39 cm, Nepal um 1600

S'ambhu, Kailashi, Pashupati, Bombole!
Aus DIR selbst geschaffener Herr des Kailas,
Freund aller Geschöpfe, Fröhlichmacher,
DU, dessen Namen zahlreich wie Sterne sind,
Hari, Shankar, Retter, Erlöser,
Schlangengegürteter, in dessen Haar
die Mondsichel ruht, aus dessen Haarschopf
die heilige Ganga strömt, der DU mit DEINEM Dreizack
das ständig neu sich gebärende Übel tötest,
der DU alles Gift der Erde trankst,
bis DEINE Haut dunkel wurde, Herr aller Götter
und aller Dämonen, DU Unnennbarer!
DEIN Lingam will ich mit Milch benetzen,
das ewig groß in DEINER Shakti ruht.
Nimm diese Blumen, nimm meinen Gesang,
der DU unerschütterbar in DEINER Trauer
auf DEINEM Tigerfell meditierst, DEINE roten Augen
hanfschwer nach innen gewendet, alles sehend
was war, was ist und was nicht sein wird.
DEINE Tränen, Rudra, um meinen Hals,
einhundertacht Tränen habe ich glatt gestreichelt,
der DU das letzte bist vor dem Nirwana.
DU größte Freude, Lebenschaffender,
schrecklichster Feind alles Bösen!
Singen will ich DEIN drittes Auge,
mit dem DU die Welt immer wieder verbrennst,
tanzen will ich DEINEN Tanz, Nataraj,
mit dem DU die Welt immer wieder erschaffst
in die donnernde Musik des Weltalls.
DEINE kleine Doppeltrommel, Damruraj,
aus meiner Schädeldecke und der meiner Shakti,
endet dieses mein kleines Sein,
erderschütternder Zerstörer des Scheins.
Der großen Täuschung dessen, was wir wissen,
begegnest DU schrecklich, Bhairava, blutig baumeln
die Köpfe der Hoffnung um DEINE Lenden.
Ich grüße DICH, der DU als ersten Samen
den des Ganja in die Erde senktest,
aus dem meine Ahnung von DIR wächst.
Herr der Verbrennungsplätze, mein Rauch
möge mich auslöschen und meine Lust
möge grenzenlos sein wie DU, Uma.
Meine hanfroten Augen nach innen senkend
lebe ich DICH im Rausch, und die Welt
habe ich hinter mir gelassen.
Bom' Shankar! DIR zu Ehren
hebe ich mein Dschillum an meine Stirn,
um in DIR aufzugehen. Om nama Shiva!
    (nepalisch, etwa 15. Jahrhundert)

2. Das Kraut der Ekstase

Seiner Hoheit High

Zu den beeindruckendsten Persönlichkeiten, die mir je begegnet sind, zählt der Löwe von Nepal. So hieß er wirklich, außerdem Singha Shumshere Jang Bahadur Rana, gefolgt von gut fünfzig weiteren Namen und Titeln, die er selbst nachlesen mußte. Als ich ihn kennenlernte, war er schon ein betagter Löwe, ein zierlicher alter Herr unglaublich kultivierter Lebensformen. Er stammte noch aus dem vorigen Jahrhundert und aus einer Gesellschaft, die für uns schon viel weiter entfernt ist. Schon bei seiner Geburt war er Generalfeldmarschall, und da konnte es natürlich nur noch aufwärts gehen. Militärisches allerdings interessierte ihn kaum; Seine Hoheit fühlte sich eher als Homme littéraire und konnte hinreißend plaudern.

Er hatte ja auch was zu erzählen. Als junger Prinz aus den Bergen hatte er noch in London Queen Victoria kennengelernt – «Sie war damals schon mehr als korpulent.» – und Deutschlands Wilhelm II., der ihn an einen Karnevalsprinzen erinnerte. Da er außerdem fast fünfzig Jahre lang Außenminister des Himalaya-Königreichs war, hortete er auch einige Souvenirs an Winston Churchill – schließlich hatte er den Briten die Gurkhas verkauft, die gefürchteten Elitetruppen der Kolonialzeit. Nun saß er in seiner Bibliothek in Kathmandu, umgeben von Unmengen Büchern, Bildern und Fotos, behaglich zurückgelehnt in seinem selbstentworfenen Lesestuhl, rauchte, wie sich das für uralte Herren in Nepal so schickt, schon am Vormittag unglaubliche Mengen Haschisch und ließ sein Leben Revue passieren.

In London hatte er noch die Melba gehört, die wir heute nur als Pfirsich kennen, und in Paris einmal Mata Hari gesehen – «eher enttäuschend» –, in Berlin hatte er sich 1910 von Liebermann malen lassen, einige schöne Juwelen von Fabergé aus dem kaiserlichen Petersburg hatte er auch noch, aber dennoch war er davon überzeugt, daß der Westen keine wahre Kultur habe.

«Man muß sich nur einmal diese entsetzlichen Worte anhören, die ihr für die schönsten aller Zustände habt», knurrte der alte Löwe eines Tages, die Silberpfeife zwischen den Zähnen. «Allein dieses englische ‹Intoxication›, als wäre es eine Vergiftung, oder das deutsche ‹Rausch›, als würde

Ein großer Teil des Hinduismus ist eigentlich nichts anderes als Ekstasetechnik:
Religion wird somit zum Mittel zur Erreichung höherer (absolut höchster?) Bewußtseinszustände.
(Klaus Klostermayer in: Archiv für Religionspsychologie 10, 1971)

alles an einem vorbeibrausen. Und erst eure Ausdrücke für die Wonnen der Sexualität!» Er schüttelte sich. «Die höchsten Zustände benennt ihr mit so niedrigen Worten, daß sich jeder ihrer schämt und, wenn er sie schon nicht vermeiden kann, schnell und fast angeekelt hinter sich bringt. Ihr sprecht vom ‹Tierischen› in euch oder vom ‹animalischen Instinkt› und bedenkt nicht, daß Anima ja die Seele ist, daß jene Zustände vielleicht die wahrsten der Seele sind. Ihr habt eine Welt erobert, um sie ausbeuten zu können, ja, das habt ihr dadurch erreicht, daß ihr ausschließlich auf den Verstand gesetzt habt und auf die Vernunft. Das konntet ihr mühelos, denn für die meisten Völker ist diese kalte, kalkulierte Macht nicht so wichtig wie für euch. Aber was habt ihr davon? Welche Kultur habt ihr geschaffen?»

Da erwachte in mir der Weiße Mann. Ich verwies auf Mozart, von dem ich wußte, daß der alte Herr seine Musik liebte, deutete auf Edisons Phonograph, der auch in seinem Palast stand, aber der Löwe knurrte.

«Du sprichst von Partituren, die einzelne geschrieben haben und dabei auch noch verhungert sind, zeigst auf technische Geräte. Ich kenne eure Kulturtempel, die Museen, Konzertsäle, Galerien ja zur Genüge. Das ist keine Kultur, sondern nur Konsum. Das versteht der Westmensch unter Kultur: selbst ein wenig erlernte Bildung haben, irgendwo hingehen, zusehen und zuhören, wie da ein paar andere für ihn arbeiten, damit er eine ganz entfernte Ahnung davon bekommt, was alles sein könnte, würde er sich nicht nur mit dem materiellen Konsum beschäftigen. Ein Mensch, der wirklich Kultur hat, muß sich nicht mehr ein Bild ansehen, er muß es nicht einmal malen, es würde genügen, es zu sehen. Er müßte keine Musik hören, sie nicht einmal spielen, es würde genügen, sie zu leben.»

«Aber Sie kennen doch auch Venedig», warf ich ein, «und Sie lieben diese Stadt. Angenommen, die Venezianer wären so durchgeistigt gewesen, wie Sie sagen – sie hätten sich diese Stadt nur geträumt und würden heute noch in Hütten am Rand der Lagune dahindösen.»

«Vom abendländischen Standpunkt hast du recht. Venedig ist die vollendetste Kaufmannskultur – hier ließen Pfeffersäcke ihre Träume in solidem Stein bauen, für sich und ihre Kinder. Aber: kamen sie dadurch den Göttern näher? Kann die prunkvollste Kathedrale der Welt auch nur eine

47

Der geborene Generalfeldmarschall
Singha Shumshere mit 16 ...

Ahnung vermitteln von dem Glanz, der möglich ist? Sicherlich, wer aus
einer Hütte kommt, wird bei soviel Gold staunen und ‹Oh!› sagen, vielleicht auch in die Knie gehen. Aber es ist doch alles nur Materie, auf die er
hereinfällt. Es ist doch nur die Täuschung, mit der wir diese Welt für
wirklich halten. Es sind doch nur kunstvolle Mauern, die wir zwischen uns
und das freie Wandernkönnen unserer Seele schieben. Sicherlich: der Erfolg des Abendlandes in dieser Welt beruht auf dem Fixiertsein auf die
Materie. Davon immer mehr zu bekommen, nie genug, ist Triebkraft genug für eine weltumspannende Macht. Daher müßt ihr auch alles andere
mit verächtlichen Worten benennen. Aber wer sagt euch denn, daß nicht
ein lumpiger Wanderheiliger, der auf einem Baumstumpf sein Dschillum
raucht, mehr Ahnung von Vollkommenheit und Glanz hat als ihr? Ihr seid
erdenschwer, ihr wollt schauen, höchstens ein wenig über den Garten-
zaun eurer gebastelten Herrlichkeiten hinwegträumen, aber die wahren
Augen mußtet ihr schließen, die Flügel eurer Seele beschneiden, um nicht
am Ungenügen eurer Vollkommenheit zu ersticken.»

An einem anderen Tag kamen wir wieder auf dieses Thema, und der
alte Löwe hatte einige Bücher neben seiner Pfeife liegen.

«Ich habe ja lange genug als Wanderer zwischen eurer Welt und der
hier gelebt, bis ich in mich gekehrt bin. Ich habe da eine Maxime, die

48

... mit 40   ... und mit 84

geeignet ist, die Gegensätze zwischen beiden zu erklären. Euer Descartes sagt: ‹Ich denke, daher bin ich›, und das mag wahr sein. Daher liegt ja euer Sein innerhalb des Denkbaren, und eure Mystiker versuchen, euch ein wenig Ahnung vom anderen in denkbaren Sätzen zu erzählen. Ihr selbst aber müßt, um des Hier-Seins willen, das andere amputieren, für euch selbst verächtlich machen. Für uns aber ist dieses Sein nur eine große Täuschung, ist dieses Denken nur ein Trug-Denken, um die Fiktion dieser Welt begreifen und aufrechterhalten zu können. Daher ist unser Ziel das Nichtdenken, das Aufgehen in der Ekstase, und alle Mittel, die das fördern, sind heilig.»

Er nahm einen tiefen Zug aus seiner Pfeife.

«Natürlich wissen wir, daß eine dauernde Ekstase gegen dieses irdische Leben gerichtet wäre, aber deshalb dürfen wir uns nicht vor ihr verschließen. Wir lernen sie, von Kindheit auf. Unser Rausch ist nicht ein Wegtreten aus dem Alltag, sondern das Betreten größerer Räume, wo diese unermeßliche Welt hier zu einem Sandkorn schrumpft, in die wir aber, eingedenk dessen, daß wir durch unsere Taten in diesem Leben stehen, jederzeit freiwillig zurückkehren. Das Nicht-mehr-sein-Müssen ist die Frucht unseres Seins, unseres Tuns. Daher gönnen wir uns, solange wir noch arbeiten können, den heiligen Rausch des Hanfs nur am Abend,

49

Es gibt sieben Methoden, die von den großen Weltreligionen angewandt werden.

1. Der *Buddhismus* versucht das Leben und die zellularen Manifestationen zu überwinden und ins weiße Licht der Leere zu streben, dem vereinigenden atomar-elektrischen Blitz jenseits der Form.

2. Der *Hinduismus* ist ein vegetativer Dschungel von Wiedergeburtsbildern. Eindeutig zellular. Evolutionär. Genetisch.

3. Der *Tantrismus* (tibetanisch, Bengali) konzentriert sich auf somatische Energie (Kundalini) und Chakra-Bewußtsein.

4. *Zen, chassidisches Judentum, Sufismus und frühes Christentum* benutzten Methoden, um die sinnliche Energie zu konzentrieren.

5. *Protestantismus und talmudisches Judentum* sind die klassischen Ego-Religionen. Logik, harte Arbeit und der Sinn fürs Praktische werden dich in den Himmel bringen.

6. *Katholizismus der Mittelklasse* und nach dem Teufel orientierte, buchstabengläubige Sekten basieren auf emotionaler Erregung – Furcht.

7. *Selbstmord und Todeskulte.*

Was sind die sieben grundlegenden spirituellen Fragen?

1. *Die Frage nach der absoluten Macht.* Was ist die elementare Energie, die dem Universum zugrunde liegt – die absolute Macht, die Galaxen und Atomkerne bewegt? Wo und wie hat alles angefangen? Was ist der kosmische Plan? Kosmologie.

2. *Die Frage nach dem Leben.* Was ist das Leben? Wo und wie hat es begonnen? Wie entwickelt es sich? Wodurch entwickelt es sich? Genesis, Biologie, Evolution, Genetik.

3. *Die Frage nach dem Menschen.* Wer ist der Mensch? Woher ist er gekommen? Was ist seine Struktur und Funktion? Anatomie und Physiologie.

4. *Die Frage nach dem Bewußtsein.* Wie fühlt, erlebt, erkennt der Mensch? Epistemologie, Neurologie.

5. *Die Frage nach dem Ego.* Wer bin ich? Was ist meine spirituelle, psychologische, gesellschaftliche Stellung im Plan? Was soll ich deshalb tun? Sozialpsychologie.

6. *Die emotionale Frage.* Was soll ich dabei empfinden? Psychiatrie. Persönlichkeitspsychologie.

7. *Die Frage nach dem letzten Ausweg.* Wie komme ich da heraus? Anästhesiologie (durch Amateure oder Fachleute). Eschatologie.

(Timothy Leary, Politik der Ekstase, Hamburg 1970)

---

nach dem Sonnenuntergang. Er zeigt uns, was es jenseits des Tages gibt, und wir lernen, diese Räume mählich zu durchstreifen. Wird aber ein Mensch so alt wie ich, hat er alles getan, was zu tun war, so hat er das Recht gewonnen, diese Welt nur noch aus den Augenwinkeln zu sehen. Ich rauche nicht, um sie zu vergessen, sondern um ihrer Kleinheit bewußt zu werden und um mich vorzubereiten auf die größeren Räume, in die ich bald eingehen werde. Wer den Hanf nur raucht, um berauscht zu werden, und wer den Rausch nur als einen Zustand sieht und nicht als Gefährt in die Räume größerer Einsicht, versteht uns nicht.»

Ich vermisse den alten Herrn schmerzhaft, wenn ich durch Kathmandu gehe, aber ich weiß, daß dies nicht in seinem Sinn ist. Er war der heiterste und gelösteste Mensch, der mir begegnet ist, und erst bei seinem Tod erfuhren wir, daß er mehr als zehn Jahre mit dem Wissen seiner Krebskrankheit gelebt hatte. An einem milden Novemberabend wurde er zu seinem Scheiterhaufen nach Pashupatinath gebracht, an den heiligsten Platz Shivas im Himalaya. Vorneweg dröhnte das Staatsbegräbnis, das dem letzten Maharadscha ja zustand, und erst sehr viel später kamen mit leichterem Schritt und schwereren Herzen seine Freunde, Nepali aller Kasten und viele weißhäutige Langzeit-Nepali, die wir seine Pfeifen und seine Herzlichkeit geteilt hatten. Während der Löwe von Nepal in den Flammen seines riesigen Scheiterhaufens verschwand, zogen seine Freunde auf die andere Seite des heiligen Flusses Bagmati in den heiligen Hain, und wie es sich gehört, wurden zu Ehren des Toten große Dschillums schwerstes Haschisch geraucht. Irgendwann kam dabei die Frage auf, welche Wiedergeburt denn der geborene Generalfeldmarschall haben werde, vorausgesetzt, er sei doch noch nicht vollkommen gewesen.

«Ganz einfach», meinte ein auch schon betagter Fürst, «als Hippie.»

Soma

Die Geschichte des Hanfs beginnt für den Subkontinent mit jenem Feuersturm, der vor gut dreieinhalbtausend Jahren die alten Kulturen hinwegfegte, mit den arischen Einwanderungswellen. Die da über den Hindukusch kamen, waren wohl nicht weniger wild als die Skythen, mit denen sie einiges gemein hatten. Sie waren Bauernvölker. Folgerichtig zerstörten sie die Städte, und dieses Bewußtsein hat sich noch heute in der indischen Gesellschaft so weit erhalten, daß auch moderne Millionenstädte nur eine wahllose Ansammlung von Dörfern sind, unter Beibehaltung dörflicher Praktiken, versteht sich. Dazu gehören die heiligen Kühe – unverletzbares Gemeinschaftseigentum, melkbar für alle, die keine eigene Kuh haben – und natürlich auch das Kastensystem, mit dem sich die Eindringlinge voreinander und erst recht gegen die Angestammten abschotteten, die als Parias weniger wert waren als ein Kuhfladen.

Vier große Kastengruppen gibt es: die Brahmanen, durch Geburt für das Priesteramt zuständig; die Krieger, also Adeligen; die als eigene Gruppe wohl etwas jüngere Kaufmannskaste und schließlich die vielen Unterkasten der Handwerker. Aber nur die beiden höchsten Kasten durften an den Opferritualen mitwirken – die Ritter als zahlende Gäste –, und nur ihnen war gestattet, den heiligsten aller Tränke zu verkosten, Soma.

Soma war der Sohn Atris, der Sohn Brahmas. Er führte das Rājasuya-Opfer durch, und durch den dadurch erworbenen Ruhm und die immense Macht, die ihm zugetragen worden war, wurde er derart arrogant und verdorben, daß er Tārā, die Gattin Vrihaspatis, Lehrer der Götter, entführte. Vergeblich versuchte Vrihaspati, seine Gattin zurückzuerobern; vergeblich befahl Brahma und protestierten die heiligen Weisen. In der Folge kam es zu einem großen Krieg; auf der einen Seite kämpften die Götter zusammen mit Indra, um zu versuchen, Tārā zurückzuerlangen; Soma mit den Dämonen auf der anderen. Schließlich bat sie Brahma um seinen Schutz, worauf er Soma befahl, sie zurückzugeben. Da Vrihaspati bei ihrer Rückkehr feststellte, daß sie schwanger war, weigerte er sich, sie bis nach der Geburt ihres Kindes zu empfangen. Entsprechend seinen Befehlen wurde das Kind sofort geboren, und da es gleichsam wundervoll an Schönheit wie Macht war, beanspruchten ihn sowohl Vrihaspati als auch Soma als ihren Sohn. Als man zu Tārā davon sprach, war sie zu beschämt, um antworten zu können. Das Kind war darüber so empört, daß es sie verfluchen wollte und sagte: «Wenn du nicht sagst, wer mein Vater ist, werde ich dich zu einem solchen Schicksal verdammen, daß es jede Frau davon abhalten wird, je beim Aussprechen der Wahrheit zu zögern.» Hierauf griff Brahma erneut ein. Das Kind beruhigend, sprach er zu Tārā: «Sag mir, mein Kind, ist dies das Kind Vrihaspatis oder Somas?» – «Es ist Somas Kind», antwortete sie errötend. Wie sie gesprochen hatte, umarmte der Herr der Planeten sein Kind mit strahlendem Gesicht und sprach: «Das hast du gut gemacht, mein Junge, wahrlich, du bist weise.» Und daher gab man ihm den Namen Budha.

Dieser Budha, Sohn des Soma und Herrscher über den Planeten Merkur, darf nicht mit Buddha verwechselt werden, dem Lehrer, dessen Grundsätze von den heutigen Buddhisten eingehalten werden. Diese zwei Wesen haben nichts gemeinsam, und ihre Namen sind nur dann gleich, wenn einer von ihnen falsch geschrieben wird.

(W. J. Wilkins, Hindu Mythology, Kalkutta 1822)

Über Soma wissen wir relativ viel durch die Veden, vor allem durch die Rig Veda, die etwa 3000 Jahre alt ist. Wir wissen über das wichtigste der Opfer Bescheid, das Opfer des Pferdes, das auch die Skythen kannten und das seit rund tausend Jahren vergessen ist. Und wir kennen auch das Normalritual, bei dem die Opferstätte zuerst mit dem «heiligen Gras der Götter» bestreut wurde, dann ein heiliges Feuer entfacht und schließlich das frischgepreßte, mit Milch, Wasser und Honig verdünnte Soma getrunken wurde. Nur: wir wissen nicht, welche Pflanze damit gemeint ist.

Nach allem, was beschrieben ist, war die heilige Pflanze Soma unser guter Hanf. «Auf den Bergen wächst Soma» heißt es, und tatsächlich gedeiht diese Pflanze auf sonnigen Hügeln am besten. Von den «zartgliedrigen Blättern» ist ebenfalls die Rede. Dagegen spricht nur das einmal erscheinende Beiwort «weißblühend». Aber die Spitzen der Pflanze haben im asiatischen Raum tatsächlich eine wesentlich hellere Farbe. Wer ein-

Aus einer Wandmalerei an einem Sitalamata-Tempel. Indien: Shiva, der zuweilen den Beinamen Aushadhishvara (Herr der Drogen und Kräuter) trägt, bereitete zusammen mit seiner Frau Parvati «bhāng».

wendet, Hanf lasse sich nur schwerlich pressen und anschließend durch ein Sieb aus Schafwolle gießen, übersieht, daß dieses Rezept, von der Schafwolle im Sieb abgesehen, noch heute angewendet wird.

Die alte Soma-Zeremonie war ein Ganztagsprogramm, bei dem dreimal der Trank firsch gepreßt wurde. In der Rig Veda, (IV., 35, 7) wird Indra als Herr des Soma angerufen: «Des Morgens hast du den Saft getrunken, Herr der falben Rosse; die Mittagspressung gehört dir allein; trinke nun zusammen mit den Nymphen der Wolken, den Reichtum spendenden, die du zu deinen Geliebten gemacht hast.» In endlosen Litaneien wurden die einzelnen Götter beschworen, und bei Sonnenuntergang wurden die verstreuten Pflanzenteile des «heiligen Krauts der Ekstase» gesammelt, in Opferbutter getaucht und in das heilige Feuer geworfen.

Direkt mit der Hanfpflanze verbunden ist Indras Sohn Narada, ein heute nahezu vergessener Gott, der immer in einem Kranz von Hanfblättern dargestellt wird. Er ist ein etwas zwiespältiger Charakter, der als ungebetener Götterbote in den alten Mythen gehörig Unruhe stiftet. Dennoch sind wir ihm zu Dank verpflichtet, denn er erfand auch die Veena, das uralte indische Saiteninstrument, die Mutter der Sitar, und wurde somit zum Gott der Musik. Wer ihn verehrt, muß bei bestimmten Gelegenheiten, etwa eine Stunde bevor er zum Instrument greift, Soma trinken. Bei einer solchen Gelegenheit enthüllte sich für mich das Geheimnis von

53

Die Vorstellung eines berauschenden Göttertranks scheint in die indoeuropäische Zeit zurückzugehen. Der Trank, der am Menschen geheimnisvolle, ekstasisch erregende Kraft beweist, muß von göttlicher Wesenheit, besonderes Eigentum der Götter sein: so heißt auch der Soma der Indianer, durch den sie sich in den Zustand übernatürlicher Erregung versetzen, der Tabak, bei ihnen das «heilige Kraut»; auch die Götter rauchen, um derselben Erregung teilhaft zu werden. Die Heimat des Göttertranks scheint schon für den indoeuropäischen Glauben der Himmel gewesen zu sein; schon damals war man ja gewohnt, wie die Bezeichnung der Götter als der «Himmlischen» (*deivo-*) zeigt, den Himmel als den eigentlichen Sitz göttlicher Wesen anzusehen. Aus seinem himmlischen Aufbewahrungsort holt den Trank oder raubt ihn dem eifersüchtig hütenden Dämon der Vogel des Gottes oder der Gott selbst in Vogelgestalt: der Adler Indras, der nektarbringende Adler des Zeus, der als Adler den Met davontragende Odin. Vielleicht – man kann hier natürlich nur Vermutungen aussprechen – ist auch schon vor der Völkertrennung der Trank der Götter vornehmlich der Trank eines Gottes gewesen, des großen göttlichen Trinkers und Trunkenen, des Gewitterers. Endlich darf vielleicht angenommen werden, daß die Vorstellung der göttlichen Unsterblichkeit schon für die Indoeuropäer mit dem Göttertrank (Amrita, Ambrosia) verknüpft gewesen ist. Wie das menschliche Leben durch Speise und Trank, insonderheit durch den wenigstens eine Zeitlang den Tod bezwingenden Medizintrank erhalten wird, muß auch das göttliche Dasein auf dem Genuß eines Trankes beruhen, dessen Wesen Unsterblichkeit ist.

Die Anschauung, daß die Götter den himmlischen Trank trinken, und die Erzählung von der Erlangung dieses Trankes kann schwerlich in dem Sinne als Naturmythus angesehen werden, daß irgendwelche am Himmel sich ereignenden Vorgänge zur Entwicklung dieser Vorstellungen den entscheidenden Anlaß gegeben hätten. Sondern der Ausgangspunkt war der irdische Rauschtrank; seine geheimnisvollen Eigenschaften führten dazu, in ihm den Trank der Götter zu sehen.

(Hermann Oldenburg, Die Religion des Veda, Stuttgart 1917)

Der Sage nach soll entweder Indra oder Shiva die Somapflanze auf dem Himalaya entdeckt halten und den Menschen gebracht haben. Eine andere Legende erzählt, daß die Somapflanze den Gandharwas, den himmlischen Geistern, gehörte, die sie der Frau des Gottes Indra schenkten. Als bei einer Sintflut die lebensspendende Pflanze im Milchozean verlorenging, umquirlten Devas (Götter) und Asuras (Dämonen) den Berg Madara, den Vishnu in seiner Inkarnation als Schildkröte auf dem Rücken trug. Dadurch soll der Ozean das Verlorene wieder hergegeben haben. Aus einer anderen Legende geht hervor, daß bei diesem Geschehen Vishnu durch die heftige Bewegung des Berges auf seinem Rücken einige seiner Schildkrötenhaare verlor, die von der Strömung ans Ufer gespült wurden. Aus diesen Haaren sollen dann Pflanzen, darunter auch die Hanfpflanze entstanden sein, die als «Quelle des Glücks» oder «Lacherreger» bezeichnet wurde.

(F. Brotteaux, Hachich, Herbe de folie et de rêve, Paris 1934)

Narada im Hanfkranz, Titelkupfer, Sir ▶
William Jones. Über die Musik der In-
dier – Herrn Joseph Haydn . . . Kapell-
meister in wirklichen Diensten Sr.
Durchl. des Hrn. Fürsten von Ester-
hazy gewidmet . . ., Erfurt 1802

In verschiedenen medizinischen Abhandlungen werden die therapeutischen Eigenschaften von Cannabis erwähnt. So wird Bhang im ‹Susruta›
(6. Jahrhundert nach Christus) als «An-
tiphlegmaticum» und im ‹Sarangad-
hara Samhita› (um 1500) als «Anregungsmittel» empfohlen. Eine detail-
lierte Beschreibung der Hanf-Pflanze
und ihrer medizinischen Wirksamkeit
findet sich im ‹Rajanirghanta›, das um
1500 veröffentlicht wurde. Auf die ver-
dauungsanregende Wirkung und die
Stimulierung der Gallensekretion wird
im ‹Bhavaprakash› (um 1600) hingewiesen. In dem im 17. Jahrhundert entstandenen medizinischen Buch ‹Raja-
vallabha› wird die Hanf-Wirkung
folgendermaßen beschrieben: «Der
Hanf ruft Betörung hervor, erzeugt vi-
tale Energie, steigert die geistigen
Kräfte und die innere Wärme, korri-
giert die Unregelmäßigkeit des phleg-
matischen Humors und ist ein Elexier
vitae. Denen, die es regelmäßig gebrauchen, bringt es Freude und ver-
minderte Angst.»
*(Chopra R. N. und G. S., The Pre-
sent Position of Hempdrug Addiction in
India, Indian med. Res. Mem. 31, 1939)*

Shiva als Herr der Ekstase, fünfköpfig
(wie Brahma = als Schöpfergott), mit
Sitar (= Narada, = Herr der schönen
Künste), Damru (der Doppeltrommel
= Herr der Dämonen) und Dschillum
(ein weiteres um den Hals). Tantrische ▶
Verehrungsform aus den Foothills des
östlichen Himalaya. Federzeichnung,
Kalkutta, um 1820

Soma – was Taranath, der Grandseigneur unter Indiens Tablaspielern, bei dieser Gelegenheit trank, war nämlich ein besonders umständlich zubereiteter Bhang. In etwas einfacherer Ausgabe wird er heute noch in einigen Häusern bei den großen Heiligtümern Varanasis hergestellt, und das Rezept dürfte tatsächlich so alt sein wie Soma.

Indra blieb nicht lange Herr des indischen Götterhimmels. Er wurde von einem Größeren, Mächtigeren entthront, der ihm nicht nur seine Vorrangstellung, sondern auch seine heilige Pflanze nahm. Shiva kam mit einer neuen Eroberwelle auf den Subkontinent, und er prägte ihn stärker als die vedischen Götter. Heute ist Indra ein bäuerlicher Wettergott, einen kurzen Stoßseufzer wert, aber kein Hanfblatt mehr.

Herr des Lebens und des Todes

Wann immer in Europa von der Götterwelt Indiens die Rede ist, wird Trimurti erwähnt, die indische Dreieinigkeit Brahma, Vishnu und Shiva, übertragen mit: Schöpfer, Erhalter und Zerstörer. Nur: so einfach machen es uns die Himmlischen nicht. Sie sind die Hauptgötter verschiedener Einwanderungswellen, und was von ihnen in den alten Epen berichtet wird, ist eher Dreiuneinigkeit, ausgetragen auf allen göttlichen und irdischen Ebenen.

Vishnu ist der vielgesichtigste der männlichen Götter, in immer neuen Inkarnationen auf die Erde kommend, um wieder einmal das Allerschlimmste zu verhindern und die Welt zu erlösen. Der mächtigste, charakterlich vielschichtigste aber ist Shiva, der unbestrittene Herr des Lebens, des Todes und des Hanfes.

Einmal stritten die drei Götter darüber, wer von ihnen der Größte sei.

Shiva, auf dem Kailas meditierend, das Dschillum in der Hand, die Augen «hanfumnebelt nach innen gerichtet», Federzeichnung, Kalkutta, um 1822

Bhang, wie er heute noch in Varanasi zubereitet wird: Pro Person etwa eine Handvoll frische Hanf-Blätter von der Blütenspitze, samt Stengeln und den noch nicht voll entwickelten Blüten; ca. ⅛ l Joghurt; ⅛ l Wasser; 1 Eßl. Honig oder Zuckerrohr-Sirup. Die Hanf-Blätter werden mit ganz wenig Wasser in einem Steinmörser zu einem Brei zerrieben, wobei der Stößel immer im Uhrzeigersinn geführt wird. Der Brei wird entweder in einem Tuch gut ausgedrückt oder gleich in ein Glas gegeben, mit Yoghurt, Honig und Wasser sorgfältigst verrührt und mit Blick auf den westlichen Horizont getrunken. Bei getrocknetem Hanf (Ganja) wird auf ähnliche Weise ein Brei angerührt, der jedoch eine gute Stunde rasten soll, ehe er zu Bhang weitergemischt wird.

Shiva und Parvati. Der Gott hält das Dschillum ausnahmsweise in der Linken, in der um seine Shakti gelegten Hand, um anzudeuten, daß beide Ekstasen gleich hoch zählen. Zentral-nepalische Verehrungsform. Federzeichnung, Kalkutta, um 1820

Um dies bei Shiva herauszufinden, verwandelte sich Brahma in einen Adler und Vishnu in einen Fisch. Vishnu bestätigte, nach einigen Jahren wieder auftauchend, kein Ende gefunden zu haben, aber Brahma log und sagte, Shiva sei auch nicht unbegrenzt. Da verfluchte der Gott Brahma, der seither nirgendwo mehr verehrt wird, nicht einmal als pensionierter Weltschöpfer.

Shiva als Zerstörer zu bezeichnen, trifft nur einen Bruchteil seines Seins, denn er zerstört nur, um neu schaffen zu können, und so ist er der Herr der Wiedergeburt und natürlich auch der Verbrennungsplätze, denn dieses Ende ist die Voraussetzung jedes neuen Anfangs. Über ihm ist nur noch das Nichts, das Nirwana, in das einzugehen ihn seine Leidenschaft hindert. Denn Shiva ist der Sexus, daher untrennbar verbunden seiner Shakti, seinem weiblichen Gegenstück, dem Eros, dem unendlichen Vielgestaltigen. Die verbreitetste Form der Gottesdarstellung ist daher eine grandios abstrahierte: der aufrechte Lingam (Phallus) in der Yoni (Vulva).

Er ist der Sohn des Feuers und der Dämmerung, und da er weinte, der Gott dieser unvollkommenen Welt sein zu müssen, war sein erster Beiname Rudra. Schon als Jüngling war er wild, ständig hanfberauscht und unersättlich. Seiner Shakti begegnete er zuerst in Gestalt der Uma, der Hingabe, Tochter des Himalaya. Die Beziehung endete zumindest in den Bhagavata Purana tragisch: der unbeherrschbare Gott verweigerte seinem Schwiegervater die Reverenz, und aus Protest gegen die aus den Streitigkeiten folgenden Beleidigungen ihres Liebsten stürzte sich Uma in das Feuer und wurde so Sati, die Treue, und damit leider auch der Grund für den uns unverständlichen Brauch der Witwenverbrennung.

So saß denn Shiva einsam auf dem Kailas, ungeheure Mengen Hanf rauchend und der Welt entrückt. Uma aber war als Parvati wiedergeboren und umwarb den Gott, der sie jedoch nicht zur Kenntnis nahm. Um ihn aus seiner Meditation zu holen, hielt sie ihm von hinten die Augen zu. Da ward der Gott zornig, und ein Feuerstrahl aus seinem dritten Auge verbrannte die Welt. Da aber begann Parvati zu singen, und da mußte Shiva tanzen, und aus diesem Tanz wurde die Welt neu geschaffen.

Daß die Verbindung der beiden immer harmonisch sei, können die alten Gesänge nicht berichten. Milde geht es auf dem Kailas noch zu, wenn sie ihn einen «von Hanf und Geilheit um den Verstand Gebrachten» nennt und er sie eine Säuferin. Dann erscheint Parvati meist in ihrer Verkörperung als Durga, die «Schwerzugängliche», oder gleich als Kali, die Macht. Denn auch dieser Aspekt gehört zum Eros, und Kali säuft, wobei sie gelegentlich zwischen Schnaps und männlichem Blut keinen Unterschied macht.

Ein solcher tantrischer Ritus der Zubereitung und Einnahme von *bhāng* wurde 1973 in einem Dorf in Nordbihar filmisch dokumentiert und in einem Begleittext beschrieben. Ein anderer Ritus zur Verehrung von *bhāng* wurde von einem Priester nach tantrischen Ritualtexten wie folgt angegeben:

1. Als Akt der Vorbereitung und rituellen Reinigung werden die Blätter der Cannabis-Staude mit schwarzem Pfeffer angerieben, Wasser wird hinzugegeben, und die Mischung wird in einen Steinbehälter gefüllt.

2. Ein *yantra* (Ritualdiagramm) aus Kreis, Quadrat und Dreieck wird gezeichnet. Die weibliche Urkraft *ardhar shakti* wird in diesem Yantra verehrt.

Quadrat = Erde
Kreis = Himmel
Dreieck = weibliche Energie

3. Der Behälter mit *bhāng* wird auf das *yantra* gestellt. Es folgen Meditation und Rezitation.

4. Mit einem *mantra* (eine Art Zauberformel) wird *vijayā* (Name der Göttin) in den *bhāng*-Behälter einberufen und willkommen geheißen.

5. Mit einem bestimmten *mantra* (Zauberformel) wird *bhāng* in *amrita* (ein Göttergetränk) verwandelt.

6. Mit einer rituellen Verehrungsgeste wird der Behälter voll *bhāng* an die Stirn gehoben, und eine Gebetsformel zu Ehren des *Guru* (religiöser Lehrer) wird gesprochen.

7. Einnahme der *bhāng*-Zubereitung. Die beschriebene Handlung wird von Rezitationen und Ritualgesten (*mudra*) begleitet.

(Erika Moser-Schmitt, Sozioritueller Gebrauch von Cannabis in Indien, Köln 1980, zit. nach einer selbst vorgenommenen Feldstudie in Nordbihar, 1973/74)

Die einzelnen Sekten und Verehrungsformen Shivas sind extrem unterschiedlich und reichen von handfest – die landläufige Form des Gottesdienstes ist Hanfrauchen und Geschlechtsverkehr – bis zu einer hochvergeistigten Prüderie. Eine bestimmte Shivaiten-Sekte der Brahmanen beispielsweise glaubt, jeder Verlust männlichen Samens sei ein unersetzlicher für das gesamte Kundalini, die männliche Zeugungskraft. Die bedauernswerten Ehefrauen dieser Frommen kommen nur einmal pro Jahr zu ihrem Eheleben, wenn mit Sicherheit ein Kind dabei herauskommt und auch dann nur nach komplizierten rituellen Vorsichtsmaßnahmen. Gemeinhin aber wird Shivas zeitweilige Askese auf dem Kailas anders gedeutet, nach dem Sprichwort: «Jedes Ding zu seiner Zeit.» Und dann gibt es noch, vornehmlich im Himalayagebiet, die tantrischen Kulte, zu deren Gottesdienst Ganja, Haschisch, Reisschnaps und Gruppensex gehören, allerdings mit komplizierten Ritualen verbunden.

Vielfältig sind auch die Darstellungsformen des Gottes. Die berühmteste ist wohl der Nataraj, der tanzende Gott, gelegentlich mit Stechapfelblüten bekränzt, denn auch diese noch in unseren Breiten wachsende Pflanze ist ihm heilig, wenn auch erst nach dem Hanf. Dann gibt es die vielen Darstellungen des Asketen auf dem Kailas, gelegentlich das Dschillum in der Hand haltend.

Des Gottes heiligste Nacht ist die des Vollmonds Ende Februar oder Anfang März, Shivaratri. Sie wird in der Nähe seiner Heiligtümer um kleine Feuerchen wachend verbracht, in Südindien mit Bhang, im Norden eher mit Dschillums, von denen das erste bei Sonnenuntergang entzündet wird.

Auch sonst wird im Hinduismus Hanf immer erst nach Sonnenuntergang genossen, vorzugsweise, wenn die Mondsichel am Himmel steht, die der Gott im Haar trägt. Haschisch wird kaum geraucht, nur von den alten Leuten, und da gibt es eigentlich nur zwei Ausnahmen: bei Todesfällen ist Haschisch «der Trost des Gottes», und dann gibt es die Sadhus oder Babas.

Sie als Wanderheilige zu bezeichnen ist etwas irreführend. Sie sind nur so heilig wie die Kühe, also unverletzbar, was nicht heißt, daß es unter ihnen nicht auch anerkannte Asketen gäbe. Sadhus stehen unter dem Schutz Shivas, was fromme Menschen natürlich auch zu Almosen verpflichtet, und wer Sadhu wird, bestimmt dem Volksglauben nach der Gott des Rausches. Seelisch Erkrankte können darunter sein, leicht Verrückte, Aussteiger und leidenschaftlich Fromme, die so ihrem Gott näherkommen wollen. Da gibt es keine Regel, nur für das Weitere: strikte Enthaltsamkeit von allen fleischlichen Genüssen und ständig schwer bekifft sein. Mehr verlangt der Gott nicht, außer vielleicht noch, daß man sein Haar einfach sprießen lassen muß.

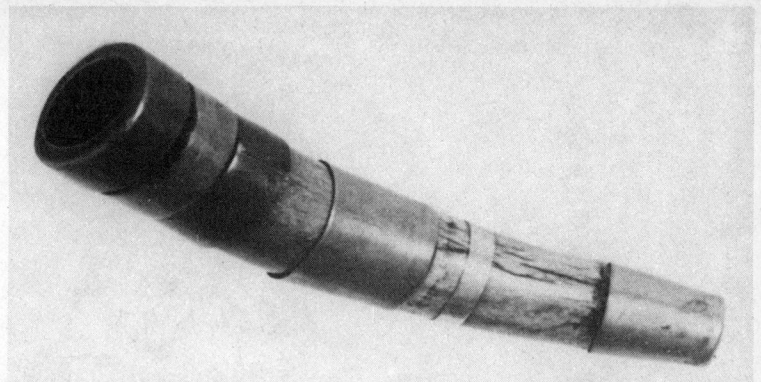

Dschillum, Yakbein mit Montierungen aus Kupfer, Messing und Silber. Länge 18,5 cm. Aus dem Besitz eines Hirten. Westhimalaya, um 1920

Ein besonders freundliches Exemplar dieser Spezies saß jahrelang am Seeufer bei Pokhra in Nepal. Ein ehemaliger Rechtsanwalt aus Kalkutta, der sich nun fünfzehn Quadratmeter Bewegungsraum zubemessen hatte, meist dasaß, wie seit Jahrtausenden festgewurzelt und die Wasserspiegelungen betrachtend. Wir lernten uns vor Jahren dadurch kennen, daß er mir einfach sein Dschillum anbot. Da es früher Morgen war, lehnte ich dankend ab. Er lachte und nahm seufzend einen tiefen Zug. Qualmend wie ein Vulkan meinte er dann: «Es ist auch für mich oft schwer. Dreißig Portionen muß ich am Tag rauchen. Oft kann ich schon mittags nicht mehr, doch es muß sein – es ist ein Gelübde.»

Buddhas Fußspur

Nepali sind stolz darauf, daß Gautama Buddha in ihrem Land geboren wurde, nämlich in Lumbini bei Bhairava. Daß dieser Ort für den Buddhismus keine weitere Bedeutung gewann, liegt allerdings daran, daß der Erhabene auf der Durchreise geboren wurde. Seine Mutter wollte gerade nach Westnepal reisen, als sie in die Wehen fiel und in dem kleinen Garten unter einem Sala-Baum ihre Niederkunft erwartete. Buddhas eigentliche Heimat war das Zwergkönigreich Kapilavastu, zwei Tagreisen südöstlich. Dort herrschte König Suddhodan aus der Sakya-Kaste.
Sakyas gibt es heute noch in Nepal, und sie sind hoch geachtet: als Goldschmiede stellen sie die Elite der Nevari in Kathmandu, und Ge-

Fastender Buddha im Museum von
Lahore, Sandstein, Höhe 167 cm, ca.
2. Jahrhundert v. Chr.

Handwasserpfeife (Huka), Körper
Onyx mit Silbermontierung,
17. Jahrhundert, Hals Yakhorn mit Silber, Ständer Sala-Holz, Höhe 33,2 cm. Ein
besonders schönes Exemplar einer klassischen Ganja-Pfeife. Der kleine Einsatz
am Ständer wird verwendet, sobald Haschisch geraucht wird.

meindevorsteher werden meist aus ihren Reihen gewählt. Nichts anderes
wird Buddhas Vater gewesen sein, doch Legenden dürsten nach Vergol-
dung, und so wurden Buddhas Ahnen strahlende Kronen aufgestülpt und
seine Geburt zu einem Naturwunder dramatisiert – aus der Achselhöhle
Maya Devis trat der Erhabene, tat sieben Schritte und setzte sich in Medi-
tationspose.

Doch auch so blieb Maya Devi nicht das Schicksal vieler Mütter Asiens
erspart – sieben Tage nach der Geburt dieses Sohnes, den sie Siddharta
nannte, verschied sie am Kindbettfieber. Die weitere Entwicklung Sidd-
hartas verlief behütet und zufriedenstellend. Der Prinz ehelichte standes-
gemäß und zeugte pflichtschuldigst einen Sohn. Dann wollte er sich einmal in der Welt umsehen. Papa hatte nichts dagegen, stellte seinen Wagen

samt Fahrer zur Verfügung und ließ traditionsgemäß dafür sorgen, daß der hohe Ausflug nicht durch den Anblick von Armen und Kranken getrübt würde.

Als der Prinz die Grenzen des kleinen Königreichs passiert hatte, fiel er daher aus allen Wolken. Der gute Channa dürfte sich über die Fragen ziemlich gewundert haben: «Wird jeder Mensch einmal alt?» – «Ja, mein Herr.» – «Ist nur dieser eine Mensch auf der Welt krank?» – «Leider nein, mein Herr.» – «Warum liegt dieser Mensch so still und läßt sich tragen?» – «Er ist tot, mein Herr.» – «Müssen alle Menschen einmal sterben?» – «Leider ja, mein Herr.» – «Warum sitzt dieser Mann unter einem Baum und tut nichts?» – «Er ist Asket, mein Herr, und sucht nach der Wahrheit.»

Da beschloß Siddharta, nach einem Weg zu suchen, der aus den Fährnissen dieser Welt führt. Heimlich verließ er eines Nachts Frau, Kind und Palast, tauschte seine Kleider mit einem Bettler und zog sich in den Hain Shivas bei Urubvila zurück, in das heutige Bodhgaya. Dort gönnte er sich nur ein Hanfkorn täglich, bis er zusammenbrach. Dieser Weg, erkannte er, führe zwar aus dieser Welt, nicht aber zur Erleuchtung. Von einer Hirtentochter ließ er sich wieder aufpäppeln, zum Spott seiner Mitasketen. Und dann meditierte er unter einem Feigenbaum, bis er überirdisches Licht sah und Buddha wurde, der Erleuchtete. Da war er fünfunddreißig Jahre alt.

Von da an zog er mit seiner Bettlerschale durch die Lande und verkündete seine Lehre: Die Begierde ist die Ursache allen Lebens, und Leben ist Leid. Durch Freiwerden von Begierde kann der Erleuchtete aus dem ewigen Rad des Lebens in das Nirwana eingehen. Drei Juwelen sind dazu Voraussetzung: der Glaube an Buddha, der Glaube an das Karma, daß nämlich jeder Mensch die Summe seiner Taten ist, und das Leben im Sangha, einer kastenlosen, klosterartigen Vereinigung.

Als Buddha 486 v. Chr. im 81. Lebensjahr starb, trauerten bereits einige tausend Jünger um ihn. Er hatte ja nicht nur einen Weg aus dem

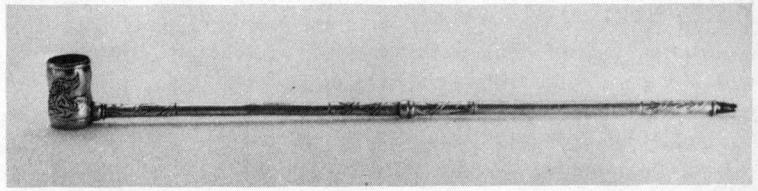

Haschisch-Pfeife aus vier Teilen, Silber, Länge 26,1 cm, 1972 von Bhai Raja Shakya in Kathmandu angefertigt

Leid dieser Welt gefunden, sondern auch den Hinduismus in seinem Kern getroffen, im Kastensystem. So wie ihn Buddha verkündete, war der Buddhismus eine revolutionäre Bewegung, kasten- und besitzlos. Alle Hochkulturen werden, so zeigt die Geschichte, sobald sie eine erstarrende Zivilisation werden, mit solchen Bewegungen geschlagen, die nur noch darauf aus zu sein scheinen, die mühsam errichteten Schranken von Anstand und Dogma zu brechen. Eineinhalb Jahrhunderte später traten in Hellas die Kyniker auf, «die wie Hunde lebenden» Gesellschaftsverweigerer, angeführt von Diogenes, den seine Zeitgenossen als «hanfvernebelt» beschimpften, wir aber als großen Philosophen ehren, der wohl kaum ein Zyniker war. Den Juden passierte ähnliches mit einem gewissen Jesus, und sollten wir die Erde nicht vorher ruiniert haben, wäre es amüsant zu wissen, wie künftige Historiker über die heutigen «Aussteiger» urteilen würden. Und wie den meisten revolutionären Bewegungen geschah auch dem Buddhismus, daß er sich allmählich dem Establishment annäherte und später selbst dazu wurde.

Buddha selbst dürfte, von seiner Zeit als Jünger Shivas abgesehen, mit Hanf nichts zu tun gehabt haben. Auch im Hinayana ist die Sache nirgendwo religiös eingebunden, und die rigorosen Sekten des Zen lehnen jede Art Droge kategorisch ab. Im Mahayana-Buddhismus unterscheiden sich die einzelnen Sekten je nach der Droge der lokalen Vor-Religion. Allen gemeinsam aber ist, daß Shiva als Boddhisatwa Avalokiteshvar auftritt, als Herr der Abendsonne und des Eros.

Die sehr alte Sekte der Rotmützen-Mönche, heute hauptsächlich in Bhutan, ehrt ihn durch Hanf, der mit Reisbier zu einer Art Bhang verrührt wird. Sie war früher auch in Tibet verbreitet, wurde jedoch als Machtfaktor von den reformierten Gelbmützen abgelöst, die den Dalai Lama stellten und ihren Mönchen strikte Enthaltsamkeit befahlen. Dennoch war Haschisch aus Nepal in Tibet ein jahrhundertelang gefragter Handelsartikel, hauptsächlich von den Nomaden genossen, außerdem unentbehrlich bei schamanischen Ritualen. Auch die buddhistischen Schamanen Ceylons verwenden Haschisch – als dieses erwies sich bei Feldstudien das erwähnte «Harz» –, gelegentlich auch mit den Samen des Stechapfels versetzt. Aus China sind einige schöne Darstellungen Buddhas unter Stechapfelblüten bekannt, außerdem eine große Höhlenstatue aus Sinkiang, wo der Erhabene von Hanfblättern umkränzt thront. Dort soll auch eine kleine Sekte versucht haben, der Verlockung des Irdischen durch die «Dämpfe des Hanfs» zu entgehen, doch existieren darüber nur wenige Dokumente.

In die buddhistische Medizin ging auch ein Brauch ein, der aus dem China des 15. vorchristlichen Jahrhunderts stammt: der «Knüppel gegen

Wer in Würde alt geworden ist, darf
auch tagsüber schon. In einer stillen
Seitengasse von Patan bei Kathmandu,
Februar 1978.

die Dämonen». Er wird aus dem holzigen Teil der Pflanze gemacht und
mit einer sich darum windenden Schlange beschnitzt. Das Ganze ähnelt
frappant unserem Äskulap-Stab, dem Standessymbol der Apotheker und
Mediziner und gilt als Mittel hoher magischer Kraft. Er ist auch den
Chagri bekannt, den Schamanen im Hoch-Himalaya, und gelegentlich
ziehen auch hinduistische Sadhus mit solchen Hanfstöcken durch die
Gegend.

Höherrangige Gelbmützen sprechen nur ungern über Hanf, was allerdings eingestandenermaßen am verdächtigen Interesse der Westmen-
schen liegt. Von Tashi Gyaltsen, einem Mentor des Dalai Lama, konnte
ich immerhin erfahren, daß die Pflanze zu den heiligen sieben Kräutern
zählt und bei exorzistischen Ritualen als Räucherwerk eine Rolle spielt,
wenn der Bon eingesetzt wird, der dreiklingige, dämonentötende Dolch
Alttibets. Möglicherweise hatte Hanf früher eine noch weitergehende
Bedeutung – die beiden ranghöchsten Priester Tibets, der Dalai und der
Panchen Lama, gelten immerhin als Inkarnationen von Aspekten Avalo-
kiteshvars.

Eine eigenständige Form des Buddhismus entwickelte sich in Nepal, im
Tal von Kathmandu. Die tantrischen Buddhisten der Nevari verehren
auch die Hindugötter, kennen Blutopfer zu Ehren Durgas und sanftere zu
Ehren Lokeshvars: Musik und Ganja. Eine Spezialität des Tals ist auch,
daß Vishnu-Krishna und Shiva gleichzeitig angerufen werden, was bei der
im klassischen Hinduismus existierenden Rivalität der Götter verwunder-
lich ist; doch die Priester aus der Vajradjari- und Shakya-Kaste erklären
dies mit der gemeinsamen Vorliebe der Götter für Hanf. Und so gibt es
bei den Tempeln jedes Stadtteils Musikhallen, wo sich jeden Abend um

halb zehn die Männer des Viertels zum Bhajan treffen: dann singen sie aus alten Büchern laut das Lob ihrer Götter und rauchen so unglaubliche Mengen Ganja, daß auch die Abgebrühtesten unter ihnen oft mörderisch husten müssen.

Die Bhajan-Sänger auf dem Asantole in Kathmandu haben sich damit abgefunden, dabei regelmäßig touristische Zaungäste zu haben. Sie sind überaus freundliche Herren – zwei Tuchhändler, ein Töpfer, ein angegrauter Rikshakuli und vier Männer jenseits der Neunzig. Ihr Gesang aber übertrifft an Temperament mühelos jede Hard Rock-Gruppe, und es freut sie, daß in den letzten Jahren auch ein Halbdutzend jener Nevarijungen zu ihnen stieß, die sonst lieber nur Hindi-Schnulzen hören. Wer als Fremder bescheiden kommt, darf sich zu ihnen setzen, bekommt im Namen Gottes eine Süßigkeit geschenkt, Prasad, und darf auch mitrauchen. Kommen Touristen mit Kameras, schließt die Runde vorsichtshalber ihre blitzlichtempfindlichen Augen. Tonbandgeräte aber mögen die alten Herren – nach jedem Lied wollen sie die Aufnahme hören und staunen dann, was es alles in dieser unverständlichen Zeit gibt.

Was diese alten Herren so vertragen, erfüllt mich immer mit Staunen. Ein Dutzend Dschillums pro Abend sind keine Seltenheit, und das Ganja ist von einer Bleichgesichter umwerfenden Qualität. Pünktlich um halb elf wird das letzte Rohr entfacht, dann wird auf Muschelhörnern der Zapfenstreich geblasen, und Minuten später sind sie in den dunklen Gassen versickert, nur noch an ihrem Husten zu hören.

Die Haschischkneter

In den letzten Jahren hat sich Trekking zum beliebtesten Touristensport Nepals entwickelt, und die ausgetretenste aller Strecken ist wohl die von Pokhra nach Jomson, schon hinter dem Himalaya, der hier aber nicht überstiegen werden muß, weil sich der Kali-Ghandaki-Fluß tief genug zwischen Annapurna und Dhaulagiri durchgefressen hat. Der Weg ist ein fußschweißtreibendes Auf und Ab, allerdings in gemäßigten Höhen, und die berühmten Achttausender schauen von gut fünftausend Meter höher zu und schicken nur gelegentlich Steinschläge über den schmalen Trampelpfad. Über den keuchen, wenn nicht gerade Monsum ist, rotgesichtige Einzelwanderer mit Rucksack, kleine Grüppchen mit Sonnenbrand, riesige Karawanen mit schwitzenden Bildungsbürgern und unendlich vielen Kulis, die unendlich viel Unnötiges mitschleppen, von Stühlen für die weißen Herrenmenschen angefangen. Neun Zehntel des Verkehrs aber stellen Einheimische – Maultierkarawanen bringen Reis in die Berge und

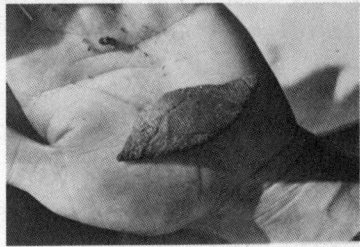

Petroleum, und hinter den Bergen kostet alles dann zehnmal soviel wie in Pokhra. Und deshalb ziehen auch sparwillige Einzelgänger daher, noch herzloser beladen als die armen Maultiere – und wenn Schnee liegt barfuß, um die teuren Turnschuhe Marke China zu schonen.

Der wichtigste Rastplatz heißt Tatopani, zu deutsch Warmwasser, und tatsächlich sind direkt am Flußufer einige heiße Quellen, in denen In- und Ausländer ihren auf dem Marsch erworbenen Dreck und Schweiß abschrubben können. Außerdem ist Tatopani der Hauptumschlagplatz für das Haschisch aus Nepals Bergen.

Der Dhaulagiri ist einer der vielen Throne Shivas, und wer sich etwas von dem Trampelpfad entfernt, kann über die Fußmatte des Gottes staunen – Tagwanderungen lang erstrecken sich regelrechte Hanfwälder, manchmal bis zu fünf Meter hoch, und auch das Unterholz ist nichts anderes. Ein Forstamt ist nicht nötig, das Zeug wächst aus dem Überfluß des Gottes, und da selbst die Ziegen den Pflanzen respektvoll aus dem Weg gehen, breiten sich die grünen Haine auch dort aus, wo die übrige Vegetation schon längst weggefressen oder abgeholzt ist.

Von diplomatischen Aktivitäten und bleichen Nepali:

Geldmangel, Krankheiten, abgelaufene Pässe – mit solchen Fällen beschäftigt sich der Kanzler der deutschen Botschaft in Kathmandu fast den ganzen Tag. Einen ähnlich starken Zulauf haben die Botschaften der USA, Großbritanniens, Frankreichs, Hollands und Japans. Häufig muß festgestellt werden, ob Familienangehörige oder Verwandte bereit sind, die Heimreise zu bezahlen.

In Kathmandu braucht man nach den Haschisch-Shops und Hippie-Kneipen nicht lange zu suchen, sie liegen gleich hinter dem alten, allmählich verrotteten Königspalast und dem prallbunten Gemüsemarkt. ‹Best Hashish of Kathmandu› und ‹Oldest Hashish Shop in town› heißt es auf den Ladenschildern. Die bevorzugten Hippie-Lokale nennen sich «Cash and Bull» und «Salt and Pepper». Die Läden und

Absteigen entsprechen durchaus landläufigen Vorstellungen von orientalischen Lasterhöhlen, zumal nach Sonnenuntergang: trübes Straßenlicht, rote Laternen, Rikschafahrer, Lastträger, Marktstände und heilige Kühe, Hippies in orientalischen Verkleidungen. Bleiche Nepalesen lehnen in holzgeschnitzten Fenstern.

Die «Hascher» indessen stammen aus allen Schichten, man begegnet sowohl der Diplomatentochter wie dem Arbeitersohn.

Die einen kommen aus Abenteuerlust, andere suchen die Weisheit des Orients. Viele wissen nicht recht zu erklären, weshalb sie zu Haschisch und härteren Drogen greifen; sie äußern sich durchweg ablehnend über die Normen der westlichen Industriegesellschaft.

(Frankfurter Rundschau, 11. 8. 1973)

Dort auch noch zu rauchen ist überflüssig. Captain Wick, ein liebenswerter Schweizer und erfahrener Bergpilot der nepalischen Luftfahrt, erinnert sich noch heute an sein High beim Abstieg vom Dhaulagiri, in dessen ewiges Eis er die Maschine seines ersten Bergflugs gesetzt hatte. Zerschunden und zerschlagen, wie er war, fühlte er sich beim Marsch durch die Hanfwälder ganz unschweizerisch schwerelos, und diese Erfahrung teilen mit ihm die dort tätigen Waldarbeiter. Denn von den angetörnten Urwäldern leben die Gurungs, die Magars, die Dolpas und wie immer auch die vielen Stämme der mittel- und westnepalischen Mittelgebirge heißen, und noch weiter westlich leben Kaschmiri davon, auch Pathanen im Hindukusch, und diese Zone heißt im Volksmund «der Gürtel Shivas» oder schlicht «Ganjahöhen».

Allerdings: die Arbeit ist hart und elend bezahlt. Wer nicht davon leben muß, ist froh, denn er hat dann mehr zum Leben. Aus den üppigen Wäldern Haschisch zu machen ist die einzige Existenzmöglichkeit aller, die nicht als Bauern eigenen Grund und Boden haben, und da deren mehr sind als fruchtbares Land, kommt die Sache billig.

Die älteste Legende über die Zubereitung von Haschisch ist, daß man nur mit einer Lederschürze zwischen den Pflanzen durchzumarschieren habe und dann von ihr den Segen abkratzen müsse. Dem ist leider nicht so – Haschisch ist im wahrsten Sinn des Wortes Handarbeit, nicht nur, weil es keine fünf Meter hohen Lederschürzen gibt. Zuerst werden die Pflanzen gefällt, mit dem Kukri, dem berühmten Allzweckmesser des Himalaya. Auf improvisierten Campingplätzen tragen die Männer die Ernte zusammen, und nachdem die Pflanzen einen Tag in der hellen Bergsonne angewelkt sind, kommen die Frauen dran. Zuerst trennen sie die Zweige von den Stämmen, die meist das einzige Heizmaterial für den Winter sind. Dann werden die Zweige geduldig auf ein Baumwolltuch geschlagen, um möglichst viele Samen herauszubekommen. Die raucht kein Hindu und kein Buddhist, weil sie das erste Samenkorn sind, das Shiva der Erde schenkte, und die Bewohner der Berge pressen aus ihnen ihr einziges Kochöl. Außer daß es aromatisch-herb schmeckt, hat es keine sonderlichen Eigenschaften.

Ja, und dann werden die Blätter zwischen den Handflächen gerieben. Was davon an klebriger hellgelber Masse auf der Haut bleibt, wird mit einem Beinschaber abgezogen und in ein Kupferschälchen gestreift, wo es bald dunkler wird. Ist dort genügend drin, wird das Produkt nochmals zu einer Wurst gerollt, die spaghettidünn oder fingerdick sein kann – da hat jede Familie ihr eigenes Maß. Am nächsten Morgen sind diese Würste außen schon schwarz, nach einigen Tagen durch und durch. Nun werden sie entweder lose in Säcke gefüllt oder vorher noch zu Bündeln zusammengepreßt.

So einfach geht die Sache also, doch so einfach ist das alles nicht: um ein Kilogramm Haschisch zusammenzubekommen, sind zwischen 150 und 200 Arbeitsstunden nötig. Dafür gibt es von den Aufkäufern aus Tatopani durchschnittlich 150 Rupien, umgerechnet rund 22 Mark, aber so weit wird nicht gerechnet: ein Kilogramm Reis kostet in jenen Gegenden 12 Rupien, und der Kindersegen ist groß und hungrig.

Da ist verständlich, daß die Aufkäufer ihre Lieferanten verachten – sie verdienen schließlich dasselbe für jedes Kilogramm, das sie abliefern, und haben sich dabei die Hände nicht klebrig machen müssen. Etwa 300 Rupien bekommen sie für das Kilo, geringe Marktschwankungen berücksichtigt, und dann landet der Stoff meist bei jenem Stamm, der für seinen Geschäftsgeist himalayaweit berühmt ist: bei den Thakalis.

Unter 1000 Rupien ist das Kilo von keinem Thakali zu haben, und andere kommen nicht an das schwarze Gold. Dafür haben die Sippen bei allem Konkurrenzneid untereinander erfolgreich gesorgt.

So ähnlich läuft das Prinzip allerdings nicht nur im Himalaya. Überall, wo Haschisch hergestellt wird, gilt dieselbe Hackordnung, läuft das Produkt unzähliger Arbeitsstunden in sehr wenigen Händen zusammen, die den großen Profit einstreichen. Dasselbe gilt natürlich auch für Opium, und bei Tabak und Tee wird es von ehrenwerten Firmen ehrenwert angewendet. Die besondere Würze aller Drogen heißt Ausbeutung.

Bhairawa

Das Wort bedeutet eine ganze Menge: Zunächst einmal die schrecklichen Verkörperungen der guten Elemente, die handfest mit Reißzähnen und rollenden Augen ausgestattete Dialektik des Tantra, nach der ja alles Gute auch einen furchtbaren Aspekt haben muß. Außerdem sind damit Dämonen und Flurgeister ganz allgemein bezeichnet, die zwar zu den himmlischen Heerscharen Shivas gehören, aber gelegentlich nach der Art plündernder Landser ganz irdischen Unfrieden stiften können. Wer beispielsweise zuviel Hanf geraucht hat und dabei vergaß, sich dem Herrn Shiva demütig anzuvertrauen, kann von ihnen ganz schön durch alle möglichen und unmöglichen Zustände gewirbelt werden. Und schließlich ist Bhairawa eine triste Grenzstation zwischen Indien und Nepal, wo allerdings in veritablen Villen auch die von beiden Staaten anerkannten Schmuggler residieren.

Wer sich über die Existenz eines solchen Berufszwigs wundert, möge bedenken, daß der einzige Unterschied zwischen asiatischer und europäischer Korruption darin besteht, daß sie nach westlichem Glauben heimlich zu geschehen habe, des allgemeinen moralischen Dekorums wegen. Asiens Staatstraditionen sind da pragmatischer: die Regierung stellt Maximalforderungen und gewährt Minimalfreiheiten, die, würden sie ernst genommen, für das Volks- und Wirtschaftsleben tödlich wären. Was also nicht erlaubt oder mit zu hohem Zoll belegt ist, geht an den Amtspersonen vorbei, die das nicht sehen können, weil sie gerade mit dem Zählen ihres Anteils beschäftigt sind. Das ist quasi legitim und bringt auch dem Staat was – sowohl in Indien als auch in Nepal werden Finanz-, Zoll- und Polizeibeamte für ein Vielfaches ihres Papiergehalts besteuert, ohne daß sich je jemand darüber gewundert hätte.

Hanf und seine nicht faserigen Produkte spielten für beide Länder bis 1961 in diesem Seitenbetrieb der Staatswirtschaft keine Rolle. Das Zeug kursierte frei über die Grenzen – Indiens Sadhus schätzten nepalisches Haschisch wegen der «Kraft der Berge» – und war nicht einmal Zoll wert. Dann traten beide Staaten, unter sanftem Druck der USA und auf Entwicklungsgelder hoffend, der UNO-Konvention bei, erklärten Hanf zu einem «nicht export- oder importfähigen Handelsartikel» und kümmerten sich nicht weiter darum.

Da aber kamen schon in beide Länder immer mehr oft seltsam aussehende Touristen, die sich vor allem für diese Sache interessierten und bereit waren, Preise zu zahlen, von denen zuvor kein Bazarkaufmann zu träumen gewagt hätte. Und es kamen auch fast seriös wirkende Geschäftsleute aus Europa und unterhielten sich mit den interessierten Prinzen aus den Bergen, ob man nicht auch versuchen könnte, nach gewohnten Dunkelmethoden Exportgeschäfte zu tätigen.

1962 verkündete Nepals König Mahendra ein neues Drogengesetz, das zunächst einmal alle Hanfvorkommen steuerpflichtig machte. Wie derlei je durchsetzbar sein sollte, wurde nirgendwo festgelegt. Außerdem sollten zur Befriedigung der touristischen Bedürfnisse staatlich genehmigte Läden errichtet werden, gegen gehörige Lizenz natürlich, und die Privilegien für Groß- und Einzelhandel waren selbstverständlich königliches Monopol.

Im Laufe der nächsten Jahre entstanden allein in Kathmandu 32 solcher Läden, und durch die Konjunktur wurde der Jhochen Tole nahe dem alten Königspalast, ursprünglich das Terrain der wenig angesehenen Mist-Träger, die berühmte Freak Street. Das interessantere Geschäft war natürlich der Großhandel, und um den kümmerte sich der Bruder des Königs, Prinz Himalaya, der seine Sachkunde schon zuvor als oberster Schutzherr des anderen Schmuggels erworben hatte. Wie es Hoheit schaffte, zum reichsten Mann des Landes zu werden, wo doch solche Exportgeschäfte streng verboten waren, wird sein Geheimnis bleiben.

Untrennbar damit verbunden ist allerdings eine erstaunliche Brahmanenkarriere, die des Dilip D. Sharma, in Fachkreisen Didi genannt. Nun sind Brahmanen zwar die allerhöchste Hindukaste, doch daß sie deshalb auch vermögend sein müßten, ist damit zumindest in Nepal noch lange nicht gesagt. Didi gehörte zu den Allerärmsten, war aber offenbar mit dem sprichwörtlichen goldenen Löffel im Mund geboren worden und dementsprechend schon im zarten Alter von vierzehn ein bekannter

---

Didi bekommt seinen ersten Warnschuß verpaßt:

Die nepalesische Polizei hat nach der Festnahme des deutschen Bundesbürgers Gerhard K. durch die Zollbehörden des Himalaya-Staates in einem Haus der Hauptstadt Kathmandu rund 1,2 Tonnen Haschisch beschlagnahmt. Wie die Polizei mitteilt, war K. am 1. April bei dem Versuch verhaftet worden, 5 Kilogramm Haschisch aus Nepal herauszuschmuggeln. Seine Aussagen führten danach zur Beschlagnahme der größten Haschisch-Menge, die seit dem Anbau-Verbot 1973 in Nepal gefunden wurde.

(Süddeutsche Zeitung, 5. 4. 1976)

Ein schöner Bericht von nepalischer Gesetzestreue
(was haben wir damals in Kathmandu darüber gelacht!):

Die Krise in diesem einst florierenden Rauschgiftbasar wurde durch ein Rauschgiftverbot ausgelöst, das am 5. September 1976 erging. Es verbietet den Anbau von *Hanf*, aus dem *Marihuana* und *Haschisch* gewonnen werden, sowie Verkauf, Transport und Konsum dieser Drogen.

Die Hippies, Drogensüchtigen und Ausgeflippten, die aus aller Welt in die sogenannte Freak Street strömen, haben es seither schwer, vor Ort noch einen Trip zu machen.

Unter der Flaute leiden auch die Rauschgifthändler, die Besitzer von fast hundert Restaurants, Herbergen und Wirtshäusern sowie die Ladenbesitzer in der Freak Street.

Im September betrugen die Einnahmen der Speiselokale und Gasthäuser noch 165 000 Mark; im November dürften sie auf 50 000 Mark zurückgehen.

Aber dort finden die Besucher ihre Genüsse nur noch schwer: Strenge Strafen schrecken die Händler ab. Selbst Hasch-Kaffee im *Del Namaste Lodge* ist kaum noch zu haben.

(Der Spiegel, 29. 11. 1976)

Schwarzmarktspezialist. Als er 22 wurde, begegnete ihm die Königliche Hoheit, und bald darauf eröffnete Didi in einem eher unscheinbaren Haus am Anfang der Freak Street sein Lokal. Da er nicht nur alle möglichen östlichen Tricks beherrschte, sondern auch die modern westlichen Marketings, wurde das *Eden Hashish Center* bald in allen Erdteilen berühmt. Zweifellos: von der Laufkundschaft konnte der Erfolg nicht herrühren, und Didi rühmte sich, auch auf dem Gebiet des getarnten Versandhandels Nepals Nr. 1 zu sein. Erfindungsreich verpackt reiste der Stoff mal in tibetischen Tischen, mal in indischen Konservendosen, in Holzdruckstöcken und gern auch in Kunstwerken in aller Herren Länder. Didi wurde schwerreich damit, kaufte in Westnepal riesige Ländereien, und dennoch führte er brav 90 Prozent des Gewinns an seinen stillen Teilhaber ab.

Die königliche Familie Nepals ist allerdings ein kopfstarkes Rudel, und zumal die jüngeren Prinzen sahen nicht ein, daß sie nur von ihren legalen Pfründen wie beispielsweise Importlizenzen und Hotels leben sollten. Sie suchten ihre eigenen Strohmänner – hauptsächlich Thakali –, und bald bekam Didi die Konkurrenz schmerzhaft zu spüren.

Die frühen Siebziger waren für Nepal bewegte Jahre. 1972 starb König Mahendra, der mit eiserner Faust regiert hatte, und von seinem Sohn Birendra wurde etwas weniger Autokratie erhofft, ein bei solchen Anlässen ja häufiger Irrtum. Erfolg mit ihren Bitten hatten eigentlich nur die USA – am 16. Juli 1973 wurde für Nepal der Haschisch-Handel verboten;

LET US TAKE HIGHER   Phone : 13863
EDEN HASHISH CENTRE
Oldest & Favourite Shop in Town Serving you the Best Nepalese Hash & Ganja
(Available Wholesale & Retail)
COME VISIT US ANY TIME FOR ALL YOUR HASHISH NEEDS
EDEN HASHISH CENTRE
OLD 51. Bashantpur, KATHMANDU
NEW 5,259. Ombahal. NEPAL
Prop. D. D. SHARMA

die dadurch der Regierung jährlich entgehenden 100 000 Dollar wurden für zehn Jahre voraus auf ein Privatkonto Seiner Majestät bezahlt. Daher war dann 1976 auch der Anbau von Hanf dran, was natürlich eine bezaubernde Ironie war, doch auch diesmal zahlten die USA.

In diesem Zusammenhang entstand das beliebteste Märchen des modernen Nepal, betreffend das Ende des größten Regierungspalastes Asiens. Ziemlich genau bis zum Haschisch-Verbot 1973 hatten die Regierungsbeamten in den gut tausend Räumen des Singha Durbar miteinander und ihren Kunden Verstecken gespielt, doch eines Nachts brach ein Brand aus, sinnigerweise in der Buchhaltung des Finanzministeriums. Begeistert fing das hölzerne Innenleben des Palastes Feuer, und der Premierminister ließ die Feuerwehren warten, bis der König über den Fall

---

Letzte Nachricht von Didi, der seine Aktivitäten nach Indien verlagerte:
Die indische Zollfahndung hat zwei leitenden Angestellten einer Fabrik für Taschenlampenbatterien das Handwerk gelegt, die mit völlig unbrauchbaren Trockenzellen gute «Exportgeschäfte» machen wollten. Sie füllten die Batterien statt mit den üblichen Chemikalien mit Haschisch. Die Behörden erhielten offenbar einen Hinweis, als eine Ladung mit fast 15 000 Batterien bereits mit einem Schiff nach Kanada unterwegs war.
(Hannoversche Allgemeine, 16. 10. 1978)

---

entschieden habe. Der König entschied, das gesamte Kabinett zu entlassen, und mittlerweile war auch Singha Durbar bis auf die Grundmauern abgebrannt. Daß ein solches Riesenfeuer nötig gewesen sein könnte, die Aktenunterlagen solider Korruption zu zerstören, wollte natürlich kein Nepali glauben, und so wird heute noch jene Version berichtet, die ein schwer bekiffter Sadhu quer durch das Land verkündete: Shiva habe sein drittes Auge auf das Gemäuer geworfen, erzürnt über eine Regierung, die es wagen wollte, seine Pflanze zu verbieten.

Natürlich hatte sich nicht viel geändert. Die alten Ladenschilder wurden durch welche mit «Rugs and Arts» ersetzt, und das war's, von einem saftigen Preisanstieg abgesehen, der teilweise zur Beteiligung der zuständigen Polizei diente.

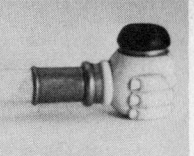

Pfeife aus Elfenbein mit Silbermontierung, Länge 36,9 cm, Kanton, um 1850. Wahrscheinlich ursprünglich eine Opium-Pfeife, jedoch durch einen Ebenholzeinsatz auf Hanf umgerüstet.

Doch eine neue Generation von Prinzen drängte auf den Markt, und Prinz Himalaya war nicht mehr der jüngste. Didi achtete die Zeichen der Zeit nicht, sondern baute mitten in der Freak Street ein großkotziges Hotel. Da starb 1975 plötzlich sein Bruder, der für die Stoffbeschaffung zuständig war. Offiziell hieß es, er hätte erst seine Frau und dann sich umgebracht, doch das Auto mit den beiden Leichen war von 64 Kugeln durchsiebt, was in so armen Ländern ein Luxus ist, den sich nur hochgestellte Persönlichkeiten leisten können. Die Sitten waren rauh geworden, und Didi beschloß, sich dagegen zu rüsten.

Das Gesetz kriegerischer Handlungen gilt auch für den Untergrund – die Soldaten werden verheizt, und nur im Ernstfall geht es gegen die Generale. Nachdem es in West- und Mittelnepal nach jeder Erntezeit zu regelrechten Kleinkriegen gekommen war, fand 1977 bei Didi eine Razzia statt. Die dreieinhalb Tonnen Haschisch, die dabei gefunden wurden, interessierten die Beamten weniger als das stattliche Arsenal hervorragender Waffen. Ein Minister mußte zurücktreten, desgleichen fast alle Spitzen der Polizei – Didis Stern war endgültig verglüht.

Mit seinen Nachfolgern versuchten andere Mächte fertig zu werden. Prinz Gyanendras Schützling Sudarshan Gauchan, der Sieger der Siebziger-Kriege, fuhr 1980 in Paris für zwölf Jahre ein, und gleichzeitig mußte fast das gesamte Personal der dortigen königlich nepalischen Botschaft ausgetauscht werden. Ähnliches geschah fast gleichzeitig in Rom und 1981 in London, was darauf schließen läßt, daß auch die Formen diplomatischer Höflichkeit nicht mehr ganz die alten sind.

Die entscheidenste Veränderung der Szene geschah allerdings in Kathmandu selbst. 1978 tauchten, kurz nach einem Staatsbesuch der königlichen Sippe bei ihren gekrönten Kollegen in Thailand, rund zehn Tonnen thailändisches Heroin auf dem Markt auf. Das war mehr, als die Freak Street verkraften konnte, zumal der Verkauf anfangs mangels Kundschaft ziemlich schleppend lief. Dieses Problem scheint nun beho-

Hanf ist wie Feuer – wenig wärmt, viel verbrennt
(Marokkanisches Sprichwort)

Haremsdame im Abkühlraum des Bades. Französische Lithographie, um 1856

Jagt nun die Traurigkeit fort und den Kummer,
nehmt Lauten, umhüllt euch mit grünem Gewand,
das euch schöner kleidet als Brokat.
Kein Vergleich in Vers oder Bild ist stark genug
um dir gerecht zu werden, Fröhlichmacher.
Erscheint es, füllt es die Augen mit dem Licht der Schönheit
und läßt Wiesen und Blumen neu erstrahlen.
Es ist eine Braut, deren Geheimnis die Seele erfreut.
Kommt es abends, fühlst du es noch zärtlich am Morgen.
In seiner Reinheit ist es süß wie Honig,
in seinem Geruch ist es köstlich wie Moschus.
Es läßt dich die züchtigsten Mädchen erfühlen
und dein Ohr von schönster Musik überquellen.
Alle Farben läßt es dir neu erstrahlen.
In den Gärten wächst es schöner als Blumen.
Mit rotem Stamm und weißen Stengeln
erhebt es sich über alles andre.
Das Sonnenlicht beneidet seinen leuchtenden Stamm
und das Mondlicht beneidet die Helle der Stengel.
Aber die Blätter erst, sie sind die Smaragde
unter allen Geschenken der Natur.
Erscheint es, erweckt es verborg'ne Gefühle.
Wirkt es, wird die Armee meiner Sorgen verjagt.
Herrlich geformt, mächtig im Wachstum
überragt es den Garten, und meine Verse
wachsen mit ihm. Schickt mir indische Mädchen,
schärfer als Schwerter und braun wie die Frucht
des herrlichen Baums. Ach nein, was brauche
ich sie, wo ich alles doch
geheim in der Öffentlichkeit genießen kann.
   (Ali ben Makki, um 1220 in Bagdad, zitiert bei al-Badri)

ben, und auch viele der einst aufsässigen Nepali-Studenten kriechen
heute hohlwangig und leeräugig herum.

«Die Bhairabs haben zugeschlagen», sagen alte Nepali, die in ihren
Tempeln immer noch ihr Dschillum rauchen. «Mit heiligen Dingen soll
man keine weltlichen Geschäfte machen.» Das allein wird es wohl nicht
sein, was aus dem freundlichen alten Kathmandu eine Drehscheibe des
Heroinhandels gemacht hat. Wer hinter diesem Supergeschäft steht, ist
Nepals Polizei natürlich unbekannt, und die darüber Bescheid wissen,
schweigen lieber.

3. Beim Bart des Propheten

Tausendundeine Nacht

Die Konservativ islamischen Gesellschaften vom alten Afghanistan bis zum modernen Marokko sind, was das öffentliche Leben betrifft, die großen Scharrplätze schöner Gockel. In die eigene Männlichkeit verliebt, wie dies nicht einmal Mexikaner zu sein wagen, stolzieren die Herren der Schöpfung durch ihre Männerwelt, in den Augenwinkeln einen beständigen Zwang zur Verführung, der uneingestanden auch dem eigenen Geschlecht gilt.

Mit unserem Machismo der Jeans und ähnlichen Muskelprotzereien können sie nichts anfangen, der wirkt derb gegen die kunstvollen Verhüllungen durch Pluderhosen, Djelabas und Burnusse, wo das einzige erlaubte Sexualsymbol ein Gewehr zu sein scheint. Das Wort «Ansehen» hat in den islamischen Sprachen den höchsten Wert, und damit ist auch der Blickkontakt gemeint – wer wen wie angesehen hat oder vielleicht gar scheel, liefert seit undenklichen Zeiten den Stoff für hartnäckig vererbte Fehden und Vendettas.

Mit dem tatsächlichen männlichen Selbstbewußtsein ist es in allen Männergesellschaften schlecht bestellt – offenbar schätzt sich jeder Macker selbst so gering ein, daß er seine Frauen verbergen oder gar verschleiern muß. Und da die offizielle Moral eine unglaublich prüde ist, gibt es im lockeren Männergespräch nur zwei Themen: Sex und Rausch, am liebsten vereint. Alle Gesellschaften kennen diese Doppelmoral, aber in der islamischen hat sie es zu den schönsten Blüten der Dichtung gebracht. Kein Kulturkreis hat so subtile (und natürlich auch sublime) Kunstwerke geschaffen, die sich so ausschließlich und immer wieder DAMIT befassen. Erst die jüngste Zeit mit ihrem arabischen Wohlstand hat da die Situation etwas verändert, gewissermaßen handfester gemacht – wer öfter nach Bangkok fliegt, kennt die Wüstensöhne, die schon im Flugzeug so stockbesoffen sind, daß sie von der Gangway getragen werden müssen, um im nächsten Puff zu versickern. Wo das Verbotene so erschwinglich wird, ist Kunst nicht mehr vonnöten.

Daß ein Rausch den anderen steigern könne, ist der verbreitetste Aberglaube der islamischen Kulturen, und er erstreckt sich auch auf Drogen, die – wie Opium oder manche Alkoholika – erwiesenermaßen impotent

Vom Haschisch wird der Peniskopf
gleich dem Amboß; wie er auch sei – er
wird zweimal so groß. Jeder Feueran-
beter und Jude und Armenier wird sogleich aus Wohlbehagen ein Moslem,
nachdem er Haschisch genoß.

*(Das Buch der schönen Mahsati,
persisch, 12. Jahrhundert, ed. Fritz
Meier, Wiesbaden, 1963)*

Ein Weintrinker, ein Opiumesser und
ein Haschischraucher machten einst
eine Wanderung. Sehr spät erst kamen
sie an das Tor der Stadt. Das war schon
verschlossen. Der Weintrinker polterte
lautstark an das Tor und fluchte fürchterlich. «Laß gut sein», sagte der
Opiumesser. «Wir können hier warten,
bis wieder geöffnet wird.» Der
Haschischraucher aber nahm einige
tiefe Züge und sagte: «Warum wollen
wir nicht versuchen, durch das Schlüs-
selloch zu schlüpfen?»

*(Volksmärchen, wahrscheinlich aus
Persien, zuerst in Manuskripten um
1100 erwähnt)*

Die geläufigste Hanf-Zubereitung der islamischen Länder ist Majoun
Die Rezepte sind natürlich regional
verschieden, generell aber gilt dieses,
das heute noch in Marokko angewendet wird: 1 Tasse Khif (= Blütenstände
des Hanfs; bei Haschisch aufgekrümelt
⅕ der Menge je nach Qualität, eher weniger) wird auf leichtem Feuer schwach
angeröstet und zu Puder zerstoßen.
Hinzu kommen: ½ Tasse feingehackte
Datteln; ½ Tasse Mandeln oder Nüsse,
gemahlen; ½ Tasse gehackte, getrocknete Feigen; ¼ Tasse dunkler Honig;
¼ Tasse Wasser und je ½ Teelöffel
gemahlener Ingwer, Muskat und Zimt.
Manchmal wird noch 1 Teelöffel Anis-
samen beigemischt. Auf mäßiger Hitze
wird alles verköchelt, bis die Früchte
weich sind. Anschließend wird 1 Eßlöffel Butter eingerührt, nach dem Erkal-
ten auch noch 5 Eßlöffel Orangenblü-
tenwasser. Majoun wird als Konfekt
gereicht. In vielen alten Schriften ist
Majoun gemeint, wenn von «Hanf-
Körnern» oder Haschisch die Rede ist.

machen. So was läßt natürlich auf eine gewisse Unsicherheit der Sexualität schließen, und dagegen spricht nicht, daß auch die ersten Hippies
diesen Glauben übernahmen, um einen Faktor mehr zu Sex & Drugs &
Rock 'n' Roll bereichert – er wurde zuvor auch von Europas Gelehrten
adoptiert, die zwar keine derartigen Erfahrungen hatten, jedoch der islamischen Dichtung glaubten. Am bekanntesten wurde im Westen das
Konvolut der «Geschichten aus Tausendundeiner Nacht», eine Sammlung höfischer Schnurren und Volksgeschichten, durch den dramaturgi-
schen Trick zusammengefaßt, eine Erzählerin um ihren Kopf reden zu
lassen. Die Geschichten stammen aus einem Zeitraum von gut dreihundert Jahren, manche Motive sind noch älter, und sie spiegeln auch die
einzelnen Modewellen der Moral, und da darf natürlich, etwas prüde abgehandelt, auch unser Thema nicht fehlen.

Die Geschichte vom Haschischesser

«Es war einmal ein Mann, der die Schönen liebte und für sie sein Geld ausgab, bis er ganz verarmte und nichts mehr besaß. Da ward die Welt ihm zu enge, und er begann, in den Straßen umherzuirren, um etwas zu suchen, wodurch er sich ernähren könnte. Und während er so umherwanderte, siehe, da drang ihm ein alter Nagel in eine Zehe, so daß sein Blut floß. Er setzte sich hin, wischte das Blut ab und verband sich die Zehe. Dann ging er schreiend weiter, bis er zu einem Badehause kam; in das ging er hinein und legte seine Kleider ab. Und wie er sich drinnen umsah, fand er, daß es ein sauberes Bad war. Nun setzte er sich auf das Becken des Springbrunnens und ließ sich in einem fort das Wasser über den Kopf rinnen, bis er müde ward.»

Da bemerkte Schehrezâd, daß der Morgen begann, und sie hielt in der verstatteten Rede an. Doch als die *Hundertunddreiundvierzigste Nacht* anbrach, fuhr sie also fort: «Es ist mir berichtet worden, o glücklicher König, daß der Mann sich auf das Becken des Springbrunnens setzte und sich in einem fort das Wasser über den Kopf rinnen ließ, bis er müde ward. Dann ging er zu dem Kaltwasserraum, und da er dort niemanden vorfand, setzte er sich in eine stille Ecke, holte ein Stück Haschisch heraus und schluckte es hinunter. Als es ihm zu Kopfe gestiegen war, fiel er rücklings auf den Marmorboden hin. Und nun gaukelte das Haschisch ihm vor, ein vornehmer Kammerherr knete ihn und zwei Sklaven ständen ihm zu Häupten, der eine mit einer Schale, der andere mit den übrigen Badegeräten und dem, was ein Badewärter sonst noch braucht. Als er das sah, sagte er sich im Traume: ‹Es scheint, die irren sich in mir, oder es sind Leute von unserer Zunft, Haschischesser!› Dann streckte er seine Füße aus und glaubte zu hören, wie der Bademeister sagte ‹O Herr, die Zeit ist nahe, daß du hinaufgehst; und heute bist du an der Reihe.› Lächelnd sagte er zu sich selber: ‹Wunderbar, o Haschisch!› Dann setzte er sich schweigend auf, träumte, daß der Bademeister kam, ihn bei der Hand nahm und ihm ein schwarzseidenes Tuch um den Leib legte. Die beiden Sklaven gingen hinter ihm mit den Schalen und den Geräten. So geleiteten sie ihn, bis sie ihn in eine Kammer führten, wo sie Weihrauch anzündeten. Dann sah er, wie der Raum voll war von allerlei Früchten und duftenden Blumen. Man schnitt eine Wassermelone für ihn auf und ließ ihn auf einem Stuhl von Ebenholz sitzen. Der Bademeister aber stand da und wusch ihn, während die beiden Sklaven Wasser über ihn gossen. Dann rieben sie ihn gut ab und sprachen: ‹O unser Herr Gebieter, Wohlergehen auf ewig!› Dann gingen sie wieder hinaus und machten die Tür zu. Wie er all dies geträumt hatte, nahm er das Tuch von seinem Leibe und fing an zu lachen, bis er fast in Ohnmacht fiel. Eine lange Weile lachte er weiter; dann aber sprach er bei sich: ‹Was ist's mit ihnen, daß sie mich wie einen Wesir anreden und ‚unser Herr Gebieter' zu mir sagen? Vielleicht haben sie jetzt einen Irrtum begangen; aber bald werden sie mich erkennen und sagen: ‚Das ist ein Taugenichts', und dann werden sie mir sattsam den Nacken verprügeln.› Da er sich nun kühl fühlte, so öffnete er die Tür, worauf er weiter träumte, ein kleiner Mamluk und ein Eunuch träten zu ihm ein. Der Mamluk hatte ein Bündel bei sich; das machte er auf und nahm drei seidene Tücher aus ihm hervor. Das erste legte er ihm über den Kopf, das zweite um die Schultern und das dritte gürtete er ihm um die Hüften. Der Eunuch aber brachte ihm Stelzsandalen, und die zog er an. Nun traten Mamluken und Eunuchen herein und führten ihn stützend, während er immerfort lachte, bis er hinaustrat und in die Halle hinaufstieg. Die fand er mit großen Teppichen ausgestattet, wie sie sich nur für Könige ziemen. Alsbald eilten die Diener auf ihn zu und setzten ihn auf einen Diwan; dann begannen sie ihn zu kneten, bis ihn der Schlaf

übermannte. Und weiter sah er im Traume eine Jungfrau an seinem Busen; die küßte er und legte sie zwischen seine Schenkel; dann kniete er vor ihr, wie der Mann vor der Frau zu knien pflegt, nahm seine Rute in die Hand und zog und preßte die Jungfrau an sich. Mit einem Male rief jemand ihm zu: ‹Wach auf, du Taugenichts! Es ist schon Mittag, und du schläfst immer noch!› Da schlug er die Augen auf und fand sich am Rande des Kaltwasserbeckens liegen, mitten unter einer Schar von Leuten, die ihn auslachten, und dabei war sein Glied aufrecht, und das Tuch war von seinem Leib heruntergefallen. Nun ward es ihm klar, daß dies alles nur Irrgänge von Träumen und Täuschungen des Haschisch gewesen waren. Traurig blickte er den an, der ihn geweckt hatte, und sprach: ‹Ach, hätte ich doch zu Ende träumen können!› Aber die Leute riefen: ‹Schämst du dich nicht, du Haschischesser, hier nackt mit aufrechter Rute zu schlafen?› Und sie schlugen ihn, bis ihm der Nacken rot geworden war. Er aber war hungrig und hatte doch den Vorgeschmack der Glückseligkeit gekostet.»
(Übertragung von Enno Littmann, Wiesbaden 1953)

Da die rigiden Auslegungen des Koran Rauschmittel aller Art verbieten, entstand Anfang des 12. Jahrhunderts vorwiegend im persischen Kulturkreis eine eigene Kategorie von Dichtungen, in denen die einzelnen Drogen gegeneinander zum Wettkampf antreten. Meist sind das fürchterlich lange und schrecklich gebildete Gedichte, wahrscheinlich zum gesungenen Vortrag bei entsprechenden Parties bestimmt, wo von der Oberschicht mit beträchtlichem Aufwand nicht nur diese verbotenen Genüsse, sondern auch – eine persische Spezialität – knackige Knaben vernascht wurden. Für das letztere gab es immerhin eine Koranstelle, die sich auf Empfängnisverhütung bezieht: «Einen Knaben fürs Vergnügen; eine Frau für die Nachkommenschaft.»

Diese Streitgedichte folgen stets demselben Schema und sind, der Reihe nach gelesen, eine ermüdende Angelegenheit, bei der mal der Wein, mal Haschisch den Sieg davonträgt, und gelegentlich treten noch alle möglichen weiteren Zubereitungsformen der beiden Rauschmittel auf.

Eine andere klassische Kategorie arabisch-islamischer Dichtung sind blumige Rätsel. Eines davon findet sich im Diwan des Safi-addin-al-Hilli. Es entstand zwischen 1927 und 1300 in Damaskus und wurde 1962 von der Universität Beirut publiziert:

Ein hübsches Mädchen war selig von Haschisch. Ich sagte: Das solltest du doch nicht tun! Sie sagte: Ach was, jede schöne Gazelle frißt doch gerne vom grünen Gras.

(Ibn-al-Wardi, um 1100, zitiert von al-Badri)

Der Rausch von Haschisch ist der Inhalt meiner Sehnsucht, ihr lieben Freunde des Lernens und Begreifens. Sie haben es für verboten erklärt ohne Rechtfertigung, ohne wirkliche Gründe und ohne Tradition. Sie sagten nur: Verboten ist, was nicht verboten ist und nicht verboten sein dürfte.
(Alan-ad-din Ibn Shukr, 1277, zitiert nach: al-Yunini, Dhayl, Bd. 3, Hyderabad 1961)

Marokkanischer Markt um 1880

«Gib mir das Elixier jener duftenden Pflanze
aus einem Beutel, nicht aus einer Schale,
den Wein aus dem Faß von Elfenbeindosen,
dessen Trinkschalen meine Fingerspitzen sind.
Er wurde nicht von Wasser verpanscht, aber
er wird oft von Rosenwasser gefolgt.
Er hinterläßt keinen Kater außer tieferes Denken,
das die Seele streichelt bis zum letzten Atemzug.
Kein anderer Wein kann diesen Rausch schenken,
da kein altes Weib den Reiz eines Mädchens hat.
Das Gesetz hat ihn nicht verboten, und auch die
Lehrer des Worts haben ihn nicht verboten.
Die Heiligen lieben ihn, und sie
kennen von ihm viele Zubereitungen.

Sein Spitzname ist manchmal ‹Erhebung des Denkens›
und manchmal ‹Verdauer des Essens›.
Wenn er seinen betörenden Duft aussendet,
legen die züchtigen Mädchen ihre Gewänder ab.»

Was damit gemeint ist, darf gerätselt werden.

Des Propheten klares Wort

Daß Hanf in den islamischen Ländern stets eine umstrittene Rolle spielte,
liegt natürlich am Propheten, genauer: an seinem hinterlassenen Wort,
dem Koran. Alle Streitfragen des Islam lassen sich ja mit Hilfe dieses
Buches klären, und fehlt es darin einmal an soliden Grundlagen, bleiben
immer noch die luftigen Konstruktionen weitgespannter Interpretation.
Gerade in der Hanffrage sind die nötig – während der Koran allein 49
Zubereitungsrezepte für Datteln erwähnt, schweigt er sich über die
Pflanze gründlich aus.

Die Gründe dafür sind einfach: Mohammed war bekanntlich ein Kaufmann aus Mekka, der frühe Islam eher eine gottgeschützte OHG als eine
Religion, und zu den Handelsartikeln der Firma gehörte auch dieser
Stoff. Mekkas Bedeutung hatte lange vor dem Propheten als Kreuzungs-
punkt zweier uralter Handelsstraßen angefangen: nach Osten führte die
«Gewürzstraße», über die aus Indien via Muskat eben Gewürze, aber
auch Parfums, Farben, Elfenbein und spätestens seit dem 2. Jahrhundert
auch Haschisch kamen. Nordsüdlich verlief die «Weihrauchstraße», zum
Imperium Romanum einerseits, wo sich diese Produkte mit hohem Gewinn verscherbeln ließen, im Süden über Mokka nach Abessinien, von
wo auch Gold, Sklaven und spä-
ter ein Stoff namens Kaffee kamen. An lokalen Produkten
spielten nur Weihrauch, Myrrhe
und Haschisch eine Rolle, wobei das letztere von den römischen Abnehmern als minder-
wertig eingeschätzt wurde. Im
frühen 7. Jahrhundert, zur Zeit
des Propheten, war die große
Konjunktur schon lange Legende – mit dem Zusammen-
bruch des Imperium Romanum

Gleichnis von einem Muslim-Priester

«Ein Muslim-Priester, der in der Moschee gegen den Gebrauch von *beng* wetterte, einer Pflanze, dessen Haupteigenschaft darin besteht, zu berauschen und Schlaf hervorzurufen, war von der Heftigkeit seiner Rede derart hingerissen, daß etwas von der verbotenen Droge, deren Opfer er selbst oft war, aus seiner Brusttasche fiel. Der Priester, ohne die Haltung zu verlieren, schrie sofort: ‹Hier ist der Feind, dieser Dämon, von dem ich euch erzählt habe; die Kraft meiner Worte hat ihn in die Flucht gejagt; paßt auf, daß er, indem er mich verläßt, sich nicht auf euch stürzt und Besitz von euch ergreift!› Niemand getraute sich, es anzufassen. Nach der Predigt nahm der beflissene Sophist sein *beng* wieder an sich. Man sieht ähnliche Züge in allen Religionen.»

(Lacroix, beim Übersetzen von arabischen Manuskripten, ca. 950 n. Chr.)

Statements aus der Sammlung al-Badris:

al-Maqrizi (angebl. um 1000): «Die größte Zerstörung am Ende aller Zeiten wird vom Essen des grünen Haschisch herrühren.» As-Samarqandi (um 1200, unter Berufung auf Ma'mar, um 800): «Der Prophet sagte: Gott möge alle verfluchen, die den Rausch von flüssigem oder *trockenem* Wein suchen.»

Ali (der Schwiegersohn des Propheten; die Quelle, woraus al-Badri schöpfte, verriet er nicht): «Der Prophet sagte: Hütet euch vor dem Wein der Nicht-Araber, denn er läßt euch den Glauben vergessen. Damit meinte er den der Perser, denn dies ist Haschisch. Er nannte es Wein, weil es berauscht.» (Tatsächlich war um 620 in Mekka Alkohol sehr gefragt, der von römischen Weinhändlern geliefert wurde.)

Abu Hurayah (um 900): «Der Prophet sagte: Hüte dich vor dem Grünen, denn das ist der größte aller Weine.»

Hudhayfah ben al-Yaman (um 1100, unter Berufung auf seinen Ahnherren, der ein Freund des Propheten gewesen sein soll): «Einmal ging ich mit dem Propheten über Land. Er sah einen Baum und schüttelte seinen Kopf. Ich fragte ihn warum, und er sagte: Es wird eine Zeit über mein Volk kommen, wo sie die Blätter dieses Baumes essen und berauscht werden, und sie werden sogar im Rausch beten. Das werden die Schlimmsten der Schlimmen sein, die Schande meiner Lehre, und Gott wird mit ihnen nichts zu tun haben.»

Als Zahir Wein und Haschisch verbot, verließ unser Iblis in Eile Ägypten. Er sagte: Was soll ich in einem Land bleiben, wo man mir Wasser und Futter verwehrt?

(Der Richter Nasir ed-din Muyanir, Kairo, um 1278)

Haschisch zerstört den Geist und Verstand durch viele Arten von Krankheit und Wahnsinn. Die sagen, es sei erlaubt, sprechen wahr. Es ist erlaubt, doch nur für das Vieh.

(Der Religionsprofessor Ibn Ghanim, Kairo um 1280, beide Texte in: al-Kutubi, Fawat, Kairo 1963)

war im Norden nur noch Ägypten als interessanter Handelspartner geblieben, und dort war man auf arabisches Haschisch wirklich nicht angewiesen. Indisches Opium allerdings war gefragt.

Ob der Prophet selbst Haschisch nahm, ist strittig – seine Visionen und die Beschreibungen ihrer Begleitumstände lassen sich mit einer Überdosis dieses Stoffs und mit Epilepsie nahezu gleichbegründet interpretieren, und im übrigen war es ja Allah, der sie ihm eingab. Daß er den Wein aus dem Islam verbannte, hat allerdings handfeste Gründe: das war schließlich das Ritualgetränk der schärfsten Konkurrenz, der Christen.

Zwanzig Jahre nach dem Tod des Propheten wurden seine Äußerungen und Predigten zum Koran gesammelt, vier Jahre später, 656, war das Werk vollendet. Das Reich des Islam war mittlerweile eine veritable Weltmacht geworden, die vom heutigen Tunesien bis Ostpersien reichte, aber die einzig verbotene Droge blieb der vom Propheten geächtete Wein. Das war ein harter Schlag für die Völker der Mittelmeerküste und am Kaspensee, und sie bekehrten sich somit zu der klassischen Droge der übrigen Gebiete.

Und bald gab es keinen Islam mehr, sondern etliche Islams – politische Querelen in der obersten Machtetage waren schuld an der Spaltung zwischen Sunna und Schia, die Unvereinbarkeit der Koran-Gesetze mit den regionalen Anforderungen führten zu verschiedenen Schulen der Ulema, der «authentischen Lehre», und dann kam auch über den Islam, was schon andere Religionen so bunt gemacht hat: Eiferer, Sektierer, wundersame Wanderheilige, Einsiedler und erleuchtete Gaukler. Und mit ihnen kam auch der Hanf ins Gerede.

Im ägyptischen Landstrich Djoneima ließ 1378 der dortige Emir Sudun Sheikhuni alle Hanfpflanzen ausreißen, da sie «dem minderen Volk zum Vergnügen dienen», und wer mit einem Pickel erwischt wurde, bekam die Zähne ausgeschlagen. Erst 1393 wurde Hanf wieder toleriert, nachdem der Emir an einer Überdosis Opium verschieden war. Ähnlich streng gaben sich einige syrische Scheichs, und aus dem Gebiet des heutigen Teheran sind Verbote aus der Zeit um 1200 bekannt. Sie hielten sich allesamt nicht lange, obwohl sich jeweils genügend Geistliche fanden, die sie als «wahren Willen des Propheten» feierten. In dieser Beziehung scheinen sich die alten Mullahs nicht von den neuen des Iran unterschieden zu haben, und natürlich hatten auch sie politische Gründe. Die Verbote hatten nämlich mit einer seltsamen Glaubensgemeinschaft zu tun, den damals Herrschenden mindestens so verhaßt wie den heutigen EG-Scheichs Rote Brigaden oder RAF: den Nizari, volkstümlich Haschischfresser genannt.

Unter dem Einfluß dieser Sekte und der Angst aller Fürsten vor ihr bekam Haschisch den Stellenwert, den es mehr oder minder noch heute in der islamischen Welt hat. Für das Volk ist eine erlaubte Droge, für Geistliche je nach Schule eine zu tolerierende und für die weltliche Macht eine Sache, die es besser nicht geben sollte.

Die Haschischfresser

Nun müssen wir also auf sie zu sprechen kommen, die in keinem Werk über Haschisch fehlen dürfen und zu den wildesten Legenden und Theorien herhalten mußten. Es ist eine Bizarrerie der Geschichte, daß sie nur unter ihrem Spitznamen bekannt wurden, denn Haschaschyyin, Haschischfresser, nannten sie sich selbst natürlich nicht, und daß dieser Spitzname der englischen und den romanischen Sprachen die Vokabel für Mord lieferte. Seither sind im bekanntlich vierundsechzigzähnigen Volksmund Haschisch und Gewalt innig verbunden.

Als erster erwähnt ihre Legende 1209 der gelehrte Abt Arnold von Lübeck, der sich ausführlich mit den Kreuzzügen befaßte, ohne natürlich selbst je im Orient gewesen zu sein. Am bekanntesten aber wurde der Bericht Marco Polos, rund hundert Jahre später geschrieben, als die Assassinen schon wilde Sage geworden waren und die Namen ihrer Führer bei Todesstrafe nirgendwo ausgesprochen werden durften.

Es ist der Stoff aller großen Sagas: Sex, Drugs & Crime, und im Fall der Assassinen ist das Gewebe so dicht, daß es erst in unserem Jahrhundert gelang, den Faden der Realität unter den Goldgespinsten der Legenden aufzuspüren. Die Tatsachen sind nicht viel weniger abenteuerlich, und das mag der Grund sein.

Die Frage, wer der «Schatten Gottes auf Erden» sein solle, spaltete schon den frühen Islam. Die Schiiten forderten, Kalif dürfe nur ein Nachkomme des Propheten werden, konkret also Alis, seines Schwiegersohnes. Der Erfolg war bekanntlich gering – da es stets andere Kalifen gab, die mit solcher Konkurrenz nicht freundlich umgingen, fehlte es bald an Thronanwärtern. Beim zwölften Glied der Sippe gaben es auch die Hartnäckigsten auf, erklärten ihn zum «verborgenen Imam», der einst als Mahdi wiederkehren werde, als Erlöser, um dann das Ende der Welt mitzuerleben. Eine andere Gruppe gab schon früher auf, beim siebten Imam, und nach ihm wurden sie Ismaeliten genannt, fallweise auch Nizari. Sie waren natürlich nicht nur für die Sunna-Kalifen, sondern auch für ihre Kollegen von der Schia politischer Zündstoff.

Über Hasan y Sabah, der den Nizari ihre düstere Gloriole verpaßte, gibt es viele Geschichten. Eine besagt, er habe den gleichen Lehrmeister «eis cultros quasi ad hoc negotium sacratos, administrat, et tunc poculos eos quodam, quo in ecstasim vel amentiam rapiantur, inebriat et eis magicis suis quaedam somnia phantastica, gaudiis et deliciis, imo nugis plena, ostendit ...»

«Er versetzt diese Geweihten durch Rausch in Ekstase oder Sinnlosigkeit, und dann kommen Magier und zeigen den im Schlafe Liegenden phantastische Dinge, Freuden und Ergötzungen ... Ihnen wurden dann auf ewige Dauer solche Freuden versprochen, wenn sie mit dem übergebenen Dolche die gegebenen Befehle ausführten.»
(Arnoldi Abbatis Lubecensis Chronica Slavorum, Lib. III, Cap. XXXVII, p. 349 et Lib. VII, Cap. X, p. 523)

Durch die Forschungen von Silvestre de Sacy (1809) ist es klar geworden, daß es sich um den indischen Hanf handelt, dessen Wirkungen zur Zeit der Gewaltherrschaft der Ismaeliten *eben nur sehr wenigen Menschen bekanntgeworden* waren. Die Ismaeliten wahrten diese Kenntnis als tiefes Geheimnis, weil sie es für ihre politischen Zwecke bequem ausnutzen konnten. Haschisch gab den Ismaeliten den Namen Haschischinen, woraus die Abendländer Assassinen machten ... Der wahre Sinn des Wortes Assassine, womit zu den Zeiten der Kreuzzüge sowohl Christen als Sarazenen die Ismaeliten bezeichneten, war schon damals unbekannt; denn Wilhelm von Tyrus, der Erzbischof und Kanzler des Königreiches Jerusalem, schrieb damals, daß er die Bedeutung des Namens nicht habe erfahren können.
(Louis Lewin, Die Gifte in der Weltgeschichte, Leipzig 1920)

Viel Unheil haben die so Beeinflußten geschaffen. Und welch ungeheure Erdstriche hat sich dieses Genußmittel erobert!
(Louis Lewin in: Phantastica, Leipzig 1924)

---

gehabt wie Nizan-ol-Mülk, der allmächtige Großwesir der Seldschuken-Sultane, und Omar der Zeltmacher, dem wir die frechsten Vierzeiler persischer Dichtung verdanken. Am Hof der Seldschuken sei er dann als Mathematiker so einflußreich geworden, daß Nizam gegen ihn intrigiert habe. Und dann sei er nach Ägypten geflohen, wo die Fatimiden herrschten, die finanzkräftigsten Unterstützer der Siebener-Schia. Von dort brachte er schließlich seine Gelder und blutrünstigen Pläne mit.

Hasans Ägypten-Aufenthalt ist aktenkundig, zumal er dort in einen Putschversuch verwickelt war. Damit war er natürlich für die dortigen Herren auch nicht vertrauenswürdig, und so bleibt ein Geheimnis, wie er seine Bewegung organisieren konnte. Es gab zweifellos schon eine Menge Nizari, hauptsächlich unter den Handwerkern und Bazaris, doch ihr Debüt unter Hasan hatte eine neue Qualität: an einem Herbsttag des Jahres 1090 erschien der damals Fünfzigjährige mit rund dreihundert Gefolgsleuten vor Alamut, dem «Adlernest», und verlangte die Übergabe der

Nachdem von diesem Lande gesprochen worden ist, soll über den Alten vom Berge berichtet werden. Die Landschaft, in welcher seine Residenz lag, erhielt den Namen Mulehet, welches in der Sprache der Sarazenen den Ort der Ketzer bedeutet, und sein Volk den Namen Mulehetites, d. h. Anhänger des ketzerischen Glaubens, wie wir den Namen Patharini auf gewisse Ketzer unter den Christen anwenden. Er hieß Aloeddin und seine Religion war die Muhammeds. In einem schönen, von zwei hohen Bergen eingeschlossenen Tale hatte er einen überaus herrlichen Garten anlegen lassen, in welchem die köstlichsten Früchte und die duftigsten Blumen, die man sich nur denken kann, wuchsen. Paläste von mannigfacher Größe und Form waren auf verschiedenen Terrassen übereinander gebaut, geschmückt mit goldenen Schildern, mit Gemälden und reichen Seidenstoffen. Man sah in diesen Gebäuden viele Springbrunnen mit klarem, frischem Wasser; an anderen Orten flossen ganze Bäche von Wein, Milch und Honig. In den Palästen hielten sich die schönsten Mädchen auf, die in den Künsten des Gesanges erfahren waren, auf allerlei musikalischen Instrumenten spielen konnten, köstlich tanzten und auf alle Freude und Kurzweil abgerichtet waren. Angetan mit reichen Kleidern, sah man sie fortwährend sich belustigen und den Garten und die Pavillons mit Lust und Freude erfüllen; ihre Aufseherinnen aber waren innerhalb der Gebäude eingeschlossen und durften sich nicht sehen lassen. Diesen Garten von bezaubernder Schönheit hatte der Fürst nicht ohne eine besondere Absicht anlegen lassen. Muhammed hatte nämlich denen, die seinen Geboten folgen, die Freuden des Paradieses versprochen, wo jede Art sinnlichen Genusses in Gesellschaft schöner Weiber gefunden werden sollte; nun wollte der Fürst bei seinen Anhängern den Glauben verbreiten, daß auch er ein Prophet wäre, der dem Muhammed ähnlich sei, und die Gewalt habe, seinen Günstlingen Einlaß in das Paradies zu verschaffen. Damit nun niemand ohne seine Erlaubnis den Weg in dieses köstliche Tal finden könne, ließ er ein festes, uneinnehmbares Schloß am Eingange desselben aufrichten, durch das man nur auf einem geheimen Wege hineingelangen konnte. An seinem Hofe hielt der Fürst auch eine Anzahl Jünglinge von zwölf bis zwanzig Jahren, die er aus denjenigen Einwohnern der benachbarten Gebirge wählte, welche kriegerische Fähigkeiten zeigten und kühn und verwegen zu sein schienen. Diesen erzählte er täglich von dem vom Propheten verkündigten Paradiese und von seiner eigenen Macht, sie in dasselbe einzuführen, und zu gewissen Zeiten ließ er zehn oder zwölf Jünglingen einschläfernde Tränke geben, und wenn sie in einen todähnlichen Schlaf versunken waren, brachte er sie in verschiedene Zimmer der Paläste des Gartens. Wenn sie nun aus diesem tiefen Schlummer erwachten, wurden ihre Sinne berauscht von all den entzückenden Gegenständen, die ihnen schon beschrieben waren, und ein jeder sah sich von lieblichen Mädchen umgeben, die sangen, spielten und seine Blicke durch die bezauberndsten Liebkosungen auf sich zogen; auch bedienten sie ihn mit köstlichen Speisen und herrlichen Weinen, bis er ganz trunken von dem Übermaße des Vergnügens mitten zwischen wirklichen Bächen von Milch und Wein sich sicher im Paradiese wähnte und einen Widerwillen fühlte, jene Freuden zu verlassen. Wenn vier oder fünf Tage in dieser Weise vergangen waren, wurden sie wieder in tiefen Schlaf versetzt und aus dem Garten gebracht. Alsdann führte man sie vor den Fürsten; und von ihm gefragt, wo sie gewesen wären, antworteten sie: «Im Paradiese durch die Gnade Eurer Hoheit», und dann erzählten sie vor dem ganzen Hofe, der ihnen mit Staunen und Neugierde zuhörte, von ihren ungewöhnlichen Erlebnissen. Der Fürst wandte sich alsdann an sie und sagte: «Wir haben die Versicherung unseres Propheten, daß der, welcher seinen Herrn verteidigt, in das Paradies kommen wird, und wenn ihr treu meinem

Gebote nachkommt und gehorsam meinen Befehlen seid, so wartet euer dieses glückliche Los!» Durch solche Worte in den höchsten Enthusiasmus versetzt, schätzten sich alle glücklich, die Befehle ihres Herrn zu empfangen, und waren eifrig, in seinem Dienste zu sterben. So geschah es, daß wenn irgendein benachbarter Herrscher das Mißfallen dieses Fürsten erregte, dieser ihn durch die von ihm erzogenen Meuchelmörder töten ließ; keiner schreckte zurück, sein eigenes Leben daranzusetzen, das sie gering schätzten, wenn sie nur ihres Herrn Befehle ausführen konnten. Seine Schreckensherrschaft wurde infolgedessen in allen umliegenden Ländern aufs schwerste empfunden. Er hatte auch zwei Abgeordnete oder Statthalter, von denen der eine in Damaskus residierte und der andere in Kurdistan, und diese folgten seinem Beispiel und zogen die Jugend zu unbedingtem Gehorsam heran. So gab es keinen noch so mächtigen Herrscher, der, wenn er sich die Feindschaft des Alten vom Berge zugezogen hatte, dem Tode durch Meuchelmord hätte entgehen können. Da sein Land in dem Reiche Ulaus (Hulagus), des Bruders des Großkhans (Mangu), lag und dieser Fürst von den entsetzlichen Taten Kenntnis erhielt und hörte, daß er die Reisenden, die durch sein Land zogen, ausplündern ließ, sandte er im Jahre 1262 einer seiner Armeen aus, den argen Fürsten in seiner Burg zu belagern. Diese war aber so stark befestigt, daß sie drei Jahre standhielt; endlich wurde der Fürst durch Hungersnot gezwungen, sich zu ergeben, worauf ihn der Sieger hinrichten ließ. Seine Burg wurde niedergerissen und sein Paradiesgarten zerstört.

Eine Drogenverwirrung besonderer Art beschert uns Josef von Hammer-Purgstall, der berühmteste deutschsprachige Assassinen-Interpret:

«Den Jüngling, der durch Kraft und Entschlossenheit würdig erachtet ward, zum Meuchlerdienste eingeweiht zu werden, lud der Großmeister oder Großprior zu Tisch und zum Gespräche ein, berauschte ihn mit einem *Oppiate* aus *Hyoscyamus* (*Haschische*), und ließ ihn in den Garten tragen ... Was bisher als Mittel zum Vergnügen gedient, ward nun selbst Zweck, und die Begeisterung des *Opium*rausches ward das Surrogat himmlischer Freuden, zu deren Genuß die Gegenstände oder die Kraft ermangelten. Noch heute zeigt Konstantinopel oder Kairo, was für einen unglaublichen Reiz *Opium aus Hyoscyamus* auf die schläfrige Indolenz des Türken und die feurige Einbildungskraft des Arabers hervorbringt, und erklärt die Wuth, womit jene Jünglinge den Genuß dieser berauschenden Kräuterpastillen (*Haschische*) suchten ... Von den Genuß derselben nannte man sie Haschischin, das ist ‹die Kräutler› ...»

(J. Hammer-Purgstall, Die Assassinen, Stuttgart 1818)

Festung. Die Burg lag im Nordiran, im Gebirge oberhalb von Ghazni am kleinen Flüßchen Pul-i-Rud, war eine der «Perlen in der Krone des Sultans» und galt als absolut uneinnehmbar. Hasan eroberte sie in drei Tagen, dank einiger Freunde in der Festung. Zwei Jahre später besaßen die Nizari bereits 53 Burgen zwischen Täbriz und Damaskus. Im selben Jahr 1092 starben auch kurz hintereinander der Großwesir Nizan-ol-Mülk und der Sultan, beide angeblich durch Nizari, auf jeden Fall bei tollkühnen

Attentaten. Ein Jahr später waren gut 120 höchste Würdenträger durch Nizari-Dolche in den ewigen Ruhestand befördert.

Im Volk erfreute sich die Bewegung einer breiten Sympathie, zumal ihr Programm leicht verständlich war. Es hieß *dawa gadida*, zu deutsch: reine Lehre. Die Nizari selbst allerdings waren ein Orden mit strenger Hierarchie, basierend auf den technischen Notwendigkeiten terroristischer Vereinigungen.

Die Basis bildeten «Sympathisanten» als Quartierbeschaffer für die Aktivisten. Die hießen Fidai, Todesengel, bereiteten die Anschläge vor und führten sie nach strengen Regeln aus. Vom Zeitpunkt eines Befehls an hatten sie sich des Hanfs zu enthalten. «Haschisch macht sanft; der Dolch trifft dann nicht, da das Herz zu Zärtlichkeiten neigt», heißt es in einer Nizari-Schrift, und daher ist die These, die Assassinen hätten unter Haschisch gemordet, falsch. Ebenfalls falsch ist die Annahme, die Nizari hätten es bei ihren Anschlägen auf ihren eigenen Tod angelegt. «Unser Erfolg soll sein, ungreifbar zu wirken», hatte Hasan formuliert, ähnlich wie etliche Jahrhunderte später Ulrike Meinhof. Die berühmten Beispiele selbstmörderischer Tollkühnheit geschahen nur in ausweglosen Situationen.

Erfolgreiche Todesengel avancierten zu «Ohren». Sie beobachteten die Ausführung der Attentate und erstatteten dem jeweiligen Organisationskomitee Bericht. Das hieß «Hand» und bestand aus altgedienten Ohren. Jede Assassinen-Burg hatte eine Hand, unterstützt von «Fingern» in den Städten. Über allem standen die «Brüder», in den Burgen gesonderte Trakte bewohnend und mit höchster Geistigkeit beschäftigt. Ihre Gesellschaft genießen zu dürfen, galt als Wonne des Paradieses.

Und dann gab es noch die «Hostien der Assassinen», die noch heute als «Weiße Plätzchen» im Vorderen Orient gebacken werden.

Als Hasan 1134 starb, wurde sein Sekretär Büsürgumid zu seinem Nachfolger gewählt. Er ist wahrscheinlich der sagenhafte «Alte vom Berge», und er baute den Orden von einer esoterisch-terroristischen Gemeinschaft zu einem Staat im Staate auf, der sogar diplomatische Beziehungen zu europäischen Ländern unterhielt. Nahe Alamut ließ er als seine Residenz eine luxuriöse Festung errichten, Meimundiz, das «Schloß der Glücklichen», und 1138 vererbte er das Ganze unwidersprochen seinem Sohn Mohammed.

Der interessanteste Charakter der Nizari-Führer ist zweifellos Hasan II., Mohammeds Sohn, der 1162 inthronisiert wurde. Die geplante «machtlose Macht» war ein vererbbares Reich geworden, und nun lud 1164 der Großmeister an seinem 37. Geburts- und Hasans 40. Todestag seine Getreuen zu einem Picknick vor Alamut.

Die etymologische Verbindung zwischen den Worten Haschisch und Assassine wurde als eines der Hauptbeweismittel für die Möglichkeit zitiert, daß Haschisch Gewalttätigkeit hervorrufen kann. Eine Prüfung des Ursprungs dieser Worte zeigt jedoch, daß die Verbindung zwischen den Worten eine derartige Annahme nicht unterstützt... Der Name Hashishiiyyin war allgemein ein Schimpfwort, das, obwohl von Haschisch abgeleitet, sich mehr auf den exzentrischen Glauben dieser Sekte als auf Rauschgiftanwendung bezog. Außerdem liegt weder ein Beweis dafür vor, daß diese Sekte Haschisch in stärkerem Maße als andere Gruppen im mittleren Osten verwendete, noch daß irgendeine Art von Rauschgiftmißbrauch mit dem dieser Sekte eigenen Ruf für Gewalttätigkeit zusammenhing.

(Don Castro III, Marijuana and the Assassins, in British Journal of Addiction 65, 1970)

Das politische Programm der Assassinen:

1. Kein Mensch darf gegen seinen Willen beherrscht werden. Es gilt nur der Zusammenschluß unter freiwillig anerkannten Führern. Wer unter anderen Bedingungen Macht ausübt, ist des Todes.

2. Die bestehenden Staatsformen sind menschenunwürdig. Erst die Ausrottung aller Machthaber und dann der Machtgier wird auf Erden paradiesische Zustände ermöglichen. Wer dafür sein Leben opfert, kommt ins Paradies.

3. Die künftige Gesellschaft wird kein Privateigentum kennen, sondern in freier Liebe und mit Gemeineigentum leben. Einen Vorschuß auf dieses Paradies kann der Gläubige von Zeit zu Zeit durch feierliche Kommunion von Haschisch nehmen.

(Zitiert nach Josef v. Hammer-Purgstall, Geschichte der Assassinen, Stuttgart 1818 [der sie natürlich überhaupt nicht mochte] und Marshall G. S. Hodgson, The Order of Assassins, Chicago – 's Gravenhage 1955 [der die Rolle von Haschisch etwas unterspielt].)

De Sacys berühmte Forschungsarbeit hatte einen politischen Hintergrund – 1800 hatte Napoleon das erste Cannabis-Verbot der neueren Geschichte verkünden lassen, was damals allgemeines Befremden hervorrief. De Sacys Arbeit wurde ja auch nicht zufällig aus der Privatschatulle des Korsen bezahlt. Daß die Nizari natürlich mit Haschisch zu tun hatten, beweisen viele alte Schriften, außerdem einige schöne Haschisch-Döschen und Wasserpfeifen, die in verschütteten Zisternen von Alamut und Meimundiz gefunden wurden. 1220 erließ der damalige Großmeister Hasan III. ein ausdrückliches Verbot sowohl von Haschisch als auch Alkohol, wobei der letztere Punkt eine Säkularisierung der ursprünglichen Drogenmoral beweist. Seit de Sacy hält sich die Verbindung von Hanf und Gewalt hartnäckig – nicht ohne Amüsement durfte ich 1971 lesen, in einer konspirativen Wohnung der RAF sei etwas Haschisch und eine Jointkippe mit den Lippenabdrücken Ulrike Meinhofs gefunden worden, so das BKA.

(H.-G. B.)

Bekanntlich wirkt nichts so demoralisierend wie das Bewußtsein, gegen Fanatiker kämpfen zu müssen, die nicht nur den eigenen Tod nicht scheuen, sondern ihn offensichtlich herbeiwünschen. Die Erklärung, es habe sich bei diesen todessüchtigen Tötern um Haschisch-Berauschte gehandelt und von daher stamme ihr Name (wie de Sacy und mit ihm viele andere, Orientalen und Europäer, annehmen), stellt auch einen Versuch dar, für ein rätselhaftes und höchst beunruhigendes Phänomen eine gleichsam natürliche Deutung zu finden.

(Rudolf Gelpke, Vom Rausch in Orient und Okzident, Stuttgart 1966)

Die Hostie der Assassinen
(nach dem Rezept von Silvestre de Sacy und Dr. Gustave Moreau, 1819)

Etwa ein Pfund Hanf am Stiel (ganze Stengel mit Blättern und Blütenständen) werden in einem großen Topf mit Wasser bedeckt. Darauf werden zwei Pfund Butter getan und alles zum Kochen gebracht. Auf kleiner Hitze soll alles sechs Stunden leise kochen, dann wird der Hanf abgeseiht, durch mehrmaliges Übergießen von den Butterresten befreit, und die Flüssigkeit mit der Butter wird abgekühlt. Ist das Fett starr geworden, wird es abgehoben. Die Brühe ist wertlos. Aus diesem Fett werden kleine, blasse Kekse gebacken, die völlig geruch- und geschmacklos sind, unschuldig aussehen, jedoch von einer sehr großen Wirksamkeit sind.

(Anm.: Dieses Verfahren, das zur Herstellung eines geruch- und geschmacklosen Hanf-Extrakts dient, ist in allen islamischen Ländern bekannt und auch in Indien, wo es «heiliges Ghee» heißt. Es wurde ursprünglich zu medizinischen Zwecken angewendet. Heute werden daraus Konfekte zubereitet, außerdem bei geringer Hitze gebackene Kekse, z. B. die «weißen Plätzchen» von Marakesch.)

Die Inszenierung muß grandios gewesen sein. Fast 200 000 Quadratmeter Rasen waren zwischen den Hauptburgen angelegt worden, und darauf strahlten die weißen Zelte mit den roten Bannern. Tausende Blumen dufteten, als Hasan II. in einem langen weißen Gewand aus der Burg schritt. Fünfhundert Silbertrompeten schmetterten, als er dann feierlich «den Anbeginn des Paradieses» verkündete, «die Geburtsstunde der ewigen Gesetzlosigkeit und der freien Vereinigung aller Menschen freien Willens», und schließlich: Er selbst sei der verheißene Mahdi, der Erlöser.

Der letzte Punkt entzweite den Orden, und zwei Jahre später wurde der Erlöser von seinem Schwager erdolcht. In den nächsten Jahrzehnten verkam die Organisation allmählich. Einzelne Führer herrschten in ihren Landstrichen nach Art einer plündernden Armee, andere bauten Gangstertruppen auf, andere arbeiteten als bezahlte Killer. Sowohl in der islamischen Welt als auch bei den christlicher Kreuzfahrern waren sie gefürchtet, aber nicht mehr geachtet. Der Templerorden soll mit ihnen kooperiert haben und – wenn den Urteilen des französischen Königs zu glau-

Ein eigenartiges Revival erlebte das Denken der Nizari im 19. Jahrhundert, wieder im Iran. Mirza Ali Mohammed gründete um 1830 die Glaubensgemeinschaft der Bahai, die für das Gemeinschaftseigentum und die volle Gleichberechtigung der Frau eintritt. Obwohl die Bahai keinerlei terroristische Ambitionen hatten, wurde ihr Gründer 1850 hingerichtet, seine Anhänger grausam verfolgt.

«Dennoch gewann die Lehre immer mehr Anhänger. Die einen traten aus Überzeugung bei, andere ließen sich im Rausch, vom Genuß des Haschisch in einen Zustand der Seligkeit versetzt, werben . . . Zu allen Zeiten haben religiöse und politische Sektierer im Orient diesen Zustand einerseits der Ekstase, andererseits der Täuschung und der Willenlosigkeit benutzt, sowohl um ihre eigene Phantasie bis zu Visionen zu steigern, als auch um neue Anhänger und Neophyten zu gewinnen, und man kann behaupten, daß an den Revolutionen, welche die muselmanische Welt von Hindostan bis Marokko erschütterten, das Haschisch einen wesentlichen Anteil hatte.»

(E. Polak, Persien, das Land und dessen Bewohner, Leipzig 1865)

---

ben ist – gelegentlich selbst die «Hostien der Assassinen» genascht haben. Aber damals wurde fast jedes politische Urteil in Orient und Okzident mit «Verbindungen zu den Assassinen» begründet.

Das Ende kam aus dem Osten. 1523 ließ der Mongolenkhan Hulagu einen weiträumigen Belagerungsring um Alamut und Meimundiz ziehen. Vier Jahre später übergab der noch ziemlich jugendliche letzte Großmeister Kwarshah kampflos Meimundiz; der Kommandant von Alamut handelte bessere Bedingungen aus und durfte mit den Seinen abziehen. Sieben Wochen brauchten die Mongolen, die in 267 erfolgreichen Assassinenjahren angehäuften Kostbarkeiten abzuschleppen. Die berühmte Bibliothek von Alamut, fast eine Million unersetzlicher Handschriften, schenkten sie einem mittelmäßigen Dichter namens Rukhneddin, der als Doppelagent gearbeitet hatte. Der ließ zehn Koranbände zur Seite legen und den Rest verbrennen. Die übrigen Assassinen-Burgen waren bereits in den Jahren davor zerstört worden oder fielen bald nach dem Feuerwerk von Alamut.

Die anschließende Verfolgung der Nizari erstreckte sich bald auf alle Ismaeliten. Viele flohen nach Indien und wählten dort einen neuen Großmeister. Einer seiner Erben nahm später den Titel Aga Khan an, und unter diesem Namen gibt es die Sippe heute noch. Der derzeitige Nachfolger des «Alten vom Berge» ist eine bekannte Figur des Jet-set und Grundstückspekulant an der Costa Smeralda im Mittelmeer. Mit Haschisch, das durch seine Sekte zu seiner zweifelhaft düsteren Gloriole kam, hat er nichts zu tun.

Khif, Bhang, Haschisch, Charas

Es ist ein wenig eingenartig, daß von einer Sache, die nahezu weltweit verbreitet ist, nur wenige wissen, wie sie eigentlich hergestellt wird. Vor allem in der frühen Hippieszene kursierten die abenteuerlichsten Geschichten darüber, manchmal auch dadurch geadelt, daß sie kritiklos von der Wissenschaft übernommen wurden.

Hanf ist eine relativ pflegeleichte Pflanze – sind die Pflänzchen erst einmal etwa 30 cm hoch, haben sie keine natürlichen Feinde mehr. Bei landwirtschaftlichem Anbau erschöpfen sie allerdings die Felder ziemlich einseitig, weshalb nach zweijähriger Bestellung ein Fruchtwechsel üblich ist. Die einzige Voraussetzung für gutes Wachstum ist eigentlich nur lokkerer Boden. Auch in Höhen, wo andere Feldprodukte kaum mehr oder nur sehr unzulänglich gedeihen, fühlen sich die Pflanzen immer noch wohl, genügend Sonne vorausgesetzt, denn Hanf ist extrem lichthungrig.

Noch in unserem Jahrhundert gab es auch im islamischen Raum nur wenige Hanffelder, und die waren der Fasern wegen angelegt.Natürlich wurden auch die Blätter verwertet, doch gab es für solche Zwecke überall genügend wildwachsende Pflanzen, die zwar stets wesentlich kleiner waren als kultivierte, aber in ihrer Wirkung erstaunlich ergiebiger. Außerdem hatten die meisten Hausgärten eine Reihe Hanfpflanzen, meist so gesetzt, daß sie lichtempfindlichere Gewächse abschatteten, und die wa-

---

«Früher pflanzte ich Mais an», sagte der Stammesangehörige, der eine Mischung aus dem Berberdialekt des Rif, Arabisch, Spanisch und Französisch, spricht. «1969 wechselte ich auf Khif über. Manche Leute in diesen Bergen sattelten schon ein Jahr früher um – manche ein Jahr später. Doch jetzt haben sie alle gewechselt. Als ich Mais anpflanzte, verdiente ich nicht viel. Um genug Geld zu haben, mußte ich für die Regierung beim Straßenbau arbeiten. Oder in einer Sägemühle. Manchmal nahm ich etwas Khif mit und ging nach Casablanca oder Essaouira (Städte, die 400 und 600 Kilometer entfernt liegen), wo ich es verkaufte.» In jenen Tagen waren seine Kunden meist Marokkaner.

Im Ganzen, rechnet er, habe er etwa $ 300 im Jahr verdient, ein typischer Betrag für diese Gegend, die einer der ärmsten Marokkos ist. «Doch seit ich nichts als Khif und Haschisch anbaue, brauche ich keine Jobs mehr anzunehmen.»

Nach Abzug seiner Ausgaben, sagt er, habe er sein jährliches Einkommen verdoppeln können, auf etwa $ 750. Von ihm aus gesehen ist das viel. «Wir hatten nichts», sagt er, «nun haben wir etwas.»

Sobald der geerntete Khif in der Sonne getrocknet ist, sagt er, stellt er zehn bis zwanzig Leute an, meist alte Männer und Knaben, um für $ 2 pro Tag aus dem Khif Haschisch zu machen.

(The Guardian, 28.2.1973)

---

ren für den Familienbedarf ausreichend. Den größten Bedarf an Faserhanf deckten die Felder Mittel- und Südosteuropas, Spaniens und der Philippinen, und den Hanf für pharmazeutische Produkte lieferte außerdem noch Indien. Untersuchungen über die Landwirtschaft islamischer Länder zeigen, daß zwischen 1850 und 1950 Hanf nie mehr als 2 Prozent der landwirtschaftlichen Nutzfläche überwucherte, wobei sich natürlich Verdichtungen in einzelnen Regionen in der Weite der statistisch erfaßten Räume verlieren.

Das Rif-Gebirge Marokkos gehört zu den ersten Gebieten, wo Hanf ausschließlich der Droge wegen angebaut wurde – um 1870 bezog Frankreichs Pharmazie nahezu 90 Prozent ihres Haschischbedarfs über Tanger. Heute erstrecken sich im Frühsommer die Hanffelder vom Rif bis über den Kleinen Atlas, und aus der Provinz von Ketama kommt der bekannteste Khif. So heißt die Pflanze, und was daraus gemacht wird, heißt nur Ausländern gegenüber Haschisch. Einige große Bauern beherrschen den Landstrich, und sie haben es geschafft, daß die anderen bei ihnen allesamt in der Schuld stehen. Gnädig nehmen sie deren Khif in Zahlung, denn sie haben auch die Kontakte zu den Großeinkäufern, die wiederum für distinguierte Herren in den Städten arbeiten. Aber so ausschließlich funktioniert das System auch nicht – da auch die meisten Marokkaner rauchen, funktioniert auch noch der Mittel- und Kleinhandel zwischen Bauern und Basar. Und seit gut zehn Jahren wird auch versucht, mit den Touristen direkt ins Geschäft zu kommen.

Eigentlich ist der bekannte «Marokko» nur gepreßter Hanfstaub. Ende August werden die gleich nach der Schneeschmelze gesäten und im Juni und Juli gelegentlich bewässerten Pflanzen geerntet – die folgende Zeit kennt auch wilde Wolkenbrüche, denen die Ernte zum Opfer fallen könnte. Die Pflanzen sind dann schon etwas angetrocknet und werden für den Transport in die Scheune in große Plastikplanen gewickelt, damit nichts verlorengeht. Sind sie, lose gestapelt, im wahrsten Sinn des Wortes staubtrocken geworden, werden sie zu kleinen Zweiglein zerpflückt. Wie überall, wo die Fasern nur geringe Qualität haben, werden die Stämme als Heizmaterial gestapelt. Die Zweige aber werden auf einem Stoffsieb zweimal kräftig ausgeschüttelt, wobei der Staub vom erstenmal als der bessere Khif gilt. Das Pulver ist grüngelb, ziemlich harzig und wird klebrig, sobald man es etwas knetet. Für den Großverkauf wird das Pulver in voluminösen Blechkanistern oder in Plastiksäcken, so gut es geht, luftdicht gelagert.

Etabliertere Hanfbauern haben unter ihren Geräten eiserne Schraubpressen, unter denen kleine Spiritusbrenner stehen. Sie füllen den Khif in Säckchen aus starkem Cellophan, an den möglichen Bruchstellen sorgfäl-

Wenn der Gebirgler Teebuden fester Orte aufsucht, plaudert er halblaut mit Freunden oder spielt – nie brütet er reglos und gedankenlos vor sich, wie Mauren, Araber und Neger es lieben. Denn er ist geistig regsamer als alle anderen, die Marokko bevölkern. Heiteres Gemüt, Genügsamkeit und Geistesfrische stützen seine unglaubliche Widerstandsfähigkeit gegen Strapazen und Entbehrungen.

Wohl ist Rauchtabak im Rif bekannt, wird er doch an windgeschützten Stellen sogar gebaut. Aber kein Rifi verwendet ihn, ausgenommen der, welcher lange Zeit – zumindest *Jahre* – im «Ausland» geweilt. Nur wer viele Ernten in Algerien verbracht oder sonstwo in Nordafrika den Ramadan öfters entfernt den heimatlichen Dörfern gefeiert, gewöhnt sich an Zigaretten. Besonders jene, die auf französischer Afrikaerde geweilt, wo Khif verboten ist.

Allgemein raucht man letzteren. Es ist feingeschnittenes Hanfkraut, das aus winzigen Tonpfeifchen (Sibsi) an langen dünnen Schilfrohren geschmaucht wird. Diese Rauchrohre sind geschmackvoll verziert, mit sich kreuzenden Einschnitten versehen, in welche rote und blaue Farbe gelassen wird, wodurch außerordentlich harmonische Arabesken entstehen. Mit drei bis vier Zügen ist die Sibsi geleert, wird wieder gefüllt, dem Nachbar gereicht, der raucht, stopft sie vom eigenen Vorrat, reicht sie seinem Nachbarn und so fort, bis die Runde um ist. Folgen des Khifrauchens treten nicht sofort auf, höchstens, daß Neulinge Erbrechen und Kopfschmerzen bekommen. Anders bei alten erpichten «Haschaschi». Von weitem erkennt man diese Leute an bleichem Gesicht, eingefallenen

Augen, schwankendem Gang. Oft sieht man sie stumpfsinnig in der Ecke kauern und teilnahmslos für alle Vorgänge der Umgebung vor sich hin brüten. Mancher lacht jeden Augenblick grell auf, andere grinsen stillvergnügt in sich hinein. Einer bildet sich ein, Schwiegersohn des Herrschers zu sein, der andere wähnt sich im Meer und macht verzweifelte Schwimmbewegungen, um auf seiner Holzpritsche nicht unterzugehen. Der dritte befiehlt einer nicht vorhandenen Sklavenschar unsinnige Arbeiten, die nie ausgeführt werden könnten. Und ein vierter erklärt jedem, der es wissen will, daß er eigentlich ein großer Zauberer sei und morgen – ganz bestimmt, morgen – die Felsennester der Spanier ins Meer sinken lasse, oder mit Hilfe dienstbarer Geister eine Sauja aufführen werde von nie gesehener Schönheit in einziger Nacht.

Tatsächlich ist es *nur die Dauer,* welche verderblichen Einfluß auf menschliche Organismen ausübt. Und doch frönen sie alle dem Genuß, die das Rif bewohnen und den übrigen Atlas, alte

Nach dem Mittagessen im Café

und junge Männer von der atlantischen Küste bis in die Sahara und hinüber an die Kyrenaika. Ganz Algerien ist heute noch – besonders in der «Kabylie» – voll Khifraucher, trotz jahrzehntelanger Gegenarbeit der Franzosen. Ebenso in Tunesien. Und wer aus den großen Oasengruppen der mittleren Sahara kommt, der berichtet unter Siegeln strengster Verschwiegenheit von den Männern des Senussiordens, die sich haschischbetäuben, ehe sie Buß- und Strafpredigten vom Stapel lassen oder ekstasierte Taten vollbringen, wie man bei diesen Sendlingen gewohnt ist. Möglich ist's!

Der Name stammt vielleicht von Kef, womit der Ostmohammedaner den Zustand absoluten Nichtstuns bezeichnet. Oder war's umgekehrt? In Algerien kennt man dieses Wörtchen nicht, wohl aber Haschisch, und es ist sehr gesucht und schwer erhältlich aus schon erwähntem Grund. Auch ist es in der Türkei bekannt unter dem Namen «Esrar» (= Geheimnis) doch in anderer Form, als Präparate, die dem Tabak beigemischt oder gegessen werden. Besonders erpichte Haschaschi mischen Hanf und Tabak zu gleichen Teilen, was ganz besonders wirksam, d. h. aufregend und schädlich, sein soll. Die Wirkung überträgt sich auch der Nachkommenschaft so sehr, daß man skrofulöse Kinder allgemein kennt als Uld l'Khif (Sohn des Khif), im Hanfrausch gezeugte Knaben!

Das Kraut wächst bis in die höchsten Regionen, an sonnigen wie geschützten Stellen und wird oft neben Tabak gebaut. Nach der Ernte wird der Hanf getrocknet und auf ausschließlich hierzu dienenden Brettern mit dem Sikkin fein geschnitten. Der Khifhanf ist in ganz Marokko geschätzt, ebenso wie der Tabak dieses Gebirgszuges, der jedoch nur an schattenreichen Stellen gebaut wird und nie in großen Mengen.

(Otto Artbauer, Die Rifpiraten und ihre Heimat, Stuttgart 1911)

---

tig mit Klarsichtband verklebt. Das führen hier auch die kleinsten Händler, Made in Germany meistens, und wozu es sonst dient, weiß Allah. Mit einigen Handkantenschlägen wird das Päckchen flachgedrückt, einige Nadelstiche an der Seite pieksen die nötigen Luftlöcher, und dann kommt alles unter die oft ziemlich heiße Presse. Je nach Preßdauer und Sorgfalt ist dann nach dem Auskühlen aus dem Päckchen eine mehr oder minder feste Platte geworden.

Nach demselben Prinzip funktioniert auch die Hanfverwertung in der Türkei, wobei das Ergebnis um so grüner ist, je weniger die Pflanzen bereits auf dem Feld vertrocknet sind. Auch hier sind mögliche Regenfälle der schlimmste Feind der Ernte, und daher ernten viele Bauern Anatoliens die Pflanzen knapp vor der Samenentwicklung und lassen sie, kopfüber von der Decke hängend, unter ihren Dächern trocknen. Angeblich kommt so auch noch die in den Stengeln verbliebene Kraft der Pflanze in die Spitzen.

Im Libanon bleiben die Pflanzen auf den Feldern, bis sie nahezu braun getrocknet sind. Dann kommen sie in riesige Plastiksäcke zur weiteren Verwertung. Eine weitere Besonderheit ist, daß der Stoff in Leinensäck-

Unter den Zubereitungen des Hanfs, Bhang, auch bekannt als Siddhi, «Vervollkommnung», Sabzī, «grüne Blätter», Thandāi, «ein kühles Getränk», Bijayā oder Vijayā, «überwältigend», Būti, «Schößling, Blüte», findet man entweder die getrockneten, größeren Blätter der männlichen oder von männlichen und weiblichen Pflanzen, wild oder gezüchtet, des *Cannabis sativa*. Charas ist die harzige Substanz, die sich auf Blättern, Stengeln, Blüten und Spitzen der Hanf-Pflanzen bildet, wenn sie in trockenen und kalten Gegenden angebaut wurden. Gānja besteht aus den getrockneten Blütenspitzen der weiblichen Zuchtpflanzen, die von einer harzigen Ausscheidung der Drüsenhaare überzogen werden, vor allem wenn man ihnen keine Gelegenheit gibt, Samen zu bilden.

Ma'jūn ist eine Latwerge, die von den Muselmanen eingenommen wird, vor allem von den Liederlichsten, als Nervenstimulans, Rauschmittel und gegen Schmerzen. Eine Überdosis führt nicht selten zu geistiger Umnachtung. Laut Volksglauben vermittelt es den Rausch (*kaifa,*) Mut (*quwwat*) und wird als Aphrodisiakum verwendet. Die Hauptbestandteile dieser Latwerge sind Gānja, Milch, Butter, Mohnsamen, Datura- oder Stechapfelblüten, Pulver der Nux vomica und Zucker. Ein anderes Rezept lautet: Man nehme zwei Quart Milch, leere sie über zwei Pfund Gānjablätter und koche diese Mischung bis drei Pfund davon übrig bleiben. Dann entfernt man die Blätter und läßt die Milch eindikken, indem man etwas Joghurt (*dahī*) hinzugibt. Am nächsten Tag quirlt man sie, schöpft dann die Butter ab und gibt je drei Drachmen wilde Gewürznelken, Muskatnuß, Nelken, Muskatblüten, Safran und fünfzehn Drachmen Kandiszucker hinzu. Dann kocht man das Ganze, bis sich eine Latwerge bildet. Oder einfacher: Die Hanf-Blätter werden in Butter geröstet und abgesiebt. Der Rückstand wird mit etwas Zucker getrunken oder mit Zucker aufgekocht, bis die Flüssigkeit dick genug ist, um daraus Kuchen zu formen, wenn sie abkühlt.

Zwei solcher Plätzchen reichen aus, um bei einem gewöhnlichen Menschen einen Rausch hervorzubringen. Die Leute gewöhnen sich selten an Ma'jūn, und es wird meist als sexuelles Stimulans und als Anregungsmittel bei Ausschweifungen verwendet.

(Ja'far Sharif / Herklots, Islam in India, 1832, Oxford 1921)

chen gepreßt wird. Die Stempel, mit denen diese geschmückt werden, sind nichts weniger als Markenzeichen – jede Sippe, die von Haschisch lebt, hat oft mehrere im Haus, und der einzige Grund ist das Interesse westlicher Endverbraucher an dieser Spielerei, die immerhin etliche Pfennige mehr einbringt, wenn dieses Geschäft nicht erst die Gehilfen des Aufkäufers besorgen. Hat der Stoff gute Qualität und knetet man einen Krümel längere Zeit mit der Hand, verfärbt er sich dunkelbraun – und das ist das Geheimnis der südöstlichen Haschischarten.

Auch für das berühmte afghanische Haschisch ist der durchgesiebte Staub die Ausgangsbasis. Die Pflanzen des Hindukusch sind infolge des kargen Bodens ziemlich klein, glänzen aber zur Erntezeit geradezu von Harz und zerfallen, sobald sie nur etwas getrocknet sind, schon in der

Hand zu Pulver. Der Staub wird mit etwas Wasser zu einem festeren Teig gebunden, der dann in die Nähe des Feuers gebracht wird, und das Kneten kann beginnen, immer wieder von kurzem Erhitzen des Stoffs unterbrochen. Auch hier sagen die vielfältigen Formen nichts über die Qualität, die letztlich von der Feinheit des Ausgangsprodukts und der Sauberkeit der Verarbeitung abhängt.

Eine sehr abweichende und überraschende Methode haben die Pathanen des östlichen Hindukusch entwickelt. Sie vermahlen die von den gröbsten Stengeln befreiten Pflanzen mit etwas Wasser in einer normalen Getreidemühle zu einem Brei. Der wird in die Haut eines frisch geschlachteten Schafs gefüllt, zugenäht und etliche Wochen nahe dem Düngerhaufen aufgehängt. Dann ist durch einen Fermentierungsvorgang, den ich mir nicht genau erklären kann, aus der Masse ein sehr zäher, dunkel-braungrüner Brei geworden, der zu Platten ausgewalzt wird. Ein weiteres Pressen ist nur selten nötig, und die Oberfläche ist bereits nach zwei Tagen schwärzlich oxidiert. Meines Wissens ist diese Zubereitung nur in der Gegend unterhalb von Chitral gebräuchlich. Alle anderen Landstriche, in denen Hanf verarbeitet wird, wenden die «Feuer-und-Wasser»-Methode der Afghani an.

Die Moslems Indiens stellen nur wenig Haschisch her, sondern bevorzugen die getrockneten Hanfblätter, die in den anderen islamischen Ländern überraschenderweise einen eher schlechten Ruf genießen. Nur in Kaschmir wird, wie auch sonst im Himalaya, der Stoff mit den Handflächen von den lebenden Pflanzen gerieben, ein Nebenverdienst der Viehhirten. Auch die berühmten «Thai-Sticks» Südostasiens sind vorwiegend eine Angelegenheit der dortigen islamischen Gruppen – die Spitzen der Pflanzen werden noch in grünem Zustand mit einem feinen Faden dicht umwickelt und so im Schatten getrocknet. Da die Nachfrage größer ist als das Angebot, sind Fälschungen häufig: Der Stengel im Hanf ist alles andere als Hanf. Haschisch wird in tropischen Ländern praktisch nicht hergestellt, von kleinen Ausnahmen für medizinische Zwecke abgesehen.

Treibstoff der Dichter und Fakire

Es ist eine schöne Sache, die man in der Geschichte aller großen Religionen beobachten kann: Sobald der ordnungspolitische Anspruch ein totaler wird, tanzen aus den geschlossenen Reihen einige besonders abenteuerliche Gestalten, verhalten sich in allem so ziemlich entgegengesetzt zu den gerade erstellten Regeln und werden damit auch noch Heilige. Als der Papst kaiserlicher sein wollte als der Kaiser, erfand der fröhliche Freak Franziskus die Bettelmönche, und ähnliches geschah dem Islam, gerade als die Mullahs der westlichen Macht erfolgreich das Ordnungsprinzip abnahmen – fast zur selben Zeit wie die struppigen Bettler vor christlichen Haustüren tauchten auch im Islam zerlumpte Heilige auf. Ob es tatsächlich eine «indische Unart» war, wie erboste Ayatollahs vermuteten, spielt keine Rolle. Natürlich hatten die hinduistischen Sadhus eine lange Tradition, aber die Muslims müssen bei ihnen ja nicht in die Lehre gegangen sein – auch die Hippies des Spätkapitalismus entdeckten Indien erst, nachdem ihnen aus eigener Unzufriedenheit mit den bestehenden Verhältnissen die Haare gewachsen waren. Um 1100 waren sie auf einmal da, zunächst in Persien, dann, schneller verbreitet als ein Steppenbrand, in allen Ländern Allahs: die Sufis, Derwische und Fakire, organisiert oder freischweifend, das Herz voller Mystik, deren Treibstoff der Hanf war.

Vorbei war es mit der nüchternen Gottsuche. Der Weg zum unfaßbar Unendlichen führte über die Brücke der Ekstase, zu deren Stützpfeilern auch der Hanf gerechnet wurde. Die Bewegung war nicht leicht faßbar: strenge Ordensgemeinschaften gehörten dazu, mit Armuts-, Keuschheitsgelübden und Scheichs genannten Äbten, gelegentlich unterstützt von wohlhabenden Laienbrüdern, die «draußen in der Welt» blieben – das Ganze erinnert ein wenig an die Organisation der Franziskaner –, schöngeistige Zirkel der Wohlhabenden, die gewissermaßen nur im Urlaub eine oft sehr luxuriöse Armut pflegten, «Aussteiger» und schließlich jenes bunte Heer nicht zuordenbarer Gestalten, die für den schlechten Ruf sorgten – geistig Behinderte, Scharlatane, fromme Einsiedler und schlichte Tagediebe. Die Solidarität zwischen allen war nicht größer als zwischen den christlichen Bettelorden. Von beiden sind Werke rührender Nächstenliebe ebenso bekannt wie wüste Schlachten, bei denen es mal um die reine Lehre ging, mal nur um die Stellplätze für das Betteln.

Die Geschichte, wie Hanf zu den Sufis kam, ist bekannt und eigentlich nur ein klassisches Märchen. Um 1155 war auch kein Scheich Haydar mehr nötig, die Sache zu entdecken, doch wurde Hanf als mystische Droge so sehr mit seinem Orden verbunden, daß er in vielen mittelalterlichen Manuskripten als «Wein Haydars» bezeichnet wird – was die Sufis natürlich abwerten soll, denn Wein war ja vom Propheten verboten. Dabei hatten auch andere Sufi-Orden schon ihre Erfahrungen gemacht: 1172 berichtet der gelehrte Globetrotter Ibn al-Baytar aus Ägypten: «Ich sah dort Sufis Hanf auf verschiedene Weise verwenden. Manche trocknen die Blätter und reiben sie sorgfältig in der Hand, bis sie eine Paste bilden, die dann zu Pillen geformt wird. Andere rösten die Blätter, mahlen sie und

Meister Haydar lebte in einem Kloster mit einigen Mönchen, erging sich in mystischen Übungen und fastete streng. Zehn Jahre lang hatte er seinen Raum nicht verlassen, als er eines Tages allein in die Natur ging. Mittags war die Hitze sehr bedrückend, doch als er am Abend zurückkam, strahlte er vor Freude und Kraft und war ganz anders als gewohnt. Als wir den Meister nach all den Jahren der Abgeschiedenheit so fröhlich sahen, fragten wir nach dem Grund, und er sagte: In meiner Einsamkeit überkam mich plötzlich das Bedürfnis, über Land zu gehen. Als ich

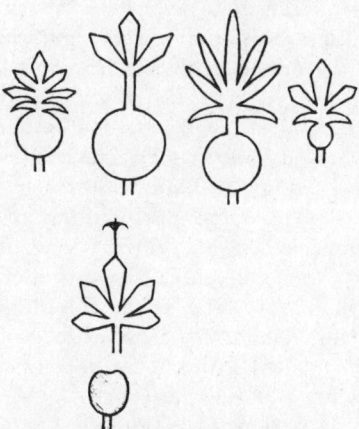

Standarten verschiedener Sufi-Kongregationen mit stilisierten Hanf-Blättern, eine mit Mohnkapsel

(Aus Ja'far Sharif / Herklots, Islam in India, 1832, Oxford 1921)

dies tat, bemerkte ich, wie alle Pflanzen und Bäume ganz still und reglos waren, denn die Hitze drückte und kein Windhauch wehte. Nur eine einzige Pflanze bewegte sich wie jemand, der in Ekstase ist. Ich pflückte einige Blätter und aß sie. Und da kam Freude über mich. Kommt, laßt uns gehen – ich will euch die Pflanze zeigen, so daß ihr sie wiedererkennen könnt.

Wir gingen mit ihm, und er zeigte uns die Pflanze, die wir als Hanf erkannten. Wir aßen gemäß seiner Weisung einige Blätter, gingen ins Kloster zurück und fühlten uns unbeschwert fröhlich. Als uns der Meister in diesem Zustand sah, befahl er uns, diese Pflanze zu hüten und davon keinem gewöhnlichen Menschen zu erzählen, nur unseren Mitbrüdern.

Solange Haydar lebte, pflanzte ich Hanf in unserem Garten, und als er starb, befahl er mir, auf seinem Grab Hanf zu pflanzen. Ich war von jenem Tag an über zehn Jahre in seinen Diensten, und keiner verging, wo ich ihn nicht davon essen sah. Er starb 1221 in seinem Bergkloster. Über seinem Grab wurde ein prächtiger Dom errichtet, und von weither kamen die Menschen, um zu beten. Seine Jünger wanderten in alle Welt, trugen Haschisch mit sich und lehrten die Frommen, es zu essen. So verbreitete sich unser Glaube über Persien, nach Hormuz und Bahrain, in den Irak, nach Syrien, Ägypten und Anatolien.

(Abu Khalid, zitiert in: Ahmad Al-Maqrizi, Khitat, um 1400, gedruckt in Paris 1806 und Karachi 1958)

mischen sie mit zerstoßenem Sesam und Zucker, stecken alles trocken in den Mund und kauen lange daran.» Es fehlte auch nicht an Warnungen vor der Droge, denn al-Baytar zitiert einen gewissen Ali al-Qayrawani:
    «Sie sagten: Haschisch macht deine Leber müde.
    Hör auf, es ständig zu rösten und zu kneten.

Ich sagte: Es enthält Gedanken, die du nicht verstehst,
und es jagt die Schatten des Denkens fort.»
Einen anderen Sufi-Vers zitiert al-Badri:
«Ich sagte einem Mann, der Haschisch fraß:
Wehe dir! Fürchte den Stoff!
Er vernichtet die Menschen wie die Pest.
Er sagte: Ich lebe davon, diese Seuche zu vertilgen.»

Gelegentlich geschahen auch bekiffte Exzesse, die nichts mehr mit Gottsuche zu tun hatten, dafür aber den Sufis Ägyptens ihre bekannt schlechte Reputation eintrugen. Al-Mazuni erzählt eine aus dem Jahre 1299 (abgedruckt in adh-Dhahabi *Ibar V.*, Kuwait 1965), deren Held der bekannte Derwisch al-Jaishi war. Vollgedröhnt hatte er einige Badeanstalten Kairos besucht, und bald wußte er nicht mehr, in welcher ihm seine Kleider abhanden gekommen waren. Schließlich tanzte er einen Nachmittag lang splitternackt durch die Basargassen, gefolgt von einer Prozession seiner Berufskollegen, umschwärmt von Gassenjungen, und die Schar sang ein schier endloses Stegreiflied, dessen Kehrreim «Bravo, Haschisch!» lautete.

Generell wurde die Droge mehr respektiert, als das «grüne Tor zu Gott». Um 1400 schrieb der Sufi-Dichter al-Yanbu'i: «Nehme ich Haschisch, wird mein Raum zur Moschee», und al-Badri zitiert einen Scheich Qalandar: «Für den intelligenten, wohlerzogenen und tugendsamen Mann ziemt sich, so er die Droge nehmen will, seinen Körper zu reinigen, saubere Kleider anzulegen und sich mit den Errungenschaften seiner Tugenden zu schmücken. Er soll dazu die Gesellschaft von Männern suchen, die das Geheimnis kennen, und er möge die Nichtgebraucher der Droge meiden. Er soll sie in die rechte Hand nehmen und sagen: ‹Im Namen Gottes, des Herrn der letzten Welt und der ersten, der die Weiden grünen läßt, die er erdacht und geschaffen hat ... Der DU alles zu bestimmtem Nutzen geschaffen hast und die Geheimnisse den von DIR Erwählten enthüllst, der DU in DEINER Weisheit diese Pflanze geschaffen hast, sie durch DEINE Macht wachsen ließest und durch DEINEN Willen zur Nahrung vieler Geschöpfe machst! Ich bitte DICH, laß durch DEINE Güte ihre Kraft mich auf DEINEN Weg führen, befreie mich durch sie aller hinderlichen Gedanken ...› Dann soll er es in den Mund nehmen, gut kauen und mit Wasser nachspülen. Sodann soll er Gott für seine Güte preisen, seinen Mund reinigen, sein Gesicht waschen und seine Stimme zum Lob Gottes erheben ...»

Ähnlich präzise Vorschriften gibt es für viele Sufi-Orden, und manchmal gewinnt das Haschisch-Ritual einen dem christlichen Abendmahl verwandten Charakter. Daraus zu schließen, wie gelegentlich geschieht,

Wenn ein Murshid einen Fakir in seinen eigenen (*silsila*) oder einen anderen Orden aufnehmen will, bereitet der Kandidat ein Fest vor (*melā*, eigentlich eine «Messe oder religiöse Versammlung»). Etwa vierzig oder fünfzig Fakire verschiedener Orden versammeln sich auf Einladung, mit ihren Freunden und Bettlern, zu der sie von einem Herold (*izni*) aufgerufen werden. Blumen, Sandelholz, Süßigkeiten, Hanf (*gānja, bhang*), getrockneter Kautabak (*sūkhā*) und mit Melasse versetzter Tabak (*gurākū*) stehen zur Verfügung. Der Murshid veranlaßt den Kandidaten, die «vier Herrlichkeiten seines Gesichts» (*ābrū*) abzurasieren, seinen Bart, seinen Schnauz, seine Augenbrauen und sein Haar, oder es werden ihm statt einer kompletten Rasur mit einer Schere von jedem Teil einige Haare abgeschnitten. Während er rasiert und sein Haar geschnitten wird, rezitiert der Murshid Koranverse oder arabische Gebete. Wenn der Kandidat dann gebadet worden ist, heißt er ihn sich vor ihn hinzustehen oder -sitzen, und läßt ihn die fünf Grundfesten des Glaubens wiederholen: die zwei Sätze der Beichte, die Bekräftigung der Einheit der Gottheit, die Ablehnung der Ungläubigkeit und die Bitte um Vergebung, wie auch die anderen Glaubenssätze, die unter den Fakiren gebräuchlich sind.

Die Jalāliyā beziehen ihre Namen von ihrem Gründer, Sayyid Jalāl Bukhāri (1307–74 n. Chr.) von Uch im Staate Bahāwalpur. Sie tragen eine Halskette aus feiner Wolle (*pashm*) oder aus verschiedenfarbigen Fäden, ein Halsband (*gulūband*) und ein schmales Lendentuch (*lūng, langoti*), und sie führen einen Stab (*sontā*) mit sich. Sie haben eine Narbe auf dem rechten Oberarm, die durch Einbrennen mit einer glühenden Lunte aus Tuch bei der Einweihung entsteht. Sie betteln in den Basars, und wenn sie keine Almosen erhalten, brandmarken sie sich mit einer Lunte dieser Art, während andere ihre Ziele durch Lärm und Aufruhr erreichen. Im Punjāb, ihrem Hauptquartier, geben sie wenig auf Gebete und rauchen massenhaft Hanf (*bhang*), essen Schlangen und Skorpione, rasieren Kopfhaar, Schnauz und Augenbrauen und lassen nur eine Skalplocke (*chonti*) an der rechten Kopfhälfte stehen. Sie werden mit einem besonderen Zeichen auf der rechten Schulter gebrandmarkt, tragen kleine Armspangen aus Glas, eine wollene Schnur um den Hals, ein Tuch auf dem Kopf und sind Vagabunden ohne feste Bleibe. Eine Abteilung des Ordens wird Chihaltam genannt, die «vierzig Körper», von denen man sagt, sie seien einer glücklosen Frau entsprungen, die in ihrem Wunsch nach Mutterschaft vierzig Liebestränke statt einem schluckte und statt einem vierzig Kinder gebar.

(Ja'far Sharif / Herklots, Islam in India, 1832, Oxford 1921)

Hanf sei «das Sakrament der Sufi» gewesen, ist allerdings nur bedingt richtig. Es gab und gibt einfach zu viele Gruppierungen und Orden, als daß generalisiert werden kann.

In Europa am bekanntesten wurden die türkischen Sufi-Orden, vor allem die «tanzenden Derwische» von Konya. Gründer des Ordens war der berühmte Religionsgelehrte Celaleddin Rumi, genannt Mevlana. Er war ein etablierter Professor, als ihm eines Tages auf dem Markt von Konya

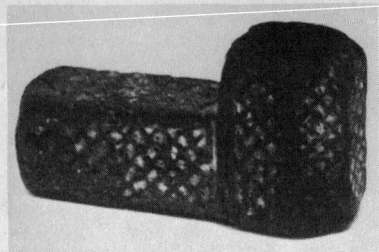

Haschisch-Pfeife aus Afghanistan, gebrannter Ton, Länge 16 cm, Kandahar, um 1900. Dieser Pfeifentyp wurde ab 1910 nicht mehr hergestellt.

ein Wanderderwisch aus Täbriz namens Sems begegnete und er sich unsterblich in ihn verliebte. Die Stadt hatte ihren Skandal, und nach einem Aufstand von Mevlanas Schülern mußte Sems fliehen. Mevlana suchte ihn über Jahre, fand ihn schließlich in Damaskus und konnte ihn zu einer Rückkehr nach Konya überreden. Nach einigen Monaten des Glücks war Sems plötzlich verschwunden, wahrscheinlich erschlagen von den konservativen Jüngern des Meisters. Doch der verzehrte sich von nun an in Sehnsucht nach seinem mystischen Geliebten, und als Mevlana 1273 starb, hinterließ er über 25000 Verse der Liebe und Sehnsucht, deren bekannteste mit den Worten beginnen:

«Damit du nicht stirbst, sei nicht ohne Liebe,
damit du lebst, stirb an der Liebe.»

Das ist auch das Motiv des berühmten Derwischtanzes, der sich zum Klang der Nay-Flöte, immer wirbelnder werdend, aus der Erdenschwere dreht. Atatürk verbot den Orden und verwandelte das Kloster um Mevlanas Grab in ein Museum. Doch das ist immer noch das religiöse Herz der Türkei, und die Derwische tanzen immer noch in Konya.

Ihnen verwandt fühlen sich die Derwisch-Gemeinschaften Istanbuls, die sich einmal pro Woche in ihren Tekke genannten Versammlungsräumen treffen und durch Singen und Tanzen in Ekstase geraten. Der Scheich eines Ordens heißt Muzaffar und ist tagsüber ein bekannter Buchhändler, Spezialgebiet islamische Literatur. Ob den abendlichen Ekstasen nachgeholfen würde, beispielsweise mit Hanf? Solche Fragen hört er nicht gern, ebensowenig wie seine Kollegen in Konya. Das Interesse, aus dem heraus solche Fragen gestellt werden, ist zu bekannt und nach Meinung eines Derwischs zu oberflächlich. Man muß sich schon eine ganze Weile kennen, um da offen sprechen zu können.

«Alle diese Europäer und erst recht die Hippies verstehen nicht, was Haschisch ist», sagt Muzaffar. «Sie interessieren sich nur für den Stoff und nicht für das, was daraus entstehen kann. Natürlich nehmen die meisten Orden vor ihren Zeremonien Majoun, aber das verstehen Nicht-Sufis meist falsch. Es geht uns nicht um den Rausch, sondern um den Weg zu Gott.»

... und feine Leute trinken

Die größten Erschütterungen der islamischen Welt geschahen in unserem Jahrhundert. Die blutigen Wirbelstürme, die seit den Mongolen immer wieder über Asien tobten, zerstörten Reiche und Wohlstand, aber nie das islamische Bewußtsein. Das kam erst unter die Gummireifen der westlich-spätkapitalistischen Zivilisation, wurde gegen Petrodollars gewechselt, und die alte Herrschaft der Dörfer unterlag den zentralistischen Märchenerzählern aus dem Radio. Scheinbar über Nacht erwachte das arabische Dornröschen unter dem Kuß der ölsuchenden Prinzen aus dem Abendland, sah um sich und fühlte, daß es rückständig sei. Und der Fortschritt, der mit Flugzeugen kam, auf Lkws rollte und keine Kamele mehr brauchte, hatte seine eigene Droge. Wo sich Pakistans Elite trifft, wird Cola getrunken, in einer heimlichen Ecke mit geschmuggeltem Whisky verdünnt, der in dieser braunen Brühe ja nicht auffällt. Saudi-arabische Reiche kredenzen ihren vertrauten Freunden Fruchtsaft. Ich habe eine Packung davon, abgefüllt von einer deutschen Firma, und sie enthält deutschen Rotwein. Für den Preis, den solches Schmuggelgut in den feinsten Läden Dschiddas kostet, kann man in einem Vorort der Stadt ein Kilo Haschisch erstehen. Und von Pakistan bis Marokko wird man, so-

---

In den Uferstraßen kommen wir an ganzen Cafés voller griesgrämiger Araber vorbei, die alle grünen Pfefferminztee aus Gläsern trinken und endlose Pfeifen Khif (Marihuana) rauchen – sie beobachten uns aus jenen eigenartigen rotgeränderten Augen, als wären sie halb maurisch und halb karthagisch (halb berberisch). «Mein Gott, müssen die uns hassen.»

«Ach wo», sagt Bull, «die sitzen bloß da und warten, daß wer Amok läuft. Hast du schon mal einen richtigen Amoklauf gesehen? Den gibt's hier von Zeit zu Zeit. Da greift sich einer urplötzlich eine Machete und fängt an, mitten durch den Markt zu traben, in schön gleichmäßigem Trab, und sticht im Vorübergehen die Leute nieder. Gewöhnlich tötet oder verstümmelt er ein Dutzend, bevor die Typen hier in den Cafés Wind davon kriegen, aufstehen, ihm hinterherstürzen und ihn in Stücke reißen. Zwischendurch rauchen sie ihre endlosen Pfeifen Khif.»
(Jack Kerouac, Engel, Kif und neue Länder, Darmstadt 1967)

«Kurz vor Fez kam die Kontrolle. Vier Mann in einem Jeep. ‹Sagt, wie viele Kilos ihr habt. Sagt's gleich, dann wird's billiger›, brüllten sie. Und dann: ‹Auspacken!› – Sie fanden 90 Gramm bei dem Kanadier. Es war mein Auto. Also mußten wir alle mit auf die Gendarmerie. Dann vier Wochen Knast – für alle. Und 4000 Dirham Strafe – für jeden.

Ob es sonst noch irgendwo mittelalterliche Gefängnisse gibt, weiß ich nicht, aber in Fez gibt es sie. 32 Mann in einem winzigen Raum. Essen kann man den Fraß nicht nennen, und dann das Tribunal. Pässe, Adressen von den Eltern, wenn man nicht selber zahlen kann.»

(Der Tagesspiegel, Berlin 10. 2. 1974)

Haschisch-Anbau ist in *einigen Gebieten* von Marokko tatsächlich *legal* – z. B. in der Gegend um Ketama sowie bei Diabet –, auch der Verkauf erfolgt unter den Augen der Polizei, aber wehe, man wird «an der nächsten Ecke» mit Haschisch erwischt: Transport und Besitz von Haschisch wird mit Haft und hohen Geldstrafen verfolgt. Für den Betroffenen bedeutet das z. B., mit 80 Menschen in eine 10-qm-Zelle gesperrt und ständig mißhandelt zu werden. Wenn man weiß, daß Reisenden Haschisch nahezu aufgenötigt wird (es wird berichtet, daß sich Autofahrer zu Konvois zusammentaten, um sich vor den «Überfällen» der Haschisch-Verkäufer zu schützen) und daß Haschisch-Verkäufer gegen Prämien direkt mit der Polizei zusammenarbeiten, dann müßte verständlich werden, warum Haschisch-Kauf als Ursache von Haft und Mißhandlung

irrelevant ist.

Die Tatsache, daß in marokkanischer Polizei- und Untersuchungshaft die Folter zur Regel gehört, ist längst bekannt. Mehrere Menschen sind bereits unter der Polizeifolter umgekommen. Zum Beispiel im April wurden nach Schülerdemonstrationen mehrere Schüler inhaftiert; dabei starb Mohammed Grina, dessen Schwester ebenfalls vor den Augen anderer Schüler gefoltert wurde, am 24. April 1979 in Agadir unter der Polizeifolter.

Die Höflichkeit von Polizisten ist nur scheinbar ein Widerspruch. Es wird berichtet, daß Polizisten ganz höflich zum Folterraum abführen ließen.

amnesty international. Marokko-Koordinationsgruppe, Gunter Höhn, Köln

(Frankfurter Rundschau, 18. 7. 1980)

bald die Rede auf Hanf kommt, den Standardsatz hören: «Jaaa, das dumme Volk nimmt so was ja noch. Aber feine Leute trinken.»

In Marokko ist Khif immer noch ein Handelsartikel des Basars, allerdings nur für Einheimische. Auf die interessierten Fremden haben sich clevere Jungs spezialisiert, die nebenbei mit der Polizei zusammenarbeiten und dadurch jedem alteingesessenen Händler Ärger machen könnten, dessen Gewerbe seit 1960 ja offiziell verboten ist. Die Sache lebt gewissermaßen in einer Zwischenwelt zwischen Regierungsanspruch und Wirklichkeit. Kommt es dabei zu Kollisionen mit der Ordnungsmacht, ist Bargeld vonnöten, das in diesem Fall nicht als Bestechungsgeld geachtet wird, sondern eher als Tribut. Auch die vielen Khif-Cafés bekommen ge-

legentlich uniformierten Besuch. Die Ordnungshüter zerbrechen dann
sämtliche herumliegende Pfeifen und nehmen auch einige herumhän-
gende Touristen mit, um deren Kassen zu erleichtern. Offiziell untersteht
Hanfbau und -verwertung dem Staatsmonopol der Tabakregie, die seit
1960 keine Lizenz vergab. 1962 sollte aus diesen staatspolitischen Gründen Marokkos Armee die Hanffelder der Berber ausrupfen. Doch des
Königs Krieger holten sich blutige Köpfe, und seither herrscht gespannter
Waffenstillstand – die Innenpolitik des Vielstämmestaates ist auch ohne
Khif kompliziert genug. Ein- bis zweimal im Jahr werden aus Prestige-
gründen drakonische Urteile verkündet, deren Opfer stellvertretend für
alle leiden müssen.

Im Libanon hat die Hanfszene seit etlichen Jahren neue Kaliber bekommen, von Kalschnikoff über Uzzi (aus Israel) bis hin zu den modern-
sten aus der Bundesrepublik, Österreich, Belgien und auch der Schweiz.
Nirgendwo in der Welt werden die Hanffelder so gut bewacht wie hier –
alle paar hundert Meter gefährlich bewaffnete Posten –, und zur Bestellung der riesig gewordenen Felder stehen modernste Traktoren bereit.
Daß Hanfbau verboten ist, hat noch nie jemanden gekümmert, und seit
dem Bürgerkrieg ist Haschisch so ziemlich der einzige Devisenbringer des
zerrissenen Landes. Baalbek ist traditionsgemäß das Hauptanbaugebiet,
und dort kommt es alljährlich im August und September zu regelrechten
Haschischkriegen zwischen den Syrern und den christlichen Milizen.

Auch im Bürgerkrieg spielte das
Rauschgift eine nicht unwichtige Rolle.
In Libanon ist es ein offenes Geheimnis, daß die christlichen Kampfver-
bände einen Teil ihrer Waffenkäufe mit
Haschisch finanzierten. Die Kämpfer
hinter den Barrikaden waren häufig
high. Das amerikanische Magazin *Time*
behauptete unlängst, daß die PLO den
Schmuggel von libanesischem Haschisch nach Israel kontrolliert und
daran nicht schlecht verdient.
(Frankfurter Rundschau, 22. 8. 1977)

Im kommenden Jahr werden die Ha-
schisch-Pflanzer des Landes – nach einer Rekordernte im Sommer – nach
verläßlichen Schätzungen 700 bis 800
Tonnen des in einschlägigen Kreisen
geschätzten «roten Libanesen» auf den
Markt werfen und dafür zwischen 450
und 500 Millionen libanesischen Pfund
(zwischen 250 und 300 Millionen Mark)
kassieren.
Bester Kunde sei hier Ägypten. Der
Rest wird nach Europa eingeschmuggelt, vor allem in die Niederlande.
Einer der Gründe für die «gestiege-
nen Selbstkosten», die jetzt die Bauern
geltend machen, ist die syrische Armee: Die Soldaten haben oberhalb des
Dorfes Yammouneh ein Wasserreser-
voir beschlagnahmt. Wer sein Ha-
schisch-Feld bewässern will, muß zahlen.
(Süddeutsche Zeitung, 3. 11. 1979)

«Womit sonst sollen wir denn unsere Waffen bezahlen?» fragte mich ein Falangist, und ich verkniff mir die Antwort. Die Herren und die Sippe der Gemaiels haben noch etliche ähnliche Geschäfte. Nicht zuletzt sind sie ein wichtiges Glied in der Handelskette pakistanischen und kurdischen Heroins nach Europa, und das ist einfacher zu transportieren und ungleich profitabler. Aber diese Geschichten sind ein anderes Kapitel, auch in diesem Buch. Die Qualität des Haschischs hat durch die militärische Verwaltung sehr gelitten, auch im Süden, wo Palästinenser als bewaffnete Zuhälter der Bauern auftreten. Und da alle der verfeindeten Parteien sich mit Haschisch zumindest teilfinanzieren, ist der Hanf ein Thema geworden, über das man im Libanon lieber nicht spricht. Es sind schon aus geringeren Anlässen Leute umgelegt worden.

Auch im Iran redet man seit Jahren nicht mehr von Hanf. Unter dem Schah war «Rauschgift» ein bekannter Vorwand, politisch Verdächtige ins Gefängnis oder an den Galgen zu bringen, und zumindest diese Praxis haben die Mullahs dankbar übernommen. Und wie einst die Polizei kontrollieren nun ihre Schlägertrupps den offiziell schwarzen Markt, dem Koran zuliebe noch um Alkoholika angereichert. Er funktioniert nach wie vor reibungslos, ist für die mit seiner Bekämpfung offiziell Befaßten äußerst einträglich, außerdem nach Zugehörigkeit zur Linken und Homosexualität der beliebteste Hinrichtungsgrund. Da für die meisten jüngeren Perser so ziemlich alles zutrifft, ist der Iran für sie kein empfehlenswertes Land. Daß an Haschisch Mangel herrsche, behaupten allerdings weder Regimefreunde noch -feinde – in allen autoritären Ländern ist die Doppelmoral stets so alt wie die Herrschaft.

Die pakistanische Situation wirkt im Vergleich dazu fast idyllisch, da die herrschenden Militärs wie die Fettaugen einer Armensuppe auf dem Volk schwimmen. Ihre Macht endet an den «Tribal Areas», den Stammesgebieten, wo das Haschisch gemacht wird und sofort ein gutbewaffneter Aufstand ausbräche, würde die Zentralgewalt auf den Teppich zu klopfen versuchen.

Natürlich: offiziell wird der Stoff bekämpft, da aber im Islam die rechte Hand nie wissen sollte, was die linke tut, erhalten die Beamten und Militärs von den etablierten Großhändlern und Exporteuren stets angemessene Beteiligungen. Im übrigen interessiert Hanf nur noch am Rand, seit sich an Heroin ungleich mehr verdienen läßt.

In der Türkei geriet Hanf in die allumfassende Schizophrenie zwischen islamischer Tradition und rabiat westlicher Zivilisierung. Da man außerdem noch Bündnisgenosse der USA ist, sind die entsprechenden Gesetze schauerlich, und Bhayram Pascha, das übelste Gefängnis bei Istanbul, wurde eigens «für solche Fälle» gebaut, wobei natürlich zwischen Haschisch und Heroin kein Unterschied gemacht wird. Immer wieder kann man von wahren Terrorurteilen gegen Nicht-Türken lesen, die mit ein wenig Hanf in den Taschen erwischt wurden. Und die türkischen Heroin-Großhändler, die nach irgendwelchen ausländigen Interventionen auch einmal verurteilt werden mußten, stürzen sich etliche Male pro Woche mit ihren Wärtern in das bescheiden gewordene Nachtleben am Bosporus, um am Morgen wieder einzusitzen. Daran hat auch das Militärregime nichts geändert, und auch Haschisch kursiert wie eh und je und überall in der Türkei.

Überall in Mittelanatolien leuchten im Sommer die grünen Felder, vorzugsweise auf der Höhe von Konya, im Südraum der großen Seen. Fragt man die Bauern, ist das Zeug natürlich nur zur Fasergewinnung gut, und einer will mir gar einreden, Haschisch würde aus ganz, ganz anderen Pflanzen hergestellt. Tatsächlich ist Hanf das gute Geschäft der Mittelbauern – Großgrundbesitzer haben sich schon längst auf Mohn umgestellt.

Auch in Istanbul sind die Großen natürlich mehr an Heroin interessiert. Im berühmt-berüchtigten Hotel *Anadolu*, nahe beim nicht weniger bekannten Puddingshop, sind Warenproben verschiedenster Hersteller in Schraubgläsern gleich bei der Rezeption ausgestellt, während Haschisch kaum erhältlich ist. Das hat dafür fast jeder Bosporus-Schiffer in seiner Tasche, doch das wird nur mit Freunden geteilt – die Zeiten sind unsicher. Woher der Stoff für verschiedene religiöse Zeremonien kommt, beispielsweise für die Jungen bei der Beschneidung, weiß natürlich auch niemand.

Am Blumenbazar, wo man sich abends immer noch trifft, um Bier zu trinken und die zahllosen Nascherereien zu fressen, haben die alteingesessenen Gauner ein neues Spiel für ahnungslose Touristen entwickelt, hinreißend schön wie ein türkischer Film. Einer winkt mit einem Stückchen Haschisch und verdreht selig die Augen. Wer dieser Einladung folgt, wird stets an dieselbe Stelle zwei Straßenecken weiter geführt – ein Trafohäuschen mit überwältigendem Rundblick auf die Stadt und umwerfendem

Pißgeruch. Dort schreiten dann zwei als Polizisten kostümierte Kollegen zur Verhaftung, und nun geht's ans Bargeld.

Einige Ecken von solchen Stätten des Unglücks entfernt, sitzen dann immer freundliche Türken, und wer auch zu ihnen freundlich ist, wird selbstverständlich zu einigen Zügen aus der voluminösen Zigarette eingeladen. Das hat ja schließlich Tradition, sagen sie und seufzen dann, daß die Zeiten ganz allgemein nicht besser geworden seien.

4. Götteratem, Slumgestank

Feuerdampf

Globalvorstellungen von Kontinenten sind zumal im deutschen Sprachraum zählebig. Abgesehen davon, daß in letzter Zeit Asien von der Wundertüte zum Armenhaus der Erde degradiert wurde, blieb alles beim alten Klischee, beispielsweise Amerika der Kontinent der unbegrenzten Möglichkeiten. Und bei Afrika, «Schwarzafrika» wohlgemerkt, zieht sich durch die Schilderungen der Forschungsreisenden, Kolonialisten, Nazis, Touristen und Nachrichtenmagazine ein unendlicher, in diesem Fall schwarzer Faden: überwältigende Natur, unerschöpfliche Rohstoffe und mehr oder minder geduldige Neger, außerdem noch Giraffen, Elefanten, Zebras und rätselhafte Rituale.

Dieses Bild ist älter als der weiße Kolonialismus und findet sich schon bei den alten Ägyptern. Die Römer hielten es auch nicht anders und später die Araber. Stets waren die begehrtesten Rohstoffe Gold, Elfenbein und Sklaven, obgleich der Prophet den letzteren Handelsartikel nicht sehr schätzte. Zum Warensortiment kam Kaffee hinzu, später Diamanten, Uran und Erdöl, während der Posten Sklaven aufgelassen wurde. Nur in Südafrika gibt es ihn noch, modifiziert unter dem Markenzeichen Apartheid. Die Geschichte des «schwarzen Kontinents» ist die finstere von unendlich langer und ebenso skrupelloser Ausbeutung, und will man den Büchern glauben, kam mit einem der vielen Räuberschiffe auch der Hanf auf den Erdteil.

Brian M. du Toit von der Universität Florida hat in den letzten fünfzehn Jahren nachzuweisen versucht, wie dies geschehen sein könnte. Dabei ging er davon aus, wie die Sache bei den einzelnen Stammesgruppen Südostafrikas heißt: Bangi auf Sansibar und in Kenia und so ähnlich auch noch nordwestlich des Tschad. Lubange heißt sie in Namibia, und südlich davon *mbange, mbanji, mbhanzhe* und so weiter. Damit war für ihn klar: Das waren die Inder, die ja tatsächlich in Südostafrika eine beachtliche Minderheit vorwiegend von Kaufleuten stellen, und der Hafen, durch den Hanf nach Afrika kam, sei eben Sansibar gewesen. Und wenn's schon nicht die Inder waren, dann eben die Araber.

Kulturwanderungstheorien haben immer etwas Verlockendes, und als gute Christen sollen wir ja auch glauben, unsere ganze Erde sei von einem einzigen Menschenpaar bevölkert worden, aus dem Garten Eden bekanntlich. Gegen sie läßt sich mühelos die Veränderung der Benennung in unseren Breiten während der letzten Jahre stellen: eines schönen Tages hieß unser guter alter Hanf plötzlich spanisch-mexikanisch Marihuana, und seit einigen Jahren sagt man lateinisch Cannabis. Wer daraus schließend Spanier und Römer verantwortlich machen möchte oder in Afrika Inder oder Araber, möge bedenken, daß auch die Sprache Moden unterliegt.

Der Arabist Neville Chittik erwähnte zu dieser Theorie 1965 die vielen arabischen Siedlungen entlang der afrikanischen Ostküste, die zwischen 1000 und 1300 entstanden und schwunghaften Handel mit den Bantus im Hinterland trieben. «Und das ist ja auch die Zeit, in der Cannabis von Indien über Persien westwärts bis Ägypten vordrang.»

Dagegen spricht Handfestes. In den letzten zwanzig Jahren wurde eine Reihe eisenzeitlicher Siedlungen im Sambesi-Tal ausgegraben. Zu den häufigsten Gebrauchsgegenständen jener Zeit gehörten voluminöse Tonpfeifen. Sie wurden nach allen Regeln der Kunst untersucht. Der Radiokarbon-Test ergab als Verwendungszeiten die Jahre 185 bis 300, dünnschicht-chromatographische Untersuchungen zeigten, daß aus ihnen Hanf geraucht wurde. 1971 veröffentlichte J. C. Dombrowski, was er in der Lalibela-Höhle der äthiopischen Provinz Begemeder ausgegraben hatte. Zwei schöne, noch hanfgefüllte Pfeifen aus der Zeit um 1320 gehörten dazu. Ein halbes Jahrhundert jünger sind äußerst voluminöse Pfeifen vom Ufer des Tana-Sees und eine sehr elegante aus Liberia. Eine ganze Kollektion Rauchgeräte wurde schließlich bei Brandberg in Südwestafrika gefunden, hergestellt zwischen 1590 und 1720.

Hanf war demzufolge schon lange in das gesellschaftliche Leben ganz Afrikas integriert, und die ältesten Pfeifen waren schon vor den ersten Arabern geraucht worden. Und diese Eigenart des Rauchens – Muslims bevorzugten damals Majoun, Inder Bhang – scheint wie die Pfeifen eine afrikanische zu sein. Es war wohl kein Import nötig – nahezu alle frühen Reiseberichte erwähnen überall in Afrika den üppig wildwachsenden Hanf, und die Äthiopier glaubten, er sei die erste Pflanze nach der Sintflut gewesen.

Die einzige Ausnahme schien Südafrika zu machen, wo Hanf kultiviert und gegessen wurde. 1658 berichtet der erste Platzhalter der Holländischen Ostindien-Companie am Kap, eine Pflanze namens «Daccha» werde von den Einheimischen als trockenes Pulver gegessen. Sein Landsmann Orel Dapper wurde zehn Jahre später schon ausführlicher: Die Kaffern oder Hottentotten betrieben nur Viehzucht und keine Landwirtschaft «außer einer bestimmt wirkende Wurzel, die sie Dacha nennen und

Titel einer Missions-Zeitschrift, 1889

Die Verbreitung des Cannabinismus in Afrika

In Bornu scheint das Hanfrauchen keine oder nur eine sehr kleine Stätte gefunden zu haben.

Vereinzelt mag an der afrikanischen Westküste die Leidenschaft dafür vorherrschen. Deutlicher wird sie in den Gebieten, in denen Kongoneger wohnen, z. B. in Liberia am Messurado River, im Grassteppengebiet von Oldfield, am Junk River, am Fisherman Lake, in der Nähe von Grand Bassa. Sie rauchen die frischen Blätter, aber auch trockene. Die kultivierte Heilpflanze nennen sie «Diamba». Die Pfeife besteht aus einem Flaschenkürbis, dessen offenes Stielende als Mundstück dient und an dessen dicker Bauchseite sich ein Loch befindet, auf welchem der aus Ton geformte Pfeifenkopf sitzt.

Am unteren Ogowe rauchen die Ininga Hanf, während die benachbarten Fan dies nicht tun.

An der Loangoküste wird Hanf aus Wasserpfeifen geraucht. Es sind Blätter und Samen, die, wie ich sie besitze, in dicke, lange, wurstähnliche Rollen mit Basthülle verpackt, gehandelt werden. In Angola verhalten sich die verschiedenen Stämme nicht gleichmäßig gegenüber dem Hanfrauchen. Während es z. B. bei den Ngangela selten geübt wird, betreiben es die Tjivokve leidenschaftlich in Wasserpfeifen. Weiter südlich gelangt man in eine Zone, in der das Hanfrauchen zu einer Volksgewohnheit geworden ist. Dies gilt von den Bergdammara im Nama- und Dammaraland, den Ovambo und in noch höherem Maße von den Hottentotten, Buschmännern, Kaffern. Das Glück eines Kaffers besteht darin, den ganzen Tag auf dem Rücken zu liegen und gelegentlich ein paar Züge des Hanfs, der Dacha, zu rauchen. Zulukaffern legen eine Handvoll davon auf die Erde, darauf ein Stück brennenden Mistes, beides decken sie mit Erde zu, und legen sich einer nach dem anderen auf den Bauch und tun ein paar Züge, denen stets ein starker Hustenanfall und Speichelfluß folgt. Statt dieser Erdpfeife benutzt man auch häufig Kuduhörner oder andere Gehörne oder Kalabassen als Wasserpfeife. Mit gewöhnlichen Tabakpfeifen vollzieht sich die Verwendung bei den Buschmännern. So rauchen die Heigum, d. h. Leute, die im Busch schlafen, den selbstgebauten Hanf, der gleichfalls Heigum (Haium) heißt. Er bringt den Schlaf im Busch. Ebenso leidenschaftlich rauchen Auin-Männer und -Frauen den Hanf, der von Kaffern in Oas und Betschuanen in Chansefeld, wohl auch von weißen Farmern angebaut wird

113

und durch Tauschhandel zu ihnen kommt. Anbau und Verbrauch finden sich weiter ausgedehnt in Süd-Zentralafrika, z. B. Mambunda, Matabele und Rhodesia, im Zambesigebiet, z. B. bei den Makololo, wo ebenso wie bei den Batoko Hanf oder Hanfrauchen als *muto kwane* bezeichnet wird, ferner in Mozambique – in Quelimane heißt Hanf *ssrúma* oder *dumo* – und im Kongogebiet.

Auch Ostafrika – mit Ausnahme des Zwischenseengebietes – weist reichlich das Hanfrauchen auf. Schon östlich vom Tanganjika-See beginnt es. Die Wanyamwesi bauen überall die Pflanze. Sie rauchen aus der Kalabassen-Wasserpfeife und schnupfen auch Haschisch. Sie nennen die Pflanze

njemu. An der Küste, z. B. in Khutu und Usegua, wird sie reichlich gepflanzt. Die Länder um den Victoria-See sind starke Verbrauchsgebiete für den Hanf, so z. B. Usukuma, die Landschaft Ututwa, Uganda, Kawirondo, Karagew, Ukerewe. Die Wassinyanga, Waschaschi, die Néraleute pflanzen und rauchen das Genußmittel stark, während es in manche Gebiete Ostafrikas, so auch z. B. an der Tangaküste, wenig Eingang gefunden hat. Reichlich begegnet man ihm wieder bei den Nyam und in Kordofan, wo es, obschon verboten, auf den Märkten gefunden wird.

(Louis Lewin, Phantastica, Leipzig 1924)

Über Buschleute

Zufrieden und glücklich hocken sie um das Feuer, schmatzen vor Wohlbehagen und lecken die Finger ab. Gierig haben sie das halbgebratene Fleisch verschlungen. Nun stopfen sie noch einen Haufen gerösteter Knollen hinterher. Sie essen so lange, bis nichts mehr übrig ist. Wenn die Mahlzeit vorbei ist, sitzen die Alten noch eine Zeitlang zusammen, rauchen aus ihren Tonpfeifen und unterhalten sich über die Ereignisse des Tages. Aber das junge Volk vereinigt sich lärmend zum Tanz. Man klatscht in die Hände, und Rasseln aus Insektenkokons machen die Begleitmusik. Unermüdlich bewegen sich

Tänzer und Tänzerinnen, jeder für sich im Schrittanz hinter dem andern her, bis in die späte Nacht hinein. Bei Tanz und Musik sind alle Strapazen des Tages schnell vergessen.

Im Kampf gegen Hottentotten, Kaffern und Weiße war der Buschmann freilich auf die Dauer unterlegen. Er kannte keine Disziplin, welche die zersplitterten Gruppen seiner Rassegenossen hätte zusammenrufen und zur Verteidigung einsetzen können. Auch kennzeichneten seine ganze Lebenshaltung und seine einfachen Waffen ihn von vornherein als Verlierer.

(Paul Kunhenn, Pygmäen und andere Primitivvölker, Stuttgart 1952)

Herr Livingstone wundert sich:

Wir hatten ausgiebig Gelegenheit, die Auswirkungen dieses Matokwane-Rauchens auf unsere Männer zu beobachten. Es gibt ihnen das Gefühl, körperlich sehr stark zu sein, doch hat es die genau entgegengesetzte Wirkung auf das Gehirn. Zwei unserer besten jungen Männer wurden zu eingefleischten Rauchern – und zum Teil idiotisch. Die Verrichtungen einer Gruppe von

Matokwane-Rauchern sind etwas grotesk; man bringt ihnen eine mit reinem Wasser gefüllte Kalabasse, ein gespleißtes, fünf Fuß langes Bambusrohr und die große Pfeife, die über eine große Kalabasse oder das Horn eines Kudus verfügt, als Wasserrohr, durch das der Rauch in der Art des Nargilehs in den Mund gezogen wird. Jeder Raucher nimmt ein paar Züge, wobei der letzte besonders tief ist, und gibt die

Herr Livingstone nimmt ungeheure Strapazen auf sich, um sich dann auch noch über die rauchenden Neger zu ärgern

Pfeife an seinen Nachbarn weiter. Er scheint den Rauch zu schlucken; denn gegen die konvulsiven Bewegungen von Muskeln, Brust und Kehle ankämpfend, nimmt er einen Schluck Wasser aus der Kalabasse, wartet ein paar Sekunden und läßt dann Wasser und Rauch aus seinem Mund in die Rille des Bambusrohrs laufen. Der Rauch bewirkt bei allen heftiges Husten und bei manchen eine Art Euphorie, die sich in einem schnellen Strom von bedeutungslosen Worten oder kurzen Sätzen wie «es wächst das grüne Gras», «es gedeihen die fetten Herden» oder «es schwimmen die Fische» äußert.

Die Bakotas dieser Gegenden sind sehr heruntergekommen in ihrer Erscheinung und werden sich wohl kaum erholen, weder körperlich noch geistig, solange sie so sehr dem Rauchen des *matokwane* verfallen sind. Dieses verderbliche Kraut wird von allen Stämmen im Innern des Landes weitgehend benutzt. Es bewirkt eine Art Verzükkung, und Sebituanes Soldaten setzen sich hin, um davon zu rauchen, sobald sie ihrer Feinde ansichtig werden, damit sie einen wirkungsvolleren Angriff unternehmen können. Ich konnte den jungen Makololo nicht davon abhalten, das Kraut zu gebrauchen, auch wenn

sie keinen alten Mann in der Sippe nennen können, der dieser Sucht verfallen gewesen wäre. Da ich es selbst nie versucht habe, kann ich die angenehmen Wirkungen, die es haben soll, nicht beschreiben. Manche sehen alles, als würden sie von der verkehrten Seite in ein Teleskop schauen; andere heben ihre

Pfeifenkopf der Batua

Füße, wenn sie über einen Strohhalm hinwegschreiten, als würden sie über einen Baumstamm steigen. Die Portugiesen in Angola glauben derart an dessen schädliche Auswirkungen, daß der Gebrauch davon durch einen Sklaven als Verbrechen gilt.

(David Livingstone, Narrative of an Expedition to the Zambesi and its Tributaries, London 1865)

---

essen, um betrunken zu werden». Ähnliche Beobachtungen notierten gleichzeitig auch die Briten, und was nun diese Pflanze Dagga war, wurde nie erläutert. Das Geheimnis lüftete erst 1796 La Vaillant, der außerdem eine Veränderung der Konsumgewohnheiten bemerkte: «Sie rauchen die Blätter einer Pflanze, die sie Dagga nennen. Diese Pflanze ist keine Besonderheit, sondern der Hanf Europas.»

Will man den alten Reiseberichten glauben, erreichte der afrikanische Hanf seine erstaunlichsten Qualitäten in den jeweils zehn Breitegraden um den Äquator. Zu einer innerafrikanischen Handelsware brachte er es nicht – er wuchs einfach wild, und erst in den letzten Jahren gelangt er über verschiedene Routen auch in unsere Breiten. Wodurch wagemutige Experimentatoren Gelegenheit bekommen, an sich jene Erlebnisse nachzuprüfen, die den Entdecker der Viktoria-Fälle David Livingstone um 1860 so befremdeten.

Götteratem

Wiewiet Hanf in die Riten der einzelnen Stammesgruppen eingebunden war, ist leider nie untersucht worden, und heutige ethnographische Anstrengungen ähneln den Versuchen, aus Knochensplittern ein Lebewesen zu rekonstruieren. Das lag zunächst einmal daran, daß die ursprünglichen Völker keine Geschichtsschreibung betrieben und daß die Weißen, unter deren Fuchtel sie ja allesamt gerieten, nur ein Interesse an ihrer Verwertbarkeit hatten. Zu diesem Zweck wurde auch am Rand etwas von Kultur notiert, aber doch stets mit dem Befremden eines unendlich überlegenen Herrenvolks. Zusätzlich herrschte zu jener Zeit, als Afrika von seinen Ausbeutern bis in den letzten Winkel durchstreift wurde, in den europäischen Machtzentralen die Moral des Viktorianismus – so prüde, daß Dessous nur «die Unaussprechlichen» hießen und über Rausch nur bekannt war, daß es den gelegentlich bei Proletariern gab. Natürlich gab es als Begleiterscheinung die florierendste Pornoproduktion seit Erfindung des Buchdrucks und ein Drogenangebot, wie es nie wieder über die Menschheit hereinbrach, aber darüber sprach man nicht, und daran hielten sich

Herr Wissmann nähert sich dem Hanfvolk

Vor diesem «Palast» befindet sich ein großer freier Platz, die Kiota, wo sich die Männer zu den Berathungen und dem gemeinschaftlichen Hanfrauchen einfinden. Hier sind bereits alle eifrige Söhne des Hanf- – Riamba in der Balubasprache – Cultus. Fast in der Nähe einer jeden Hütte finden wir Hanfculturen. Auf der Kiota liegen die großen Riambapfeifen, die wie die Kalabassen aus Flaschenkürbissen (Cucurbita maxima) angefertigt werden und nicht selten 1 m Umfang messen.

Am 13. November komme ich nach sechsstündigem Marsch nach Mulamba-Kambulu-Bena-N'gansa, einem Dorf von fast 300 Häusern, ich sage absichtlich Häuser, denn die Wohnstätten weichen so erheblich von den bisher passirten Hütten ab, daß man sie mit dem Ausdrucke Häuser benennen kann. Die Bewohner machen einen sehr guten Eindruck. Sie sind freundlich und entgegenkommend und durchaus bescheiden in ihren Forderungen. Hanf-, Mais- und Erdnußpflanzungen umgeben jedes Haus.

Die Männer beschäftigen sich Tag und Nacht mit Hanfrauchen, dabei fürchterlich brüllend, was meinen vom Fieber noch angegriffenen Nerven eine recht unangenehme Empfindung verursacht. Den Weibern bleiben die Arbeiten überlassen, nur die Herstellung der Mabelestoffe lediglich den Männern.

Auf der Kiota, dem Marktplatz, begrüßte mich Sangula-Meta, die Schwester Kalamba's, und Kalamba-Muana, der Thronfolger. Erstere ist die Priesterin des Hanfes. Ihre Bewillkommnung bestand darin, daß sie mir Stirn und Hände mit Hanfasche einrieb und mir dann mit weißem Thon, Pemba genannt, einen Strich auf den Rock machte. Unsere Unterhaltung wurde durch Kassongo, den Sohn eines gleichnamigen Bruders von Kalamba, etwas

gestört. Derselbe erschien, um in mir Dibue-Tosselle, seinen von ihm ermordeten Onkel, zu begrüßen und mich seiner Freundschaft zu versichern. Seitdem nämlich das Hanfrauchen als Cultus bei den Baluba zuerst durch den östlich vom Muansangomma wohnenden Häuptling Muamba-Putu eingeführt ist, soll sich auch der Glaube an eine Art Seelenwanderung ausgebildet haben. Eine große Pfeife wurde angeraucht und ging im Kreise herum. Auch wir mußten, um die junge Freundschaft zu besiegeln, kräftig mitrauchen.

Der Häuptling Kalamba-Mukenge konnte vor Ungeduld kaum den Tag erwarten, an welchem wir seinen Besuch entgegennehmen wollten. Es wurden allerlei Vorbereitungen dazu getroffen. Einige unserer Leute waren mit rothem Fes und weißen Matrosenjacken uniformirt, das von *Herrn Krupp* geschenkte Geschütz war aufgestellt und die Grashütte Wissmanns, mit Flaggen und Gewehren ausgeschmückt, als Empfangssalon hergerichtet.

Immer mehr schwoll die lärmende Menge bewaffneter, mit Federn geschmückter Krieger, Weiber, Mädchen und Kinder bunt durcheinander an. In der nächsten Umgebung Kalambas befanden sich als hervorragende Persönlichkeiten sein «Minister» Kakoba, sein präsumtiver Nachfolger in der Herrschaft Kalamba-Muana und der Häuptling Tschingenge. Sangula, in der Hand einen Büschel grünen Hanfes, beschloß den Zug mit 15 singenden jungen Mädchen. Um unsern Freundschaftsbund zu besiegeln, hatte er sich auch bereit erklärt, mit uns «Kischila» zu trinken, welches zur Blutsbrüderschaft verpflichtet. In Gegenwart der Betheiligten wurde zu diesem Zwecke statt des sonst üblichen Wassers von uns eine halbe Flasche Cognak erwärmt; in diese sollte jeder von uns und Kalamba nach der bestehenden Vorschrift einige

Tropfen Blut fallen lassen, als Kalamba-Muana plötzlich in einer langen Rede Folgendes erklärte: «Wenn wir gegenseitig nach alter Sitte unser Blut trinken, wird das Volk sagen, wir seien keine Söhne des Riamba mehr, sondern blutdurstig geworden. Das Feuer ist die höchste Macht der Erde, und Riamba (Hanf) das einzige Mittel für Gesundheit und Leben! Wenn wir Kischila nun vom Feuer mit Riamba trinken, so ist dies unverbrüchlich. Wer es dann wagen wird, sein Wort zu brechen, der wird vom Feuer vertilgt werden, dem wird kein Feuer mehr brennen und leuchten und Riamba nicht mehr helfen. Ohne Feuer kann aber niemand das Eisen bearbeiten, ohne Eisen kann niemand seine Felder bebauen oder ein Haus errichten, ohne Riamba kann kein Mensch auf Erden leben, somit muß sich jeder hüten, das Feuer und Riamba durch seinen Wortbruch zu erzürnen!»

Wir gingen gern auf diesen Vorschlag ein, mit dem sich auch Kalamba und Sangula einverstanden erklärten. Letztere als Riambapriesterin streute dann selbst einige Hanfkörner in den kochenden Cognac, von welchem jeder von uns und den anwesenden höchsten Häuptlingen trank. Kalambas Schicksal war nun an das unserige gekettet.

Aus der Beschreibung des Stammes:
Die Alten waren nicht damit einverstanden, daß die Nachbarvölker zu ihnen kommen sollten, und wurden schließlich theils getödtet, theils ver-

Riambatanz in Mukenge. S. 182.

trieben. Es gab dann einzelne entfernt liegende Ortschaften, in denen nun diese geflüchteten betagten Männer und Frauen lebten.

Nach diesem Kriege war die Macht Kalamba-Mukenges immer mehr gewachsen. Er hatte sich die benachbarten Häuptlinge unterworfen und tributpflichtig gemacht und strebte danach, sein neubegründetes Reich auch im Innern zu befestigen und lebensfähig zu machen.

Rechtliche Grenzen zwischen Mein und Dein wurden gezogen, Mord mit dem Tode bestraft, fremde Händler sollten in Lubuku, d. h. Land der Freundschaft, wie das Reich Kalambas genannt wurde, frei und ungehindert verkehren dürfen.

Mit Gewalt wurde nun der von Osten eingeführte Riambacultus, welcher in Sangula-Meta, der Schwester Kalamba's, seine eifrigste Priesterin fand, verbreitet. Sie sowohl als ihr ebenfalls geistig hochstehender Bruder hatten die Überzeugung gewonnen, daß eine Art Staatsreligion das beste Mittel sein würde, um die wilden, zügellosen Baluba, welche bis dahin an keinerlei Ordnung gewöhnt waren, zu vereinigen und zusammenzuhalten. Die alten Fetische und Zaubermittel wurden auf Befehl Kalambas zerstört und öffentlich verbrannt. An ihre Stelle sollte Riamba (Hanf) als Universalzauber- und Schutzmittel gegen alle Unbilden treten und ein geheiligtes Symbol des Friedens und der Freundschaft werden.

Die Anhänger Kalambas nennen sich daher auch Bena-Riamba, d. h. Söhne des Hanfs, und begrüßen sich gegenseitig mit «Moio», was Leben und Gesundheit bedeutet. Das Hanfrauchen ist ihnen zur Pflicht gemacht. Alle Feste werden mit Riambarauchen gefeiert, bei der Riambapfeife, die gewöhnlich aus einem großen Flaschenkürbis angefertigt ist und nicht selten 1 m Umfang mißt, werden Freundschaftsbündnisse geschlossen und die

wichtigsten Geschäfte abgewickelt. Hat jemand sich eines Vergehens schuldig gemacht, so wird er zu einer bestimmten Anzahl Pfeifen Hanf verurtheilt, die er unter Aufsicht oft bis zur Bewußtlosigkeit rauchen muß.

Die Riambapfeife begleitet den Mann auf Reisen und in den Krieg. Ist er ermüdet, abgespannt und hungrig, so genügen einige Züge aus derselben, um ihn zu erneuter Thätigkeit anzufachen. An jedem Abend vereinigen sich die Männer auf der Kiota, dem Hauptplatze inmitten der Ortschaft, um Hanf zu rauchen, und auch die Stille der Nacht wird gewöhnlich von den spastischen Hustenanfällen eifriger Riambaraucher unangenehm unterbrochen.

Wenn auch das mäßige Rauchen des Hanfes schon vor dem Riambacultus bekannt war, so es ist doch durch denselben zu der rasenden Leidenschaft ausgeartet, mit welcher es jetzt betrieben wird und die der Mehrzahl eines hochstehenden Volkes ein frühzeitiges Grab gräbt. Ein eifriger Hanfraucher ist oft bereits in seinen besten Jahren lungenkrank, und die Schwindsucht fordert unter den Bena-Riamba zahlreiche Opfer. Eine besondere Bedeutung hat auch den Riambatanz, der nicht allein bei allen festlichen Gelegenheiten, auf Kriegszügen, sondern auch fast täglich zur Unterhaltung und um den religiösen Eifer zu zeigen, bis zur Erschöpfung getanzt und bei welchem Hanf geraucht wird.

Zur Zeit des Vollmondes wird während der Nacht ebenfalls ein derartiger Festtanz veranstaltet, damit die Feldfrüchte gedeihen mögen. Auch wenn der Häuptling besondere Kriegspläne oder Wünsche hat, läßt er Riamba tanzen. Nach dem Takte großer Trommeln, die mit den Handflächen geschlagen werden, entwickeln beide Geschlechter in allen Körper-, besonders aber den Hüft- und Schultergelenken, eine geradezu erstaunliche Beweglichkeit.

Während die erhobenen Arme sich
fortwährend flatternd bewegen, werden Oberschenkel- und Unterleibs-
muskeln so in Thätigkeit versetzt, daß
An- und Abspannung derselben unmittelbar ineinander überzugehen scheinen. Bald produciren sich gewandte
Solotänzer und -tänzerinnen, bald tanzen aber auch alle zugleich in wildem
chaotischen Durcheinander, bis ein Zustand wüster Raserei eintritt.

Gesänge ohne musikalische Basis,
die sich nur zwischen wenigen Tönen
bewegen und sich infolge ihrer unbe-
stimmten Tonfolge kaum wiedergeben
lassen, oft auch nur unartikulierte
Laute, dienen zur Begleitung. Ein derartiger Riambatanz, besonders wie er
fast allnächtlich in der Nähe des üblichen großen Holzfeuers auf der Kiota
zu Mukenge aufgeführt wird, macht
den Eindruck, als ob alle bösen Geister
der Unterwelt sich hier gesellig vereinigt hätten.

Die Baluba scheinen durchweg das
Bewußtsein zu haben, daß ein höheres
Wesen, ein guter Geist (Fidi-Mufullu),
ihre Geschicke bestimme und ein böser
Geist (Koëmbe) ihnen zu schaden su-
che. Von beiden können sie sich keine
Vorstellung machen, auch konnte eine
Erklärung für die Benennung Fidi und
Koëmbe nicht gegeben werden. Da sie
jedoch das Alter des guten Geistes
nicht bestimmen können, nennen sie
ihn Mufullu, d. h. alt.

Für die geistige Überlegenheit der
Baluba über die bis da hin berührten
Negerstämme, sogar die Angola,
spricht, daß sie für alles ihnen Unbekannte eine Erklärung wünschen.

Alle bösen Menschen nennen sie
«Bena mupongo» (Bena: Söhne, mupongo: schlecht). Auch die Stelzvögel,

besonders Störche und Riesenkrani-
che, sind den Bena-Riamba eigen-
thümlicherweise als Unglücksboten unheimlich. Kommen diese einzeln oder
gar ein Zug derselben in Sicht, so laufen Männer, Frauen und Kinder zusammen, rufen: «Bena mupongo! Bena mupongo!» und blasen dabei in die mächtigen Riambapfeifen, um so durch die
Macht des Hanfes den bösen Einfluß
der Vögel unschädlich zu machen.

Kalamba selbst ist der höchste Richter. Alle Streitigkeiten werden durch
ihn endgültig entschieden. Leichte und
schwere Vergehen werden durch Riambarauchen gestraft. Die Anzahl der
Pfeifen wird nach der Höhe der Strafe
bemessen und hat in besondern, aber
seltenen Fällen den Tod des Verurtheil-
ten zur Folge.

Die Baluba sind ein Volk, das wie
wohl kaum ein anderes in Afrika ein
dankbares Feld für Missionare bieten
würde.

Sie pflegen dem Weißen mit unbe-
grenztem Vertrauen und Wißbegierde
entgegenzukommen, während man gewöhnlich bei andern Negerstämmen
das Gegentheil beobachtet.

*(Hermann Wissmann, Im Innern
Afrikas, 1883–85, Leipzig 1888)*

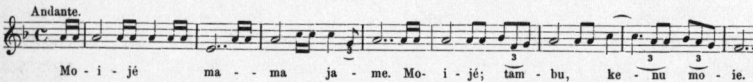

Andante.

Mo- i- jé   ma- ma   ja- me. Mo- i- jé; tam- bu,   ke- nu mo- ie.

auch die viktorianischen Forschungsreisenden. Höchstens daß sie Rauschmittel mit moralischem Nasenrümpfen erwähnten, wie eben Livingstone, aber ihre Bedeutung im Gesellschaftsleben war kein Komma wert. Zugegebenermaßen reiste man ja nicht aus kulturellem Interesse, sondern als Vorhut der Militärs und Kaufleute, die den soeben entdeckten Kulturen dann den Rest gaben.

Unter diesen Voraussetzungen sind die Berichte der deutschen Zentralafrika-Expedition unter der Leitung Hermann Wissmanns zwischen 1883 und 1885 eine unschätzbare Kostbarkeit.

Natürlich ist auch dieser Bericht nur mit Vorsicht zu genießen. Wäre beispielsweise ein Reisender der Beni Riamba unter ähnlichen Voraussetzungen nach Zentraleuropa gelangt, hätte er möglicherweise die Bayern als «Söhne des Biers» verewigt und einen eigenen Abschnitt dem kultischen Gebrauch des Schnupftabaks gewidmet. Interessant wäre allerdings, wie er das alpine Leiden des Kropfs mit jenem Laster in Verbindung gesetzt hätte. Denn was die Lungenerkrankungen betrifft, besitzen wir noch einen anderen Bericht. Ziemlich gleichzeitig durchstreifte der belgische Arzt und Forscher Arthur Legrosse dieselben Gegenden, ein kolonialer Pionier des späteren Belgisch-Kongo, und auch ihm fiel dieses Phänomen auf. Nach seinen Recherchen wurde der «blutige Husten», wie ihn die Baluba nannten, durch Kaufleute aus dem Küstengebiet eingeschleppt. Nun war Tuberkulose im 19. Jahrhundert die Geißel der europäischen Arbeiterviertel, und sie machte auch vor den Villen der Reichen nicht halt. Auch in den engen Städten der afrikanischen Ostküste wütete sie, und das Äquatorialklima bot für sie ideale Voraussetzungen. Die mangelnde Hygiene und das Fehlen körpereigener Widerstandskräfte förderten eine seuchenartige Ausbreitung der Krankheit, und heute noch ist Tbc neben und mit dem Hunger die Plage Zentralafrikas. Daß sich unter diesen Umständen Rauch in der Lunge kaum empfiehlt, ist einsehbar, obwohl Cannabis-Tinkturen in den Ländern der Weißen gerade gegen Tbc massenhaft verordnet wurden.

Hinweise auf religiöse Einbeziehungen des Hanfs geben einige Berichte über verschiedene Formen des Konsums, die sehr oft bei denselben Stämmen auftreten. So war bei den Zulus die Ton- und die Wasserpfeife bekannt, außerdem aber ein kompliziertes Ritual, das uns William Burchell erhalten hat. Bei bestimmten Erkrankungen, die eine «Reinigung der Seele» erforderlich scheinen ließen, wurde zunächst ein Erdaltar gebaut, also ein ca. 40 cm tiefes Loch gegraben, an dessen Rand ein kleiner Wall blieb. In dieses Loch, das den Schoß der Erdmutter symbolisierte, tropfte das Blut eines Opfertiers. Nach dem Opfermahl wurde dieses Loch mit reichlich Hanfblättern gefüllt, darüber kam die vom Mahl übriggebliebene Glut, über die schließlich die Schüssel des Opfermahls gestülpt wurde. War dann alles mit Erde bedeckt, erinnerte der kleine Hügel an einen Meiler, und bei der abschließenden Zeremonie wurden an der Seite kleine Löcher gebohrt, durch die der Hanfrauch eingeatmet werden konnte.

Ähnliche Zeremonien sind aus dem westlichen Zentralafrika bekannt, wo diese Art von Rauch «Götteratem» hieß, und sie finden sich, nur geringfügig abgewandelt, in einigen afro-amerikanischen Kulten.

Ethnographische Berichte aus Benin vermerken, daß es zumindest vor einigen Jahren noch üblich war, bei bestimmten Anlässen die Ahnenbilder mit Hanf üppig einzuräuchern, und eine solche Figur im Völkerkundemuseum in Hamburg trägt ein kleines Beutelchen Hanfsamen um die Taille.

Weniger mit Kult zu tun haben dürften die respektablen Kultgeräte von Pfeifen, die in Nigeria und Ghana immer wieder auf den Trödelmarkt gelangen. Manche von ihnen sind üppig mit Bronzefiguren verziert, tragen gelegentlich auch Götterdarstellungen, und mit ihnen verglichen sind die Friedenspfeifen der Indianer geradezu schmucklos. Doch außer daß sie geehrten Gästen angeboten werden, haben sie keine andere Funktion, als den Reichtum und den Geschmack ihrer Besitzer zu demonstrieren. In den diversen europäischen Museen, in die welche gelangten, werden sie gern als Tabakpfeifen bezeichnet, doch dieses Kraut wurde aus ihnen vor

Original-Bildunterschrift von Herrn Wissmann: *Industrie* der Lussambo.

122

Der Geruch von Tradition ...

Kwadwo Diboawoho, 28, hatte sich für den Zoll am Flughafen Köln-Wahn etwas Besonderes ausgedacht. Im Koffer des Ghanaers, der einer Caravelle aus Akkra entstieg, befanden sich stinkende halbfaule Fische und Mottenkugeln. Mit den seltsamen Gerüchen konnte er zwar die Haschhunde des Zolls überlisten, nicht aber die Zöllner selbst, denen die Nervosität des Fluggastes aufgefallen war. Sie rümpften nicht einmal die Nase, als sie entdeckten, was unter der Stinkbombe verborgen war: 30 kg Marihuana im Wert von einer Viertelmillion Mark.

(Stern, 24. 4. 1975)

Fischgestank aus dem Pappkarton eines 31 Jahre alten Afrikaners kam Zöllnern des Flughafens Düsseldorf anrüchig vor. Unter verdorbenem Fisch und angefaulten Früchten entdeckten sie 17 Kilo Marihuana im Schwarzmarktwert von 85 000 Mark. Der vorbestrafte Chemiearbeiter aus Kenia wurde verhaftet.

(Süddeutsche Zeitung, 22. 1. 1982)

Ort nie geraucht, und dünnschicht-chromatographische Untersuchungen ergaben immer wieder Hanfrückstände.

Berichte aus der ersten Hälfte unseres Jahrhunderts erwähnen immer wieder die Bedeutung solcher Rauchgeräte für Initiationsriten, bei denen ein Junge zum Mann wird.

Ich selbst durfte 1968 so eine Zeremonie in Kenia erleben, in der luftigen Hütte eines Dorfhäuptlings. Mit dem ältesten Sohn der Sippe war ich befreundet. Er hatte im Westen studiert, war nun Regierungsbeamter, und das Dorf seiner Väter lag kaum hundert Kilometer von Nairobi und doch Lichtjahre von dieser Zivilisation entfernt. Wir wirkten, trotz der Hautfarbe meines Freundes, in unseren Anzügen reichlich kolonial, und in einem Körbchen unter der Decke hing sorgfältig getrockneter Hanf. Das Rauchgerät war für afrikanische Verhältnisse höchst exklusiv – eine echte Dunhill aus London –, und der Jüngste der Sippe war etwa sechzehn. Wir saßen feierlich im Kreis, und ich werde nie die großartige Geste vergessen, mit der unser Alter seinem Jüngsten die Pfeife reichte. Was er dazu sagte, klang in seinem Baß höchst erhaben, aber alle kicherten. Mein Freund übersetzte: «Er hat gesagt: Heimlich rauchst du ohnehin schon.» Da mußte ich an meinen Großvater denken, als dieser mir das erste Mal eine Zigarette anbot, und dasselbe war's ja wohl auch dort.

Heute wächst der Hanf quer durch Afrika, wo immer nur Boden und Klima halbwegs geeignet sind und es nicht nötig ist, ihn zu kultivieren. In einigen Ländern – vorzugsweise an der Westküste, aber auch ein wenig in Kenia – haben sich seiner erfindungsreiche Kaufleute angenommen, die das Zeug von den Stämmen des Hinterlandes kaufen und nach Europa schmuggeln, doch all dies geschieht in bescheidenem Rahmen, und von einem «Cannabis-Problem» ist aus keinem Land Afrikas auch nur andeutungsweise etwas bekannt. Natürlich ist die Pflanze auf dem Papier nahezu überall verboten – man weiß ja, was man dem Westen und der UNO schuldig ist –, aber die Diskrepanz zwischen Gesetz und Wirklichkeit ist in Afrika womöglich noch größer als in Asien. Der Riß unseres Jahrhunderts geht auch noch durch die kleinsten Gemeinschaften – die uralten Stammesrivalitäten beherrschen auch noch die in ehemaligen Kolonialgrenzen entstandenen jungen Staaten, und hinzu kommen die Welten zwischen den Städten, ihren westlich orientierten Eliten und den Dörfern mit ihren alten Hackordnungen.

In den frühen Befreiungsbewegungen spielte die Pflanze gelegentlich noch eine Rolle, als ein Element der nationalen Identifikation, da Alkohol ja «weiß besetzt» war. Das gab natürlich den alten Assassinen-Geschichten Auftrieb, und so konnte man lesen, daß sich Kenias Mau-Mau mit Hanf zu ihren Terrorakten rüsteten. Veteranen dieses Vereins lächeln darüber: «Natürlich haben wir auch geraucht. Das tat doch hier *jeder*.»

Böse neue Welt

Im Jahre des Herrn 1982 wunderte sich ein ehemaliger Priester und nunmehriger *Stern*-Reporter, warum denn bloß der Dominikanermönch Bartolomé Las Casas nicht heiliggesprochen worden sei. Schließlich habe er sich doch entschieden gegen die Unmenschlichkeiten gewandt, die von den Spaniern im Namen Gottes an den Indios begangen wurden. Nun ja, das Erstaunen trägt alle Züge klassisch-katholischer Argumentation. Tatsache ist, daß die Spanier gleich nach ihrer Landung alle vorgefundenen Menschen ausschließlich als Sklaven und Arbeitstiere betrachteten und dementsprechend behandelten. Von den etwa 1,1 Millionen Indios, die

Baschilange-Pfeifenkopf

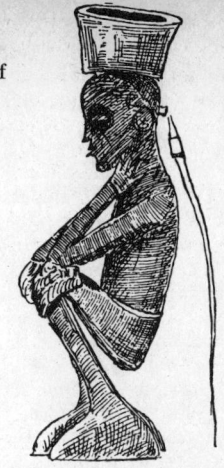

1492 die Insel Haiti bevölkerten, lebten 1516 noch knapp 16 000. Der Rest war in den Goldminen verheizt oder umgebracht worden, und zu den Sklavenhaltern gehörte auch Las Casas. Was tut ein Unternehmer, wenn das Rohmaterial knapp wird? Er sieht sich nach neuem Rohstoff um, und das tat Las Casas. 1517 erhielt er die erste Lizenz, Sklaven aus Afrika zu importieren, 1520 seine zweite. Daß er nebenbei Indios missionieren wollte, ehrt ihn. 1530 lebte auf Haiti ohnedies keiner mehr, und dafür kamen nahezu wöchentlich neue Sklavenschiffe aus Afrika. Ihre Insassen hatten gegen Ende der Reise mehr Platz als am Anfang – ein Drittel starb meist schon unterwegs, gering geschätzt.

Die Geschichte ist so unerquicklich, daß sich in westlichen Bibliotheken nur verschwindend wenig Material dazu findet – zum Holocaust an den Indios kam die bedeutungsschwerste Völkerwanderung der Neuzeit. Während die weißen Immigranten Amerikas stets liebevoll der Ahnenforschung pflegen, ging als hohntriefende Schlagzeile durch die Presse, daß ein schwarzer Versuch, *Roots*, doch nur eine Fälschung sei.

National-Ökonomisches aus Kolumbien ...

1948 kamen mit dem Beginn des Bürgerkrieges, der Violencia, flüchtende Bergbauernfamilien aus dem Landesinneren in das Municipio, die in den Bergtälern vergleichbare Anbauvoraussetzungen fanden und sich niederließen. Mit ihnen kamen Geschäftsleute, die Läden, Bars und Bordelle errichteten.

Zwischen diesen Cachacos, den Leuten aus dem Landesinneren, bildete sich rasch eine ökonomische Zusammenarbeit, die Händler verkauften die Produkte der Bauern, Vieh, Reis, Bohnen, Maniok und Korn. Der Anbau von Cannabis bildet für die Bauern eine zusätzliche Einkommensquelle, doch das Cannabis wird nicht von Cachaco-

Händlern, sondern von Mittelsmännern der Küstenzentren gehandelt. Die Cachacos selbst rauchen das Cannabis nicht, doch die Verdienstspanne (1 kg Kaffee = 12 ½ Pesos, 1 kg Cannabis = 200–600 Pesos je nach Qualität) läßt sie das Risiko der Illegalität eingehen. Zur Zeit dieses Berichts wurde noch kein Cannabis-Bauer des Municipio polizeilich verfolgt oder arrestiert, doch wissen alle, daß in anderen Regionen Kolumbiens auf Druck der USA die bestehenden Gesetze stärker zur Anwendung kommen. Auch der zuständige Polizeikommissar ist Mitglied einer Cachaco-Familie und baut Cannabis zum Verkauf an.

Die Manager bilden eine kleine Elitegruppe in den ländlichen Lowlands, haben eine Schulbildung genossen und sind in vielen Fällen Nachkommen von Angestellten der United Fruit Company.

Die Cannabis-Aufkäufer sind sämtlich Angehörige der Oberschicht, die durch diese Tätigkeit ihren während der U. F. C.-Periode erworbenen Wohlstand und Lebensstandard erhalten. Von ihnen aus laufen die Kontakte zum Schwarzmarkt in Venezuela, sie organisieren den Grenzschmuggel und bekleiden nicht selten Regierungsposten. Mitglieder der ersten Familien des Landes sind in den Schmuggel verwickelt und konsumieren Cannabis nicht selten selbst.

Die Bauern der Küste haben weniger Land als die Cachacos, nur 2–3 ha, und sie verkaufen ihre Produkte, meist Obst und Gemüse, an Straßenständen. Sie leben meist in ärmlichen Hütten in den Städten und gehen zu Fuß oder mit dem Esel zur Farm, wo sie mehrere Tage zum Arbeiten bleiben. In der Regel haben sie in ihrer Jugend als Lohnarbeiter gearbeitet, und der Bauernstand bedeutet für sie einen Statusgewinn. Sie rauchen das Cannabis, welches sie auf ihren Feldern anbauen, in der Regel allein bei der Arbeit, und die meisten Lohnarbeiter decken ihren Bedarf bei ihnen. Die kommerziellen Cannabis-Großbauern der Highlands produzieren für den städtischen Markt Kolumbiens und für den Export auf Feldern, oft größer als ein Hektar, während der Küstenbauer oft nicht mehr als ein paar Pflanzen hat.

(Wolfhard Willeke, Drogenberatung für Cannabisraucher in der BRD ..., Dortmund 1981)

Angesichts des führenden Rangs Brasiliens als erstes Marihuana anbauendes Land des Westens, erscheint es einem sowohl natürlich als auch passend, daß dieses Land immer noch das stärkste und wertvollste *Dope* der westlichen Hemisphäre hervorbringt. *Brazilian Black*, der Name, unter dem diese Droge in den Vereinigten Staaten bekannt ist, ist im Grunde genommen eine Übersetzung von *Cabeça de Negro* oder «Mohrenkopf», wobei diese Anspielung nicht der Farbe der getrockneten Pflanze, sondern ihrem typisch buschigen Aussehen am Stengel gilt.

(Albert Goldmann, Grass Roots, New York 1979)

1915 berichtet Doria im Zusammenhang mit der Cannabis-Kultivation von Vorurteilen und Aberglauben. Wenn die Pflanze zu treiben begann, wurde der Haupttrieb beschnitten, um das Wachstum zu fördern. Dieser Vorgang wurde *capacao* genannt, ein verbreitetes Synonym für Kastration. Es durfte nicht von Frauen vorgenommen werden, besonders nicht während der Menstruation, da dieses Pflanzen männliche Qualität hervorbringe. Während der Trieb beschnitten wurde, wurden Obszönitäten gesprochen und geflüstert. Auch bei der Ernte sollten weibliche Einflüsse ferngehalten werden.

(Rodrigues Doria, Os fumadores de maconha …, Rio de Janeiro 1958)

Schon die Sklaven rauchten das Marihuana aus Tonpfeifen, sogenannten Maricas, welche noch heute von den Eingeborenen am Ufer des San Francisco River benutzt werden. Bei der «Queimada da herva», dem Verbrennen des Grases, trafen sich Gruppen an Wochenenden, Feiertagen und Ferienzeiten im Haus des ältesten Mitgliedes, saßen um einen Tisch und reichten die Marica herum. Ähnliche Versammlungen sind bekannt von Floßfischern und Kanufahrern, auf dem San Francisco River und auf See.

In diesem Jahrhundert wurde das Rauchen von Marihuana in Form von Joints zur allgemeinen Gewohnheit.

(Alvaro Rubim de Pinho, Social and Medical Aspects of the Use of Cannabis in Brazil, Neurobiologia 25, 1962)

Bei soviel Unerfreulichem ist zu verstehen, daß sich viele Autoren lieber bei jenen Dingen aufhalten, die Alte und Neue Welt einander schenkten, von Edelmetallen und Sklaven mal abgesehen. So bescherte uns Amerika Paprikaschoten, Mais, Kartoffeln, Tomaten, Schokolade und nicht zuletzt Tabak und Coca, während die Spanier die Keime aller möglichen Geschlechtskrankheiten und den Hanfsamen in die Terra Nueva senkten. Letzteren des Tauwerks wegen, das ihre Schiffe brauchten, um die ganzen Herrlichkeiten abzutransportieren.

Was den Hanf betrifft, ist nach Ansicht etlicher Gelehrter nicht einmal dies ein Verdienst der Spanier, zumindest für Mittelamerika. Edward R. Bloomquist, der als Professor für Anästhesiologie an der University of Southern California ein ziemlich unfreundliches Buch zum Thema schrieb, behauptet ohne weitere Quellenangaben, die Pflanze hätte bereits zum Repertoire aztekischer Riten gehört. Einige Kollegen pflichten ihm bei und nennen als Beweis für das originäre Vorhandensein des Hanfs die wildwachsenden Haine, die auf die Wikinger zurückgehen sollen.

Dagegen spricht zunächst, daß sich Lateinamerika wirklich nicht über einen Mangel an psychotropen Pflanzen beklagen konnte. Das Angebot der Natur reichte von Trichterwinden über Pilze bis zu Kakteen, und die Menschen verbuchten diese Gaben als «Pflanzen der Götter». Unter diese Rubrik wäre zweifellos auch der Hanf gefallen, doch fehlt er in den frühesten Schilderungen. Dagegen spricht außerdem ein Bericht des spanischen Gouverneurs von Südmexiko von 1567, daß in diesem Jahr ein Mangel an Tauen infolge unzulänglichen Hanf-Saatguts aufgetreten sei – ein Problem, das bei wildwachsenden Pflanzen nicht vorkommen sollte. Auf den karibischen Inseln allerdings schien die Pflanze hervorragend zu gedeihen, denn dort verbot bereits 1550 der Vizekönig Don Antonio Mendoza «den übermäßigen Gebrauch von Hanf» durch die Sklaven.

Wer nun den Hanf auf den Westindischen Inseln, in Mittelamerika und Mexiko sprießen ließ, ist nicht mehr zu klären. Nach Südamerika brachten ihn jedenfalls die Spanier und nach ihrer Methode: mit Gewalt. 1545 befahl ein Edikt des Vizekönigs den Hanfbau für die Gebiete des heutigen Chile, Peru und Kolumbien. Die letzte Adresse war keine gute: Regierungsberichte von 1607, 1610 und 1632 vermerken, daß der Hanf dort nur sehr spärlich gedeihe, und 1789 wurde ein Fachmann zur Lösung dieses Problems konsultiert. Antonio Silvestre war ein Hanfspezialist aus dem Südosten Spaniens, und sein Gutachten ist in Auszügen erhalten. In der Hochebene waren die Mißernten so gründlich gewesen, daß nicht einmal mehr Saatgut vorhanden war. Daher sah sich Silvestre nach neuen Anbaugebieten um und empfahl die Provinz Cartagena, außerdem die Einfuhr frischer Hanfsamen aus Spanien. Nach allem, was man seither hören kann, scheinen seine Ratschläge auf fruchtbaren Boden gefallen zu sein.

Sklavenkraut

Von Hanf ist in der Geschichte Lateinamerikas selten die Rede. Das sagt aber nicht viel, denn auch die Rituale der Schwarzen und Mischlinge, gemeinhin afro-amerikanische Kulte genannt, werden nur selten erwähnt und sind auch heute noch nur sehr selten ethnographisch registriert worden, und doch machten sie nachhaltig Geschichte. Denn die vielen Befreiungskämpfe, mal schlicht als Negeraufstand bezeichnet, mal ernster genommen, hatten meist als Keimzellen solche Kultgemeinschaften, und zu den Mitteln der Ekstase zählte bei fast allen Hanf.

Die Trommelklänge der Voodoo-Riten waren den französischen Kolonialherren auf Haiti schon viele Jahre vertraut und gehörten für sie zu der Primitivität, die Sklaven nun einmal zu ihrem Schicksal bestimmt. Ende des 18. Jahrhunderts signalisierten die Trommelklänge bereits Unangenehmeres: In den Urwäldern, wo auch der Hanf wild wuchs, hausten die Marrons, entlaufene Sklaven, die mit Vergnügen an ihren weißen Blutsaugern blutige Rache nahmen. Wirklich gefährlich aber wurden die Marrons, als sie einen Führer fanden, Toussaint, der sich selbst «Der Eröffner» nannte. 1789 und 1791 inszenierte er blutige Revolutionen quer über die Insel, und 1801 erklärte er Haiti für unabhängig. Napoleon schickte 40000 Soldaten, die diesem Unsinn ein Ende machen sollten,

Die «Heilige Rose» von Mexiko

Angehörige eines indianischen Stammes, die in kleinen Gemeinschaften in der Nähe des Golfs von Mexiko leben, verwenden Marihuana, das sie *la santa rosa* nennen, in ihren religiösen Zeremonien.

Die Pflanze befindet sich immer auf dem Altar des Göttlichen. *La santa rosa*, die Heilige Rose, liegt dort neben heiligen Glocken, Flöten, Töpfen mit Räucherwerk und einer Schale mit Geräten aus Kristall und Obsidian, die man *antiquas*, «alte Dinge», nennt. Diese Altertümer sind die Götter, die im mythischen Hügel des Goldes leben.

La santa rosa ist Gegenstand täglicher Pflege und Aufmerksamkeit: Man bringt ihr Opfer in Form von Wasser und Erfrischungen dar, und sie wird mit Räucherwerk parfümiert.

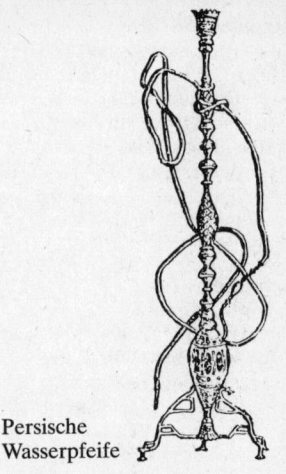

Persische
Wasserpfeife

Die Betreuer werden *padrinos* und *madrinas*, Pateneltern der Heiligen Rose, genannt.

Die Heilige Rose wird bei besonderen Anlässen verspeist: Das Fest der Glücklichen Ernte, das von einem Wahrsager und seiner Gefolgschaft begangen wird, oder wenn ein Kandidat des Priesterberufs die Weihen empfängt.

Während der Zeremonien wird kultische Musik gespielt, und die Musiker essen ebenfalls von der heiligen Pflanze. Jeder, der mit dem Kult verbunden ist, ißt von der Pflanze.

Was fühlen die Musiker, wenn die Menschen, die von der Pflanze gegessen haben, zu tanzen wünschen? Sie sind lediglich Übermittler der Gefühle der Heiligen Rose, ihre Deuter. Die Musiknoten sind die Worte der Heiligen Rose, die jeden berühren, von dem die Heilige Rose Besitz ergriffen hat. Dies kommt in der Musik zum Ausdruck:

Tausend Dank,
ich danke dem, der mich berührt,
jedem, der mich berührte.

Ist er eins mit mir, wünsche ich ihm, daß wir auf immer eins sein mögen, einen Gedanken teilen, ein Herz, einen Weg.

Es gilt als gefährlich, die Pflanze allein zu essen. Der Mythos scheint die Pflege zu bestimmen, die man der Pflanze angedeihen lassen soll. Wer einen Kräutergarten besitzt, pflegt ihn täglich, sammelt die kleinen Blätter und jätet das Unkraut. Seine Nachbarn und der Priester zählen auf ihn. Die gezüchteten Pflanzen werden über einen Meter hoch, und kleinere Pflanzen wachsen an den Böschungen der Bäche. Der Zugang zum Garten ist jedoch nicht gestattet, er ist nur einigen wenigen vorbehalten.

(Roberto Williams-Garcia, The Ritual Use of Cannabis in Mexico, in: Cannabis and Culture, Den Haag 1975)

Assassinen im Stall!
Sehr unterschiedlich wirkt Haschisch bei Tieren. Während Hunde und Katzen auf Haschisch ruhig werden und bald in eine Art Wachtraum verfallen, wirkt das gleiche Gift auf Pferde, Stiere und Hähne erregend. In Frankreich wurden lange Zeit Pferde vor einem Wettrennen mit Haschisch gedopt. In Mexico war es üblich, Kampfstiere mit Haschisch anzufeuern. Dasselbe war bei Kampfhähnen der Brauch. Deshalb wurden die Hähne vor Beginn des Kampfes von den Kampfrichtern nach Haschisch «abgerochen».

(Hildebert Wagner, Rauschgift-Drogen, Berlin 1969)

Pancho Villas Traum
Es ist wohl nicht uninteressant zu erfahren, wovon dieser unwissende Kämpfer, der «nicht genügend Bildung besaß, um Präsident von Mexiko zu werden», träumte, was seine leidenschaftliche Sehnsucht war. Er erzählte mir einmal von dieser seiner Vision: «Sobald die neue Republik Fuß gefaßt hat, wird es in Mexiko nie mehr eine Armee geben. Armeen sind die stärkste Stütze der Tyrannei. Es kann keinen Diktator geben ohne Armee.

Wir werden die Armee arbeiten schicken. In allen Teilen der Republik werden wir militärische Gemeinschaften bilden, die aus den alten Kämpfern der Revolution bestehen. Der Staat wird ihnen Ackerland zuteilen und große Industrien aufbauen, damit sie Arbeit finden. Drei Tage in der Woche werden sie arbeiten, schwer arbeiten, denn ehrliche Arbeit ist wichtiger als Krieg führen, und nur ehrliche Arbeit schafft gute Bürger. Während der übrigen drei Wochentage werden sie militärisch ausgebildet und alle anderen Bürger lehren, wie man kämpft. Wenn dann unsere Heimat angegriffen werden sollte, brauchen wir nur vom Palast in Mexico City anzurufen, und innerhalb eines halben Tages werden alle Bürger Mexikos von ihren Feldern und Fabriken heraneilen, mit all ihren Waffen und ihrer Ausrüstung, um gemeinsam Haus und Familie zu verteidigen.

Mein Ziel im Leben ist es, in einer dieser militärischen Gemeinschaften zu leben, inmitten meiner Compañeros, die mir so teuer sind und die so lange und so schwer mit mir gelitten haben. Ich denke, die Regierung sollte eine Lederfabrik errichten, wo wir gute Sättel und gutes Zaumzeug herstellen könnten, denn darauf verstehe ich mich; die übrige Zeit würde ich mein eigenes kleines Stück Land bestellen, Vieh halten und Mais anbauen. Wäre es nicht wunderbar, dabei mitzuhelfen, aus Mexiko ein glückliches Land zu machen?»

(John Reed, Insurgent Mexico, New York 1969, Berlin 1972)

---

doch 1804 waren die «Ganjalles» im Verein mit dem Typhus siegreich geblieben.

Warum die rebellischen Schwarzen den Spitznamen Ganjalles bekamen, wurde nie ausführlich erörtert. Der einzige Hinweis findet sich in einer zeitgenössischen Reportage: «So nennt man sie nach einer Pflanze, die bei ihren Versammlungen eine besondere Rolle spielen soll.»

Bei Voodoo-Ritualen fällt Hanf selten auf. Charakteristischer ist der Gebrauch von Schnaps, der als Trankopfer vergossen wird. Der Schnaps, den die Teilnehmer trinken, ist jedoch besonders zubereitet: einige Tage vor der Zeremonie wird eine Flasche halbvoll mit Hanfblättern gefüllt und dann mit Schnaps aufgegossen. Angeblich gehen so die Wirkstoffe «der beiden Heiligen» ineinander über. In den Armenvierteln der Karibik und der südamerikanischen Ostküste sieht man solche Flaschen gelegentlich in den Fenstern stehen, und in Brasilien dient als Sprit Cachaca. Bei Zeremonien wird ausschließlich die Flüssigkeit verwendet, die zu diesem Zweck in eine andere Flasche umgefüllt wird.

Überhaupt zeichnet diese Religionen eine unglaubliche Phantasie aus, die durch christliche Anleihen oft noch gesteigert wird. Bodenzeichnungen magischer Symbole werden mit Früchten, Getreide oder Mehl angefertigt, aber auch mit Babypuder oder Kartoffelchips, und als Maske der Totengeister kann eine gewöhnliche Sonnenbrille fungieren. Viele der symbolischen Gesten haben keine Tradition, sondern entspringen dem Einfallsreichtum des jeweiligen Priesters und sind morgen schon durch andere, neue ersetzt. Ein Freund, der solche Bräuche im Norden Brasiliens lange beobachten konnte, erfuhr von einem dieser Magier: «Früher brachte man der Göttin Macumba. Seit einiger Zeit bevorzugt sie Zigarren. Derzeit stimmen wir sie mit Marlboro gewogen.»

Diese Vermischung aller Rituale paßt gewissermaßen auch zu der Völkermischung, die im Laufe der Jahrhunderte entstand. Ein größerer Reichtum verschiedenster Hautschattierungen ist nirgendwo in der Welt anzutreffen, und die wenigen wirklich Weißen, die überall noch die Wirtschaft kontrollieren, schwimmen als eine dünne Fettschicht auf der Armensuppe. Nein, solche feinen Leute haben mit Hanf nichts zu tun, der ist eine Angelegenheit der Armen, quer durch die Hautfarben. Nur die Indios in den Anden rühren ihn immer noch nicht an, sondern kauen Coca wie vor Jahrhunderten.

Zu den Legenden, die immer wieder auch in ernsthaften Büchern auftauchen, gehört, daß die Mexikaner ihre Kampfstiere und -hähne mit Hanf wild machten. Daß Hanf tatsächlich angriffslustig machen soll, gehört auch zu den vielen Legenden, die den Volkshelden Francisco «Pancho» Villa umkränzen.

Er war 1877 als Sohn landloser Bauern zur Welt gekommen und hat selbst auch nie eine Schule von innen gesehen. Mit sechzehn erschlug er einen Regierungsbeamten, der seinen jungen Machismo beleidigt hatte, und wurde für vogelfrei erklärt. In den nächsten Jahren entwickelte er sich zu einem Helden, der alle Züge annahm, die Mexiko zieren: einen ausgeprägten Machismo, verbunden mit Tollkühnheit, ein Organisationsgenie als Räuberhauptmann, der in der Bevölkerung zahllose Anhänger fand, weil er auch die Beute großzügig verteilte, kurz ein Robin Hood mit Colt.

La cucaracha, la cucaracha
Ya no puede caminar:
Porque no tiene, porque no tiene,
Marihuana que fumar.

1910 brachte er seine Räuberbrigaden überraschend zu den Revolutionstruppen ein, und bis 1912 kämpfte er in der ersten Phase der mexikanischen Revolution. Dann wurde er völlig überraschend und in einem mehr als dubiosen Kriegsgerichtsverfahren «wegen Befehlsverweigerung» zum Tode verurteilt, konnte jedoch durch Gönner an den höchsten Stellen aus der Todeszelle entfliehen. Er fand vorübergehend Exil im texanischen El Pasos und von dort brach er im April 1913 auf, Mexiko von der Militärdiktatur zu befreien – mit acht Kameraden, drei Pferden, je zwei Pfund Zucker und Kaffee und mit einem Pfund Salz.

Zu diesem Zeitpunkt war er bereits Held vieler Gedichte und Lieder, und die Leute liefen ihm scharenweise zu. Binnen kurzem hatte er eine Armee von 5000 Mann beisammen. Verglichen mit dem Weltkrieg, der ein Jahr später losbrach, war die Sache noch ein beschauliches Morden, zumindest den Schilderungen der Reporter nach, die mit Pancho Villa mitzogen. Auch der General hielt nicht immer revolutionäre Disziplin. Als Mitte März 1914 Torreón gestürmt werden sollte, das letzte Hindernis vor Mexico City, war Villa plötzlich verschwunden, um an der Hochzeitsfeier eines Freundes teilzunehmen. Erst drei Tage später tauchte er wieder auf, verkatert und rotäugig, und blies zum Angriff. Was seine und seiner Getreuen Augen rötete, war allgemein bekannt, und alle Mexikaner glaubten, nur das viele Marihuana helfe über die unendlichen Strapazen der Kriegszeit hinweg.

Schon früh war Pancho Villa mit seinem Spitznamen «die Küchenschabe» Held eines Volkslieds geworden, das seither alle Welt trällert, wenn von Mexiko die Rede ist. Wenig respektvoll, dafür mit der auf den Freak gekommenen Arroganz des weißen US-Bürgers gedenkt Gilbert Shelton in den ‹Freak-Brothers› der Küchenschabe: der Mülltonnen-General verheizt seine Truppen in immer neuen sinnlosen Kämpfen. Pancho Villa war anders – ein hervorragender Stratege und behutsam weitblickkender Politiker, obwohl er nur seinen eigenen Namen schreiben konnte, und den krakelig. Seine stets geröteten Augen fielen allerdings auch John Reed auf, der ihn als junger US-Reporter begleitete, und eine der vielen hundert Strophen über die Küchenschabe erklärt, warum Villas Feuer gelegentlich weniger glühte:

Die Küchenschabe, die Küchenschabe
kann nicht mehr marschieren,
denn sie hat kein, denn sie hat kein
Marihuana zu rauchen.

Rasta, Reggea, Ich & Ich

Die Geschichte ist rührend, und kein Weißer sollte sich darüber erheben. An fremden Kulturen merken wir eher, wie leicht (mißverstandene) Tatsachen und (mißverstandene) Legenden Bausteine neuer Mythen werden. Daß auch unsere aus demselben Material bestehen, merken wir unter dem Putz unseres Alltags nicht oder nur, falls die Gedankengebäude mit wirklichen Folgen einmal zusammenbrechen. Vielleicht sollten wir die Rastafari zunächst als Versuch begreifen, eine eigene schwarze Identität zu gewinnen, wofür natürlich die Vorgeschichte Jamaikas keine ideale Voraussetzung liefert.

Die Insel gehört zu den Armenhäusern südlich der USA, und noch ein wenig einflußreicher als deren Firmen ist vielleicht Großbritannien, das seine schwarze Sklaveninsel 1962 in die Eigenverantwortung entließ. Die Religionsgemeinschaften wuchern in tropischer Üppigkeit – 1977 vermerkte das Telefonbuch von Kingston 31 christliche Glaubensbekenntnisse –, und hinzu kommen noch eine Unzahl Geheimkulte. Da kam es auf die Rastas schon nicht mehr an.

Zwei Ereignisse stehen am Anfang der Bewegung, und sie haben miteinander nichts zu tun. Das erste: Im November 1930 ließ sich Ras Tafari Makonnen zum Kaiser von Äthiopien krönen und nahm bei dieser Gelegenheit den Namen Haile Selassie I. an und die Titel König der Könige, Herr aller Herren, der siegreiche Löwe vom Stamme Juda, der Erwählte Gottes, Licht der Welt. Die Zeremonien waren dementsprechend bombastisch, und das Volk hatte daran noch viele Jahre zu zahlen. Der Titel mit dem Stamm Juda geht übrigens auf eine jahrtausendealte Pikanterie zurück, nämlich die Geschichte Salomos mit der Königin von Saba. Ras Tafari reklamierte diesen Seiten- als seinen Ursprung.

Das zweite Ereignis war, daß der Laienprediger Leonard Howell vom ersten las und seine eigenen Rückschlüsse zog. Er soll ein weitgereister Mann gewesen sein und sogar Afrika gekannt haben. Auf jeden Fall kannte er die frühe Black Power-Bewegung, die für eine Rückkehr aller Schwarzen nach Afrika eintrat, und das Land seiner Verheißung wurde Äthiopien. Im Dezember 1933 verkaufte er in Kingston etwa 5000 Postkarten mit dem Bild Haile Selassies zu ziemlich überhöhten Preisen und mit dem Zusatz, diese Karte sei ein Ticket aus diesem Babylon in die große Heimat.

Howell gewann ziemlich schnell Anhänger, und die Kolonialverwaltung reagierte wie jedes Establishment: Howell wanderte wegen Volksverhetzung und ähnlichem für zwei Jahre ins Gefängnis. Das half nicht weiter. Kaum aus dem Gefängnis, gründete Howell die «Äthiopische Heilsgesellschaft», und 1940 erwarb er die Farm Pinnacle in den Bergen. Dort lebte er mit etwa 500 Anhängern. Für den Lebensunterhalt wurde Kalk und Holzkohle gebrannt, außerdem Hanf angebaut, den die Gemeinde Ganja nannte.

Das brachte natürlich wieder die Polizei auf den Plan, und nach einem neuerlichen Gefängnisaufenthalt schuf Howell eine Leibgarde, die erstmals geschlossen das Erscheinungsbild bot, das wir heute von den Rastas kennen. Allerdings drehten sie ihre berühmten «Dreadlocks» nicht nach überlieferter äthiopischer Art, sondern verwendeten dazu Lehm und was sich sonst so finden ließ.

1954 zerschlug die Polizei in einer großangelegten Aktion Pinnacle. Wer nicht verhaftet wurde, floh nach Kingston, und in kürzester Zeit breiteten sich die Rastas über ganz Jamaika aus. Howell selbst, der sich schon gelegentlich für Haile Selassie gehalten hatte, fühlte sich nach dieser Polizeiaktion als Gott. Seine Allmacht allerdings konnte nicht verhindern, daß ihn die Regierung 1960 in die psychiatrische Klinik sperrte. Dort war schon ein Vorgänger von ihm verschollen: der Prophet und Prediger Alexander Bedward, der Silvester 1920 versucht hatte, in einem selbstgebastelten Streitwagen gen Himmel zu fahren.

Die führerlosen Rastas vereinigten sich mit der «Ethiopian Zion Coptic Church», die 1933 von dem ehemaligen Seemann Archibald Dunkley gegründet wurde. Der hatte unabhängig von Howell durch intensives Bibelstudium herausgefunden, daß Haile Selassie der Messias sei, der Sohn Gottes, der die Menschheit erlösen wird. Später stieß noch Ras G. Graham mit seiner «Rastafarian Brethren United Front» hinzu. Er hatte in den Fünfzigern festgestellt, daß Christus niemand anderer sei als der Negus, und die Römer seien jene Italiener, die 1935 in Äthiopien einfielen. Daß zwischen der Bibel und dem faschistischen Äthiopien-Krieg ein paar Jahrhunderte lagen, störte da nicht so. «God is black.»

Mit der Unabhängigkeit Jamaikas gewannen die Rastas eine Atempause von der Polizei, und die nutzten sie, ihre Mystik weiter zu vertiefen. Die Ich & Ich-Sprache, die dazu nötig ist, kann Neulinge ganz schön zur Verzweiflung bringen, denn zu den höheren Graden ihrer Virtuosität gehört, auch das gesamte sprachliche Umfeld einzu-Ichen. Dann werden aus Kindern Ichder, und ich mache kein Buch, sondern ich iche es. Aber

Der Rasta ißt kein Schweinefleisch, keine schuppenlosen Fische, keine Schnecken, keine Muscheln. Er gebraucht kein Salz, trinkt keine Kuhmilch.

Der Rasta trinkt keinen Alkohol, es sei denn Wein in geringen Mengen.

Der Rasta rührt keine Nahrung an, die von Nicht-Rastas zubereitet ist.

Der Rasta trägt keine Kleidung aus zweiter Hand.

Der Rasta schneidet nicht seine Haare, kürzt nicht seine Nägel, läßt sich nicht tätowieren, läßt kein Messer in sein Fleisch eindringen, geht nach Möglichkeit nie in ein Krankenhaus.

Der Rasta reicht keinem Nicht-Rasta die Hand.

Der Rasta heiratet nicht, läßt seine Kinder nicht taufen, geht nicht zu Begräbnissen.

Der Rasta übt keine Geburtenkontrolle.

Der Rasta legt sich neben keine Frau, die ihre Regel hat.

Der Rasta arbeitet möglichst für niemanden, den er nicht als Bruder anerkennt.

Der Rasta lehnt Obeah, magische Rituale und Zauberglauben ab.

Der Rasta nimmt nicht teil am politischen Geschehen in Jamaica. Er lehnt beide der etablierten Parteien ab. «Die eine steckt dich ins Feuer, die andere schürt das Feuer.»

Der Rasta kennt keinen Besitz. Land, das er benötigt, nimmt er sich. «Die Erde ist des Herrn und was darinnen ist, der Erdkreis und die darauf wohnen» (Psalm 24:1).

Der Rasta verurteilt Arglist, Stehlen, Lügen, Habsucht, Eifersucht, Neid, Haß, Hurerei, Verrat.

Der Rasta ist nie Objekt, sondern Subjekt. Er gebraucht deshalb auch nie das Pronomen «me», sondern benutzt immer die Form «I» oder «I and I».

Für die Rastas ist Europa und Nordamerika Babylon, «die Behausung der Teufel» und «ein Gefängnis aller unreinen Geister», wie es in Offenbarung 18 heißt. Jamaica ist die Hölle, ein Land ohne Hoffnung; seine Regierung und das gesamte politisch-ökonomische System ist das Ungeheuer, das das Leben auf der Insel unerträglich macht und die Sehnsucht nach dem Tag der Heimkehr nur noch stärker werden läßt. Politiker in Jamaica, auch wenn sie mitunter schwarz oder braunhäutig sind, denken wie Weiße und sind die Agenten falscher Propheten, sagen die Rastas. Äthiopien ist dagegen der Himmel, «das Land, wo Milch und Honig fließen», in dem die Rastas «unter ihrem eigenen Weinstock und Feigenbaum» werden sitzen können.

Christus, so sagen die Rastas, ist das Werkzeug des weißen Mannes, das jahrhundertelang dazu benutzt wurde, die Schwarzen zu versklaven und sie ihrer Würde zu berauben. 300 Jahre lang haben sie als Verschleppte in der neuen Welt für frühere Missetaten und Starrsinn gebüßt, jetzt aber ist die Zeit der Erlösung und Heimkehr gekommen.

Für die Rastas ist Ganja – Cannabis sativa – das einheimische Marihuana – das «heilige Kraut», von dem an mehreren Stellen der Bibel gesprochen wird. Es wird auch «Kraut der Weisheit» genannt, weil es Legenden zufolge auf dem Grab Salomos gewachsen sein soll. Es gilt unter der Mehrzahl der Rastas als Nahrung für das Gehirn und als Heilmittel. Man sagt ihm auch nach, daß es eine tiefere und klarere Einsicht in das Leben vermittle. Als frische Pflanze wird das Ganja ähnlich wie Spinat als Gemüse zubereitet, das besonders gut für Kinder sein soll.

(Peter M. Michels, Rastafari, München 1979)

dies ist ohnedies nichts für Ich & Ich, der ich ja aus Babylon stamme, also aus jener Welt, die nicht Afrika ist.

In den Fünfzigern glaubten die Rastas noch fest an eine Heimkehr nach Äthiopien, und nahezu jedes Jahr versammelten sich einige Tausend an irgendeinem Hafen, um die von ihren Propheten erwarteten Schiffe zu besteigen. 1961 und 1963 begaben sich dann Delegationen nach Addis Abeba, und der Höhepunkt der Rasta-Geschichte ist zweifellos der 21. April 1966, wo der leibhaftige Messias zu einem Staatsbesuch nach Kingston kam. Nahezu 100000 Jamaikaner, gespickt mit etlichen Tausend Rastas, stürmten den Flughafen und ersäuften die vorgesehenen Staatsakte in einer Flut von Begeisterung.

Daß der Messias acht Jahre später nach einer langen Regierung grauenvoller Mißwirtschaft gestürzt wurde und 1975 als verbitterter Alter unter Hausarrest starb, störte die Bewegung nicht – daß ein Messias verfolgt wurde, gehörte ja dazu.

In den Siebzigern wurden die Rastas gelegentlich mit politischer Gewalt in Verbindung gebracht, aber überzeugende Beweise gab es praktisch nie. Zweifellos: als Hanfproduzenten schufen sie den devisenträchtigsten Handelsartikel der Insel, doch die großen Geschäfte machten andere Kreise. Rastas sind meist bettelarm, und den Ganja-Verkehr in die USA besorgen regelrechte Luftflotten kleiner Privatflugzeuge. Um ihnen die Sache etwas zu erschweren, ließ die Regierung auf US-Empfehlung an den Rändern der wenigen geraden Straßen Eisenbahnschienen senkrecht einrammen, und seither wird die Fracht mit Enterhaken im Tiefflug geladen. Doch solche Geschäfte kann keiner besorgen, der Dreadlocks trägt.

Afrika ist als Reiseziel mittlerweile aufgegeben. Man richtet sich häuslich ein in Babylon und übt ausgiebig «die Befreiung der Seele durch den Körper durch himmlische Harmonie». Nicht-Rastas würden diese Exerzitien Fußball nennen, aber damit sehen sie nur den alleräußersten Aspekt der Sache, und jeder gute Jamaikaner *kann* zu Fußball stundenlang psalmischen Tiefgang reden. Wir, pardon: Ich & Ich beweisen ja unser Unverständnis schon durch unser Staunen über die Tatsache, daß Menschen pausenlos soviel Hanf rauchen und dann noch Fußball spielen können, ohne außer Puste zu geraten.

Eine weitere rituelle Übung, von Ganja-Rauchen abgesehen, hat in Babylon mittlerweile viele Freunde gewonnen und etliche Rastas zu Millionären gemacht. Die Rede ist von Reggae. Ich muß zugeben, damit nicht allzuviel anfangen zu können. Nach spätestens fünf Nummern bin ich so weit anzunehmen, daß es sich um ein einziges Stück handelt, von dem nach Bedarf musikalische Meterware abgeschnitten wird, aber genau das, versicherten mir Kenner, sei ja auch das tiefe Geheimnis von

Reggae. Daß mit dem Siegeszug dieser Musik nicht auch andere Rasta-Gewohnheiten übernommen wurden, hat einige Frauengruppen wieder versöhnlich gestimmt, denn die Rastas sind wirklich böse frauenfeindlich, d. h., sie behandeln sie so, wie dies kein Kiffer sollte. Nun ja, *nobody is perfect, not even I & I.*

White Men, Black Men

Wie der nordamerikanische Kontinent in die Hände des weißen Mannes geriet, ist verständlicherweise ein Thema, das an den Universitäten der USA liebevoll und ausführlich abgehandelt wird. So richtig ernsthaft betrieben wird dieser Sport allerdings erst seit etwa 35 Jahren.

Dabei fiel die Pflanze schon den allerersten Reisenden auf, die sich vorsichtig ein wenig an die Küste wagten. Der Italiener Giovanni da Verrazzano erwähnt den «wilden Hanf» 1524, und zehn Jahre später findet sich eine kurze Notiz bei Jacques Cartier. Beide Herren waren natürlich keine Botaniker und hatten nicht einmal ein Oberflächeninteresse an der Flora des Landes. Wie alle damaligen Entdecker suchten sie Gold, und

---

Auch die Jugendlichen rauchen Ganja in relativ großen und in formellen Peer-Groups, die gewöhnlich von einem etwas Älteren angeführt werden, der den anderen das Ganja verkauft. Kein Erwachsener würde sich dazu aus Angst vor Entdeckung bereitfinden.

Mit der dritten Periode des Erwachsenseins beginnen die jungen Männer von etwa 20 Jahren, eigene Haushalte zu gründen, mit Frauen zusammen zu leben, Kinder zu bekommen und einen selbständigen Lebensstil zu entwickeln. Die gewohnheitsmäßigen Raucher pflanzen nun Ganja an, um nicht permanent auf die Händler angewiesen zu sein. Die früher lockeren Gruppenbezüge werden stabiler, konzentrieren sich mehr auf vertraute Nachbarn, Freunde und Arbeitskollegen. Das Ganja-Rauchen ist nunmehr Bestandteil des normalen Tagesablaufs, zur Routine geworden bei Arbeitszu-sammenkünften, Frühstückspausen, abendlichen Besuchen etc.

Ebenfalls bestehen diese Gruppen eher aus gleichberechtigten Mitgliedern ohne die hierarchischen Strukturen der Jüngeren, und entweder raucht jeder sein eigenes Ganja oder es wird das für einen Abend benötigte Ganja gemeinsam eingekauft.

Die vierte Periode beginnt mit etwa 60 Jahren, wo mit dem Austritt aus der Arbeitswelt auch das Ganja-Rauchen von vielen aufgegeben wird, die Freundeskreise durch Krankheit und Tod auseinanderbrechen, und wo auch die eigenen Felder nicht mehr bestellt werden können, so daß für einen regelmäßigen Genuß wiederum die ökonomischen Mittel fehlen.

(Lambros Comitas The Social Nexus of Ganja in Jamaica, in: Cannabis and Culture, Den Haag 1975)

Legalisiert es
kritisiert es nicht
legalisiert es
und ich werde dafür werben
einige nennen es tampee
einige nennen es weed
einige nennen es marijuana
einige nennen es ganja
Sänger rauchen es
ebenso Musiker
legalisiert es
das ist das Beste
was ihr tun könnt
Ärzte rauchen es

Pflegerinnen rauchen es
Richter rauchen es
selbst auch die Rechtsanwälte
es ist gut gegen Grippe
es ist gut gegen Asthma
gut gegen Tuberkulose
sogar gegen Umara composis
Vögel essen es
und sie lieben es
Hühner essen es
Ziegen spielen gern damit
legalisiert es
(Peter Tosh, 1976. Die Platte ist mitt-
lerweile in der BRD indiziert)

als sie sahen, daß die Indianer jener Landstriche keines hatten, verzichte-
ten sie auf weitere Erkundungen. Erst fünfzig Jahre später wurde die Gegend für Weiße interessant. 1584 nahm Sir Walter Raleigh, hauptberuf-
lich eher ein Seeräuber, die Sache für Königin Elisabeth in Besitz. Nach
ihr, die trotz vieler Liebhaber Wert darauf legte, eine Jungfrau zu sein,
nannte er die Gegend Virginia.

Im Grunde galt damals Nordamerika als der Happen für die Zuspätge-
kommenen. Beim großen Goldrausch hatte sich vor allem Spanien bedient, und für die nachstoßenden Portugiesen war vergleichsweise wenig
geblieben. Den Briten, Franzosen und Niederländern blieb nur, mit ihren
relativ wendigeren Schiffen die schwerfälligen Goldsegler der Spanier zu
überfallen und dann eben noch das Land, wo es kein Gold gab. Ein Jahr
nach Jamestown gründeten Franzosen Quebec und spezialisierten sich
auf den Pelzhandel. 1616 bauten die Holländer auf der Halbinsel Manhattan ein Dorf namens Neu-Amsterdam und hofften, es werde einmal
eine große Stadt werden.

Was das alles mit Hanf zu tun hat? Er war neben Holz die wichtigste
Grundlage der damaligen Seefahrt, von Wasser abgesehen. Schon ein
kleines Handelsschiff brauchte fast dreitausend Meter Tauwerk, und
Hanf war dadurch in der Alten Welt Mangelware geworden. Zwar hatte
schon Heinrich VIII., der mit den vielen Frauen, seinen Bauern in weiser
Voraussicht bestimmte Feldquantitäten Hanf befohlen, doch als der Ko-
lonialismus ernst wurde, reichten diese bei weitem nicht aus. 1611 befahl
James III., zwei Drittel aller Felder in den neuen Ländern seien mit Hanf
zu bestellen, und bei den Holländern grünte das Zeug fast noch üppiger.
Als dann später bei den allgemeinen Feindseligkeiten die Holländer

Hanflieferungen von Europa nach England kaperten, wurden die Hanf-felder Neu-Englands noch einmal vergrößert und waren viermal so groß wie die des Weizens.

Damit, meinen einige Gelehrte, sei der Hanf nach Nordamerika ge-kommen, und was die ersten Reisenden gesehen hätten, sei Hundshanf gewesen, ein entfernter Verwandter der Pflanze. Das ist so nicht plausi-bel, denn zwischen diesen beiden Pflanzen hätten auch Nichtbotaniker unterscheiden können, und wenn Verrazzano die Gegend mit «skythi-schen Landschaften» vergleicht, dürfte er gewußt haben, wovon er redete.

Als Frage bleibt, was die Indianer mit Hanf anfangen konnten, von Dekorationszwecken abgesehen. Die den Europäern auffälligste Pflanze war natürlich Tabak, der in den ersten Beschreibungen noch für eine Art Bilsenkraut gehalten wurde. Im übrigen wurde der Drogenkonsum der Indianer nicht untersucht, und es interessierte nur, daß man sie für Feuer-wasser begeistern konnte.

Es waren interessanterweise Deutsche, die sich dann in der ersten Hälfte des 19. Jahrhunderts wissenschaftlich mit Indianern befaßten. Der bemerkenswerteste war Maximilian Prinz zu Wied, der es als amtlich preußischer Naturforscher bis zum Generalmajor brachte. Er war bereits fünfzig, als er 1832 mit dem Schweizer Maler Carl Bodmer eine zweijäh-rige Tour durch den Wilden Westen antrat, und seine Neugier schlug in der vierbändigen ‹Reise in das innere Nordamerika› zu Buche. Nebst tau-send anderen Kleinigkeiten notierte er, daß den Indianern Tabak pur in den Pfeifen meist zu stark erschien. Sie streckten ihn, mal mit Stech-apfel, mal mit «Sakkakomi». Stechapfel gehört auch zum Drogenreper-

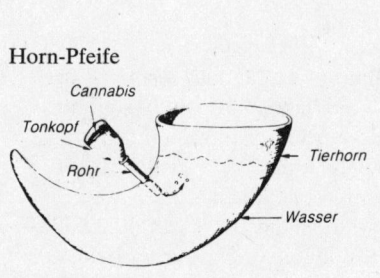

Horn-Pfeife

Cannabis

Tonkopf

Rohr

Tierhorn

Wasser

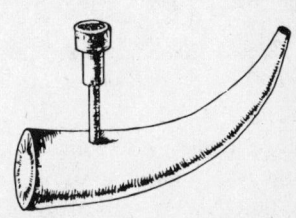

Wasserbehälter aus Horn, im Hoch-land von Angola verwendet. Das weite Ende wird mit Haut verschlossen, wäh-rend die Spitze des Horns beseitigt wor-den ist (nach Schachtzabel 1923:88).

Medizinmann der Arikara, USA um 1900

toire der indischen Sadhus, und die Blätter sind der alte «Asthma-Rau-
cher-Tabak» unserer Apotheken. Was Sakkakomi bei den Assiniboins
bedeutet haben könnte, ergibt sich aus den Sprachaufzeichnungen
George Catlins, die etwa zehn Jahre später entstanden: «wildes Hanfkraut, etwas niedriger wachsend als der bekannte Hanf».

   An der weiß gewordenen Ostküste wurde Hanf die nach Baumwolle
wichtigste Textilfaser, und im 18. Jahrhundert wurden daraus sogar Klei-
derstoffe gewebt.

George Washingtons Hanfbriefe
Oktober 1791. Privatbrief von Mount
Vernon an den Schatzmeister: «Wie
weit wäre es Ihrer Meinung nach angebracht, eine Politik der Ermutigung der
Anpflanzung von Baumwolle und Hanf
in solchen Teilen der Vereinigten Staaten vorzuschlagen, die sich zum Anbau
dieser Artikel eignen? Die Vorteile, die
diesem Land durch die Produktion von
Artikeln, die zu Hause angebaut werden sollten, entwachsen würden, sind
offensichtlich.» (Band 31, S. 389)

1794 weist Washington seinen Gärtner in Mount Vernon an, «das Beste»
aus den «indischen Hanf-Samen zu machen» und diese überall auszusäen. Ein
Brief an einen befreundeten Arzt in

Schottland: «Ich danke Ihnen sowohl
für die Samen wie auch für die Abhandlungen, die Sie die Güte hatten, mir zu
übersenden. Die künstliche Zucht von
Hanf in Schlesien stellt wirklich eine
Kuriosität dar.» Ein Brief an seinen
Aufseher in Mount Vernon: «Ich kann
mich nicht mit Sicherheit daran erinnern, ob ich den indischen Hanf wachsen sah, als ich das letzte Mal in Mount
Vernon war, doch meine ich, er war
zwischen den Reben; ich hoffe, er
wurde irgendwo ausgesät und wünsche
deshalb, daß die Samen zu gegebener
Zeit aufbewahrt werden; und dies mit
so wenig Verlust wie möglich.» (Band
33, S. 279, 384, 469)

GEORGE WASHINGTON
PRESIDENT.
1792.

Ein Präsident kultiviert die Völker-
freundschaft, zumindest auf einer
Medaille

Mai 1776: «Was geschah mit den aufge-
hobenen Samen des indischen Hanfs
vom letzten Sommer? Es hätte *alles*
wieder gesät werden müssen, so daß
nicht nur für meine Bedürfnisse eine
genügende Menge aufgezogen worden
wäre, sondern auch, um es an andere
weiterzugeben, da es wertvoller ist, als
gewöhnlicher Hanf.» (Band 35, S. 72)

(George Washington, Writings of Wa-
shington, zitiert in: High Times Ency-
clopedia, New York 1978. Dazu ist zu
bemerken, daß bereits damals «indi-
scher Hanf» als ungeeignet zur Faser-
produktion galt)

Damit war Hanf so selbstverständlich für eine geordnete Landwirtschaft, daß er sonst kaum der Rede wert war. Höchstens daß Bauern Bußgelder zahlen mußten, auf deren Feldern die Pflanze nicht wuchs – wie in Virginia 1762 –, und daß alte Tagebücher gelegentlich über die Sorgen der Landwirte berichteten. Zum Beispiel die George Washingtons, der sich nebenbei auch als Gentleman-Farmer betätigte. Es ist so das übliche: «9. August 1765 – Abt. 6 o'clock put some Hemp in the Rivr. to Rot –», er ließ also Hanf im Fluß rotten, und Anfang September, undatiert: «Begann die Hanfsamen auszuschälen – aber nicht zufriedenstellend reif.» Am 7. August des Jahres aber findet sich eine Notiz, die aufmerken läßt: «Began to seperate the Male from the Female hemp at Do – rather too late.» Derlei ist nun zur Fasergewinnung wirklich nicht nötig.

Für die Potheads der USA ist seither die spannende Frage: Hat nun der Staatsgründer oder nicht? Sie ist schwer zu beantworten. Es kann ja sein, daß er die weiblichen Pflanzen, die man zur Fasergewinnung weniger schätzte, einfach ausrupfte. Aber auch das Gegenteil ist möglich, zumindest für einen Teil seiner Felder. Denn auch die Weißen der USA rauchten damals Tabak nur selten pur, und einige Hanfblätter in der Pfeife galten damals als gutes Hausmittel gegen Melancholie, also Weltschmerz aller Art, und gegen Zahnweh. Und mit seinen Zähnen hatte Washington so lange Schwierigkeiten, bis er sich zu einer Prothese entschloß. Aber auch Zahnersatz war damals Glückssache – des Generals drittes Gebiß schmerzte nicht weniger, und daß er heute noch die Dollarnoten mit geschwollenem Mund ziert, ist auch ein Denkmal damaliger Dentistenpfusches.

Ganz allgemein war das Rauchen von Hanf auch im 19. Jahrhundert der USA eine Sache der Negersklaven in den Südstaaten. Auch wo Tabak wuchs, durften sie ihn nicht rauchen, und so behalfen sie sich mit den Pflanzen, die bald überall wild an den Wegrändern wuchsen. Das dürfte wiederum dazu beigetragen haben, daß die weißen Herrenmenschen allmählich ihre Finger von diesem sozial despektierlichen Kraut ließen. Um 1860 hatte der Hanf in den Südstaaten bereits den Spitznamen «Niggerweed» weg, und er taucht auch gelegentlich in den Schriften sozial progressiver Autoren wie Mark Twain auf.

Daß aber auch den Weißen die besonderen Qualitäten der Pflanze geläufig waren, zeigt das Wort *hempish* für etwas wie Aufgedrehtsein.

5. Eine ehrenwerte Tradition

Das merkwürdige Kraut

Das Rom der Renaissance empfand sich so sehr als Mittelpunkt der Welt, daß von den schwitzenden Chronisten sogar jeder Furz registriert wurde, vorausgesetzt, er wurde von der entsprechenden Persönlichkeit gelassen. So wissen wir genau, worüber sich Papst Julius II. bei Tisch zu unterhalten pflegte.

An einem milden Oktoberabend des Jahres 1510 beispielsweise wurde einem gewissen Leo Africanus das Wort erteilt. Der war ein ziemlich frisch getaufter Marokkaner und erzählte Wundersames von einer Pflanze, mit der sich in seiner Heimat die Fakire in Schwung brachten. Das Erstaunlichste für die Tafelrunde war, daß diese Pflanze Hanf sein sollte. «Der Heilige Vater kam zu dem Schluß, daß es sich um eine besondere Pflanze Hanf handeln müsse, denn Hanf hat zwar bestimmte Eigenschaften, aber doch wurde derlei noch nie berichtet», endet die Chronik dieses Abends.

Schon damals mußte, wer interessant sein wollte, Sensationen berichten, und unser Fall ist so ziemlich der erste, wo die Wirkung von Hanf derart übertrieben wurde, daß sie mit den praktischen Erfahrungen der Pflanze nicht mehr in Einklang gebracht werden konnte. Diese Tradition reicht bis weit in unser Jahrhundert, und erst die jüngste Forschung nimmt die alten Sensationsberichte nicht mehr ganz so ernst.

Im mittelalterlichen Europa war die psychotrope Wirkung der Pflanze spätestens seit den ersten Kreuzzügen bekannt, und Hanf war ein Bestandteil der Volksmedizin geworden.

Wer wann herausgefunden hat, daß Hanfblätter zum Tee gebraut besser wirken, entzieht sich unserer Kenntnis. Manche Autoren vermuten, die Pflanze hätte aus dem Klostergarten Hildegards direkt ihren Weg in die Hexengärten genommen, doch dafür fehlen sämtliche Hinweise, denn was dort wuchs, wurde zumindest von den Hexenjägern aufmerksam registriert. Nur in einem einzigen der vielen Rezepte für Hexensalben kommt Hanf vor, hingegen in sehr vielen Klostermedizinen, jedoch nahezu unbedeutend neben dem Universalheilmittel der Zeit, dem aus Mohn gewonnenen Opium. Daß Hanf in den Pflanzenlisten weder der Hexen- noch der Klostergärten vorkommt, dürfte allerdings einen einfa-

So unzuverlässig die meisten der im Handel befindlichen Hanf-Präparate befunden werden, so stark narkotisierend wirken sie in frischem Zustande in den Ländern ihrer Produktion.

(Louis Lewin, der ja alles selbst ausprobiert hat und sich nicht vorstellen kann, daß manche Autoren übertreiben, in: Phantastica ...)

In Zusammenhang mit Hexerei wird Hanf nur zweimal erwähnt:

1584 in den Akten der Inquisition zu Straßburg, in denen das Rezept einer «Flugsalbe der Hexen» wiedergegeben wird: 10 g Menschenfett vom Galgen (ersatzweise Hühnerfett), 4 g Hanf-Blütenstaub, 5 g Samen vom Bilsenkraut, 2 g Frucht der Tollkirsche, 26 g Hanfblätter, 3 g Sonnenblumenkerne, 25 g Opium, 6 g Calamus, 10 g Weizen. Das zu einer feinen Paste zerstoßene Gemisch wurde angeblich auf Solar plexus, Halsansatz, Arm- und Kniekehlen, Handflächen und Sohlen aufgetragen.

1615 erwähnt Thomas Nynauld in seiner Londoner Schrift ‹Lycanthropy, Transformation and Ecstasy of Sorcerers› ein nahezu ähnliches Rezept, durch das sich Menschen in Werwölfe verwandeln.

chen Grund haben: als Faserpflanze wurde er ja überall felderweit gezogen, und für die Samengewinnung wurden Einzelpflanzen meist unter Hackfrüchte wie Rüben gesät. Die Blätter dieser Pflanzen dürften eine weitere Verwendung gefunden haben, denn ein Rezept eines fürsterzbischöflichen Hofarztes aus Salzburg von 1486, gegen «hart hustn» ausgestellt, vermerkt «hanff kraut vom ruebackr».

Es gibt eine Reihe Anzeichen, daß Hanftee bei Bronchialerkrankungen angewendet wurde. Ein prominenter Konsument des Gebräus war Martin Luther, der im Winter 1523 auf der Wartburg mit einem «absud aus hellig» behandelt wurde. Hellig war noch vor hundert Jahren die in Sachsen übliche Bezeichnung weiblicher Hanfpflanzen, und da die Verschreibung im Dezember erfolgte, dürfte das Kraut dafür apothekenmäßig gelagert worden sein. Auch bei rheumatischen Erkrankungen wurde Hanf verwendet, allerdings als schlechter Ersatz für Opium, wie ein Rezept in der Wiener Stadtbibliothek aus der Zeit um 1540 zeigt: «so es felet an opio nim hampf». Diese irrtümliche Gleichsetzung hielt sich nahezu ein Jahrhundert lang, denn in einer seiner Predigten wettert der als Abraham a Santa Clara berühmt gewordene Ulrich Megerle gegen die «bauren, so sich mit Hamf vollstopffen wie der türck mit Opium». Was damit gemeint ist, erklärt er leider nicht, denn die Sache war ihm nur einen Nebensatz wert. Interessant ist noch eine kleine Stelle in seinem Bannstrahl gegen die Tabak-Raucher, die, nachdem sie sich heiser gesungen haben, «Ungarisch- und Türckische Blätter» trinken. Unter «Folii turcii» firmierten damals in den Apotheken zu Bündeln gerollte, gepreßte

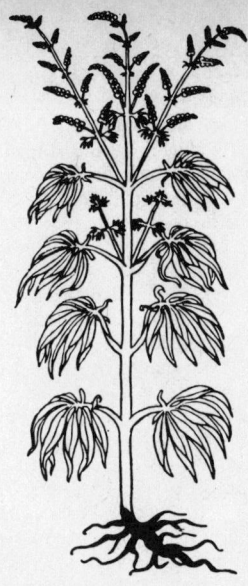

Illustration zum Pseudo-Dioscorides,
Süddeutschland, um 1300

und getrocknete Hanfblätter. Wie die angeblich schwächer wirkenden aus
Ungarn wurden sie gegen Husten verschrieben.

Immerhin hatte zur Zeit der Renaissance der Hanf auch seine erste
wissenschaftliche Würdigung erfahren, durch einen sehr erstaunlichen
Universalgelehrten aus Basel. 1542 veröffentlichte dortselbst Leonhard
Fuchs einen dicken Wälzer mit dem lateinischen Titel ‹De Historia Stir-
pium›, und damit wurde er der Begründer der modernen Botanik. Der
Hanf kommt darin mit einem wunderschönen Holzschnitt vor, den seither
die meisten Botanikbücher abgezeichnet haben, und bereits unter dem
Namen *Cannabis sativa*. In einem erstaunlich präzisen Text wird die
Zweigeschlechtlichkeit der Pflanze ebenso notiert wie ihre Fähigkeit zu
berauschen.

Etwa acht Jahre später entstand eine noch wesentlich umfangreichere
Beschreibung der Pflanze aus der Feder eines noch erstaunlicheren Franzosen. François Rabelais wurde 1494 als Sohn eines reich gewordenen
Rechtsanwalts geboren und entschied sich ziemlich früh für die Karriere
eines Geistlichen. Sie scheint dennoch nicht seine ideale gewesen zu sein,
denn nach verschiedenen Versuchen mit verschiedenen Orden und einem
längeren Abschnitt als Weltpriester studierte er Medizin, und als Arzt
erlangte er einen weittragenden Ruf. Berühmt aber wurde der verhin-
derte Priester und praktische Arzt durch seine literarische Nebentätigkeit
und das krause Riesenwerk ‹Gargantua und Pantagruel›. In diesem als

Herr Rabelais wird ausführlich und schließlich am ungeeigneten Objekt patriotisch:

Da sah ich auch unter anderem, daß er einen reichlichen Vorrat von seinem Kraut Pantagruelion in grünem und rohem wie in verarbeitetem Zustand in die Schiffe laden ließ.

Dieses Kraut hat eine kleine, ziemlich harte, rundliche, stumpf auslaufende weiße Wurzel mit wenig Wurzelfasern, die nicht tiefer als eine halbe Armlänge in der Erde steckt. Auf dieser Wurzel erhebt sich ein einziger runder, rutenartiger, außen grüner und innen weißer hohler Stengel, ähnlich dem des Smyrniumkrauts, des *Olus atrum*, der Bohne und des Enzians; er ist holzig, spröde, ein wenig gerieft wie eine kannelierte Säule und voller Fasern, besonders in seinem mittleren Teil, *mesa* genannt, sowie in dem, welcher mit *mylasea* bezeichnet wird: diese Fasern sind es, welche das Gewächs so wertvoll machen. Der Stengel selbst wird gewöhnlich fünf bis sechs Fuß hoch.

Obgleich die Pflanze nur einjährig ist und nicht wie ein Baum Jahre überdauernde Wurzeln, Stamm, Äste und Zweige hat, gehen doch von ihrem Stengel dicke und starke Seitentriebe aus. Die Blätter sind ohne Ausnahme grün, dreimal so lang wie breit, rauh wie die der Ochsenzunge und hart, dabei gelappt wie die des Beilkrauts und der Begonie und enden in Form einer Lanzenspitze oder der einer Lanzette, wie die Chirurgen sich deren bedienen. Die Zahl der in gleicher Entfernung um den Stengel stehenden Blätter ist fünf oder sieben, denn so innig hat die Natur diese Pflanze geliebt, daß sie ihren Blättern jene göttlichen und geheimnisvollen ungeraden Zahlen gegeben hat. Der Geruch der Blätter ist streng und für zarte Nasen wenig angenehm. Der Same sitzt am oberen Ende des Stengels, ein wenig unter der Spitze, und zwar in so reichlicher Menge wie nur bei irgendeinem andern Kraut; er

ist länglichrund, rautenförmig, hellbraun oder vielmehr lohfarben, ziemlich hart und mit einer dünnen Schale bedeckt. Von den Singvögeln, namentlich den Hänflingen, Finken, Lerchen, Zeisigen und anderen, wird er sehr gern gefressen; aber dem Menschen, welcher oft und viel davon äße, würde er die Zeugungskraft lähmen, und obgleich die alten Griechen allerlei Kuchen, Törtchen und Fladen daraus bereiteten, die sie als Leckerbissen nach dem Abendessen genossen, um sich den Wein schmackhafter zu machen, stört er doch die Verdauung, ist dem Magen nicht zuträglich, verdirbt das Blut, legt sich durch seine erhitzende Wirkung aufs Gehirn und beschwert den Kopf mit lästigen Dünsten. Man sät das Pantagruelion zur Zeit, wenn die Schwalben kommen, und zieht es aus der Erde, wenn die Grillen anfangen, heiser zu werden.

Nur kurz erwähn ich, daß der Saft des Pantagruelions, ausgepreßt und ins Ohr geträufelt, alles Ungeziefer tötet, das dort durch Fäulnis entstanden, und auch jedes andere Tierchen, das durch Zufall hineingeraten ist. Schüttet man etwas davon in einen Eimer mit Wasser, so gerinnt dies wie Molke und ist dann ein vortreffliches Mittel gegen Kolik und Dämpfigkeit der Pferde. Die in Wasser gekochte Wurzel wirkt erweichend bei Schrumpfungen, Steifheit der Gelenke, podagrischen Anschwellungen und Gichtknoten. Auf Brandwunden, gleichviel ob sie von Feuer oder Wasser herrühren, braucht man nur frisches Pantagruelion zu legen, ganz so wie man es aus der Erde zieht, ohne alle Zubereitung und Zutat, wobei man aber darauf achten muß, daß man es wechselt, sobald es auf der Wunde trocken geworden ist. Ohne diese treffliche Pflanze wären die Küchen ein Greuel, die Tafeln, selbst mit den köstlichsten Speisen beladen, ekel-

erregend, die Betten unerquicklich, wenn sie auch von Gold, Silber, Elektron, Elfenbein und Marmor starrten. Ohne sie brächte kein Müller Korn in die Mühle noch Mehl heraus, und wie sollte man erst die Aktenstöße der Advokaten ins Gericht tragen? Wie den Gips in die Werkstatt? Wie zöge man ohne sie das Wasser aus dem Brunnen? Was würden die Gerichtsschreiber, Aktuare und Sekretäre anfangen ohne sie?
  Deshalb:
Arabien, Saba, Indien, prahlet doch mit Weihrauch, Myrrhe, Ebenholz nicht mehr!
Hier kommt und schaut –
wir haben Beßres noch:
holt Samen dieses Krauts euch übers Meer.
Gedeiht es dann bei euch,
von Segen schwer,
so bringt den Göttern reichlich Dank zum Lohn
und gebet Frankreichs Glück die Ehr in seinem Kraut Pantagruelion!
  (François Rabelais, Gargantua und Pantagruel, übers. von Adolf Gelbcke, Berlin 1891)

Haschisch ist jedoch nichts anderes als das Pulver von Hanfblättern und wird mit Trinkwasser zu einer Paste verarbeitet. Nach Ablauf einer Stunde, wenn sie fünf oder mehr Stückchen dieser Masse gegessen haben, was einer etwa gleich großen Menge Kastanien entspricht, verraten sie wie Betrunkene ihren Wahnsinn, und gleich denen in Ekstase, erfreuen sie sich an den von ihnen gewünschten Visionen. Wenn diese Medizin billig zu haben ist, wird sie vom Volk häufig benutzt.
  (Prospero Alpinus, De medicina Aegyptorum, Venedig 1592)

Auch *Jean Wier* führt um dieselbe Zeit an, daß das «Opium» bei den Türken und noch mehr bei den Persern sehr verbreitet war und erzählt die Leidensgeschichte eines in Gefangenschaft geratenen jungen Edelmanns aus der Gascogne, aus welcher hervorgeht, daß die Türken ein Haschischpräparat als Anästhetikum bei der Kastration ihrer künftigen Lustknaben benutzten.
  (M. G. Stringaris, Die Haschischsucht, Berlin 1972)

---

viele kleine Heftchen entstandenen Sammelsurium seiner Gedanken und all dessen, was er erfahren konnte, ist eine erstaunlich lange Passage auch dem Hanf gewidmet. Da Rabelais aber nicht wußte, daß die Sache bereits in Basel ihren verbindlichen wissenschaftlichen Namen bekommen hatte, taufte er es nach dem sanften Riesen, der einer der Helden seines Buches ist.

Bereits unter dem Namen Cannabis sativa verbucht Prospero Alpinus 1591 die Pflanze. Der venetianische Arzt und Botaniker war von 1580 bis 1584 Medicus seines Konsuls in Kairo, und in seiner Freizeit registrierte er zunächst einmal alle Pflanzen vom Kaffee bis zum Papyrus, und schließlich widmete er einen dicken Band der «medicina Aegyptorum». Hanf kommt darin als «Dawamesk» vor, in einer Majoun-Zubereitung, die heute noch in Syrien bekannt ist und einst über ganz Nordafrika verbreitet war, und als Esrar, womit sich die «weißen Plätzchen» der Assassinen identifizieren lassen. Als besonders kräftig wirkend erwähnt er ein «Manzun», das außer Haschisch noch Opium, Bilsenkraut, Stechapfel, Brechnuß (Strychnin), Akonit und Arsenik enthalten soll. Wir wollen ihm glauben, wenn er berichtet, nicht davon probiert zu haben, und nehmen an, daß er einem orientalischen Schauermärchen aufsaß, denn eine solche Mischung hätte nicht einmal ein ägyptischer Mumienmagen ausgehalten.

In jener Zeit träufelten auch die ersten wundersamen Meldungen aus dem fernen Orient nach Europa, und zu den Nervenkitzeln, die sie bereiten sollten, gehörten auch phantastische Geschichten über die Wirkung von Hanf. Am sachlichsten notiert noch Adam Olearius in seinem Reisebericht von 1647, was die Perser damit anfangen konnten. Von nun an zählten wilde Abenteuer mit Rauschmitteln zu den Pflichtübungen aller Asien-Reisenden. Eine Zusammenstellung solcher Schilderungen wurde 1690 von der holländischen Ostindien-Companie veröffentlicht, und da findet sich als Quintessenz, daß indischer Hanf eben ganz anders wirke als der europäische. Aber die Zeit liebte Legenden, und es war Zeit, daß eine neue entstand: Cannabis indica.

Alla turca

Unser heute noch geltendes System der Botanik entstand vor etwa 240 Jahren durch die geradezu manische Sammelwut des Carl Linnäus, der sich nach seiner Auszeichnung mit einem Adelstitel französisierend von Linné nannte.

Mit Hanf befaßte er sich schon früh und ausgiebig, weil ihn die Zweigeschlechtlichkeit der Pflanze faszinierte. Er hielt stets einige Blumentöpfe der Pflanze in seinem Zimmer, und natürlich las er auch alles, was die Reiseliteratur darüber berichtete. Nach einigen enttäuschenden Experimenten mit seinen eigenen Gewächsen und nach einem anscheinend erstaunlichen mit aus Indien mitgebrachtem Hanf kam er zu dem Schluß, es müsse sich bei allen Ähnlichkeiten doch um völlig verschiedene Pflanzen handeln, und so stellte er der bekannten Cannabis sativa eine neue Art gegenüber, die er Cannabis indica nannte. Damit war die Unterscheidung zwischen Hanf und Hanf geboren, und es dauerte weit mehr als zwei Jahrhunderte, bis sich herausstellte, daß die unterschiedliche Wirkung ausschließlich auf klimatischen Unterschieden beruht.

Zu jener Zeit allerdings war der Unterschied zwischen einheimischem und importiertem Hanf nicht nur für Botaniker von Interesse. Der Orient kam ganz allgemein in Mode und damit auch – das 18. Jahrhundert war experimentierfreudig – seine Drogen.

1683 unternahmen die Türken den letzten Versuch, mit der Eroberung Wiens einen Teil Mitteleuropas ihrem Großreich einzuverleiben. Als dieses Unternehmen mit Niederlage und Flucht endete, sollen sie in ihrem Lager viele Säcke grüner Bohnen hinterlassen haben, die von den Siegern für Kamelfutter gehalten wurden.

Da Kaffee heute nicht mehr als anrüchig gilt, darf seine europäische Geschichte ohne Angst vor Indizierungen berichtet werden, und sie ist ein anschauliches Frühbeispiel staatlicher Drogenpolitik. Manche Fürsten machten daraus flugs ein einträgliches Staatsmonopol, andere, wie Preußens König, versuchten das Laster mit Hilfe polizeilicher Kaffeeschnüffler zu unterdrücken, und in Windeseile hatte sich auch eine florierende Paraphernalia-Industrie entwickelt. Den Beschreibungen zufolge waren die alten Kaffeehäuser wahre Drogenhöhlen: dort wurde auch Tabak geraucht, standen scharfe Brände zur Verfügung oder milde Liköre, kursierten der Tratsch und die neuesten Zeitungen, und außerdem gab es *konfects* und alle möglichen Pillen.

Auf eine Untersuchung dieser letzteren Artikel des Sortiments wird meist verzichtet, doch hier zeigt sich, daß Kaffee beileibe nicht der einzige Drogenimport aus dem Osten war. In alten Warenverzeichnissen findet sich beispielsweise ein strenger Unterschied zwischen «türckischem Toback» und «ächtem Toback», und ein 1920 von Gustav Gugitz ausgegrabenes Wiener Journal von *1782* notiert: «Item haben sie da den Türken-Tabak in den Pfeiffen, der wo zwar den Hals mehr brännet, aber den Kopf freyer machet alss der ordinäre Tabak und annehmlicher wircket.» Da die Türkei damals nur in sehr beschränktem Maße Tabak kultivierte, liegt die Vermutung nahe, daß es sich dabei um ein Hanfprodukt handelte. Doch Hanfblätter gehörten nicht gerade zu den türkischen Spezialitäten. Einen Aufschluß gibt eine Inventarliste des Österreichischen Tabak-

Bei dem Traum-Maler Johann Heinrich Füssli (1741–1825) wurde oft die Frage gestellt: Hat er oder hat er nicht? Der Maler an seinen Arzt am 15.3.1812: «Der mir von Ihnen geschickte Charas bekommt mir wesentlich besser als Opium.» Abb: Kallipyga, Federzeichnung, um 1813.

Monopols von 1779: «130 hungarische Pfund Smyrna-Pulver, daraus Tabak zu bereiten.» Das heutige Izmir war mit seinen griechischen Kaufleuten eine Handelszentrale der Levante, und Smyrna-Pulver gab es auch in Apotheken der Zeit: in Leinensäckchen lose verkaufter Hanfstaub.

Auch in dieser Beziehung ist das Endzeitalter des Absolutismus unserem sehr ähnlich: Opium war gewissermaßen die Modedroge und fehlte in kaum einer Zubereitung, aber auch diverse Cannabis-Produkte waren in Schwang. Und das gewöhnliche Volk wollte da nicht zurückstehen.

In den berühmten Briefen Wolfgang Amadeus Mozarts an sein Bäsle in Augsburg, die nahezu ebensoviele spätpubertäre Ferkeleien enthalten wie Worte, findet sich auch diese Stelle: «... schauen sie, dass sie vorm Neüen jahr noch drinn sind, so will ich sie dann betrachten von vorn und hind – will sie überall herum führen, auch wenns nothwendig ist klistieren – also kommen sie gewis, sonst ist ein schys; ich werde alsdan in eigener hoherperson ihnen Complimentiren, ihnen den arsch Petschieren, ihnen Damaceniren ...» Was der Komponist damit im Winter 1777 gemeint haben könnte, erklärt sich aus dem Angebot eher zweifelhafter Kaffeehäuser: «Damacener-Pillen» galten als unfehlbares Mittel zur Hebung männlicher Potenz und weiblicher Bereitschaft. Sie enthielten außer getrockneten Früchten, Zucker und «Smyrna-Pulver» auch noch eine Spur Kantharides. Bis auf die letzte Zutat ähneln die erhaltenen Rezepte so

Aus dem Waarenbuch für das jar 1799 der k. k. privil. Tabac-Regie; Eintragung vom 12. 9.:
Item ausgewogen für *Alexandrinischen* Tabac
25 hpfd Tabac von dem aus Venedig gekommenen
80 hpfd von dem hungarischen Tabac ex Aug. −98
3 hpfd Smyrna-pulver von der feileren Sorten
2 hpfd vom Tyrus-pvr. I. Sorten je ein Loth Macis und Näglein

50 hpfd ordinari Tabac
macht Einkauf summarum 138 fl 16 pf
geht aus in Packen je 1 fl
macht summarum 400 fl
(Wien, Finanz-Kammer-Archiv cv. 187/1799 TM.; hpf = ungarisches Pfund = 460 g; der Tabak wurde in den «Verschleiß-Stellen» offensichtlich in Packungen zu 115 g abgegeben und kostete dann im Einzelhandel 30 Prozent mehr. Für 1 Gulden bekam man 1799 in Wien 25 kg Mehl oder 2 Hühner)

Aus dem handschriftlichen Recepturen-Buch des Magister Martinus Luechtmayr, 1794–1803 St. Josephs-Apotheke St. Pölten, 1804–1812 Apotheke zum Guten Hirten Wien:
für Starcken Tobac nimm 7 pf grobschnittigen Hungarn Tobac vom schwartzen, 2 pf lichten wällischen Tobac, 1 pf Tyrus-pulverum. Stöß gut miteinander in heißem Kessel. Wo der Tobac zu trucken wird, geh mit wenig schwartzem Rum drieber und rühr gut um.

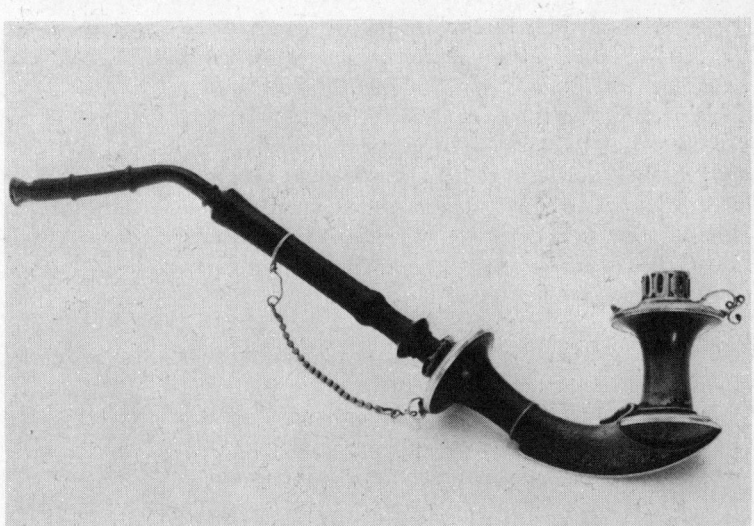

Pfeifchen für Smyrna-Pulver, Meerschaum, Silber, Ebenholz und Horn, kleiner Silbereinsatz mit 0,5 ccm Fassungsvermögen, Länge 22,7 cm. Punzierung und Beschauzeichen der Silberteile: Wien 1816. Der spezielle Einsatz und der «Sturmdeckel» machen dieses Pfeifchen zu einem einmalig eindeutigen Beispiel.

frappant dem von Majoun, daß anzunehmen ist, die Pillendreher kannten das orientalische Rezept und hatten es nur um die «spanische Fliege» erweitert.

Die Damacener-Pillen waren ein so gutes Geschäft, daß sie auch außerhalb von Apotheken hergestellt wurden. Zumindest in Wien und München setzten die Apotheker durch, daß nur von ihnen hergestellte verkauft werden durften, da – so die Wiener Akte – «gemeine Kaffeesieder mit den Sachen ja nicht umgehen können».

Von gelegentlichem Apothekengebrauch abgesehen, wo Hanfprodukte allerdings weit hinter Opium rangierten, galt die Sache nicht als Droge oder wenn, dann nur in demselben Maß wie Tabak. Und in vielen Fällen wurden die beiden Stoffe in den Tabakmanufakturen auch gemischt, um der Sache «die Würze des Orients» zu geben.

Sie dienten sowohl der Geschmacksverbesserung als auch einer Veränderung der Wirkungsart. Manche Sorten wurden mit medizinischen Argumenten verkauft. Gegen Zahnschmerzen gab es eine Mischung, die gemahlene Nelken enthielt und damit ähnlich geschmeckt haben muß wie indonesische Zigaretten. «Gegen Husten zu rauchen» war eine Mixtur mit sehr viel Minze und etwas Kampfer. Und die meistverwendeten Würzstoffe waren «Smyrna-Pulver» oder «Tyrus-Pulver», das als wirkungsvoller galt und, zumindest einigen Anmerkungen zufolge, leider oft zu Klümpchen zusammenklebte. Worum es sich handelte, zeigt die gelegentliche Anmerkung in den Warenbüchern: «fol. cann. Tyrensis».

Diese Beigaben erklären auch, warum der Orient-Tabak von seinen frühen Jüngern auf eine Weise gepriesen wurde, die ihn schon psychedelisch erscheinen läßt. Andererseits waren die Haschischzugaben so minimal, daß auch an einem langen Abend kaum mehr geraucht wurde, als derzeit in einen halben Joint paßt. Immerhin gab es auch einige Sprichworte, die vor einem Zuviel warnten:

«Rauch nit zuviel Orient,
weil dich sonst der Schädel brennt»,

steht auf einer Tabak-Dose von 1794, und aus derselben Zeit dürfte der Stammbuchspruch stammen:

«Misch' nicht Orient und Bier,
sonst werden deine Träume wirr»,

was ja für gewöhnlichen Tabak in Zusammenhang mit Alkohol nicht galt. Daß Haschisch in großen Mengen genossen ganz anders wirken kann, bekam Europa erstmals 1799 zu lesen, in Zusammenhang mit Napoleons Ägypten-Zug. Es fehlte den Soldaten an Alkohol, und so stürzten sie sich hemmungslos in den Hanf. Die Disziplinlosigkeiten, die von den Offizieren an Napoleon gemeldet wurden, waren nicht schlimmer als

«Krautschachtel», Silberblech, Siegellack und Flußperlmutteinlagen über geschnitztem Rinderhorn, 9,3 × 5,6 × 2,5 cm, ungarische Hirtenarbeit, um 1860

So pulverum Tyrii hart werd oder klumpcht, tu in ser heißn Mörser mit doppelt Tobac und stöß gut. Tu evtl. nachernander mehr Tobac zu, bis es wieder wercken thut.

(Wien, Stadtbibliothek ex. coll. Karl Blümml, ms. 62)

Am 8.10.1800 erließ General Menou für Ägypten folgendes Gesetz:

Art. 1. Der Gebrauch des Getränks, das von einigen Moslems aus dem Hanf (*Haschisch*) gemacht wird, sowie das Rauchen des Hanf-Samens ist für ganz Ägypten verboten. Die Gewohnheitstrinker und -raucher dieses Krauts verlieren ihre Vernunft und verfallen in heftige Delirien, welche sie oft zu Exzessen jeder Art verleiten.

Art. 2. Die Herstellung des Ha-

schisch-Getränks ist in ganz Ägypten verboten. Die Türen derjenigen Kaffee- oder Wirtshäuser, in denen es verabreicht wird, werden vermauert und die Eigentümer auf drei Monate ins Gefängnis gesetzt.

Art. 3. Alle Ballen mit Haschisch, welche an die Zollstelle gelangen, werden konfisziert und öffentlich verbrannt.

Am 18.1.1801 wurde dieses Gesetz «infolge Unausführbarkeit» wieder aufgehoben.

(Anm.: Heutige Drogengesetze sind von diesem inspiriert, halten sich aber länger. Wir haben ja gelernt, was ein Fortschritt.)

Orient-Döschen, Papiermaché, Applikationen aus Preßpapier (teilw. verloren), Lackmalerei, 9,2 × 6,2 × 2,8 cm, im Inneren drei Fächer für Smyrna-Pulver u. ä., Spuren von Smyrna-Pulver (dünnschicht-chromatographisch als Cannabis identifiziert) im Fach rechts oben. Solche «Special-Tabatieren» wurden in Wien während des ganzen Biedermeier hergestellt und bis in die Türkei exportiert. Wien, um 1820

Freundschaftspfeifchen, Meerschaum, Bernsteinmundstück. Länge 12,2 cm, der Einsatz, für den im Etui gesondert Raum gelassen wurde, ging verloren. Solche Pfeifchen für «starken Tobak» waren eine beliebte Freundschaftsgabe und wurden oft entsprechend gestaltet. Wien, um 1850

auf einem besoffenen Feldzug, aber das reichte dem Korsen, Hanf für seine Soldaten verbieten zu lassen. Bald nach seiner Abreise wollte ein zurückgelassener General noch rigoroser werden und versuchte sogar, den Ägyptern den Hanf zu verbieten. Daß dieser Erlaß nicht ernst genommen wurde, lag in der Natur dieser Herrschaft.

In Europa selbst war Hanf nur den Zoll wert, den der Staat als Wermutstropfen allen Genußmitteln zufügte. Nach den Napoleonischen Kriegen kam dann über England auch indischer Hanf auf den Markt, der bereits korrekt als Bhang oder Ganja angeboten wurde. Ein Großteil der Importe wurde in Nord- und Mitteldeutschland in Apotheken vertrieben, im südlicheren Deutschland in den Tabakläden.

Gegen 1800 hatte sich auch noch ein Tabakgemisch mit ziemlich hohem Cannabis-Anteil auf dem Markt etabliert, der «starke Tobak». Er wurde entweder wie der Orient anderem Tabak beigemischt oder aus speziellen Pfeifen geraucht, die wesentlich zierlicher waren als die normalen Tabakkocher. Sie hießen Smyrna-Pfeifen, Tschibuks oder Tabakveilchen und wurden manchmal zu regelrechten Kultgegenständen dekoriert, weil sie auch eine beliebte «Freundschaftsgabe» waren. Charakteristisch ist ein kleiner Einsatz aus Metall, der jedoch bei vielen Stücken verlorenging.

Da Hanf mittlerweile einen anderen Ruf bekommen hat, liegen diese Dinge in vielen Museen leider in den Depots. Als müßte sich ein Europäer dieser Auch-Vergangenheit schämen. Geblieben aber sind immerhin viele Redewendungen mit «starkem Tobak».

Starker Tobak ...

Wenn von Glut entflammt, des milden
Krautes Wunder-Geist entbrennt,
Schlingt der Rauch sich zu Gebilden,
Die nur Künstlers Sinn erkennt.

Er gewahrt in dessen Kreisen
Eine wundersame Schrift,
Die den tiefsten Sinn mit leisen,
Räthselhaften Zügen trifft;
Sie zu bannen bleibt vergebens,
Sie verweht ein schwacher Hauch,
Doch er ahnt den Sinn des Lebens
Und so deutet er den Rauch.

Sieh, da schmiegt das Luftgewimmel
Enger sich an seine Brust,
Malet ihm der Freundschaft Himmel,
Ihm der Liebe Götterlust;
Und er folgt dem frischen Triebe,
Folgt dem alten Adamsbrauch; –
Daß er ihm doch ewig bliebe,
Dieser wunderschöne Rauch!

Quai d'Anjou No. 17 fällt unter den Häusern der Île Saint-Louis nicht sonderlich auf – eine strenge Fassade aus dem Jahre 1656 mit einem schönen Schmiedeeisenbalkon, trotz dieses Schnörkels verschlossen wirkend, in sich gekehrt wie das Leben auf der Insel, deren Bewohner sich stolz «Insulaner» nennen und nur geziert widerstrebend «nach Paris hinüber» gehen. Man muß sich vorstellen, an einem eiskalten Winterabend durch die Einfahrt zu laufen. Ist man dem kalten Wind entronnen, der zum Januar an der Nordseite der Insel gehört, ist ein kleiner Hof zu durchqueren, in dessen Ecken ständig Dämmerung herrscht. Am Fuß der Treppe hockt ein ägyptischer Sphinx. Im ersten Geschoß ist außer der Tür noch ein schwerer Samtvorhang zu öffnen. Dahinter warten wandgroße Spiegel, halb blind, blätterndes Gold an den Rahmen. Aus den Gewölben winden sich Allegorien; über die Sofas sind Kelims geworfen; auf den Tischen Platten aus Limoges-Email, Batterien venetianischer Gläser und japanische Porzellanschälchen mit grünlicher Haschischpaste, außerdem natürlich jede Menge Opiumpfeifen.

Man muß sich vorstellen: den Hausherrn, Ferdinand Boissard de Boisdenier, 27, Maler. Zu seinem Glück muß er nicht von der Kunst leben, da ihm seine Eltern mehr als beachtliches Vermögen hinterließen und «freundlich genug waren, so früh zu sterben, daß ich es genießen konnte». Das Haus gehört ihm allerdings nicht. Ein Baron vermietet es «an junges Künstlervolk», zu gesalzenen Preisen, versteht sich. Boissard ist glücklicher als sein Vorgänger in den Räumen, der dort von 1843 an wohnte. Er hieß Charles Baudelaire und war gerade 21, als er hier einzog, ein Eigenbrötler, der zuviel trank, zuviel Opium nahm und schließlich am 30. Juni 1845 mit Laudanum Selbstmord versuchte. Von ihm hatte Boissard die Etage übernommen, und Bau-

155

delaire kam immer noch regelmäßig.

Boissard hatte beinahe jeden Abend Gäste, und im November 1845 schrieb er an seinen Freund Theophile Gautier folgende Einladung: «Am kommenden Montagabend gibt es bei mir Haschisch unter der Leitung (der Ärzte) Moreau und Roche. Willst Du mitmachen? Dann komm zwischen 5 und 6. Du wirst an einem bescheidenen Abendessen teilnehmen und die Halluzinationen abwarten. Du kannst auch den Spießer mitbringen, den du spritzen wolltest – da man auch sonst Unbekannte zu mir mitbringt, kommt es auf einen mehr oder weniger nicht an. Ich muß es nur vorher wissen, damit ich entsprechend viel Futter bestellen kann ...»

(Hans-Georg Behr, Weltmacht Droge, Düsseldorf 1980)

Herr Gautier ißt zu Abend und flippt aus

Der Arzt stand neben einem Buffet, auf dem ein Holzteller mit kleinen japanischen Untertassen lag. Einer Kristallvase entnahm er eine Paste oder grünliche Marmelade und tat jeweils einen daumengroßen Klecks neben den Löffel auf jeder Untertasse.

Das Gesicht des Arztes strahlte Begeisterung aus; seine Augen glänzten, seine purpurroten Wangen glühten, seine Schläfenadern standen deutlich hervor, und er atmete schwer durch geweitete Nasenlöcher.

«Dies wird dereinst von deinem Anteil im Paradies abgezogen werden», sagte er mir beim Aushändigen der Portion. Nachdem jeder sein Quantum gegessen hatte, servierte man uns Kaffee auf arabische Art, d. h. mit Satz und ohne Zucker. Dann nahmen wir am Tisch Platz ...

Das Essen wurde auf einmalig pomphafte Weise aufgetragen, und es bestand aus allen nur erdenklichen Gerichten, die raffiniert zubereitet und malerisch angerichtet waren.

Ein biederer Philister hätte sicherlich beim Anblick solcher Tischgesellen das Fürchten gelernt, wie sie mit struppigem Haar, mit Backen- und Schnurrbärten oder auf eine andere seltsame Weise zurechtgestutzt dasaßen, mit Messern aus dem 16. Jahrhundert, malaiischen Dolchen oder Macheten hantierten und sich über ihr Essen beugten; die flackernden Kerzen verliehen dieser Szene eine nicht gerade anheimelnde Atmosphäre.

Das Mahl ging zu Ende; schon fühlten einige der erregbareren Teilnehmer die Wirkung der grünen Marmelade: was mich betrifft, so hatte bei mir ein vollkommener Geschmackswandel stattgefunden. Das Wasser, welches ich trank, dünkte mich der erlesenste Wein, das Fleisch, kaum lag es in meinem Mund, schmeckte nach Stachelbeeren, die Stachelbeeren nach Fleisch. Ich hätte einen Fisch nicht mehr von einem Kalbsschnitzel unterscheiden können.

Meine Nachbarn begannen mir irgendwie befremdlich zu erscheinen. Ihre Pupillen wurden so groß wie die eines Waldkauzes, ihre Nasen verlängerten sich zu Rüsseln, und ihre Münder öffneten sich glockenweit. Die Gesichter wurden in ein übernatürliches Licht getaucht. Irgend jemand, eine blasse Erscheinung mit schwarzem Bart lachte lauthals über ein unsichtbares Schauspiel; ein anderer unternahm unglaubliche Anstrengungen, um sein Glas an die Lippen zu führen, und die sich daraus ergebenden Verzerrungen verursachten ein ohrenbetäubendes Gewieher seiner Tischgenossen; wieder ein anderer, den nervöse Krämpfe durchzuckten, drehte seine Daumen mit beachtlicher Schnelligkeit; ein vierter schließlich, der sich auf seinem Stuhl zurückgelehnt hatte, saß mit erschlafften Armen und mit ins Leere starrenden Augen da und ließ sich genießerisch im unauslotbaren Meer des Nichts dahintreiben.

«In den Salon, in den Salon!» rief einer der Gäste; «hört ihr nicht jene himmlischen Chöre? Schon lange sind die Musiker versammelt.»

Der Salon war ein gewaltiger Saal mit einer geschnitzten und vergoldeten Wandtäfelung, einem Deckengemälde, dessen Friese Satyrn zeigten, die Nymphen durchs Schilf jagten, einem riesigen Kamin aus buntem Marmor und wallenden Vorhängen aus Brokat. Hier spürte man den Überfluß und Reichtum längst vergangener Zeiten. Bestickte Stühle, Kanapees, Bergèren und Polsterbänke, die einst den Kleidern von Herzoginnen und Marquisen ausreichend Platz geboten hatten, nahmen die Haschischesser auf und hießen sie mit weichen und offenen Armen willkommen. Die Wärme aus der Kaminecke lud mich ein, und ich nahm dort Platz, um mich widerstandslos den phantastischen Wirkungen der Droge hinzugeben ...

Vor mir erschien plötzlich eine rätselhafte Gestalt. Woher war sie gekommen? Ich weiß es nicht. Aber ihr Anblick versetzte mich nicht in Erregung; ihre Nase krümmte sich wie ein Schnabel, ihre grünen Augen, die sie häufig mit einem großen Taschentuch wischte, waren von drei braunen Ringen umgeben, und in dem Knoten ihres weißen Stehkragens steckte eine Visitenkarte mit der Aufschrift: *Daucus-Carota aus dem Goldenen Topf*. Der Kragen erwürgte ihn beinahe, so daß die Haut auf seinen Wangen von rötlichen Kratzern starrte; sein Leib war in einen schwarzen Frack gepfercht, von dem eine Kette mit einer Weinrebe daran herabhing, und seine Brust blähte sich wie die eines Kapauns. Was seine Beine betrifft, so muß ich sagen, daß sie einer Alraune ähnelten: sich gabelnd, schwarz, rauh, knotig und voller Warzen, als ob sie frisch aus der Erde gerissen wären, da noch an den Wurzelenden hing. Diese Beine ringelten und kringelten sich mit außerordentlicher

Geschwindigkeit, und als der kleine Torso, den sie trugen, vor mir stand, redete mich das seltsame Geschöpf unter ständigem Schluchzen und Augenwischen – erst mit der einen Hand, dann mit der anderen – in einem äußerst kläglichen Tonfall an: «Heute ist der Tag gekommen, an dem wir vor Lachen sterben müssen.» Und große, schwere Tränen rollten seine Nasenflügel entlang. «Lachen ... Lachen ...», wiederholte ein widerhallender Chor disharmonischer und näselnder Stimmen.

... Allmählich füllte sich der Salon mit ungewöhnlichen Figuren, wie man sie nur auf den Stichen Callots oder den Aquatinten Goyas findet; ein Mischmasch aus Lumpen und Fetzen, tierischen und menschlichen Gestalten. Zu jeder anderen Zeit hätte ich mich in solch einer Gesellschaft nicht wohl gefühlt, doch jetzt lag nichts Drohendes in diesen Ungeheuern. List, nicht Bosheit blitzte aus ihren Augen. Nur bei einem gutmütigen Grinsen vermochte man die ungleichen Hauer und spitzen Zähne zu entdecken ...

Unter ständigem Augenwischen vollführte Daucus-Carota Pirouetten und Kapriolen, die für dieses Männchen mit seinen Alraunenbeinen erstaunlich waren, und wiederholte mit lächerlich-trauriger Stimme: «Heute ist der Tag gekommen, an dem wir vor Lachen sterben müssen.» ...

Der etwas krampfhaften Ausgelassenheit am Anfang folgte nun ein unaussprechliches Wohlbehagen, ein Frieden ohne Ende. Ich befand mich in der glücklichsten Phase des Haschischrausches, die im Orient *kif* heißt.

Während dieser Ekstase kehrte Daucus-Carota zurück. Wie ein Schneider oder Pascha hockte er auf seinen verschlungenen Wurzeln da und starrte mich mit flammenden Augen an; sein Schnabel knackte auf eine so hämische Art, und ein solch höhnisch-triumphierender Ausdruck entquoll dieser eingebildeten Figur, daß es mich gegen meinen Willen schauderte. Sobald er meine Furcht bemerkte, verstärkte er seine finsteren Blicke und Grimassen und näherte sich mir, indem er wie ein verwundeter Weberknecht oder ein Krüppel in seinem Gehkorb hüpfte.

Plötzlich verspürte ich einen eisigen Wind im Ohr, und eine Stimme, deren Tonfall ich sehr wohl kannte, wenn ich auch nicht mit Sicherheit hätte sagen können, wem sie gehörte, sprach: «Dieser elende Daucus-Carota, der seine Beine verkauft hat, damit er trinken kann, hat deinen Kopf gemaust und an seine Stelle zwar nicht einen Eselskopf, wie Puck dem bramarbasierenden Bottom, aber einen Elefantenkopf gesetzt!»

Auf diese einzigartige Weise hintergangen, begab ich mich geradewegs zum Spiegel und sah, daß die Warnung stimmte. Man hätte mich für ein javanisches oder Hindu-Idol halten können: meine Stirn war hoch, meine Nase zu einem Rüssel verlängert, der sich auf meiner Brust bog, meine Ohren strichen über die Schultern, und, um das Ungemach vollkommen zu machen, ich war über und über indigofarben wie Shiva, die blaue Gottheit ...

Mühsam erhob ich mich und ging auf die Tür zu, welche ich erst nach geraumer Zeit erreichte, da mich eine unbekannte Macht nach jedem dritten Schritt wieder einen zurückzog. Nach meiner Schätzung mußten zehn Jahre verstrichen sein, als ich diese Entfernung zurückgelegt hatte. Daucus-Carota folgte mir, wobei er mit einer heuchlerischen Miene, die Mitleid bekunden sollte, kicherte und murmelte: «Wenn er mit dieser Geschwindigkeit weitergeht, dann wird er als Greis ankommen.»

In der Tat fühlte ich, wie meine Glieder zu Stein erstarrten. Bis zur Körpermitte war ich zu einer Statue geworden ... Nichtsdestotrotz gelangte ich zum Treppenabsatz, und ich versuchte hinunterzugehen ... Als ich hinabblickte, sah ich einen Abgrund aus Stufen, Strudel von Wendeltreppen, verwirrende Spiralwindungen. Diese Treppe muß einfach bis zum Ende der Welt vorstoßen, dachte ich, während ich mechanisch weitertappte. Erst am Tage nach dem Jüngsten Gericht würde ich unten ankommen ... Die schlaffen und weichen Steine gaben wie Froschbäuche nach; immer neue Treppenabsätze, immer mehr Stufen boten sich unablässig meinen Füßen dar, die keinen Widerstand spürten; jene, die ich betreten hatte, erstanden vor mir aufs neue. Mich dünkte, dieses Karussell würde tausend Jahre dauern ...

Dann verlor ich völlig die Nerven; ich wurde wahnsinnig und phantasierte. Daucus Carota sprang bis zur Decke und sagte: «Schwachsinniger! Ich habe dir deinen Kopf zurückgegeben, doch zuvor dein Gehirn ausgelöffelt.» Verzweiflung hatte mich gepackt, denn als ich mit der Hand an meinen Schädel fuhr, spürte ich, daß er offen war. Da schwand mir das Bewußtsein.

Als ich wieder zu mir kam, merkte ich, wie sich der Raum mit schwarzgekleideten Gestalten füllte, die mit trauriger Miene aufeinander zugingen und sich mit melancholischer Anteilnahme die Hände schüttelten, als seien sie mit einem gemeinsamen Kummer behaftet. Sie sagten: «Die Zeit ist tot ... und wir gehen sie jetzt begraben.»

«Zwar war sie sehr alt, aber ich hätte nicht gedacht, daß so etwas geschehen könnte; für ihr Alter hat sie sich noch tapfer gehalten», fügte einer der Trauernden hinzu, in welchem ich einen mir befreundeten Maler wiedererkannte.

«Die Ewigkeit ist fadenscheinig geworden; alles muß einmal sein Ende haben», erwiderte ein ander.

«Um Himmels willen», rief ich bei dem Gedanken, der mir plötzlich kam: «Wenn es keine Zeit mehr gibt, wann wird es dann elf Uhr sein?» ...

«Niemals», erscholl die Echostimme Daucus-Carotas, wobei er mir seine

Nase ins Gesicht steckte und sich von seiner wahren Seite zeigte.... «Niemals... es wird immer Viertel nach neun sein... Der Zeiger wird dort stehenbleiben, wo er sich befand, als die Zeit aufhörte zu existieren, und deine Strafe wird darin bestehen, daß du die bewegungslosen Zeiger beobachtest und an deinen Platz zurückkehrst, um wieder aufzustehen, so lange, bis du auf Knochen gehst.»

«Nun komm», sagte der Beobachter. «Ich glaube, jetzt muß ich die bösen Geister austreiben. Das Klavichord Erards soll dabei Davids Harfe ersetzen.»

Und er setzte sich auf den Stuhl und spielte beschwingte und fröhliche Melodien... Dies schien das Alraunmännchen ungemein zu ärgern, und es schrumpfte, wurde platt, entfärbte sich, und es schauderte ihn fürchterlich; schließlich verlor es jegliches menschliches Aussehen und wälzte sich in Gestalt eines doppelwurzligen Bocksbartes auf dem Boden: Der Bann war gebrochen.

«Halleluja! Die Zeit ist auferstanden!» riefen kindliche, freudige Stimmen. «Schaut jetzt nur auf die Uhr!»

Der Zeiger wies auf die Elf.

«Die Kutsche des Herrn wartet unten», sagte der Diener.

Der Traum war zu Ende. Die Haschischesser hatten sich einzeln in ihre Wohnungen davongestohlen, wie die Offiziere nach Malbroucks Begräbnis.

Was mich betrifft, so ging ich leichten Schrittes die Treppe hinunter, die mir unsägliche Qualen verursacht hatte, und wenige Minuten später trat ich in mein eigenes Zimmer, ganz in die Wirklichkeit zurückgekehrt; auch die letzten, noch zögernden Nebel des Haschischrausches waren geschwunden. Ich befand mich wieder im vollen Besitz meiner Vernunft oder wenigstens dessen, was ich in Ermangelung eines treffenderen Ausdrucks als Vernunft bezeichne. Die Klarheit meines Verstandes würde genau ausgereicht haben, um einer Pantomime oder einem Singspiel zu folgen oder Verse zu schmieden, die sich dreifach reimen.

(Théophile Gautier, Le Club des Hachichins, Auszüge, Revue des Deux Mondes, 1. 2. 1846, übers. Harald Jung, Frankfurt 1967)

Das Haschisch macht gottgleich; indem der Rausch die Augen des Leibes trübt, erleuchtet er die der Seele.

(Gérard de Nerval, Le Voyage en l'Orient, Paris 1857)

Herr Moreau in türkischem Kostüm, ein Klavier traktierend. Federzeichnung von Theophile Gautier, laut handschriftlichem Zusatz unter Haschisch entstanden.

Der gewisse Club

Niemand, der sich mit Hanf und Kultur befaßt, kommt um jene eher freakige Runde herum, die in den Vierzigern des letzten Jahrhunderts das *Hôtel Pimodan* bevölkerte. Da es einige von ihnen später zu erheblichem Ruhm brachten, schossen die Mythen ins Kraut, und dabei wird fast schon übersehen, daß der Wirbel auf einen einzigen Zeitungsartikel zurückgeht, erschienen in der *Revue des Deux Mondes*, Februar 1846, und der trug auch den Titel, der seitdem diesem divergenten Haufen anhängt: *Le Club des Hachichins*.

Auf heutige Verhältnisse übertragen wäre die Vereinigung wenig Aufhebens wert: Ein Spekulant hat ein etwas heruntergekommenes Stadtpalais erworben und vermietet es, bis er mit den Instandsetzungsarbeiten beginnen kann, an Wohngemeinschaften. Die Räume sind prunkvoll, aber ungemütlich und im Winter lausig kalt. Dementsprechend zieht junges Künstlervolk ein, mit viel Hoffnungen auf die Zukunft und etwas Trödel vom Flohmarkt, in manchen Etagen ging es zu wie in einem Taubenschlag, und in der pompösen Belétage trafen sich die Drogenfreaks, ohne damals mit polizeilichen Hausdurchsuchungen rechnen zu müssen.

Bemerkenswert ist allerdings, daß sich die Runde gelegentlich traf, um Versuchskaninchen für einen erstaunlichen Arzt zu spielen, Jacques Joseph Moreau de Tours. Der hatte, was in seiner Zeit etwas ungewöhnlich war, schon als junger Arzt ein besonderes Interesse an seelischen Erkrankungen entwickelt. Grundlage seiner weiteren Arbeiten war die Annahme, der menschliche Geist sei jeweils eine winzige Facette des «Weltgeists», und Ekstatiker – von mystisch Verzückten bis zu Schizophrenen – seien diesem eine Stufe näher. Man müsse daher, um den Weltgeist und sie zu verstehen, eine drogengesteuerte Ekstase herbeiführen, «die andere Wirklichkeit erleben».

Auf Haschisch kam der sechsunddreißigjährige durch seinen Kollegen Aubert-Roche, der eine Weile in Algerien gelebt hatte und 1840 mit Moreau eine gemeinsame Praxis eröffnete. Allerdings war Moreau nicht der einzige, der unter denselben philosophischen Voraussetzungen mit Haschisch experimentierte. Einige Blocks weiter tat Alphonse Cahagnet dasselbe. Da er seine Ergebnisse aber erst drei Jahre später veröffentlichte und unter seinen Klienten keine später berühmten Literaten waren, ist er ziemlich vergessen worden. Wer diese frühen Schriften liest, gerät leicht ins Schmunzeln über die mystischen Spekulationen, die dazugehören, vom Magnetismus bis hin zur schon vergeistigten Alchemie. Dabei wird leicht übersehen, daß Cahagnet und Moreau damit Pioniere der klinischen Psychologie wurden. Ihre Überlegungen hinsichtlich der Einsetzbarkeit von Drogen, zu diagnostischen und therapeutischen Zwecken, werden immer wieder von der Wissenschaft aufgegriffen und sie führten, was die etablierte Psychiatrie betrifft, in unsere derzeitige Sackgasse einer «Chemotherapie» mit dem allerletzten Ziel eines pflegeleichten und vertrottelten Kranken.

Moreaus Interesse an Haschisch war klar definiert: Ihn interessierte «die andere Wirklichkeit», also halluzinationsartige Zustände, und dementsprechend große Dosen verabreichte er seinen begeisterten Versuchskaninchen. Die exotische Atmosphäre des *Hôtel Pimodan* interessierte ihn nur insoweit, als er sie für eine Hilfe zu ausgefallenen Phantasien hielt. Und bei dieser Erwartungshaltung des «Führers» konnten Mißverständnisse nicht ausbleiben – die ohnedies rege Erfindungsgabe der jungen Dichter und Maler wurde stimuliert, gewissermaßen im Konkurrenzverfahren immer exquisitere Halluzinationen zu erfinden und schließlich

---

Ich lehre euch hiermit die Wege, um euch selbst zu unterrichten und um jene Wahrheiten überprüfen zu können, die ich euch heute offenbart habe; lernt, wie ihr daraus euren Gewinn ziehen könnt.

Dieser Zustand unterscheidet sich so sehr vom materiellen Zustand, daß es, während man sich unter dessen Einfluß befindet, gänzlich unmöglich ist zu spüren, wie die Zeit verrinnt und welcher Abstand zwischen Auftreten und Ablauf dieser Bilder besteht. Ich war übere0001zeugt, daß ich über dem Mittelpunkt und über dem mikroskopischen Universum schwebte, welches nichtsdestotrotz eine Ähnlichkeit in Form und Raum aufweist, und dieselbe Wirkung und denselben Eindruck hervorrief wie materielle Formen und Räume. Da ich ganz vom Gedanken der Beobachtung und des Vergleichs zwischen diesem und dem materiellen Zustand beseelt war, konnte ich nicht umhin, mich zugunsten des ersteren auszusprechen. Der materielle Zustand scheint in jeder Beziehung unterlegen – das heißt, die Städte, Monumente, öffentlichen Gebäude, Gärten,

der Himmel und die Erde waren von unvergleichlicher Schönheit. Ich fand mich an den Orten wieder, die ich zu besuchen wünschte, ohne daß ich aufhörte zu sehen, daß ich diese in mir selbst wahrnahm – daß sie mein Bereich waren. Ich hatte die Lösung gefunden, nach der ich so lange gesucht hatte. Ich verstand, was der Mensch war – ich war ein Miniatur-Universum, und ich verstand, wie sich ein Hellseher in Ägypten oder China aufhalten kann, ohne dorthin zu reisen.

Diese Phänomene bewiesen mir, daß diese Halluzinationen, so genannt von allen, die diesen Trank zu sich nahmen, der in ihnen ähnliche Wirkungen gezeitigt hatte, dazu ausersehen waren, heilige Wahrheiten festzulegen.

Laßt uns hoffen, daß Worte wie *Wahnsinn, Halluzination* und *Einbildung* bald aus unserer wissenschaftlichen Sprache getilgt sein werden, um durch solche wie *inneres Leben* und *äußeres Leben* ersetzt zu werden.

(Alphonse Cahagnet, Sanctuaire de la Spiritualité, Paris 1848 – möglicherweise ein schlechtes Jahr für feinsinnige Publikationen)

---

welche, die sich aus der Wirkung der Droge auch bei extremen Dosen nicht mehr erklären lassen. Theophile Gautiers Bericht ist, gerade was die Visionen betrifft, mit äußerster Vorsicht zu genießen: Erstens mußte der Bericht sensationell sein, um überhaupt gedruckt zu werden – und damit haben wir die erste Kostprobe der Methoden, wie heute dieses Thema in Illustrierten aufbereitet wird –, und zweitens kannte er die phantastischen Geschichten E. T. A. Hofmanns und Edgar Allan Poes sehr gut und hat auch bei anderen Gelegenheiten daraus geerntet. Zweifellos ist es unter Haschisch möglich, die groteskesten Gedankengänge zu entwickeln. Aber sie auch zu «sehen» und noch dazu so plastisch, geht über die Wirkungsmöglichkeit der Droge hinaus.

Immerhin entstand als Folge dieser seltsamen Abendmahle eine ganze Reihe Literatur, die man als gedopt bezeichnen könnte, und da die drogenspezifischen Phänomene nicht so vielfältig zu sein schienen wie die beschriebenen Seiten, ähneln manche Texte einander wie ein Ei dem anderen. Aber auch Romane und Theaterstücke schienen nicht ohne eine entsprechende Passage auskommen zu können, und da die Literaturwissenschaft gemeinhin prüder ist als die Literaten, gehört zu den Arbeiten über Frankreichs 19. Jahrhundert auch die Standardfrage: Hat er oder nicht? Die meisten haben, und es gibt nur zwei berühmte Fälle, die das *Hôtel Pimodan* besuchten und sich mit Theorie zufriedengaben. Balzac gehörte dazu. Er ließ sich Haschisch ausführlich beschreiben und nahm auch einige vorsichtige Züge. Daß die Jünger der Tafelrunde ihm dann allerdings Opium anboten, irritierte ihn, und er ließ die Finger davon. Was ihn nicht hinderte, einige seiner Erzählungen ausgiebig mit Drogen zu würzen.

Auch Gustave Flaubert rührte Haschisch nicht an und kritisierte seinen Kollegen Baudelaire wegen dessen schon bedenklichem Umgang mit Rauschmitteln. Doch in seinem Roman ‹Die Spirale› wirken einige Passagen wie aus eigener Erfahrung geschöpft.

Weit weniger zimperlich war Alexandre Dumas, der zur Hochzeit des Pimodan gerade seinen ‹Graf von Monte Christo› schrieb und, voll der neuen Erfahrung, unserem Thema ein ganzes Kapitel widmete. Aus seinen späteren Jahren ist bekannt, daß er gern eine Haschischpfeife rauchte, aber Dawamesk soll er nicht mehr genascht haben. Auch Gérard de Nerval lernte den Stoff in der illustren Runde kennen, und in seiner ‹Geschichte des Kalif Hakem› verwertet er seine Erfahrungen zum «genau orientalischen Parfum, das durch die Sache ziehen muß».

Noch eifriger war Charles Baudelaire, der ein langes Prosastück namens ‹Das Gedicht vom Haschisch› schrieb, das in vielen Passagen mit der Genauigkeit eines Psychologen beobachtet und einen irritierenden Schluß hat. Um diesen zu verstehen, muß man wissen, daß der Dichter damals bereits opiumabhängig war und diesen Katzenjammer ja bereits kannte.

Unter den bildenden Künstlern, die zu jenem Kreis gehörten, hinterließen die Abende weniger Spuren. Daumier kam einmal vorbei, probierte alles aus und zeichnete dann seine ‹Haschisch-Raucher›. Meissonier kam erwartungsvoll, fühlte sich aber enttäuscht, da er nur geometrische Gebilde zu sehen glaubte: «Es war wie in einem Garten von Le Notre, zu meiner Enttäuschung. Unter solchen Umständen kann ich wirklich keine Inspiration haben.» Delacroix kam auch gelegentlich vorbei, aber er kannte die Sache ja von seinem Algerien-Aufenthalt und empfand sie nicht als so sensationell wie die Pariser Bürgersöhne.

1849 fand der legendäre Club, der allerdings nie als Club verstanden wurde, sein ganz natürliches Ende. Das Palais wurde renoviert, und der Hausherr setzte das Künstlervolk auf die Straße, wo es sich in alle Windrichtungen zerstreute.

Moreau la Tour wurde einer der bedeutendsten Seelenärzte seiner Zeit, und als er 1884 mit achtzig starb, brachten die Pariser Zeitungen diese Meldung auf den Titelseiten. In seinen letzten Lebensjahren hatte er sich kaum mehr für Haschisch interessiert. Ihn faszinierte eine neue Droge, in der er «den Stein der Weisen für die Behandlung von Schwermut» sah. Seine Schüler predigten diese Hoffnung weiter, und so kam es, daß auch Sigmund Freud nach seinen Pariser Studien das Wundermittel reichlich bedenkenlos verschrieb: Kokain.

Aus Charles Baudelaires Prosa «Das Gedicht vom Haschisch»

Es ist eine Art Besessenheit, aber zeitweilige Besessenheit nur, aus der wir, wären wir weise, die Zuversicht auf ein besseres Dasein und die Hoffnung, solches durch tägliche Übung unseres Willens zu erkämpfen, ziehen sollten.

Diese Schärfe des Verstandes, diese Begeisterung der Sinne und des Geistes müßten zu allen Zeiten den Menschen als der Güter höchstes erscheinen.

Ohne von den Kindern reden zu wollen, die oft einen merkwürdigen Schwindel empfinden, wenn sie in frischgemähter Luzerne spielten und sich wälzten, weiß man, daß während der Hanfernte männliche und weibliche Arbeiter ähnliche Wirkungen verspüren; man möchte sagen, daß aus der Ernte ein Miasma aufsteigt, das hinterlistig ihr Gehirn verwirrt. Der Kopf des Mähers ist wie durcheinandergewirbelt, oft von Träumen beladen. In gewissen Augenblicken werden die Glieder schwach und versagen den Dienst. Wir hörten oft von ziemlich häufigen mondsuchtartigen Anfällen russischer Bauern, deren Ursache, wie man sagt, im Gebrauch des Hanföles bei der Nahrungsbereitung liegen soll. Wer kennt nicht die Tollheit der Hühner, die Hanfkörner gefressen haben, und die feurige Begeisterung der Pferde, die die Bauern bei Hochzeiten und kirchlichen Festen zu einem Wettrennen vorbereiten, indem sie ihnen oft in Wein getauchten Hanf vorwerfen?

Der Fettextrakt des Haschisch, wie ihn die Araber bereiten, entsteht, indem man die Spitzen der frischen Pflanzen in Butter mit ein wenig Wasser kochen läßt. Nach vollständiger Verdampfung aller Feuchtigkeit passiert man ihn und erhält so eine Masse, die wie eine gelbliche Pomade aussieht und einen unangenehmen Geruch von Haschisch und ranziger Butter behält. Man nimmt ihn in dieser Form in kleinen Kügelchen von zwei bis drei Gramm ein; aber wegen seines üblen Geruchs, der mit der Zeit zunimmt, verarbeiten die Araber den Fettextrakt in Konfitüren.

Die gebräuchlichste Art dieser Konfitüren, das Davamesk, ist eine Mischung aus Extrakt, Zucker und verschiedenen aromatischen Kräutern,

wie Vanille, Zimt, Pistazie und Muskat. Mitunter setzt man selbst ein wenig Kantharidin zu einem Behufe zu, der nichts gemein mit den üblichen Wirkungen des Haschisch hat.

Ich habe gehört, daß man kürzlich auf dem Destillationswege aus dem Haschisch ein lösbares Öl gezogen hat, das viel stärkere Wirkungen hervorbringen soll als alle bisher bekannten Präparate; aber man hat es noch nicht genügend erprobt, als daß ich mit Gewißheit über seine endgültigen Wirkungen sprechen könnte.

Und da für gewöhnlich die Leser und Frager mit dem Wort Haschisch die Gedanken einer seltsamen und auf den Kopf gestellten Welt verbinden – wunderbare Träume erwarten – oder besser: Halluzinationen (die im übrigen seltener sind als man glaubt), will ich von vornherein den wichtigen Unterschied festlegen, der die Wirkungen des Haschisch von den Erscheinungen des Schlafes trennt. Im Schlaf, dieser abenteuerlichen, allabendlichen Reise, liegt etwas entschieden Wunderbares; es ist ein Wunder, dessen ständige Wiederkehr das Geheimnisvolle abgestumpft hat. Es gibt zwei Arten menschlicher Träume: die einen enthalten sein gewöhnliches Leben, seine Gedanken, seine Wünsche, seine Laster, vereinigen sich auf mehr oder weniger bizarre Art die am Tage erblickten Gegenstände, die sich auf der großen Leinwand seines Gedächtnisses aufdringlich fixieren, – so der natürliche Traum! Der sinnlose, unerwartete Traum, der keine Beziehungen noch Verbindung mit dem Charakter, dem Leben und den Leidenschaften des Schläfers hat – jener Traum, den ich hieroglyphisch nennen möchte, weist ohne Zweifel auf die übernatürliche Seite des Lebens hin, und just, weil er sinnlos war, hielten ihn die Alten für göttlich. Da er auf natürliche Weise nicht erklärbar ist, haben sie seinen Ursprung außerhalb des Menschen gesucht; und noch heute gibt es, ohne von den Traumdeutern sprechen zu wollen, eine philosophische Schule, die in solchen Träumen bald einen Vorwurf, bald einen Rat sieht, zusammenfassend: ein symbolisches und moralisches Gemälde, das im Geist des Schlafenden entstand. Es ist ein Wörterbuch, das man studieren muß, eine Sprache, zu der die Weisen den Schlüssel finden können. Nichts dergleichen im Haschischrausch. Wir werden den natürlichen Traum nicht verlassen. Freilich wird der Rausch während seiner ganzen Dauer, dank der Intensität der Farbe und der Schnelligkeit der Konzeption, nur ein ungeheurer Traum sein; aber er wird immer die dem einzelnen eigentümliche Färbung behalten. Der Mensch wollte träumen, der Traum wird den Menschen regieren; aber dieser Traum wird durchaus der Sohn seines Vaters sein.

Im Haschischrausch gibt es gewöhnlich drei unterscheidbare Phasen: Und es ist unterhaltend genug, die ersten Symptome der ersten Phase bei den Neulingen zu beobachten. Ihr habt vage von der wunderbaren Wirkung des Haschisch reden gehört. Eure Einbildungskraft hat sich daraus ein wunderbares Bild geformt, wie etwa das einer idealen Trunkenheit: Ihr brennt darauf festzustellen, ob die Wirklichkeit ganz die Höhe eurer Hoffnungen erreichen wird. Das genügt, um euch von Anfang an in einen ängstlichen Zustand zu versetzen, der der erobernden und überschwemmenden Kraft ziemlich günstig ist. Die meisten Neulinge klagen ganz zu Anfang über die Langsamkeit der Wirkung. Sie erwarten sie mit kindlicher Ungeduld. Und wirkt die Droge nicht schnell genug auf sie, halten sie große ungläubige Reden, die lustig genug für die alten Eingeweihten sind, welche wissen, wie das Haschisch wirkt. Die ersten Anzeichen des Rausches kommen wie die Vorboten eines lang drohenden Gewitters und steigern

sich innerhalb dieser Ungläubigkeit selbst. Zuerst befällt dich eine gewisse lächerliche, unwiderstehliche Heiterkeit. Diese Anfälle grundloser Lustigkeit, deren du dich beinahe schämst, wiederholen sich häufig und unterbrechen die Pausen, in denen du verblüfft versuchst, dich zu sammeln. Die einfachsten Worte, die alltäglichsten Gedanken erhalten ein neues und merkwürdiges Aussehen; du wunderst dich sogar, sie bislang so einfach gefunden zu haben. Ähnlichkeiten und Verwandtschaften unzusammenhängender Dinge, die man unmöglich voraussehen konnte, unaufhörliche Wortspiele, erste Andeutung komischer Dinge entsprudeln in einem fort deinem Hirn. Der Dämon hat dich gepackt, es ist nutzlos, gegen diese Heiterkeit anzukämpfen, die schmerzlich wie ein Kitzel ist. Von Zeit zu Zeit lachst du über dich selbst, deine Albernheit und deine Torheit – und deine Freunde, wenn anders du welche hast, lachen gleichfalls über deinen Zustand und ihren eigenen. Aber da sie nicht boshaft sind, nimmst du es nicht übel.

Nach dieser ersten Phase heftiger Heiterkeit tritt wie plötzlich eine Ruhe ein. Aber neue Ereignisse kündigen sich bald durch ein Gefühl von Kühle (die bei einigen sich sogar zu äußerstem Kältegefühl steigern kann) und eine große Schwäche in allen Gliedern an; deine Hände sind wie aus Butter, im Kopf und deinem ganzen Wesen fühlst du eine Dumpfheit und quälende Betäubung. Deine Augen werden größer; sie irren wie in einer unstillbaren Ekstase nach allen Richtungen. Blässe befällt dein Antlitz; die Lippen werden schmal und treten mit jenem Keuchen in den Mund zurück, das den Ehrgeiz eines Mannes voll großer Pläne charakterisiert, der von ungeheuren Gedanken bedrückt seinen Atem gleichsam zum Anlauf sammelt. Die Kehle schließt sich sozusagen. Der Gaumen wird durch einen Durst ausgetrocknet,

165

den zu stillen unerhört süß sein müßte, wäre das Entzücken der Faulheit nicht größer noch und setzte der leisesten Körperbewegung Widerstand entgegen. Rauhe und tiefe Seufzer entringen sich deiner Brust, als könnte dein früherer Leib die Wünsche und den Tatendurst deiner neuen Seele nicht mehr ertragen. Von Zeit zu Zeit geht ein Ruck durch deinen Körper und zwingt dich zu einer ungewollten Bewegung, gleich jenem Aufschrecken, das am Ende eines arbeitsreichen Tages oder einer Gewitternacht dem endlichen Schlummer vorausgeht. Mitunter verschwindet das Persönlichkeitsbewußtsein, und die Objektivität, die pantheistischen Dichtern eigen ist, entwickelt sich in dir so außerordentlich, daß die Betrachtung der äußeren Dinge dich deine eigene Existenz vergessen läßt und du bald in ihnen aufgehst. Deine Augen richteten sich auf einen im Wind harmonisch gewiegten Baum; in wenigen Augenblicken wird, was im Hirn eines Dichters ein sehr gewöhnlicher Vergleich wäre, in dem deinen zur Wirklichkeit. Du verleihst zunächst dem Baum deine Leidenschaften, deinen Wunsch oder deine Melancholie. Sein Seufzen und sein Zittern wird zu deinem, und bald wirst du der Baum. Ebenso stellt der Vogel, der in der Tiefe des Himmels schwebt, zunächst die unsterbliche Lust, über den menschlichen Dingen zu gleiten, dar; aber schon bist du der Vogel selbst. Nimm an, daß du sitzest und rauchst, daß deine Aufmerksamkeit ein wenig zu lange auf den bläulichen Wolken, die deiner Pfeife entsteigen, ruht – der Gedanke an ein langsam, ständiges, ewiges Verdampfen ergreift deinen Geist, bald überträgst du diese Idee deinen eigenen Gedanken, deiner denkenden Materie.

Wenn ich von Halluzinationen rede, darf man das Wort nicht wörtlich nehmen. Ein sehr wichtiger Faktor unterscheidet die reine Halluzination, die zu studieren die Ärzte oft Gelegenheit haben, von der Halluzination oder besser dem Gedankenirrtum im Haschischrausch. Im ersten Falle ist die Halluzination plötzlich, vollkommen und verhängnisvoll; sie findet des weiteren weder Vorwand noch Entschuldigung in der Welt der äußeren Gegenstände. Der Kranke sieht eine Form, hört Töne, wo es keine gibt. Im zweiten Fall entsteht die Halluzination nach und nach fast durch freien Willen und wird erst durch die Arbeit der Einbildungskraft vollkommen und reif. Kurz, sie hat einen Vorwand. Der Ton wird zwar sprechen, deutliche Dinge sagen, aber der Ton war da. Das trunkene Auge des haschisch-berauschten Menschen wird merkwürdige Formen sehen, aber diese Formen waren einfach und natürlich, ehe sie sonderbar und ungeheuer wurden. Die Energie und die wirklich sprechende Lebhaftigkeit der Haschischhalluzination entkräftet in nichts diesen wesentlichen Unterschied. Sie wurzelt in der tatsächlichen Umgebung und im Augenblick, jene nicht. Gehörst du zu jenen Seelen, wird die dir innewohnende Liebe zur Form und zu den Farben im Beginn deines Rausches zunächst einen ungeheuren Weideplatz finden. Die Farben werden ungewohnten Glanz annehmen, mit siegreicher Kraft in dein Gehirn eindringen. Die Deckengemälde, mögen sie zart, mittelmäßig oder selbst schlecht sein, erhalten ein schreckliches Leben; die gröbsten Tapeten, die auf den Wirtshauswänden kleben, werden wie herrliche Dioramen erscheinen. Die Nymphen mit der leuchtenden Haut schauen auf dich mit Augen, die tiefer und klarer als Himmel und Wasser sind; die Figuren der Mythologie tauschen in ihren Priestergewändern oder Rüstungen durch einen einfachen Blick mit dir feierliche Geständnisse. Das Gewirr der Linien wird zur deutlichen Sprache, in der du die Erregung und die Sehnsucht der Seelen liest.

Was nun die Liebe betrifft, so habe

ich viele Menschen mit Gymnasiasten-neugier bei denen Auskunft holen hören, die häufig Haschisch nehmen. Was muß aus dem Liebesrausch, der schon so heftig in seinem natürlichen Zustand ist, werden, wenn er in den andern Rausch mit eingeschlossen wird, wie eine Sonne in der Sonne? Diese Frage wird in den vielen Köpfen derer entstehen, die ich die Lüstlinge der intellektuellen Welt nennen möchte.

Da wir im Haschischrausch ein merkwürdiges, selbst unbekannten Personen entgegengebrachtes Wohlwollen beobachtet haben, ein Art Philanthrophie, die eher dem Mitleid als der Liebe entspringt (hier zeigt sich der erste Keim des satanischen Giftes, der sich außerordentlich entwickeln wird) und sich bis zur Angst steigert, wen auch immer zu betrüben, errät man, was aus den lokalisierten, einer geliebten Person entgegengebrachten Gefühlen entstehen kann, die im geistigen Leben des Kranken eine wichtige Rolle spielen oder spielten. Die Gewissensbisse, merkwürdige Beigabe des Vergnügens, ertrinken bald in der köstlichen Betrachtung der Gewissensbisse, in einer Art wollüstigen Analyse; und diese Analyse geht so schnell vor sich, daß dieser natürliche Teufel, um mit den Swedenborgianern zu sprechen, nicht bemerkt, wie willenlos er ist und wie sehr von Sekunde zu Sekunde er sich der teuflischen Vollkommenheit nähert. Soll ich die Analyse dieser siegreichen Monomanie weiter verfolgen, erklären, wie unter der Herrschaft des Giftes mein Held sich bald zum Mittelpunkt des Universums macht? Wie er zum lebenden und übertriebenen Ausdruck des Sprichwortes wird, welches besagt, daß die Leidenschaft aus sich selbst lebt? Er glaubt an seine Tugend und an sein Genie: Errät man das Ende?

Ich überspringe und kürze ab, keiner wird sich wundern, daß ein endlicher, höchster Gedanke dem Gehirn des Träumers entspringt: «Ich bin Gott geworden!», daß ein wilder, brennender Schrei seiner Brust mit solch treibender Kraft sich entringt, daß, hätten Willen und Glauben eines trunkenen Menschen tatsächlichen Wert, dieser Schrei die Engel auf dem Wege des Himmels hinschmettern würde: «Ich bin Gott!» Aber bald verwandelt sich dieser Sturm des Stolzes in eine wohltemperierte, stumme, ausruhsame Glückseligkeit und die Universität der Wesen zeigt sich in ihrer Buntheit wie in phosphoreszierendes Morgenrot getaucht. Wenn zufällig eine vage Erinnerung in die Seele dieses bedauernswerten Glücklichen gleitet: «gibt es nicht noch einen anderen Gott?», so glaubt mir, daß er sich über diesen erheben wird, daß er seinen Willen verteidigen und ihm ohne Furcht entgegentreten wird. Welches war der französische Philosoph, der, um die modernen deutschen Doktrinen zu verspotten, sagte: «Ich bin ein Gott, der schlecht zu Mittag speiste.» Diese Ironie würde einen Haschischberauschten nicht treffen. Ruhig würde er antworten: «Es ist möglich, daß ich schlecht gespeist habe, aber ich bin ein Gott.» Aber der andere Morgen! Der schreckliche andere Morgen! Erschlaffung und Ermüdung aller Organe, die Entspannung der Nerven, die brennende Lust zu weinen, die Unmöglichkeit, bei einer Arbeit auszuharren, belehren dich grausam, daß du ein verbotenes Spiel gespielt hast. Trotz der wunderbaren Dienste, die Äther und Chloroform geleistet haben, erscheint es mir vom Standpunkt geistiger Philosophie aus, daß man alle modernen Erfindungen moralisch tadeln muß, die dahin zielen, die menschliche Freiheit und den unerläßlichen Schmerz zu vermindern.

(Charles Baudelaire, Le poème du hachich, Paris 1860, übers. Erik Ernst Schwabach, München 1903)

Ich bin des Dichters Pfeife, und genau
Siehst du an mir, die stammt aus fremden Fluren

Von meines Herren Leidenschaft die
Spuren:
Daß er ein Raucher ist, trag' ich zur
Schau.

Herr Bayard Taylor übernimmt sich und gibt schließlich einen guten Tip

Meine unersättliche Wißbegierde verführt mich dazu, alles, dessen Kennt-
nisnahme nicht gesetzlich untersagt ist,
lieber am eigenen Leibe zu erfahren,
als es mir auf eine weniger befriedi-
gende und mühselige Weise anzueig-
nen. Deshalb habe ich auch während
meines Aufenthaltes in Damaskus das
berühmte Haschisch ausprobiert – jene
ungewöhnliche Droge, die dem genuß-
süchtigen Syrer lustvollere und phan-
tastischere Träume spendet, als er sie
aus den Zügen seiner Lieblingsopium-
pfeife erlangen kann. Während die un-
mittelbare Wirkung des Haschisch ausgeprägter zu sein scheint als die des
Opiums, so führt doch sein gewohn-
heitsmäßiger Gebrauch trotz der damit
verbundenen anhaltenden extremen
Schädigungen im Nervensystem nur
selten zu einer so gründlichen körperlichen und seelischen Zerrüttung, wie
sie sich bei Opiumsüchtigen unweiger-
lich über kurz oder lang einstellt.

Mein Reisegefährte und ein vornehmer Engländer, der zusammen mit seiner Gattin ebenfalls in Antonios gast-
licher Karawanserei wohnte, wollten
an meinem Experiment teilnehmen.
Der Dolmetscher des letzteren wurde
beauftragt, eine ausreichende Menge
der Droge zu besorgen.

Da wir gewohnt waren, bei Sonnenuntergang zu Abend zu essen, schlug
ich vor, das Haschisch auch um diese

Zeit einzunehmen, aber meine
Freunde befürchteten, daß sich seine
Wirkung bei Anfängern rascher einstellen und sie in Gegenwart anderer
Reisender der Lächerlichkeit preisgeben könnte, weshalb wir bis nach der
Mahlzeit warteten. Dann beschlossen
wir, uns auf unser Zimmer zurückzuzie-
hen; dieses erhob sich turmgleich ein
Stockwerk höher als das übrige Gebäude, war also in gewissem Maße abgeschlossen und schirmte uns vor fremden Blicken ab.

Wir begannen damit, daß jeder einen
Teelöffel voll von der Mixtur einnahm,
die Abdallah uns beschafft hatte. Wir
ließen die Paste langsam auf der Zunge
zergehen und warteten eine Zeitlang
ruhig das Ergebnis ab. Doch da wir sie
auf vollen Magen eingenommen hatten, wurde sie in ihrer Wirkung beeinträchtigt, und selbst nach Verlauf einer
Stunde konnten wir nicht die geringste
Veränderung unseres Zustandes feststellen. Meine Freunde drückten un-
verhohlen ihre Überzeugung aus, daß
die Sache mit dem Haschisch purer
Schwindel sei, während ich das Experiment in diesem Stadium nicht aufgeben
wollte und deshalb vorschlug, noch einen halben Teelöffel voll zu nehmen
und eine Tasse heißen Tee darauf zu
trinken; der würde dann, wenn überhaupt etwas hinter diesem Präparat
steckte, seine Wirkung herbeiführen.

Und dann geht die Sache auch gewaltig los ...

Die Mauern meines Leibes barsten
nach außen und stürzten zusammen;
und ohne daran zu denken, welche Gestalt ich nun angenommen hatte – ja,
ohne überhaupt noch die Idee der

Form schlechthin fassen zu können –,
fühlte ich, daß ich über einen riesengro-
ßen Raum hin existierte. Das Blut, das
mein Herz weiterpumpte, durcheilte
ungezählte Meilen, bevor es in meine

Extremitäten gelangte, die Luft, die ich in meine Lungen einsog, weitete sich zu Meeren von klarem Äther aus, und die Rundung meines Schädels spannte sich weiter als das Himmelsgewölbe.

Meine Neugierde hatte nun fast ihren Sättigungspunkt erreicht; der Geist (oder soll ich nicht besser sagen: Dämon?) des Haschisch hatte mich völlig in Besitz genommen. Nun war ich in die Fluten seiner Illusionen geworfen und trieb hilflos, wohin auch immer sie mich zu tragen beliebten. Die Schauder, die mein Nervensystem durchfuhren, wurden immer häufiger und heftiger und waren von Empfindungen begleitet, die mein ganzes Sein in eine unaussprechliche Verzückung tauchten. Ich war von einem Strahlenmeer umgeben, auf dem so reine und harmonische Farben spielten, wie sie nur dem Licht entstammen·können. Während ich in abgerissenen Sätzen versuchte, diese Gefühle meinen Freunden zu beschreiben, die mich ungläubig anstarrten – die Droge hatte bei ihnen noch immer keine Wirkung gezeitigt –, befand ich mich plötzlich am Fuße der gewaltigen Cheopspyramide. Die nach oben immer kürzer werdenden Reihen aus gelbem Kalkstein funkelten golden im Sonnenschein, und der Bau erhob sich so hoch, daß er sich, um eines festeren Haltes willen, an das blaue Himmelsgewölbe anzulehnen schien. Ich wollte ihn erklimmen: und schon der bloße Wunsch brachte mich sofort auf seinen Gipfel, Tausende von Metern über den Weizenfeldern und Palmenhainen Ägyptens. Ich richtete meinen Blick nach unten und gewahrte zu meinem Erstaunen, daß diese Pyramide nicht aus Kalkstein, sondern aus riesigen Ballen gepreßten Tabaks gefügt war! Mir fehlen die Worte, um die grenzenlose Lächerlichkeit zu beschreiben, welche mich bei diesem Anblick überfiel. Ich krümmte mich auf meinem Stuhl in einem Lachkrampf, der nur dadurch gemildert wurde, daß die Vision langsam hinwegschmolz; bis sich schließlich aus dem Durcheinander undeutlicher und unvollständiger Bilder eine neue, noch wunderbarere erhob.

Das Seltsamste an diesen Illusionen aber war, daß ich selbst dann, wenn ich ganz in ihrem Bann stand, stets wußte, daß ich mich im Turm von Antonios Gasthof zu Damaskus befand, daß ich Haschisch genommen hatte und daß die fremdartigen, erhabenen und lächerlichen Halluzinationen darauf zurückzuführen waren. Genau in dem Augenblick, als ich von der Pyramidenspitze auf das Niltal herabschaute, durch die Wüste glitt oder meine wundersamen Brunnen in jener ländlichen Idylle schuf, sah ich das Mobiliar meines Zimmers, seinen Mosaikfußboden, die anheimelnden sarazenischen Wandnischen, die bemalten und vergoldeten Deckenbalken und den Diwan im Alkoven vor mir, von dem aus mich meine Reisebegleiter beobachteten. Die beiden Erlebnisbereiche deckten sich und waren gleich stark vorhanden. Während ich einerseits den großartigen Trugbildern völlig verfallen war, erkannte ich andererseits ihre Ursache und bemerkte ganz klar ihre Unwirklichkeit. Die Metaphysiker sagen, daß der Geist in der Lage sei, zwei Denkvorgänge gleichzeitig zu vollziehen, und pflegen dieses Phänomen dadurch zu erklären, daß sie einen raschen und unaufhörlichen Wechsel in der Wahrnehmung dieser beiden Zustände voraussetzen. Mich jedoch befriedigt eine solche Erklärung keineswegs; denn ebenso deutlich, wie ein geschickter Musiker auf dem Horn mit demselben Atemstoß zwei verschiedene Töne erzeugen kann, war ich mir zweier unterschiedlicher Daseinszustände im gleichen Augenblick bewußt.

But the beat goes on ...

Ich spürte, daß mich irgendeine gewaltige Macht in den Griff bekommen hatte, und im Glimmen meiner schwindenden Sinne befürchtete ich schon das Schlimmste, denn der schreckliche Druck, gegen den sich mein ganzer Körper verzweifelt wehrte, wuchs ständig an. Eine wilde und ungestüme Hitze strahlte von meinem Magen aus und verbreitete sich im ganzen Körper; mein Mund und mein Rachen waren so trocken und hart, als ob sie aus Blech wären, und meine Zunge kam mir wie ein Riegel aus rostigem Eisen vor. Ich griff nach einem Krug mit Wasser und leerte ihn in langen und tiefen Zügen; aber ich hätte ebensogut die gleiche Menge Luft trinken können, denn er spendete nicht nur kein erfrischendes Naß, sondern mein Gaumen und meine Kehle ließen mich auch nicht im geringsten spüren, daß ich überhaupt etwas getrunken hätte.

Ich sah nun nicht mehr das Zimmer und meine Freunde, doch hörte ich, wie der eine sagte. «Es muß wohl echt sein; denn er könnte bestimmt nicht einen solchen Ausdruck mimen. Aber viel Spaß scheint er dabei nicht zu haben.» Gleich darauf vernahm ich ein ungestümes Lachen, und dann sprang mein Landsmann auf den Boden, wobei er verkündete: «Mein Gott, ich bin eine Lokomotive!» Diese Vorstellung beherrschte ihn so sehr, daß er sich zwei oder drei Stunden lang mit abgemessenen Schritten hin und her bewegte und seinen Atem in mächtigen Stößen von sich gab.

Inzwischen war es fast Mitternacht geworden. Ich hatte das Haschischparadies durchmessen und wurde unmittelbar darauf in seine gräßlichste Hölle gestürzt. In meiner Unwissenheit hatte ich, wie ich später erfuhr, eine Menge zu mir genommen, die für sechs Personen ausgereicht hätte, und mußte nun aufs schrecklichste für meine Neugierde büßen.

Meine Kehle war so trocken wie eine Herdplatte, und meine erstarrte Zunge klebte am harten Gaumen. Kurz, ich hatte jeglichen Widerstand aufgegeben und erwartete mit der Gleichgültigkeit der Verzweiflung mein Schicksal.

Mein Reisegefährte näherte sich demselben Zustand, aber da sich die Droge bei ihm nicht so ungestüm auswirkte, hatte er auch nicht so stark wie ich zu leiden. Er rief mir zu, daß er im Sterben liege, und flehte mich inständig um Hilfe an, denn ich lag still und reglos da und schien die Gefahr, in der er sich befand, nicht zu bemerken. «Warum nur läßt er mich nicht in Ruhe?» dachte ich. «Er glaubt zu sterben, doch was ist schon der Tod im Vergleich zum Wahnsinn? Soll er nur sterben; tausend Tode wären leichter zu ertragen als meine Qualen.» Solange ich seine Hilferufe deutlich wahrnahm, bereiteten sie mir nur unermeßlichen Ärger; doch eine Weile später bewölkten sich meine Sinne, und ich verlor das Bewußtsein.

Wenn ich mich recht erinnere, war es mittlerweile drei Uhr morgens geworden; das Rauschgift hatte also schon seit über fünf Stunden seine Wirkung getan. In gleicher Verfassung verbrachte ich den folgenden Tag und auch die folgende Nacht, und nur ein einziges Mal verirrte sich ein Bewußtseinsstrahl in meinen grauen und öden Zustand des Vergessens.

Getreulich und vollständig habe ich hier meine Erfahrungen wiedergegeben, damit andere daraus lernen können.

Sollte mir das – was Gott verhüte – nicht gelungen sein und habe ich nach allem nur jene unbändige Neugierde erweckt, die ich von vornherein zu stillen versuchte, so möchte ich alle diejenigen, welche das Experiment auf eigene Faust wiederholen wollen, gebeten haben, nur so viel Haschisch zu

nehmen, daß die Menge nach allgemei-
nem Ermessen für eine Person und
nicht, wie in meinem Fall, für sechs ausreicht.

*(Bayard Taylor, The Land of the Sara-
cen or Pictures of Palestine, Asia Minor,
Sicily and Spain, New York 1885, übers.
Peter Hörr, Frankfurt 1967)*

«Gegen Krämpfe aller Art»

Die Romantik des 19. Jahrhunderts unterscheidet sich, von ihren künstle-
rischen Moden abgesehen, kaum von der des unseren: Sie war Reaktion
auf den die Zeit beherrschenden kruden Materialismus, und auf Reisen in
die Innerlichkeit oder die Exotik oder die ferne Vergangenheit begaben
sich alle, denen der mit viel Getöse daherbrausende Zug des Fortschritts-
glaubens unheimlich war. Sollte es uns nicht gelingen, die Menschheit
noch in diesem Jahrhundert auszurotten, werden künftige Historiker im
«Zeitgeist» des letzten Jahrtausendviertels keine grundlegenden Ände-
rungen bemerken: Es blieb als herrschende Ideologie ein geradezu rührender Glaube an den technologischen Fortschritt und an die Möglichkeiten wirtschaftlichen Wachstums um jeden Preis. Und nur die Bohemiens,
Freaks und Aussteiger begegneten diesen rasanten Verbesserungen mit
unverbesserlich schmollendem und erst sehr spät ökologisch begründetem Mißtrauen.

In der Medizin- und Drogengeschichte, also in der Pharmazeutik,
führte dieser Weg von den Hausmitteln zum industriell hergestellten Präparat unvergleichlich stärkerer Wirkkraft, gegen deren Nebenwirkung
neue Präparate nötig wurden und gegen deren Nebenwirkungen ... Es
begann allemal mit Versuchen, den Wirkstoff einer Naturdroge möglichst
rein darzustellen, und es ist eigenartig, daß es immer erstaunlich junge
Leute waren, die solche Forschungen betrieben. Friedrich Wilhelm Ser-
türner beispielsweise war keine zwanzig Jahre alt, als er 1803 aus dem
Opium das Morphin herstellte. Er hoffte damit, «durch die chemische
Reinheit die normale Gefahr gewöhnlichen Opiums, zu ständigem Gebrauch zu verführen, endgültig ausgeschaltet» zu haben.

Die chemische Erforschung von Hanf hatte andere Gründe: die Natur-
produkte waren hinsichtlich ihrer Wirkung zu unterschiedlich, um für den
medizinischen Gebrauch zuverlässig zu sein. Im frühen 19. Jahrhundert
wurde auch im deutschsprachigen Raum Haschisch verschrieben, als «Ersatz» für Opium und laut alten Fachbüchern «als leichtere Arznei denn
dieses und in Fällen, wo Opium nicht bekömmlich sein sollte», aber schon

171

die ersten Notizen im Leipziger ‹Journal der Pharmacie› beklagen die Schwierigkeit präziser Dosierungen.

Es war ein ehrgeiziger junger Schotte, der sich vorgenommen hatte, diesem Mißstand abzuhelfen. William B. O'Shaughnessy hatte auf der Universität Edinburgh sein Medizinstudium in Rekordzeit absolviert und war dann in die Dienste der British East India Company gegangen, wo er es sehr schnell vom Assistenzarzt zum leitenden Arzt des Medical Council in Kalkutta brachte. 1839 veröffentlichte er seine berühmte Untersuchung über den Hanf, und noch im selben Jahr wurde der knapp Dreißigjährige zum Professor für Chemie ernannt.

Der vielseitige Schotte wurde in ganz Europa gefeiert, aber das muß nicht der Grund gewesen sein, daß in den frühen Sechzigern seine Tinktur die Apotheken regelrecht eroberte. 1855 waren aus Indien nur 280 Tonnen Ganja nach Europa exportiert worden; 1865 hatte sich die Menge bereits verzwölffacht. Damit war der nichttextile Hanf zum wichtigsten Handelsartikel nach Textilien und Tee für den Westhandel geworden, und nur das Opiumgeschäft mit China brachte den Briten noch mehr. In den Bilanzen von 1879 fungierte Hanf im Außenhandel Indiens immer noch an vierter Stelle, gefolgt von Hanffasern und Jute, die im folgenden Jahr einen Platz höher rückten.

Die wichtigsten Abnehmer waren außer England der Reihe nach die USA, das Deutsche Reich, Österreich-Ungarn, Belgien und Italien. Die Niederlande zogen in Indonesien ihr eigenes Ganja, und Frankreich deckte seinen Bedarf in Algerien. Es war auch von den Briten nicht unbedingt klug, ihr Ganja mit Samen zu liefern, denn Italien und die Donau-Monarchie starteten Anfang der achtziger Jahre eigene Produktionsversuche. Österreichs «Medizinalhanf» wurde in Bosnien und Ungarn angebaut und hatte nach einem Drogistenbuch der Zeit «nicht die hervorragende Wirkungseigenschaft der indischen Sorten», kostete aber auch nur ein Zehntel der Importware. Gegen Ende des Jahrhunderts flaute der Hanfboom etwas ab, teils durch den Eigenbau der Abnehmerländer, teils auch deswegen, weil andere Pharmaka auf den Markt drängten. 1893 exportierte Indien nur noch 2150 Tonnen Ganja, von denen das Deutsche Reich 290 abnahm, und 1905 betrugen die deutschen Importe nur noch 24 Tonnen.

Die wichtigsten Hersteller von Cannabis-Extrakt waren in Edinburgh T. & H. Smith, bei denen O'Shaughnessy einen Beratervertrag hatte, im Deutschen Reich die Firma Merck, die sich bereits mit Morphin und Kokain einen Markt gesichert hatte, und in den USA Tilden, die allerdings mit der kontinentalen Konkurrenz ihre Sorgen hatte und bald auch mit einem frechen Newcomer namens Parke-Davis & Co., die ihr Ganja ein-

Herr O'Shaughnessy empfiehlt:
Der Harz des Hanfs ist leicht löslich in Alkohol und Äther, teils löslich in Laugen; nicht löslich in Säurelösungen; wenn rein, von einer schwarzgrauen Farbe, hart bei 30°; wird bei höheren Temperaturen weicher und schmilzt leicht – löslich in den festeren und in mehreren ätherischen Ölen. Sein Duft ist wohlriechend und berauschend; er schmeckt leicht warm, bitterlich und herb.

Die getrocknete Hanfpflanze, die geblüht hat und *deren Harz noch nicht entfernt worden ist*, nennt man *gunjah*. Es wird zwischen zwölf Annas bis zu einer Rupie pro Ser in den Bars von Kalkutta verkauft und ergibt zusammen mit Alkohol zwanzigprozentiges Harzextrakt, zusammengesetzt aus dem Harz (*churrus*) und grünem Farbstoff (*Chlorophyll*). Destilliert mit einer größeren Menge Wasser, gehen Spuren der ätherischen Öle in dieses über, und der destillierte Likör weist den starken, narkotischen Geruch der Pflanze auf.

Siddhi, subji und *bhang* (synonym) werden zusammen mit Wasser als Getränk verwendet, das folgendermaßen hergestellt wird: Etwa drei Tola Gewicht, 540 Troy Körner, werden in kaltem Wasser gut gewaschen, dann zu Pulver zerrieben, mit schwarzem Pfeffer, Gurken- und Melonensamen, Zukker, einer halben Pinte Milch und einer gleichen Menge Wasser vermischt. Diese Menge genügt, um eine daran gewöhnte Person zu berauschen. Für einen Anfänger reicht die Hälfte. Diese Zusammensetzung wird vor allem von der Oberschicht der Mohammedaner genossen.

Ein weiteres Rezept lautet wie folgt: Eine gleiche Menge *siddhi* wird gewaschen und gemahlen und mit schwarzem Pfeffer vermischt. Dazu wird ein Quart kaltes Wasser gegeben. Dies wird in einer Sitzung getrunken. Es ist das bevorzugte Getränk der Hindus, die diesem Laster nachgehen, besonders der Birjobassier und mancher Radjputen-Soldaten.

Experimente des Autors – Folgerungen über die Wirkung der Droge auf Tiere und Menschen
Eine ausgedehnte Reihe von Versuchen mit Tieren wurde zuerst durchgeführt, von denen die folgenden angeführt werden können:
1. Versuch: Zehn Körner nepalischen *churrus*, in Spiritus aufgelöst, wurden einem mittelgroßen Hund verabreicht. Nach einer halben Stunde wurde er benommen und schläfrig, döste dann und wann, sprang auf, wedelte mit dem Schwanz, wie wenn er sehr zufrieden wäre; gierig fraß er etwas Essen; wenn man ihn rief, schwankte er hin und her, und sein Gesicht nahm einen Ausdruck von äußerster und hilfloser Trunkenheit an. Diese Symptome dauerten etwa zwei Stunden und ließen

dann schrittweise nach; nach sechs Stunden war er wieder ganz wohlauf und lebendig.

2. Versuch: Ein Drachma *majoun* wurde einem kleinen Hund verabreicht; dieser fraß es mit großem Vergnügen, und nach zwanzig Minuten war er lächerlich betrunken, nach vier Stunden vergingen seine Symptome, ebenfalls ohne jeglichen Schaden.

3., 4. und 5. Versuch: Drei Zicklein nahmen je drei Gran des alkoholischen Extrakts des *gunjah*. Beim ersten führte dies zu keinerlei Wirkung, beim zweiten gab es Schwerfälligkeit und einige Bewegungsunfähigkeit; beim dritten war eine betonte Haltungsveränderung festzustellen, doch keine weitere Wirkung.

6. Versuch: Zwanzig Gran wurden in etwas Spiritus gegeben und einem sehr kleinen Hund verabreicht. Nach einer Viertelstunde war er berauscht, nach einer halben Stunde konnte er sich beinahe nicht mehr bewegen; nach einer Stunde hatte er die Beherrschung über seine Hinterpfoten verloren, die eher steif, aber beweglich waren; seine Empfindsamkeit schien unbeeinträchtigt, und der Kreislauf war normal. Er reagierte freudig, wenn man ihn rief, indem er versuchte aufzustehen. Nach vier Stunden ging es ihm wieder ganz gut.

In keinem von diesen oder mehreren anderen Versuchen wurde irgendein Anzeichen von Schmerz oder irgendwelche konvulsive Bewegungen beobachtet.

Ermutigt durch diese Resultate, konnte keinerlei Zögern empfunden werden, was die absolute Sicherheit eines weitgehenden Versuches der Verabreichung von Hanfharz in jenen Fällen betrifft, wo seine ersichtlichen Kräfte das größtmögliche Ausmaß an Nützlichkeit versprachen.

Die ersten zwei gewählten Fälle waren akuter Rheumatismus, beim dritten handelte es sich um die chronische Form dieses Leidens. Bei den ersten zwei hatten antiphlogistische Mittel und Dover-Pastillen mit Antimonid nur wenig Erleichterung gebracht. Beim letzten Fall hatte man zuerst Sarsaparilla versucht, dann war Hermides-Mus Indicus in warmen Bädern ohne Erfolg angewandt worden.

Um vier Uhr wurde berichtet, daß einer von ihnen sehr gesprächig geworden sei, Lieder sang, laut nach mehr Essen schrie und erklärte, er fühle sich vollkommen gesund. Die anderen zwei Patienten waren unbeeinträchtigt.

Um acht Uhr wurde ich von einer dringenden Botschaft von Nobinchunder Mitter, dem diensthabenden Angestellten der Klinik alarmiert, der meine sofortige Anwesenheit im Krankenhaus wünschte, da die Symptome des Patienten sehr eigenartig und furchtbar waren. Ich begab mich ohne Verzug ins Krankenhaus und fand ihn reglos auf seiner Pritsche liegend, doch atmete er regelmäßig, sein Puls und seine Haut waren normal, und seine Pupillen zogen sich unter Lichteinfluß sogleich zusammen.

Erschrocken und bestürzt über einen derartigen Sachverhalt, ging ich schnell zu den anderen Patienten, fand den einen schlafend vor, den dritten wach, ansprechbar und frei von jedwelchen Symptomen eines Rausches oder der Beunruhigung.

Dieser erste Patient blieb kataleptisch mit ein Uhr nachts, als Bewußtsein und kontrollierte Bewegung schnell zurückkehrten, und um zwei Uhr morgens war er in genau demselben Zustand wie der zweite Patient.

Der dritte Mann erfuhr keinerlei Wirkung und nach weiterer Befragung mußte man feststellen, daß er an die Benutzung von *gunjah* in der Pfeife gewohnt war.

Am nächsten Tag war ich sehr froh, bemerken zu können, daß die Patienten vom Narkotikum nicht nur völlig unbeeinträchtigt waren, sondern viel weniger unter ihrem Rheumatismus litten; nach drei Tagen wurden sie als völlig genesen entlassen.

Es dürfte von Nutzen sein, die von mir verwandte Herstellungsformel beizufügen:

Der harzige Extrakt wird zubereitet, indem man die vollen, klebrigen Spitzen des getrockneten *gunjah* in Spiritus aufkocht (Sp. Gr. 835), bis sich der ganze Harz aufgelöst hat. Die so erhaltene Tinktur läßt man über einem mit kochendem Wasser gefüllten Glas verdunsten, bis sie trocken ist. Der Extrakt wird bei kleiner Hitze weich und kann ohne weitere Zugaben zu Pillen geformt werden.

Die Tinktur wird zubereitet, indem man drei Gran des Extrakts in ein Drachma gereinigten Alkohol gibt.

Dosierungen, usw.: Bei *Tetanus* ein Drachma der Tinktur jede halbe Stunde, bis die Anfälle nachlassen oder Katalepsie herbeigeführt wird. Bei *Wassersucht* würde ich das Harz in weicher Pillenform empfehlen, in einer Menge von zwanzig Gran, die vom Patienten zerkaut werden sollen und wiederholt, bis eine Wirkung eintritt. Bei *Cholera* wird man finden, daß zehn Tropfen der Tinktur, jede halbe Stunde, Erbrechen und Durchfall unterbinden und die Wärme zurück an die Oberfläche bringen. Meine Erfahrung führt mich dazu, *kleine* Dosen des Heilmittels zu bevorzugen, um den Patienten anzuregen, statt ihn zu betäuben.

(W. B. O'Shaugnessy, On the Preparations of Indian Hemp, or Gunjah, in: Transactions of the Medical and Physical Society of Bengal, Kalkutta 1838– 40)

---

facherweise in den USA anbauten und damit bald zu einem Großkonzern wuchsen.

Was da als Extrakt auf den Markt kam, war eine hochkonzentrierte Angelegenheit, kräftiger noch als das in Asien mittlerweile hergestellte «Haschischöl», und wurde an Apotheken als Rohstoff für eine Unzahl von Präparaten verkauft. Verständlicherweise waren es vor allem britische Mediziner, die immer neue Anwendungsmöglichkeiten des Stoffs entdeckten. Sir John Russel Reynold beispielsweise, der Leibarzt Königin Viktorias, verordnete Hanf gegen Husten, asthmatische Zustände, Migräne, Neuralgie, epilepsieähnliche Krämpfe, «Krämpfe aller Art» und Schlafstörungen bei älteren Menschen. Natürlich hatte er auch Ihre Majestät erfolgreich behandelt, die sich nebstbei noch mit einem anderen Wundermittel fit hielt, «Mariani's Coca Vine», von dem sie wie auch Papst Leo XIII. erstaunliche Mengen soff.

Erst um 1900 wurde der Hanf allmählich durch einen anderen Wunderstoff verdrängt, den die Firma Bayer herstellte und von dem sie garantierte, daß er auf keinen Fall abhängig mache. Dieser Stoff hieß Heroin, aber das ist eine andere Geschichte. Von unserer heutigen Sicht aus, die dem Hanf geringen therapeutischen Wert beimißt, stellt sich die Frage, warum die Sache in so vielen Medikamenten Anwendung fand, außerdem: waren die «Nebenwirkungen» unbekannt?

Der Psychiater John Bell meldet als erster Zweifel an dem neuen Wundermittel an ...

Die Manie stellt, was ihre Prognose anbelangt, bei weitem die vielversprechendste Art des Wahnsinns dar, während Dementia die hoffnungsloseste ist. Es ist gelehrt worden, daß in Fällen von Geisteskrankheiten, die zur letzten Kategorie gehören, die starke Anregung des Hanfs dem Zerfall vielleicht Einhalt gebieten und den Patienten in einem der Therapie zuträglichen Zustand versetzen könnte, und demnach Grund zur Hoffnung gäbe, was die Chancen einer schließlichen Genesung angeht.

Jegliche Hoffnung betreffend zuträglicher Resultate, dessen Abgabe in diesen Fällen, sind in diesen Fällen vom Autor fallengelassen worden – obschon er früher selbst dieser Meinung war; ein sicherer Beweis seines absoluten Mangels an jegliche Wahrscheinlichkeit von seinem Wert.

Der Gedanke der Illusionen ist vielleicht zu stark fixiert durch Kapazität und Einfluß von Autoren, die deren Existenz anerkannt haben, um widerlegt zu werden. Es gibt bestimmt keinerlei solcher Phänomene unter der Vielzahl der psychischen Störungen, die durch Einnahme von Hanf verursacht werden, obwohl es Täuschungen gibt, welche, wenn in einem anderen Zusammenhang vorgefunden und entsprechend den von Autoren über mentale Pathologie niedergelegten Regeln, als allfällige Beispiele davon betrachtet würden.

Jeder, der nicht gesehen hat, wozu das menschliche Gehirn unter dem Einfluß von Cannabis indica fähig ist, kann nicht anders als denen gegenüber ein lebhaftes Interesse bekunden, die unter geistiger Entfremdung leiden; er kann nur voller Hoffnung dazu aufschauen, als Mittel, um ein vollständiges Verhältnis dessen zu erlangen, was das traurigste allen begrenzten Unheils darstellt, und er kann nicht umhin zu denken, daß eine Substanz, deren Wirkung so kräftig und einmalig ist, wenn ganz verstanden, wertvolle therapeutische Eigenschaften aufweisen muß.

Doch kann dieser Punkt nur zufriedenstellend gelöst werden durch eine Reihe von umsichtigen und erweiterten Versuchen, als bisher durchgeführt wurden.

(The Boston Medical and Surgical Journal, 16. und 24. 4. 1857)

Ein Arzt berichtet:

Eines Abends zu Anfang dieses Jahres, um etwa elf Uhr nachts, schaute ein junger Mann bei mir vorbei und bat mich, so bald wie möglich zu seinen zwei Brüdern zu kommen, welche, wie er sagte, beide unter einer Art Vergiftung litten. Ich fragte ihn sofort, was für ein Gift – war es Opium? Mein junger Freund konnte sich nur daran erinnern, daß seine Brüder von einer Droge gesprochen hätten, die einen Namen wie «Hasch» hatte.

Als wir ins Eßzimmer traten, wo sich unsere Patienten aufhielten, zeigte sich mir ein außerordentliches Bild. A. und B. waren nur teilweise angezogen. A. klammerte sich an B., der in einem sehr aufgeregten Zustand um den Eßtisch rannte, mit Armen und Beinen um sich ruderte und auf vergnüglichste Weise sang.

Der jüngere Bruder, B., warf seine Arme in einer liebevollen Umhalsung um mich und sprach sehr freundlich, gar zärtlich zu mir; dann hub er plötzlich an, Gedichte aufzusagen und fragte mich sehr aufgeregt, welche Dichter ich bevorzugen würde, indem er mehrere nannte, einen nach dem anderen – während der Bruder A. ruhig zuschaute und nach den kürzlichen Anstrengun-

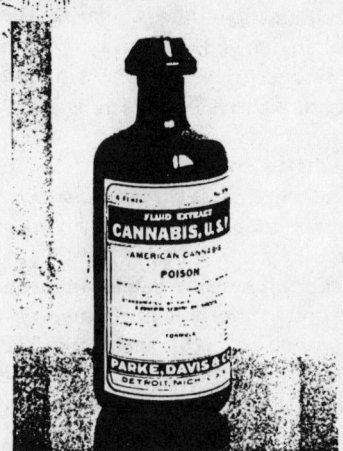

Firmenanzeige von 1932

gen wieder Atem schöpfte. Eine ausgesprochene Flut von Worten und poetischen Sätzen prasselte in diesem Moment der Aufregung auf mich nieder, und dann rannte B. wieder los, um den Tisch herum, mit seinem Bruder auf den Fersen, der ihn, wie zuvor, zu beruhigen versuchte.

(James Foulis, M. D., F. R. C. P. Ed., Edinburgh Medical Journal, August 1900)

Die Antwort kann ebenfalls aus heutiger Sicht gegeben werden: Die «Nebenwirkungen» waren bekannt, und gerade deshalb half man sich bei Präparaten, die gut verkauft werden sollten, mit einem kräftigen Zusatz Hanf. Die frühe Pharmazie war nicht moralischer und nicht prüder als unsere.

Immerhin wußten alle Pharmakologen, daß dieser Stoff eindeutig weniger Schaden anrichtete als mißbräuchlich verwendete Opiate. Daß man Hanf dennoch für ein Suchtmittel hielt und über die Frage stritt, wie weit es abhängig mache, lag ausgerechnet an den begeisterten Jüngern dieser Sache, die ihre Beschreibungen der Drogenerlebnisse, schon um mit den Opiumessern mithalten zu können, zu wahren Zwangsereignissen ausschmückten.

Der Hanfextrakt hatte seinen Dichter wesentlich schneller gefunden als das Opium, allerdings hatten de Quinceys ‹Bekenntnisse eines Opiumessers› bei dieser literarischen Geburt zumindest Hebammendienste geleistet. Fitz Hugh Ludlow war der aufgeweckte Sohn eines Presbyterianer-Priesters aus New York, der seine Jugend in einer beschaulichen Kleinstadt mit einem wahren Wunderland von Apotheke verbrachte. Bemerkenswert ist, daß sich der Sechzehnjährige auf seine ersten Versuche mit «Tilden's Extract» fast wissenschaftlich vorbereitete, nämlich durch die Lektüre von Bayard Taylors Haschischtrip. Auch de Quincey hatte er verschlungen, und als der Zwanzigjährige nach Abschluß seines College in einem Magazin den Törn eines anonymen Haschischessers las, entschloß er sich, dasselbe noch gründlicher zu besorgen. Nach einigen weiteren Kostproben war er soweit, und in der Septembernummer 1856 von *Putnam's Monthly Magazine* bediente er die wohlig schaudernde Leserschaft mit weitschweifigen Visionen unter dem Titel ‹Die Apokalypse des Haschisch›. Ein Jahr später erschien das Buch, anonym unter dem Titel *Der Haschisch-Esser*, aber beim angesehenen Verlag Harper & Brothers, auszugsweise auch in *Harper's Weekly Magazine*, in dem auch Inserate erschienen, die ohne jede medizinische Verbrämung für den Stoff warben.

Die Kritik und das Publikum reagierten mit beifälliger Gänsehaut, und wie sehr Ludlow seine Drogenerlebnisse überhöht hatte, beweist das ungläubige Staunen, das jedesmal aufkam, wenn der leibhaftige Haschisch-Esser irgendwo auftrat und sich als aufgeweckter junger Mann entpuppte. Immerhin hatte er mit diesem Erfolg Tinte geleckt und entschloß sich nach Abschluß seines Jurastudiums zur unsicheren Karriere des freien Schriftstellers. Er lieferte Kurzgeschichten und Reiseberichte, während des Bürgerkriegs 1860 bis 1862 aus Florida und Kuba, und 1863 durchquerte er mit seinem Malerfreund Albert Bierstadt den Wilden Westen bis Kalifornien.

Des mehr von der Pflanze Genießenden bemächtigt sich ein unbeschreiblich wonniges Gefühl, welches alle Tätigkeit des Geistes begleitet. Es ist, als ob die Sonne jeden Gedanken bescheine, welcher das Hirn durchzieht, und jede Bewegung des Körpers ist eine Quelle von Lust. Der Haschischesser ist glücklich wie jemand, der eine erfreuliche Nachricht hört, wie der Geizige, welcher seine Schätze zählt, wie der Spieler, wenn ihn das Glück begünstigt, oder wie der Ehrgeizige, den der Erfolg berauscht. Der Betreffende wird zum Spielball eines jeden Eindrucks. Die Sinne werden feiner und schärfer. So stehen z. B. die Schallempfindungen in keinem Verhältnis zu den Schalleindrücken. Das Ohr vernimmt Harmonien, und der vom Auge aufgefangene Lichtstrahl wird zu Sonnen, die ein Paradies höchster Sinnengenüsse bescheint. Das Gefühl der Körperlosigkeit herrscht in diesem Zustande, der für den Berauschten das Vorhandensein von Zeit und Raum ausschließt.

Louis Lewin (1850–1920)

(Louis Lewin, Die Nebenwirkungen der Arzneimittel, Leipzig 1902)

Als Reporterteam waren die beiden ein hervorragendes Gespann, das sich unterwegs mit vielen kurzen Geschichten die Reisekasse aufbesserte. Auf die Rückkehr der beiden fiel ein Schatten – in Oregon erlitt Ludlow einen Blutsturz, und der Arzt erkannte eine unheilbare Tuberkulose. Von nun an nahm er auch das Universalheilmittel jener Zeit, die Opiumtinktur Laudanum. Seine Frau konnte das Elend nicht mehr mit ansehen und wechselte zu dem robusteren Maler. Ludlow ehelichte als nächste eine gütmütige Witwe, die Kummer gewohnt und als Krankenpflegerin ausgelastet war.

Gründlich, wie er in Sachen Drogen immer war, befaßte er sich die nächsten Jahre mit seiner Opiumabhängigkeit und nahm auch Kontakte zu Leidensgenossen auf. 1868 veröffentlichte er in *Harper's Monthly* seine These, mit Hanf ließe sich auch dieses Problem lösen. ‹*What Shall They Do To Be Saved?*› stieß bereits bei seinen Zeitgenossen auf äußerste Skepsis, aber Ludlow versuchte, sein Wundermittel auf kommerzieller

Basler Nachrichten, 9. Mai 1883

Am 19. 6. 1968 schreibt die Firma Parke-Davis an Dr. Tod Mikuriya:

Unser Interesse an der Standardisie-
rung von Cannabis-Extrakten endete
im Jahre 1938, als die «Neuen» Dro-
gen-Bestimmungen den Beweis der
Unschädlichkeit von jenen Wirkstoffen
verlangte, die zu Drogenzwecken abgegeben wurden. Mit dieser einstweiligen
Klarstellung der Beschreibung von
Drogen wurden Cannabis-Extrakte
von den Ärzten fallengelassen, da sie
kein medizinisches Bedürfnis stillten,
das nicht, dank fortgeschrittener Arbeit auf dem Gebiet der natürlichen Al-
kaloide, in vorsichtig standardisierter
anderer Form zur Verfügung gestanden
hätte.

Da die gegenwärtigen Neuen Dro-
gen-Bestimmungen verlangen, daß sowohl Sicherheit wie auch Wirksamkeit
von qualifizierten Forschern klar erwiesen werden müssen, scheint es sogar
noch unwahrscheinlicher, daß Cannabis eine nützliche Anwendung in der
menschlichen Medizin finden könnte.

Mit freundlichen Grüßen,
L. M. Wheeler, Ph. D.
Direktor der Abteilung für Pro-
dukte-Entwicklung
*(Tod H. Mikuriya, M. D., Mari-
huana: Medical Papers, Oakland 1973)*

Einübungen des Haschisch-Essers
Der Laden meines Freundes Anderson, des Apothekers, war für mich stets von einer eigentümlichen Faszination umgeben, was ihn schon früh zu meinem Lieblingsaufenthaltsort werden ließ. Die ganze Atmosphäre des Raumes, geschwängert mit den verschiedensten Düften der Dinge, die da heilen oder vor Krankheit schützen, verbreitete eine köstlich duftende Aufforderung zum wissenschaftlichen Sinnieren, wie sie bereitwilliger nicht hätte aufgenommen werden können, selbst wenn sie mit dem Wohlgeruch von Weihrauch geworben hätte.

So manche Stunde habe ich hier gesessen, vertieft in die Angaben über die Geheimnisse des menschlichen Lebens und die Geschichte der Versuche seiner Erhaltung. Hier ließ ich mich fesseln von den Einzelheiten der Experimente in Chirurgie und Medizin, die mich ebenso intensiv erfüllten wie die verschiedensten Situationen und Krisen des Verliebtseins; hier vor allen Dingen war es auch, daß ich, ohne Rücksicht auf meine eigene Sicherheit – in einer Art und Weise, die einem Quintus Curtius zur Ehre gereicht hätte – die Wirkung all der unbekannten Drogen und chemischen Präparate, die überhaupt in einem Labor hergestellt werden können, am eigenen Leib ausprobierte. Jetzt saß ich da, hielt mir das Chloroformfläschchen unter die Nase und jagte auf den Schwingen eines erregenden und immer schneller ablaufenden Lebens dahin, bis mir gerade noch genug Kraft verblieb, die Flüssigkeit an ihren Platz auf dem Regal zurückzustellen, um dann genießerisch in jene köstliche Apathie zurückzusinken, die mich noch wenige flüchtige Augenblicke lang umfing. Dann wiederum war es Äther anstelle des Chloroforms – die Unterschiede in ihrer Wirkungsweise wurden genauestens notiert – oder sonst ein Anregungs- oder Betäubungsmittel, ein Opiat oder Stimulans,

das zum Gegenstand meiner Experimente wurde, bis ich wie bei einem Spießrutenlaufen die ganze Reihe seltsamer Wirkstoffe durchprobiert hatte, an die ich nur irgendwie gelangen konnte.

Eines Tages besieht er «die neuesten Errungenschaften» seines Freundes ...
«Das», erwiderte der Doktor und blickte mit väterlicher Liebe auf seinen neuen Schatz, «das ist ein Präparat aus ostindischem Hanf, ein hochwirksames Mittel bei Kiefersperre.»

Diese Worte stachelten mich dazu an, das kleine Fläschchen herunterzuholen, und, nachdem ich die grüne Umhüllung entfernt hatte, machte ich mich daran, nähere Bekanntschaft mit dem Inhalt zu schließen. Der breite, flache Korken war in Windeseile entfernt, und es bot sich mir der Anblick eines oliv-braunen Extraktes von pechiger Konsistenz, von dem ein ausgesprochen aromatischer Duft ausging. Mit der Spitze meines Taschenmessers nahm ich ein Quentchen und wollte es mir gerade auf die Zunge legen, als der Doktor ausrief: «Halt ein! Willst du deinem Leben ein Ende setzen? Dieses Zeug ist ein todbringendes Gift.»

Als interessierter Junge liest Fitz zu Hause nach und wagt dann sein erstes Experiment. Natürlich hat er dabei zuviel erwischt.
Kein Zweifel. Das Haschisch übte seine Wirkung aus, und ich befand mich in seiner Gewalt. Nacktes Entsetzen überschwemmte mich – da kam etwas auf mich zu, womit ich nicht gerechnet hatte. In diesem Augenblick hätte ich alles darum gegeben – alles, was ich hatte oder hoffte zu haben –, wenn ich mich nur wieder in demselben Zustand befunden hätte wie drei Stunden zuvor.

Ich empfand keinerlei Schmerz – nicht die kleinste Faser tat mir weh –, und doch senkte sich eine Wolke undefinierbarer Fremdheit auf mich herab, umhüllte mich wie eine undurchdringliche Wand und schnitt mich von allem ab, das mir lieb und vertraut gewesen war. Liebe Gesichter umgaben mich, seit langem wohlvertraut, und doch hatten sie keinen Zugang zu dieser Welt, die ich allein betreten hatte. Ein phantastisches Leben hatte sich mir aufgetan, an dem sie nicht teilhaben konnten.

(Fitz Hugh Ludlow, Der Haschisch-Esser, Basel 1981)

Basis zu produzieren und versprach sich davon ebensoviel wie in unserer Zeit clevere Pharmamanager von Methadon. Ehe die Produktion noch richtig anlaufen konnte, hatte er sich schon mit seinen Partnern zerstritten.

Den Verfall, der bald unübersehbar war, schrieben seine Freunde und die Öffentlichkeit seinem Drogenkonsum zu, doch er dürfte eher eine Folge seiner Krankheit gewesen sein. 1870 reiste er mit Frau und Schwester in die Schweiz, die letzte Hoffnung aller Tbc-Kranken, doch er erreichte den Zauberberg nicht mehr. Schon in Genf war sein Zustand so schlimm, daß er das Hotelzimmer nicht mehr verlassen konnte. Am 11. September konnte er gerade noch seinen 34. Geburtstag feiern, stilvoll mit einer kleinen Portion Haschisch, und bei dieser Gelegenheit erschien ihm noch einmal der lebenslänglich bewunderte Pythagoras. Am nächsten Tag war er tot.

Wer sich durch das für sein Alter erstaunlich umfangreiche Werk liest, wird bald enttäuscht sein. Nie wieder erreichte Ludlow die hohe Erzählkunst seines Erstlingswerks, in dessen Fundament Haschisch allerdings nur ein Baustein von vielen ist. Der Junge war stupend gebildet, demonstriert dies auch mit amerikanischem Selbstbewußtsein, und seine abgöttische Verehrung für Pythagoras treibt bizarre Blüten, wie sie die spätere Hippie-Literatur nicht mehr hervorbrachte. Ich muß zugeben, mit dem Buch auch meine Schwierigkeiten zu haben, gerade weil es so brillant ist. Fremde Halluzinationen lesen sich immer fremd, und diese sind mir verteufelt gebildet. Wie bei de Quincey wird ein Füllhorn Erlesenes ausgeschüttet und zu so lesenswerten Trips gereiht, daß ich mich frage: Hat er das nun *erlebt* oder *erdacht*?

Es ist das Problem jeder Beschreibung eines ekstatischen Zustands: Das Unbeschreibliche wird, in Worte gebändigt, zum exquisit wirren Katalog von Bildungsarchiven. Das Vergleichsbedürfnis schlägt in Bibliotheken nach und durchwandert klassische Galerien. Außerdem muß die Sache «interessant» sein, um interessierte Leser zu finden. Dadurch wird der «Zustand der Ekstase» in solchen Fällen auch ein zielstrebiges Lauern nach verwertbaren Sensationen, und finden sich keine, muß man sie suchen, auch erfinden. Damit aber wird der Rausch, seit der Antike als Aus*flug* von der Arbeitswelt verstanden, zur Arbeitsgrundlage mißbraucht und außerdem, der Exotik zuliebe, verfälscht. Es ist nicht möglich, Ekstase in nüchtern nachvollziehbarer Sprache wiederzugeben, und da liegt der Hund aller derartigen Schilderungen begraben. Wer die einschlägige Literatur liest, wird feststellen, daß es nur zwei Möglichkeiten zu geben scheint: den distanziert beobachtenden klinischen Bericht, der durch die Beschreibung von äußerem Verhalten und erfaßten Äußerungen der inneren Wirklichkeit nicht gerecht werden kann, und die Veräußerung, die als Prostitution intimsten Erlebens ähnlich aufgedonnert erscheinen muß wie jede professionelle Geliebte.

Dieser marktgerecht grelle Appeal verleitet zu Mißverständnissen, mit Folgen, die an das Verhalten Prostituierten gegenüber erinnern. Die einen fühlen sich in ihrer «Normalität» verschreckt und reagieren auf diese Dämonisierung mit Verteufelung (was ja gelegentliche Abenteuer nicht ausschließt, aber dann bitte mit schlechtem Gewissen danach). Die anderen sind erst recht fasziniert, stürzen sich auf die Sache und sind enttäuscht, wenn die Pforten des erwarteten Wunderlandes verschlossen bleiben. Reicht das nicht, wird so lange probiert, bis es zuviel war und sich die Falltür einer Geisterbahn öffnet.

Es ist eigenartig, daß für alle diese ekstatischen Beschreibungen Mengen konsumiert wurden, die zumindest eine mittlere Vergiftung bewirkten, die dementsprechende Panik-Reaktion des Körpers inbegriffen. Bei maßvolleren Drogen, wie sie etwa den Hanf-Gewohnheiten des Ostens entsprechen, wurde das Ergebnis als uninteressant abgebucht. Und es ist dann schon nicht mehr eigenartig, daß der Hanf durch diese Beschreibungen ins Zwielicht gerät – wären beispielsweise unsere Trinklieder nur die Gesänge von Alkoholvergiftungen, hätten wir schon längst die Prohibition. Glorifizierung und Dämonisierung treffen sich im Extrem, und eins wird zum anderen.

Harpers Weekly, 16. Oktober 1858

Baudelaires und vor allem Ludlows Texte wurden Ende der Dreißiger in passenden Auszügen weit verbreitet, als überzeugende Argumente für die Gefährlichkeit von Hanf. Und sie waren glaubwürdig, da ihre Autoren ja «selbst dabeigewesen» waren. Und weil dem so war, wurden auch die frischerfundenen Horrorstories geglaubt, die nach diesen ehrwürdigen Texten kamen. Zweifellos kann man die Dichter nicht für die Perfidie ihrer Ausbeutung verantwortlich machen, aber ihr Beispiel zeigt die Problematik solcher Dichtung. Daß ich diese Bedenken ausgerechnet am Beispiel Ludlow anmelde, hat übrigens einen einfachen Grund: Sein Buch ist, vom sensationshascherischen Aspekt abgesehen, eines der grandiosen Werke phantastischer Literatur.

6. Die Sache wird anrüchig

Krieg und Frieden

British Empire, in seinem höchsten Glanz. Nach der Niederschlagung des Sepoy-Aufstands in Indien, 1857, fügte Queen Victoria ihren vielen herrscherlichen Titeln noch den einer *Imperatrix Indiae* hinzu, und diese frische Kaiserwürde färbte auf das ganze Reich ab, das von nun an nur noch Empire genannt wurde. Die drei Millionen Arbeitslosen der wieder zum United Kingdom geschrumpften Insel lassen die Briten nicht nur gehobener Stände mit Wehmut jener Zeit gedenken, und die doch ziemlich *shocking* gewordenen Umgangsformen der Jugend gebären verklärte Rückblicke auf eine Moral, die international den Namen Viktorianismus bekommen hat.

Der einfache Bürger versuchte, sich in diesem Rahmen so gut wie möglich einzurichten, und ein Paradebeispiel für die Konflikte wie auch Lösungsversuche, die dabei entstehen können, ist das Leben des Charles Ludwidge Dodgson, geboren 1827 als Sohn eines Pastors und Hobby-Dichters mit Leidenschaft für Mathematik, zwei ältere Schwestern.

Sein äußeres Leben verlief herzlich unauffällig. Mit vierzehn kam Charles in das Internat Rugby, das auch für die Erfindung einer besonders rüpelhaften Abart von Fußball bekannt ist, und in diesem rauhem Klima fiel er höchstens durch zuviel Sanftmut auf. Mit achtzehn immatrikulierte er am Christ Church College in Oxford und bekam dort im Januar 1851 einen Wohnplatz. Von nun an gehörte er für 47 Jahre, bis zu seinem Tod, «zum Haus», gebucht wie ein Stück Inventar: Student, darauf Leiter des Internats, dann Lehrer für Mathematik, auf eigenen Wunsch mit 49 Jahren

---

Das junge Amerika beginnt, das unter den Hindus so weitverbreitete «Bhang» zu benutzen, auf eine sehr eigene Art, denn der junge Jonathan muß so etwas wie ein Originalrezept sein. Es ist kein «Trank», sondern eine Mischung aus zerstoßenen Hanfspitzen und dem Pulver des Betels, aufgerollt wie ein Priem Tabak. Es färbt Lippen und Zahnfleisch dunkelrot, und wenn man viel davon genießt, führt es zu einem heftigen Rausch. Lager-Bier und Schnaps werden durch «Bhang» verdrängt, und rote Lippen statt roter Nasen werden «Mode».

(Mordechay Cooke, The Seven Sisters of Sleep, London 1860)

vorzeitig pensioniert, «aus menschlichen Erwägungen» weiterhin im Haus behalten. Kurz vor seinem 66. Geburtstag starb er, am 14. Januar 1898. Die ihn als Lehrer erlebt hatten oder nur flüchtig kannten, schildern ihn übereinstimmend: äußerst schüchtern, liebenswürdig, häufig stotternd.

Das eine Doppelleben des Herrn Dodgson war bekannt und machte ihn berühmt: Unter dem Pseudonym Lewis Carroll verfaßte er skurrile Gedichte und Geschichten, deren größter und heute noch anhaltender Erfolg ‹Alice im Wunderland› wurde, 1865 erstmals gedruckt, bald nicht nur in allen britischen Kinderzimmern, sondern auch auf dem Nachttisch der Queen zu finden und immer wieder auch im Unterhaus zitiert. In seinen späteren Büchern nahm er wieder das Alice-Motiv auf, wobei das Wunderland zunehmend bösartigere, alptraumhaftere Züge annahm. Sie sind, vom Literarischen her gesehen, kunstvoller als das erste Alice-Buch. Doch sie blieben der Nachwelt nicht so sehr im Gedächtnis.

Dieses andere Ich als Dichter war allerdings mehr oder minder ein Ventil für ein anderes Doppelleben. «Keiner, der Charles Dodgson geliebt hat, wird den Schleier vor jenen toten Heiligtümern lüften wollen, und niemandem wäre damit gedient», schrieb sein Neffe und Biograph, doch die Nachwelt war nicht so diskret. Charles Dodgson liebte, wenn überhaupt, Mädchen im Alter von fünf bis zwölf. Später erfüllten sie ihn mit Horror. Damit kollidierte er mit der herrschenden Moral an einem Punkt, der heute noch höchstes Entsetzen, nie aber Verständnis auslöst. Die große Liebe seines Lebens war Alice Liddell, die Tochter seines Dekans. Er lernte sie kennen, als sie siebeneinhalb Jahre alt war, und für sie schrieb er auch das Buch, das aus einer Improvisation während einer Bootsfahrt entstand. Viereinhalb Jahre später kam es zu einem schweren Zerwürfnis mit den Eltern des Mädchens, und die Mutter verbrannte sämtliche Briefe, die Dodgson an Alice geschrieben hatte. Doch der Ruf des stotternden Lehrers blieb so weit unangetastet, daß keine der Mütter aus Oxfords Gesellschaft je Bedenken hatte, ihr Töchterlein mit ihm auf ausführliche Spaziergänge zu schicken.

Charles Dodgson war zur Freude aller Archivare ein ausgesprochener Pedant, der nicht nur Tagebuch führte, sondern sogar alle Rechnungen durchnumeriert aufbewahrte. Seine Erben haben den Wust Hinterlassenschaft sorgfältig zensuriert, aber doch nicht sorgfältig genug. Dodgson war, alles in allem der berufene Underdog: außer daß er kleine Mädchen liebte, war er noch Linkshänder – wofür die Zeit ebenfalls kein Verständnis hatte –, und zusätzlich oder als Ergebnis all dessen stotterte er erbärmlich, was natürlich den Spott seiner Schüler herausforderte. Im Dezember 1855 war der bald 24jährige mit seinen Nerven so am Ende, daß ihm der Hausarzt des College, Dr. Charwick, «zur Hebung des allgemeinen Befin-

... und außerdem gab es Haschisch-Höhlen in New York ...

Ein Schwall von stark parfümierter Luft, dem ein tödlich ekelhafter Gestank auf den Fersen folgte, der nichts glich, was ich je gerochen hatte, empfing meine Nasenlöcher. Ein Leuchter von grotesker Form versah den Gang mit einem gedämpften violetten Licht, das durch ausgezackte Schichten eines darunter hängenden violetten Stoffes drang. Die Wände und Decken, wenn je neu, waren es jetzt nicht mehr, denn sie waren von Gehängen und Decken aus schwerem Stoff, frisch von östlichen Webrahmen, verhangen und bedeckt. Blaue, grüne, gelbe und rote Quasten und hie und da etwas Glimmer lugten hervor, passend zu den eigenartigen Einfassungen verschiedener, farbiger Perlenstickereien, die jede Falte der Drapierungen wie eine riesige Prozession gleißender Ameisen einrahmten und an jenen Stellen, wo der Stoff gerafft worden war, in leuchtende Tümpel zu fließen schienen. Seltsame Figuren und fremdartige Schriften in derselben Ausführung waren hier und dort auf dem Stoff an der Decke ersichtlich.

... Beim Rauchen fiel mir auf, daß etwa zwei Drittel der Diwane von Personen beider Geschlechter besetzt waren, von denen manche, die in derselben Art wie wir gekleidet waren, eine Maske trugen. Andere lehnten sich lustlos in die Kissen zurück und folgten dem verworrenen Faden eines Haschisch-Traums. Eine Frau mittleren Alters hielt sich kerzengerade und gestikulierte und lachte still vor sich hin; eine andere, mit erloschenen Augen und hängendem Unterkiefer, wiegte den Kopf monoton von einer Seite zur anderen. Ein junger Mann von etwa achtzehn Jahren lag auf den Knien und betete unhörbar, und ein anderer Mann, mit Maske, tigerte schnell und lautlos durch den Raum, bis ihn ein Diener mit Turban irgendwohin fortführte.

(H. H. Kane in: Harper's Monthly, November 1883)

---

dens» den frisch eingeführten «Indian Soothing Syrup» der Gebrüder Smith verordnete, eine Mischung aus Honig, Kräutern und 12 Prozent Cannabis-Tinktur, von der dreimal täglich ein Teelöffel zu nehmen war. Die Medizin dürfte angeschlagen haben, denn Dodgson verbrauchte bis zu seinem Tod mit erstaunlicher Regelmäßigkeit wöchentlich ein Fläschchen zu 350 Milliliter (2 Unzen), ohne die Dosos je zu verändern.

Ob die skurril-verworrene Welt seiner Dichtungen durch die Hanf-Tinktur inspiriert wurde wäre eine Frage reiner Spekulation. Der «belebte Gegenstand», sich gelegentlich selbständig machend, war nicht erst seit de Quinceys Opium-Träumen ein bekannter Topos der englischen Literatur, und er erhielt regelmäßige Nahrung durch die grotesken Formen viktorianischer Möbel, deren Tischbeine Löwentatzen und deren Stuhlbeine Vogelkrallen sein konnten. Könnte nicht auch diese Beschreibung eines Tisches aus ‹Alice im Wunderland› stammen? «Er steht nicht nur mit seinen Füßen auf dem Boden, sondern er stellt sich allen anderen Waren gegenüber auf den Kopf und entwickelt aus seinem Holzkopf Grillen, viel wunderlicher, als wenn er aus freien Stücken zu tanzen begänne.» Nein, kein Märchen, sondern «Der Fetischcharakter der Ware» im 1. Band des ‹Kapital› von Marx.

Andererseits kannte der Dichter auch den nichtmedizinalen Gebrauch von Hanf, der in Oxfords Studentenzirkeln gerade Mode war. Es wurde nicht nur Cannabis-Medizin «mißbraucht», sondern auch Ganja aus voluminösen Wasserpfeifen oder kleinen marokkanischen geraucht. Sowohl das geheimnisvolle Fläschchen am Anfang der Geschichte, mit dem die Kette der Verwandlungen beginnt, als auch die Episode mit der Raupe sind ziemlich eindeutig. Wer Hanf in größeren Dosen kennt – und die Carroll verordneten waren nun wirklich nicht gering –, weiß über den Hang zu Phantasmagorien, zu sich ständig verändernden Größenordnungen und zu traumhaften Gedankenspielereien. Dadurch wurde Carroll auch ein Lieblingsautor jener groß gewordenen Kinder, die ihre Traumwelt gelegentlich mit Haschisch oder wesentlich stärkeren Halluzinogenen päppeln. In seinen Tagebüchern vermerkt der Dichter nur zweimal, daß er Ganja geraucht hatte, 1867 während seiner (einzigen) Europareise, einmal in Berlin, einmal in Gießen. Warum und mit wem, notiert er nicht, auch nichts über die Wirkung. Das wohl schönste Denkmal, das ich kenne, setzten ihm die Jefferson Airplane mit ihrem großartigen Lied ‹White Rabbit›.

Im übrigen kursieren Ganja und der relativ neue Stoff Charas (Haschisch) gegen Ende des Jahrhunderts unter den Söhnen aus besserem Haus und waren dort, will man dem Spötter Oscar Wilde glauben, «sogar noch etwas mehr verbreitet als die Homosexualität». Da ja die berauschende Wirkung der Hanf-Medikamente auch bekannt war, setzte die britische Regierung 1893 eine Kommission ein, die vor Ort, also in Indien, die tatsächliche Gefährlichkeit der Sache untersuchen sollte. Die Kommission war mit Wissenschaftlern und Beamten hochkarätig besetzt und ging mit der britischen Tradition empirischer Großuntersuchungen ans Werk. Ihr Ergebnis bezeugt denn auch eine Vorurteilslosigkeit und einen Weitblick, den heutige derartige Untersuchungen, die ja oft von vorgefaßten Ergebnissen ausgehen, schmerzhaft vermissen lassen.

Immerhin ist ein Fall bekannt, der von diesem Ergebnis etwas enttäuscht war. «Ich hatte mich immer darüber gefreut, etwas Gefährliches zu tun, und muß nun mit Bestürzung feststellen, mich auch in diesem Punkt nicht vom gesunden Volk zu unterscheiden», schrieb Aubrey Beardsley am 5. März 1895 an seinen Freund Oscar Wilde. Das Wunderkind der Zeichenkunst war gerade 23 Jahre alt, aber schon seit drei Jahren schwer von Tuberkulose gezeichnet. Als «meine geistige Nahrung» bezeichnete er «Warden's Extract of Cannabis Indica», den er in kleinen

Eintritt in das Wunderland ...

Aber jetzt stand da nur ein Fläschchen («das vorher bestimmt noch nicht dagestanden hat», sagte Alice) mit einem Papierschild um den Hals, auf dem in großen schönen Lettern geschrieben stand «Trink mich».

«Trink mich», das war ja nun leicht gesagt, aber das wollte sich die kluge kleine Alice denn doch lieber zweimal überlegen. «Nein, vorher will ich doch nachsehen», sagte sie, «ob nicht irgendwo *Vorsicht! Gift!* draufsteht»; denn sie hatte schon verschiedene schöne Geschichten von Kindern gelesen, die sich verbrüht hatten oder von wilden Tieren zerrissen worden oder in andere unangenehme Lagen gekommen waren, und alles nur, weil sie sich die leichten Regeln einfach nicht merken wollten, die ihnen freundliche Menschen mit auf den Weg gegeben hatten, wie zum Beispiel: Wenn man einen glühenden Schürhaken lange in der Hand hält, verbrennt man sich, oder: Wenn man sich mit einem Messer besonders tief in den Finger schneidet, blutet es gewöhnlich; und so hatte sie sich auch fest eingeprägt, daß einem ein herzhafter Trunk aus einer Flasche mit der Aufschrift «Vorsicht! Gift!» beinah mit Sicherheit früher oder später nicht gut bekommt.

Nun, auf diesem Fläschchen stand nirgends «Vorsicht! Gift!» und deshalb nahm sich Alice ein Herz und kostete davon; und da es sehr gut schmeckte (genauer gesagt, nach einer Mischung aus Kirschtörtchen, Vanillesoße, Ananas, Gänsebraten, Karamel und frischen Buttersemmeln), war sehr bald nichts mehr davon übrig.

«Was für ein ulkiges Gefühl!» sagte Alice. «Anscheinend schiebe ich mich jetzt zusammen wie ein Fernrohr.»

Nicht weit von ihr wuchs ein großer Pilz, ungefähr so groß wie sie selbst; und als sie ihn von unten, von hinten und von beiden Seiten betrachtet hatte, fiel ihr ein, daß sie ebensogut einmal nachsehen könnte, was obendrauf war.

Sie stellte sich auf die Zehenspitzen und spähte über den Rand, und alsbald traf ihr Blick den einer großen blauen Raupe, die mit verschränkten Armen dort oben saß und ruhig aus einer langen Wasserpfeife schmauchte, ohne von ihr oder von irgend etwas anderem auch nur die geringste Notiz zu nehmen.

Alice und die Raupe sahen sich eine Zeitlang schweigend an; endlich nahm die Raupe die Wasserpfeife aus dem Mund und sprach Alice mit müder, schleppender Stimme an. «Wer bist denn *du*?» sagte sie.

Als Anfang für eine Unterhaltung war das nicht ermutigend. Alice erwiderte recht zaghaft: «Ich – ich weiß es selbst kaum, nach alldem – das heißt, wer ich *war*, heute früh beim Aufstehen, da weiß ich schon, aber ich muß seither wohl mehrere Male vertauscht worden sein.»

«Wie meinst du das?» fragte die Raupe streng. «Erkläre dich!»

«Ich fürchte, ich kann mich nicht erklären», sagte Alice, «denn ich bin gar nicht ich, sehen Sie.»

«Ich sehe es nicht», sagte die Raupe.

«Leider kann ich es nicht besser ausdrücken», antwortete Alice sehr höflich, «denn ich begreife ich es selbst nicht; und außerdem ist es sehr verwirrend, an einem Tag so viele verschiedene Größen zu haben.»

«Gar nicht», sagte die Raupe.

«Nun, vielleicht haben Sie diese Erfahrung noch nicht gemacht», sagte Alice.

«Aber wenn Sie sich einmal verpuppen – und das tun Sie ja eines Tages, wie Sie wissen – und danach zu einem Schmetterling werden, das wird doch gewiß auch für Sie etwas sonderbar sein, oder nicht?»

«Keineswegs», sagte die Raupe.

«Nun, vielleicht empfinden Sie da anders», sagte Alice; «ich weiß nur: für *mich* wäre das sehr sonderbar.»

«Für dich!» sagte die Raupe. «Wer bist denn *du*?»

Und damit war sie wieder zum Anfang ihrer Unterhaltung zurückgekehrt. Alice war etwas ungehalten darüber, daß die Raupe so überaus kurz angebunden war, richtete sich empor und sagte in sehr ernstem Ton: «Ich finde, Sie sollten mir zuerst einmal sagen, wer *Sie* sind.»

«Warum?» sagte die Raupe.

Wieder eine verwirrende Frage; und da Alice kein passender Grund einfallen wollte und die Raupe schlecht aufgelegt schien, wandte sie sich zum Gehen.

«Komm zurück!» rief die Raupe hinter ihr her. «Ich muß dir noch etwas Wichtiges sagen!»

Das klang freilich vielversprechend; Alice machte kehrt und ging wieder zum Pilz zurück.

«Du mußt dich besser beherrschen», sagte die Raupe.

«Ist das alles?» fragte Alice und schluckte ihren Zorn hinunter, so gut es ging.

«Nein», sagte die Raupe.

Alice dachte sich, daß sie ebensogut auch warten könnte, denn etwas Besseres hatte sie nicht zu tun, und am Ende konnte sie von der Raupe vielleicht doch noch etwas Wissenswertes erfahren.

Die paffte einige Minuten lang stumm vor sich hin, doch schließlich tat sie die Arme auseinander, nahm das Mundstück der Wasserpfeife aus dem Mund und sagte: «Also du glaubst, du seiest jemand anderer geworden, wie?»

«Ich fürchte fast, lieber Herr», sagte Alice; «denn manches fällt mir jetzt nicht mehr ein wie früher – und es vergeht keine Viertelstunde, ohne daß ich nicht größer oder kleiner werde!»

«Bist zu zufrieden damit, wie du jetzt bist?» fragte die Raupe.

«Nun, ein klein wenig größer möchte ich schon gern sein, wenn es Ihnen nichts ausmacht», sagte Alice; «drei Zoll ist doch eine recht armselige Größe!»

«Drei Zoll ist, ganz im Gegenteil, eine sehr schöne Größe!» sagte die Raupe zornig und richtete sich dabei voll auf (sie maß genau drei Zoll).

«Aber ich bin doch nicht daran gewöhnt!» sagte Alice flehentlich, und dabei dachte sie sich: «Wenn diese Wesen hier nur nicht immer gleich beleidigt wären!»

«Mit der Zeit gewöhnt man sich an alles», sagte die Raupe; und damit steckte sie die Wasserpfeife wieder in den Mund und schmauchte weiter.

Diesmal wartete Alice geduldig, bis sich die Raupe wieder zum Sprechen bequemen würde. Die nahm nach einer oder zwei Minuten die Wasserpfeife wieder aus dem Mund, gähnte ein paarmal und reckte sich; dann stieg sie vom Pilz herab und kroch durchs Gras davon, wobei sie nur im Vorübergehen kurz bemerkte: «Von der einen Seite wirst du größer und von der anderen kleiner.»

«Eine Seite wovon? Und die andere Seite wovon?» dachte Alice im stillen.

«Vom Pilz», sagte die Raupe, gerade, als hätte Alice laut gefragt, und war im nächsten Augenblick verschwunden.

Alice betrachtete den Pilz eine Zeitlang nachdenklich, um herauszubringen, wo er wohl seine Seiten hätte; und da er vollkommen rund war, erschien ihr diese Frage nicht ganz leicht. Schließlich aber umfaßte sie ihn mit beiden Armen, so weit sie konnte, und brach mit jeder Hand ein kleines Stück vom Rande ab.

«Gut; aber was tut nun was?» fragte sie sich und knabberte versuchsweise an dem Stück in ihrer Rechten; aber im selben Augenblick bekam sie auch schon einen heftigen Schlag unters Kinn – sie war damit an ihrem Fuß aufgeprallt!

Über diese plötzliche Veränderung war sie sehr erschrocken, aber gleichzeitig hatte sie das Gefühl, als sei jetzt keine Zeit mehr zu verlieren, denn sie schrumpfte noch immer zusehends weiter; so ging sie also daran, etwas von dem anderen Stück abzubeißen. Ihr

Die wirkliche Alice, als Bettlermädchen sexy verkleidet und fotografiert von Herrn Carroll.

Kinn drückte sich nun schon so fest gegen den Fuß, daß sie den Mund kaum noch aufbrachte; aber schließlich gelang es ihr doch, und ein kleines Krümelchen aus ihrer Linken glitt ihre Kehle hinab.

«So! Nun habe ich doch wenigstens den Kopf frei!» rief Alice voller Fröhlichkeit aus, die jedoch alsbald in Beängstigung umschlug, als sie ihre Schultern nirgends mehr entdecken konnte: so weit das Auge auch in die Tiefe reichte war da nur ein unendlicher Hals zu sehen, der wie ein Stengel weit unten aus einem grünen Blättermeer aufzusteigen schien.

(Lewis Carroll, Alice im Wunderland, übers. Christian Enzensberger, Frankfurt/M. 1963)

Porzellantiegeln erwarb und messerspitzenweise pur verschlang. Er machte kein großes Aufhebens um die Droge – sie war für ihn wohl eher Teil seines Dandyismus und seiner Lust zu Provokationen, die ihn auf Parties stets mit der Begrüßungsformel auftreten ließ: «Surely, I'm heavily intoxicated, and you?» oder: «How do you dare to presume, I'm not intoxicated?»

Beardsley starb 1898, kaum 26 Jahre alt. Obwohl ihn nie jemand arbeiten sah, hinterließ er ein Lebenswerk grandioser Graphik, das bei anderen Künstlern fünfzig Schaffensjahre ausgemacht hätte, darunter Blätter von hinreißend provokativer Erotik. Daß er in seinen letzten Lebenstagen auch einige süßliche Madonnen zeichnete, trug ihm den Frieden der Kirche ein, und seine Werke wurden bald verschlossen und Leckerbissen für Feinschmecker. Erst mit der psychedelischen Welle der Sechziger wurde der Dandy wieder entdeckt.

Das Reich, nach dem Sieg. Der deutsch-französische Krieg brachte den Siegern gleich zweierlei Segen, von dem nicht ganz sicher ist, ob er einer war: das nunmehr alle deutschen Länder umfassende «Reich» und die französischen Reparationszahlungen, die, so Golo Mann, «wie eine auf-

Aubrey Beardsley, Selbstporträt

Bericht der Indischen Hanfdrogen-Kommission 1893/94

Bei der Befragung der Mediziner über den Zusammenhang zwischen Hanfdrogen und Geisteskrankheiten, die besonders genau durchgeführt wurde, stellte sich heraus, daß nur in ganz wenigen Fällen der Zustand des Geistesgestörtseins mit Hanfdrogen in direkten Zusammenhang zu bringen war.

Ihre Angaben erwiesen sich wie die der Laien insgesamt als so wenig verläßlich, daß die Kommission sich im wesentlichen auf die Statistiken der Heilanstalten verlassen mußte. Sie hat sich einer genaueren Untersuchung einiger Fälle im Dullunda-Asyl in Kalkutta gewidmet und dabei in Erfahrung gebracht, wie das Register der Heilanstalt geführt und mit welchen Methoden ein Fall eingekreist wird. Was die Kommission dabei feststellen mußte, ließ sie ein für allemal an den Statistiken der Heilanstalten zweifeln. Unmöglich kann man den fröhlichen Optimismus von Oberfeldarzt O'Brien in Benares teilen, der nonchalant dazu äußerte: «Nun ja, wenn Ganja als Ursache für die Krankheit angegeben wird, dann war der Kranke vielleicht als Ganja-Raucher bekannt. Wahrscheinlich hat zwar ein ‹Chaprassi› (Hilfspolizist) die Untersuchung durchgeführt, aber warum soll er nicht trotzdem die richtige Ursache angegeben haben?»

Wenig Informationen gibt es auch hinsichtlich des Krankheitsverlaufes nach der Einlieferung in eine Heilanstalt.

Was die Süchtigkeit anbelangt, so stellen die meisten Zeugen fest, daß sie sich bei mäßigem Konsum kaum einstellt, obwohl der angenehme Zustand natürlich stets aufs neue gewünscht wird. Es wird sich hier ähnlich wie bei mäßigen Rauchern verhalten, bei denen sich ja auch der Wunsch zu rauchen immer wieder neu einstellt, wobei sogar eine gewisse Nervosität auftreten

kann, wenn dem Bedürfnis nicht sofort nachgegeben wird. In keinem Fall aber nimmt die «Sucht» solche Ausmaße an wie etwa bei Opiumsüchtigen.

Die Kommission konnte natürlich keinen umfassenden Vergleich zwischen den Auswirkungen der Hanfdrogen und denen des Alkohols anstellen, weil ein derartiges Unternehmen den Rahmen der Untersuchung überschritten hätte. Es schien aber angebracht, die Meinungen, bei denen dieser Vergleich eine Rolle spielt, hier wiederzugeben. In einigen Gebieten ist sogar die Meinung geäußert worden, daß «der Angriff auf die Hanfdrogen nur gestartet wurde, um an ihrer Stelle europäischen Schnaps verkaufen zu können», eine Ansicht, die uns wichtig genug erschien, um notiert zu werden. Ähnlich hieß es: «Die ganze Agitation gegen die Hanfdrogen wird von den Alkoholproduzenten im In- und Ausland betrieben.» Schließlich wird der Kolonialverwaltung sogar der Vorwurf gemacht, daß sie sich nicht genügend um die Folgen des zunehmenden Alkoholkonsums sorge.

Ergebnisse

I. Auf Grund der Auswirkungen der Hanfdrogen scheint es der Kommission nicht erforderlich, den Anbau von Hanf, die Herstellung von Hanfdrogen und deren Vertrieb zu verbieten.

II. Es wird vorgeschlagen, die Hanfdrogenproduktion zu kontrollieren und einzuschränken.

III. Dazu bieten sich folgende Maßnahmen an:

a) angemessene Besteuerung;

b) Zentralisierung der Anbaugebiete und Anbaugenehmigung nur gegen Lizenz;

c) Einschränkung der Zahl der Lokalitäten, wo Hanfdrogen vertrieben und an Ort und Stelle genossen werden;

d) Festsetzung eines bestimmten Quantums von Hanfdrogen, in dessen Besitz eine Einzelperson angetroffen werden darf.

IV. Diese Maßnahmen sollten in Britisch-Indien einheitlich eingeführt und den Eingeborenen-Staaten zur Übernahme vorgeschlagen werden.

V. Ein Regierungsmonopol für Anbau von Hanf, Herstellung und Vertrieb von Hanfdrogen scheint nicht ratsam, obwohl theoretisch dagegen keine Einwände vorzubringen sind.

VI. Für die Besteuerung sollten direkte Steuern auf die Ware sowie die Vergabe des Verkaufsrechts erhoben werden.

VII. Nach Einführung dieser Maßnahmen sollte sich die Regierung von Indien in die Hanfdrogenproduktion nicht mehr einmischen.

Die Kommission ist der Meinung, daß die Bevölkerung eine Einmischung der Behörden in die Verwendung der Hanfdrogen zu religiös-kultischen Zwecken als schweren Eingriff in ihre Glaubensfreiheit ansehen würde.

«Vor allem könnte sich die Unzufriedenheit über ein Drogenverbot mit der Unzufriedenheit über andere Maßnahmen der Regierung verbinden. Ich brauche wohl nicht besonders darauf hinzuweisen, daß sich diese Sanyasis und Fakire unter weiten Kreisen der Bevölkerung, die keine englische Schule und Ausbildung genossen haben, noch großen Ansehens erfreuen.»

Ein Verbot der Droge würde nach Ansicht des Generalgouverneurs im Staatsrat eine ausgesprochene Unterdrückungsmaßnahme darstellen, die sich nur auf einige wenige Fälle, in denen die Droge tatsächlich zu Gesundheitsschäden geführt hat, berufen könnte.

Dem Generalgouverneur scheint kein Argument für das Verbot von Ganja überzeugend, wenn nicht zugleich ein Verbot sämtlicher anregender Getränke und sonstiger Drogen für ganz Indien erlassen wird. Ein derartiges Verfahren liegt jedoch außerhalb jeder praktischen Politik.

---

putschende Droge im Kreislauf der deutschen Volkswirtschaft» wirkten. Der hektischen Gründungseuphorie folgte 1873 der große Börsenkrach, stilvoll zur Weltausstellung in Wien; einige wenige Haie schnappten sich die lohnenswerten Brocken, und für die Normalbevölkerung war der Traum vom großen Reichtum wieder vorbei.

Das dröhnende Germanentum, das im Laufe der Jahre immer lauter wurde, bis es in den Ersten Weltkrieg schmetterte, war nur eine Seite der kulturellen Medaille. Die andere war eine ebenso wahnwitzige Sehnsucht nach Exotik, Dekoration und Kostümierung, daß selbst Wilhelm II. relativ unbelacht mit seinen Auftritten in jeweils anderen Kostümen einen Ganzjahreskarneval abhalten konnte.

Den Vogel dieser bunten Voliere schoß allerdings Bayerns Märchenkönig Ludwig II. ab, der seine leider nicht realisierbaren Träume von einem absoluten Königtum in immer kostspieligeren Kulissen auslebte. Seine Traumvorstellungen ließ er von Opern und Theaterstücken speisen, und was ihn dabei besonders faszinierte, wollte er unbedingt in die dafür nicht immer geeignete bayrische Landschaft gebaut haben. Am schönsten

Das maurische Haus im Park von
Linderhof, zeitgenössische
Darstellung

strahlte diese königliche Marotte bei seinen Träumen vom Orient, die er
neben seinen Phantasmen von christlichem Mittelalter und französischem
Absolutismus kultivierte. Schon 1867 hatte der König über den Dächern
der Münchner Residenz einen Wintergarten modernster Glas-Eisen-
Konstruktion errichten lassen, den seine Bühnenbildner im Verein mit
Gärtnern in «Das Tal von Kaschmir», «Landschaft mit Blick auf den Himalaya» und ein «Tal mit Blick auf einen Mogul-Palast» ausstaffierten.
1870 wurde dann auf dem Schachen das «Königshaus» gezimmert, das
hinter seinem schlichten Äußeren einen «türkischen Saal» enthielt, wo-
selbst sich der König «wie in meinem geliebten Tal von Kaschmir» fühlte.
1876 wurde dann für den Park von Linderhof ein «Maurischer Kiosk»
erworben, der zuvor den Schloßgarten eines böhmischen Adeligen ver-
fremdet hatte, und 1878 erstanden Majestät auf der Pariser Weltausstellung «Das marokkanische Haus», das während der Schau als Haschisch-
Etablissement gedient hatte und somit schon eingeraucht war.

Was so alles in diesen Kulissen stattfand, ist nur in zögernden Andeu-
tungen bekannt. Da der König mit Damen bekanntlich wenig anfangen
konnte, rekrutierte er seine Statisten aus der Cheveauleger-Leibgarde,

195

volkstümlich Schwulischees genannt, zu deren Uniform hautenge Leder-
hosen aus weißem Glacé gehörten. Im königlichen Nachlaß fanden sich
für diese Truppen über 600 verschiedene orientalische Kostüme, ferner
auch die passenden Rauchgeräte. Die atmosphärische Treue ging jedoch
noch weiter, und die entsprechenden Rauchwaren wurden von der königlichen Hofapotheke geliefert, wie die Bestellbücher zeigen, in beacht-
lichen Mengen.

Ob Majestät selbst an solchen Pfeifen gezogen hat ist unbekannt. Er
war wohl, um es modern zu sagen, ausgeflippt genug, das nicht auch noch
gebraucht zu haben. Andererseits legte er stets Wert auf stilvolle Getränke und Kost – vom obligatorischen Sudfleisch auch im indischen Kostüm einmal abgesehen – und trank in seiner Hundingshütte prinzipiell
nur Met. Aber der Orient war insgesamt nur ein Akt seiner lebensläng-
lichen Ausstattungsoper, die schlußendlich infolge Erschöpfung der Kassen bei Starnberg ins Wasser fiel.

Im übrigen war die Zeit, was unser Thema betrifft, von einer bemerkenswerten Verworrenheit. Daß indischer Hanf eine Reihe Medizinen
bereicherte, war ebenso selbstverständlich wie Bhang und Ganja in den
Drogerien. Auch Charas wurde über London bezogen und in den Drogi-
stenbüchern um 1890 als «auf Ganja-Basis stärker wirkendes Produkt»
verbucht. Außerdem aber gab es ein Gift, von dem man allenthalben
hörte, ohne genau zu wissen, was es damit auf sich habe: Haschisch. Man
kannte es nur vom Hörensagen – Baudelaire war noch nicht übersetzt,
und die Französisch sprechenden Gouvernanten hüteten dergleichen Obszönitäten ängstlich vor den höheren Töchtern –, aber es mußte, den wenigen Schilderungen zufolge, entsetzlich wirken. Es sei das schrecklichste
Gift Arabiens, hieß es.

Da konnte es nicht ausbleiben, daß die Sache ein Stoff für die Oper
wurde. Ein Ballett namens ‹Haschisch› hatte es schon gegeben. Es
stammte von einem gewissen N. G. Klenowski, wurde 1885 in Moskau
uraufgeführt und gleich wieder vergessen. Nach allem, was darüber zu
erfahren war, hatten dabei eine Menge pluderhosiger Tänzerinnen eine
Unmenge Halluzinationen zu tanzen, aber da man sie sonst weniger ver-
hüllt sehen konnte als in diesem arabischen Kostümrummel, kam im Publikum nicht das rechte Interesse auf.

1896 war dann das Deutsche Reich fällig: An der Dresdner Hofoper
gelangte die Oper ‹Haschisch› zur Uraufführung, Text von Axel Delmar,
Musik von einem gewissen Siegfried Berger, der sich ein Jahr später bei
Drucklegung der Partitur als Oscar von Chelius entpuppte. Vielleicht war
auch der zweite Name sein Pseudonym – keine einzige Musikgeschichte
erwähnt auch nur einen der beiden Namen.

Hérba Cánnabis Indicae – Indisches Hanfkraut

Cánnabis satíva. Moracéae: Maulbeergewächse. Indien, bei uns angebaut.

Der bei uns angebaute Hanf darf, weil arm an betäubenden (narkotischen) Bestandteilen, nicht verwandt werden, obgleich er botanisch nicht von dem echten zu unterscheiden ist, er wird als Hanffaser verarbeitet. Der Hanf, dessen Ausdünstung schon betäubend wirkt, ist zweihäusig, und nur die weiblichen Pflanzen liefern die gebräuchliche Droge, sie besteht aus den oberen blühenden Zweigen, die in Bündeln zusammengepreßt und infolge des sich an den Blütenrispen ausscheidenden Harzes zusammengeklebt sind. Man unterscheidet im Handel zwei Sorten, von denen die beste, *Ganja* genannt, seltener zu uns gelangt. Sie wird über Kalkutta ausgeführt und soll nur von Pflanzen gesammelt werden, die auf Anhöhen wachsen. Es sind bis zu 1 kg schwere, 60–80 cm lange Bündel. Schmutzigbraun. Geruch stark betäubend. Geschmack bitter. Infolge des starken Harzgehalts zu festen Schwänzen zusammengebunden.

Die geringere Sorte, *Bang* oder *Guaza* genannt, soll von Pflanzen aus der Ebene abstammen. Blütenäste, ohne die Stengel, weniger durch Harz verklebt, mehr locker und viele Früchte enthaltend. Die beigemengten Blätter sind bräunlichgrün. Geruch und Geschmack schwächer.

Bestandteile. Ätherisches Öl in geringer Menge, ein harzartiger Körper, Kannabin, ferner ein farbloses Öl, Kannabinol oder auch Kannabindol genannt, dem wahrscheinlich allein die betäubende Wirkung zukommt.

Anwendung meist als Tinktur oder weingeistiges Extrakt, als belebendes oder betäubendes Mittel, ähnlich dem Opium, namentlich in Fällen, wo dieses nicht vertragen wird. Das Extrakt ist häufig ein Bestandteil von Hühneraugenmitteln. Bei den Orientalen spielt der Hanf eine große Rolle als Berauschungsmittel; sie genießen ihn entweder als *Haschisch* (eine Art Marmelade) oder in Form des reinen abgekratzten Harzes, *Churrus* genannt. In letzterer Form wird er teils gekaut, teils geraucht. In größerem Maße genossen ruft er die Folgen aller Betäubungsmittel hervor, gänzliche Erschlaffung der Nerven und zuletzt Wahnsinn. Aus dem indischen Hanf hat man ein *Cannabinum tannicum* und ein *Cannabinum purum* in den Handel gebracht. Beide sind sehr stark wirkende Stoffe, die gegen Schlaflosigkeit angewendet werden, und stellen ein gelbes bis braunes amorphes Pulver dar. Das Cannabinum purum ist geschmacklos, Cannbinum tannicum stark zusammenziehend schmeckend. *Cannabinon* ist ein dem Cannabinum tannicum sehr ähnlicher Stoff.

(G. A. Buchheister 1895, G. Ottersbach ab 1909, Handbuch der Drogisten-Praxis, 12. Aufl., Berlin 1917)

Erste Warnung!

Das Ergebensein an das Hanfrauchen, der chronische Cannabinismus, ändert nach einer gewissen Zeit die Persönlichkeit, macht eine Charakterverschiebung nach der menschlich unangenehmen Seite. Marokkaner, die im Dienste von Europäern standen, waren dienstwillig und zuverlässig bis zu dem Augenblick, wo sie Kif rauchten. Der Zwang zum Fortgebrauch besteht hier unter den gleichen Bedingungen wie bei dem Opium und Kokain.

So deutet alles, was ich von dem Cannabinismus geschildert habe, darauf hin, daß es sich hier zwar um ein Phantasticum handelt, aber um ein solches, das neben den nicht immer angenehmen Sinnestäuschungen und neben der bei manchen Individuen auftretenden innerlichen Glücksempfindung – die ja im Gehirn überhaupt nicht zu lokalisieren ist, weil sie rein seelischer Natur ist – brutalere Wirkung entfalten kann, die zu Geisteskrankheiten führen. Man wolle auf die große Verschiedenheit der letzteren von der durch Kokain erzeugten achten.

Es würde dann anzunehmen sein, daß Inhaltsstoffe des Hanfs z. T. besondere Beziehungen zu bestimmten Gehirnteilen besäßen, die zu Veränderungen mit den angegebenen Folgen führen, und zwar solchen, die z. B. dem *Anhalonium Lewinii* nicht zukommen, das in ganz andrer, man möchte fast sagen, edlerer Weise, Funktions- bzw. Zustandsänderungen an besonderen Gangliengruppen erzeugt.

(Louis Lewin, um 1890, wiederaufgenommen in: Phantastica, Leipzig 1924)

Axel Delmar war einer der vielen Schnell- und Gelegenheitsdichter, und auch ‹Haschisch› ist mit heißer Feder geschrieben. Die Handlung umfaßt nur einen Aufzug, aber der hat's in sich. *Voilá!* Personen: Omar, Bey von Tunis, Bass; Hama, eine der Damen des Serails, Sopran; Abdul, Stummer des Serails, stumm; Stimme des Muezzin, Bariton; Chöre der Frauen, Sklavinnen, Araber und der Stummen des Serails. Ort: Sommersitz Omars. Zeit: 17. Jahrhundert.

Paolo soll für den Bey ein Bild malen, vermißt darauf aber die Schönheit eines weiblichen Gesichts. Omar meint, Paolo wolle doch nur das eine, aber Paolo schwört, es gehe ihm nur um die Kunst. Er wolle des Todes sein, würde ihm bei der entsprechenden Gelegenheit auch nur ein unzüchtiges Gedänkelchen kommen. Voller Vertrauen überläßt Omar ihm Hama. Die beiden verlieben sich auch in Windeseile – «weil vom Küssen sterben wir müssen», heißt der entsprechende Text – und verschwinden in einem Pavillon mit Glockenspiel. Die Liebe dauert nur zwölf Takte, und dann wird's fürchterlich. Der Bey hat als unfreiwilliger Kuppelvater ein so schlechtes Gewissen, daß er ein Gottesgericht anordnet, von dem auch er nicht ausgenommen sein möchte, und Omar bringt drei gleich aussehende Pokale. In einem ist, nun ja, der Titel der Oper, von dem man erst wahnsinnig wird, um dann zu sterben. All dies geht natürlich ebenfalls rasend schnell, und Hama, die diesen schrecklichen «Haschisch-Sang» zur Aufführung bringen muß, stirbt bereits bei seiner letzten Zeile in einem walzerseligen Delirium, da ja in solchen Fällen, der patriarchalischen Moral der Zeit entsprechend, auf jeden Fall die Frau schuldig ist. Paolo bricht an der Leiche zusammen, der Chor, der die ganze Zeit den tiefsinnigen Text «lo-lo-lo-lo» singen mußte, entfernt sich, Vorhang.

Die Herren Schöpfer kamen mit ihrem Haschisch nicht gut an. «Das Ganze riecht zu sehr nach billiger Effekt-Hascherei», befand die *Leipziger*

Zeitung, und eine Aufführung in der österreichisch-böhmischen Provinz brachte auch nicht den Welterfolg. «Eine ebenso primitiv wie unglaubwürdige Geschichte», urteilte die *Wiener Theater-Zeitung*, und damit versank auch dieses Werk im Mülleimer der Kulturgeschichte.

Zu jener Zeit war «Starker Tobak» im deutschsprachigen Raum längst kein Handelsartikel mehr. Aus den Warenbüchern sowohl der Tabak-Manufakturen als auch der -Verkäufer verschwand er sang- und klanglos in den Jahren zwischen 1860 und 1870, wohl nicht zufällig zur selben Zeit, als sich Cannabis-Tinkturen in den Apotheken durchsetzten. In der österreichischen Tabakregie finden sich ab August 1865 keine Bestellungen mehr für das seit 1852 «Cann.turc.» bezeichnete Pulver, und nachdem in den einzelnen Mischungen der Hanf-Anteil bereits 1858 reduziert wurde, damals «aus Gründen der Einsparung», verschwanden die entsprechenden Sorten zwischen 1864 und 1867 ohne Angabe von Gründen vom Markt.

Dafür kamen einige Zigarettenmarken auf den Markt, die es in sich hatten. Direkt aus Alexandrien stammten die Zigaretten der Firma Simon Arzt (welch subtiler Name!), 1869 gegründet und sehr erfolgreich mit ihrer «No. 2», die 7 Prozent ägyptischen Hanf enthielt. Im selben Jahr führte Österreichs Tabakregie anläßlich der Eröffnung des Suez-Kanals die «Khedive» mit 5 Prozent Hanf-Anteil ein und zur Weltausstellung 1873 die «Nil» mit 8 % ungarischem Hanf. 1878 folgte noch die «Egyptische II. Sorte» mit nahezu identischer Zusammensetzung der «Simon Arzt No. 2». Simon Arzt gibt es noch, allerdings mit anderen Liefernummern, auch Khedive und Nil, aber seit 1925 allesamt ohne die ganz besondere Würze. Im norddeutschen Raum gab es verschiedene kleine Marken mit oft reizenden Namen wie «Arabische Nächte» oder «Harem», die ebenfalls bis zu 9 Prozent Hanf enthielten und allesamt während des Ersten Weltkriegs eingestellt wurden.

Auch sonst gab es keinen Mangel, denn in den Drogerien, die damals häufiger waren als Apotheken, waren Bhang, Ganja und Charas frei verkäuflich. Und daß es von diesen Dingen mehr gab als nur für medizinische Zwecke, läßt sich aus den Mengen schließen, die kursierten. Allein im Hamburger Freihafen wurden im September 1885 3,5 Tonnen Ganja, 12 Tonnen Bhang und 3000 Doppelzentner Charas gelöscht.

Einen gewissen dubiosen Ruf hatte der Stoff allerdings bereits in den Studentenkreisen gewonnen. Wer von der «alten Burschenherrlichkeit» hört, möge bedenken, daß diese nur für einen Teil der Studentenschaft galt. Schon damals gab es Gruppen, die diesen Hurra-Germanen (samt ihrem Antisemitismus) und der gesamten deutschen Gründerherrlichkeit eine ebenso fundamentale Verweigerung entgegensetzten und sich in

Zeitgenössische Zeichnung von
Theophile Gautier, dem Gründer des
«Club des Haschischins»

Weltschmerz und künstliche Nebel hüllten. Sie nannten sich «Schopen-
hauerianer», ohne den Philosophen sonderlich gelesen zu haben, oder
schlicht «die Resignierten». No future; und es ist eine bezaubernde Ironie
der Geschichte, daß ihre Rituale jenen der bourgoisen Studentenverbin-
dungen zumindest bei Rauschmitteln glichen. Jeder Zirkel hatte seine
eigene Droge, deren hoffentlich lebensverkürzende Wirkung die Fahrt
durch das Jammertal begleiten sollte, und an jeder Universität gab es
mehrere Zirkel. Die Modedroge war Morphium, das nach den Massen-
spritzungen des Krieges ins Gerede gekommen war, gefolgt von Kokain.
Andere Gruppen, die sich nicht ganz so radikal aus der Welt pusten wollten, hielten sich an Ganja und Charas und lernten Französisch, um Baudelaire zu lesen. Franz Blei beispielsweise, der später die erste deutsche
Ausgabe dieses ‹Poète maudit› herausgab, erinnerte sich im hohen Alter
noch genüßlich der Studentendebatten, wo zu qualmenden Wasserpfeifen
über Schuld und Sühne der Menschheit im allgemeinen verhandelt
wurde: «Nahezu jeden Abend trafen wir uns, füllten die Nargileh abwechselnd und qualmten, bis bloßes Einatmen der Luft im Raum aus-
reichte, Bhang, Ganja, Haschisch, ungarischen Hanf durcheinander, und
jeder schwärmte, was er gerade entdeckt hatte: Pornographie des französischen Rokoko, kaum bekannte Schätze der Romantik oder einen russischen Autor, der bald unser aller Held wurde – Dostojewskij. Wir segel-
ten begeistert in ein Neuland, von dem wir hofften, daß es anständigen
Bürgern zuwider sei.»

Paris, «nach der Sintflut». Wer der Ansicht ist, die blutige Barbarei deutschen Herrenmenschentums sei erst mit den Nazis, gewissermaßen über
Nacht ein Teil deutschen Charakters geworden, sehe sich einmal die angeblich humoristischen Bildgeschichten an, die Wilhelm Busch 1870/71
über das belagerte Paris zeichnete. Hier wird mit dem Hunger der Bela-
gerten deutscher Spott getrieben, während in der hoffnungslosen Stadt im
Januar, dem letzten Monat der Belagerung, 19223 Menschen starben,

Monsieur Jacques à Paris während der Belagerung im Jahre 1870

Häusliches Wildbret

«Excusez, mon ami, mais c'est la guerre.»

(Wilhelm Busch, 1871)

viermal soviel wie in Friedenszeiten. Der auch nach dem Fall der Stadt anhaltende Hunger und die Korruption der französischen Regierung brachten im März die Arbeiterschaft auf die Barrikaden – die Tage der Kommune hatten begonnen. General MacMahon umzingelte Paris mit den Regierungstruppen, und nach zweimonatiger Beschießung hielt der Feind aus dem eigenen Land seinen Einzug. In der «Blutwoche» vom 21. bis 28. Mai 1871 wurden in Paris über 30 000 Menschen bestialisch umgebracht. Einige tausend Sympathisanten konnten fliehen und fanden vorwiegend in England Asyl; wer im Land blieb und nur im geringsten im Verdacht stand, die Kommune vielleicht gar gutgeheißen zu haben, war seinen Posten los.

Das Massaker war auch für die überlebenden Künstler ein entscheidender Geschichtsbruch, vergleichbar der *Lost-Generation* nach dem Ersten, den Existentialisten nach dem Zweiten Weltkrieg oder den Dropouts nach dem Vietnam-Debakel. Nicht mehr das wohlgesetzte Wort war gefragt – vom Bürgertum, das sich zu allen Zeiten mit zeitlos-verlogener Schönheit berauschte, ist hier nicht zu reden –, sondern der Schrei. Das Trauma der Kommune bewirkte einen Bruch in allen Künsten: in der bildenden Kunst von den Impressionisten zu den Neo-Primitiven und den Fauves, in der Musik (wo der Bruch am geringsten war) zu den Veristen, und in der Literatur zum Ausbruch aus allen klassischen Form- und Versmaßen. Besonders sichtbar war der Umschlag in jenen Kreisen, die mit dem Establishment ohnedies nie viel am Hut hatten, also bei der

Boheme. Noch Baudelaire war stolz darauf, auch in seinen exzessivsten Drogenphasen täglich zwei Stunden mit der Toilette zuzubringen. Die «neuen Dichter» hockten betont ungepflegt und verdreckt in ihren Cafés, versuchten einander in schlechten Manieren zu übertreffen und nahmen alle möglichen Drogen, nicht mehr aus Neugier oder Suche nach besonderen Erleuchtungen, sondern erklärtermaßen, um diesen irdischen Jammer schneller hinter sich zu bringen. Im *Café Tabourey* war das Motto jener Cliquen an die Wand geschrieben, damals noch französisch ausgesprochen: ‹*no future!*› Unter diesem Zeichen an der Wand versuchten die Dichter, sich mit Kaffee, Absinth, Haschisch und Opium den Rest zu geben.

Der Freak

Die bürgerlichen Werte wurden allerdings auch von dieser Boheme eher modisch und verbal in Frage gestellt, und wir sollten uns die Szene damals nicht sonderlich verschieden vorstellen von heutigen Bafög-Empfängern, die in verschlissenen Lederjacken die Abschaffung des Systems planen. Paul Verlaine beispielsweise, schwer alkoholgefährdet und aus politischen Gründen arbeitsloser Gymnasial-Lehrer, hatte sich von Mama gutbürgerlich mit einer höheren Tochter verheiraten lassen, wohnte bei den Schwiegereltern und zog jeden Abend brav, wenn auch gelegentlich schwankend, zu seiner schwangeren Frau. Der fast 50jährige Théodore de Banville wohnte solide bei Mami, die er mit seinen poetischen Erzeugnissen natürlich auch nicht schocken wollte. Untereinander verkehrte man leger-zuvorkommend, und auf bürgerliche Umgangsformen legten auch jene wert, die das Bürgertum insgesamt niederkartätschen wollten.

In diese Revoluzzeridylle mußte der Auftritt eines ungehobelten Bauernjungen namens Arthur Rimbaud wie eine Bombe krachen, und die Brisanz wurde dadurch nicht geringer, daß die Katastrophe gewissermaßen angekündigt war.

Er stammte, wie man so sagt, aus zerrütteten Verhältnissen. Ein Berufsoffizier hatte eine mit guter Mitgift versehene Bauerntochter in den Ardennen geheiratet, doch die setzte ihn nach zwei Söhnen und zwei Töchtern ohne Angabe von Gründen vor die Tür. Madame Rimbaud lebte fortan von der Landwirtschaft, versuchte allerdings, den Status einer Offiziersfrau aufrechtzuerhalten und sorgte mit bemerkenswertem Geiz, harscher Strenge und nur gelegentlicher Güte dafür, daß ihre Kinder einmal «etwas Besseres» würden. Mit dem Ältesten hatte sie Pech. Nachdem er sich schon in der Schule zur perfekten Niete profiliert hatte, wurde er schließlich Fuhrmann und durfte das Haus nicht mehr betreten. Zu um so größeren Hoffnungen berechtigte der am 20. Oktober 1854 geborene Arthur, der mit elf ins Gymnasium kam, dort konstant Klassenbester wurde und, nachdem er mit fünfzehn beim «Concours Académique» den ersten Preis in lateinischer Dichtung gemacht hatte, schon mit sechzehn in die Abiturklasse versetzt wurde. Sein Rhetorik-Lehrer dort wurde ein verhinderter Dichter, der dem Jungen Bücher von Baudelaire und ähnlichen

Cazals zeichnet den in Paris frisch
Eingetroffenen

203

zwielichtigen Gestalten zeigte, was dem Mann von Madame Rimbaud bis zum Tod nicht verziehen wurde.

Es war der Krieg, der den Jungen aus der Provinz trieb.

Nachdem in Paris die Kommune ausgerufen wurde, hielt es ihn nicht daheim. Er verkaufte seine Konfirmationsuhr und kam am 26. Februar 1871 in Paris an. Irgendwoher hatte er die Adresse eines Karikaturisten der Zeit, fand das Haus mit dem unverschlossenen Atelier und begab sich zur Ruhe. Der heimkehrende Künstler staunte nicht schlecht, als er in seinem Chaos auch noch einen schlafenden Jungen fand – Rimbauds Stimmbruch sollte noch eine Weile dauern –, gab ihm 10 Francs und den Rat, in solch unruhigen Zeiten lieber wieder nach Hause zu fahren. Das Geld wurde angenommen, der Rat natürlich nicht. Nachdem er sich einige Bücher gekauft hatte, stromerte er zwei Wochen durch Paris, sich durch die Cafés schnorrend, unter Brücken schlafend. Dazwischen waren die Preußen einmal in die Stadt ein- und wieder ausmarschiert, und die Kommune sah angstvoll ihrem letzten Kampf entgegen. Als der stattfand, war Rimbaud zu seinem Leidwesen wieder daheim.

Nutzlos aber war die Pariser Zeit nicht gewesen. Er hatte Haschisch kennengelernt und insoweit begriffen, als er nun seine Pfeife mit den heimischen Hanfblättern stopfte. Vor allem aber wußte er nun, was er wollte: ein Dichter werden und abgrundtief böse. Außerdem schrieb er im Sommer an alle Dichter, deren Namen ihm aufgefallen waren, einige Gedichte beiliegend. Verlaine zeigte sich beeindruckt, lud den Dichter etwas unverbindlich ein und schrieb: «Ich wittere den Werwolf in Ihnen.»

Das war prophetisch. Eines schönen Septembertags fand sich im gepflegten Haus seiner Schwiegereltern ein abgerissener Junge ein und erklärte, der gefragte Dichter zu sein. Auch Verlaine war erstaunt, denn nach den Gedichten hatte er einen Typ Ende der Zwanzig erwartet. Die Familie war entsetzt – bei Tisch versuchte Rimbaud, mit erlesen schlechten Manieren zu provozieren, und auf seinem Kopfkissen mußte Madame allmorgendliche Läuse entdecken –, und das Entsetzen wurde nicht gerin-

«... es ist tatsächlich so, daß ich, d. h. mein körper, zeit meines lebens immer auf der suche war nach anderen körpern, mit denen man frei und mehr als auf der höhe seiner zeit unbändige feste feiern könnte, aber meist entpuppten sich die körper als entleerte & ausge saugte körper, wankende ideologiezombies, deren einziges interesse darin besteht, einen übelriechenden duft von auslegung/wert verharrung abzusondern: von verfälschten Visionen.

(Brief an Delahaye, Sommer 1872)

Verlaine und Rimbaud. Ausschnitt aus
dem Gemälde ‹Le Coin de Table› von
Fantin-Latour

ger, als nicht mehr zu übersehen war, daß sich der zehn Jahre ältere Verlaine in dieses Scheusal auch noch höchst unanständig verknallt hatte.

Rimbauds Biographen tun sich mit seinem Leben immer schwer. In
diesem Fall hoffen sie, «der unschuldige Junge» sei verführt worden, doch
alle Anzeichen deuten darauf hin, daß die Sache umgekehrt lief. Rimbaud hatte sich was vorgenommen, und zu seinem Pandämonium gehörte
auch dies, davon abgesehen, daß er Verlaine zu immer hemmungsloseren
Besäufnissen und selbst für Freaks abnormen Mengen Haschisch antrieb.
Nachdem er Verlaines Ehe zerrüttet und sämtliche Dichterfreunde durch
immer wildere Rüpeleien vergrätzt hatte, erholte er sich von März 1872
an drei Monate zu Hause, um frisch gestärkt den Kampf in Paris aufzu-
nehmen.

Ein Gemälde der Zeit zeigt Rimbaud, schön und kokett wie ein verlau-
ster Engel, neben dem etwas hilflos dasitzenden Verlaine. Ihr Verhältnis

---

Ich weiß nicht, aus welchem Grunde
Sie mit Arthur in Streit geraten sind,
aber ich habe immer erwartet, daß Ihre
Verbindung unglücklich enden würde.
Warum? – werden Sie mich fragen.
Nun, einfach deshalb, weil das, was von
Gott und von ehrenhaften Eltern nicht
gebilligt wird, den Kindern unmöglich
Glück bringen kann. Ihr jungen Leute
macht euch gern über alles lustig, aber
es ist trotzdem wahr, daß wir Eltern die
Erfahrung auf unserer Seite haben, und
jedesmal, wenn ihr unseren Rat nicht
befolgt, werdet ihr unglücklich sein.
 *(Madame Rimbaud an Verlaine,
6. Juli 1873) (1)*

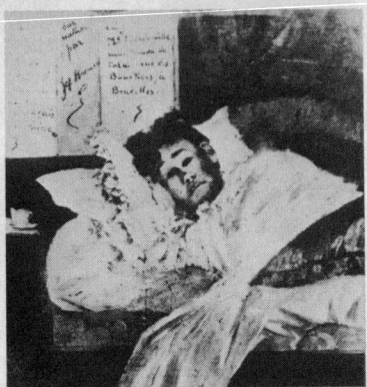

Der verletzte Rimbaud in Brüssel.
Gemälde von Jef

Illustrierter Brief von Rimbaud
an Delahaye, Mai 1873

war, milde gesagt, chaotisch. Die abgelehnte Moral hatte sich doch in das Seeleninnere eingefressen, und ein junger Sadist hatte seinen Masochisten gefunden. Szenen wie diese waren häufig: Rimbaud bittet seinen Freund, ihm die Hand auf dem Kaffeehaustisch entgegenzustrecken, der tut's, und Rimbaud sticht mit dem Messer tief in die Handfläche. Und läuft natürlich dem Verstörten mit tausend Entschuldigungen nach.

Im Juli verzieht sich das Duo nach Brüssel und von dort im September nach London, wo sich Rimbaud besonders für die Opiumhöhlen interessiert. Zu Weihnachten taucht er bei Mama auf, abgerissen wie der letzte Landstreicher, um sich etwas aufpäppeln zu lassen, und Januar 1873 zieht es ihn wieder zu Verlaine nach London. Freunde berichten von wüsten Auseinandersetzungen und tumultösen Versöhnungen; Rimbaud versucht, sich mit Alkohol, Haschisch, Kokain, Opium und Morphium in immer größere Delirien zu steigern, hat allerdings nach einem wilden Streit mit Verlaine plötzlich das Gefühl, das alles sei doch nicht das Wahre und fährt im April heim zu Mama, wo er einsam einen Opiat-Entzug durchsteht. Von nun an gab er sich mit Alkohol und Haschisch zufrieden.

Es ist verständlich, daß Madame Rimbaud über die Entwicklung ihres Sohnes nicht glücklich war, und sie war auch nicht erfreut, als im Mai Verlaine auftauchte, um seinen Geliebten erneut nach London zu schleppen. Dort ließ er sich von Arthur nach gewohnter Art quälen, bis er am 3. Juli per Schiff Reißaus nach Brüssel nahm. Rimbaud fühlte, diesmal zu weit gegangen zu sein und schickte einen reuevollen Brief nach Brüssel, und als eine versöhnliche Antwort kam, einen bissigen gleich hinterher.

Verlaine war währenddessen ein bibberndes Häufchen Elend geworden, schrieb triefende Versöhnungsbriefe an seine Frau (unbeantwortet) und ebenso triefende voller Selbstmorddrohungen an Rimbaud und seine Mutter. Die reiste schnell an und kam am 7. Juli gerade zu rechten Zeit, als Rimbaud wieder auftauchte. Über die nächsten drei Tage gibt es widersprüchliche Schilderungen, die nur darin übereinstimmen, daß schrecklich gesoffen und gestritten wurde. Am 10. erklärt Rimbaud, er habe von Verlaine endgültig die Nase voll und wolle nach Paris. Verlaine schießt dreimal auf seinen Geliebten und trifft ihn am Handgelenk. Es kommt wieder zu einer wüsten Versöhnung, und die Verlaines bringen Rimbaud zum Bahnhof, da er sich zu Hause auskurieren will. Unterwegs zieht Verlaine noch einmal die Pistole, die ihm niemand weggenommen hatte, und Rimbaud alarmiert die Polizei.

Es gibt ein Bild aus dem Krankenhaus, wohin Rimbaud noch am selben Abend gebracht wurde. Er schaut reichlich verschreckt aus der Bettwäsche wie einer, der noch nicht ganz begreift, was er angerichtet hat. In seiner ersten Aussage hatte er Verlaine schwer belastet. Verlaine wird zu zwei Jahren Zwangsarbeit verurteilt.

Unter Obhut seiner Mutter vollendet Rimbaud ‹Une saison en enfer›, und die sparsame Dame ist für eine Überraschung gut und finanziert den Druck des Werks, dessen Inhalt sie zutiefst erschreckt. Im Herbst fährt Rimbaud nach Paris, doch die alten Bekannten wollen weder von ihm noch seinem Buch etwas wissen. Seine ständigen Schnorrereien tragen ihm den Spitznamen «Die Bremse» ein, und seine Aussage in Brüssel wird mit eisiger Isolation bestraft. Nur der etwas ältere Germain Noveau lädt ihn gelegentlich auf einen Kaffee ein.

Schwer deprimiert fährt der erst Neunzehnjährige heim, errichtet aus der noch nicht verkauften Auflage von ‹Eine Zeit in der Hölle› und vielen Manuskripten einen Scheiterhaufen, vor dem er die ganze Nacht sitzt. Viele Biographien meinen, dieses Fanal sei das Ende seiner Dichtung gewesen, doch sie irren, geblendet von dem symbolträchtigen Schein. Im nächsten Jahr entstehen die ‹Illuminations›, in London, wo er mit Germain Noveau zusammenlebt. Gelegentlich arbeiten die beiden in einer Kartonagefabrik. Im Herbst trennen sich die Wege.

Seine nächsten Jahre verbrachte Rimbaud vorwiegend als Landstreicher. April 1876 beginnt damit, daß er von Wien nach Bayern abgeschoben wird, dann verdingt er sich, besoffen und bekifft, zur holländischen Kolonialarmee, kommt bis Batavia (dem heutigen Djakarta), desertiert dort und gelangt auf einem englischen Frachter rechtzeitig zurück, um Weihnachten bei Muttern zu sein. 1877 zieht er von Bremen aus mit einem Zirkus durch Skandinavien und tritt seinen Winterschlaf, nach

Höllennacht

Ich habe einen bösen Brocken Gift geschluckt –
Dreimal gebenedeit der Rat-Schlag der mir kam. –
Meine Eingeweide brennen. Der Aufruhr des Gifts verdreht
mir die Glieder, zerreißt mich, wirft mich nieder. Ich sterbe
vor Durst, ich ersticke. Ich kann nicht schreien.

Das ist die Hölle, Qual ohne Ende!
Seht doch, wie das Feuer sich von neuem entfacht!
Ich brenne, wie es sich gehört. HAU AB, Dämon!

Ich habe einen flüchtigen Schimmer meiner Wendung zum Guten, zum Glück er-
hascht: was für eine Seligkeit! Darf ich die Vision schildern, denn Höllenluft duldet
keine Hymnen?

Ich sah Millionen liebreizender Wesen, ein sanftes geistiges Konzert, Kraft und
Ruhe, hochherziges Streben, was weiß ich?

Genug! ... Schluß mit dem falschen Geflüster, den falschen Düften, den Zauber-
formeln, der kindischen Musik. –
Und Schluß auch mit diesem Gewäsch: daß ich die Wahrheit besitze, daß ich die
Gerechtigkeit sehe: ich urteile klar und gefaßt, ich bin reif für die Vollkommenheit ...

Es häufen sich die Wahnvorstellungen. So ging das schon immer bei mir los: keinen
Glauben an die Geschichte, das Vergessen der Grund-Sätze. Besser, ich schweige
zu diesem Thema: Die Poeten und Hell-Seher könnten scheel dreinblicken. Ich bin
tausend Mal der Aller-Reichste, wir wollen geizig sein wie das Meer.

Nanu! Die Lebensuhr bleibt plötzlich stehen. Ich bin nicht mehr in der Welt. –
Tatsächlich! Die Theologen haben doch recht: die Hölle ist wirklich *unten* – und der
Himmel oben. –

Ekstase, Nachtmahr, Schlaf im Flammennest.

Der poetische Plunder hatte starken Anteil an meiner Wort=Allchimie. Ich übte
mich in der einfachen Halluzination: völlig mühelos sah ich eine Moschee, wo eine
Fabrik war, eine Trommlerschule, in der Engel unterrichteten; ich sah Kutschen
auf den Himmelsstraßen, eine Kneipe auf dem Grund eines Sees, Monster, Mysterien; ein Schlagertext jagte mir das Grauen in die Knochen. Meine magischen
Spitzfindigkeiten illustrierte ich mit sprachlichen Wahngebilden.

Es endete damit, daß ich das Chaos in meinem Kopf für heilig erklärte. Ich war
träge, in den Fängen eines heftigen Fiebers: Ich neidete den Tieren ihr Glück – den
Raupen die Unschuld des noch Unentlarvten, ich war eifersüchtig auf Maulwürfe,
auf Dornröschens Schlaf!
  (Une saison en enfer, 1873) [1]

Karawanen brachen auf. Und in das Chaos von Packeis und Polarnacht wurde das
Glanz-Hotel gebaut.

208

Von da an hörte Luna die Schakale jaulen in den Thymian-Wüsten

und die Hohelieder in Holzlatschen grölen im Obstgarten.

Dann im violetten knospenden Stangenholz
sagte mir Eucharis,
daß es sich hier um den Frühling handelt.
  (Illuminations, 1874) (2)

Im Wäldchen, da ist ein Vogel: wenn er singt, hältst du inne und wirst rot.

DA ist eine Omauhr, die vergißt zu schlagen.

DA ist eine Kuhle mit einem Nest weißer Tiere.

DA ist eine Kathedrale, die versinkt, und ein See, der steigt.

DA ist eine Karre achtlos ins Gestrüpp geworfen – oder rollt sie flott und flatternd
den Berg hinab?

DA ist ein Trupp von Schauspielern in Kostümen, winzig da oben am Weg, der den
Waldsaum schneidet.

DA ist zu guter Letzt jemand, der dich, wenn du Hunger und Durst hast, zum
Teufel jagt.
  (Illuminations, 1873–74) [1]

Verlorenes Gift
Nächte blond & braun
Nichts im Raum konnte sich halten
Nicht eine einzige sommerliche Spitze
Nicht ein einziger gemeinsamer Schlips

Leer der Balkon wo der Tee
Zog zur Mondaufgangs-Stunde
Alles spurlos verschwunden
Kein Andenken blieb.

In den Saum eines blauen Vorhangs pikiert blinkt eine Nadel goldköpfig wie
  ein fettes schlafendes Insekt

Nadelspitze
  vollgepumpt mit dem
    feinen Gift
      Ich will dich nehmen
        Sei mir bereit
      für die Stunden
    meines Todeswunsches ...
  (London, mit Germain Noveau, 1874)

Karikatur von Delahaye (mit Fernrohr). Der Pfeifenraucher: Verlaine. Der Kopf im Wasser: Rimbaud. Auf der Wolke liegend: Noveau

«ich bin jetzt alt und hart geworden in all den zuwendungs- und zurichtungs-orgien, die ihr gezwungen wart, für mich zu veranstalten, sinnsuchende, irrenärzte und herr-meneutiker, um aus mir eine schißmatische reliquie in einer mit zartrosa satin überzogenen schatulle zu machen.
   so habe ich überlebt mit einem KUNST-gesicht, darunter ist die narbe, mit paste & leim überpinselt: aber die narbe setzt die differenz zwischen blut & fleisch, paste & leim, zwischen der leere & der fülle, zwischen der voll-gestellten leere & der gelee(h)rten fülle ...»
   (Brief an Delahaye, Herbst 1874) [1]

einem kleinen Umweg über Marseille und Rom, bereits im September an. Das Jahr darauf vagabundiert er von Hamburg bis Italien (über den Gotthard bei Schnee und Eis), fährt nach Alexandria, verewigt sich in großen Lettern auf einer Säule des Tempels von Luxor (da dieser damals noch nicht ausgegraben war, steht sein Name nun turmhoch über den neueren Kritzeleien) und jobbt schließlich als Bauaufseher in Zypern. Von dort kommt er im Mai 1879 nach Hause, um einen Typhus auszukurieren. Nach einigen Anläufen, wieder nach Afrika zu kommen, landet er im

Frühjahr 1880 wieder in Zypern und verdingt sich im Juli für eine Kaffeehandelsfirma nach Aden.

Der Kaffee kam schon damals aus Äthiopien, und dort verbringt Rimbaud auch die meisten der nächsten Jahre. Er ist kaufmännisch nicht sehr geschickt, und wie alle älter werdenden Hippies träumt er vom großen Geld, das er möglichst auf einen Schlag machen will. Nachdem sein Büro in Harar ausgerechnet jenes Haus war, in dem später Haile Selassie geboren wurde, versucht er sich als Waffenschmuggler, da gerade der Abessinier Menelek das heutige Äthiopien zusammenerobert. Irgendwann hatte er sich mit Syphilis angesteckt, was ihn nicht gerade umgänglicher machte. Wenn er einige Pfeifen geraucht hatte, soll er ein umwerfend charmanter Gastgeber gewesen sein, doch auch das Gegenteil wird berichtet, Beleidigungen, die seiner Jugendzeit alle Ehre gemacht hätten.

In Frankreich hatte mittlerweile Verlaine seine Gedichte neu herausgebracht und den Erlös ohne schlechtes Gewissen in die eigene Tasche gesteckt. Rimbaud wurde gelesen und das Idol all der Aufsässigen, die gerade geboren waren, als er zu schreiben aufhörte. Und Verlaine nährte die Legende, Rimbaud sei längst verstorben, bis ein Literatur-Redakteur die Mutter Rimbauds aufspürte und die Adresse bekam. Doch Rimbaud beantwortete die Briefe und Einladungen nicht.

Im Februar 1891 spürte er im Knie stechende Schmerzen, die er zunächst für Rheumatismus hielt. Als sich ein dickes Geschwür bemerkbar machte, versuchte er, der Sache mit Härtetraining beizukommen. Als die Schmerzen unerträglich wurden, ließ er sich Anfang April in einer qualvollen Tour an die Küste tragen und nach Aden einschiffen. Die dortigen Ärzte erkannten seinen Zustand für hoffnungslos und ließen ihn, da er aus vielen Waffenschiebereien genügend Geld hatte, nach Marseille einschiffen, wo ihm das Bein amputiert wurde. Die nächsten Monate waren ein grauenvoller Todeskampf, verschärft durch die Bekehrungsversuche seiner Schwester, denen er schließlich des lieben Friedens willen nachgab. Krebs nimmt in seinem Alter immer einen schnellen Verlauf, und nach der Krankengeschichte ist anzunehmen, daß Rimbaud an einer damals Sarkom genannten Abart litt. Am 10. November starb er, 37 Jahre und 21 Tage alt.

Über Rimbauds Bedeutung für die moderne Lyrik braucht hier nicht gesprochen zu werden. Für die Vertreter ästhetischer Verlogenheiten war es immer bequem, daß seine Werke von einem Jungen zwischen sechzehn und neunzehn geschrieben wurden, und so konnten sie alle, die lieber gleich «entartet» gesagt hätten, als spätpubertäre Ausflüsse eines auch sonst bedenklichen Charakters abtun.

Rimbaud nahm Haschisch, lebenslänglich und über längere Zeiträume

Rimbaud mit einer abessinischen Harfe. Zeichnung von Isabelle Rimbaud

in einem Übermaß, aber er hat sich kaum über seine Beziehung zur Droge geäußert. Er sagte, sie sei Teil seiner «programmatischen Verwirrung», und er sagte, er würde sie benutzen «wie Merlin die Magie». Er nahm die Sache also nicht als eine Sensation, um danach über Trips berichten zu können, sondern als Treibmittel. Nur Moralisten mögen fragen, ob ein Künstler das denn nötig hätte.

Die Literaturgeschichte will ihm noch immer nicht verzeihen, daß er plötzlich schwieg. Hat ihn die Muse verlassen? War er ausgebrannt? Ein Komet am Dichterhimmel? Vielleicht sind solche Fragen irreführend. Rimbaud erwähnt einmal, Dichtung habe ihm «nichts mehr gebracht». Was er wollte, verschweigt er. Sein Lebenslauf ähnelt dem vieler Freaks, und eine Etappe davon war er einer der begnadetsten Dichter.

Ich will, daß man mir ein Grab verehrt, kalkweiß, mit Ornamentlinien aus Zement – und sehr tief unter der Erde.
Ich vergrabe mich in meine aufgestützten Ellbogen.
Voll angestrahlt von der Lampe liegen diese Zeitungen, diese Bücher, in denen ich Dummkopf immer wieder herumblättere – ohne jegliches Interesse.
Über meinem unterirdischen Gemach geht es noch unendlich weit in die Höhe, bis die Häuser sich aufpflanzen und all die Ausdünstungen Platz nehmen.
Roter und schwarzer Schlamm.
Eine mordsmäßige Stadt, in ewige Nacht getaucht!
Nicht ganz so hoch, da fließen die Abwässer.
Zu den Seiten hin: nichts als die Mächtigkeit des Erdballs.

Vielleicht noch: Schlünde aus Azur, Feuerbrunnen.
Und hier in diesen Gegenden treffen sich ja vielleicht
Monde und Kometen, Meere und Fabeln.
In bitteren Stunden, da denke ich mir Saphirkugeln herbei, Kugeln aus Metall. Ich
bin Meister des Schweigens.
Sollte sich denn wirklich der Ein-Druck eines Kellerlochs im Winkel des Gewölbes
verlieren?
(Illuminations, 1874)[1]

[1] *Das poetische Werk 1 & 2, übers. Hans Therre und Rainer G. Schmidt,
München 1979, 1980)*

Décadence

Die Geschichte unserer heutigen Medizin begann im letzten Drittel des
vorigen Jahrhunderts. Am Anfang standen Entdeckungen für die Diagnostik – von den Bakterien angefangen –, und in immer schnellerem
Tempo wurde therapeutisches und chirurgisches Neuland erobert. Parallel dazu entstand das medizinische Drogenbewußtsein, das heute noch
weitgehend gilt. Beispielsweise bedurfte es des Morphins, um die Wirkung des Opiums als eine (potentiell) hochgradig giftige und schwer
suchtpotente zu definieren. Natürlich war beides schon vorher bekannt;
die chemische Konzentration jedoch warf auf diesen Aspekt ein so grelles
Schlaglicht, daß er nun *vor allem* gesehen wurde. Und dabei wurde vor
allem in der Literatur der älteste Grundsatz der Medizin vergessen, «dosis
facit veneum»: Die Menge macht das Gift.

Parallel dazu verläuft die Entwicklung, sich auf den berauschenden Nebeneffekt von Heilmitteln zu konzentrieren und diesen Rausch als einen
negativen Effekt zu sehen. Davor war dies keine Frage der Medizin. Seit
den Schamanen galt der Rausch als ein Aspekt der Heilung, und auch in
der säkularisierten Medizin war er eben eine Wirkung des Medikaments,
keine Nebenwirkung. Hier begann erst Louis Lewin zu unterscheiden.
Zweifellos war dies nötig, doch das Problem der ersten Stunde dieser
Debatte war, daß sie unter den Vorzeichen der viktorianischen Moral geführt wurde, und plötzlich wurden damit Drogen auch ein moralisches
Problem mit Entweder-oder-Kategorien.

Es ist einer der großen Glücksfälle meines Lebens, daß ich Albert Paris
Gütersloh noch persönlich und sogar näher kennenlernen durfte. Er war
damals bereits – so der Titel eines seiner Bücher – «eine sagenhafte Figur», einer der großen Dichter, Rektor der Kunstakademie, unter den
Nazis mit Berufsverbot belegt ... mehr noch: erste Malversuche im

APG 1918, Zeichnung von
Egon Schiele

APG 1953

Albert Paris Gütersloh: Das Wartezimmer des Irrenarztes, Gouache
132 : 170 mm, 1954

214

Atelier von Gustav Klimt, enger Freund Egon Schieles, Arnold Schönbergs und Franz Kafkas, Schauspieler bei Max Reinhardt ... er war einer, der dabei war in jener ausklingenden Zeit des Jugendstils, der gerade wiederentdeckt wurde, und er war nicht nur dabei, sondern gehörte zum Kern der Szene. Und er war kein Veteran, sondern immer jung geblieben. Seine Klasse als Professor für Malerei führte er so erfrischend antiautoritär, daß dabei die verschiedensten Stile herauskamen (und heute noch miteinander im Clinch liegen), von Abstrakten, die ich lieber vergessen will, über die auch schon verflossene «Wiener Schule des phantastischen Realismus» bis zu so gewichtigen Einzelerscheinungen wie Alfred Hrdlicka. Ich selbst durfte mit dem alten Herrn ein- bis zweimal die Woche frühstücken, im Café Museum, wo er verkehrte, seit es um die Jahrhundertwende von dem Avantgarde-Architekten Adolf Loos eingerichtet und damit zum Treffpunkt der Avantgarde geworden war. Diese Einladungen waren für mich Überlebenshilfe, denn ich hatte damals nichts zu beißen, und ich danke ihnen sehr viel mehr.

Als ich meine Bekanntschaft mit Hanf machte, unterhielten wir uns auch darüber, und APG schmunzelte. «So haben wir alle einmal angefangen. Jeder hat sich das ganz Besondere dabei erwartet, bis es etwas Normales wurde.»

Wie bitte? Und wer alles?

Der alte Herr verstand nicht, was da so sensationell sein sollte. «Das war ganz normal damals, nicht nur in unseren Kreisen. Es hatte keine weitere Bedeutung – eine angenehme Erholung, ein Spaziergang der Phantasie am Abend, ein etwas meditativer Zustand. Das galt als nichts Besonderes, und damals war das ja überall frei erhältlich. Klimt zum Beispiel hatte in seinem Atelier immer einige Mädchen, alles Töchter aus besseren Familien, nackt natürlich. Die kamen gerne, das war für sie ein Freiraum, und Klimt zeichnete sie, mal die eine, mal die andere, was sich so ergab. Gelegentlich wurde ihm das im Atelier etwas zuviel. Er war ja auch sinnlich, aber nicht, wenn er arbeitete. Da saß er manchmal im Garten vor dem Atelier, rauchte eine kleine Pfeife, einige Züge nur, und nach einer Weile begann er, auf und ab zu gehen wie ein Tiger. Da wußte jeder, daß er nun nicht mehr gestört sein wollte. Dann zeichnete er auch drei, vier Stunden konzentriert durch, ohne ein Wort zu sagen.»

Nein, es sei Unsinn, nach den Spuren der Sache suchen zu wollen. «Auch die Erlebnisse, wenn man dabei welche hat, werden ja ein Teil der Gesamtpersönlichkeit und fließen gewissermaßen immer mit. Sicherlich, auf manchen meiner Bilder kann ich durch eine bestimmte Farbigkeit erkennen, daß ich damals, nun ja, Haschisch geraucht hatte. Aber diese Farbigkeit, die ich dabei sah, wirkte sich ja auf alle meine Bilder aus.

«Weißt du, was ich will?» Er muß einen rohen Spaß machen, um diese zitternde Stimmung wegzubekommen.

«Malwa.»

«Ah.» Ruth wandte sich unwillig ab. «Dumme Witze.»

Roland ging ärgerlich über sich im Zimmer auf und ab.

Ruth spielte mit einem Bleistift.

«Malwa», begann er endlich, «ist mir jetzt nicht der Name eines Mädchens, sondern das Symbol für jenes Ding, das ich statt des Glücks begehre. Eine Bezeichnung für jene Haschischsituation, die uns nach kurzem seligem Vergessen wieder unser Ich zurückgeben. Denn das will ich immer wiederhaben. Glaubst du ... daß ich Malwa liebe?»

«Warum nicht?» meinte Ruth und drehte sich nach ihm um.

«Nein», sagte er ihr direkt ins Gesicht.

«Nein?» wiederholte sie, fast erschreckt, und bog das «Nein» mit ihrer Stimme auf.

«Ja ... dann ... warum?» Ruth stand auf und reckte sich in ihrer ganzen mageren, sehnsüchtigen Größe.

Doch blieb sie vor ihrem Stuhl stehen.

Er lehnte mit dem Rücken an der Tür.

Tief im Dunkel.

So blieben sie einander gegenüber.

«Ungefähr vor einem Jahr begann ich mit dir jenes ernste Spiel, das ich jetzt noch mit dir spiele. Ich kannte dich als stummes, sehnsuchtsloses, unentwickeltes Kind. Du lebtest von Reflexen, gabst nichts von dir, keinen Schrei, kein Wort, das sich plötzlich aus blutenden Tiefen losgerissen.

Mich zuckte es da in den Händen.

Jener Zwang kam über mich, der mich keine Klaviatur sehen läßt, ohne daß ich nicht einen Ton hineintippe. Obwohl ich nicht Klavier spielen kann. Oder vielleicht gerade deswegen.

Mir ist nichts lieber als der Mensch.

Der Mensch, den ich formen kann nach meinem Bild.»

(Albert Paris Gütersloh. Die tanzende Törin, Wien 1910)

Gustav Klimt, Liebespaar (um 1910)

Klimt vor seinem Atelier in der Josefstädterstraße in Wien (1912/14)

Welches ich nun genau meine, wird kein Außenstehender erkennen – die Erfahrung ist intim und wirkt lange. Es fallen ja nur die Extreme auf – wer damit nicht umgehen kann oder wer damit angeben will, wie Meyrink, der natürlich eine Sensation haben mußte.»

Aber die Sache hatte doch einen dubiosen Ruf?

«Natürlich, und das war für viele von uns der allererste Reiz. Aber nur der allererste. Dann begriff man dieses Mittel, und wer Geschmack gefunden hatte, blieb dabei. Da sollen sich von mir aus Detektive damit befassen, wer wann und wer ab wann nicht mehr. Wir haben ja nicht Haschisch beschrieben oder gemalt, sondern unsere Zeit und was uns dabei auffiel. Unsere Betrachtungsweise konnte davon beeinflußt werden, aber wir wären schlechte Künstler, hätte sich dadurch unsere persönliche Handschrift verändert.»

Ich überlegte schon damals, ob es möglich sei, eine Kulturgeschichte der Droge zu schreiben.

«Ich glaube nein», sagte APG. «Bei Drogen, die einen eindeutigen Einfluß auf die Persönlichkeit haben, Morphium beispielsweise, halte ich es für möglich. Bei anderen Dingen, wie eben auch beim indischen Hanf, muß das immer Stückwerk bleiben. Auch bei Alkohol – man könnte über Weinbau schreiben, über die verschiedenen Alkoholika und ihre Geschichte. Man könnte über Trink-Rituale schreiben und über Trinker, die damit nicht zu Rande kamen. Man könnte, wie sich das für Kulturgeschichten gehört, über exemplarische Kulturfälle schreiben, aber das Wesentliche entzieht sich der Beschreibung: die Millionen, die damit ganz einfach und natürlich leben, wo es einfach ein Teil der Kultur ist und nicht kulturprägend. Eine Kulturgeschichte der Rauschgewohnheiten würde doch immer dahin tendieren, dem Rausch eine zentralere Stelle einzuräumen, als ihm gebührt. Jeder aus meiner Generation hat seine Bekanntschaft mit Haschisch gemacht, und wenn ich durch die Akademie gehe und schnuppere, bin ich sicher: auch jeder aus meiner Klasse zumindest. Sind wir deswegen alle Hasch-Künstler? Das wäre doch lächerlich. Ich glaube, man sollte nicht zuviel Sensation um die Sache machen, auch nicht von staatlicher Seite – das wäre eine unnötige Dramatisierung, die höchstens zu verwirrenden Mißverständnissen führen würde und Probleme schaffen, wo von sich aus gar keine oder nur minimale entstehen könnten.»

Ein eigenartiger Abendglanz der nichtkriminalisierten Zeit des Hanfs sind die Versuche, die Ende der Zwanziger Walter Benjamin, Ernst Bloch und Ernst Joel in der Berliner Praxis von Fritz Fränkel unternahmen. Abgesehen von den «Versuchsprotokollen», die anzufertigen waren, standen die Sitzungen auch durch die Visionserwartung unter Leistungsdruck. Die Ergebnisse sind dementsprechend noch unergiebiger als die

Herr Meyrink geht auf die Magical Mystery Tour, um 1913

Da mich, obwohl ich keine Toxikologe bin, noch auch zu werden gedenke, gerade die Art solcher Halluzinationen lebhaft interessierte, beriet ich mich – ich glaube, es war im Jahre 1894 – mit einem befreundeten Arzt in Prag und beschloß, zuerst einmal mit dem allgemein bekannten Haschischextrakt einen Versuch zu machen. Ich nahm auf seinen Rat hin einige Gramm *Tinctura cannabis indicae*, worauf mir prompt übel wurde. Dasselbe Phänomen wiederholte sich wohl ein dutzendmal. Ich schloß daraus, daß hier wieder einmal die moderne Pharmazie einen Wechselbalg geboren hat, dem sie als Würde einen wunderschönen Namen in die Wiege legte. Höhnisch grinsend bestätigte mir das ein arabischer Tabakhändler, als ich ich ihm mein Leid klagte. Ich hatte ihn zufällig in einem Eisenbahnkupee kennengelernt und mir sein Wohlwollen durch Kauf von tausend Zigaretten zugezogen. Im Lauf des Gesprächs erfuhr ich von ihm, daß echter Haschisch, wie er im Orient gebraucht wird, um Ekstasen religiöser Art hervorzurufen, auf besondere Weise hergestellt werden müsse. Er versprach mir, aus Kairo eine bestimmte Menge zu schicken. Auf meinen Einwand, es würde schwer sein, Haschisch über die Zollgrenze zu schmuggeln, lächelte er still. – Nach einigen Monaten kam der Haschisch richtig an: er war in ein Schnupftuch eingewickelt, das in einem Kistchen mit Holzkohlenpulver versteckt lag. Die Zollbehörde ließ das Paket durch, nachdem sich ein Beamter fluchend die Finger beim Durchsuchen an dem Kohlenpulver schwarz gemacht hatte. – «Dreißig Gramm willst du von dem Zeug einnehmen?» fragte mich mein Freund, der Arzt, als ich ihm sagte, soviel habe mir der Araber als unbedingt erforderlich angegeben – «bestell dir dann aber sogleich einen Sarg, ehe es zu spät ist!» – Ich wurde unsicher: hatte ich mich verhört? Ich suchte, mir ins Gedächtnis zurückzurufen, was mir der Araber geraten hatte: – «Sie müssen dreißig Gramm in schwarzem Kaffee auflösen und dann trinken. Dabei müssen Sie einen Bambusstab in die Hand nehmen: wenn der Keph (Rausch) eintritt, werden Sie die Empfindung bekommen, der Stab sei eine Leiter. Auf diese Leiter müssen Sie hinaufklettern . . .» Ich fragte: «Wohin komme ich dadurch?» – «In den Himmel!» war die schlichte Antwort gewesen. – Dreißig Gramm? In den Himmel? Hm! – die Sache kam mir jetzt, wo mich der Arzt gewarnt hatte, äußerst doppelsinnig vor, und ich entschloß mich daher, es lieber erst einmal bei zehn Gramm bewenden zu lassen.

. . . die Himmelfahrt findet trotzdem statt . . .

Ich sah mich nämlich selbst aus einer Wolke gerinnen, nur trug ich nicht meine gewöhnlichen Kleider, sondern war in einen Asiaten, so schien es mir, verwandelt – in einen Mann mit einem runden spitzen Strohhut, wie ihn die Annamiten tragen, und einem Joch mit zwei Eimern daran auf den Schultern. Er war barfuß und in einen ärmlichen Anzug aus blauer verschossener Leinwand gehüllt: ein Wasserträger offenbar. Er begann die Lippen zu bewegen, und ich horchte gespannt, was er wohl zu mir sprechen würde. Ärgerlicherweise schlug da ein Satz, den einer der im Zimmer Anwesenden, ein Herr v. Unold, der Beamter bei der Kreditanstalt war, sagte, an mein Ohr und zerriß das Bild im Nu. – «So kommen wir nicht weiter!» hörte ich ihn reden «Glauben Sie nicht, daß Sie uns irgendeinen Beweis von Hellsehen geben könnten in Ihrem jetzigen Zustand?» – Ich sah den Sprecher an und wollte gerade erwidern: «Ich wüßte nicht, wie ich das anstellen sollte», da tauchte mit einemmal vor mir ein neues Bild auf, und zwar so scharf und deutlich, daß ich währenddessen fast vergaß, wo ich mich befand: Ich sah meinen Freund Hans Ebner, der ebenfalls mit meinen anderen Gästen zu dem Haschisch-Experiment eingeladen, aber bis dahin noch nicht gekommen war, vor dem in Prag allgemein bekannten hohen Haus des Uhrmachers S. stehen; er blickte hinauf zu der über dem Dachgiebel hellbeleuchteten großen Uhr. Ich sah mit ihm hinauf: die Zeiger wiesen auf zehn Minuten vor zehn. Mein Freund trug einen schwarzen Havelock und in der Hand einen Stock mit einer silbernen Öse, durch die er den Daumen gesteckt hatte, den Stock auf diese Weise im Kreise wirbelnd. Ich erzählte, was ich sah, den Anwesenden. – «Da müßte Ebner etwa in einer Viertelstunde hier sein!» meinte Herr v. Unold. – «Nein, er besteigt soeben eine Droschke; er wird früher kommen», widersprach ich. Um mich zu prüfen, ob das Gesehene nicht wildgewordene Phantasie sei, bemühte ich mich sofort, das Bild zu verscheuchen und ein anderes beliebiges an seine Stelle zu rücken, aber so sehr ich mich auch bemühte, es ging nicht! Ich verfolgte den Weg der Droschke bis fast vor mein Haus, und wenige Minuten darauf betrat Ebner mein Zimmer; er trug den von mir gesehenen Mantel und den Stock, den ich früher nie bei ihm erblickt hatte. Er wurde genau verhört, und es ergab sich, daß alles bis aufs Haar genau stimmte, was ich gesehen hatte. – Ein Zufall läßt sich als Lückenbüßer demnach in keiner Weise einschieben! Auch die Einzelheiten, deren Schilderung hier zu weit führen würde, ließen keinen Zweifel mehr zu. Im Verlauf der anschließenden Erörterungen kam Herr v. Unold auf den Einfall, mich auf Hellsehen zu prüfen, was das *zeitliche* und nicht das räumliche Moment betraf. «Stellen Sie sich einmal vor», redete er mich an, «es wäre heute nicht Samstag abend, sondern etwa elf Uhr vormittag am kommenden Dienstag! Gehen Sie einmal unter dieser Voraussetzung in den Flureingang der österreichischen Kreditanstalt auf dem ‹Graben› auf dem ‹Graben›; dort hängt eine schwarze Tafel, nicht wahr?» – «Ja, ich weiß; ich sehe sie überdies deutlich vor mir», sagte ich. – «Nun, da wird bald ein kleiner Junge vom obersten Stock herunterkommen und die Kurse auf die Tafel schreiben!» fuhr Herr v. Unold fort. «Können Sie die Kurse lesen?» – Sogleich sah ich den kleinen Jungen mit Kreide große Ziffern auf das schwarze Brett malen. Nacheinander ließ sich Herr v. Unold von mir die Kurse nennen, die ich sah, und notierte zwanzig Zahlen. – «Nordböhmische Kohlen», diktierte ich gerade gelangweilt, «Nordböhmische Kohlen-Aktien: 414!» – «Dummes Zeug!» murmelte Herr v. Unold. «Heute abend wurden sie noch mit 394 aus Wien gemeldet; ein so stilles Papier wie Nordböhmische Kohlen kann doch über zwei Feiertage nicht um dreißig Gulden steigen!»

Das Merkwürdigste war: am Dienstag um elf Uhr, als die Kurse von der Wiener Börse gemeldet wurden, da . . . stimmten von den zwanzig Zahlen, die ich «gesehen» hatte, sechzehn. Die Nordböhmischen Kohlen-Aktien standen buchstäblich 414!!! – Nur vier Kurse stimmten nicht! Sie betrafen Wertpapiere, die . . . ich selber besaß!! – ich hatte die Kurse viel zu hoch angegeben. Offenbar hatte ein unbewußter Wunsch in mir das Hellsehen getrübt.

(Gustav Mayrink, Das Haus zur letzten Latern, München 1979)

219

Ernst Joel oder Fritz Fränkel: Protokoll vom 18. April 1931:

V. P. hat jetzt keinen Zweifel mehr an der Wirksamkeit des Präparats und äußert: «Die Firma Merck bewährt sich.»

. . .

«Es ist ein Gesetz: Eine Haschischwirkung gibt es nur, wenn man über den Haschisch spricht.»

Ernst Bloch: Protokoll zu demselben Versuch

Ich esse nichts. Energie des Schweigens bleibt. Energie des Fastens geht verloren, wenn man satt ist.

Der heutige Rausch verhält sich zum vorigen wie Calvin zu Shakespeare. Das ist ein Calvinistenrausch.

Jetzt bin ich in einem Zustand träger Sehnsucht, sinkender Sehnsucht. Es ist immer nur so ein zweideutiges Zwinkern von Nirwana herüber. Friedensallegorie, Schäferwelt taucht dumpf auf. Das ist alles, was übrig blieb von Ariel. Das mißt am reinsten das Verhältnis der beiden Rausche.

Unterbrechung (ich nehme Kafkas ‹Betrachtung› als Unterlage). Benj[amin]: «Das ist die richtige Unterlage.» – Ich: «Eine vornehmere konnte man nicht finden.» – Benj[amin]: «Keine orientiertere.»

«Immer ein Haus mit so Linien und daran Leuchtergebilde (tiefer Seufzer). Leuchtergebilde erinnert mich sofort an etwas Sexuelles. Sexuelles muß ja anstandshalber sein.»

(Walter Benjamin, Über Haschisch, Frankfurt/M. 1972)

---

unter ähnlichen Voraussetzungen unternommenen Selbstbeobachtungen Baudelaires. Keiner der Teilnehmer kam auf die Idee, daß die doch ziemlich klinische Umgebung auch eine große Rolle spielen könnte. Aber so ähnliche «Selbstversuche» wurden auch noch lange nach dem Zweiten Weltkrieg unternommen, und es ist eine erheiternde Vorstellung, daß hier nach Ergebnissen gesucht wurde, die einer großen Menge Zeitgenossen, allerdings ohne wissenschaftlichen Scheinanspruch, längst bekannt waren.

... um es nicht zu vergessen

Bis in die frühen Sechziger, also bis zum vorläufigen Endsieg der synthetischen Fasern auf petrochemischer Grundlage, spielte der Hanf auch in Mitteleuropa noch eine andere Rolle. Der Erste Weltkrieg hatte unter anderem das weltweite Wirtschaftssystem zusammenbrechen lassen, das in den vierzig Jahren davor entstanden war, und vor allem das Reich spürte schmerzhaft das Fehlen der gewohnten Importe. Es war eigentlich nicht anders als in unserem heutigen System: die Rohstofflieferungen und

Es sind verschiedene Faktoren, die auf die Verbreitung einer Pflanze einwirken. In erster Linie wird die geographische Verbreitung durch das Klima und in zweiter Linie durch den Boden bedingt; aber auch die Anpassungsfähigkeit einer Pflanze und der Einfluß des Menschen auf ihren Anbau sind dabei nicht außer acht zu lassen.

Nun ist aber der Hanf eine ungemein anpassungsfähige Pflanze, das beweist ja schon sein Vorkommen und Anbau in so verschiedenen Klimaten wie Zentralrußland und Italien, und es steht außer aller Frage, daß der Hanf sich auch in Deutschland in ganz kurzer Zeit so weit akklimatisiert, daß er überall samenreif wird.

Dieser rein theoretischen Betrachtung gegenüber ist hervorzuheben, daß in der Praxis der Anbau der letzten Jahre bereits bewiesen hat, daß der Hanf in allen Teilen Deutschlands samenreif wird; sind doch im Jahre 1817 über 220 000 kg reife Samen geerntet und zum Wiederanbau verwandt worden.

Neben der Temperatur muß die Menge der Niederschläge in der Vegetationsperiode berücksichtigt werden. Auch in dieser Hinsicht stehen die einzelnen Gebiete Deutschlands nicht hinter den Hauptanbauländern Europas zurück.

Ganz besonders werden alle klimatisch ungünstigen Einflüsse in Deutschland viel leichter durch die hohe Kultur des Bodens und der Landwirtschaft überhaupt überwunden, als dies in Rußland möglich ist, das unter keinem günstigeren Klima wie Deutschland produziert und doch das bedeutendste Hanfland der Welt ist.

Die Auswahl des Bodens

Für den Anbau von Hanf ist der beste Boden nicht zu schade. Leider wird in der Praxis häufig anders verfahren. Böden, auf denen weder Getreide noch Hackfrüchte fortkommen wollen, alte Wiesen, die an übermäßiger Feuchtigkeit leiden und mit Ackerschachtelhalm statt mit Gras bestanden sind, Kiefernrodungen und Heideboden, Lehmstiche und Torflager sind keine geeigneten Objekte für Hanfbau, ihre Verwendung muß ein absolutes Mißlingen nach sich ziehen.

Hanf ist ein vorzüglicher Spiegel für die Beschaffenheit eines Feldes. Jede etwas nährstoffreichere, tiefgründigere oder sonstwie günstiger beschaffene Bodenstelle markiert sich in stärkerem Längenwachstum und frischerer Farbe der Pflanzen. Die dabei zutage tretenden Wachstumsunterschiede sind viel größer als bei allen anderen Kulturpflanzen. Daher sagt dem Hanf auch am meisten eine ebene Lage des Feldes zu. Hügeliges Gelände, bergige Ab-

Svensk hampodling

Av Göran Knutsson

Auch aus Schweden ist Gedeihliches zu berichten ...
(Broschüre des Landwirtschafts-Ministeriums, 1943)

hänge bringen gewöhnlich nur einen sehr wechselnden Ertrag, während der Hanf in der Tiefe recht üppig steht, wird er nach oben zu mit abnehmendem Wasser-, Nährstoff- und Humusgehalt immer dünner und niedriger.

Besonders ist ihm hoher Stickstoffgehalt des Bodens unentbehrlich, in zweiter Reihe Kaligehalt. Es eignen sich wegen ihres hohen Stickstoffgehaltes für den Hanfbau in erster Linie Niederungsmoore, Schwarzerdebildung auf Lehm und lehmigem Sand, alle humushaltigen Lehmböden, kurz alle Bodenarten, auf denen Getreide sticken würde, geben enorme Erträge an Hanf.

Bei dem bis zum Kriegsbeginn fast völlig eingestellten Hanfbau in Deutschland kann man von einer deutschen Hanfsorte nicht sprechen, besonders da die geringe Menge Saat, welche in den bäuerlichen Wirtschaften Süddeutschlands angebaut wurde, nicht in den Handel kam, sondern innerhalb desselben Betriebes wieder verbraucht wurde. Es blieb daher nichts anderes übrig, als Saat vom Ausland einzuführen, wo sie gerade zu haben war. Ein kleiner Teil konnte aus Italien, ein anderer aus Belgien, Serbien, der Türkei und Kleinasien und die Hauptmasse aus Rußland beschafft werden. Alle

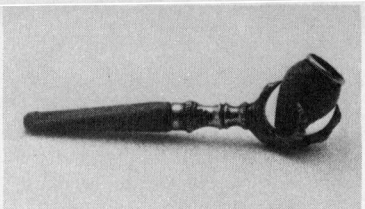

«Orientpfeifchen», Bernstein, vergoldetes Silber. Punzierung Leipzig 1866, Länge 9,8 cm. Ein reines Luxusstück mit ebenfalls sehr preziös gearbeitetem Lederetui. Der erhaltene Einsatz zeigt die Bestimmung eindeutig an.

diese Saaten unterschieden sich je nach ihrer Herkunft und ihren Ansprüchen wesentlich voneinander.

Immerhin ist der Anfang gemacht und hat gezeigt, daß Hanf in allen Teilen des Reiches gedeiht. Die erfreuliche Zunahme der Anbaufläche läßt erhoffen, daß bei rüstigem Vorwärtsschreiten des einmal betretenen Weges in ruhigeren Friedensjahren sich die deutsche Industrie einst mit deutschem Erzeugnis wird eindecken können.
(Benno Marquart, Der Hanfbau, Berlin 1919)

Halbfertigprodukte der «Billigländer», die damals noch Kolonien hießen, waren ein fester Posten in der Kalkulation der Herrenvölker gewesen, und nun mußte man notgedrungen wieder zur Selbstversorgung kommen. Die Deutsche Hanf-Bau-Gesellschaft war eine Regierungsgründung, deren vorrangige Aufgabe es war, die Industrie mit dem nötigen Rohstoff zu versorgen, wozu bis 1944 auch «indischer Hanf» für die Pharmazie gehörte. Doch auch der Anbau von Faserhanf zahlte sich für die Bauern aus, als wäre er für andere Zwecke gesät. Der chronische Devisenmangel der Weimarer Republik ließ nur geringe Importe zu, und durchschnittlich 80 Prozent des Faser-Hanf-Bedarfs sollten vom Inland erbracht werden, was bis auf 1928 und 1931, wo ein Großteil der Ernte Unwettern zum Opfer fiel, auch gelang.

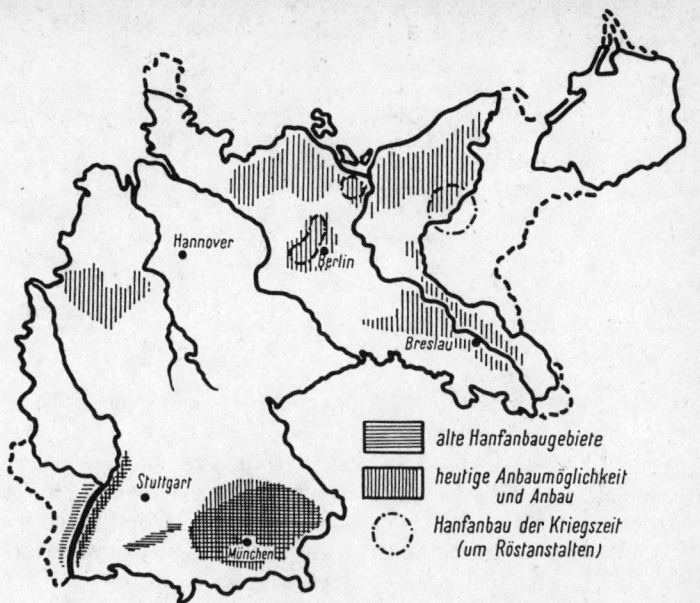

Hanfanbaugebiete früher und heute.
(Arthur Missbach. Die deutschen Spinnstoffe, Berlin 1942)

Schwieriger war die Situation für Österreich, das ja nach Clémenceaus berühmtem Wort nur noch ein «Rest» der alten Monarchie war. Da die größten Getreide-, aber auch Hanfbauflächen nun in anderen Ländern lagen, erließ die Regierung 1919 eine Verordnung, die für Niederösterreich und die Steiermark Mindestanbauflächen bei Hanf festlegte. Davor hatten die Bauern natürlich auch ihre Hanffelder, aber nahezu ausschließlich für den Eigenbedarf, was heute noch in manchen Tälern der Fall ist, wo sich noch nicht herumgesprochen hat, was für eine teuflische Pflanze das sei.

Allerdings waren Fasern nicht das einzige, was die Pflanze lieferte. Da die Faserpflanzen stets vor der endgültigen Reife geerntet wurden und nur wenige bzw. minderwertige Samen brachten, wurde als Zwischenpflanzung auf Rübenfeldern oder am Rand der Hausgärten noch der Samenhanf oder «Vogelhanf» gezogen. Das waren oft stattliche Bäumchen, in sonnigen Gegenden gut drei Meter hoch. Auch am Rand von Weingärten wurden sie oft gezogen, angeblich, um die Vögel von den Trauben abzuhalten, was jedoch nicht ganz stimmen kann, da auf die Trauben ganz

223

	1910 ha	1911 ha	1912 ha	1903–12 ha	1913
Rußland	653 000	624 000	606 000	686 000	597 000
Italien	79 000	75 000	85 000	80 000	87 000
Ungarn	63 000	62 000	60 000	65 000	49 000
Österreich	23 000	22 000	22 000	26 000	23 000
Frankreich	14 000	16 000	14 000	17 000	–
Serbien	15 000	16 000	–	14 000	–
Spanien	9 000	–	–	9 000	–
Rumänien	6 000	6 000	6 000	6 000	5 000
Bulgarien	3 000	3 000	–	3 000	–
Deutschland	–	–	–	–	600

andere Vogelarten scharf sind. Da dies noch in meiner Jugend üblich war, konnte ich auch beobachten, wie die Ernte vor sich ging. Sobald die Samen reif waren, wurden die Zweiglein abgeschnitten und in kleinen Bündeln «auf den Boden» gehängt, in den luftigen Speicher unter dem Dach. Darunter wurden alte Zeitungen oder Packpapier gebreitet, um beim Trocknungsvorgang keine Samen zu verlieren. Nach etwa vier Wochen wurden die Samen an einem Holzbrett «ausgeschlagen» oder mit einem Brettchen ausgedroschen und anschließend in einem Sieb von anhängenden Blatteilen gereinigt. Danach wurden auch noch die Zweige «gerebelt», also die Blättchen zwischen zwei Fingern abgezogen. Waren sie wirklich trocken, zerkrümelten sie bereits unter der Hand und kamen in Holz- oder Blechdosen. War die Luftfeuchtigkeit zu groß gewesen, wurden sie in Leinensäckchen nachgetrocknet.

Und was geschah dann damit? Ein Teil diente der Hausmedizin. Vor allem bei Bronchialerkrankungen waren sie ein Zusatz zu den verschiedenen Tees, und ein Absud aus getrockneten Holunderblüten, Salbei und Hanfblättern wurde im Osten Österreichs bei Husten inhaliert.

Der Großteil aber wanderte in die Pfeife des Hausvaters. Eigenbau-Tabak hatte immer schon eine schlimm teerige Qualität. Um so was in die Lunge zu bekommen, wurde mit Hanf gestreckt, wozu gelegentlich einige zerkrümelte Brombeer- (Waldviertel) oder Holunderblätter (Mostviertel) kamen. «Kraut» hieß dieser zum Rauchen bestimmte Hanf und galt natürlich weniger fein als Tabak, und die alten Bauern meiner Jugend unterschieden sorgfältig zwischen Kraut und Tabak, mochte der auch noch so schlecht sein. Die Generation ihrer Söhne war da nicht mehr so pedantisch – für die mittlerweile auch schon Großväter Gewordenen bedeutet Kraut auch schon «billiger Tabak».

Am weitverbreitetsten war dieser Brauch im niederösterreichischen

Käme nun noch gar hinzu, daß durch den für medizinische Zwecke seit etwa 1917 in Deutschland betätigten Anbau von indischem Hanf ein für Genußzwecke verwendbares Haschisch erzielt würde, so könnte damit eine neue Quelle für die Schaffung schlimmer Süchtlinge geöffnet werden.

(Louis Lewin, Phantastica, Leipzig 1924)

Arischer Hanf, tausendjähriger Schwindel und wohlüberlegte Kriegsvorbereitung ...

Der deutsche Hanfbau war bis zum Jahre 1933 nach vorübergehender Ausdehnung während des Weltkrieges nahezu verschwunden. Er war, ebenso wie die übrigen Gespinstpflanzen, der liberalen Entwicklung zur Weltwirtschaft zum Opfer gefallen.

Seit der Machtübernahme sind wir trotz nicht geringer Schwierigkeiten mit Erfolg bestrebt gewesen, die namentlich für Krisenzeiten gefährliche Lücke in unserer Faserversorgung zu verengen, soweit dies unsere Boden- und Anbauverhältnisse zulassen.

Um Unklarheiten zu vermeiden, sei betont, daß es sich hier immer nur um den echten Faserhanf (Cannabis sativa L.) handelt, nicht also um sonstige Kulturpflanzen, die im Sprachgebrauch gleichfalls als «Hanf» bezeichnet werden, jedoch anderer Abstammung sind, ebenso nicht um solchen Hanf, dessen wirtschaftlicher Nutzen in der Drogengewinnung (Haschisch) liegt.

(Prof. Dr. Friedrich Tobler, Direktor des Botanischen Instituts der TH Dresden, Deutsche Faserpflanzen und Pflanzenfasern, München 1938)

Merke: Deutscher Hanf törnt nicht und ist tugendsam

Waldviertel, einer Gegend armer Kleinbauern, die zusätzlich auf Heimindustrie wie Bandweberei, Korbflechterei und Seilerei angewiesen waren. Im Winter zogen die Männer mit ihren Produkten auf die Märkte ganz Ostösterreichs, was der Gegend den Namen Bandlkramerlandl (Bänder-Krämer-Land) einbrachte, und es zeigt den winzigen Klassengegensatz zwischen jenen, die von ihren Reisen Tabak heimbringen konnten und jenen, die nichts hatten, daß dort Hanf heute noch «Armeleutkraut» heißt. Dieser Name wanderte erst nach dem Ersten Weltkrieg ostwärts in das wohlhabendere Weinviertel, wo zwar schon lange kein Hanf mehr geraucht wird, aber noch die Redewendung kursiert: «Der ist so arm, daß er nur noch Hanf raucht.»

In den späten Fünfzigern und frühen Sechzigern habe ich eine Reihe alter Bauern interviewt, weil mich die Sache interessierte. Das Ergebnis war immer ziemlich ähnlich. Zwei von 34 rauchten immer noch Hanf, alle anderen hatten ihn früher geraucht, vor allem während der beiden Kriege und danach. «Wenn der Tabak knapp war, hat'mr halt Kraut geraucht», sagten fast alle – und an eine Droge dachte niemand. Daß man davon «ein bisserl rauschig» wurde, war ja der Zweck der Übung.

Zwei Bauern hatten auch von «indischem Hanf» gehört. Der solle ein Gift sein, aber sie waren überzeugt davon, dies sei auch eine ganz andere Pflanze. Von Haschisch hatte einer gehört, «im Radio», aber er wollte mir nicht glauben, daß so ein übles Gift – «davon wird man ganz blöd und stirbt dann» – mit Hanf zu tun haben könnte.

Freunde von mir, die in den Sechzigern ähnliche Fragen in der Bundesrepublik stellten, kamen zu ähnlichen Ergebnissen. Im Bayrischen und Badischen hieß die Sache ebenfalls Kraut, in Nordhessen und Niedersachsen Knaster. Der Name solle von übersehenen Samenkörnern kommen, die in der Pfeife zersprangen. Hier haben Volkskundler noch ein unerforschtes Thema und sie sollten sich beeilen, denn die Alten halten leider nicht ewig, und die Jüngeren haben sich mit der Sache kaum mehr befaßt.

Meine allerersten Raucherlebnisse waren übrigens auch Hanf, und ich nehme an, es ist vielen aus meiner Generation so gegangen: Während der ersten Volksschuljahre dauerte der Heimweg oft sehr lange. Da wurden erst einige Kastanien eingesammelt, und nicht ganz zufällig führte der Weg dann am Vogerlhanf des Fehringer-Bauern vorüber. Die Hanfblättchen, die schon am Vortag gerupft und auf den Grenzstein zum Trocknen gelegt waren, hatten noch einmal Morgentau bekommen und mußten erst mit dem Taschenmesser geschnippelt werden. Auch das Bauen der Pfeifen aus gehöhlten Kastanien und einem Holunderzweig, dessen Mark mit einem Ast durchbohrt wurde, war eine Kunst, die wir neidvoll den großen Zehnjährigen abgeguckt hatten. König war für eine Weile der Kern Kurtl, der ein voluminöses Gerät aus einem Maiskolben gebastelt hatte. Die trockensten Blätter zu haben, war natürlich auch Gegenstand jugendlichen Strebens, denn dann brauchte man weniger Streichhölzer, um die mehr kochende als brennende Mischung auch rauchen zu können.

Streichhölzer waren ja verboten und mußten stets mühevoll von daheim abgezweigt werden. Nach drei bis vier tiefen Zügen war die Streichholzration auch meist verbraucht, und dann saßen wir im Kreis und fühlten uns sehr erwachsen.

Im östlichen Österreich galt Hanf auch als Aphrodisiakum, ähnlich wie Sellerie. Eine Erinnerung daran findet sich in einem Ländler aus der Wechselgegend, der heute noch gelegentlich gesungen wird und uralt sein dürfte:

Eia, was rumpelt am bodn (auf dem Speicher)
zwoa aolte katzn san drobn.
is da kota aa dabei,

was habns denn für a rumplerei?
falln ja schier oba in d'stubn.

Eia, was sand's denn so laut.
die gehn doch net eppa ans kraut.
Mänsch (Mädel) halt das kraut mir z'samm',
wenn mir uns mögen tan,
sunst hast'd heut aufd' nacht nix von mir.

1943 verfaßte Pater Robert Devine ein weit verbreitetes Sachbuch ...

II. Teil:
Die Politik der Droge

7. Das Zeitalter der Verbote

Auf dem Weg zum Drogenproblem

Das Cannabis-Problem begann am 17. Januar 1912. An diesem Tag brachte der italienische Delegierte zur Internationalen Opium-Konferenz in Den Haag das Wort «indischer Hanf» in einem Nebensatz über Opiate unter. Auf eine Zwischenfrage des britischen Delegierten entschuldigte er sich mit den Worten: «Ich habe gedacht, das sei dasselbe.» Von diesem bemerkenswerten Eingeständnis fachlicher Unkenntnis abgesehen, wurde damit eine unselige Tradition begründet, denn Hanf in Zusammenhang mit Opiaten zu nennen hat sich mittlerweile in Politikerhirne so eingefressen wie die Bonner Formel vom «Volk draußen im Lande».

Begriffe wie «Rauschgift» und «Betäubungsmittel» oder – so die UNO – «Suchtstoff» waren im allgemeinen Verständnis stets mit Opiaten belegt, aus gutem Grund. Den nationalökonomischen Wert abhängig machender Stoffe hatte die British East Indian Company zuerst im Opiumhandel mit China entdeckt, und der berühmte Opiumkrieg von 1840 bis 1842 ist ein besonders düsteres Kapitel in der Geschichte des Kolonialismus. Aber auch die weißen Herrenmenschen waren von der Suchtgiftproblematik nicht verschont worden, seit im hemmungslosen Kapitalismus opiathaltige Pharmazeutika den Markt praktisch unkontrolliert überschwemmt hatten. Dementsprechend verlief auch die «Erste Internationale Opium-Konferenz» im Januar 1909 in Shanghai – das Empire stimmte nur einer minimalen Verringerung seiner Opium-Exporte nach China bei, und über Kontrollen von pharmazeutisch aufbereiteten Opiaten wurde keine Einigung erzielt. Andere Drogen standen nicht zur Debatte, und man vertagte sich auf 1912 in Den Haag.

Das zweite Genfer Abkommen:

Indischer Hanf. Unter «Indischer Hanf» sind zu verstehen die getrockneten Spitzen der blühenden oder fruchttragenden weiblichen Stauden von Cannabis sativa L., aus denen das Harz nicht ausgezogen ist, ohne Rücksicht auf die Benennung, unter der sie in den Handel gebracht werden.

Art. 5. Die vertragschließenden Teile werden wirksame Gesetze oder Vorschriften erlassen, um Herstellung, Einfuhr, Verkauf, Vertrieb, Ausfuhr und Verwendung der Stoffe und Zubereitung, auf die sich dieses Kapitel bezieht, ausschließlich auf medizinische und wissenschaftliche Verwendung zu beschränken. Die vertragschließenden Teile werden gemeinsam darauf hinwirken, daß der Gebrauch dieser Stoffe und Zubereitungen zu irgendeinem anderen Zweck verhindert wird.

Art. 6. Die vertragschließenden Teile werden alle Personen überwachen, die die Stoffe und Zubereitungen, auf die sich dieses Kapitel bezieht, herstellen, einführen, verkaufen, vertreiben oder ausführen, und ebenso die Gebäude, in denen diese Personen solche Gewerbe oder solchen Handel betreiben.

Gesetz über den Verkehr mit Betäubungsmitteln (Opiumgesetz)
vom 10. Dezember 1929 (RGBl. I. S. 215)

a) Indischer Hanf sowie alle Salze des Morphins, Diazetylmorphins (Heroins), Kokains und Ergonins.

b) Indisch-Hanfextrakt und Indisch-Hanftinktur, ferner alle Zubereitungen der Stoffe, die nach Abs. 2 den im Abs. 1 genannten Stoffen gleichgestellt werden.

(1) Die Einfuhr und Ausfuhr der Stoffe und Zubereitungen, ihre Gewinnung, ihre gewerbsmäßige Herstellung und Verarbeitung, der Handel mit ihnen, ihr Erwerb, ihre Abgabe und Veräußerung sowie jeder sonstige gleichartige Verkehr mit ihnen ist nur Personen gestattet, denen hierzu die Erlaubnis erteilt worden ist. Über den Antrag auf Erteilung der Erlaubnis entscheidet die Landeszentralbehörde im Einvernehmen mit dem Reichsminister des Innern. In der Erlaubnis sind die Örtlichkeiten, für die sie erteilt wird, zu bezeichnen.

(2) Die Erlaubnis kann beschränkt werden.

(3) Die Erlaubnis ist zu versagen, wenn ein Bedürfnis für ihre Erteilung nicht besteht oder wenn Bedenken des Gesundheitsschutzes oder persönliche Gründe ihrer Erteilung entgegenstehen. Die erteilte Erlaubnis kann aus den gleichen Gründen widerrufen werden.

(4) Keiner Erlaubnis nach Abs. 1 bedürfen die Apotheken für den Erwerb der Stoffe und Zubereitungen, für ihre Verarbeitung sowie für ihre Abgabe auf Grund ärztlicher, zahnärztlicher oder tierärztlicher Verschreibung, die behördlich genehmigten ärztlichen Hausapotheken für die Verarbeitung und Abgabe der Stoffe und Zubereitungen, die behördlich genehmigten tierärztlichen Hausapotheken für den Erwerb, die Verarbeitung und Abgabe der Stoffe und Zubereitungen. Einer Erlaubnis bedarf ferner nicht, wer die Stoffe und Zubereitungen aus den Apotheken auf Grund ärztlicher, zahnärztlicher oder tierärztlicher Verschreibung oder aus behördlich genehmigten ärztlichen oder tierärztlichen Hausapotheken oder von Tierärzten, die eine Erlaubnis zur Abgabe nach Abs. 1 erhalten haben, erwirbt.

Die Einfuhr, Durchfuhr, Ausfuhr und Herstellung von zubereitetem Opium, von sogenanntem Droß und allen anderen Rückständen des Rauchopiums, von dem aus Indischem Hanfe gewonnenen Harz und den gebräuchlichen Zubereitungen dieses Harzes, insbesondere Haschisch, sowie der Verkehr mit diesen Stoffen und Zubereitungen ist verboten.

Diesmal gab es schon mehrere Tagesordnungspunkte, denn auch Kokain war ins Gerede gekommen und vor allem der Marktrenner der Firma Bayer, Heroin. Über Hanf wurde nur vier Sätze lang geredet – zwei davon brauchte der italienische Delegierte, um zu erklären, daß er Baudelaire gelesen habe und daher einem «verwechselnden Irrtum» unterlegen sei –, und damit war dieses Thema erledigt. Beschlüsse wurden nur hinsichtlich Opium, Opiaten und Kokain gefaßt.

Sehr viel anders war die Situation bei der nächsten Internationalen Opium-Konferenz, die im Januar 1925 in Genf zusammentrat. Auf Initiative der USA war nach dem Ersten Weltkrieg der Völkerbund gegründet worden, zu dessen Aufgaben auch solche internationalen Angelegenheiten gehörten, und der sich bei Problemlösungen aus den gleichen Gründen schwer tat wie heute die UNO. Es ging primär immer mehr um politische Feinheiten als um die Sache, und ein Paradebeispiel dafür ist auch, wie Haschisch in diese Konferenz eingebracht wurde.

Das Kaiserreich Indien, wie jene Unterabteilung des British Empire hieß, hatte sich bereits 1912 verpflichtet, seine Opium-Exporte nach China 1926 einzustellen, und als eine neue Einnahmequelle waren verstärkte Ganja-Exporte in den Nahen Osten, vorwiegend Ägypten, und nach Südafrika entdeckt worden. Es war ein Konferenz-Delegierter aus den Reihen der Buren, die begreiflicherweise nicht probritisch eingestellt waren, der 1923 die Frage aufwarf, ob Hanf nicht einmal dasselbe Problem darstellen werde wie Opium. Neunzehn Länder verpflichteten sich, die Frage bis 1925 zu untersuchen. Die Antworten waren, auch aus Südafrika, negativ, nur Portugal berichtete, in seiner Kolonie Angola seien Fälle von schwarzer Aufsässigkeit nach Hanfgenuß gemeldet worden. Eine Suchtgefahr oder gesundheitliche Schäden seien jedoch unbekannt. Bei der Konferenz brachten dann die ägyptische und die türkische Delegation den Antrag ein, Hanf in die Vertragswerke über Opium und Kokain miteinzubeziehen.

Insgesamt wurde über Hanf einen ganzen Vormittag lang geredet, und dann gelangte das Thema in kleinem Kreis zur Abstimmung. Nachdem am 11. Februar ein internationales Abkommen über Opium einstimmig beschlossen wurde, kam es am 19. Februar zur Kampfabstimmung über dieses zweite Abkommen mit seinen verschiedenen Drogen. Großbritannien und die Niederlande enthielten sich der Stimme. Sieben Länder, angeführt von Indien, stimmten gegen die Aufnahme von Hanf unter die zu kontrollierenden Rauschmittel, neun Länder dafür, darunter das Deutsche Reich, nachdem die Ägypter zugesichert hatten, in den nächsten Jahren keine Importbeschränkung für deutsches Heroin zu verfügen.

Dennoch ratifizierte das Deutsche Reich dieses Abkommen erst am 26. Juni 1929, indem es das entsprechende Reichs-Opium-Gesetz erließ. Der Grund für die Verzögerung waren Proteste der IG-Farben, die eine strengere Kontrolle von Opiaten als «eine Gefahr für die Gesundheit der Volkswirtschaft» darstellten (so die *Vossische Zeitung* am 26. 1. 1927) Daß schließlich das Gesetz doch vor den Reichstag kam, lag wiederum am Völkerbund – immer mehr Länder hatten Heroin endgültig verboten, und nun wurde das auch vom Herstellerland gefordert, unter deutlichen Anspielungen auf die Kreditwürdigkeit des von der Weltwirtschaftskrise geschüttelten Reichs. Das Gesetz selbst wurde vom Reichsernährungsministerium mit heißer Nadel zusammengeflickt. Das Genfer Abkommen wurde wörtlich übernommen und daran ein strafrechtlicher Anhang aus dem Justizministerium gekoppelt, der die seit 1921 «für unerlaubten Umgang mit Opiaten» als Höchststrafe geltenden drei Monate Gefängnis einfach auf drei Jahre hochschrieb. Das ganze gesetzgeberische Brüten dauerte vier Tage, und dann kam die Sache vor den Reichstag.

Der Fall ist ein Musterbeispiel dafür, wie schon damals Gesetze gemacht wurden. «Eine Anhörung von Fachkräften oder ein eigener Ausschuß wurden auf Grund der Eindeutigkeit der Materie nicht für nötig befunden», heißt es in der Vorlage. Vor dem Reichstag stellte dann der deutsch-nationale Reichsernährungsminister Schiele das Gesetz vor. Er sprach lange von dem Schaden, der «unserem gesunden Volkskörper durch die zahlreichen Morphinisten zugefügt» werde. Er sprach «von dem mörderischen Mißbrauch von Kokain», und schließlich kam er auch auf Hanf zu sprechen. Das Protokoll meldet: «Neu sei, daß auch indischer Hanf in das Gesetzeswerk einbezogen sei. Dies geschehe auf Grund der Abkommen, was allerdings keine wesentliche Beschränkung hinsichtlich der damit hergestellten Medikamente bedeute. Im übrigen sei bekannt, daß hoffnungslose Fälle von Morphinisten, denen Morphium nicht mehr den ausreichenden Sinneskitzel beschere, sich gelegentlich eines Gifts namens Haschisch bedienten.»

Die gesamte Ministerrede dauerte zwölf Minuten, dann wurde das Gesetz beschlossen, mehrheitlich, nachdem der Minister versichert hatte, es sei «als ein vorläufiges» zu verstehen. Es hielt bis zum Jahre 1972.

Sprüche vom Geld

«Geld kommt mit Schritten ...

… und geht mit Sprüngen.» Die leidvolle Erkenntnis dieser altdeutschen Spruchweisheit werden die meisten Menschen wohl aus eigener Erfahrung bestätigen können.

Aber das kann man ja auch verhindern.

Pfandbrief und Kommunalobligation

Meistgekaufte deutsche Wertpapiere - hoher Zinsertrag - schon ab 100 DM bei allen Banken und Sparkassen

Verbriefte  Sicherheit

Jazz

Das Stichwort «Prohibition» erzeugt eine Menge Assoziationen, deren erste meist Al Capone, Cosa Nostra und Speakeasy sind, gewissermaßen als Bestätigung der Erkenntnis, daß gut gemeint das Gegenteil von gut ist. Die Sache hatte eine lange moralische und rührende Tradition, ausgehend von den puritanischen Mäßigkeitsvereinen des 19. Jahrhunderts, die in einigen Staaten der USA eine so beachtliche Lobby darstellten, daß es ein paar alkoholfreie Zonen gab.

Richtiger Schwung kam in die trockene Bewegung, als sich ihrer John David Rockefeller annahm und die «Anti-Saloon-League» finanzierte, die für die Schließung aller Kneipen eintrat. Die Gründe dieses in seinen Geschäften ja nicht gerade moralischen Herrn waren auch nicht nur moralisch, denn er behauptete, in Kneipen träfen sich vorwiegend Arbeiter, die dort so Unanständiges wie beispielsweise Gewerkschaften aushecken wollten. Wie alles aus den USA sollte auch dieses die ganze Welt beglücken, und der «Kreuzzug gegen den Alkohol» führte dazu, daß Island und Finnland die Prohibition einführten, Norwegen und Kanada eine teilweise. Nur in den USA selbst war die ASL erfolglos, bis die Staaten in den Ersten Weltkrieg eintraten und aus taktischen Gründen bis auf weiteres die Alkoholherstellung verboten. Und auch nach Kriegsende nicht mehr erlaubten, denn die Sache habe sich, so hieß es, bewährt.

Was machte Gods own country, als es solcherart trockengelegt wurde? Ein großer Teil der Bevölkerung, der nämlich, der sich's leisten konnte, ging entschlossen in den Untergrund. Die Zeit der *moonshiners* begann, der in Badewannen gebrannten Schnäpse, und der Cocktails, denn nur in Mischungen waren die so hergestellten Spirituosen überhaupt noch zu schlucken.

Die ärmere Bevölkerung, vorwiegend farbig, die bei diesem kostspieligen Vergnügen nicht mithalten konnte, wich auf andere Sachen aus, und Hanf wuchs zumindest im Süden der Staaten überall und sogar wild am Wegrand. Was dem einen sein Bootleg, war dem anderen sein Reefer, wie die daraus gedrehten Zigaretten bald hießen.

Zwischen diesen Welten gab es Berührungspunkte, die das Selbstverständnis der moralischen Weißen ins Schwarze trafen: Die böse gewordenen Weißen interessierten sich für diese entsetzliche Musik, die in den schwarzen Slums entstanden war und gingen – legal, illegal, scheißegal – vollgetrunken in jene Konzerte, wo sich vollgedröhnte Musiker einem unerhörten Tun namens Jazz hingaben. Diese Nebenwirkung der Prohibition wird oft übersehen – daß die weißen Trinker in ihrer Illegalität ihre Hemmungen vor der schwarzen Musik verloren und der Siegeszug des

Jazz somit einer über die herrschende Moral war. Es fehlte nicht an Warnungen, und wer Zeitungen von damals durchliest, fühlt sich manchmal
an unsere Regenbogenpresse erinnert. Ärzte warnten vor dem totalen
moralischen Verfall, der nach dem Anhören von Jazz zweifellos auftrete,
sie nannten als weitere Folgen Herzrhythmusstörungen, Impotenz und
was sonst alles schreckt, und natürlich würde früh schon Jazz als Droge
erkannt. Die Leute waren ja auch süchtig danach.

In New Orleans hatte es angefangen, genaugenommen in Storyville,
jenem legendären Puff-Viertel, dessen Betreten die Army schon 1912 ihren Soldaten verboten hatte. Gute Beziehungen zur Polizei waren nötig,
um dort als Jazzer überleben zu können – am virtuosesten schaffte das
Trixie Smith, deren Mann der Leiter der dortigen Revierwache war –, und

Gangster, Erpresser, Schmuggler und Heroinhändler tanzen mit dem Prohibitions-
Uncle-Sam die Depressions-Polonaise, Zeichnung von Winsor McCay, *New York
Times*, Juni 1930

The Great American Narcotic

Cocaine? No! The Great American Brain-Killer Is Dance Music.

Uncle Satchmo's Lullaby ...

Ein Grund, warum wir Pot mochten, wie ihr alle das heute nennt, war wegen der Wärme, die es die andere Person ausstrahlen ließ – besonders diejenigen, die einen guten Joint von diesem *Shuzzit* oder *Gage* kreisen ließen. Wir sagten immer, Gage sei mehr eine Medizin als ein *Dope*. Doch mit diesem ganzen Theater, das da losging, konnte keiner etwas dagegen unternehmen. Man muß bedenken, daß die großen Hechte meiner Zeit heute alles alte Herren sind – zu alt, um diese drastischen Strafen zu ertragen. Darum mußten wir damit aufhören. Doch wenn wir alle so alt werden wie Methusalem, wird in unserer Erinnerung an Gage immer viel Schönheit und Wärme sein. Nun, das war mein Leben, und ich schäme mich kein bißchen. Mary Warner, Liebling, du warst sehr gut, und ich hatte meine wahre Freude an dir. Doch wurdest du mir (von Gesetzes wegen) zu teuer. Zuerst warst du ein bloßes

Foto: Weegee

Vergehen. Doch wie die Jahre an uns vorüberzogen, verlorst du das «Ver» und lerntest zu «gehen» und führtest als Knaster direkt in den Knast. Also bye bye, Liebste, ich werde dich aufgeben müssen.

(Max Jones und John Chilton, Louis Armstrong, New York 1971)

---

weil in den dortigen Etablissements auch Überraschungs-Razzias üblich waren, wanderten immer mehr Musiker in ruhigere Städte aus, worauf dort die Roaring Twenties ausbrachen. Und immer war Hanf dabei. Die von der Musik faszinierten und den hohen Alkoholpreisen frustrierten Weißen lernten damit auch den Reefer kennen; Mezz Mezzrow und Louis Armstrong schreckten nicht davor zurück, ihre Erlebnisse mit der Sache als durchaus erfreuliche zu schildern, kurz: Das Ganze begann zum Himmel zu stinken. Selbst die Hanfraucher waren mit der Entwicklung nicht zufrieden: Hatte 1925 das Kilogramm bestes Acapulco noch 10 Dollar gekostet, mußte man 1931 bereits 50 Dollar hinlegen.

In seinem Buch ‹Die Mörder – Die schockierende Geschichte der Rauschgift-Gangs› beschreibt Harry Jacob Anslinger ein traumatisches Erlebnis, das er als Zwölfjähriger mit einer Morphinistin und einem Apotheker hatte. Deswegen sei er General an der Anti-Hanf-Front gewor-

JAZZ JUST LIKE DEADLY DRUG'
"Gft"

The Sunday Oregonian, 26. März 1922

Eine Witwe und ihre vier Kinder sind verrückt geworden, nachdem sie eine Marihuana-Pflanze aßen, so die Ärzte, die sagen, daß keinerlei Hoffnung besteht, die Leben der Kinder zu retten, und daß die Mutter zeitlebens verrückt sein wird.

Die Mutter hatte kein Geld, um andere Lebensmittel für die Kinder zu kaufen, die zwischen drei und fünfzehn Jahre alt waren; also sammelte sie einige Kräuter und etwas Gemüse, das in ihrem Garten wuchs, um daraus ihr Abendbrot zu bereiten. Zwei Stunden nachdem Mutter und Kinder die Pflanzen gegessen hatten, erlitten sie einen Anfall. Nachbarn, die Ausbrüche von irrem Gelächter hörten, fanden die ganze Familie vom Wahnsinn befallen.

Eine Untersuchung ergab, daß das betäubende Marihuana im Gemüsegarten wuchs.

(New York Times, 6. 7. 1927)

---

den. Wenn dem so war, verlief der Weg dorthin jedenfalls nicht sehr gerade. Der am 20. Mai 1892 im pennsylvanischen Altoona Geborene begann nämlich als Eisenbahndetektiv, Abteilung Versicherungsbetrug. Im Ersten Weltkrieg arbeitete er für den militärischen Geheimdienst in Belgien, anschließend an der US-Botschaft in Den Haag. 1921 bis 1923 war er Vizekonsul in Hamburg, damals ein Zentrum des Morphinschmuggels. Anslinger aber hatte andere Interessen – er genoß, es von Altoona zu einer fashionablen Mietvilla in Altona gebracht zu haben und dort ein etwas überstandesgemäßes Leben führen zu können. Das wurde von seiner Frau finanziert, Martha Denniston, einer Nichte des Multimilliardärs Andrew Mellon.

Nach einer Zwischenstation in Venezuela wurde Anslinger Konsul auf den Bahamas, dem Schmuggelzentrum für Rum in die USA. Seine Interessen galten aber den Haifischen, deren Ruf er journalistisch aufzubessern versuchte. Dieser erste Artikel, 1928, kam beim Publikum jedoch schlecht an, und die Reaktion des Autors war jener Stil, der ihn später berühmt machen sollte: Unter dem Titel ‹Die Bestien der Meere› präsentierte er nun 300 weltweit auserlesene Hai-Opfer in den allerblutigsten Details. Daß er Haie sechs Monate zuvor für «prinzipiell gutmütig» erklärt hatte, war vergessen.

Warum Anslinger 1930 aus der diplomatischen Karriere auf den schlechter bezahlten Posten eines Commissioners im Bureau of Narcotics wechselte, ist nicht bekannt. Er selbst erklärte es mit seinem Kindheits-Drogen-Trauma, doch davor hatte er sich nur einmal mit Drogenfragen

«Morde durch die Mörderdroge überfluten die USA!»

Schockierende Gewaltverbrechen nehmen zu, Metzeleien, grausame Verstümmelungen, Verunstaltungen, kaltblütig durchgeführt, als würde ein häßliches Monstrum in unserem Land umgehen.

Besorgte Bundes- und Staatsbehörden schreiben viel von dieser Gewalttätigkeit der «Mörder-Droge» zu.

Das ist, was Experten Marihuana nennen. Es ist ein anderer Name für Haschisch. Es ist ein Derivat des indischen Hanfs, ein Kraut, das in den meisten Bundesstaaten am Straßenrand wächst ...

Diejenigen, die süchtig auf Marihuana sind, verlieren nach einem anfänglichen Gefühl von Lustigkeit bald jegliche Hemmung. Sie werden zu bestialischen Dämonen, voll irrer Lust zu töten ...

(Kenneth Clark, gestützt auf Material von Anslinger, für Universal News Service und nachgedruckt von 56 Zeitungen, März 1936)

Es hat eine Diskussion betreffend der Wunschmäßigkeit gegeben, Indischen Hanf oder Marihuana im gegenwärtigen Bundesgesetz einzuschließen. Ich neige dazu, zu glauben, daß eine derartige Pflanze schwierig zu beaufsichtigen wäre und dies wahrscheinlich ein Faktor für die Nichtigkeitserklärung der Konstitutionalität des bestehenden Gesetzes sein dürfte.

(Ein Brief mit Datum 10. 6. 1929 von Cummings, dem obersten Bundesanwalt, an das Journal of the American Medical Association)

---

befaßt, 1929 in einem Zeitungsartikel, der das lückenlose Funktionieren der Prohibition behauptete. Ein Jahr später war er nicht mehr dieser Ansicht und schlug vor, wenn wer schon unbedingt trinken wolle, solle er für jede Flasche Bier ein schriftliches Gesuch an eine dafür zu errichtende Behörde einreichen.

Das Bureau of Narcotics unterstand dem Treasury Department und war zuständig für den Verkehr mit Opiaten, den seit 1914 der Harrison Act regelte. Ursprünglich sollte in dieses Gesetz auch Hanf aufgenommen werden, aber nach einer Anhörung von Medizinern und Pharmazeuten nahm man davon Abstand. Gelegentlich wurde ein bundesweites Cannabis-Verbot diskutiert, aber stets mit demselben Ergebnis wie es der Brief des Bundesgeneralanwalts Cummings wiedergibt.

Was Anslinger an Hanf interessierte, erklärte er 1954 in einem BBC-Interview: «Ich sah hier eine Möglichkeit, die Bedeutung des Bureau zu heben.» Dafür fand er ein offnes Ohr bei seinem Vorgesetzten, denn der war Andrew Mellon. Der zweitreichste Mann der Welt war in der Weltwirtschaftskrise zum Finanzminister gemacht worden mit dem Auftrag, die Staatskasse zu sanieren. Sein erster Schritt dazu war eine radikale Streichung der Sozialprogramme und eine staatliche Förderung seiner Stahlfabriken, was zwar nicht viel brachte, aber einer späteren US-Regierung zum Vorbild wurde. Weniger offene Ohren fand Anslinger bei den befragten Wissenschaftlern – sie konnten keine Gefährlichkeit von Hanf feststellen. Da mußte er neue Bündnisgenossen suchen.

Das Mörderkraut

Selbst Befürworter des Hanf-Verbots wie Bloomquist kommen nicht umhin, die Art und Weise zu bedauern, wie es in Szene gesetzt wurde, wenn sie auch nicht erwähnen, daß der Regisseur dieses Dramas Mr. Anslinger war. 1931 bewilligte ihm sein Schwiegeronkel nahezu 100 000 Dollar Sonderetat – mitten in der tiefsten Depression –, die eine bemerkenswerte Kampagne finanzierten: An alle Polizeistellen und an alle Boulevard-Journalisten ging ein Rundschreiben mit vielen Freikuverts, doch bitte «alle Fälle zu sammeln, die eine Gefährlichkeit von Marihuana beweisen könnten, insbesondere Verbrechen, Fälle von Wahnsinn u. ä.». Den Journalisten wurde als Gegenleistung zugesichert, vom Bureau stets auf dem laufenden gehalten zu werden.

Dieses Papier gelangte auch in die Hände eines Gefängnisarztes aus New Orleans. Für 2000 Dollar Forschungszuschuß vom Bureau arbeitete Dr. A. E. Fossier ein Papier aus, das ‹Die Mariahuana-Bedrohung› hieß. Vom falschen Namen der Droge abgesehen enthielt es den alten Assassinen-Mythos und die neuere Erkenntnis, daß jeder vierte Verhaftete «Mariahuana-süchtig» sei und 17 von 37 Mördern einmal in ihrem Leben davon geraucht hätten. Die schön rassistische Schlußfolgerung sollte man sich auf der Zunge zergehen lassen.

Anslinger ließ das Papier bundesweit vertreiben, zusammen mit der Forderung nach einem Marihuana-Verbot, und allmählich trugen seine Rundschreiben so schöne Früchte wie die Schlagzeilen aus Kalifornien: «Mörderkraut überall an der Küste gefunden – Tödliche Marihuana-Pflanze erntereif, um die kalifornischen Kinder zu versklaven!» (*Los Angeles Examiner,* 5. 11. 1933) und: «Rauschgiftbehörden hilflos gegen Marihuana» *San Francisco Examiner,* 7. 11. 1933).

Die Zeit schien reif, über ein Verbot der Pflanze zu befinden. Schwer taten sich die Herren im Bureau nur bei der Frage, was denn da verboten

Was unterscheidet Herren von anderen Menschen?

(Die Argumentation wird auch heute noch gerne von zentraleuropäischen Politikern gebracht):
Die herrschende Rasse und die aufgeklärtesten Länder sind alkoholisch, derweil die Rassen und Nationen, die Hanf und Opium verfallen sind, von welchen einige einmal den höchsten Stand von Kultur und Zivilisation erreichten, sowohl geistig als auch physisch zugrunde gegangen sind.

Wenn über Nacht, nach der Prohibition, diese Nation so gut im Bierbrauen und der Destillation von Alkohol würde, daß sogar Kinder gut in dessen Herstellung wären, was wird dann in nächster Zukunft mit einer so gefährlichen Pflanze geschehen, wie sie in unseren eigenen Hinterhöfen wächst.
(Dr. A. E. Fossier, Die Mariahuana-Bedrohung, New Orleans, 14. 4. 1931)

Harry Anslingers schrecklichste Marihuana-Fälle

West-Virginia – Neger vergewaltigt achtjähriges Mädchen. Zwei Neger nahmen ein 14jähriges Mädchen und hielten sie unter dem Einfluß von Marihuana zwei Tage in einer Hütte fest. Nachdem sie sich erholt hatte, fand man, daß sie an Syphillis erkrankt war.

In New Jersey geschah 1936 ein besonders grausamer Mord, in welchem ein junger Mann einen anderen umbrachte, indem er dessen Gesicht und Kopf buchstäblich zu Brei schlug. Eine der Verteidigungen lautete, daß des Angeklagten Intelligenz durch sein Rauchen von Marihuana-Zigaretten derart zerstört war, daß er nicht wußte, was er tat. Man befand den Angeklagten für schuldig und verurteilte ihn zu einer hohen Gefängnisstrafe. Der Staatsanwalt war davon überzeugt, daß Marihuana mit im Spiel war, daß ein Rauchen stattgefunden hatte, und die Brutalität des Verbrechens wurde dem Betäubungsmittel zugeschrieben, auch wenn des Angeklagten Intellekt nicht ganz zerstört worden war, so daß das Urteil rechtskräftig war. Die Raserei des Mörders war offenkundig. Er war es nicht zufrieden, seinen Freund getötet zu haben, sondern riß dessen Zunge heraus und entstellte ihn derart, daß sogar der erfahrene Untersuchungsrichter die Augen vor diesen schrecklichen Bildern abwenden mußte.

Ein Neger, der des Diebstahls angeklagt war, beeindruckte die Jury dermaßen mit seiner Geschichte von Leuten, die aus ihrem Grab sprangen und ihn ergriffen, daß sie ihn freisprachen. Er gab zu, ein Marihuana-Raucher zu sein.

Farbige Studenten an der Universität Michigan feierten mit (weißen) Studentinnen eine Party, rauchten dabei mit ihnen und trugen sich deren Sympathie mit Geschichten von Rassenverfolgungen ein. Resultat: Schwangerschaft.

Geheimpolizist eingeladen an Marihuana-Party. Vorschlag, jeder Anwesende, sowohl weiblichen wie männlichen Geschlechts, solle die Hose runterlassen. Während er sich auszog, ließ der Agent seine Pistole fallen und mußte zur sofortigen Verhaftung schreiten.

Hier haben wir eine Droge, die nicht wie Opium ist. Opium hat alles Gute von Dr. Jekyll und alles Böse von Mr. Hyde. Diese Droge ist ganz das Monster Hyde, dessen schädlichen Auswirkungen nicht ermessen werden können ...

werden solle. Die faserhaltigen Stengel und die Samen sollten auf jeden Fall ausgenommen bleiben. Aber: was dann mit den Blättern, die beim Wachstum unglückseligerweise auch anfielen? Anslinger war dafür, Hanf insgesamt zu verbieten, aber so einfach war diese Lösung nicht durchzubringen. Roosevelt hatte 1933 die Prohibition unter anderem mit dem Argument aufgehoben, die deutliche Undurchführbarkeit dieses Gesetzes würde den Respekt vor allen Gesetzen zerstören. Anslinger hatte keinen leichten Stand bei diesem Hearing, zumal die Wissenschaftler seine These von der Gefährlichkeit des Hanfs ablehnten. Mehr zufällig verlas er dann einen Artikel jener Qualität, die in den USA ‹yellow press› heißt und in deutscher Sprache niveauvoll von *Bild* bedient wird. Mr. Tipton, Anslingers Vorgesetzter, horchte auf, und der Stenograf protokollierte seine Antwort, so geschehen am 14. Januar 1937: «Haben Sie mehr davon? Horrorgeschichten – das ist's, was wir brauchen.»

Harry J. Anslinger hatte, und bald schon konnte er ‹*Die zehn schlimmsten Fälle schrecklicher Folgen von Marihuana*› präsentieren. Wer sie heute liest, kann sich wahrscheinlich ein Schmunzeln nicht verbeißen. Doch die Prominenz, die Anslinger mit seinem Kampf gegen den Hanf gewann, bewirkte, daß sie allesamt noch durch wissenschaftliche Werke der späten Sechziger spuken und in der Boulevardpresse sogar heute noch gelegentlich aufgewärmt werden.

Als alter Herr vermachte Anslinger seinen gesamten Aktennachlaß der Pattee Library an der Pennsylvania State University, wo er nach Voranmeldung eingesehen werden kann. Es sind erstaunliche Dokumente dafür, mit welchen Mitteln Politik gemacht werden kann. Anslingers «zweifelsfreie Quellen» waren zu 95 Prozent Ausschnitte aus Boulevardblättern und Pulp Magazines. Viele zeigen an ihrem Rand Anmerkungen in pedantischer Handschrift, wohl als Gedächtnisstütze gemeint: MORD!! BLUTIGER MORD!!! Der Eindruck entsteht, hier habe sich ein verklemmter Kleinbürger mit Zeitungsschnitzeln einen sadistisch-voyeuristischen Kitzel gegönnt.

Die Strategie, die Anslinger für den Kampf gegen Marihuana vorschlug, hatte er zuvor schon für den Umgang mit Alkohol empfohlen: eine umständliche Verwaltung des legitimen Umgangs, die «prohibitiv entmutigen» sollte, diesmal verstärkt durch eine Horrorsteuer von 100 Dollar pro Unze.

Am 27. April 1937 fand das Marihuana-Hearing vor dem Kongreß statt. Anslinger hatte sich bestens vorbereitet, und als die Abgeordneten den Gesetzesvorschlag für zu extensiv hielten, zog er aus seiner Tasche seine Horrormappe. Er zeigte einige Fotos schrecklich zugerichteter Leichen, angeblich alle Opfer von Marihuana-Mördern. Vier Tage später wurde das Gesetz beschlossen, und am 1. September unterzeichnete Roosevelt die Marihuana Tax Act.

Anslinger hatte inzwischen noch eine Fleißaufgabe geleistet: In der Juli-Nummer des *American Magazine* erschien sein berühmter Artikel ‹*Marihuana, Mörder der Jugend*›. Die Hexenjagd konnte beginnen.

Swing

Es gab natürlich auch Widerspruch gegen Anslingers Gesetz. Ein bemerkenswert weitsichtiger kam von dem Drogenfachmann Henry Smith Williams – von 1955 bis 1980 gab die US-Drogenbehörde D. E. A. den illegalen Marihuana-Umsatz mit jenen von ihm vorhergesagten 5 Milliarden Dollar an, was Kenner der Szene jedoch für ein Drittel des tatsächlichen halten –, und den heitersten leisteten die Musiker.

Vor 1937 war die Sache nur selten in den Texten von Jazz-Songs aufgetaucht – Selbstverständlichkeiten waren schließlich keine Erwähnung wert. Scheinbar über Nacht sang nun jeder darüber, und die vielen Songs sind auch kostbare Dokumente dafür, wie die Kriminalisierung des Hanfs die Sprachgewohnheiten verändert.

Close the window and lock the door
Take the rug up off the floor
Hey, hey, let's all get gay
The stuff is here.
(Georgia White, 5. 10. 1937)

Dreamed about a reefer five foot long
Mighty mezz but not too strong
You'll be high but not for long
If you're a viper
I'm the king of everything
Gagota Gagota Gatoga Gagota be high before I swing
Let the bells ring: ding dong ding
If you're a viper
Say you know you're high when your throat gets dry
Mmmmm! Everything's dandy! Shbbbshtbbshb ah yes
You run down to the candy store,
Bust your conk on peppermint candy
Then you know your little brown body's sent
You don't give a darn if you don't pay rent
'Cause the sky's high – soo 'm I –Yes, Yes
I vipe a bit.
   (Bob Howard, 7. 2. 1938)

Die Perlen jener Jahre kamen, zu Langspielplatten gereiht, 1976 bis 1978 unter der Marke «Stash Records» wieder zu Ehren, verlegt von einem, der 1937 selbst zu rauchen begann. Vom ‹*Reefer Man*›, den Veteranen der legendären Henderson-Band 1932 in Schellack preßten, angefangen, wurden 48 Songs gesammelt, die so ziemlich die gesamte Elite des Jazz der «Verherrlichung von Marihuana» überführen – Cab Calloway feiert ‹*The Man from Harlem*›, ebenfalls 1932, ein Jahr später zelebrierte Benny Goodman seine ‹*Texas Tea Party*›, 1936 nahmen sich Stuff Smith, Mary Lou Williams und Andy Kirk der Sache an, und aus der Verbotszeit stammen wahre Juwelen mit den Stimmen von Ella Fitzgerald und Trixie Smith und der sanften Klarinette von Sidney Bechet.

Anslinger war über diese Entwicklung gar nicht froh, und seine «Missionsarbeit» wurde auch noch dadurch erschwert, daß für 1937 und 1938 seine Mittel um 8 Prozent gekürzt wurden. So ist verständlich, daß er sich intensiv um den ersten Prozeß kümmerte, der des neuen Gesetzes wegen anstand. Angeklagt war der 58jährige Samuel Caldwell, dem 26jährigen Moses Baca einen Joint verkauft zu haben. Anslinger persönlich war angereist, um ein gehöriges Exempel statuiert zu bekommen, und es half ihm sehr, daß die Angeklagten Schwarze und Distriktrichter J. Foster Symes ein bekannter Rassist war. Das Urteil hatte, den US-Rechtsverhältnissen entsprechend, Gebrauchsmusterwert: Vier Jahre Gefängnis und 1000 Dollar Geldstrafe für den Händler, achtzehn Monate für den Kunden. Die Urteilsbegründung zeigte, daß Anslingers Horrorsamen auf fruchtbaren Boden gefallen waren. Da war das Gesetz gerade acht Tage alt.

Dr. Kolb: Ja, sie wollten ihm eine sehr hohe Strafe geben. Der Distriktsstaatsanwalt schrieb mir und wollte darüber mit Richter Cooper sprechen. Ich sagte ihm, daß es vom Standpunkt einer Rehabilitation eine eher schädliche Sache sei, einen Mann vier Jahre ins Gefängnis zu stecken. Es ist wahrscheinlich, daß er dort einen Haufen Dinge lernt und dann rauskommt und die Gesellschaft haßt und sie darauf gegen die Gesellschaft anwendet. Ich meine, daß ein Gebraucher ein Jahr bekommen sollten, besonders der, der kein Strafregister hat.

Kommissar Anslinger: Ich glaube nicht, daß die Gerichte hier zu streng verfahren.

Mr. Wollner: Ich möchte Ihnen eine äußerst unfaire Frage stellen. Wieviel Prozent dieser Leute wäre im Gefängnis, wenn sie kein Marihuana geraucht hätten?

Dr. Kolb: Nun, sehr wenige unter ihnen.

Mr. Wollner: Sie wären nicht ins Gefängnis gekommen?

Dr. Kolb: Dies gilt für viele Drogen-Gebraucher.

(Protokoll des Senats-Hearings zu Marihuana, wobei erstmals die Frage der Bestrafung diskutiert wurde, 1938)

Ich betrachte Marihuana als das schlimmste aller Betäubungsmittel – viel schlimmer als den Gebrauch von Morphium oder Kokain. Unter seinen Einfluß werden Menschen zu Bestien, genauso wie es mit Baca der Fall war. Marihuana zerstört das Leben selbst. Ich hege keinerlei Sympathie für jene, die dieses Kraut verkaufen. In Zukunft werde ich die schwersten Strafen verhängen müssen. Die Regierung wird dieses Gesetz auf den Buchstaben genau durchsetzen.

(Richter Symes im allerersten Marihuana-Urteil der USA, sachkundig beraten von Harry Anslinger)

Hiwis melden sich an die Drogenfront ...
Die wichtigste Missionsarbeit, die ich in dieser Sache leistete, ist die Erziehung von Sheriffs, Hilfssheriffs und Polizeichefs usw. außerhalb der großen Städte gewesen. Sie sind, bis sie von uns aufgeklärt werden, universell völlig unwissend, was die ganze Sache angeht. Wir haben viel Geld und Zeit in Propaganda gegen den Gebrauch von Marihuana-Zigaretten und in die Instruktion von lokalen Beamten investiert und um zu verschiedenen Zeitpunkten Reden zu halten!

(Mrs. Elizabeth Bass, Virginia, an Harry Anslinger, 12. 3. 1937)

Vom 1. Oktober bis Jahresschluß 1937 hatten Anslingers Agenten immerhin bei 369 Beschlagnahmen 229 Kilogramm Hanf und 2852 der tödlichen Zigaretten erbeutet, und die künftige Ernte versprach, noch besser zu werden, denn nun schwärmten auch die Mäßigungsvereine der verschiedenen Kirchen aus, das Übel an der Wurzel zu vertilgen.

Manchmal gab es auch unerwünschte Randerscheinungen. Für die erste Gefährdung der neuen Drogenpolitik sorgte ausgerechnet Dr. James A. Munch, Psychologie-Professor an der Temple University und einer von Anslingers wichtigsten Leuten beim Gesetzes-Hearing. Nach eigenen Bekundungen hatte Munch einmal einen Joint geraucht und festgestellt, daß bereits ein Zug ausreicht, einen Menschen temporär wahnsinnig zu machen. «Ich fühlte mich plötzlich 200 Jahre lang auf dem Boden eines Tintenfasses gefangen», lautete eine seiner berühmten Erkenntnisse. Daran dachten wohl auch die Verteidiger in einem Raubmordprozeß, als sie Dr. Munch im Februar 1938 als Sachverständigen vorluden. Nachdem er mit Anslinger Rücksprache gehalten hatte, trat Munch auch auf und schilderte das «Mörderkraut» so beeindruckend, daß die Angeklagten nicht auf den elektrischen Stuhl, sondern wegen verminderter Schuldfähigkeit nur ins Gefängnis wanderten. Das sprach sich natürlich herum, und Dr. Munch wurde so oft in den Gerichtssaal gebeten, daß Anslinger ein ernstes Wort mit ihm sprechen mußte. Man wurde handelseinig: Munch bekam vom Bureau Forschungsmittel, «um die Gefährlichkeit von Marihuana festzustellen» (!), und sein nächstes Gutachten lautete: Ein Joint macht zwar wahnsinnig, aber doch wieder nicht so, daß generell mildernde Umstände dabei herauskämen.

Dr. Munch blieb der Marihuana-Forschung noch viele Jahre erhalten. Mit Anslinger bildete er ein Duo, das nicht nur die Vergabe von Forschungsmitteln auf diesem Gebiet bestimmte, sondern das auch international Drogenpolitik zu betreiben versuchte. Zunächst fand Dr. Munch heraus, daß Hanf irreversible Hirnschäden verursacht, die Zeugungsfähigkeit von Mann und Frau zerstört, und daß die Wirkung eines Joints, auch wenn man keinen weiteren raucht, monatelang immer wieder urplötzlich über einen kommen kann. Natürlich sollte auch die chemische Struktur dieses Höllenstoffs untersucht werden. Da Dr. Munch davon nichts verstand, gingen einige Mittel an den renommierten Chemiker Roger Adams, und für das doppelte forschten die Büro-Chemiker Wollner und Joe Levine. Zunächst wurden zwei Wirkstoffe entdeckt, die jedoch keine psychotropen Eigenschaften zeigten; Cannabinol und Cannabidiol. Adams fand heraus, daß beim Reifeprozeß der Pflanze durch Isomerisation das hochwirksame Tetrahydro-Cannabinol (THC) entsteht, und er veröffentlichte seine Ergebnisse am 5. Juni 1941 im *Journal of the American Chemical Society*. Und weil er schon dabei war, erfand er auf Grund dieser Erkenntnisse eine ähnliche, nur wesentlich stärkere synthetische Substanz, die er Parahexyl oder Synhexyl nannte.

Darüber freute sich die Pharmaindustrie, denn Anslinger hatte erreicht, daß die herkömmlichen Hanf-Produkte ab 1. November 1942 nicht mehr im Handel sein durften. Hanf habe keinerlei wie immer gearteten therapeutischen Wert, beschwor der Sachverständige vor dem Gesundheitsausschuß, und das war Dr. Munch. Interessanterweise aber wurde synthetisches THC von dem Bann ausgenommen.

Anslingers großes Filmprojekt hieß *Reefer Madness* und war ein Hit über Jahre

Ein Betrachter des Films gedenkt:

«Diese Jungens und Mädchen von der Mittelschule halten in der lokalen Eisdiele ein Tänzchen ab. Sie tanzen unschuldig und wissen nicht, was für eine neue und tödliche Bedrohung hinter geschlossenen Türen lauert.» Schnitt zu ein paar müden älteren Typen, die einen Joint herumreichen. «Marihuana, das brennende Kraut mit Wurzeln in der Hölle.»

Schnitt zu einigen windigen Charakteren, die einem Paar gegenüberstehen, das in seiner gesunden Ausstrahlung David Eisenhower und Julie Nixon gleicht. «Wir gehen jetzt zu Joes», sagt der Süchtige. «Warum kommt ihr nicht mit?» – «Wir haben eine Verabredung, um ein Doppel zu spielen», sagt Mr. Amerika. «Nun, spielen könnt ihr ja immer noch», sagt der Süchtige. «Kommt, bei uns gibt's was zu lachen.» In einer miesen Bude bietet dann einer dem Neuling einen Joint an. «Sie werden Bill kennenlernen», dröhnt das Sprechband, «der einmal stolz war auf seinen starken Willen, wie er den ersten Schritt auf dem Pfad der Versklavung tut.» Schnitt zu Bill, versucht von einer sanften Kokette, von deren verführerischen Fingern ein Joint hinunterbaumelt. «Wenn du natürlich Angst hast...» Bill ergreift den Joint und fängt daran zu saugen.

Als nächstes sieht man ein schmusendes Pärchen auf einer Couch – «heftige Bewegungen» – es entsteht ein Kampf – «Mord!» – ein Schuß ertönt, ein Körper erschlafft. Dann sehen wir ein junges Mädchen in einem berauschten Anfall einen Gang hinunterrennen und einen eleganten Hechtsprung aus einem geschlossenen Fenster machen. «Selbst-

mord», sagt der Sprecher schadenfroh, wie wir ihrem Körper zuschauen, der zehn Stockwerke hinabfliegt – «und das unfehlbare Ende eines Marihuana-Süchtigen.» Schnitt zu einem käferäugigen Schwachkopf, mesmerisiert durch die Töne, die einer seiner Marihuana-rauchenden Freunde einem gammligen Klavier entlockt, dem eigenartigen, beschleunigten Boogie-Woogie, der von seinen dringenden Schreien «schneller, spiel schneller» angetrieben wird. «Hoffnungsloser Irrsinn!» – des Sprechers Stimme triumphiert. «Sehen Sie diesen Film, ehe es zu spät ist.»

(Larry Sloman, On the Road with Reefer Madness, High Times, Oktober 1979)

Die Mörderkraut-Geschichten waren nicht ganz widerspruchslos hingenommen worden, und 1939 beauftragte New Yorks Bürgermeister La Guardia ein Team von Universitätsprofessoren, der Sache auf den Grund zu gehen, ohne daß er das Untersuchungsergebnis vorschreiben ließ. Anslinger reagierte dementsprechend beleidigt und verweigerte der Kommission die für Versuche benötigten Marihuana-Mengen. Die Herren wandten sich an Adams, und ehe Anslinger noch etwas dagegen unternehmen konnte, waren die Versuche mit synthetischem THC aufgenommen worden. 1944 wurde der La Guardia-Report vorgelegt. Sein Ergebnis unterscheidet sich kaum von neueren Untersuchungen: Es bestätigt die relative Unbedenklichkeit der Droge. Anslingers Reaktion war clever: Er behauptete, diese Untersuchung habe keinen Wert, da sie ja mit synthetischem THC durchgeführt wurde. Der «Mörderfaktor» der Pflanze sei eben eine noch nicht entdeckte Substanz, und daher sei das Naturprodukt eminent gefährlicher als das synthetische. Die saure Seite dieses sophistischen Apfels war, daß synthetisches THC nun nicht verboten werden konnte und bis 1968 einen wichtigen Zusatz für Medikamente gegen Depression bildete.

Es war nicht immer einfach für das Bureau. Alle Jahre mußte Anslinger vor den entsprechenden Kongreß-Ausschüssen um seinen Etat kämpfen, den er nur dadurch bewilligt bekam, daß er Heroin und Marihuana konsequent verwechselte und im letzten Moment aus seiner Fall-Sammlung einen «marihuana-typischen Mord» präsentieren konnte. Und dann mußte sein Bureau auch alle Fälle registrieren, die das fürchterliche Kraut «verherrlichen», denn auch dieser Begriff, gelegentlich in der BRD diskutiert, war Anslingers Erfindung.

Zu den Juwelen unter den von Anslinger hinterlassenen Akten zählen zwei, die des Bureaus Argusaugen beeindruckend beweisen. Die eine enthält einen Songtext über Spinat, der zweifellos weitere Interpretationen zuläßt und Anlaß war, daß die Band unter den Spitzelservice fiel. Für das Bureau war augenscheinlich, daß «Spinat» ein neues Codewort für die Sache bedeutete, und somit wurde auch eine Akte über eine dubiose Figur angelegt, die jedesmal durch Spinat zu ungeheuren Kräften kam. Zwei Jahre lang wurde in erschöpfender Amtstätigkeit Material gegen «Popeye, Saylor» gesammelt, bis sich herausstellte, daß diese Comic-Figur nicht dem Kopf eines Rauschgift-Verherrlichers, sondern einem Werbebüro für Dosengemüse entsprungen war.

1943 wollte Anslinger zum Halali gegen die Swing-Szene blasen. Allen Ernstes hatte er vor, Jazz als Werbung für den Drogenkonsum verbieten zu lassen, und so flatterten aus dem Bureau eine Reihe vertraulicher Briefe an alle möglichen Polizeistellen, doch bitte diesbezügliche Fälle als

Was kann das nur sein?

Spinach has Vitamins A, B and D
But spinach never appealed to me
But ohne day while having dinner with
a guy
I decided to give it a try
I didn't like it the first time, it was so
new to me

I didn't like it the first time, I was so
young, you see
I used to run away from the stuff
But now somehow I can't get enough
I didn't like it the first time but oh, how
it grew on me.
*(Julia Lee, 1938, Aufnahmedatum
unbekannt)*

Harrys Leute dachten sich ihr Teil und begannen die Akte Popeye

Es gibt zwei Kanäle für den Verkauf
von Marihuana-Zigaretten – den unab-
hängigen Händler und die «Teestuben». Auf Grund von Beobachtungen
und Unterhaltungen mit «Teestuben-
Besitzern und Marihuana-Händlern
schätzen die Forscher, daß es in Harlem
ungefähr 50 «Teestuben» und mindestens 500 Händler gibt.

Die «Teestuben» werden nach dem
Geschmack der Kunden eingerichtet,
die angesprochen werden wollen. Gewöhnlich ist jede «Teestube» mit bequemen Möbeln, einem Radio, einem
Plattenspieler oder – meistens – mit einem gemieteten Schallplattenautoma-
ten ausgestattet. Die Beleuchtung ist
mehr oder weniger schummrig, die
Farbe Blau herrscht vor. Weihrauch
wird als Teil der Einrichtung betrachtet. Die Wände sind gewöhnlich mit
Bildern nackter Menschen geschmückt, die perverse sexuelle Handlungen andeuten. Eine solche Einrichtung wird von den Marihuana-Rau-
chern als notwendiger Hintergrund
betrachtet.

Die meisten «Teestuben» handeln
nur mit Marihuana. Einige verkaufen
Marihuana und Whisky, einige dienen
auch als Freudenhäuser. Wir fanden
nur eine «Teestube», die sowohl Freu-
denhaus war und in der man auch Marihuana, Whisky und Opium kaufen
konnte.

Der Marihuana-Raucher erreicht
eine größere Befriedigung, wenn er mit
anderen zusammen raucht. In der

«Teestube» entspannt er sich wie ein
Mensch, der frei von Ängsten und All-
tagssorgen ist. In der «Teestube»
herrscht eine Atmosphäre wie in einem
sehr anheimelnden, geselligen Club.
Der Raucher knüpft ohne weiteres Gespräche mit Fremden an, spricht offen
über seine angenehmen Drogenerlebnisse und philosophiert über das Leben
in einer Art und Weise, die seinem intellektuellen Niveau nicht immer entspricht. Immer wieder wurde beobachtet, wie bereitwillig die Raucher ihre

247

Zigaretten mit anderen teilten. Es kam keine laute, rowdyhafte Atmosphäre auf, und wenn, was ganz selten geschah, ein Raucher eine provokative Haltung einnehmen wollte, wurde er hinausgeworfen oder gezwungen, toleranter und ruhiger zu werden.

Schlußfolgerungen

1. Marihuana wird in größerem Umfang im Verwaltungsbezirk Manhattan geraucht, doch ist das Problem hier nicht so akut, wie es in anderen Gegenden der Vereinigten Staaten sein soll.

2. Der Gebrauch von Marihuana ist – im Vergleich zu anderen Gegenden – neu.

3. Marihuana ist verhältnismäßig billig und liegt daher bei den meisten Leuten im Bereich des Erschwinglichen.

4. Der Verkauf und der Verbrauch von Marihuana konzentriert sich auf Harlem.

5. Die Mehrheit der Marihuana-Raucher bilden Neger oder Lateinamerikaner.

6. Die Marihuana-Raucher sind sich darüber einig, daß der Konsum der Droge ein Gefühl der Zulänglichkeit schafft.

7. Die Gewohnheit, Marihuana zu rauchen, führt – im medizinischen Sinn des Wortes – nicht zur Sucht.

8. Der Verkauf und der Vertrieb von Marihuana wird nicht von einer einzelnen organisierten Gruppe kontrolliert.

9. Der Gebrauch von Marihuana führt nicht zur Morphin-, Heroin- oder Kokain-Sucht; es werden auch keine Anstrengungen unternommen, einen Markt für diese Narkotika zu schaffen, indem man die Gewohnheit, Marihuana zu rauchen, fördert.

10. Marihuana ist nicht der auslösende Faktor beim Begehen von Gewaltverbrechen.

11. Das Rauchen von Marihuana ist unter Schulkindern nicht weit verbreitet.

12. Jugendkriminalität steht nicht in Zusammenhang mit der Gewohnheit, Marihuana zu rauchen.

13. Berichte über die katastrophalen Wirkungen des Marihuana-Rauchens in der Stadt New York sind unbegründet.

(New Yorker La Guardia-Report 1944)

Beweismittel zu sammeln. Diesmal war Harry erfolglos – die meisten Bundesstaaten ignorierten seine dringende Bitte, und auch bei der Bundesregierung fand er kein Gehör. Die GIs würden gerade diese Musik lieben, und man wolle nicht mitten im Krieg auch auf diesem Gebiet noch Scherereien bekommen. Das Bureau war ziemlich deprimiert, denn die Regierung hatte außerdem beschlossen, wegen der kriegsbedingten Importausfälle von Faserhanf 146000 Hektar US-Territorium wieder mit dieser teuflischen Pflanze zu bestellen.

Das Klima, das Anslinger brauchte, um gedeihen zu können, stellte sich erst nach dem Zweiten Weltkrieg so richtig ein – da Harry schon seit den Zwanzigern überzeugt war, die größte Gefahr für die Menschheit käme von links, war er der ideale Frontier für den Kalten Krieg, und er eröffnete auch prompt den Front-Unterabschnitt Drogen. Schon 1946 hatte er erkannt: Wenn Weiße in den USA mit Marihuana zu tun hatten,

Anslinger wehrt sich gegen den La Guardia-Report:

Eine kürzliche Tragödie, der Fall eines Hotelpagen, der unter dem Einfluß von Marihuana in Oklahoma City einen Bundesgardisten tötete, liefert einen weiteren ausführlichen Beweis betreffend der Gefahren dieser Droge ...

Das Buch gibt der breiten Öffentlichkeit unqualifizierterweise an, daß der Gebrauch von diesem Betäubungsmittel nicht zu körperlichem, geistigem oder moralischem Zerfall führe und daß bleibende nachteilige Auswirkungen dank seinem fortgesetzten Gebrauch an 77 Gefangenen nicht festgestellt werden konnten. Diese Aussage hat der Sache der Gesetzeshandhabung bereits sehr geschadet. Öffentliche Beamte werden gut daran tun, diese unwissenschaftliche, unkritische Studie zu ignorieren und Marihuana weiterhin als eine Bedrohung betrachten, wo immer es auftaucht.

(Journal of the American Medical Association, 28. 4. 1945)

---

handelte es sich ausnahmslos um liberale, also verwerfliche Charaktere, meistens auch um kommunistenfreundliche. Dabei hatte der *Daily Worker* als Organ der US-KP schon 1940 einen Bannstrahl gegen die Pflanze gedruckt, der vom Bureau verfaßt sein hätte können.

Die spektakulären Fälle lieferte aber nicht die durch McCarthy eingeschüchterte Intelligentsia, sondern – wie sonst – Hollywood. Am 3. August 1948 schlichen Anslingers Agenten durch den unverschlossenen Hintereingang einer Villa und konnten gerade noch die Jointkippe einsammeln, die dem Schauspieler Robert Mitchum vor Schreck aus dem Mund gefallen war. Mitchum war gerade 31 und ein Topstar der Zeit, doch die

Robert Mitchum vor den Augen der Gerechtigkeit

Ist von Hanf die Rede, muß auch der Rembetes gedacht werden, der griechischen Sänger der Subkultur. Ähnlich dem Jazz in den USA der Zwanziger, entwickelte sich in den griechischen Dreißigern eine eigenständige Musikform, die Rembetika. Sie blühte unter den Deklassierten der Zeit, unter den aus der Türkei nach Griechenland Rückgewanderten. Bis Mitte der Zwanziger waren rund eine Million Griechen aus Gebieten der Türkei vertrieben worden, wo schon ihre Vorfahren jahrhundertelang siedelten, und sie kamen auch als kulturell Fremde in ihre Heimat. Ein Großteil von ihnen bildete die Subkultur der Hafenstädte, wo man, wenn nicht gerade einmal im Gefängnis, in der Teké saß, den kleinen Lokalen mit der großen, qualmenden Narghilé.

Hier entstanden schwermütige Lieder zu aus der Türkei mitgebrachten Rhythmen, oft auf selbsterfundenen Instrumenten gespielt und mit kehliger Stimme gesungen. Wo nicht Rembetes auftraten, gab es bald Music-Boxes voller Rembetika. In den Fünfzigern entdeckten die mitteleuropäischen Freaks das Genre, und die Platten wanderten auch in die einschlägigen Cafés außerhalb Griechenlands.

Die heutigen Rembetes haben den leicht kriminellen Haut gout der Frühzeit abgestreift, aber wenn immer in Griechenland eine Bouzouki erklingt, liegt zumindest in der Erinnerung ein Hauch von Haschisch in der Luft. Heute sind auch Kultusbeamte des jungen EG-Landes stolz auf diese äußerst eigenständige Musikform, und dabei verschweigen sie gerne, daß ihre extrem harte Hanf-Politik ihren Ausgang in den Versuchen hatte, diese einst ungeliebte Minderheit zu unterdrücken.

Die folgenden Texte stammen aus dem großartigen Buch ‹Rembetika – Lieder von Liebe, Haschisch und vom Überleben›, das Gail Holst zusammenstellte und Renate Gerhardt 1979 verlegte.

Die Morgenkühle

Gestern ging alles drunter und drüber
In Sideris'[1] alter teké,
Ganz früh in der morgenkühle
Richtig auf 'nem schönen kiff
Haben zwei manges krach gekriegt
Über irgendein krummes geschäft.

Hör' mal, sagte ich zu dem tekébesitzer,
Jetzt spricht in sorge ein mangas zu dir.
Wenn ich auch haschisch rauche,
Ich tue niemand etwas zuleide.
Ich bin ein mangas und rumtreiber
Und kam zum rauchen in deine teké.

Ich kam allein hier in die teké,
Um eine wasserpfeife zu rauchen,
Ja, um zu rauchen und bekifft zu sein,

Und meine bitterkeit zu vergessen.

In allen meinen sorgen
Fühle ich mich bekifft sehr wohl.
    (Rembetiko, Tsitsanis, 1944. Erste Plattenaufnahme 1945, mit Tsitsanis und Markos als Sängern)
    1 Mitsos Sideris hatte eine teké in der Nikoforo Foka-Straße, Saloniki.

Andacht

Als orthodoxer christ, in dieser gesellschaft
Mache ich mich bereit, mein mangas, für eine andacht.

Ich kaufe mir meinen tabak und ein stück haschisch
Und mache mich auf, mein mangas, und gehe nach Ajios Mamas.

Ich betrete die kirche, die räume unter runden bögen,
Und fange an, am tabak zu ziehen,
als wollte ich die kerzen anzünden.

Und der erzengel dahinten wird mit
einemmal
Ganz bekifft von dem vielen rauch.

Er sagt zu mir: «Höre, christenmensch,
es ist keine sünde,
In die kirche zu kommen und andacht
zu halten.»

Doch dann sagt plötzlich ein mönch zu
mir: «Geh weg hier,
Jetzt bin ich an der reihe, ein paar züge
zu machen.»
   (Rembekiko, Tsitsanis, 1938 [?].
   Wurde nie aufgenommen.)

               (Rembekiko, Markos, 1935)

Die Premierminister werden
Die premierminister werden, sterben
auch daran,
Das volk ist hinter ihnen her
wegen all des guten, das sie tun.

Unser Kondylis ist tot, Venizelos
ist weg,
Und Dermetzis verschwand, als
er schon fast am ziel war.

Ich laß mich als kandidat aufstellen
und werde premierminister,
Dann kann ich mich fett und faul hin-
setzen und essen und trinken.

Dann erhebe ich mich im parlament,
da habe ich zu bestimmen.
Ich bringe sie auf die wasserpfeife und
mache sie alle bekifft.

Angst vor dem Bureau und den Moralistenvereinigungen war so groß,
daß er bei seiner ersten Einvernahme die etwas pessimistisch klingende
Berufsangabe «gewesener Schauspieler» diktierte. 1949 wurde er samt
seinen Mitrauchern zu einem Jahr Gefängnis verurteilt, bedingt, und
1951 wurde das Urteil von der Berufungsinstanz unter der Bedingung
aufgehoben, daß der Freispruch nicht publiziert würde.

Ebenfalls 1948 erwischte es Gene Krupa, den berühmtesten der damaligen Schlagzeuger, und es war schmerzhaft für Harry, daß die Sache mit
neunzig Tagen Arrest abgetan wurde, Krupas Fans aber in der Zwischenzeit 100000 Dollar gesammelt hatten, um für Anwälte und ähnliche Un-
annehmlichkeiten zu sorgen. Dennoch versuchte Anslinger, seinen Endkampf gegen die Jazzer durchzuziehen. Nachdem seine Agenten monatelang nahezu alle Bands bespitzelt und dabei sogar fünf Joints gefunden
hatten, konnte er bei der Anhörung zu seinem Budget am 1. März 1949
mit neuen «gesicherten Erkenntnissen» auftreten. Nach der üblichen Ein-
leitungsformel, daß der Marihuana-Konsum bedauerlicherweise zugenommen habe und besonders bedauerlicherweise vor allem unter der Jugend, nannte er die wahren Schuldigen: «Ich spreche natürlich nicht von
guten Musikern, sondern von Jazz-Musikern.»

Dieser feine Unterschied war nicht nur den Schwarzen zu fein. Anslinger mußte eine ganze Weile warten, bis sich die Empörung in der Presse
gelegt hatte, und sein Büro setzte sich für geraume Zeit freiwillig auf kleinere Fische.

Beat

Die Nachkriegszeit und die des Kalten Krieges ist in den Archiven abgelegt und wird nur gelegentlich durchstöbert. Modeschöpfer lassen sich von Diors New Look inspirieren, der die Uniformen der vergangenen Jahre vergessen machen sollte, schmunzeln über die nylonknisternden Pettycoats und die breiten Gummigürtel, die ebenso wie spitze BHs und stramme Pferdeschwänze jeden Anflug von Weiblichkeit zu Püppchen zwängten, während Politiker z. B. der BRD wehmütig des Wirtschaftswunders und z. B. der USA jener Zeiten gedenken, wo Uncle Sams Dollars der Himmel und alles andere von vornherein des Teufels war.

Wer damals GI war, erinnert sich gern der Pin-ups von Rita Hayworth, Marylin Monroe, der klinisch-lasziven Vargas-Girls und jener realen, die weltweit für nur ein paar Dollar oder auch eine Stange Zigaretten zu haben waren. Wer nur so jung war, gedenkt seiner mit viel Mühe und Brillantine aufgebauten Entenschwanz-Frisur, der für gut westlich orientierte Jungs selbstverständlichen «White Boots» (je nach Einkommensklasse aus Leder oder gewöhnliche Tennisschuhe), der anständigen Hits von Pat Boone & Co. aus der Musikbox, in der bald auch die weniger anständigen und doch heute so zahm klingenden von Elvis steckten. Spitze Schuhe (in den US Suede Shoes, in Schweden «US-Mückenklatscher» und allgemein außerhalb Italiens «Milanos» genannt) und Röhrenhosen (oben weit, unten höchstens 17 cm breit) symbolisierten die anständige Verklemmtheit der Zeit, wobei allerdings die züchtige Hosenweite im Verein mit den steifen Petticoats bei Cheek-to-Cheek-Tänzen – sanfte Reibung – gelegentlich zu verlegen gekrümmter Körperhaltung führte. Auch das lange Knutschen in den Haustoren gehörte dazu.

I stopped by Joe's the other night and all of the cats looked beat
And no one sounded me to say, «Zeke, are you all reet?»
Now I never really knew the reason
That the cats all looked so square
But now I'm hip and I dig it, because jive is in the air
Cats can't buy their jive at night
So now they hurry home, since the G-Man got the T-Man and gone
They have to drink their lush and stagger
Even though they know it's wrong
Cause the G-Man got the T-Man and gone
Boy, one night when the joint was jumping and a knock came at the door
In stepped a man with a shiny badge and a brand-new-forty-four
They've arrested my connection
And I can't find any more
'Cause the G-Man got the T-Man and gone.

(C. P. Johnson, 2. 11. 1945. G-Man: «gumshoe» – Zivilfahnder; T-Man, tja)

Die ganze Nostalgie nach Nierentischen, Cocktail-Stühlen, Tulpenleuchten mit eingebautem Bücherbord und goldig schimmerndem Eloxal läßt eine nicht gerade kleine Gruppe damals Jüngerer im Schatten stehen, den sie allerdings selbst ausgesucht hatte … nein, es war keine formierte Bewegung, wohl aber eine uniformierte, denn Männlein und Weiblein kamen unisex daher, Haare kurz geschoren, kreisrunde schwarze Sonnenbrillen, alte, abgerissene Parkas oder sonstige Uniformjacken und dann auch noch – damals Gipfel der Unanständigkeit: – JEANS. Hatten sie einige französische Bücher geschmökert (Camus oder Sartre), nannten sie sich Existentialisten, bei amerikanischer Lektüre (z. B. Hemingway) in Anlehnung an die Lost-Generation der Zwischenkriegszeit, Beat-Generation oder gleich Beatniks. Um nicht mit den braven Rocky-Boys verwechselt zu werden, die zu Boogie, Rock und Twist um die Ecke strampelten, hörte man in prinzipiell verrauchten Kellern sitzend Modern Jazz oder die Greco. Und weil man mit den erlaubten Genüssen des Wiederaufbaus ohnedies nichts am Hut hatte, interessierten vor allem die unerlaubten, womit wir wieder beim Thema sind.

Die Sache war, zumindest in Europa, keine für die Polizei. Importe liefen so ungestört, daß beispielsweise 1954 in Wien das Kilogramm bester Afghan den Horrorpreis von 60 Mark kostete. Auch die GIs in ihrem anstrengenden Dienst für die westliche Freiheit zwischen Korea, den Philippinen, Italien und Deutschland/West hatten keinen Mangel an Hanf: Über – natürlich nicht dafür geschaffene – Army-Verbindungslinien kam das Zeug so reichlich, daß in der BRD und dem damals auch noch viergeteilten Österreich der Sold durch Außerhaus-Verkauf aufgebessert werden konnte. Nur in den USA, so war zu hören, gebe es ein Rauschgiftproblem mit Marihuana, wobei allerdings niemand an Hanf dachte.

Um diese Zustände weltweit zu erreichen, mußte wieder einmal Anslinger an die Front, und so wurde Hanf auch ein Gegenstand der Weltmachtsäußerungen der USA.

Als Vorsitzender der UN-Drogenkommission erreichte er, daß die Weltgesundheits-Organisation (WHO) 1954 beschloß, Hanf und seine Derivate hätten keinerlei therapeutischen Wert. Acht Sachverständige wurden gehört, und der wichtigste war wieder einmal Dr. Munch. In einem Interview, das Munch 1978 gab, wollte er nicht sehr gern über diese Dinge sprechen. «Aus der *damaligen Sicht* war das eben so», sagte er, und: «Es ging ja vor allem darum, der Politik des Bureau weltweite Anerkennung zu verschaffen.»

Die brauchte Anslinger, denn in den USA hatte er nicht immer leichte Zeiten. Die schwersten waren die jährlichen Hearings. Es ließ sich nicht vermeiden, daß die Senatoren im Laufe der Jahre zu etwas mehr Sach-

Meinen Sie mit Drogen etwa Hanf (*cánamo*)? (lacht herzlich) Khif oder Haschisch gehörte zu den Pariser Boheme-Cafés wie Absinth, aber ich kannte Hanf ja schon seit meiner Jugend. In Paris machte man allerdings viel Geschwätz darum. Ja, es macht fröhlich, und ich glaube, das bedeutet der Name Haschisch ja auch im Arabischen. Ich finde allerdings, daß Hanf bekömmlicher ist und die Phantasie mehr anregt . . . Sie meinen den ‹*Jungen mit der Pfeife?*› Ach, viele Freunde redeten dauernd davon und wie man das machen sollte und was man dann machen müßte. Da malte ich das, ich glaube im November 1905.

1953/54 zog der Fotograf Sanford Roth mit einer stattlichen Schachtel Reefers los, um damit berühmte Künstler zu fotografieren. Picasso saß ihm in seinem Atelier in der Rue des Grands Augustins, und dabei entspann sich folgender Dialog:
P: «Ist das nicht mittlerweile verboten? Ich habe das gehört.»
R: «Ich glaube: Ja.»
P: «Dann muß ich das wohl ganz schüchtern halten, wenn es doch etwas Verbotenes ist.»
R: «Wie Sie wollen. Jean Renoir war allerdings nicht so schüchtern.» *(Anm.: Einer der ganz großen Filmregisseure)*

Einen Arbeiterjungen, der ganz einfach die Pfeife weitergibt. Den gab es nicht, aber das war genau das, was ich darüber dachte. Eine ganze Weile später gab es wieder so eine endlose Diskussion, die mich ent-setz-lich langweilte. Da ging ich in mein Atelier und malte ihm einen Rosenkranz um den Kopf. Ich machte aus ihm einen Heiligen mit Pfeife.
(Pablo Picasso in einem Interview für BBC, 16.6.1967)

P: «Der ist ja auch der Sohn eines Malers.» (Hebt ein ledernes Sofakissen hoch.) «Sehen Sie, das sieht doch genau so aus wie Ihre Zigarette. Das ist doch – ja, ein Kunst-Reefer. Wenn man da noch etwas Kunst-Rauch dranmacht . . .» (Befestigt ein Stück Gaze daran.) «Ja, das ist das Monument dazu. Das gehört an die richtige Stelle ins Bild. Das ist Kunst und erlaubt. Und beim Verbotenen werde ich ganz anständig und diskret sein.»
(Sanford Roth, Around with the Camera, New York, 1958)

In memoriam: Candy Barr   In memoriam: Harry Anslinger

kenntnis gelangten und nicht mehr so einfach mit Mordsgeschichten auf die gewünschte Linie zu bringen waren, und so zauberte Anslinger 1951 ein völlig neues Kaninchen aus seinem Hut. Nachdem er jahrelang behauptet hatte, Hanf sei schlimmer als Heroin, hatte er plötzlich «gesicherte Erkenntnisse», Hanf führe zwangsläufig zu Heroin, «wenn nämlich der durch Marihuana ausgelöste Sinneskitzel nicht mehr befriedigt». Die «Umstiegs-Drogen-Theorie» war geboren, und sie hat sich ebenso gehalten wie die Verseuchung der Bikini-Inseln durch A-Bomben, die ja im selben Jahr stattfand.

1951 erreichte das Bureau mit der Box Act auch eine bundesweite Straf-Festsetzung für den Umgang mit der «Grünen Göttin des Todes»: Beim erstenmal setzte es zwei bis fünf Jahre, beim zweiten Mal fünf bis zehn und ab dann zehn bis zwanzig. Allerdings wurden diese Gesetze nie mit beispielsweise deutscher Gründlichkeit angewendet. Obwohl selbst Anslinger von «etlichen Millionen» Hanfrauchern sprach, kamen jährlich nur durchschnittlich tausend Fälle zur Anzeige, und nur alle paar Jahre gab es einen dicken Brocken. Errol Flynn sorgte 1953 kurz für Schlagzeilen, doch nach den bisherigen Erfahrungen mit prominenten Sündern trat Anslinger selbst dafür ein, keine Anklage zu erheben. Weniger Glück hatte 1957 das Sexsternchen Candy Barr in Texas. Sie wurde wegen Besitzes von 57 g Marihuana zu fünfzehn Jahren Gefängnis verurteilt, von denen sie drei absitzen mußte.

Die wahren Feinde jener Jahre standen nicht an der Drogenfront. FBI-Präsident J. Edgar Hoover erkannte noch 1961: «Die drei größten Bedrohungen Amerikas sind die Kommunisten, die Beatniks und die Eierköpfe.» Das letztere waren bekanntlich die Intellektuellen, und daß westliche Kommunisten nicht kiffen, ist ein auf die Paranoia jener Jahre zurückgehendes Prinzip. Wer aber waren die Beatniks? Die russisierende Endsilbe zeigt, daß sie für links gehalten wurden, aber damals waren die wenigen, die man ausfindig machen konnte, eher bürgerlich gesonnene Anti-Ästheten. Als Unanständigster von allen galt Burroughs, und dann zählten noch Jack Kerouac und Allen Ginsberg zum engsten Kreis.

Alles in allem waren die Fünfziger auch der Beatniks wegen beschaulich – von einer solchen Protest-Generation können heutige Politiker nur träumen. Dementsprechend milde reagierten die zuständigen Stellen auch bei Hanf, soweit die Sache Europa betraf. Heimkehrer aus Marokko oder anderen einschlägigen Ländern wurden an den Grenzen kaum je durchsucht, und der für Jazzkeller charakteristische Geruch wurde von keiner Polizistennase als verboten wahrgenommen. Es gab einfach kein Cannabis-Problem, zumal auch in deutschen Apotheken Hanf-Präparate noch bis 1958 erhältlich waren. So kam es, daß Anslingers letzte Aktion ziemlich unbemerkt über die Bühne gehen konnte und erst wahrgenommen wurde, als es zu spät war: Mit Hilfe der UNO holte Harry weltweit zum tödlichen Schlag gegen seine Intimfeindin aus – die Single Convention von 1961 sollte alle Hanf-Pflanzen der Welt ausrotten.

Das Bureau hatte die Drogenpolitik der UNO seit deren Gründung praktisch allein bestimmt. Waren je wissenschaftliche Gutachten angefordert worden, hatte Anslinger festgelegt, welcher Wissenschaftler sie ausarbeiten sollte, und auch in Fragen der praktischen Drogenpolitik gaben die USA den Ton an. Es war eine unausgesprochene Selbstverständlichkeit, daß die in der NATO versammelten Satellitenstaaten jeden Schritt des Bureau nachvollzogen und die BRD als Musterschüler gleich doppelt. Das ist eine Erklärung, warum die Single Convention fast ohne Diskussion über die Bühne lief. Natürlich wollten eine Reihe Staaten, wieder einmal von Indien angeführt, nicht mitziehen. Das änderte sich erst, als die USA versprachen, ein Agrarprogramm «zur Umstellung auf andere Kulturpflanzen» zu finanzieren. Auch hier war die Politik des Hanfs eine schlichte Kopie der Opium-Politik, und schließlich sagte Indien zu, den Hanf-Bau bis 1986 einzustellen. «Wir dachten, daß sich bis dahin ohnedies so ziemlich alles in der Welt ändern wird», sagte der Delegierte unmittelbar danach. «Das Geld aber bekommen wir gleich, und dafür kann man schon ein Verbot erlassen, von dem niemand weiß, ob es je in Kraft tritt.»

Anslinger selbst sagte ganz offen in einem Interview, was er mit dieser Vereinbarung bezweckte: «Wer nun noch in den USA Marihuana legali-

Der Hanf-Märtyrer der Beat-Generation, Neal Cassady:

Um 1946 herum gab ich Neal sein erstes *Grass*, glaube ich. In der Nähe vom Broadway an der 92. Straße. Dann stieg er plötzlich ziemlich darauf ein. 1949 und 1950 rauchte er es schon die ganze Zeit. Mitten in Kerouacs ‹Visions of Cody› gibt es ein großartiges Tonband-Transkript von zwei Typen, Jack und Neal, die schon ganz früh antörnten und über Mezz Mezzrow und all diese Jazzer sprachen. Sie redeten über einen Besuch, den Neal und ich 1947 von Denver aus der Marihuana-Farm Burroughs' in New Waverley, Texas, abstatteten.

Neal ging mehr und mehr im Grass-rauchen auf. Er war der Johnny Appleseed des Grass und ging herum und verteilte Grass an alle in San Francisco. Er unternahm eine Ein-Mann-Kampagne, um alle in der Bay Area bis 1950 anzutörnen. Man kannte ihn überall. Er war dort, und dann gab es diese riesige Gegenkultur. Er war derjenige, der umherrannte und allen Grass schenkte und als Eisenbahner nach Mexiko fuhr und eine ganze Menge davon zurückbrachte. Nicht um es zu verkaufen, sondern um es zu verschenken.

Er geriet in Verruf und war der Polizei bekannt. Er verschenkte es an alle. Und er arbeitete bei der Eisenbahn. Er törnte sogar, während er der Hauptbremser hinten auf Eisenhowers Kampagnewagen war. Er rauchte Grass, während er seine rote Bremser-Laterne schwenkte. Er lebte auf Russian Hill und mußte an einem schönen Tag zur Arbeit fahren und ein Wagen nahm ihn mit, und er gab ihnen einen Joint als Dank. Wie sich herausstellte, waren sie von der Polizei. Sie warteten etwa einen Monat, und dann gingen sie mit einem Durchsuchungsbefehl zu ihm und verhafteten ihn. Er wurde wegen einem Joint zu fünf bis zehn Jahren Gefängnis verurteilt. Dies war 1954. Wir besuchten ihn in St. Quentin.

(Allen Ginsberg, zitiert von Harry Sloman, Reefer Madness, Indianapolis, 1979)

257

sieren will, verstößt gegen internationale Übereinkommen. Nun kann mir niemand mehr innenpolitisch kommen. Außerdem haben wir weltweit unseren Standpunkt durchsetzen können, was eine Bestätigung des Ansehens der USA ist.» Auf die Frage, ob das Marihuana-Verbot also vorwiegend eine politische Demonstration der Vorherrschaft der USA sei, sagte er: «Sicherlich.»

Als er am 14. November 1975 starb, hochbetagt, fast blind und sehr senil, schien Anslinger überlebt. Sein billiger Antikommunismus, seine offensichtlichen Manipulationen und sein rüder Rassismus schienen ebenso Geschichte geworden zu sein wie der Kalte Krieg. Er hat leider nicht mehr erleben können, wie im Zug der allgemein herbeigeredeten Tendenzwende aus dem alten Holz wieder furchtbare Blüten trieben. Die gegenwärtige Verhärtung hätte ihn sicher gefreut.

Flower Power

Das erfolgreichste Musical am Broadway der frühen Sechziger hieß ‹Camelot› und zeigte den Märchenkönig Artus in zuckrigster Pracht. «Natürlich ist der besondere Reiz, daß jeder weiß, wie traurig alles enden mußte», schrieb der Kritiker der *New York Times*, und im nachhinein schien es fast symbolisch, daß Präsident Kennedy darauf bestanden hatte, Melodien dieses Musicals als Tafelmusik bei dem Galadiner zu hören, das er am Vorabend seiner Abreise nach Dallas/Texas gab. Camelot wurde noch oft zitiert, als wehmütige Erinnerung an die Zeiten, wo der Stern der USA noch ungebrochen leuchtete, an die raffinierten Toiletten Jackies im Weißen Haus und an den berühmten Schaukelstuhl, der dem illustren Vorbild entsprechend in Millionen Wohnungen seinen Einzug hielt. Auch die Subkultur, wie sie im Amtsjargon seit 1961 hieß, verehrte diesen Präsidenten, der außer Glamour-Auftritten der Welt auch den Rückeroberungsversuch Kubas und die Verstrickung in Vietnam bescherte. Aber Kennedy hatte im Wahlkampf erklärt, er selbst habe verschiedentlich Marihuana geraucht und finde nichts Schlimmes dabei. Und er versprach auch, die drakonischen Gesetze zu lockern, sobald er in Amt und Würden sei.

Es mag sein, daß er dies infolge Arbeitsüberlastung vergaß, aber von nun an hatte die «Grüne Göttin» ihren Fuß zumindest in der Hintertür des Weißen Hauses, und noch nie in der Geschichte der Menschheit war soviel über Hanf geredet und gesungen worden wie in den Sechzigern mit ihren vielen Wellen, in die sie Sozio- und Politologen zu teilen versuchen, um überhaupt noch registrieren zu können, was da in breiter Flut über das

Rainy Day Woman 12 & 35

Well, they'll stone ya when you're try-
ing to be so good,
They'll stone ya just a-like they said
they would.
They'll stone ya when you're tryin' to
go home.
Then they'll stone ya when you're there
all alone.
But I would not feel so all alone,
Everybody must get stoned.

Well, they'll stone ya when you're walkin' 'long the street.

They'll stone ya when you're tryin' to
keep your seat.
They'll stone ya when you're walkin' on
the floor.
They'll stone ya when you're walkin' to
the door.
But I would not feel so all alone,
Everybody must get stoned.

They'll stone ya when you'r at the
breakfast table.
They'll stone ya when you are young
and able.
They'll stone ya when you're tryin' to
make a buck.

They'll stone ya and then they'll say,
«good luck».
Tell ya what, I would not feel so all
alone,
Everybody must get stoned.

Well, they'll stone you and say that it's
the end.
Then they'll stone you and then they'll
come back again.
They'll stone you when you're riding in
your car.
They'll stone you when you're playing
your guitar.
Yes, but I would not feel so all alone,
Everybody must get stoned.

Well, they'll stone you when you walk
all alone.
They'll stone you when you are walking
home.
They'll stone you and then say you are
brave.
They'll stone you when you are set
down in your grave.
But I would not feel so all alone,
Everybody must get stoned.
    (Bob Dylan)

Establishment hereinbrach: die Gammlerwelle, die Popwelle, die Sex-
welle, die Protestwelle, die Drogenwelle ... Noch nie wurde das Boot, in
dem wir angeblich alle sitzen und das doch für viele nur eine Galeere ist,
so gründlich gebeutelt, und es bedurfte vereint konservativer Anstrengungen in den Siebzigern, das Steuer wieder in den bewährten Kurs zu
kriegen. Gern wird übersehen, daß einige dieser Wellen auch mit der
Marktwirtschaft zusammenhingen, die emsig nach Wellchen Ausschau
hielt, um sie einträglich hochzupeitschen. Am Anfang der «Jugendbewe-
gung» standen auch Wirtschaftsgutachten darüber, wieviel unabge-
schöpfte Kaufkraft hier noch wartete.

Nicht zu vergessen ist auch der Einfluß der Medien, denn die sorgten
dafür, daß jede Sensation nahezu gleichmäßig bekannt wurde. Eines
wirkte zum anderen: Vietnam, Berkeley, Sex & Drugs & Rock'n'Roll;

ein erstaunliches mittelchen
verbreitet sich...

> UND WIE WIRKT ES?

> ES MACHT EINEN GANZ SELTSAM.

NASCHREBELLEN

...das –unter anderem– ein gesteigertes Interesse an Süssigkeiten (Pudding etc.) verursacht.

(Gerhard Seyfried, Wo soll das alles enden? Berlin 1978)

und den Stellenwert der einzelnen Faktoren sollen von mir aus künftige Historiker mit Taschenrechnern ermitteln.

Die Sache begann, wie die sommerlichen Buschbrände an der Riviera, an allen möglichen Ecken gleichzeitig. Plötzlich hatten immer mehr Junge keine Lust, ordentlich zu arbeiten, sondern zogen lieber mit Schlafsack und zweifelhaftem Äußeren einfach so durch die Gegend, die öffentliche Ordnung durch Straßenmusik störend und allgemein Gammler genannt. Und die manierliche Hoffnung der Elite, an den Universitäten anscheinend nicht genügend ausgelastet, zog plötzlich zu Ostern gegen die Atombewaffnung los und im übrigen Jahr gegen das, was gemeinhin «Muff von tausend Jahren» genannt wurde. Den Sozialdemokraten lief ihre Studentenorganisation SDS davon und machte sich schlimm selbständig – aber auch mit der schnell gegründeten, braven Nachfolgerin gab es bald Ärger –, und in Berkeley entstand plötzlich auf einem Spekulationsgrundstück der «People's Park», den schließlich die Nationalgarde einebnen mußte, und in Kent gab es wegen der Vietnam-Einberufungen solchen Ärger auf dem Campus, daß wiederum die Nationalgarde ein paar Studenten erschießen mußte, und in den schwarzen Gettos gab es die fast schon obligatorischen heißen Sommer, und die Bürgerrechtsbewegung der Schwarzen marschierte immer noch und sang fromm ihr ‹We shall overcome›, und bei Konzerten der englischen Rockgruppe Rolling Stones ging gelegentlich das Konzertsaalmobiliar in Brüche, und dann sang Bob Dylan ‹Everybody must get stoned›, und dabei roch es ohnedies überall schon danach.

Daß der Hanf seinen Weg aus den Gettos fand und zu einer «Protestdroge» der Jugend wurde, versuchten viele Untersuchungen auf jeweils möglichst einen Nenner zu bringen. Eine Erklärung lautete, die Sache sei im Zug der allgemeinen Amerikanisierung auf den Kontinent geschwappt. Doch Hanf wurde erst populär, als der Höhepunkt des Tanzes um Uncle Sam längst vorbei war, und außerdem gerade in jenen Kreisen, die zur Politik der USA bereits Rassismus, Lateinamerika und Vietnam rechneten. Andere meinen, durch die Songs der Beatles, Stones, Grateful Dead oder Jefferson Airplane sei die Sache so erst richtig propagiert worden. Auch dies stimmt nur zu einem kleinen Teil – die entsprechenden Texte spiegeln ja nur eine bereits wahrgenommene Zeitstimmung, an der sie so wenig schuld haben wie ein Barometer am Wetter, obgleich sie natürlich für jene, die noch nicht «in» waren, auch eine Anregung werden konnten. Die Exegese von Texten der Popmusik – «Sag mal, was könnten die denn damit gemeint haben?» – wurde eine Weile lang mit fast theologischem Ernst betrieben, und wer kiffte, unterlag gern der Versuchung, auch die letzte Belanglosigkeit als subtile Anspielung darauf zu deuten. Dennoch wird die Wirkung der Popmusik überschätzt. Auch sie war nur eine Begleitmusik der Entwicklung, nicht ihr Leitmotiv, und sie war von Anfang an von Marketing und Management so vereinnahmt, daß mit ihr nur schon vorhandene Bedürfnisse erfüllt wurden, auch die nach Texten darüber. Das wurde eben besonders gut verkauft.

Gern werden natürlich auch die «Gastarbeiter» an den Pranger gestellt. Die kamen schließlich aus den Ländern, wo das Zeug beheimatet war, und natürlich haben viele damit ihren unter deutschen Normalverhältnissen liegenden Lohn aufgebessert. Dabei wird aber übersehen, daß kein einziger Fall bekannt wurde, wo ein Türke einen aufrechten Deutschen zu Haschisch verführt hätte – und wie hätte sich da beispielsweise Bild daraufgestürzt! –, und daß die bekanntgewordenen Dealereien samt dem 99fachen der unbekannt gebliebenen auch nur eine Reaktion auf die gesteigerte Nachfrage waren.

Auch die Perspektive der alt-kiffenden Alt-Linken gibt ein etwas verschobenes Bild. Wir verließen unsere rauch- und diskussionsvermiefen Höhlen, beispielsweise das Wiener ‹Café Sport›, gemeinhin zu den üblichen Anlässen von Vietnam- und Atomrüstungs-Demonstrationen und erlebten mit Erstaunen, daß zu unserem klein gebliebenen und stets leicht angegammelten Block eine Überzahl sonst manierlicher Schüler und Studenten kam, die sich mit denselben Signalsprache-Buttons dekorierten, aber gar nicht mehr vorhaten, sich durch alle Bände Marx-Engels-Lenin-Bakunin-usw. zu quälen, sondern mit Marcuse als Taschenbuch und Reich als Raubdruck uns von links zu überholen gedachten und sich nur aus diesem Grund dafür interessierten, was wir *sonst so* machten. Natürlich war dabei auch von Hanf die Rede, aber wir waren nicht unbedingt erfreut, daß die Sache – anrüchig, verboten! – plötzlich so attraktiv wurde. Die Freude an den Joints, die in Vorwegnahme der Eigentumsabschaffung großzügig kreisten, wurde getrübt durch die Erkenntnis, daß die Sache nun zwangsläufig auch teurer und ein Politikum wurde.

In den Fünfzigern kostete das Kilo Afghan um die 60 Mark, Libanon höchstens 40, Produkte der Türkei oder Marokkos um die 30 Mark. Mindestabnahme war bei den wenigen Händlern, die es gab, ein Pfund, was ja auch kein Problem war, da sich die Sache überall gefahrlos lagern ließ. Natürlich gab das auch einen Anreiz für Verschwendung – der Globetrotter Max Lersch beispielsweise lud einmal in seine Privatsauna (in den Fifties auch ein anrüchiger Luxus!) zu einem Aufguß von etwa zwei Kilogramm, was allerdings von einigen Teilnehmern der Fete als gewaltiger Luxus empfunden wurde. Der erste große Preissprung zwischen 1962 und 1963 brachte bereits 50 Mark für 100 Gramm, und um 1966 wurden bereits Grammpreise registriert, die von zunächst einer Mark für Schwarzen auf drei bis fünf um 1969 kletterten.

Wenn die Behauptung, Mitteleuropa bekäme alles etwas später ab als die USA, irgendwo wirklich stimmt, dann auf dem Gebiet der Politik des Hanfs. Mitte der Sechziger tauchten in den entsprechenden Zeitschriften dieselben Horror-Geschichten auf, die gut dreißig Jahre vorher die USA zu umsatzträchtiger Gänsehaut gereizt hatten, und in den entsprechenden Lokalen erschienen durch ihre Unverdächtigkeit auffallende Herren, um zu schnuppern, was da alles in der Luft lag. Wodurch das Vergnügen an der Sache eine unangenehme Einbuße erlitt. Und natürlich ließen die berufsmäßigen Jugend- und sonstigen Schützer keine Gelegenheit aus, nach härterer Bestrafung der Sünder zu schreien. Das Opium-Gesetz aus dem Jahre 1929 kannte als Höchststrafe drei Jahre Gefängnis, und es war nicht einzusehen, warum nur der Marktpreis der Drogen steigen sollte. Deutschlands vereinte Rechte mußte allerdings warten, bis in Bonn die sozialdemokratisch-liberale Koalition am Ruder war, um den von ihr erhofften harten Kurs zu bekommen.

In den USA neigte sich die Politik der absoluten Repression mittlerweile ihrem Ende durch Auszehrung zu. Wie bei allen ähnlichen Auseinandersetzungen zwischen Bürokratie und Wirklichkeit kam es vor dem

Als sich die böse Sache ausbreitete ...
Zuerst waren die Jugendlichen nur offen, aber sie waren bürgerlich und glaubten an den Krieg. Und dann rauchten sie Gras und alles schien ihnen etwas sonderbar. Die Bullen waren hinter ihnen her, und sie begannen, alles zu überdenken; sie reevaluierten den Krieg und den Kapitalismus, und ich glaube, daß dies eine universelle Erfahrung war.
(Allen Ginsberg, 1978)

... reagierten auch die guten Kräfte:
Soweit ich gelesen und gehört habe, ist anzunehmen, daß der berichtete Anstieg und weitverbreitete Gebrauch von Marihuana unter Studenten teilweise dem Einfluß von *Allen Ginsberg* und Leuten seiner Art zugeschrieben werden kann. Es scheint, daß Ginsbergs Schriften und Poesie-Vorlesungen in den vielen Universitäten und Treffpunkten der Avantgarde eine sehr starke Anziehungskraft ausüben und manchen Studenten und Personen des intellektuellen Lebens im In- und Ausland zu einer neuen Denkweise verholfen haben.
(Aktennotiz des Bureau und FBI, 12.3.1965)

Weg pragmatischer Lösungen zu einer Reihe extremer Verhärtungen. Etwa tausend meist jüngere Menschen wurden jährlich wegen Marihuana vor Gericht gestellt und meist zu enorm hohen Strafen verurteilt, während unmittelbar nebenan und vor den Augen der Polizei Tausende Junge ganz ungeniert das Gesetz brachen – die Zeit der Legalisierungs-Kampagnen und der Smoke-ins hatte begonnen.

Am 16. August 1964 beschloß in New York eine exquisite Runde Beatniks, für ihr heimliches Vergnügen einmal in die Öffentlichkeit zu gehen, und schon einige Wochen später mußten Polizisten von einer ganzen Reihe feiner Häuser Flugblätter ablösen, die dort heimlich angepappt waren und ganz unverschämt für die «Grüne Göttin» warben. Unterschrift: LeMar – Legalize Marihuana. Das FBI nahm sich natürlich sofort der Sache an, wurde aber auch nicht fündig, da der Verein weder eingetragen war noch sich sonst artikuliert hatte. Das Rätsel wurde erst am 11. Februar 1965 gelöst. Da bewegte sich ein Zug von zunächst zwanzig verdächtigen Gestalten durch die winterlichen Straßen New Yorks, der bald Zulauf erhielt und nach polizeilicher Schätzung schließlich auf 160 anwuchs. In der Hand trugen einige Kartons von eher schüchterner Größe und mit Inschriften wie: «Raucht Pot! Es kommt billiger als Schnaps.» Oder: «Pot macht Spaß!» Natürlich war auch Allen Ginsberg dabei, und sein Foto ging durch die Zeitungen und hing bald als Poster in zahllosen Hippie-Wohnungen. Die Demonstration zog vom Untersuchungsgefängnis für Männer zu dem von Frauen, pilgerte einmal um den als Dealertreff berühmten Times Square und löste sich dann auf. Noch in derselben Nacht wurden die Wohnungen von 21 Teilnehmern polizeilich durchsucht, aber leider wurde dabei nicht einmal eine Jointkippe gefunden.

Diese kleine Demonstration wurde die Geburtsstunde einer Reihe von Organisationen, die sich allesamt für die Abschaffung von Anslingers Lebenswerk einsetzten und bald alle Farben der Hippie-Bewegung spiegelten. Das provozierte natürlich behördliche Überreaktionen, die einschüchternd gemeint waren, aber das Gegenteil bewirkten. Der bekannteste Märtyrer der Hippie-Zeit ist zweifellos Timothy Leary, der als Universitätsdozent mit LSD experimentierte und mit «Drop out» den Slogan der Jahre formuliert hatte. Am 23. Dezember 1965 wurde er verhaftet, nachdem eine Hausdurchsuchung in seiner Gemeinde 0,99 g Marihuana zutage gefördert hatte. Am 11. März 1966 wurde er dann schließlich wegen Besitzes von drei Unzen Marihuana zu dreißig Jahren Gefängnis verurteilt. Ebenfalls dreißig Jahre faßte am 26. August 1968 Lee Otis Johnson, der Organisator des Cannabis-Legalisierungs-Komitees in Houston, Texas, weil er während einer geselligen Runde seinen Joint irrtümlich an einen Fahnder des Bureaus of Narcotics weitergereicht hatte. Immerhin war die Unruhe über seinen Fall so groß, daß diese dreißig Jahre zur Bewährung ausgesetzt wurden.

Es gab auch Überläufer. Am bekanntesten wurde der Rauschgiftfahnder Richard Burgess aus San Francisco, der im Dienst sein Herz für die Hippies entdeckt hatte und bald nur noch Sergeant Sunshine hieß. Am 14. April 1968 faßte er Mut und einen Joint, zog vor das höchste Gericht seiner Stadt, zündete die Sache an und ließ sich nach ein paar tiefen Zügen verhaften. Ich habe ihn 1976 in Kathmandu kennengelernt, und er trug ein Foto seines Heldenauftritts in seinem Paß.

Überhaupt: 1968. Die lange Hetze der deutschen Zeitungen, angeführt von der Springer-Presse, gegen den SDS und überhaupt alle Studenten und Langhaarigen ließ einen jungen Rechtsradikalen zur Tat schreiten. Die drei Schüsse auf Rudi Dutschke lösten die «Oster-Unruhen» aus, durch die zwar der Vertrieb der Springer-Zeitungen nicht sonderlich blockiert, jedoch Tausende Junge wegen Landfriedensbruch kriminalisiert wurden. Nach diesem 11. April begann auch in den Kiffer-Kneipen die Diskussion über Dope und Revolution. Das bemerkenswerteste Randergebnis waren die «umherschweifenden Hasch-Rebellen», eine herzlich undogmatische Gegenposition zu den ideologisch getrimmten Intelligenzlinken mit dem damals üblichen «Arbeiterfetischismus». Gegründet wurde der heitere und stets chaotische Haufen von Georg von Rauch, Thomas Weissbecker und «Bommi» Baumann, und Georg lieferte das Motto: «High sein, frei sein, Terror muß dabei sein.» Mit Terror hatten die Aktionen dieser Sponti-Vorläufer eigentlich wenig zu tun, doch schon der Wahlspruch ließ Behörden und Öffentlichkeit hysterisch reagieren. Mit tödlichen Folgen: am 4. Dezember 1971 wurde der unbewaffnete Georg von Rauch bei einer Fahndungsaktion in Berlin erschossen, «in Putativnotwehr» angeblich und nachdem er einen Tag zuvor irrtümlich auf die Fahndungsliste der RAF gelangt war. Einige Wochen später wurde in Augsburg Thomas Weissbecker unter ähnlichen Umständen durch einen Schuß in den Rücken getötet.

Sehr viel amerikanischer und glücklicherweise nicht so tödlich deutsch entwickelte sich jenseits des Atlantik die Kombination von Hanf und revolutionärem Kampf, deren Anhänger sich Yippies nannten und ein gefährlicheres Emblem trugen, als sie in Wirklichkeit waren. Mit einem lebenden Schweinchen und bunter Kriegsbemalung versuchten sie im August, den Parteitag der DemocRats zu sprengen, was diesem Haufen einen spektakulären Prozeß wegen Verschwörung einbrachte. Der schon ziemlich greise Bundesrichter Hoffman sorgte dann für weltweite Solidarität, als er beispielsweise den Black Panther Bobby Seale an einen Stuhl binden ließ, den Mund mit Leukoplast verklebt. Bekannter als dieses Opfer der Rechtspflege wurde allerdings der Mitangeklagte Jerry Rubin, dessen ‹Do it› eine Weile Pflichtlektüre auch der deutschen Linken wurde, und er seiner oft originellen Provokationen wegen zu sämtlichen TV-Talkshows der USA eingeladen war.

Ebenfalls 1968 waren auch die Tage des Bureaus of Narcotics gezählt. Die Hanf-Jäger wurden allerdings nicht in die ewigen Jagdgründe ge-

Was soll das FBI mit den bösen Jungen tun?

Da der Gebrauch von Marihuana und anderen Betäubungsmitteln unter den Mitgliedern der Neuen Linken sehr verbreitet ist, sollte man jede Gelegenheit wahrnehmen, um sie von den ortsansässigen Behörden wegen Vergehens gegen das Betäubungsmittelgesetz festnehmen zu lassen. Jedwelche Information, daß jemand Marihuana besitzt oder an einer Rauschgift-Party teilnimmt, sollte sofort an die örtlichen Behörden weitergeleitet werden, und man sollte diese auffordern, solchen Hinweisen sofort nachzugehen.

(Aktennotiz von C. D. Brennan an William Sullivan, beide FBI, März 1968)

1969 schickte Springers BZ ein kleines Mädchen auf den großen Horror-Trip ...

Tatsächlich, Reni scheint in Hochstimmung zu sein. Ganz auf Beatles-Genuß eingestellt. Sie liegt im Gartenstuhl, schwingt im Beatles-Rhythmus, und ihre Pupillen sind geweitet.

Zwei Tage später bricht sie zusammen. Dieser Zusammenbruch erfolgt aus völlig heiterem Himmel.

Dazu erklärt der Chemiker und Toxikologe des Bayrischen Landeskriminalamtes, Dr. Emil Leucht: «Die Wirkung von Haschisch ist vergleichbar mit einem Alkoholvollrausch. Der Unterschied ist nur, daß ein Alkoholrausch am nächsten Tag vorbei ist. Nach einem Haschischrausch kann es einem passieren, daß man zwei Tage später ganz plötzlich einen heimtückischen Rückfall bekommt.»

(BZ, 19. 8. 1969)

---

schickt, sondern wechselten vom Finanz- zum Justizministerium über, wo sie mit dem dort vorhandenen Apparat der Drogenkontrolle zum Bureau of Narcotics and Dangerous Drugs vereint wurden.

Die erste Aktion des neuen Unternehmens wurde allerdings ein herzlich belachter Mißerfolg, obwohl die Sache so schön inszeniert war: Am 15. Oktober wurde in einer gemeinsamen Aktion von Bureau und FBI nach «einem der gefährlichsten Verbrecher der USA» gefahndet, mediengerecht auch im Fernsehen, obwohl von dem Gesuchten kein Foto vorhanden war. Auch ob sein Name wirklich «Johnny Pot» lautete, stand nicht fest. Erwiesen war nur sein Verbrechen: Der Gute hatte nach Art des märchenhaften John Appleseed überall im Land an Wegrändern und auf verlassenen Farmen die Blumen des Bösen gesät.

Im selben Monat war auch mit *Marihuana Review* die erste Zeitschrift der neuen Bewegung erschienen.

Bekanntlich endete das turbulente Jahrzehnt weltweit bunt und in der BRD euphorisch. Das Blut von Vietnam, die schwarzen Fahnen der heißen Sommer in den schwarzen Slums, über denen Rauchwolken standen, die grünen Bändchen der «Love & Peace»-Freaks und die gelben der amerikanischen Soldatenmütter wurden durch die Medien um die Welt getra-

In Memorian:
Die Jungen werfen zum Spaß
Mit Steinen nach Fröschen
Die Frösche sterben im Ernst.

Um uns in Zukunft besser wehren zu
können
Um unsere Treffpunkte zu erhalten
Und überhaupt um uns besser kennen-
zulerne.

Emblem der Yippie-Bewegung, 1968

treffen wir uns am Samstag, dem 5. Juli
1969 zum
Ersten Westberliner Smoke-In im Tiergarten, hinterm Zoo.
Mitbringen: Instrumente, Stoff, Schallplatten, Decken, Plattenspieler mit
Batterie, Tap-Recorder und was sonst
noch Spaß macht.

Zentralrat der umherschweifenden
Haschrebellen

**Nur wir selbst machen uns frei und
juchhigh!**
Mit anarchistischen Grüßen: Zentralrat der umherschweifenden Haschrebellen.
Wir demonstrieren unsere Solidarität
mit unseren eingekerkerten Freunden!

Es lebe die Superkultur!

Da hat sich dann ein neuer Kreis gebildet. Da entstanden die Haschrebellen
draus. Wir haben dann gesagt, überhaupt keine privaten Wohnungen
mehr. Den Abbau von Privatbesitz soweit vorantreiben, du hast nur noch die
Sachen, die du anhast, und so zieht
denn ein ganzer Trupp durch die Stadt.
Wohnungen gab es inzwischen genug.
Da gehst du dann immer irgendwohin
und gibst da Gastspiele.
    War ja 'ne gute Zeit, der ganze Som-
mer 69 bis Anfang 70, fast ein Jahr sind
wir denn durch Berlin gezogen. Du hattest denn nur noch ein Stück Shit in der
Tasche, und einen Dietrich und ein bißchen Geld und hattest ein paar bunte
Sachen an, und so ist immer ein Trupp
von Leuten herumgezogen. Und trotzdem waren wir so organisiert, daß wir
etwas unternehmen konnten.
    Wir haben dann angefangen, diesem
ganzen losen Haufen einen Namen zu
geben. Das war der «Zentralrat der
umherschweifenden Haschrebellen».
Wir haben gesagt, wir nehmen Dope,

das ist eine wichtige Sache. Und Rebellen, klar, waren wir eh, und Zentralrat
war einfach eine Ironie auf die damaligen Politzirkel, weil sich alle Zentralrat
nannten. Es gab also schon wieder mal
1000 Zentralräte, das war einfach
schwer ironisch, die Bezeichnung.
    Ganz bestimmte Dealertypen haben
wir nicht gerne gesehen, die einfach nur
Kohle gemacht haben oder so. Aber
wir haben auch selber gedealt, von irgend etwas mußt du ja leben; wir haben
zig Leute gekannt, an die wir Shit verkauft haben, das war ja das einzige, was
wir überhaupt noch hatten. Du hast
richtig mit und von der Droge gelebt.
    Da gab es denn so Kneipen wie *Zo-
diak* oder *Unergründliches Obdach* für
Reisende, in der Fasanenstraße, und da
fing es dann an, daß wir es geschafft haben, es auf 'ne allgemeine militante
Ebene zu heben. Wenn die Bullen kamen und wollten Razzia machen, haben wir draußen alle Leute zusammen-
gezogen und haben das Pflaster aufge-
rissen. Das ging sehr praktisch mit den

Dietrichen, die wir immer bei hatten, der Revolutionär braucht nicht 1000 Werkzeuge, du mußt immer universeller werden in deinen Möglichkeiten. Da hast du die Steine rausgeholt, und irgendwo hat ein Auto gestanden, das hat Polizeifunk gehört und denn sind wir auf die Funkwagen los und haben uns die immer vom Hals gehalten. Da wurde auch kaum einer verhaftet, und da wurde auch kein Shit mehr beschlagnahmt, das war ja gleichzeitig deine Existenzgrundlage, wenn du die immer an jeder Straßenecke wegschmeißen mußt, dann wirst du ja wahnsinnig.

Auf der anderen Seite wurde versucht, so eine Art Release-Arbeit zu machen, also Leute von der Fixe runterzuholen und zu entziehen.

Die Methoden, wie sie von den Black Panther in Harlem praktiziert werden, haben uns agitiert. Wir haben gesagt, der süchtige Fixer kann die Gun mit der Gun tauschen. Das war der politische Aspekt, daß wir gesagt haben, wenn du die Spritze weglegst, nimm dafür die Knarre in die Hand. Kaputt haben sie dich eh schon gemacht. Später hat denn das SPK in Heidelberg wieder das aufgegriffen. Dr. Huber, der so seine Patienten angeturnt hat.

Wir haben auch immer gesagt, freien Eintritt für diese ganzen Schuppen, wo wir immer hingegangen sind.

Heute ist alles persische Mafia, die den ganzen Dopedeal in Deutschland macht, damals waren das noch so die Typen, langsam kamen denn die Perser auf, so Anfang 70 ging's denn los.

Im *Zodiak* war mal so 'ne Auseinandersetzung mit der ersten Dealermafia. Da hat es immer so Leute gegeben, die haben gesagt: «Hier willst du ein Kilo kaufen» und haben einem einen Schlüssel von so einem Schließfach im Bahnhof Zoo in die Hand gedrückt, und wenn wir hingekommen sind, war immer total leer, war nicht ein Gramm drin, is klar. Da haben wir ihnen denn die Autos vor der Tür einfach umgekippt und angesteckt.

Bei so einer Geschichte war ich zum Beispiel mal voll auf Meskalin, und da sind die Leute reingekommen und haben gefragt: «Nun hör mal zu, wie stecken wir denn so ein Auto an?», ich bin denn rausgegangen vor die Tür und habe gesagt, «du mußt jetzt einfach den Tankverschluß aufmachen von dem Auto, und denn kippst du das Auto um, und dann schmeißt du ein Streichholz rein in die Benzinlache». Das haben sie denn auch gemacht, hat wunderbar gebrannt. Alle sind weggerannt, als Polizei kam, bloß ich konnte nicht mehr wegrennen. Die Flammen auf diesem Trip, also verstehst du, ich bin einfach stehengeblieben und habe mir das angesehen, aber ich habe mich ganz ruhig und sicher dabei gefühlt, keine Polizei, keine Feuerwehr, nicht mal als Zeugen haben sie mich vernommen, haben mich einfach ganz ruhig da stehengelassen. Mir ist echt nichts passiert. Alle anderen sind weggerannt. So 'ne Sachen haben sich abgespielt.

Wir haben denn auch Charming-Aktionen für die Bevölkerung gemacht, also sind rausgegangen und haben immer die Radarwagen umgekippt, die die Autos geblitzt haben, die zu schnell fahren. Da sind sie uns mit der Knarre hinterhergerannt, die Bullen. Auf dem Tempelhofer Ufer, da standen die doch immer.

Wir veranstalteten die ersten Smoke-Ins im Tiergarten. Georg haute so viel Shitplätzchen rein, daß er im Gebüsch umfiel. Genauso haben wir dann angefangen, immer Treffen zu organisieren von allen Leuten der Scene und sind denn als geschlossene Blocks auf Vietnam-Demonstrationen gegangen. Das ist genauso unsere Sache. Wir haben die Leute für die politischen Sachen aktiviert und auf die Straße gekriegt, wir sind manchmal mit drei-, vierhundert Leuten erschienen und haben an den ganzen Vietnam-Demos teilgenommen.

DIE MILITANTEN
PANTHERTANTEN
TERROR
SCHON VOR
RAUSCH-
GIFT
KANNTEN!

In diesem Klima war aber die Tendenz, so zu bleiben und die Haschrebellengeschichte weiterzumachen. Da war nicht die Tendenz von uns aus, wir machen jetzt hier richtig Stadtguerilla, wir bilden jetzt hier 'ne Gruppe, die hier so 'ne Aktionen einleitet, sondern die Idee war eine Einheit von Zusammenleben und Taten, die sich dann daraus ergeben haben, und einen größeren Rahmen zu kriegen.

Dann ist ein Teil von uns nach London gegangen für ein paar Monate, den Sommer über. Da haben wir uns die ganze englische Scene angesehen, wie es da so läuft, auch die Release-Häuser.

Über diese Londoner Geschichte entsteht dann später Release Hamburg, die ja ein anderes Programm hatten wie wir, das aber auch irgendwo sehr gut ist.

(«Bommi» Baumann, Wie alles anfing, München 1975)

Rauchgerät eines deutschen Metallarbeiters, Eichenholz, Länge 124,6 cm. Das aus zwei Stuhlbeinen gefertigte «Kawumm» ist ein besonders reizvolles Beispiel jener Volkskunst, die sich in Zusammenhang mit Hanf seit den Sechzigern entwickelte. Hamburg, 1971

Ein Gespenst geht um in Europa, oder: Rasch tritt die Sucht den Menschen an:

In Bonn vernahm unlängst der SPD-Bundestagsabgeordnete Dr. med. Rolf Meinecke: «Ganze Schulklassen nehmen gemeinsam Rauschgift.» Der politische Mediziner hielt das «für ein Gerücht».

Sein Landsmann und Berufskollege, Dozent Dr. Johann Burchard, hält dagegen die Bonner Botschaft keineswegs für aufgebauscht. Als Oberarzt in der Psychiatrischen Klinik des Hamburger Universitätskrankenhauses versuchte er, Süchtige zu kurieren, und ist mit alarmierenden Zahlen vertraut: «Zwei Drittel meiner rauschgiftsüchtigen Patienten sind Pennäler. Seit etwa drei Jahren kann ich auf meiner Station den neuen Schülersport, Haschisch zu rauchen, verfolgen.»

Der neue Sport schäumte mit der Sex-Welle in bundesdeutsche Schulen.

In den Jahren davor waren Suchtmittel unter Deutschlands Jugend kaum bekannt. So wurde zum Beispiel 1962 in der ganzen Bundesrepublik nur gegen 23 minderjährige «Rauschgifttäter» ermittelt. Fünf Jahre später registrierte die Polizei innerhalb eines Jahres schon zwölfmal soviel minderjährige Suchtgefährdete.

Die Jung-Süchtigen sind vielfach in Beat-Lokalen auf den Geschmack und ins Geschäft gekommen.

Die weitverbreitete Ansicht, daß Haschisch keine Sucht erzeugt, widerlegt Psychiater Burchard aus Erfahrung: «Ich behandelte auf meiner Station einen 17jährigen Oberschüler, der nur eine einzige Dosis Haschisch nahm und sofort süchtig war. Er zeigte schließlich eine Gleichgültigkeit allen Menschen und Problemen gegenüber, wie man sie auch bei langjährig Alkoholsüchtigen beobachten kann.»

(Der Spiegel, 30. 6. 1969)

---

gen. In der BRD entstand eine Aufbruchsstimmung, die unter dem Motto «Mehr Demokratie wagen» in Bonn 1969 die sozialdemokratisch-liberale Koalition installierte. Zu den ersten Versprechen der neuen Regierung gehörte, das Opium-Gesetz aus dem Jahre 1929 «entsprechend den Zielen der neuen Politik» zu reformieren. Wie in solchen Fällen üblich, wurde die Angelegenheit den dafür zuständigen Bürokraten übertragen, die schon seit Adenauers Zeiten und gelegentlich länger die entsprechenden Schreibtische hüteten.

Die wirklich mehr Demokratie wagen wollten und sich dafür sogar zum Marsch durch die Institutionen aufgemacht hatten, bekamen ihre kalte Dusche schon früher. 1971 beschlossen die Zuständigen von Bund und Ländern ihren berühmten «Extremistenerlaß», der zu einer seit der Gestapo-Zeit nie dagewesenen Bespitzelung und Beschnüffelung führte, Tausende Existenzen zerstörte und das Wort «Berufsverbot» weltweit bekannt machte. 1972 folgte das damals neue Betäubungsmittelgesetz.

Und weil zwischen illegalen Drogen und illegalen Drogen nicht unterschieden werden wollte und sollte, wurde für die illegale Drogenwirtschaft ein Stoff interessant, der bei geringeren Schmuggelproblemen wesentlich höhere Gewinne birgt. Das Heroin-Problem der BRD durfte beginnen. Und was geschah im Mutterland unserer politischen Tendenzen? Ach ja, die Tochter des Vizepräsidenten wurde mit einigen Joints gefaßt, und zum 33. Geburtstag der Marihuana Tax Act, am 1. September 1970, schlossen sich etliche Legalisierungs-Vereine zur NORML zusammen, zur National Organization for Reform of the Marihuana Laws.

Charakteristischer als die stets in Zusammenhang mit Hanf zitierten Festivals und Smoke-ins erscheinen mir zwei Strafprozesse, die beide 1970 stattfanden, und in denen auch von Hanf die Rede war. Beide hatten schreckliche Bluttaten zum Gegenstand, und in beiden trat als Gutachter der bekannte Dr. Munch auf, übrigens die letzten Male in seiner langen Karriere. Der eine Angeklagte, von der Presse abwechselnd als «Satan» oder «die Bestie» bezeichnet, war der Sohn einer 16jährigen Prostituierten und nach vielen Stationen in vielen Erziehungsheimen in eine Art Hippie-Szene geraten. Zusammen mit ähnlich Drop-outs gründete er eine «Family», die sich mit Hilfe aller möglichen Drogen und Rituale allmählich in eine paronoide Welt einspann. Die Morde, die angeblich auf Befehl Charles Mansons von Mitgliedern der Gruppe ausgeführt wurden, waren entsetzlich, und zur Popularität des Falls trug bei, daß unter den Opfern eine bekannte und hochschwangere Filmschauspielerin war.

Der andere Angeklagte war der typische «good American boy». Lieutenant Calley, aus kleinbürgerlichem Hause stammend, hatte in Vietnam die gesamte Bevölkerung des Dorfes My Lai ausrotten lassen. Die Angelegenheit wäre – wie wahrscheinlich viele ähnliche – nie bekannt geworden, hätte nicht zufällig ein Journalist die Leichenberge gesehen und fotografiert. Da nun das Massaker zum internationalen Skandal geworden war, mußte Calley vor Gericht, obwohl sich sofort eine Anzahl Vereine zu seinem Schutz rekrutiert hatten.

Wie gesagt: Dr. Munch trat in beiden Prozessen auf. In der Sache Calley gutachtete er, der Angeklagte sei zum Zeitpunkt des mörderischen Befehls nicht zurechnungsfähig gewesen, weil in dem Raum, wo ihn Calley erteilte, drei Tage zuvor eine Marihuana-Zigarette geraucht worden sei. Das habe, «nach allen klassischen Erkenntnissen der Wissenschaft», die Atmosphäre mörderisch beeinflußt. Im Fall Manson gutachtete er Schuld- und Zurechnungsfähigkeit. Wörtlich: «Die Annahme, Marihuana würde die Persönlichkeit nachhaltig beeinflussen, also im Sinn ihrer Eigenverantwortlichkeit, gehört zu Annahmen der Vergangenheit und wurde durch die neuere Forschung widerlegt. Dasselbe möchte ich auch für LSD feststellen. Die geschehenen Morde haben ihre Ursache nicht im Rauschgift, sondern allein in der Persönlichkeit des Angeklagten.»

Die Gerichte schlossen sich den Gutachten an.

8. Im Zwielicht der Wissenschaft

An einem eher deprimierenden Nachmittag wanderte ich einmal mit einem Zollstock durch meine Wohnung. Wohlwissend, daß man den Inhalt eines Buches nicht an der Breite seines Rückens messen kann, tat ich's trotzdem und konnte voll Besitzerstolz 3,57 Laufmeter wissenschaftliche Untersuchungen über Hanf messen. Daneben lagen noch 2,42 Laufmeter aus Bibliotheken, aber diese Zahl galt nicht, da dieser Bücherwurm durch Rückgaben und Neueingänge ständig wechselte. 32,3 kg Fotokopien, aus Sparsamkeitsgründen meist auf Verkleinerungsmaschinen abgezogen und auch dann nur in den wichtigeren Passagen, waren als bleibende Spur davon geblieben. Außerdem ein Karteikasten, gefüllt mit 44,5-cm-Kärtchen, insgeamt 1437 Stück – das Register der durchackerten Bücher und ausführlicheren Essays, mit Randbemerkungen garniert. Zeitungsartikel zum selben Thema waren in dicke Ordner gewandert, von denen 14 stramme die allerwichtigsten enthielten.

Ich war nicht stolz darauf, mich da durchgelesen zu haben, ich war eher deprimiert. Nicht, weil ich ahnte, daß mindestens ebensoviel Ungelesenes irgendwo auf mich lauerte – ich habe mich ja auch durch Bibliographien geackert und ein bißchen abwägen gelernt –, sondern weil dieser imponierende Haufen verarbeitetes Holz fürchterlich schrumpfte, sobald man ihn nach originären Erkenntnissen abklopfte.

Nicht sehr fein ausgedrückt, könnte man ein Rezept für neun Zehntel aller Wissenschaftsliteratur etwa so angeben: Man nehme einige vorhandene Klassiker, siebe sie durch einige weniger ehrwürdige Schriften, extrahiere den für die jeweilige Absicht passenden Saft, wärme es auf, würze es mit einer Prise eigener Schlußfolgerungen, garniere es mit Fußnoten und Quellenangaben und serviere es in einem objektiv schimmernden Geschirr als gesicherte Erkenntnis.

Der Grund dafür ist einfach, daß Wissenschaft nicht umsonst ist, sondern als Kostgänger politischer Instanzen lebt, die sie auch nicht umsonst fördern wollen. Dennoch wäre es falsch, die laut Grundgesetz für frei Erklärte als Edel-Callgirl der Politik sehen zu wollen. So bequem macht sie es ihren Freiern nicht; da müssen schon kompetente Referenten der politischen Administration her, aus der Fülle der Erkenntnisse die passenden Tröpfchen zu destillieren, und sei es, daß man wie einst Anslinger dabei objektiv gesehen manipuliert.

Politik oder Medizin? Oder auch: Wenn der Onkel Doktor klinisch Marx liest:

Natürlich kann es sich nur um *Bewußtseinsveränderungen* bis Bewußtseinstrübungen handeln, nicht um eine zu Beginn der Haschischwelle vorwiegend von Journalistenkreisen, denen sich einige offenbar Publizität besonders schätzende Wissenschaftler – Mediziner und Orientologen – anschlossen, propagierte «Bewußtseinserweiterung». Unter chronischem Cannabisabusus tritt vielmehr das Gegenteil ein, nämlich eine zunehmende *Initiativverarmung* bis zur *Apathie*. Wahrscheinlich ist auch irreversibler dementiver Abbau möglich. Psychische Folgen *akuter Intoxikation* sind auch Halluzinationen, meist optischer Art, auch (aber keineswegs regelmäßig) erotische Visionen, wobei der Inhalt des Erschauten offenbar stark von der Erwartung, dem Milieu und der psychischen Ausgangslage abhängt. Wiederholte visionäre Stadien gehen mitunter im Sinne echter Suchtentwicklung (allerdings bei fehlenden oder nur relativ geringen Entziehungserscheinungen) in *chronischen Cannabismus* über. Zuweilen dominieren in der Entziehung aber Reizbarkeit und Gewalttätigkeit. Verschiedentlich blieben auch ohne erneute Zufuhr episodische, wochenlang anhaltende halluzinatorische Psychosen bestehen, u. a. mit starker sprachmotorischer Exzitation. Auch sind *Endzustände* mit extremem Marasmus beschrieben worden.

Obwohl politisch nicht selten dem radikalen Sozialismus und dem Marxismus zugetan, mißachteten die Befürworter einer Freigabe des Haschischhandels offenkundig das Wort des Vaters (oder einem der Väter) des Sozialismus, Karl Marx, der 1843 konstatierte: «Die Forderung, die Illusion über seinen Zustand aufzugeben, ist die Forderung, einen Zustand aufzugeben, der der Illusion bedarf.» Inzwischen gibt es praktisch keine ernst zu nehmenden Parteigänger der Cannabisfreigabe mehr. Vielmehr wandten sich beim Bekanntwerden der ersten Opfer der «Hasch»-Welle nicht wenige Vorkämpfer für die «Emanzipation zur Droge» gegen ihnen nun zu liberalen Tendenzen naturwissenschaftlich-medizinischer Kreise oder buchten diese Opfer auf das Konto der «medizinischen Hilflosigkeit und der ärztlichen Unfähigkeit, den armen verirrten jugendlichen Fixern und Jointrauchern entscheidend zu helfen».

Bei aller Verschiedenheit der einzelnen Verläufe, die den Cannabismus in nichts von anderen Suchten unterscheiden, kann man doch insgesamt in ziemlicher Regelmäßigkeit folgende Mißbrauchs- und Suchtstadien unterscheiden:

1. Transitorische Intoxikation,
2. visionäres Stadium,
3. chronischer Cannabismus.

Im transitorischen Rausch dominieren geistige und körperliche Ermüdung, Mangel an Ausdauer, Initiativverlust und Apathie. Im zweiten Stadium treten die optischen Trugwahrnehmungen hervor, Farben werden heller wahrgenommen, Wunscherotik geistert durch die meist abgedunkelten Räume. Bei wechselnder Stimmungslage geht das visionäre Stadium in den chronischen Cannabismus über, in dessen Verlauf es über Störungen der Merkfähigkeit und Auffassungsfähigkeit zu maniakalischen Bildern und schließlich zu schwerer Demenz kommen kann. Die schwere ethische Depravation Haschischsüchtiger ist wie vieles in den vergangenen Jahren heftig bestritten worden.

Ein böser Vorwurf an die für unser Wohl zuständigen Instanzen? Wenn, dann ist er belegbar, nicht zuletzt am Beispiel der Bundesrats-Drucksache 546/76, Seite 24. Laut Dame Huber als zuständiger Ministerin wurde dieses Werk von einem einzigen Herrn ausgearbeitet, dessen Name Dr. Oskar Schröder lautet. Auch der UNO-Text, auf den er sich bezieht, stammt von einem einzigen Herrn Zusammenfasser, und wir werden auf beide zurückkommen müssen.

Ich habe allerdings nicht vor, amtliche Ignoranz durch eine widerlegende Auflistung zu ehren. Ich möchte eher der Frage nachgehen, wie gefährlich Hanf tatsächlich ist, allerdings nicht in der Hoffnung, darauf *eine* gültige Antwort zu finden.

Die Suche nach dem Wirkstoff

Nach einer Fachtagung kam einmal in kleinem Kreis die Frage nach der Lernfähigkeit der Wissenschaft auf, und überraschenderweise gab es sofort Einigkeit darüber, daß sie keineswegs hoch zu veranschlagen sei und von Tatsachen selten aus ihrer gewohnten Bahn gebracht werde. Ein Paradebeispiel dafür ist die Drogenforschung, wo immer noch und schon lange wider besseres Wissen nach immer einem einzigen Wirkstoff gesucht wird. Da die Unterhaltung englisch geführt wurde, sagte man *the real thing*, und dieser Ausdruck birgt bereits die Verlockung zu forscherischen Scheuklappen.

Die frühen Pharmakologen hatten es da noch leichter, bedingt durch die Tücken der Technik. Als 1896 in den Labors der Firma Merck aus dem Hanf ein viskoses Öl namens *Cannabinol* extrahiert wurde, wußte man, daß darin die Wirkstoffe des Hanfs enthalten waren, aber auch, daß es sich mit diesem Produkt vermutlich um eine *Sammlung* von Stoffen handelt.

Ähnliche Sammlungen waren auch noch die einzelnen Stoffe, in die Cannabinol ab 1933 zerlegt wurde: Cannabidiol und die entsprechende Säure, Cannabigerol, Cannabichromen und weitere Stereo-Isomere, die Adams in den frühen Vierzigern unter dem Sammelnamen *Tetrahydro-Cannabinol* zusammenfaßte.

Nachdem bereits die Untersuchungen für den La Guardia-Report mit THC durchgeführt wurden, konzentrierte sich die Wissenschaft auf diese chemische Gruppe, und Forschungen, andere mögliche Substanzen des Hanfs betreffend, wurden nicht mehr oder nur sehr stiefmütterlich betrieben.

1964 veröffentlichte Raphael Mechoulam von der Universität Jerusa-

Die von pseudosoziologischem Schwulst befreite naturwissenschaftlich ermittelte Wirklichkeit sieht anders aus.

Danach interferieren sowohl LSD als auch Marihuana mit dem Stoffwechsel der Neuro-Transmitter in der mesenzephalen Retikularformation und im limbischen System. Von dort gehen sekundärveränderte ZNS-Aktivitäten, erkennbar an Verhaltensstörungen, aus. Je größer die Dosis, desto ausgedehnter die Transmitterstörung in der Formatio reticularis und desto massiver die zentralen Föderationen bis hin zum Zerfall von Basismatritzen des Verhaltens oder zum Versagen der vitalen Funktionssteuerung.

Trieb und Triebhemmung bilden aber normalerweise einen Regelkreis, dessen toxische interneuronale Blockierung zwangsläufig von tiefgreifender Desintegrationswirkung sein muß.

(W. Steinbrecher, Die klinischen Gesamtsyndrome bei Mißbrauch und Sucht unter besonderer Berücksichtigung intern-neurologischer Befunde, Stuttgart 1975)

cannabinol

Δ^6-*trans*-
tetrahydrocannabinol

Cannabis-Konservierung

Als Lieferant von *Cannabis sativa* L (Marihuana) des National Institute of Mental Health (NIMH) würden wir gerne einige wichtige Fragen betreffend der Analyse von *C. sativa* L klären. L. Rodin et al. (213 : 1300, 1970) gab seiner Bestürzung über das Cannabis-Material Ausdruck, das er vom National Institute of Mental Health erhalten hatte. Zwei unabhängige Laboratorien kamen zu verschiedenen Anteilen an (-)-Delta-9-Tetrahydrocannabinol als vom NIMH angegeben. Liskow (214 : 1907, 1970) hat ausgesagt, daß Dr. Braenden von den Vereinten Nationen empfahl, *C. sativa* L unter Stickstoff einzufrieren, um einem Zerfall vorzubeugen. Wir möchten dazu eindeutig bemerken, daß es nicht nötig ist, solche strikte Bedingungen für die Lagerung von Cannabis zu schaffen. Resultate einer zweijährigen Lagerungs-Untersuchung von *C. sativa* L unter verschiedenen Bedingungen folgen: (1) −18° C im Gefrierschrank; (2) 4° C im Eisschrank; (3) 22° C plus oder minus C in einem halbdunklen Raum; (4) 37° C in einem Ofen und (5) 50° C in einem Ofen.

Nach einem Jahr zersetzte sich bei −18° C, 4° C und 22° C plus oder minus C gelagertes Material zu folgenden Anteilen, respektive: 3,83 %, 5,38 % und 6,92 %. Kein Material wurde unter Stickstoff oder in luftundurchlässigen Behältern gelagert.

Natürlich zersetzte sich das bei 37° und 50° C gelagerte Material sehr viel

schneller. Das bei 22° plus oder minus C
gelagerte Material wies am Anfang des
Versuchs einen Delta-9-Tetrahydro-
cannabinol-Gehalt von 1,30 % auf:
nach 104 Wochen betrug dieser Gehalt
1,12 %.
*(Carlton E. Turner, Journal of Phar-
maceutical Sciences, USA, 26. 6. 1973)*

Δ^1-*trans*-
tetrahydrocannabinol

lem einen Aufsatz über das von ihm entdeckte Delte-THC, das er als den
eigentlichen Wirkstoff sah. Mit Begeisterung stürzten sich die Pharmakologen auf diese Entdeckung, und es erwies sich schnell, daß es sich auch
hier wieder um eine ganze Gruppe handelte. Welches der vielen Delta-
THCs nun der *wahre* Wirkstoff sei, ist derzeit noch nicht mit Sicherheit
entschieden. Jeder Forscher verteidigt seine Entdeckung, und so stehen
Delta-1-, -3-, -8- und -9-THC zur Diskussion. Die demokratische Mehrheit hat sich für No. 9 entschieden, gefolgt von 8, aber es gibt auch schon
Neuentdeckungen mit so bizarren Bezeichnungen wie dl-Delta-1-3, 4-cis-
THC oder dl-Delta-6-cis-THC, die jeweils von ihren Entdeckern ins Ren-
nen geschickt werden, als sei die Wissenschaft ein Derby.

Sämtliche dieser Stoffe können nicht nur aus der Pflanze gewonnen,
sondern auch synthetisch hergestellt werden, was allerdings wesentlich
teurer kommt. Beides geschah in großem Umfang für alle möglichen La-
bortests, die allerdings zu einander teilweise grotesk widersprechenden
Ergebnissen führten.

Fest steht eigentlich nur, daß THC wasserunlöslich ist und daher in
Fetten oder flüchtigen Substanzen wie Alkohol gelöst werden muß. Nach
einigen Untersuchungen ist es als Rauch durch die Lunge dreimal wirk-
samer als bei Aufnahme durch den Magen, aber es gibt zumindest zwei
Studien, die dies zu widerlegen versuchen. Nachweislich tritt jedoch die
Wirkung bei Rauch innerhalb weniger Minuten ein, bei Verzehr erst nach
mindestens einer halben Stunde.

Für Tierversuche wurde THC radioaktiv «markiert» und in hohen Dosen injiziert. Dabei stellte man fest, daß die Substanz im Fettgewebe gespeichert und erst im Verlauf von Wochen abgebaut wird.

Das war natürlich immer wieder als entscheidendes Argument bei Be-
fürwortern des Verbots zu hören, doch sind die meisten Schlußfolgerungen daraus eindeutig zu weit gezogen. Erstens sagt die Speicherung eines
Stoffs nichts darüber aus, ob dieser Stoff dann auch noch wirkt. Drogen
wie Nikotin und sehr viele Pharmaka verbleiben auch oft monatelang im

Organismus und bilden sogar regelrechte «Depots», ohne dabei auch nur die geringste Wirkungskraft zu entfalten. Auch bei THC fehlt es völlig an Hinweisen darauf. Und zweitens ist anzumerken, daß diese erschreckend lange «Lagerungsperiode» vergleichsweise kurz ist zu Substanzen, die im Zuge unserer täglichen Vergiftung durch die Umwelt in den Organismus geraten. Dieses Argument hat natürlich die zweifelhafte moralische Qualität aller Argumente, die sich des «geringeren Übels» bedienen, aber es muß bedacht werden.

Die Methode, Substanzen ein radioaktives Isotop des Kohlenstoffs zuzufügen, um ihren Weg durch den Organismus zu folgen, heißt Szintigraphie und ist für die pharmakologische Forschung sehr wertvoll geworden. Bedenklich erscheint sie allerdings, wenn die «Halbwertzeit» an einem «Ganzkörperhomogenat» gemessen wird. Das letzte schöne Wort bedeutet, daß beispielsweise eine Ratte mit einer Art Mixer zu Brei gemanscht wird und die Sache anschließend unter einen Geigerzähler kommt, der mißt, wie sich die radioaktive Substanz nun abbaut. Bei Rattenbrei ergab sich für THC eine Halbwertzeit von sechzehn Stunden, aber das sagt nicht viel. Und über die Organe, in denen sich THC bevorzugt ablagert, gibt es zu viele einander widersprechende Untersuchungen. Mal wird das Gehirn genannt, wo es am längsten vorhalten soll, dann wieder alle Fettgewebe und natürlich auch die Leber. Nimmt man jedoch die *Mengen,* die als Grundlagen solcher Versuche dienten, ergibt das Quantitäten, die ein normaler Mensch weder über Lunge noch Magen aufnehmen könnte. Um ähnlich mit THC verseucht zu sein wie ein solches Versuchskaninchen, müßte ein Raucher beispielsweise innerhalb einer Stunde 1,3 Kilogramm besten Afghan in seine Pfeife krümeln, und das oft tagelang.

Ein beachtlicher Forschungsetat galt in den letzten Jahren der Entdeckung von Möglichkeiten, THC im Körper nachzuweisen. Daß er aus US-Mitteln der polizeilichen Drogenbekämpfung gestiftet wurde, ist auf Grund der Interessenlage verständlich. Die Sache ging leider nur sehr enttäuschend aus. Wenn der Stoff nicht gerade radioaktiv ist, kann man ihn praktisch kaum feststellen. Im Blut jedenfalls ist er nur in 30 Prozent aller Fälle *vorübergehend* nachweisbar, und auch dies nie eindeutig. Noch geringer ist die Nachweismöglichkeit im Urin, obwohl gerade darüber in letzter Zeit immer wieder geschrieben wird. Wer die wissenschaftlichen Publikationen liest, wird allerdings feststellen, daß dieser Nachweis nur in 5 Prozent der Fälle möglich ist und nur in 2,5 Prozent zutrifft. Bliebe also die Möglichkeit, bei einem vermuteten Kiffer ein Stück Speck aus der Seite zu schneiden? Leider auch nicht, denn soviel, wie nötig ist, um im Fett Spuren zu hinterlassen, raucht ein Mensch eben auch nicht. Und im Atem? Leider nein. Der Stoff hinterläßt nicht einmal eine Fahne.

Was soll man da machen? Richtig: Da sich die Sache nicht so einfach nachweisen läßt wie beispielsweise Alkohol, muß sie streng verboten sein. Sonst könnte ja jeder kommen ...

Aber mit polizeitaktischen Überlegungen ist die Wissenschaft nur selten beschäftigt. Die Suche nach *dem* Wirkstoff bereitet ihr immer noch genügend Kopfzerbrechen. Denn die ganzen Delta-, cis- Undsoweiter-Tetrahydrocannabinole haben einen ganz schlimmen Nachteil: Nimmt man sie, wie in Laborversuchen, schön einzeln oder auch im Verband, ergeben sie jedesmal eine andere Wirkung als das unraffinierte Naturprodukt. Einzelne Aspekte jenes Zustandes, der gemeinhin «high» heißt, ließen sich gelegentlich herstellen, aber auch die raffiniertesten Cocktails ergaben nie den Gesamtkomplex, den die Pflanze beschert. Was Versuche mit Menschen betrifft, ließ sich dafür eine relativ schlichte Erklärung finden: Das «Setting», also Erwartungshaltung und Umstände des Rausches, spielt eine sehr große Rolle, und das klinische Ambiente ist zweifellos kein förderliches. Daran allein aber kann es nicht liegen, denn auch bei Tierversuchen zeigten sich völlig verschiedene Reaktionen.

Mechoulam, der selbst lange genug *the real thing* gesucht hat, kommentierte dieses Problem einmal erstaunlich nachdenklich: «Vielleicht haben wir zu lange nach *einem* Wirkstoff gesucht und vielleicht gar in eine falsche Richtung. Möglicherweise beruht die zu untersuchende Wirkung auf einem Zusammenspiel verschiedener Substanzen, von der Natur so raffiniert ausbalanciert, daß wir ihr immer noch nicht auf die Schliche kamen. Aber dann müssen wir ja viele klassische Begriffe der Wissenschaft völlig neu überdenken.»

Es darf weiter geforscht werden.

Von Affen und anderen Kiffern

Das Bild ist in vielen Labors zu sehen und gelegentlich auch in der Presse, wo es dann regelmäßig als Beleg dafür erscheint, daß Tierversuche unmenschlich seien. Zweifellos finden viele überflüssige statt, doch das ist kein Argument gegen die notwendigen, und keiner der in dieser Frage engagierten Moralisten würde ernsthaft Menschenversuche als Ersatz vorschlagen. In einer Reihe kleiner Einzelzellen, auf Labortischen aufgebaut, sitzen die Versuchstiere. Sind sie Rhesus-Affen, haben sie eine Reihe Druckknöpfe vor sich, sind sie Ratten, sehen sie Kontakte, die mit der Nasenspitze anzustoßen sind. Bei einfachem Knopfdruck oder oft erst nach bestimmten Kombinationen gibt es was, entweder aus einer kleinen Futterklappe oder per Infusionsschlauch direkt in den Organismus. Das

Ziel der in diesem Bericht beschriebenen Experimente war, die Auswirkungen von verschiedenen Dosen des Cannabis-Harz auf die Lernfähigkeit durch Wiederholung und des konditionierten Reflexes in einem mit Wasser gefüllten Labyrinth am Beispiel der Ratte zu untersuchen.

Die in unseren Untersuchungen benutzten Tiere wurden willkürlich ausgewählt, unter einer Gruppe von erwachsenen Albino-Männchen von Wistar-Glaxo-Ratten, mit einem Gewicht von 140 bis 160 g. Alle Ratten wurden vor und während der Versuche unter gleichbleibenden Bedingungen gehalten.

Das benutzte Cannabis-Harz wurde zuerst einer Analyse durch Gas-Chronomatographie unterzogen, die aufzeigte, daß es 7,85 % L-Delta-9-Tetrahydrocannbinol enthielt. Es wurde den Ratten in einer Lösung von neutralem Olivenöl direkt in die Bauchhöhle gespritzt, in Dosen, die einen Delta-9-THC-Gehalt von 0,5 oder 5 mg/kg Körpergewicht entsprachen.

Der ganze Komplex wurde dann bis auf eine Höhe von 25 cm mit Wasser gefüllt, welches auf eine Temperatur von 15° C gehalten wurde. Der Ausgang war ein Metallraster, das auf dem Boden des Labyrinths ruhte und 45° nach vorne, der Horizontale, zuneigte. Läufe durch das Labyrinth wurden bei deren Ende gestoppt, die Ratten verließen das Labyrinth über die Rampe, wurden trockengerieben und in ihre Käfige zurückgebracht.

Das Cannabis wurde in den oben angeführten Dosen verabreicht, wobei jedes Tier seine erste Spritze eine Stunde ehe man es in den Konditionierer hineingab und die zweite 12 Stunden später erhielt.

Die erhaltenen Resultate zeigten, daß die niederen Dosen des Cannabis-Harzes (0,5 mg Delta-9-THC per kg entsprechend) zu verbesserter Lernfähigkeit führten, unter Reduktion der gebrauchten Zeit, um durch das mit Wasser gefüllte Labyrinth zu gelangen, wie auch in der Anzahl Fehler. Dementsprechend wäre der Anteil an vermiedenen Schocks in den CAR-Versuchen bedeutend höher als bei den Tieren der Kontrollgruppe, was auf einen Anstieg an Aktivität betreffend den durch den Lichtstimulus bedingten Reflexes hindeutete.

Andererseits führten die höheren Dosen des Harzes (5 mg Delta-9-THC per kg entsprechend) zu einer leichten, wenn auch unbedeutenden Verbesserung der Leistung vom Vortag und einer klaren Verschlechterung ihrer Lernfähigkeit an den darauffolgenden Tagen, gleich was für eine Testmethode angewandt wurde.

(A. Pasquale, C. Costa, A. Trovato, Univ. Messina, Effects of Cannabis Resin on Learning by Repetition in the Rat, Bulletin of Narcotics 2, 1978)

Etwas ist Futter, geeignet zum Test tierischer Kombinationsfähigkeit, oder per Schlauch eine Droge, wobei zusätzlich deren Auswirkung hinsichtlich momentaner Verwirrungszustände, Dosiserhöhung, Wiederholung und Suchtpotenz festgestellt wird. Wie gesagt: Nicht schön, aber notwendig.

Im *Bulletin of Narcotics*, 30. Jahrgang, Heft 3, veröffentlichten 1968 Chris E. Johanson und Robert L. Balster, was sich im Verlauf der letzten fünfzehn Jahre ein mittlerer Zoo, auch was die Vielfalt der Tiere betrifft,

«Ronnie, komm und schau dir die Sendung über die Gefahren von Haschisch an!»

(*Playboy, 1971*)

an etlichen Universitäten der USA so in die Venen gejagt hatte. Selbstverständlich gehörte auch Delta-9-THC zu den über 90 getesteten Substanzen, aber das Ergebnis war kein sensationelles. Gelegentlich bediente ein Versuchstier die entsprechende Taste und schien sich dabei nicht unwohl zu fühlen, aber eine Regelmäßigkeit oder gar ein Rhythmus wurden nicht festgestellt. Von den etlichen hundert Versuchstieren zeigte kein einziges auch nur geringe Symptome von Abhängigkeit, und keines betätigte die Tasten in einem Maß, daß auch nur leichte Vergiftungserscheinungen feststellbar gewesen wären. Das zweifelsfreie Ergebnis all dieser Versuche: Hanf erzeugt keine Art von Abhängigkeit.

Sämtliche klinische Untersuchungen mit und an Menschen zeigten dasselbe Ergebnis, doch was den Rausch selbst betrifft, sind sie allesamt mit Vorsicht zu genießen. Diese Problematik wird schon an der Versuchsreihe deutlich, die im Rahmen des La Guardia-Reports angestellt wurde. Die menschlichen Versuchskaninchen waren Gefängnis-Insassen und die Umgebung, in der die Substanz konsumiert wurde, war klinisch in jeder Hinsicht.

Ein weiteres Problem aller klinischen Versuche ist, daß der *Rausch* erforscht und beobachtet werden will, und der zeigt sich am deutlichsten in seinen fortgeschritteneren Stadien. Die Mengen, die bei sämtlichen klinischen Versuchen pro Kopf verbraucht wurden, liegen stets erheblich über jenen, die in normalen Situationen von einem Durchschnitts-Kiffer konsumiert werden.

Ein drittes Problem ergibt sich daraus, daß die Versuchsperson natürlich weiß, daß sie beobachtet wird und daß sie sich über ihre Empfindungen äußern soll. Wie macht man das? Da ist weder ein unbefangenes Erleben möglich noch eine einfache Hingabe an den Rausch. Da muß sich einer auch noch selbst beobachten, jedenfalls so lange das möglich ist, und er muß diese Beobachtungen formulieren und mitteilen.

Um diese Situation zu verdeutlichen, möchte ich einen banalen Vergleich wählen: Man bitte eine Versuchsperson in ein Labor und kredenze ein Glas Bier, verbunden mit der Frage: «Was fühlen Sie nun?» Und dann noch ein Glas mit derselben Frage und so weiter, bis die Antwort ein klares und deutliches Lallen ist. Zweifellos werde ich damit einige Informationen zum Verlauf eines Rausches bei einer bestimmten Person erhalten, doch sie werden nicht einmal für diese Person typisch sein. Schon in der nächsten Kneipe und bei normalem Bierkonsum wird sich diese Versuchsperson völlig anders verhalten.

Dasselbe gilt natürlich für alle klinischen Versuche mit Haschisch oder THC. Sie sind immer, uneingestanden oder aus politisch motivierten Hintergründen absichtlich, eine Suche nach Extremzuständen, nach Eckwerten, von der Dosis angefangen bis zum Verhör der Versuchsperson. Zweifellos sind sie nötig – auch Autos müssen auf Teststrecken unter extremen Belastungen getestet werden, die im normalen Verkehr so nie auftreten –, aber es muß davor gewarnt werden, sie ungebrochen auf den Normalfall zu übertragen. Genau das aber geschieht, meist noch verbunden mit aus anderen Quellen erlesenen Schlußfolgerungen, und das Ganze ergibt dann regelmäßig ein Zerrbild. Nicht immer gelingt dies so hinreißend dämlich wie dem Pharmaziedirektor Dr. Eckhard Güssow, der 1973 zusammen mit dem Hamburger Kriminaldirektor Hans Zühlsdorf in der Reihe *polizei aktuell* herausfand:

«Cannabis wird vorwiegend in Gemeinschaft (z. B. *Kommunen*) konsumiert. Häufig versucht man dabei, die Zeremonie des umgehenden

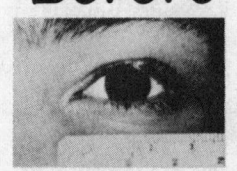

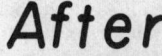

7.0 pupil
7.5 lid

6.5 pupil
5.0 lid

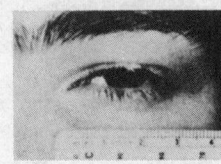

So sieht ein Kiffer nach bereits einem Joint aus!
(Edward F. Domino, University of Michigan, Neuropsychopharmacologic Studies of Marihuana: Some Synthetic and Natural THC Derivates in Animals and Man, New York 1971)

‹Joints› in einer mystisch-mythischen Atmosphäre zu vollziehen: am Fußboden ausgebreitete weiche Sitzkissen oder Matratzen, gedämpftes, möglichst rot gefärbtes Licht, orientalisch aufgemachtes, stark gesüßtes Konfekt oder ähnlich. Dieses scheinbare Zeremoniell ist nichts weiter als die Anpassung an die Wirkung des Cannabis: Störung der Sinnesfunktionen, Reizung der Augenschleimhäute und Senkung des Blutzuckerspiegels. Durch die weichen Unterlagen werden Verletzungen bei Störung des Gleichgewichts und Ortssinns, durch das gedämpfte Licht Reizungen der entzündeten Augen vermindert. Durch die Zufuhr von Zucker wird der Senkung des Blutzuckerspiegels entgegengewirkt.»

Da ist man zunächst einmal versucht, die bekannten Trinkrituale als prophylaktische zu erklären, beispielsweise den Eimer, der vor dem ersten Gläschen des späteren Erbrechens wegen neben dem Trinker zu stehen hat. Aber so lustig ist die Sache nicht, denn diese haarsträubende Broschüre gehört noch immer zum ohnedies dünnen Informationsschatz aller Rauschgift-Dezernate und wird dort gelegentlich sogar geglaubt.

Der Fall Nahas

Wird sein Name in Fachkreisen genannt, ist die Reaktion oft peinlich. Dr. Lemberger vom National Institute of Mental Health in Washington lacht laut los: «Sie meinen den Herrn mit den sensationellen Erkenntnissen, die man dann überall lesen kann und nirgendwo bewiesen sieht?» Robert Du Pont vom National Institute of Drug Addiction, ebenfalls Washington, schmunzelt: «Well, er ist eben ein Extremist in dieser Sache.» Leonard J. Lerner von der New York Academy of Science sagt diplomatisch: «Er ist eine Kategorie für sich.»

Ist der Frager an Gegner dieses Herrn geraten? O nein, sie sind allesamt manierlich akademische Kollegen, die ihrer Mitkrähe kein Auge

---

Eine besonders bei der Polizei verbreitete Mythe ist, daß das Marihuana die Pupillen erweitere. Dies trifft jedoch nicht zu. Untersuchungen an der Medizinischen Hochschule der Universität von Kalifornien in Los Angeles haben ergeben, daß die Pupillengröße nicht beeinflußt wird. Durch die Erweiterung der Blutgefäße im Auge kommt es jedoch zu einer Rötung der Augen, wie sie auch beim Alkoholgenuß auftritt, und gewöhnlich durch die Hemmung der Tränendrüsenfunktion auch zur Reizung und Austrocknung der Augen. Außerdem verringert sich der Augendruck, eine Wirkung, die man vielleicht zur Behandlung von Augenkrankheiten wie dem grünen Star verwenden kann.

(Frankfurter Allgemeine, 7. 5. 1975)

aushacken wollen. Er sei nur eben etwas eigenartig, *strange*, aber außerdem, und das erkennen sie an, auch sehr clever.

Die Rede ist von Gabriel Nahas, geboren in den Zwanzigern in Ägypten, in den Sechzigern für Anästhesiologie an die Columbia University New York berufen. Auf seiner Visitenkarte steht noch mehr: «Mitglied des Institut National de la Santé et de la Recherche Médicale, Paris, Sonderberater des Generalsekretärs der Vereinten Nationen». Aber die erstere Mitgliedschaft ruht seit 1975, und beim zweiten Amt muß dem Drucker ein Irrtum unterlaufen sein. In dieser Funktion dient Herr Nahas nur der Narkotika-Kommission der WHO, aber einflußreich ist dieser Posten schon, denn Herr Nahas bestimmt im Alleingang die Vergabe von Forschungsmitteln bei Hanf, und außerdem erstellt er persönlich die entsprechenden Abschnitte in den jeweiligen Jahresberichten.

«Ich kann Leute zerstören», sagte der Herr einmal, 1978, und viele Kollegen haben daran keinen Zweifel, sondern verhalten sich nett in der Hoffnung, am Forschungstopf der UNO mitnaschen zu dürfen. Die Selbsteinschätzung des Herrn Nahas, der sich 1976 einmal als «bedeutendsten Cannabis-Fachmann» bezeichnete, teilen sie allerdings deswegen nicht.

Der erste Auftritt des neuen Forschers bei der Konferenz der New Yorker Academy of Sciences war allerdings katastrophal blamabel, und selbst Herr Nahas wollte sich später überhaupt nicht mehr daran erinnern. Auch seine Gönner vergaßen den Flop und förderten ihn weiter.

Von nun an überraschte Nahas die staunende Weltöffentlichkeit alljährlich mit neuen Erkenntnissen, die allerdings jedesmal ähnlich fundiert waren wie die, daß in Europa einige Joints die landläufigste Selbstmordform darstellen. 1972 bewirkte Hanf irreparable Gehirnschädigungen und ein «um Jahrzehnte» vorzeitiges Altern des Körpers. 1973 bewirkte Hanf «mit der Wahrscheinlichkeit von zwei zu drei» Fehlgeburten bzw. zwei- und mehrköpfige Kinder, wozu kam, daß dies «auch noch in der folgenden Generation der Fall ist, ohne daß dazu Marihuana konsumiert werden mußte». 1974 wurde das Immunsystem «unwiederherstellbar» geschädigt, außerdem bewirkte Hanf Impotenz beim Mann und Unfruchtbarkeit bei der Frau, was ja glücklicherweise die Zahl der Fehlgeburten des Vorjahres wieder reduzierte. 1975 war ein vergleichsweise mildes Jahr, denn da ließ Hanf den Männern nur Brüste und den Frauen Schnurrbärte wachsen. Dafür stand 1976 Krebs (Hals, Lunge und natürlich auch überall) als «zweifelsfreie» Folge von Hanfrauchen fest. 1977 gab es Chromosomenbrüche im männlichen Samen, 1978 folgte die «soziale Depravation durch Zerstörung der entsprechenden Gehirnzentren», und seit 1979 wird all das jährlich im Suchtgift-Bericht der UNO

Selbstmord mit Hanf ...

Dr. Nahas: Die meisten Befunde außerhalb der Vereinigten Staaten hat man folkloristisch genannt. Jedoch hatte ich während meines Studienaufenthalts Gelegenheit zu zwei Beobachtungen, über die ich berichten möchte, ehe ich etwas zu unserer eigenen Arbeit an der Columbia-Universität sage. Die erste Anmerkung betrifft einen Studenten der Universität Gent, der tot in seinem Zimmer aufgefunden wurde. Eine sehr genaue toxikologische Untersuchung aller bekannten giftigen Substanzen, die man in Gent finden konnte, wurde unternommen, und die Resultate waren negativ.

Die einzige giftige Substanz, die man in diesem Mann fand, war THC, welches chromotographisch identifiziert wurde. Auf diesem Chromotogramm können Sie die durch das THC verursachten Flecken sehen. Dieses Chromotogramm wurde an Hand des Urins des Verstorbenen gemacht, und das Chromotogramm wurde ebenfalls an Hand von einem Teil der großen Menge Cannabis gemacht, das im Zimmer dieses Studenten gefunden worden war, und zumal man dort keinerlei andere Medizin vorfand.

Das Kraut wurde auf seinen THC-Gehalt untersucht, und es enthielt 6 Prozent. Jedoch handelt es sich hierbei um bloße Indizien, weil diese Person auch eine zusätzliche giftige Substanz zu sich hätte nehmen können.

Man fand in jenem Zimmer ebenfalls eine Wasserpfeife, so daß der Student offenbar eine große Menge Cannabis-Extrakt hätte geraucht haben können.

Der zweite war ein junger Rekrut in Paris, den man im Koma vorfand. Er wies einen stark erhöhten Blutdruck auf, war ganz in sich zurückgezogen, und seine Pupillen reagierten nicht auf den Lichtreflex, doch waren Blutzuckeranteil und Blutbild normal; sein Blut wies keine Spuren von Stickstoff, Barbituraten oder Antidepressiva auf.

Dieser Patient befand sich während zweier Tage im Koma. Am dritten wies er übertriebene Reflexe auf.

Als er vier Tage später erwachte, gab er zu, eine große Menge Haschisch geraucht zu haben, und er gab den Ort an, von wo er es hatte. Es wurde beschlagnahmt, und man fand, daß es 5 % THC enthielt. Es kam aus Marokko.

Dieser Patient gab ebenfalls zu, daß er davon etwa 10 Pfeifen am Tag geraucht habe, und er behauptete, daß diese Methode im europäischen Untergrund angewandt wurde, wo diese Substanz verwendet wird, um Selbstmord zu begehen. Auf Grund seiner Aussagen und an Hand von sehr vorsichtigen Berechnungen, konnte man feststellen, daß die tödliche Dosis von Delta-9-THC, unter Annahme einer hohen Lungenabsorption, zwischen 1,200 mg/kg in einem Mann von 70 kg betragen würde, was nicht weit entfernt ist von den 20 mg/kg, von denen man uns soeben berichtete.

Daher scheint an Hand von diesen eher dürftigen Beweisen, daß das Rauchen von großen Mengen Cannabis mit hohem THC-Gehalt für Selbstmordzwecke verwendet werden könnte. Natürlich gibt es auch andere Methoden, doch diese sind scheinbar nicht so angenehm.

Dr. Lemberger (National Institute of Mental Health, Washington, D. C.): Ich glaube, man muß diesen zwei anekdotischen Erfahrungen betreffend dieser beiden Patienten noch etwas hinzufügen. Wenn ich Sie richtig verstand, sagten Sie, daß Sie in Ihrem ersten Patienten größere Mengen THC unverändert im Urin vorfanden.

Nun ist es aber höchst unwahrscheinlich, daß dieser Patient THC nahm, denn THC, wenigstens was den Menschen angeht, findet man nicht in unveränderter Zusammensetzung im Urin, wie es auch in allen bisher untersuchten Tiergattungen nicht unverändert ausgeschieden wird. Er könnte THC genommen haben, doch handelt es sich wahrscheinlich um etwas anderes, das Sie im Urin messen und THC nennen.

Dr. Nahas: Well, I'm sorry.
(Annals of the New York Academy of Sciences, 31.12.1971)

---

wiederholt, ohne daß allerdings neue Schrecken dazugekommen wären.

Wenn einem also Böses wiederfährt, tut es gut zu wissen, wie es dazu kommt. «Ein paar Milligramm Marihuana bereits», wie Herr Nahas versichert, bewirken solche Katastrophen jedenfalls nicht, was bereits seine eigenen Laborversuche beweisen. Da wurden beispielsweise acht Ratten sechs Monate lang mit Schläuchen beatmet, aus denen konzentrierter Hanfdampf strömte. Bei einem Versuchstier zeigte der Lungenquerschnitt dann auch wirklich ein gräßlich eindrucksvolles Resultat. Nur: um dieselbe Menge Rauch in die Lungen zu bekommen, müßte ein Normalmensch mit 70 kg Körpergewicht 54 Jahre lang tagtäglich 200 g Marihuana rauchen, und dann wären die Schäden auch nicht von THC, wie Herr Nahas vermutlich irrtümlich behauptete, sondern vom Teer des Stoffs, dessen Anteil bei Hanf gut ein Drittel höher liegt als bei Tabak, wo das vornehm Kondensat heißt. Das ist, zugegebenermaßen, schlimm, aber dagegen ist zu bedenken, daß auch ein hartgesottener Kiffer nie so viele Joints rauchen kann wie ein Raucher Zigaretten. Unter dem Strich ist die Kondensatschädigung bei beiden etwa gleich.

Was die männlichen Mutterbrüste betrifft, blieb Herr Nahas Beweise schuldig, und um sie bei den behaupteten Chromosomenbrüchen zu bekommen, tat er etwas, das Kollegen als etwas unseriös beurteilen: Das Spermenpräparat lagerte vor seiner Untersuchung laut Protokoll sechzehn Stunden bei Zimmertemperatur und war somit, was diese Substanz betrifft, bereits in einem fortgeschrittenen Auflösungszustand. Da sahen natürlich die Spermen so alt aus, daß man Chromosomenbrüche ruhig behaupten konnte. Von Nahas auf die Fährte gehetzt und gefördert, entdeckten auch andere Wissenschaftler deformierte Spermen, allerdings nicht nur als Folge von sehr hohen THC-Dosen (etwa entsprechend 850 g Haschisch pro Tag bei 70 kg Körpergewicht), sondern verstärkt bei einer ganzen Menge pharmazeutischer Präparate und auch bei schwerem Alkoholrausch. Die Samen waren unfruchtbar, und nach übereinstimmender

Chromosom-Untersuchungen

Eine experimentelle Studie, die den Auswirkungen von Delta-9-THC auf Leukozid-Chromosome von Ratten der Long-Evans-Gattung nachging, ist jetzt abgeschlossen. Die Ratten wurden zur sicheren Identifizierung tätowiert und mit einem Ohr-Knopf versehen und willkürlich auf acht Behandlungsgruppen verteilt. Es wurden während insgesamt 50 Tagen zwei Behandlungsgruppen Spritzen mit Delta-9-THC in Arlacel verabreicht, an Ratten, die die Drogen während 30 Tagen vor der Empfängnis und während 20 weiteren Tagen während der Gestation erhalten hatten. Die acht Behandlungsgruppen sind die folgenden:

1. 15 mg/kg THC während insgesamt 50 Tagen.

2. 25 mg/kg THC während insgesamt 50 Tagen.

3. Injektion mit Arlacel während 30 Tagen vor Empfängnis und während 20 Tagen nach Empfängnis mit Delta-9-THC zu 15 mg/kg.

4. Injektion von Arlacel während 30 Tagen vor Empfängnis und während 20 Tagen nach Empfängnis mit Delta-9-THC zu 25 mg/kg.

5. Injektion von 15 mg/kg Delta-9-THC während 30 Tagen vor Empfängnis und Injektion mit Arlacel während nur 20 Tagen nach Empfängnis.

6. Injektion von 25 mg/kg Delta-9-THC während 30 Tagen vor Empfängnis und Injektion mit Arlacel während nur 20 Tagen nach Empfängnis.

7. und 8. Injektion mit Arlacel während insgesamt 50 Tagen, 30 Tagen vor Empfängnis und 20 Tagen nach Empfängnis.

Es wurden keinerlei Abweichungen in der Nachkommenschaft der behandelten Gruppen festgestellt. Nachdem die Jungen entwöhnt waren, wurde an beiden in dem Versuch benutzten Weibchen eine Chromosom-Untersuchung vorgenommen. Die weiblichen Ratten erhielten drei Stunden bevor man sie opferte 2,5 ml/kg i. p. einer 0,1 %igen Colchicin-Lösung in destilliertem Wasser zugeführt. Diese Behandlung sollte einer Mitoses während des Metaphase-Stadiums Einhalt gebieten. Von den in dieser Untersuchung bis heute aufgenommenen Dias zeigen keine Chromosom-Brüche.

(Henry B. Pace, W. Marvon Davis, Lowell A. Borgen, Teratogenesis and Marihuana, Mississippi University, 1971)

Dr. Robert Kolodny des Masters & Johnson-Instituts in St. Louis gab an, daß männliche, schwere Marihuana-Gebraucher niederere Spiegel des männlichen Hormons Testoteron wie auch eine reduzierte Sperma-Produktion aufwiesen. Schwere Marihuana-Raucherinnen, fand er, wiesen leicht kürzere Fruchtbarkeitszyklen auf, oder es kam sogar in manchen Fällen zu keinerlei Ovulation. Andererseits fand Mendelson der Universität Harvard keine Auswirkungen von Marihuana auf Testoteron-Spiegel. Sogar Kolodny macht darauf aufmerksam, daß die in den meisten Versuchspersonen angetroffenen Spiegel sich immer noch im normalen Bereich befanden. Doch warnt er, daß Testoteron wichtig für Wachstum und sexuelle Entwicklung ist, so daß sogar eine kleine Abweichung für junge Raucher schädlich sein könnte.

Viele chemischen Substanzen, inklusive Koffein, führen zu Chromosom-Brüchen, und sogar Sonnenlicht beeinträchtigt die DNA-Funktion. «Die Tatsache, daß eine Substanz diese Dinge verursacht, ist nicht gut, doch heißt das nicht, daß dies unbedingt schlecht ist», sagt Dr. Jack Mendelsohn von Harvard.

(Newsweek, 14. 1. 1980)

Interpretation handelt es sich bei diesem Phänomen um eine vorübergehende Schutzmaßnahme der Natur, «Rauschkinder» entstehen zu lassen.

Edward R. Bloomquist ist Professor für Anästhäsiologie an der University of Southern California, also ein Fachkollege von Herrn Nahas und wie dieser auch ein Spezialist in Sachen Hanf. «Ich habe mich etwa fünfzehn Jahre mit dieser Sache befaßt, und ich gebe gern zu, daß mich stets nur der Aspekt einer potentiellen Gefährlichkeit der Droge interessiert hat», sagt er selbst. Und: «Ich habe etwas dagegen, und ich mag auch nicht die Leute, die daran Vergnügen finden.» Ob er im Verlauf seiner eigenen Forschungen zu ähnlichen Ergebnissen gekommen ist wie Nahas? «Nein. Sowohl seine Zahlen als auch seine Forschungsresultate sind, sagen wir: einmalig. Sie finden sich nur in seinen Publikationen und haben sich bisher so noch nicht bestätigen lassen. Das mag daran liegen, daß er für seine Versuche absolut extreme Ausgangssituationen nimmt, die zumindest im Grenzgebiet unserer Kategorien liegen. Zum anderen mag es sein, daß er seine Ergebnisse, sagen wir: eigenwillig interpretiert. Seinen Schlußfolgerungen konnte sich bislang kein Fachkollege anschließen. Aber ich möchte mich dazu nicht weiter äußern.»

Herr Nahas selbst sieht seine Arbeit nicht unbedingt unter der Verpflichtung zu wissenschaftlicher Objektivität: «Ich bin ein Cannabis-Feind, und ich werde Cannabis mit allen Mitteln bekämpfen. Es ist ja allgemein bekannt, daß diese Droge unglaublich gefährlich ist und in den Wahnsinn führt. Alle Irrenhäuser Ägyptens waren voll von Haschisch-Wahnsinnigen, das habe ich selbst gehört, und Sie müssen ja nur ansehen, welche Schäden die derzeitige Jugend hat. Auch diese liberalen Politiker, die sich für eine Freigabe dieses Gifts einsetzen – man muß ja nur sehen, was sie sonst so treiben. Sie sind eine Verschwörung gegen die nationale Sicherheit. Sie gefährden die Grundlagen unseres Wertsystems.»

Der Herr Professor hat sich mit auffällig ruckartigen Handbewegungen in Rage gesteigert. «Sehen Sie nur Vietnam. Da haben die Agenten der Kommunisten unsere Boys mit Marihuana vergiftet. Und hier in den USA, die Rauschgift-Lobby. Das ist eine gesteuerte Aktion des russischen und britischen Geheimdienstes. Die haben überall ihre Leute sitzen.»

Herr Nahas wittert überall Verschwörung und Korruption. Als typisches Beispiel für die Verbindung von beidem sieht er die traurige Tatsache, daß seine letzten Bücher zum Thema Marihuana von einer ganzen Reihe Verlage abgelehnt wurden.

Howard Rome, Primarius für Erwachsenenpsychologie an der Mayo-Klinik in Rochester: «Absonderliche seelische Entwicklungen sind auch unter Wissenschaftlern nicht gerade selten. Eine gewisse Verbohrtheit ist ja gewissermaßen schon nötig, um sich über Jahre mit einem oft schmalen Sachgebiet zu befassen. Da kann es auch vorkommen, daß man sich in etwas ausweglos verrennt und, für die Außenwelt zumindest, skurrile Verhaltensformen annimmt. Das kann mühelos zu paranoiden Denkstrukturen führen.» Kürzer faßt sich der klinische Psychologe Norman Zinberg: «Der Mann ist mittlerweile ein klinischer Fall.»

Aber dieser Mann organisiert doch auch internationale Fachkonferenzen, beispielsweise 1975 in Helsinki? Raphael Mechoulam: «Ich habe daran teilgenommen, weil es natürlich immer gut ist, wenn sich Kollegen treffen und ihre Arbeiten diskutieren können. Herr Nahas ist ein guter Organisator, und er beschafft auch immer die nötigen Mittel. Über seine wissenschaftlichen Arbeiten will ich mich nicht äußern, aber er ist ein guter Organisator.»

Heiterkeit im Büro. «Daß dieser Mann an diesem Posten sitzt, ist doch der Beweis dafür, daß es die berühmte Rauschgift-Lobby nicht gibt», lacht Mr. Hauser, US-Diplomat bei der UNO. «Aber nun einmal ernsthaft: Herr Nahas kam über das Justizministerium an diese Funktion, und Sie werden doch verstehen, daß die Drogenbekämpfungsbehörde an diese Stelle nicht einen Mann setzt, der vielleicht einmal behaupten könnte, so schlimm sei die Sache nun auch nicht. Seine wissenschaftliche Qualität spielt da doch keine Rolle. Das sind politische Überlegungen, und die entscheiden. Und dann kommt noch dazu: Welches Land steckt wieviel Geld in die UNO, wo darf es besonders einflußreich sein. Wir sind zwar offiziell international, aber wir werden ja alle von irgendwelchen Ländern geschickt, und wir verkörpern natürlich den Einfluß unseres Heimatlandes. Die Internationale Drogenkommission ist seit ihrer Gründung eine Domäne der USA, und das wird auch so bleiben. Und wen wir da hineinsetzen, wird natürlich auch von unseren ganz spezifischen Interessen bestimmt. Natürlich wissen wir alle, daß Cannabis bei weitem nicht so gefährlich ist, wie das in den Jahresberichten steht. Aber wie sollten unsere Drogenbekämpfungsbehörden mit diesen ganzen Legalisierungsvereinen zu Hause fertig werden, wenn wir nicht bei der UNO eine Instanz hätten, die international und unverdächtig die Weichen für eine härtere Gangart stellt? Das ist Politik, genauso wie in islamischen Ländern mit dem Alkohol. Wir haben eben keinen Allah, sondern die Wissenschaft. Nahas nimmt auch bei uns niemand ernst, but he's a good pet, he's useful.»

Tja. Vielleicht liegt hier der Grund, daß Herr Nahas immer wieder auch von unseren Politikern zitiert wird, obgleich immer seltener mit Quellenangabe. Aber das ist ein anderes Kapitel, das nichts mit Wissenschaft zu tun hat.

Unter Hänflingen

«Vergiß es», sagt Bernd Georg Thamm. «Du wirst dich nur noch unbeliebter machen, und du gilst ohnedies schon als Exot unter den Drogenleuten. Wenn du dich jetzt auch noch mit unseren selbsternannten Gurus anlegst, werden sie vereint über dich herziehen. Jeder weiß, daß 90 Prozent all dieser Gutachten einfach Unsinn sind, aber jeder hat schließlich da selbst genug Dreck am Stecken, und das macht dann kollegiale Solidarität. Wenn du sie jetzt öffentlich blamieren willst, wird dir schon deshalb jede Seriosität bestritten, weil du gegen die guten Umgangsformen verstoßen hast. Wissenschaft ist wertfrei, objektiv und so weiter, und wer da was anderes behauptet, wird aus der erlauchten Gemeinschaft der Förderungsempfänger ausgeschlossen. Den macht man zum Exoten und zieht vereint über ihn her. Vergiß es.»

Bernd Georg Thamm muß es wissen, schließlich war er über viele Jahre für die Berliner Caritas der zuständige Mann in Sachen Drogen und mußte als solcher auch alles mögliche lesen. «In diesem Schrank da horte ich die auserwähltesten Lächerlichkeiten, die mir dienstlich in die Hände fielen. Aber ich werde mich hüten, sie so zu nennen.»

Der Schrank ist voluminös, in den Zwanzigern als Prunkstück eines

---

Die Resultate einer Untersuchung müssen somit je nach dem Zeitpunkt, in dem man eine Gruppe untersucht, und je nachdem, aus welchen Persönlichkeiten sie sich zusammensetzt, verschieden ausfallen. Während 80–90 Prozent nach gelegentlichen Erfahrungen mit zufällig erhaltenen Drogen – vorwiegend Haschisch – aufhören, setzen 10–20 Prozent ihre Drogeneinnahme fort.

Beim Großteil derjenigen, die nach einigen Parties mit Rauchen von Haschisch aufhören, besteht das auslösende Motiv aus Neugier, Konformitätsstreben, «Gruppenzwang», Freude am Experimentieren, dem Wunsch nach neuem Erleben und Selbsterkenntnis. Die Jugendlichen, die auf regelmäßigen Gebrauch übergehen, stammen dagegen vorwiegend aus gestörtem Milieu, broken-home-Situa-

tionen. Zum kleineren Teil handelt es sich auch um Luxusverwahrloste. Von der Gruppe der regelmäßig Haschisch-Konsumierenden gehen nach unseren Untersuchungen ca. 30 Prozent (Kielholz und Ladewig), nach Untersuchungen von Keup 41 Prozent, auf andere Drogen über, indem auf die Einstiegsdroge Haschisch härtere Drogen folgen. In den USA spricht man vom «Domino-Effekt». Eine Reihe von aufgestellten Dominosteinen fallen der Reihe nach um, wenn man den ersten berührt. Dieser Domino-Effekt wurde von Keup in New York City in der Reihenfolge: Haschisch – LSD – Opium – Heroin, oder Haschisch – Amphetamine – Heroin festgestellt.

(Paul Kielholz, Aktuelle Probleme der Drogenabhängigkeit, Suchtgefahren, I., Basel 1972)

«Herrenzimmers» gebaut, und er ist randvoll. Ähnliche Schränke, wenn auch nicht immer so stilvoll, habe ich bei nahezu allen gefunden, die beruflich mit der Drogenproblematik befaßt sind, und alle hatten etwa dieselbe Meinung zum Inhalt. Und aus stets denselben Gründen blieb die Heiterkeit auf den Kreis der Insider beschränkt. Ich mußte dann jedesmal an die Orakelpriester des alten Rom denken, die angeblich fürchterlich grinsen mußten, sobald sie einen Kollegen sahen, aber natürlich keinem Unbefugten je mitteilten warum. Bernd Georg Thamm fand übrigens, dieser Vergleich hätte nicht einmal das sprichwörtliche Hinkebein.

Prof. Wolfram Keup fehlt natürlich in keiner dieser Sammlungen. Gelegentlich ließ er hinter seinen Namen «New York» drucken, aber von gelegentlichen Ausflügen in diese Metropole aller Drogenprobleme abgesehen, entfaltet er seine Tätigkeiten in der Frontstadt Berlin. Seinen branchentinternen Spitznamen «der Pfadfinder» bekam er, weil er sich, allzeit bereit, stets mit überraschend neuen Entdeckungen melden konnte. 1967, als in der BRD die Haschisch-Diskussion begann, hatte er bereits alarmierende Fälle von «Cannabis-Entzugs-Psychosen» beobachtet, die heute noch gelegentlich erwähnt werden, ohne daß allerdings auch nur ein einziger anderer Kollege je irgendwo einen ähnlichen Fall hätte ausfindig machen können. Manche wissenschaftlichen Bezeichnungen entlehnte der Herr auch der Tagespolitik. Als 1971 die USA ihr Schlachtfeld Vietnam noch mit dem Argument verteidigten, im Falle eines Rückzugs wurden auch die anderen Staaten Südostasiens «wie Dominosteine» kommunistisch umfallen, erfand er für Anslingers Einstiegsdrogen-These den schicken Namen «Domino-Theorie». Auch am «amotivationalen Syndrom» war er kreativ beteiligt.

Keup teilte das Schicksal der meisten bundesrepublikanischen «Drogengurus». Da er Theorien vertrat, die man so noch nicht gehört hatte, wurde er eine Weile bundesweit und international auf Spesen herumgereicht. Als sich dann die «gesicherten Erkenntnisse» als bei bestem Willen nicht nachvollziehbar erwiesen, versank er im Wissenschaftsfriedhof gnädigen Vergessenwerdens mit Pensionsanspruch. Doch die Spur auch solcher Erdentage soll nicht in Äonen untergehen, und daher wird Herr Keup hin und wieder zitiert, wenn von den Gefahren des Hanfs die Rede ist. Das geschieht dann mit einer schamhaften Höflichkeit, die unbewiesenen Meldungen gegenüber ansteht. Karl-Ludwig Täschner, der sich anscheinend vorgenommen hat, den alten Herrn zu beerben, tut dies mit der unter Kollegen mustergültigen Formulierung: «Ob Cannabis-Entzugspsychosen wirklich existieren, scheint nach unserer Kenntnis *noch nicht* ausreichend sicher. Die Existenz cannabisbedingter Dauerveränderungen ist unter mitteleuropäischen bzw. nordamerikanischen Verhältnissen

Professor Keup von A bis F:

A. Akute Intoxikation («Modellpsychose»):
1) *1. Grad*
Glücksgefühle u. ä.,
Angstgefühle, Panikreaktion.
2) *2. Grad*
Illusionen, Halluzinationen, Desorientierung, Depersonalisation, Verwirrtheit, Erregung, Aggressivität, Gewalttätigkeit, paranoide Erlebnisproduktionen.
3) *3. Grad* (länger dauernd)
Benommenheit, Schlaf, *hangover*
4) «Nachdepression».

B. Protrahierte Intoxikation.

C. «Echoreaktionen» (spontane oder drogeninduzierte halluzinatorische Erlebnisse).

D. Psychosen:
1) *Genuine Cannabis-Psychosen:*
Toxische Psychosen von meist psychoorganischer Natur; sie scheinen vom Cannabis verursacht zu werden.
2) *Cannabismobilisierte Psychose:*
Hier scheint eine Psychose bereits vorher existiert zu haben, wenn auch in einem latenten Stadium.
3) *Cannabisaggravierte Psychose:*
Eine meist schizophrene Psychose existiert zuvor und wird durch Cannabis Gebrauch verschlimmert.
a) Die Drogeneinnahme erfolgt zugleich mit der Psychose.
b) Die Drogeneinnahme wird als Symptom der Psychose verstanden.

E. Cannabis-Entzugspsychosen.

F. Dauerveränderungen:
1) Sozialer Niedergang.
2) Psychoorganische Veränderungen (Hirnschaden?).
3) Geistiger Abbau (intellektuelle und Charakterveränderungen).

---

bislang nicht belegt.» Von dieser diplomatischen Wissenschaftssprache auf deutsch übertragen: Alles Quatsch.

Ist es eigentlich bitter für einen alten Herrn, der sich für einen Wissenschaftler hielt, daß von solchem Lebenswerk höchstens eine fixe Idee bleibt? Man müsse das anders sehen, meint er, denn die «Wissenschaft hat auch eine moralische Verantwortung. Die Forschung muß ja auch einem weiteren Drogengebrauch gegenüber *abschreckend* tätig werden.»

Das ist natürlich ein hilfreicher Hinweis. Zumindest weiß ich nun, warum mich so viele «wissenschaftliche Warnungen» so fatal an ebenso wissenschaftliche vor den Gefahren der Onanie erinnern, mit denen unsere Großeltern vor diesem Laster bewahrt werden sollten. Damals wie heute scheint in der Branche ein gezielter Tritt in den Genitalbereich das beste Abschreckungsmittel.

Die schönste Meldung dieser Art war die von Nahas & Co. verbreitete, Hanf würde den männlichen Hormonpegel so schrecklich beeinflussen, daß Impotenz, Unfruchtbarkeit und Asexualität «unausbleibliche» Folgen seien. Ja, welcher Macker wird da nicht nachdenklich? Aber abgesehen davon, daß sich diese Nebenwirkung wie üblich «noch nicht» bewei-

sen ließ, ist dies eine plausible Erklärung dafür, daß sich Länder mit reichlichem Hanfkonsum (Indien, Nah- und Mittelost etc.) eines stets zunehmenden Geburtenrückgangs erfreuen.

Es ist schwer, bei Betrachtung unserer wissenschaftlichen Landschaft
keine Satire zu schreiben, zumal Veröffentlichungen eine hohe Dosis un-
freiwilligen Humors bergen.

Aus der Schweiz berichteten die Herren Kielholz und Ladewig anno
1975: «Bei drei Jugendlichen, die längere Zeit, vorwiegend im Orient,
mehrfach Haschisch geraucht hatten, ließen sich über 5–7 Tage anhaltende Abstinenzsymptome, bestehend in Schlafstörungen, Hypertonie,
Schwitzen, feinschlägigem Tremor sowie gereizt depressiven Verstimmungen, beobachten. Das Vorkommen von Cannabisintoxikationspsy-
chosen ist nach unseren Erfahrungen nicht zu bezweifeln. Über die Häu-
figkeit derselben sowie ihre Abgrenzung von Schizophrenien besteht wegen der Seltenheit drogenspezifisch erfaßbarer Veränderungen noch
keine Klarheit.»

Was nun? Aber immerhin: drei Jugendliche. Nicht ganz zufällig lernte
ich 1976 einen davon kennen. «Die haben mich an der Grenze mit einem
Pickel Haschisch erwischt, und dann ging's schon ab in die Klinik. Alles
Gitter, und dann hat mir so einer gesagt, daß sie jetzt einen Entzug mit mir
machen werden. Dabei war ich ohnedies schon fertig vor Angst. Die haben mir dann nur noch mehr eingeheizt, von wegen langfristiger Einwei-
sung und so. Wenn ich nur einen von den Typen sah, ist mir schon der
Angstschweiß gekommen. Das mußt du dir vorstellen: Plötzlich bist du da
in einer Klinik, und alle sagen, du bist verrückt. Ich bin fast durchge-
dreht.» Da darf sich ein guter Psychiater natürlich nur vorstellen, daß dies
am Haschisch liegt, zumal die beiden Herren ihre Fälle so schön als
«Krankengut» bezeichnen.

Unter ähnlichen Prämissen sind die Versuche Herrn Hobis zu bewer-
ten, der ebenfalls 1975 die Ergebnisse von drei Gruppenuntersuchungen
veröffentlichte. Gruppe 1 waren Schüler und Lehrlinge ohne Erfahrung
mit illegalen Drogen. Gruppe 2 hatte Erfahrungen mit Haschisch, aber
noch nicht mit Polizei und Klinik. Gruppe 3 waren «hospitalisierte Dro-
genmißbraucher». Dort fand dann Herr Hobi: «Unsicherheit und Unreife
im Affekt- und Gefühlsbereich und somit die Unfähigkeit zu *reifen* Kon-
taktbeziehungen. Hohe emotionale Sensibilität und Labilität sowie eine
Unfähigkeit, auch geringgradige Frustrationen zu ertragen. Geringe Anpassungsfähigkeit gegenüber überlieferten Verhaltensformen ...» Die
Frage, ob dies nicht möglicherweise eine Folge der Intensivbehandlung
durch Polizei und Klinik sein könne, wurde natürlich nicht gestellt. Dafür
wurde auch die nicht beantwortet, was sich der Herr unter einer

Im *Deutschen Ärzteblatt* vom 22. 1. 1981 serviert Karl-Ludwig
Täschner seine gesammelten Erkenntnisse zusammenfassend, als
Theorie-Wiedergaben und vermutend:

Regelmäßiger Cannabiskonsum führt
in Relation zu den zugeführten Mengen zur Abhängigkeit. Hierzu ist ein
mehr oder weniger langes Vorstadium
regelmäßigen Konsums erforderlich.
Die *Abhängigkeit vom Cannabistyp*
besteht nach der Definition der Weltgesundheitsorganisation (WHO) aus
einer mäßigen bis deutlichen psychischen Abhängigkeit von der angestrebten Substanzwirkung bei gering
ausgeprägter Tendenz zur Dosissteigerung. Psychische Entzugserscheinungen bei Absetzen der Substanz sind die
Regel, sie äußern sich als Unruhe,
Nervosität, Drang zur Wiederholung
der Stoffzufuhr, Verstimmung, vielfach auch als das Gefühl innerer
Leere. Möglicherweise können auch
leichte körperliche Entzugssymptome
auftreten.

**Wenn dem so nicht der Fall ist – woran
kann das nur liegen?**
Dem widerspricht nicht, daß manche
Konsumenten bestreiten, solche Symptome erlebt zu haben. Viele erreichen
das Stadium der Abhängigkeit nicht,
weil sie nach einem Probierkonsum
aufhören oder auf andere Drogen übergehen. Auch der zusätzliche Konsum
von Alkohol kann solche Symptome
verdecken.

Nachrausch (*flash back*)
Unter Nachrausch verstehen wir das
Auftreten von rauschähnlichen Wahrnehmungsstörungen ohne erneute
Drogenzufuhr. Sie können noch 6 Monate nach der letzten Drogeneinnahme
auftreten, in manchen Fällen sogar
noch später, oft ohne ersichtlichen Anlaß. Nachräusche werden allerdings
häufiger bei LSD- als bei Cannabiskonsum beobachtet. Ihr Zustandekommen
mag mit der Bahnung abnormer Wahrnehmungsmuster durch längerdauernde Einwirkung der Droge auf bestimmte Nervenzellen des Gehirns zusammenhängen; der genaue Entstehungsmechanismus ist bis heute nicht
bekannt. Das plötzliche unvorhersehbare Eintreten solcher Wahrnehmungs- und Erlebnisstörungen beinhaltet natürlich erhebliche Gefährdungsmomente für den Betroffenen
und seine Umgebung. Die lange
Dauer, die zwischen letzter Drogeneinnahme und Auftreten des flash back
verstreichen kann, erhöht die Gefährlichkeit dieser spezifischen Drogenwirkung noch zusätzlich.

**Zum grundsätzlichen Problem fixer
Ideen und herkömmlicher Leitbilder:**
Eines der Hauptprobleme, die mit dem
Konsum von Cannabis verbunden sind,
besteht in der *psychosefördernden Potenz* der Substanz. Schon Stringaris berichtete 1939 über Cannabispsychosen.
In der südlichen Sowjetunion wurden
bereits 1934 solche Krankheiten bei
Cannabiskonsumenten beschrieben
(Skliar). Auch nach neueren Untersuchungen kann kein Zweifel daran bestehen, daß Cannabiskonsum die Entstehung von schizophrenieähnlichen
Krankheitsbildern fördert (Keup, Negrete, Bron, Täschner).

**Zusammenhänge werden gesucht und
gefunden:**
Regelmäßig Cannabis konsumierende
Schüler können sich nach Erfahrungen
des Frankfurter schulpsychologischen
Dienstes (Weber) nach Beginn ihrer
Sucht noch etwa sechs Monate an der
Schule halten, danach kommt es in der
Regel zum Abbruch der Schulausbildung. Cannabiskonsum führt so zu
zahlreichen zusätzlichen Problemen
und Konflikten, nicht zur Lösung schon
bestehender Belastungen aus dem sozialen Umfeld.

Verdachtsmomente in den Raum gestellt:

Abschließend ein Wort zur sogenannten *Legalisierungsdiskussion*. Zur Herausnahme des Cannabis aus dem Betäubungsmittelgesetz wird es erforderlich sein, den *Nachweis der Unschädlichkeit* zu führen. Die Beweislast liegt hier ganz bei der Droge. Es besteht aber eine Fülle von Verdachtsmomenten, die entkräftet werden müssen (zum Beispiel Einfluß auf das Immunsystem, den Serumtesteronspiegel, mögliche teratogene Wirkungen, Lungenschäden, Beeinträchtigung der Spermatogenese).

... und schräge Schlußfolgerungen gezogen:

Zweifellos würde die Freigabe von Cannabis seine Verbreitung auch unter neuen Konsumentengruppen fördern, die bis heute vom Konsum nicht erfaßt sind. Der bestehende Schwarzmarkt würde nicht ausgetrocknet, sondern zwecks Unterbietung staatlich verordneter Preise fortbestehen. Der Legalisierung weiterer Rauschdrogen würde der Boden bereitet: Auch LSD und seine Verwandten müßten bald freigegeben werden.

Ein Drogensymposion mit internationalen Fachleuten

Deutlich zeichneten sich zwei ganz verschiedene Haltungen zum Drogenproblem auf der Tagung ab. Die überwiegende Zahl der deutschen Teilnehmer und Sluga (Wien), Özek (Istanbul) und Keup versuchen, das Phänomen mit den Mitteln der herkömmlichen Psychiatrie und ärztlichen Kunst anzugehen. Die Erfahrungen und die Mißerfolge legen schärfere Methoden nahe, etwa völligen Verzicht auf den «soft use» (kontrollierter und mäßiger Drogengebrauch, stufenweiser Rückgang des Konsums), große Skepsis gegenüber Selbsthilfegruppen, gegenüber zu großer Annäherung der Heilenden an die Subkultur der Kranken. Eingriffe des Staates und der Polizei werden als notwendig angesehen, rechtliche Gebote beachtet. Energisch werden Systeme zur Diagnose und Therapie gesucht. Auch Glatt (London) neigt eher zu dieser Gruppe, doch vermittelnd.

Die andere Meinung wurde vor allem von Sonnhammer (Stockholm), aber auch von Mulder (Amsterdam) und Kjoestad (Aas, Norwegen) repräsentiert. Mulder sprach sogar von intoleranten und toleranten Ländern.

Eine der interessantesten Neuheiten, der Tagung brachte die wiederholt zu hörende Äußerung, daß sich bei dem Drogenproblem eine gewisse Sättigung abzeichne. Die Kurve der Zunahme flache sich ab. Man könne absehen, daß der Plafond bald erreicht sei.

(Frankfurter Allgemeine, 22. 9. 1971)

Fürchtet euch ...

In jedem Fall wird die *Leugnung der Realität* als Leugnung der Existenz angesehen, die auf Realitätsbezug angelegt ist. Die (unbewußte) Zunahme des Lustverlangens bedingt gleichzeitig (unbewußte) Abnahme des Realitätsantriebes. Da ständiger Haschkonsum zur Passivität führt, kommt hier ein Prozeß in Gang, der im Ausflippen, wenn nicht im Suizid enden muß.

(Dietrich Busch, Handbuch der Drogenerziehung, Tübingen 1972)

... nicht:

Eine Erhöhung des Suizidrisikos durch Haschisch-Gebrauch ist nicht nachgewiesen.

(Anbros Uchtenhagen, Gegenwärtiger Stand der Haschischforschung, Köln 1981)

«reifen» Beziehung bei Jugendlichen vorstellt, und natürlich muß jemand *krank* sein, der sich als Junger nicht sofort und liebevoll den *überlieferten Verhaltensformen* anpaßt, wo doch diese unsere Welt so angenehm, schön und glücklich machen.

Da ist die Frage angebracht, ob aus solchen Dingen in den letzten Jahren gelernt wurde. Was die offiziell gehandelten Cannabinologen betrifft, muß sie schlicht verneint werden. Das derzeitige Zugpferd der Hanfpolitik heißt Karl-Ludwig Täschner und ist Kommissarischer Leiter der 2. Abteilung für klinische Psychiatrie an der Universität Frankfurt/Main. Als Fachmann qualifiziert ihn, daß er viele Bücher gelesen hat, und 1979 publizierte er zu sehr gehobenen Preisen sein Magnum opus namens ‹*Das Cannabis-Problem*›.

Ich weiß nicht, ob dieses Buch einer sanften Kritik unterzogen werden darf, denn es handelt sich dabei offensichtlich um eine Privatangelegenheit für den familiären Kreis, was der Widmung «für Bettina» zu entnehmen ist. Auch das Motto: «Was ist heute noch Philosophie?», der *FAZ* entnommen, verheißt nichts Profundes. Was der Herr der Dame seines Herzens mitzuteilen hat, beruht «auf einem Gutachten, das wir im Jahre 1974 … im Auftrag der Staatsanwaltschaft … erstattet haben. Uns war aufgegeben, eine Aussage zur Frage der Wirkung und *Gefährlichkeit* des Haschischs zu machen.» Wer so forscht, tut gut daran, sich gleich zu entschuldigen: «Wir erheben keinen Anspruch auf Vollständigkeit … Von vornherein haben wir versucht, uns auf so wenig Literatur wie möglich, dafür aber auch die *relevante* Literatur zu stützen.» Wie entscheidet man dies? Keine Antwort, es sei denn, man nimmt als Kriterien die berufsbe-

---

Frage: 1. Sind EEG-Veränderungen bei Rauschgiftsüchtigen bekannt? 2. Sind sie von der Art der Drogen abhängig? 3. Sind sie reversibel? In welcher Zeit?

Antwort: EEG-Veränderungen bei Rauschgiftsüchtigen sind bekannt. Dabei handelt es sich überwiegend nur um flüchtige Veränderungen, die unmittelbar, wenige Stunden nach großen Dosen registriert wurden.

2. Die EEG-Veränderungen unmittelbar nach der Einnahme von Drogen sind in gewissem Ausmaß von der Art der Droge abhängig, im allgemeinen aber als Begleitzeichen einer akuten, reversiblen Stoffwechselstörung zu werten. Morphin, Psilocybin, Mescalin und auch LSD in größeren Dosen können stärkere Unregelmäßigkeiten der Grundtätigkeit mit Frequenzverlangsamung verursachen als Cocain, Haschisch oder Alkohol.

3. Die bisher beobachteten reversiblen EEG-Veränderungen nach Rauschgiften bildeten sich in Abhängigkeit von der Dosis und der Applikationsform im Verlauf von Stunden wieder zurück.

(Prof. Dr. J. Kugler, Universitäts-Nervenklinik, München, Dtsch. Med. Wschr. 20/1973)

dingte Neugier der Staatsanwaltschaft und die der Dame Bettina. Das hat natürlich Folgen: «Es mag sein, daß manche Abschnitte des Buches einen eklektischen Charakter tragen; es mag auch sein, daß wir nicht an jeder Stelle objektiv und *nüchtern* geblieben sind ... Dabei war es nicht unser Bestreben, eine vorgefaßte Meinung *um jeden Preis* mit einseitig ausgewählter Literatur zu belegen und durchzusetzen.»

Einem solchen Geständnis wäre eigentlich nichts mehr hinzuzufügen. Da ich zufälligerweise etwas mehr zum Thema gelesen habe als Herr Täschner, sind dennoch einige Anmerkungen nötig. Ich hoffe, die Dame Bettina nicht zu kränken, wenn ich es für eine mehr als dubiose Methode halte, eine Latte von Phänomenen unter «Gefährlichkeit des Cannabis» aufzulisten, und sich dabei regelmäßig derselben Formulierungen zu bedienen: «Der Verdacht ... bleibt jedoch weiterhin unwiderlegt bestehen ... scheint nicht sicher geklärt ... bleibt umstritten.» Vergleichsweise: Würde ich Herrn Täschner fragen, wann er die Dame Bettina zuletzt geschlagen habe, könnte er noch so heftig dementieren – der Verdacht bliebe ja auch.

Vollends grotesk wird die Sache jedoch, daß die «Begleitideologie zum Cannabis-Konsum» als entscheidendes Gefahrenmoment präsentiert wird, wozu noch als ganz besonderes Element der «Nachrausch» kommt, auch *flash-back* genannt.

Was darunter zu verstehen ist, muß ich schon Herrn Täschner überlassen. Die Geschichte geistert durch fünfzehn US-Publikationen, die allerdings auch sonst sehr bizarre Phänomene erzählen, und wurde in der BRD erstmals von *Bild* eingeführt, anno 1968. Herr Täschner irrt allerdings, wenn er schreibt, ein *flash-back* sei einmal oder gelegentlich «beobachtet» worden. Derlei hat nicht einmal Herr Nahas behauptet. Es handelt sich um ein Phänomen vom Hörensagen, noch dazu um eine Kuriosität, was die wissenschaftlich-materialistische Toxikologie betrifft. Wie nämlich sollte eine Droge, die schon lange aus dem Organismus ausgeschieden ist, plötzlich wieder und dann gleich mit Urgewalt auftreten?

Von über 900 Haschisch-Konsumenten aller Härtegrade, die ich im Laufe der Jahre intensiv befragte, berichteten mir drei von einem *flash-back*, und zwei kannten aus Zeitungsberichten auch die Formulierung dafür. Einer gab zu, «immer schon auf einen *flash-back* gewartet» zu haben, und einmal, drei Tage nach seinem letzten Joint, sei es soweit gewesen: «Ich hatte gar nichts geraucht, aber ich spürte, daß ich mich plötzlich ganz angetörnt fühlen konnte, *wenn ich wollte*. Ich habe mich da dann richtig reingesteigert.» Der andere war ein jüngerer Beamter, der gelegentlich Haschisch geraucht hatte. Sein Erlebnis erfolgte drei Wochen nach dem letzten Konsum: «Es war in einer Besprechung. Plötzlich

Was der Arzt über Cannabinoide wissen soll

Haschisch enthält je nach Qualität und Herkunft fünf bis zehn Prozent des psychotropen Δ^1-THC, Marihuana zwischen ein und zwei Prozent. Der THC-Gehalt eines Joints aus einem Gramm Marihuana beträgt demnach zehn bis zwanzig Milligramm. Im Rauch werden davon etwa 50 Prozent in die Lunge des Konsumenten gebracht, also fünf bis zehn mg Δ^1-THC. Ein geübter Haschisch-Raucher (tiefere Inhalationstechnik) kann davon etwa 80 Prozent (vier bis acht mg Δ^1-THC) resorbieren.

Die im Gehirn gefundenen Konzentrationen liegen in der gleichen Größenordnung wie die der natürlichen Neurotransmitter. Auf die psychotrope Dosis bezogen, ist die Toxizität von Δ^1-THC sehr gering. Die akute Lethaldosis bei oraler Verabreichung liegt bei der Maus bei 0,5 g/kg, bei der Ratte bei 0,67 g/kg. Der Abstand zwischen der rauscherzeugenden und der toxischen Dosis ist bei Δ^1-THC wesentlich größer als bei Alkohol, und eine akute Vergiftung ist so gut wie ausgeschlossen.

Entsprechend der niedrigen psychotrop wirksamen Dosis sind auch die autonomen Wirkungen und die Beeinflussung des Stoffwechsels durch Δ^1-THC gering, wie in der Doppelblindstudie von Weil, Zinberg und Nelson 1969 gezeigt werden konnte.

Nach dem Rauchen von einem Gramm Marihuana (resorbierte Menge Δ^1-THC vier bis acht Milligramm) entsteht ein etwa drei Stunden dauernder Rauschzustand, der durch ein Gefühl von Losgelöstheit charakterisiert ist, das eine meditative Versenkung oder eine Hingabe an sensorische Stimuli erlaubt. Der Zustand ist im allgemeinen frei von optischen und akustischen Halluzinationen, die beim 4- bis 5fachen dieser Dosis auftreten können. Subjektiv gesteigert wird die Gefühlsintensität beim Hören von Musik, beim Betrachten von Bildern, bei Essen und Trinken und bei sexueller Aktivität. Der Rausch ist zweiphasig und geht nach der Anregungsphase in eine milde Sedierung über. Bei der genannten Dosierung dominiert eine passive euphorische Bewußtseinslage, bei höherer Dosierung kann es zu paranoiden Vorstellungen und Dysphorie kommen.

THC ist nahezu wasserunlöslich und kann nicht in unveränderter Form ausgeschieden werden. Die Substanz wird in der Leber (und anderen Geweben) mono- oder dihydroxyliert, zu THC-Säuren oxidiert und mit Glucuronsäure konjugiert. Der lipophile Charakter von Δ^1-THC führt zu einer Akkumulation im Organismus. Δ^1-THC verschwindet nach anfänglich hohen Konzentrationen rasch aus dem Plasma und sammelt sich in Lunge, Leber und Milz und schließlich in den Fettgeweben, aus denen es langsam wieder abgegeben wird.

Ein Schwerpunkt der Cannabis-Forschung liegt auf dem analytischen Nachweis von Cannabinoiden im Organismus von Konsumenten zu pharmakokinetischen und forensischen Zwecken. Dazu wurden folgende Techniken entwickelt:

Extraktion von Δ^1-THC aus dem Plasma, chromatographische Reinigung und massenfragmentographische Quantifizierung nach Zusatz deuterierter Standards. Dieses Verfahren ist absolut spezifisch und erlaubt bei einer Sensitivität bis zu 200 pg/ml Plasma (= 0,6 Nanomol/Liter) einen Nachweis von Δ^1-THC bis zu 48 Stunden nach dem Genuß der Droge. Leider ist dieses Verfahren so aufwendig, daß es kaum routinemäßig durchführbar ist.

Ähnlich empfindlich ist der Radio-Immuno-Assay, für den in Schafen induzierte THC-Antikörper benutzt werden. Die Methode erlaubt den Nachweis von THC im Plasma und im Urin, ist aber wenig spezifisch, da Kreuzreaktionen mit anderen Cannabinoiden.

Δ^1-THC senkt den Augeninnendruck bei Glaukompatienten und wirkt antiemetisch bei Antitumor-Chemotherapie. Cannabidiol wird zur Zeit klinisch als potentes Antiepileptikum erprobt, und eine Reihe von synthetischen Cannabinoiden zeigen ausgeprägte analgetische und sedierende Wirkungen.

Die beobachteten Effekte sind nur in In-vitro-Systemen oder in Experimenten mit extremen THC-Dosierungen demonstriert worden. Sicherlich ist es verdienstvoll, nach allen möglichen durch die Droge verursachbaren Schädigungen zu suchen. Im Hinblick auf die verwendeten Dosierungen muß jedoch die Frage nach der Relevanz dieser Resultate gestellt werden. Beim Menschen können die genannten Dosierungen beim Konsum der pflanzlichen Formen der Droge nicht oder erst nach monatelangem oder jahrelangem exzessivem Konsum von 20 Joints oder mehr pro Tag erreicht werden. Kleine Dosen, die einem oder zwei Joints pro Tag entsprachen, riefen keinen der beschriebenen Effekte hervor.

Ferner ist bei Haschisch-Rauchern bisher kein funktionaler Zusammenhang zwischen den beschriebenen biochemischen und zellularen Effekten der Droge und der Gesundheit (Infektionsanfälligkeit, Reproduktion) der betreffenden Person demonstriert worden, das im Gegensatz zu den kausalen Verknüpfungen verschiedener Krankheiten mit dem Konsum von Alkohol oder Nikotin.

Typisch für Haschisch ist das Problem der Sozialisierung dieser Droge, die aus einem fremden Kulturkreis stammt, bei uns also weder integriert ist noch den religiös-kultischen Rahmen vorfindet, der ihren Gebrauch sinnvoll macht. Der Haschisch-Rausch führt zu einer passiven introspektiven Bewußtseinslage, einem «In-sich-selbst-Suchen», einem Zweifel an Eta-

bliertem, zu Dingen also, die den Idealen unserer extravertierten, am Leistungsprinzip orientierten Gesellschaft diametral entgegengesetzt sind, an sich aber nicht negativ sein müssen. Starker Konsum der Droge hat negative Auswirkungen. Zehn Joints oder mehr pro Tag führen zu Apathie und Motivationsverlust. Verwahrlosung und Persönlichkeitsabbau können die Folge sein. Genau wie bei Alkohol sollte streng unterschieden werden zwischen dem harmlosen gelegentlichen rekreativen Genuß der Droge und dem schädlichen unkontrollierten Dauerkonsum. Beide Drogen gehören nicht in die Hände von Jugendlichen und psychisch Labilen: die Frage des Drogenmißbrauchs läßt sich so gesehen eher als eine Frage der Psyche des Konsumenten begreifen. Ein verständnisvolles Gespräch und sachliche Aufklärung vermögen sicher mehr als jede Strafandrohung.

Ein Tatbestand noch unterscheidet Alkohol und Haschisch: Alkohol ist das einzige legale Berauschungsmittel in unserem Lande, Haschisch fällt unter das Betäubungsmittelgesetz; Einfuhr, Erwerb und damit auch der Konsum sind verboten. Die Konsumenten, vor allem Jugendliche, werden zu Kriminellen. Leider differenziert das Gesetz, auch wenn es heute flexibel gehandhabt wird, nicht zwischen harten und weichen Drogen.

Dem Haschisch wurde lange die Funktion einer Einstiegsdroge zugeschrieben, was für psychisch labile Jugendliche sicher zutrifft, nicht aber für die Mehrheit der Haschisch-Konsumenten auf der ganzen Welt. Das Umsteigen auf Opiate erfolgt genauso von Alkohol oder Amphetaminen wie von Haschisch.

Medizinisch gesehen dürfte der Genuß von ein bis zwei Joints Marihuana (ein bis zwei Gramm Marihuana, resorbierte THC-Menge acht bis sechzehn Milligramm) pro Tag unschädlich sein, zumindest aber weniger schädlich sein als der tägliche Konsum von Alkohol oder von 20 Zigaretten. Für alle drei Drogen gilt das Prinzip «sola dosis facit venenum», und somit wäre gegen den gelegentlichen Konsum von Marihuana im Grunde genausowenig einzuwenden wie gegen das gelegentliche Glas Wein oder die gelegentliche Zigarette. Jede Droge, im Übermaß genossen, ist schädlich.

Michael A. Binder, Institut für Physiologische Chemie, Ruhr-Universität Bochum.

(Deutsches Ärzteblatt, 22.1.1981)

Ärzte fordern: Haschisch aus der Apotheke

US-Mediziner wollen Haschisch in der Krebsbehandlung einsetzen. Die amerikanische Behörde für Nahrung und Gesundheit prüft einen entsprechenden Antrag.

Das Rauschgift Haschisch (Cannabis sativa) beseitigt jene starke Übelkeit, die sich oft nach Bestrahlungen bei Krebskranken einstellt. Schon heute rauchen deshalb viele amerikanische Krebspatienten mit Duldung ihrer Ärzte Haschischzigaretten, die sie auf dem Schwarzmarkt erwerben müssen. Eine Zigarette kostet 15 Mark. Wenn die Behörde zustimmt, können die Kranken das Rauschgift bald offiziell in Apotheken kaufen.

(Welt am Sonntag, 15.10.1980)

Marihuana, gemeinhin ein Gemisch aus Blättern und blühenden Spitzen der Hanfpflanze, hat eine milde Wirkung bei Asthma, es wirkt dämpfend und fördert die Schlafbereitschaft. Es besitzt zudem einen (im Jargon der Pharmakologen) selten günstigen therapeutischen Quotienten: Im Hinblick auf Todesfälle durch Überdosierung etwa ist Marihuana mehrere hundertmal sicherer als ein gängiges Schlafmittel und einige tausendmal sicherer als Alkohol.

(Die Zeit, 30.11.1979)

Eine empfängnisverhütende Pille auf Haschischbais entwickeln derzeit Forscher des Departments für «reproduktive Endokrinologie» des «Ichilob»-Krankenhauses in Tel Aviv.

Nach Angaben des Direktors, Dr. Daniel Elon, könnte einer der «aktiven Wirkstoffe vom Harz des indischen Hanfes die Grundlage einer Pille bilden, die den Eisprung verhindert oder verzögert».

Die israelischen Forscher haben bereits eine synthetische Version dieser Hanfsubstanz angeblich ohne schädliche Nebenstoffe hergestellt, die direkt auf den Ovulationsprozeß einwirkt.

Den Anstoß zu den Arbeiten hatten Statistiken über die besonders schädlichen Auswirkungen von Haschisch auf Frauen gegeben, die diese Droge in großen Mengen konsumieren und deren Fruchtbarkeit entsprechend beeinträchtigt wurde.

(Die Tageszeitung, 19.2.1980)

Ein heute veröffentlichter Report des Institute for the Study of Drug Dependence in London untersucht die Möglichkeiten der Reduzierung oder Aufhebung der legalen Beschränkung des Gebrauchs von Marihuana. Die Studiengruppe, die schon sieben Jahre zusammentrifft, trägt den wechselnden öffentlichen Ansichten betreffend des nichtmedizinischen Gebrauchs der Droge Rechnung und geht auf die Folgen von vier verschiedenen Systemen ein: eine Reduktion des Strafmaßes, «Entkriminalisierung», Lizenzierung und volle Legalisierung. Bis anhin gibt es mehr als zwanzig Bücher und beinahe 3000 Abhandlungen zu diesem Thema, und weitere Abhandlungen werden beinahe täglich veröffentlicht. Dem nichtbetroffenen Beobachter sei deshalb verziehen, wenn er einen wissenschaftlichen Konsensus über den Gebrauch von Cannabis als Freizeitdroge erwartet. Doch nein: «Für jede Abhandlung, die eine Sache feststellt, gibt es eine andere, die dem widerspricht und zwei weiteren, die etwa in der Mitte zwischen beiden liegen», sagt *James Graham,* Professor für Pharmakologie der Welsh National School of Medicine und Vorsitzender des technischen Unterkomitees der Beratungskommission. Graham glaubt jedoch, daß «ein wenig Marihuana-Rauchen harmlos ist».

Graham sagte zum *New Scientist:* «Kein Toxikologe mag es, wenn Leute voller abnormaler Substanzen durch die Gegend laufen. Doch gibt es keinen Beweis dafür, daß dies schädlich sei.» *(New Scientist, 16. 8. 1979)*

---

kam mir das alles, was da geredet wurde, völlig absurd vor. Das war, fiel mir plötzlich ein, wie diese öde Diskussion, die beim letzten Rauchen stattgefunden hatte. Da wurde ich dann etwas nervös, denn ich hatte ja vom *flash-back* gehört. Aber es kann auch nur eine momentane Assoziation gewesen sein. Das Ganze dauerte höchstens ein paar Sekunden.»

Für aufschlußreich möchte ich die Auskunft des Malers Ernst Fuchs halten, der in jüngeren Jahren Haschisch rauchte und damit aufhörte in der Hoffnung, «mir diese Wahrnehmungsfähigkeiten auch ohne die Droge erzeugen zu können». Nach eigenen Angaben ist ihm dies auch gelungen.

Vergleiche ich diese Auskünfte mit den anderen bekannten Schilderungen von *flash-backs*, außerdem mit den Erfahrungen von Nicht-Haschisch-Konsumenten in Meditation und Yoga, möchte ich dazu neigen, dieses Phänomen für einen *auch willentlich abrufbaren* Bewußtseinszustand zu halten, der unter anderem auch aus Drogenerfahrungen gespeichert sein kann. Wir alle fühlen uns gelegentlich «wie besoffen», ohne getrunken zu haben – wir vergleichen einen uns zunächst unerklärlichen Zustand mit einem bekannten. Dabei wird leicht übersehen, aus welcher *augenblicklichen* Situation heraus diese «Verschiebung» unserer «nüchternen Normalität» geschieht. «Abnorme» Zustände bedürfen wahrlich nicht immer einer Drogengrundlage. Aber um sie begreifen zu können, ist der Vergleich mit durch Drogen hervorgerufenen der naheliegendste. Ich muß keinen Hanf geraucht zu haben, um etwas so intensiv erleben zu können, wie dies manche Kiffer berichten. Aber ich würde diese Fähigkeit nicht für einen *flash-back* halten, obwohl ich dann gelegentlich sage: «Danke, ich bin schon natur-high.»

Zusammenfassung

Weil sich dies bei wissenschaftlichen Essays so schickt, ist wohl auch hier eine angebracht, wenn auch zugegebenermaßen aus ironsichen Gründen. Wer die klinisch-psychologische, psychiatrische, medizinische und toxikologische Literatur über Hanf kritisch durchforstet, wird viele bunte Enten und wüste Vermutungen finden und nur wenig Überprüftes, Gesichertes. Als Ursache dafür möchte ich eine psychologische Komponente der Cannabis-Forschung sehen. Es handelt sich um eine *verbotene* Droge, und die meisten Forschungsetats wurden in der oft ausgesprochenen Erwartung vergeben, die *Gefährlichkeit* des Stoffs nachzuweisen. Dadurch ist wissenschaftliche Objektivität nicht immer möglich. Hinzu kommt, daß die meisten Publikationen von Stellen gefördert werden, die mittelbar oder unmittelbar *gegen* Cannabis tätig sind. Eine weitere Rolle spielt die moralische Befangenheit von Wissenschaftlern, Rauschzuständen gegenüber.

Wo organische Schädigungen festgestellt wurden oder abnorme Zustände im Hirnstrom-Haushalt, lagen regelmäßig abnorme THC-Mengen zugrunde. Unter normalen Umständen und selbst bei Konsum-Mengen von 5 g starkem Haschisch pro Tag wurden keine derartigen Beobachtungen gemacht. Vergleicht man diese Ergebnisse mit Alkoholschäden, wobei als Vergleichspunkt die (zugegebenermaßen subjektive) Intensität des Rauscherlebnisses dient, sind die organischen Folgen bei Alkohol zumindest gleich groß, wozu noch körperliche Abhängigkeit kommt, die bei Cannabis nicht festgestellt werden konnte, obwohl danach gesucht wurde. Die Gefahren von Lungenschäden durch Kondensat sind bei Hanf erheblich größer als bei Tabak, doch wird diese Tatsache dadurch relativiert, daß im Normalfall ja wesentlich weniger Cannabis konsumiert wird als Tabak. Unterm Strich kommt dann die Gefährlichkeit auf dasselbe Level.

Eindeutig gefährlich ist Cannabis für Personen mit neurotischer oder gar psychotischer Disposition, doch das gilt für jedes Rauschmittel und auch für viele Pharmaka. Auch in diesem Punkt nimmt Hanf keine Sonderstellung ein.

Ebenfalls für alle Rauschmittel, die nicht körperlich abhängig machen, ist die Gefahr einer Veränderung der Persönlichkeit bei übermäßigem Gebrauch (= Mißbrauch) gegeben. Auch hier ließ sich eine besondere Gefährlichkeit des Hanfs bislang nicht nachweisen.

Womit hier die klassische Formulierung «noch nicht» genügend gewürdigt wurde. Was sagt sie? Daß über Hanf zuwenig geforscht worden sei, darf niemand behaupten, der die schier unübersehbare Menge Literatur zum Thema kennt. Keine andere Droge wurde so intensiv nach «möglichen Schäden» untersucht. Dennoch konnten keine gefunden werden, die eine über den Alkohol hinausgehende Gefährlichkeit zeigen. Verdachts-Kataloge und «Könnte»-Sammlungen mögen zwar geeignete Grundlagen für staatsanwaltliche Plädoyers sein, haben aber wissenschaftlich nur zweifelhaften Wert.

Eine Erforschung des Hanfs für pharmakologische Zwecke wurde im Vergleich zu anderen Untersuchungen nur sehr spärlich betrieben. In den USA liefen und laufen Versuche, denen zufolge Hanf gewisse Erfolge bei der Behandlung von grünem Star verspricht, doch die Resultate sind nicht sehr gesichert. Auch die Anwendung von Hanf in der asiatischen Medizin, z. B. den ayurvedischen Schulen, die auf Gebieten der Internistik (Magen-Darm), Gynäkologie und Gerontologie dem Westen oft überlegen sind, wurde von unserer Medizin noch nicht ausreichend erforscht. Es fehlt, heißt es, dafür an Geld.

Da dieses für Forschungsvorhaben hinsichtlich ideologischer Bewertung des Hanfs ausreichend vorhanden scheint, ist der Verdacht nicht abwegig, auch auf diesem Gebiet werde die Wissenschaft zu politischen Zwecken mißbraucht.

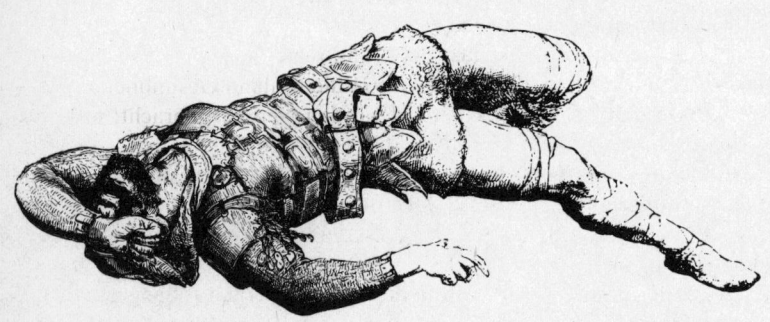

9. Einstiegsdroge? Ausstiegsdroge?

Der erfaßbare Rausch

Markige Worte, als Argument nicht von der Hand zu weisen. Da Herr Heckmann dies allerdings als «moralische Vorbemerkung» zur Cannabis-Diskussion verstanden wissen möchte, muß die Frage gestellt werden, ob diese schöne Moral nicht eine sehr selektive ist, frei nach Popper: eine Stückwerk-Moral. Aber auf diese folgt auch noch eine «politische Vorbemerkung»: «Es gibt in diesem Land für jede Verrücktheit eine Lobby . . . so jetzt auch für die Liberalisierung der Betäubungsmittel-Gesetze.» Und jetzt fehlt was, Herr Heckmann, beispielsweise die dpa-Meldung vom 15. Januar 1981: «Walter Scheel . . . würdigte bei der Entgegennahme des deutschen Weinkulturpreises 1980 in Bremen die Vorzüge des Rebensaftes: Er bringe die Menschen einander näher.» Leider hat sich der Herr nicht zu den Problemen des fortgeschrittenen Alkoholismus geäußert, obwohl er vielleicht auch dazu berufen wäre. Und wenn Politiker ihre Schwäche für bayrisches Starkbier feiern, fehlen leider auch die Berber in den Passagen, die Alkoholiker aus der Klinik und die Leberzirrhosen aus dem Leichenhaus. Was ist da plötzlich mit den Drogenbeauftragten los? Wo bleiben da die gewohnten moralischen Vorbemerkungen und Fußnoten?

So zu fragen, ist ungerecht. Die unterschiedliche Gefährlichkeit von Alkohol und Haschisch hat schon 1971 die weiland Gesundheitsministerin Käthe Strobel auf einen bezaubernden Nenner gebracht: «Alkohol wird *genossen, um die Stimmung zu heben,* während es den Haschern *auf den Rausch ankommt.*» Ein feiner, ein moralischer Unterschied.

Eine solche Ausgangssituation erschwert Untersuchungen. Bei einer

---

«Über die Legalisierung von Cannabis sollte nur sprechen, wer zwei Sorten von Kiffern von nahem gesehen hat: den Dauerkiffer, der den ganzen Tag ein Pfeifchen nach dem anderen raucht, den Jugendlichen, der verzweifelt versucht, wieder aufzuhören, aber ‹nicht kann›. Wer gelegentlich mal einen Joint durchzieht oder aus der Entfernung soziologisch argumentiert, sollte sich aus der Diskussion heraushalten, denn er weiß nicht, wovon er spricht.»

(Berlins Drogenbeauftragter Heckmann, 1979)

---

legalen Droge wie Alkohol läßt sich relativ mühelos eine feine Skala unterschiedlicher Gebraucher an Hand ihrer Trinkgewohnheiten ausarbeiten. Bei der illegalen Droge Hanf wird jedoch nur sehr selten zwischen den Gebrauchsmustern unterschieden, und viele neigen dazu, den Pegel «Rausch» sehr niedrig anzusetzen. Die Stadien «leicht angeheitert» bis «an der Grenze zum Rausch (noch voll reaktionsfähig, aber mit Willensanstrengung)» werden nur sehr, sehr selten erfaßt. Die Räusche seien zu unterschiedlich, heißt es gelegentlich zur Entschuldigung, doch Studien aus den USA und Großbritannien zeigen, daß dem nicht ganz so ist.

Aus wieder anderen Gründen sind die «offiziellen Zahlen» zweifelhaft. Da Hanf illegal ist, bekennen sich viele Kiffer aus begreiflichen Gründen nicht zu ihrem Laster, und die es dennoch tun, werden dazu neigen, die Sache zu sensationalisieren. Die Frage: «Was empfindest du dabei?» provoziert bereits durch ihre Formulierung zu pointierten bis übertreibenden Antworten. Hinzu kommt als weiteres: Auch wer über den Durst getrunken hat, wird gern sagen: «Ich bin nicht betrunken.» Wer kifft, und der Stoff existiert ja nicht in einem Supermarkt-Übermaß, neigt hingegen gern dazu, auch in einem sehr frühen Stadium des Rausches «Ich bin gut angetörnt» zu sagen. So bleibt bei allen, auch den vergleichenden Studien, ein relativ großer Unsicherheitsfaktor, wobei viele Indizien darauf hindeuten, daß die Rauscheffekte von Hanf höher eingeschätzt bzw. daß hier a priori von einem sehr niederen «Rauschlevel» ausgegangen wird. Die Problematisierungs-Gefahr gilt auch hier und aus ähnlichen Gründen wie bei den Studien des vorigen Kapitels. Die Selbsteinschätzung des Forschers, die Spur eines Problems auf noch nicht begangenen Wegen zu verfolgen, verleitet immer zu Übertreibungen.

Seit der Hanf in den USA als «Mörderdroge» installiert wurde, galt stets ein besonderes Interesse der Frage, wieweit die Sache kriminogen ist. Unter der Voraussetzung, daß ja bereits die Konsumenten kriminalisiert sind, ist sie nicht zu beantworten, aber es gibt mittlerweile Landstriche westlicher Zivilisation, wo unter relativ «neutralen» Voraussetzungen beobachtet werden kann. Seit dem 1. Januar 1976 ist in Kalifornien der Besitz von einer Unze Marihuana straffrei, und vor den Gerichten wird Alkoholisierung und Bekifftsein gleich behandelt. Seitdem wird auch der Anteil von Drogen in der Statistik der aufgeklärten Verbrechen vermerkt, wobei allerdings anzumerken ist, daß Hanf nicht oder nur sehr selten im Organismus nachgewiesen werden konnte, diesbezügliche Auskünfte also von den Tätern stammen. Dasselbe gilt übrigens auch für einige Pharmaka. Vorausgestellt werden muß außerdem die Einschätzung der kalifornischen Gesundheitsbehörde, den Drogenkonsum betreffend. Dementsprechend haben:

regelmäßige Alkoholerfahrung	– 65 % der Gesamtbevölkerung
regelmäßige Marihuana-Erlebnisse	– 32 %
gelegentliche Marihuana-Törns	– 53 %
andere Drogenerfahrungen (LSD, Kokain)	– 16 %
Opiaterfahrung	– 12 %
Opiat-Abhängigkeit	– 2 %
Pharmaka-Mißbrauch	– 14 %

Daß als Summe 194 Prozent herauskommen, erklärt sich aus der Politoxikomanie vieler Befragter, zu deutsch daraus, daß viele Menschen mehrere Drogen konsumieren.

Der Anteil von Drogen in der Kriminalitätsstatistik von fünf Jahren, bis 31.12.1980, betrug, wieder in Prozent:

	Alkohol	Hanf	Andere	Opiate	Pharmaka
Mord/Totschlag	51	0	2	3	2
Sexualdelikte	46	0,1	5	0	3
Raub	38	0,6	1	21	–
Einbruch	21	1,2	3	23	–
Diebstahl	24	2,5	3	24	–

Daß Hanf im Verhältnis zu seiner Konsumhäufigkeit in der Kriminalitätsstatistik so niedrig zu Buche schlägt, läßt sich mit der sonst gern angeführten «passivierenden Wirkung» der Droge nicht allein erklären. Kiffer scheinen tatsächlich harmloser zu sein, als man glaubt.

Den Vorteil verminderter Zurechnungsfähigkeit in solchen Angelegenheiten scheint jedenfalls die Gruppe, die sich selbst als Opiatabhängige bezeichnet, häufiger in Anspruch zu nehmen. Überhaupt müssen solche Statistiken relativiert gelesen werden. Daß sich 2 Prozent der Bevölkerung als Junkies bezeichnen, mag damit zusammenhängen, daß Opiatabhängigkeit zum Zeitpunkt der Erhebung wohlfahrtsberechtigt war. Bei einer Reihe von Delikten wurde auch der mögliche Anteil von Pharmaka nicht erfaßt. Aber die Frage, ob Hanf kriminogen oder kriminalitätsfördernd wirken könne, wird deutlich beantwortet. Wäre er es in demselben Maß wie die «gesellschaftlich akzeptierte» Droge Alkohol, müßte er bei Gewaltverbrechen, gemessen an seinen regelmäßigen Gebrauchern, mit 26 und 23 Prozent zu Buche schlagen. So aber bleiben nur 0 und 0,1. Die zugrunde liegende Kriminalstatistik mit 42 000 Verbrechen pro Jahr auf je 100 000 Einwohner unterscheidet sich übrigens nicht von der bundesrepublikanischen.

Die Problematik ist dieselbe wie bei Alkohol. Auch bei diesem, als

Drogengebrauch in den 60er Jahren bei der gesamten Woodstock Nation

Droge	% die regelmäßig oder während längerer Zeit davon nahmen	% die häufig davon nahmen	% die manchmal davon nahmen	% die nur 1- oder 2mal davon nahmen	% die nie davon nahmen
LSD	14	12	19	12	42
Kokain	2	4	14	16	62
Hustensirup	1	4	16	21	56
Beruhigungsmittel (Barbiturate)	3	6	15	18	56
Klebstoffe	1	1	2	7	87
Graß (Marihuana)	43	19	18	6	13
Haschisch	17	23	26	10	21
Hachisch-Öl	4	6	14	16	58
Heroin	2	1	3	9	83
Meskalin	5	13	19	17	45
Opium	1	3	12	24	58
PCP (Angel-Dust)	1	1	4	13	78
Peyote	2	3	11	19	65
Qaaludes	1	2	7	10	78
Speed (Amphetamine)	11	9	22	17	40

Volksdroge akzeptierten Stoff, beruhen Untersuchungen über «typische Folgen» auf dem Studium verhältnismäßig kleiner Gruppen, die vor dem riesigen Hintergrund der Normalkonsumenten wieder eher atypisch erscheinen. Die Unbedenklichkeit mäßigen Konsums wird kaum in Frage gestellt, und nicht einmal die schreckliche Zahl von 1,5 Millionen Alkoholkranken wird ursächlich auf Alkohol zurückgeführt, sondern auf soziale Begleitumstände, die den Griff zur Droge gefährlich machten. Auch bei Hanf wären mehr Fragen geboten, als gestellt werden. Nahezu alle Untersuchungen gehen von eher atypischen Konsumenten aus, nämlich jenen, die mit der Droge nicht zurande kommen, und sie suchen eine Potenz der Droge, die sie nicht haben kann: die Droge als mehr oder minder Alleinschuldigen an einem Komplex.

Wenn beispielsweise Täschner in Zusammenhang auf eine liberalere Politik gestellte Überlegungen mit dem Satz kontert, die «Beweislast» liege «bei der Droge selbst», fehlen sämtliche Fragen, die jeder Psychologe bei «Abweichungen vom Normalverhalten» stellen müßte, angefan-

Bei allen Kontroversen um die Gefahren von Cannabis ging es hauptsächlich um die Behauptungen, daß sein Gebrauch zur Opium-Sucht und zu kriminellem Verhalten führt. Diesen Aspekt haben wir bei der Untersuchung der Fachliteratur über Erfahrungen im Vereinigten Königreich besonders berücksichtigt.

Bisher stützten sich Diskussionen über das Problem des «Umsteigens» von Cannabis auf Heroin hauptsächlich auf Beweise retrospektiver Untersuchungen, d. h. die Vorstadien bei Heroin-Konsumenten. Nach Lage der Dinge können solche Beweise niemals relevant sein.

Derartige retrospektive Untersuchungen (denen außerdem im allgemeinen eher amerikanische als englische Erfahrungen zugrunde liegen) beweisen nicht mehr als: daß viele Heroin-Süchtige vorher andere Drogen, einschließlich Cannabis, ausprobiert haben.

Die meisten Beobachter sehen keinen pharmakologischen Einfluß, der den Cannabis-Raucher dazu veranlaßte, zu anderen Drogen überzugehen, und suchen nach anderen Erklärungen. Einige führen den Übergang darauf zurück, daß Cannabis-Konsumenten, um ihren «Stoff» zu erhalten, zwangsläufig mit der kriminellen Unterwelt in Verbindung treten müssen, wo auch Opiate gehandelt werden. Laut Aussage unserer Zeugen erhält man Cannabis in diesem Land allerdings nicht ausschließlich an den Versorgungsstellen für Heroin oder ähnliches.

Auf Grund weltweiter Befunde kann man eindeutig behaupten, daß Cannabis-Gebrauch nicht zu Heroin-Sucht führt.

(Der Britische Cannabis-Report von 1968)

Die Einstiegsdroge zur Einstiegsdroge: Porno und Hasch
Reizüberflutung kann zur Drogensucht führen

In dem Bändchen ‹Porno und Hasch› der Herder-Bücherei vertritt der Kölner Arzt Dr. Hermann Dobbelstein die These, daß die Pornowelle u. a. auch für die Haschwelle verantwortlich zu machen sei. Bei einem gewissen Teil der Bevölkerung, nicht zuletzt bei so manchem pubertierenden Jugendlichen, rufe die pornographische Reizüberflutung eine seelische Umstimmung hervor; dies führe leicht zur Isolierung, dann zu entsprechenden Gruppenbildungen und – auch zur Droge.

(Rheinischer Merkur, 4. 2. 1972)

---

gen von denen nach persönlicher Grunddisposition und nach sozialem Umfeld. Wenn sich Täschner nicht unterstellen lassen will, Grundregeln seines Handwerks nicht zu kennen, darf zumindest Manipulation vermutet werden.

Ist aber, unter Berücksichtigung des Gebots vorsichtiger Differenzierung, der Rausch durch ein weitverbreitetes Mittel überhaupt erfaßbar? Ich persönlich würde verneinen.

Psychische Abhängigkeit

Das muß man zweimal lesen und noch öfter, um zu begreifen, was da der hauptamtliche Dorgenbeauftragter der Stadt mit dem größten Heroin-Problem von sich gibt, nebstbei auch ein diplomierter Psychologe, der nun auf Professor macht. Es kann ja sein, daß der Mann nichts davon versteht, aber warum behauptet er dann derlei?

Sicher: Der arme Mann wurde von seinen Brötchengebern an die Front der Drogendiskussion geschickt, um eventuellen Aufweichungen vorzubeugen. Aber darüber hinaus erscheint er auch als Gefangener einer fixen Idee, die gerade für Hanf ausgetüftelt wurde und auch ohne diesen Anlaß eine fragwürdige wäre. Und wer an einen solchen Begriff wie «psychische Abhängigkeit» glaubt, der wird davon abhängig.

Die Definition des Begriffs ist bewußt vage, weder klinisch noch sonst wissenschaftlich demonstrierbar, dafür aber ein vollmundig klingendes Argument mit eindeutig negativer Verständnisposition. Was besagt er auf deutsch? Daß man eine Sache mag, schätzt usw. und daß man das Fehlen dieser Sache als Fehlen empfindet. Mehr nicht? Mehr nicht.

Ja, wovon bin beispielsweise ich psychisch abhängig? Also zunächst einmal von Liebe. Ohne die fühle ich mich ganz schön kalt und leer. Bin ich nun liebessüchtig? Zweifellos, obwohl man auch in diesem Fall die Dosis zum Kriterium machen könnte, die ich brauche. Aber ich bin zugegeben so psychisch abhängig, daß ich um keinen Preis darauf verzichten möchte. Welche Therapie möchte mir Herr Heckmann da empfehlen? Langjährigen Entzug? Ich würde mich umbringen, ehe er mich von meinem Leiden heilen kann. Da sieht man, wie schlimm Liebe ist, den passenden Definitionsbegriff vorausgesetzt.

Wovon bin ich's noch? Vom Staat zweifellos nicht; da sind die Abhängigkeiten schon handfesterer Art. Aber wäre ich's im frommen Sinn psychisch, würde mir niemand einen Entzug empfehlen, es sei denn ein Anarchist. Von einer komfortablen Umgebung? Zweifellos, davon leben ganze Industrien, und auch meine psychische Abhängigkeit von gutem Essen, von gutem, nicht irgendeinem wohlgemerkt, hat schon viele Dealer bereichert, ohne daß ich deshalb ein Therapiefall wäre. Und ich muß auch zugeben, daß solche psychischen Abhängigkeiten auf jeden Fall stärker sind als von einer Sache, von deren Schaden ich überzeugt bin. Aber leider bin ich ja auch Raucher.

Ob ich mich lustig machen will? Jein, denn psychische Abhängigkeit von Drogen im Sinn der WHO ist ein eigenes Kapitel Problematik, wenn auch nicht so schön kantianisch als Abhängigkeit *an sich*. Wir leben mit so unendlich vielen psychischen Abhängigkeiten, daß es auf ein paar

«Die psychische Abhängigkeit ... ist bei Haschisch eher noch stärker als bei Heroin, da der Konsum nicht mit der Angst vor Schmerzen verbunden ist. Die Schwierigkeiten einer oft langjährigen Entzugstherapie bei Haschisch-Konsumenten, die sich von der Droge lösen wollen, zeigen deutlich die Probleme der psychischen Abhängigkeit.»
(wiederum Heckmann)

Diese psychische «Sucht nach Haschisch» könne allenfalls als eine Art Sehnsucht umschrieben werden, einer bestimmten sozialen Gruppe anzugehören. Nach den Bonner Beobachtungen ist das Problem der psychischen Abhängigkeit bei Haschisch im ganzen jedoch nicht größer, als bei Kaffee und Nikotin, und vermutlich kleiner als die verbreitete Abhängigkeit von handelsüblichen Schmerzmitteln.

(E. Wagner, EduMed-Pressedienst 1.9.1971)

Einen kritischen Umgang mit oft fragwürdigen Daten in der «Drogenpolitik» empfahl der Gießener Kriminologe Prof. Arthur Kreuzer. Entschieden stellte er die «Schrittmacher-These» in Frage, nach der Haschisch die Einstiegsdroge für Heroin ist.

Zwar hätten die meisten Heroinsüchtigen zunächst Haschisch genommen, jedoch würden nur weit unter fünf Prozent der Haschisch-Raucher letztlich Heroin spritzen. Kreuzer verlangte bei solchen Schrittmacher-Überlegungen dann auch die legalen Drogen einzubeziehen, wobei man zu dem Ergebnis käme, daß alle Heroinsüchtigen einmal Zigaretten geraucht hätten!

(Süddeutsche Zeitung, 25.5.1981)

mehr auch nicht mehr ankäme. Aber hier muß die Frage gestellt werden, was mir eine Droge gibt. Darüber, daß ein Rausch keine Wirklichkeit schafft, herrscht ja Einigkeit. Daß aber allzuviel Rausch eine meist nicht schöne Wirklichkeit schaffen hilft, liegt nicht an einer Droge allein. Anders herum: Wie wenig muß jemand von der Welt geboten bekommen haben, daß ihm eine Droge zur Allerliebsten wird?

Hier muß also nach dem Maß gefragt werden. Nimmt im Rahmen unserer vielen Abhängigkeiten die von einer Droge einen zentralen Raum ein, frißt sich diese Faszination der Droge krebsartig durch immer weitere Lebensbereiche, ist Alarm angebracht. Dann wird das Geschenk des Rausches zu gewichtig gesehen, und diese Fehleinschätzung kann gefährliche Folgen haben. Dann ist behutsame therapeutische Begleitung nötig, weil da die Faszination der Droge die Wahrnehmung der Umwelt scheuklappenartig verengt. Und es ist auch zu fragen: Wird die Droge von ihrem Verwender möglicherweise falsch «selbstmedikatiert», als (unzulängliches und gefährliches) «Heilmittel» gegen seelisches Leid gesehen?

Dies gilt jedoch für *alle* Drogen. Im Mittelalter noch galt der Rausch als heilig und war auch immer ein Teil des Heilungsprozesses. Unsere Drogenmoral ist säkularisiert und, was die legalen Drogen betrifft, in ihrer gesellschaftlichen Bedeutung von der Werbebranche definiert. Unter diesen Voraussetzungen ist die Verheißung von Drogen, seelische Heilmittel zu sein, immer verhängnisvoll. Zwischen dem schön unschuldigen Rat eines Trinklieds – ‹Schütt die Sorgen in ein Gläschen Wein› – und den 1,5 Millionen schwer Alkoholkranken der BRD besteht ein direkter Zusammenhang. Dieselbe Gefahr geht von einer Unzahl Medikamente aus, und sie gilt natürlich auch für Hanf.

Vor diesem Hintergrund ist es verhängnisvollste Roßtäuscherei, einen Begriff wie «psychische Abhängigkeit» einzubringen und an einer Droge festzumachen. Die Gefahr geht nicht von irgendeiner Droge aus, sondern

Objekt aus Plastik, Länge 45 cm, Massenprodukt aus Deutschland, 1968–1972 hergestellt.

von unserer gesellschaftlichen Erwartungshaltung an die Wirkungsmöglichkeit von Drogen.

In einer Gesellschaft, deren kommerzielle Nutznießer von der Erzeugung psychischer Abhängigkeiten leben, ohne deshalb auch nur kritisiert werden zu dürfen, wird dieser Begriff als letztes Argument politischer Kurzatmigkeit in die Arena gehetzt. Weil die Sache, derzuliebe er geschaffen wurde, eine höhererseits ungeliebte ist. Nicht über die allen Drogen innewohnende Bedenklichkeit wird gesprochen, nicht über unser gefährliches Drogenbewußtsein, sondern, nun ja, über Hanf, als wäre er allein der Teufel, den auszutreiben das Paradies bescheren würde. Und um die Sache nur ja schön hinzukriegen, melden sich auch gelegentlich hauptamtliche Drogenfreaks mit der Erkenntnis, Hanf könne ja als noch gefährlicher gesehen werden als Heroin samt seinen Toten.

Motivierte Syndrome

Niemand würde sich heute mehr des Herrn Rittberger erinnern, fiele nicht sein Name gelegentlich in Zusammenhang mit Eiskunstlauf, meist verbunden mit «zweifach» und «dreifach». Da Herr Rittberger ein Sportler war und kein Wissenschaftler, möchten wir annehmen, daß sein Ehrgeiz eher einer momentanen Berühmtheit galt, und daß der nach ihm bleibend benannte Sprung eine für damalige Verhältnisse fortschrittliche Leistung war. Die Nachwelt flicht Sportlern und Mimen nur selten Kränze; wer seinen Ehrgeiz im Elfenbeinturm züchtet, hofft jedoch immer, sein geistiger Schweiß werde auf die Flaschen der Ewigkeit gezogen. Es lockt ja schon die Tatsache, daß infolge einer präzisen Beschreibung der Pflanze Herrn Linnés Name unsterblich mit dem Hanf verbunden blieb.

So einfach ist heute solcher Ruhm nicht mehr erwerbbar, auch nicht bei Hanf, und daher muß sich schon Konkurrenzloses einfallen lassen, wer auf haltbares Profil spekuliert. Diese schlichte Tatsache bescherte uns in den letzten Jahren einige erstaunliche Krankheitssyptome, jeweils

---

«Ich *glaube*, daß Haschisch abhängig macht. Es wird eine *Sucht auf die angestrebte Bewußtseinserweiterung* gebildet. Das Verlangen nach einer Droge, die aus der Sicht ihrer Benutzer ein schönes Erlebnis ermöglicht, wird durch den Gebrauch gestärkt. Das führt zu *Begleiterscheinungen, die wir speziell bei Jugendlichen weder wünschen noch dulden.*»

(Frau BRD-Gesundheitsminister Huber, Der Spiegel, 14. 1. 1980)

1. NACKTE REALITÄT

2. REALITÄT UNTER EINFLUSS
PSYCHEDELISCHER DROGEN!

UNTER DEM EINFLUSS VON MARIEJOHANNA
JAGT DIESER HERR SCHMETTERLINGE,
WO ES GAR KEINE
GIBT!

VORSICHT
Schild!

(Gerhard Seyfried, Wo soll das alles
enden? Berlin 1978)

von einem einzigen Herrn festgestellt, und von Kollegen höflichst als
Möglichkeit erwähnt, natürlich mit Namensnennung. Da sie hinsichtlich
dessen, was beispielsweise Frau Huber nicht dulden will, äußerst verwendbar sind, werden die Entdecker auch von Politikern gern zitiert. Zu
mehr scheinen die Entdeckungen allerdings nicht geeignet. Sie sind nämlich entsetzlich allgemeiner Natur, was Ursachen und Auswirkungen betrifft, und originell ist nur, daß sie diesmal auf Hanf, ganz allein auf Hanf
zurückgeführt werden.

Kleine Ehrenliste gefällig?

Die Herren S. Cohen und D. P. Ferraro entdeckten 1980 auftrags der
US-Regierung, daß Hanf in höheren Dosen «das Kurzzeitgedächtnis un-
terbricht und wahrscheinlich auch die Übertragung vom Kurzzeit- in den
Langzeitgedächtnisspeicher». Von der schicken Computer-Sprache abgesehen: So what? Wer bereit ist, Hanf als Halluzinogen zu sehen, muß
derlei geradezu erwarten, denn dann unterliegen die Rauscherlebnisse
demselben Gesetz unserer Natur, die uns auch die meisten, allermeisten
Träume schon am frühen Morgen vergessen läßt. Das ist gut so, denn
sonst wären wir mehr mit unseren Träumen als mit der Verarbeitung unserer greifbaren Wirklichkeit beschäftigt. Auch zu den Rauscherlebnissen
gehört, zumindest was legale Rauschmittel betrifft, die Gnade des Ver-

gessens, was Rausch-Gedanken betrifft. Als unwirklicher Zustand, der ja auch von unserem «Unbewußten» so wahrgenommen wird, ist das Rauscherlebnis keine Angelegenheit unseres Langzeitgedächtnisses. Über die moralische Bewertung dieses Phänomens sollen sich andere die Köpfe zerbrechen. Festzustellen ist: Das angeblich hanfspezifische Syndrom ist ein allgemeines Charakteristikum jedes Rausches. Bei Hanf ist es verhältnismäßig milde ausgeprägt, im Vergleich zu dem «Filmriß» bei schwerem Alkoholkonsum oder dem zu Narkosezwecken eingesetzten Vollrausch durch Äther oder Chloroform.

Eine weitere Folgerung, in unzähligen Tests immer wieder bewiesen, ist die «eingeschränkte Fahrtauglichkeit» im Rauschzustand. Auch die gilt für jeden Rausch und ist bei Alkohol geringfügig größer. Daraus ein Argument gegen Hanf drechseln zu wollen ist jedoch ein wenig heiter. Bei unserem Wahnsinn von Straßenverkehr sollte doch als Grundregel gelten: Bitte nur nüchtern! Und das natürlich *auch* für Kiffer. Polizeitaktische Überlegungen sollten die Psychologen den dafür Zuständigen überlassen, es sei denn, sie verstehen sich als Propheten einer Weltreligion allgemeiner Verwaltung.

Herr Kleiner, ein Drogenguru eher lokaler Bedeutung, meldete sich mit der gern zitierten Erkenntnis: «Alkohol zerstört Persönlichkeiten, Haschisch hemmt die Ausreifung zur Persönlichkeit.» Wie das? Da

«Du sollst nicht bekifft fliegen, Abdullah!»
(The New Yorker, 1969)

«Da haben wir nun also ein Ja, vier Nein und siebzehn ‹Was soll's?›»
(Playboy, 1967)

Im Hintergrund der folgenden Erläuterungen steht der Gedanke, daß hier Haschisch einer bestimmten Gruppe angeboten wurde. Es ist durchaus denkbar, daß sich bei anderen Persönlichkeitsstrukturen auch andere Wirkungen beobachten lassen, und es muß weiteren Untersuchungen überlassen bleiben, beispielsweise die Kombinationswirkung von Haschisch mit ganz bestimmten, ausgewählten Persönlichkeitsmerkmalen unabhängig von der jeweiligen Konsumentengruppe herauszufinden.

Bei den hier untersuchten Probanden bleibt unter akuter Haschischwirkung der Realitätsbezug generell gewahrt, obwohl magisch gefärbte Vorstellungsinhalte zunehmen. Der Phantasiespielraum wird erweitert durch erhöhte Produktion von besonders schöpferischen Einfällen, wie sie die Bewegungsantworten und die magisch gefärbten Antworten darstellen.

Zugleich tritt eine Erscheinung auf, die sich im diagnostischen Alltag kaum findet: Bei Zunahme von Vorstellungsqualitäten kann gleichzeitig eine Neigung zum Wiederholen von Vorstellungsinhalten in Erscheinung treten. Offenbar wird durch akute Haschischwirkung eine Desintegration intellektueller Funktionen möglich. Bei erhöhter Vorstellungsqualität treten Wiederholung von Einfällen und herabgesetzte Kritik am eigenen gedanklichen Produkt auf und lassen erneutes Vortragen von Einfällen zu.

Die Tendenz zum Rückzug in die Vorstellungswelt bedingt jedoch keinen Realitätsverlust. Sie führt zur Vergrößerung des Phantasiespielraumes bis zur Berührung magischer Bereiche, jedoch ohne Aufgabe von Realitätsbezügen. Das Streben nach Kommunikation bleibt auch bei Konsumenten mit erhöhter Introversionstendenz gewahrt.

Der Reaktionsstil gegenüber Umwelteinflüssen bleibt überwiegend konstant, das heißt, eine eher extravertierte bzw. introvertierte Erlebnisform wird auch unter akuter Haschischwirkung beibehalten; das gleiche gilt für eher stabile oder labile Gefühlsreaktionen.

Um zu ermitteln, welcher Stellenwert der Aggressionsthematik zukommt, wurden im Rorschach-Test und im Picture-Frustration-Test die entsprechenden Merkmale untersucht. Nach diesen Befunden verstärkt sich die Aggressionsbereitschaft gegen die Umwelt oder die eigene Person nicht.

(R. Täube-Wunder et. al., Haschisch und Persönlichkeitsbild, Dtsch. med. Wschr. 98/1973)

---

kommt es doch sehr darauf an, wann wer und wie an eine Droge kommt, wiederum: an jede mögliche. Abgesehen davon, daß Reifeprozesse beim Menschen wie beim Camembert nur sehr relativ gesehen werden können, da sie Geschmacksfrage sind – viele Menschen, die sich für ausgereift halten, erscheinen mir eher als verklemmte Spießer –, scheint Herrn Kleiner entgangen zu sein, daß jede Droge in jeder Alters- und Erfahrensklasse anders wirkt und nicht einmal dann generalisierbar ist. Natürlich: Jede Droge beeinflußt den Charakter, von dem wir doch hoffen wollen, daß er lebenslänglich entwicklungsfähig bleibt, nicht eines Tages reif wird, dann einmal überreif und schließlich faul und fruchtbar. Und jedes

Übermaß einer Droge wirkt sich auf das aus, was so gern «nüchterne Urteilsfähigkeit» genannt wird. Aber daß auch diese nur auf jeweils gesellschaftlichen Übereinkünften beruht, sollte nicht vergessen werden.

Womit wir zu jenem Phänomen kommen, das, wie viele Kinder der amerikanischen Besatzung, gleich mehrere Väter hat. Es ist ja auch ein sehr komplexes Phänomen: «Teilnahmslosigkeit, Passivität *und Euphorie*». Die Rede ist vom *Amotivationalen Syndrom,* entdeckt 1963 von Herrn Murphy, USA, davon angeblich unabhängig von Herrn Kryspin-Exner, Wien 1971, auf neuesten Stand gebracht 1976 von Dornbush und Kollegen. Herr Täschner, der ja seine Zuständigkeit für die Behandlung nicht in Frage stellen lassen möchte, nennt es «ein durch Teilnahmslosigkeit, Passivität und das Gefühl des Wohlbefindens trotz *objektiv* vorliegender *Krankheit*serscheinungen gekennzeichnetes Zustandsbild, das *im Gefolge* des Cannabis-Konsums nach längerer *oder* kürzerer Zeit eintritt». Daß diese Krankheit eine politische ist, ergibt sich verräterisch daraus, daß sie «in Ländern des orientalischen Kulturkreises, nicht aber in Mitteleuropa oder Nordamerika toleriert werden» könne. Es scheint sich also um eine NATO-Krankheit zu handeln, womöglich gar mit politisierenden Röteln verbunden.

Da ich mit mehr als 900 Cannabis-Konsumenten zu tun hatte und sie mit systematischer Neugier befragte, ist mir das amotivationale Syndrom bekannt. Sogar in der Szene ist die Kenntnis dieser Krankheit (objektiv Täschner) ausgeprägt. Da man sich dort jedoch nicht so wissenschaftlich fein ausdrückt, heißt dieses Syndrom auch «Null Bock», gelegentlich: *«No future.»*

Da haben die Herren aber eine schöne Krankheit gefunden. Nun wissen wir wenigstens, warum unsere vielbeschworene Jugend nichts von diesem ganzen Schmidtstraußgenscherkohl wissen will (Leser anderer Länder bitte die entsprechende Syndromatik einsetzen), obwohl der doch den «Dialog mit der Jugend» andauernd sucht, warum sie auch auf unsere Schulen gelegentlich null Bock haben und, wenn sie schon keine Arbeitsplätze finden, nicht einmal unsere Türken als Straßenkehrer ablösen wollen und statt dessen lieber herumhängen. Das ist eben die Folge des Hanfs, nicht wahr? Da wäre man versucht, als Heilmittel nicht Herrn Täschners Klinik vorzuschlagen, sondern gleich den Arbeitsdienst, am besten in gesicherten Lagern.

Spaß beiseite: Wer keine Perspektive hat, aber Drogen, wird sich damit vollknallen. Eine Gefahr. Aber: Das Cannabis-*Verbot* schafft auch keine Perspektiven, es sei denn für strebsame Junge, die Psychologen werden wollen, Politiker oder Polizisten. Es ist eine Affenschande, daß sich Plüschologen bereit finden, das Versagen der etablierten Politik gegenüber der Jugend als eine seelische *Krankheit* der Jugend, beruhend auf der Wirkung einer *Droge,* zu erklären.

Auf diesen Punkt werden wir leider noch zurückkommen müssen. Das amotivationale Syndrom hat nämlich weniger mit Hanf zu tun als mit der politischen Gegebenheit unserer Breitengrade. Hier hat es nichts verloren, nur als der Skandal, daß es zu einer individuell verschuldeten Krankheit umgelogen wird.

Herrn Täschner können wir leider noch nicht vergessen, denn er brachte sich anno 1981 noch einmal ins Gerede, diesmal mit der sogenannten «Täschner-Skala». Sie war fällig und wie alles Fällige eine staatliche Auftragsarbeit. Bestellt hatte sie die Staatsanwaltschaft München, um einen dort laufenden und mit reichlich Prominenz bestückten Kokain-Prozeß noch etwas aufzuwerten. Da was Originelles gefragt war, machte sich der Herr in Frankfurt an die Arbeit und lieferte, erstmals in der Geschichte der Menschheit, eine Skala, an der die Gefährlichkeit der einzelnen Drogen abgelesen werden kann. Als Inspiration diente vermutlich die Richter-Skala, an der Erdbeben hinsichtlich ihrer Stärke gemessen werden, allerdings mit Hilfe zuverlässiger Seismographen. Herr Täschner jedenfalls setzte ein: Gefährlichkeit eins – Haschisch; Gefährlichkeit neun – Kokain, Gefährlichkeit zehn – Heroin. LSD und anderes Illegales fehlt vorläufig, aber Herr Täschner hat versprochen, es nachzuliefern, und mit legalen Drogen will er sich nicht aufhalten. Schön so.

Es freut uns natürlich zu hören, daß Hanf nur den Gefährlichkeitsrang eins einnimmt, aber wir sind etwas beunruhigt, weil bei dieser Skala die Werte so schwer festzustellen sind. Herr Täschner versichert zwar, er habe «alles nach wissenschaftlichen Kriterien» ausgearbeitet, aber er verschweigt hartnäckig, nach welchen. Man kann auch Steinschleudern und Neutronenbomben aus vielen Gründen unter die Kategorie Waffen buchen, aber schon ihre Gefährlichkeit zu vergleichen ist ein waghalsiges Unterfangen. Nimmt man als Vergleichseinheit David mit der Schleuder und Reagan mit der Bombe, ist zu bedenken, daß der eine damit erfolgreich war und der andere Gott sei Dank noch nicht. Wie mißt man das?

Herr Täschner schweigt, und so wollen auch wir über das, was er möglicherweise noch entdeckt, den Mantel barmherzigen Schweigens breiten.

Ausstiegsdroge

Was nun? In den USA, meldet die zuständige Drogenbehörde, seien die Hanfraucher mittlerweile die drittgrößte Konsumentengruppe – mindestens 15, wahrscheinlich 20 Millionen Menschen. In der Bundesrepublik sollen es zwischen 1,5 und 5 Millionen sein; Bundeskriminalamt und -gesundheitsministerium handeln die Zahl 2,5. Daß jeder 26. Bundesbürger «noch nicht voll ausgeflippt» sei, will nicht einmal Herr Heckmann unterstellen, auch nicht Herr Täschner. Ihr letztes Argument ist allemal dieses: Hanf ist eine *illegale* Droge, und es könne doch im gesellschaftlichen Sinn nicht wünschenswert sein, daß ein so hoher Prozentsatz der Jugend seine Lust in der Illegalität sucht.

Da ist was dran. Aber auch umgekehrt wird ein Schuh daraus: Was

---

Eine staatlich in Auftrag gegebene Untersuchung des Marihuana-Rauchens in Jamaika, wo der Konsum von schweren Gebrauchern 10- bis 25mal dem ihrer amerikanischen Gegenparts entsprechen soll, hat keine Beweise für ernsthafte gesundheitsschädigende Auswirkungen erbracht.

Dem Report nach verleiteten die jamaikanischen Gebraucher zu der Annahme, daß viele der Auswirkungen, von denen amerikanische Gebraucher berichten, subjektiver Natur sein dürften. Wenige Jamaikaner berichteten über die von amerikanischen Gebrauchern beschriebenen Gefühle wie erhöhtes Geschmacksvermögen, verschärftes Gehör und Musikgenuß oder

Verlust des Gefühls für Zeit.

Eine Reihe von medizinischen und psychologischen Tests wurden mit entsprechenden Gruppen von 30 Rauchern und 30 Nichtrauchern unternommen, doch war es schwierig, überhaupt 30 Leute zu finden, die noch nie Cannabis geraucht hatten.

Die Untersuchung wurde für das Center for Studies of Narcotic Drug Abuse of the National Institute of Mental Health unternommen. Sie wurde von *Dr. Vera Rubin* und *Dr. Lambros Comitas* des Research Institute for the Study of Man, 162 East 78th St., New York, ausgeführt.

(New York Times, 9. 7. 1975)

---

bietet unsere Legalität? Zweifellos ist das keine Frage, die unter dem Stichwort «psychologische Folgen» umfassend abgehandelt werden kann, denn sie ist politisch präjudiziert. «Die größte Gefahr bei Marihuana ist, von der Polizei erwischt zu werden», lese ich in einer Broschüre der späten Sechziger, aber so einfach ist das auch nicht. Die Kriminalisierung macht die Droge allerdings bedenklicher, als sie tatsächlich ist. Daraus Rückschlüsse auf die Gefährlichkeit von Hanf zu ziehen – und sämtliche Studien auf psychologischen Gebieten geschahen unter kriminalisierten Verhältnissen – ist allerdings abwegig. Der Stellenwert der Kriminalisierung kann nicht erfaßt werden, höchstens die Faszination des Verbotenen, die mit Hanf hierzulande untrennbar verbunden ist.

Den Nimbus als «Protestdroge» hat Hanf mittlerweile eingebüßt, und ich frage mich, ob dem je so war. Zweifellos: Wer mit dem Erlaubten nichts am Hut hatte, kiffte auch – aber gerade deswegen? Das mag ein Anstoß gewesen sein, die Sache zu probieren. Doch «dabeigeblieben» ist man aus anderen Gründen. Warum aber? Womit wir beim Stichwort «Drogenbewußtsein» sind, denn der entscheidende Punkt ist fast nie die Droge, sondern der *Umgang* mit ihr.

Leider muß schon wieder einmal Herr Heckmann zitiert werden, leider, denn er wirkt auf viele unsere Politiker meinungsbildend, und das kann schlimme Folgen haben: «Dennoch darf in einer Diskussion um Suchtmittel die Frage nach dem Mehr oder Weniger an gefährlicher Wirkung *eigentlich* keine Rolle spielen ... Alkohol spielt in *geringer* Dosierung auch eine Rolle als Genußmittel, während Cannabis in *jeder* Dosierung nur mit dem Ziel des Rausches konsumiert wird. Der Umgang mit Alkohol ist in unserer Gesellschaft *prinzipiell* erlernbar ... für den Umgang mit Haschisch gibt es keinerlei gesellschaftliche Tradition, keine allgemeinverbindlichen Rituale usw.; Alkohol ist seit Jahrhunderten gesellschaftlich integriert, Cannabis ist die Droge einer kleinen Minderheit.»

So deutlich wollte ich es eigentlich gar nicht wissen, denn der Umgang mit Minderheiten in einer «repräsentativen Demokratie», auch wenn sie 2,5 Millionen zählen, ist ein bekannt düsteres Kapitel. Nur müßte dazu ein nunmehrig Kasseler Professor nicht auch noch Kriterien verbiegen. Wenn mehr oder weniger keine Rolle spielen darf, was dann? Haben wir wirklich in einem Land nur *eine* Gesellschaft, nur ein (in geringer Dosierung) Genußmittel?

So darf nicht argumentiert werden, auch nicht im Umgang mit Minderheiten, erst recht nicht in einem Land, das auf der gesellschaftlichen Tradition rüden Umgangs mit einer Sechs-Millionen-Minderheit entstanden ist. Die Folge der bisherigen Hanf-Diskussion ist nämlich genau die, daß 2,5 Millionen vorwiegend jüngere Menschen zu einer *Quantité négligable*

Aufführung der instrumentalen, terministischen und Gruppendurchschnittswertvorstellungen

Chronische Gebraucher Wertgrad		Wert	Durchschnitt	Gelegentliche Gebraucher Wert	Durchschnitt
Instrumentelle Wertangaben					
Maximum	1	Glück	4,9	Glück	3,6
	2	Wahre Freundschaft	5,3	Freiheit	4,4
	3	Freiheit	5,5	Ausgeglichenheit	6,0
	4	Ausgeglichenheit	5,8	Selbstverständnis	6,4
	5	Weisheit	7,0	Wahre Freundschaft	6,4
	6	Reife Liebe	7,8	Bequemes Leben	7,0
	7	Selbstverständnis	8,0	Weisheit	7,7
	16	Gesell. Anerkennung	15,0	Gesell. Anerkennung	14,3
	17	Nationale Sicherheit	16,6	Seelenheil	15,0
Maximum	18	Seelenheil	16,8	Nationale Sicherheit	17,0
Terministische Wertangaben					
Maximum	1	ehrlich	4,2	liebevoll	4,2
	2	tolerant	4,5	tolerant	5,6
	3	verantwortlich	6,5	verantwortlich	5,8
	4	unabhängig	6,9	unabhängig	5,8
	5	liebevoll	7,2	ehrlich	7,7
	6	verzeihend	7,8	verzeihend	8,7
	7	fähig	8,4	fähig	8,8
	16	höflich	12,4	höflich	14,0
	17	sauber	13,0	sauber	15,8
Minimum	18	gehorsam	17,1	gehorsam	16,4

(Thomas M. Kimlicke, Herbert J. Cross, State University Washington, A. Comparison of Chronic versus Casual Marihuana Users on Personal Values and Behavioral Orientations, The International Journal of Addictions 13/7, 1978)

degradiert wurden, höchstens polizeilich und justiziell von Stellenwert. Und daß sie, von der Unglaubwürdigkeit der Mehrheitspolitik handgreiflichst überzeugt, in ein soziales Abseits gedrängt werden, aus dem heraus dann die als «Drogenfälle» präsentiert werden, die mit einer solchen Situation nicht zurande kommen. Ein solches *feedback* der Drogen*politik* als *Drogen*folge zu bezeichnen ist unstatthaft.

Für den Umgang mit Alkohol gibt es leider keine weitgehend verbindlichen gesellschaftlichen Traditionen mehr und kaum mehr allgemeinverbindliche Rituale. Was da war, wurde von der Werbung für diese Droge abgebaut und von der Umsatzstrategie der Supermärkte. Das ist *einer* der Gründe für das alarmierende Ansteigen des Alkoholismus. Auch der

In den Ansichten über Marihuana drückt sich der soziale Wandel unserer Tage aus. Die Popularität von Marihuana setzte zusammen mit der Welle von Angriffen auf etablierte gesellschaftliche Institutionen in den späten 60er Jahren ein. Marihuana wurde in Verbindung gebracht mit den destruktiven Aspekten dieser Revolte. Es wurde assoziiert mit Radikalismus, Freizügigkeit, mangelndem Respekt vor den Autoritäten, unkonventionellen Lebensstil und einer Breite von exzentrischen, wenn nicht gar irrationalen Interessen, die von Zen über Beat-Musik bis zur Astrologie reichen.

Man glaubte, daß geheimnisvolle und möglicherweise destruktive Mächte sich der Jugend bemächtigt hätten, und die Schuld wurde zum Teil dem Marihuana zugeschoben.

Dann darf man natürlich nicht übersehen werden, daß Marihuana ein Rauschmittel ist. Auch wenn festgestellt worden ist, daß ein Auto-Simulator nach starkem Marihuana-Konsum besser bedient wird als nach starkem Alkohol-Konsum, stellt es doch eine ernste Gefahr dar, wenn jemand sich ans Steuer setzt, nachdem er irgendein Rauschmittel zu sich genommen hat.

Es ist schließlich meine Überzeugung, daß Heranwachsende im Alter unter 18 Jahren keine Rauschmittel zu sich nehmen sollten, ob es nun Nikotin, Alkohol oder Marihuana ist. Der 16jährige, der sich in unserer komplexen Gesellschaft abrackern muß, um sich vernünftig zu entwickeln, braucht einen so klaren Kopf wie möglich.

Nach all dieser Arbeit und nach all diesen Zeilen stelle ich fest, daß ich doch nicht mehr sagen kann als Daniel Freedman von der *University of Chicago,* der nach einem Marihuana-Kongreß der Kommission gegen den Drogen-Mißbrauch (*Drug Abuse Council*) bemerkte: «Niemand kann beschwören, daß Marihuana harmlos ist. Jeder Mensch muß die Frage, ob er es nimmt, für sich entscheiden.» Je mehr Zeit aber ins Land geht, um so mehr Leute kommen zu der Ansicht, daß Marihuana zu den am geringsten toxischen Drogen der modernen Medizin gehört.

(Norman Zinberg: Marihuana – Wie gefährlich ist es wirklich?, Psychologie heute 5/1977)

Abendsuff vor dem Fernseher ist an kein Ritual gebunden, es sei denn, man nimmt die konstante Öde der Programme als eines. In jedem dritten mitteleuropäischen Haushalt steht ein Fläschchen Valium «für alle Fälle». Als Medikament?

Was werfen wir denn vor diesem Hintergrund dem Hanf vor? Daß er passiv macht, bekomme ich zu hören. Ja, wer zuviel kifft, wird langweilig, das kenne ich auch. Aber ich möchte den Politiker sehen, der sich freuen würde, wenn gegen irgendein Atomkraftwerk noch zusätzlich 2,5 Millionen aktive Kiffer Sturm laufen. Oder hofft er, sie würden dann sittsam-aktiv seine Wahlveranstaltungen bereichern? Was noch? «Cannabis entfremdet uns die Jugend», bekam ich auf einem CDU-Parteitag zu hören, und der Mann meinte es ernst. Liegt das am Hanf?

Alle psychologischen und pseudo-psychologischen Diskussionen im deutschen Sprachraum enden immer wieder an dem Punkt, daß es eben schwierig sei, auch noch diese Droge gesellschaftlich zu integrieren. Fragt man aber nach, welche Überlegungen dahinterstecken, kommen seltsame Erwartungen zutage. Meist wird die Droge als Mittel gesehen – so man sie integrieren könnte, hätte man doch auch alle ihre Konsumenten wieder im bewährten Schleppnetz. Eine solche Integrationswirkung möchte ich dem Hanf nicht zutrauen.

Unter den derzeitigen Verhältnissen ist die Sache keine Einstiegsdroge für den harten Drogenkonsum, sondern eine Ausstiegsdroge aus dem immer enger werdenden Regelkreis des Erlaubten. Hanf selbst bewirkt dabei nichts und ist auch nie die Ursache. Eine Anfangs-Faszination geht natürlich vom Verbotenen aus, aber damit hat Hanf nur einen Barometerwert, denn wer zum Joint greift, hat schon davor viele erlaubte Werte fallengelassen. Für viele ist Hanf die erste «illegale» Erfahrung, und da sich damit ja leben läßt, erfahrungsgemäß, entsteht leicht die Versuchung, auch andere Illegalitäten zu unterschätzen. Das aber liegt wieder nicht am Hanf, sondern an seinen gesellschaftlichen Begleitumständen.

Bedenklich stimmt mich allerdings ein allgemeines Drogenbewußtsein, das mit den Jahren des frei Haus gelieferten Fernsehens entstanden ist und das von der etablierten auch in die nichtetablierte Szene übernommen wird: Ich schalte (irgendeine) Droge ein und sehe mir an, welches Programm abläuft. Unter der vor dem Fernseher aufgewachsenen Generation ist dieses Bewußtsein (?) unglaublich verbreitet, und es ist an keine Droge gebunden. Diese passive Erwartungshaltung verführt erstens zu so hohen Dosen, daß eben «ein Programm» stattfindet – mit allen Folgen –, und sie macht tatsächlich auf weiteste Lebensbereiche passiv. Das Konsumentenbewußtsein der allgemeinen Werbung, das von den Medien miterzeugte «Zuschauergefühl» ist bei Drogen verhängnisvoll – wer es hat, lernt nicht, mit der Sache umzugehen. Wie gesagt: das gilt für *alle* Drogen.

Wir bräuchten dringend etwas mehr Drogenbewußtsein. Vielleicht wieder das Wissen der alten Kulturen, daß *jeder* Rausch ein Ausflug von der Wirklichkeit ist und daß man diesen besser auf den Beinen eigener Gestaltung unternehmen kann als in einem imaginären Touristenbus. Außerdem: Daß bei all diesen Ausflügen die Preisfrage bedacht werden muß, gesundheitlich und hinsichtlich einer heilen Rückkehr. Im übrigen: Legal, illegal, scheißegal, allerdings unter Berücksichtigung der Tatsache, daß es eben kriminalisierte Räusche gibt. Schließlich: Jedes Tier kennt sein Maß. Vielleicht wäre das auch dem Menschen empfehlenswert.

Alles andere sind Fragen, deren Antwort von den politischen Instanzen einzuholen ist.

10. Recht und Opfer

Unter Gesetzemachern

Also: Was die Überstunden betrifft, die ungeheuren, hat die Dame etwas geflunkert, und der Entwurf hatte auch, wie sich das bei sechsbeinigen Kälbern gehört, mehrere Väter. Und um das Gesetz dann so hinzukriegen, wie es herauskam, waren noch viel mehr Köche nötig.

Einen nicht zu unterschätzenden Anteil hatte daran der *Stern*, in dem 1978 die Herren Kai Hermann und Horst Rieck, versehen mit dem Segen Herrn Heckmanns, ein kleines Mädchen auf den Heroin-Strich schickten. Christiane jedenfalls fand begeisterte Freier, und nachdem buchstäblich alle Illustrierten und Zeitungen ebenfalls ihr Heroin-Problem entdeckt hatten, wollten sich die Politiker auch nicht lumpen lassen. Unglückseligerweise fiel ihnen ein, daß bei den vielen neugebosselten Gesetzen das über Betäubungsmittel seit 1972 kein einziges Reförmchen mitgemacht hatte.

Wie war das damals eigentlich zustande gekommen? Ach ja, damals war überall von Hanf die Rede gewesen, und einige Optimisten hatten sogar zu hoffen gewagt, bei der versprochenen Reform würde einmal zwischen den einzelnen illegalen Drogen unterschieden. Diese Hoffnung wurde schon durch den Referentenentwurf vom 17. Juli 1970 zerstört, mit der üblichen Begründung. Haschisch führe zu anderen, härteren Drogen.

Immerhin aber wurde zugesagt, der Besitz «geringer» Mengen Hanf würde strafrechtlich nicht mehr bewertet. Wer heute das Interview des Strafrechtsprofessors Rudolf Sieverts aus Hamburg liest, das am 30. August 1970 im *Stern* erschien, könnte Sehnsucht nach so liberalen Zeiten bekommen.

«Ich sehe zur Zeit eine Situation, die ich ganz klar so umschreiben möchte, daß der Deutsche, wenn ein Problem da ist, sich erst mal hinsetzt; dann wird ein Gesetz gemacht.»
(Thies Pörksen, Drogenhilfe Tübingen, in der Anhörung vor dem Bundestagsausschuß, 21. 4. 1980)

«Wir haben mit einem einzigen Mann den Entwurf für ein neues Betäubungsmittelgesetz erarbeitet, mit *ungeheuren* Überstunden.»
(Bundesminister Antje Huber, Der Spiegel. 14. 1. 1980)

Tatsächlich aber bedeutete das neue Gesetz eine Verhärtung. Die
Strafmaße waren drastisch erhöht, und auch für kleine Mengen gab es
bald Strafen bis zu einem Jahr. Was eine «geringe Menge» sei, blieb in den
einzelnen Bundesländern umstritten, bis sich die zuständigen Oberlan-
desgerichte der Sache annahmen. Danach galt durchschnittlich «ein Mo-
natsbedarf» noch als gering. Wurden die Drogenbeauftragten der Länder
darauf angesprochen, bestritten sie hartnäckig – wie am häufigsten Hamburgs Eckhard Günther –, daß Haschisch-Konsumenten in der BRD bestraft würden, doch die Praxis sah, an den Urteilen gemessen, anders aus.
Wie üblich, waren in Bayern die Strafen am saftigsten, und ich kenne
einen Nürnberger, der für 0,4 Gramm Libanon acht Monate faßte.

1979 war allerdings nicht mehr von Hanf die Rede, sondern fast nur von
Heroin, wo sich alle darüber einig waren, daß man nicht hart genug dagegen vorgehen könne. Das Wörtchen «hart» implizierte auch schon den
Weg – hätte jemand der Zuständigen beispielsweise an «effektiv» gedacht, wäre die bisherige Methodik zu überprüfen gewesen, von der sich
ja angesichts des Problems sagen ließ, daß sie versagt hatte. Dann hätten,
wieder am Beispiel Heroin, Möglichkeiten der Herstellungserschwerung
(seitens der zuliefernden chemischen Industrie) und der Großmarktkon-
trolle (bei Verflechtungen mit dem Waffenhandel) zumindest *mit*bedacht
werden müssen. So aber war der einzige Denkvorgang eine Erhöhung der
Strafmaße, anfangs auch noch begleitet von sehr vagen Differenzierungs-
Überlegungen, was die Endverbraucher betraf. Der Referentenentwurf
vom 1. März 1979 versuchte, zwischen Heroin und anderen Drogen zu
unterscheiden, nebstbei die Kategorie der Verbrauchseinheiten einzuführen, und im übrigen schrieb er die Strafrahmen von drei auf fünf Jahre
hoch.

War auch von Hanf die Rede? Nur indirekt, nur sehr am Rande, anläßlich einer Lücke, die das alte Gesetz gelassen hatte und die man nun auch
stopfen wollte. Einst hieß es nämlich nur, was die Strafbarkeit betraf, sei
fällig, wer «einführt, ausführt, *gewinnt*, herstellt, *verarbeitet*, mit ihnen
Handel treibt, sie erwirbt, abgibt, veräußert oder sonst in den Verkehr

Drucksache 546/79

A. Zielsetzung

Komprimierung, Vereinheitlichung und Neugestaltung des Betäubungsmittelrechts im Betäubungsmittelgesetz (BMG) und 4 Verordnungen an Stelle von 16 Verordnungen.

Strafverschärfungen für die schwere Rauschgiftkriminalität unter möglicher Beachtung der Belange abhängiger kleiner bis mittlerer Rauschgifttäter, bei denen der sozialtherapeutischen Rehabilitation wesentliche Bedeutung zukommt.

B. Lösung

Ausdehnung der Straftatbestände auf das Verherrlichen des Rauschgiftmißbrauchs und die Finanzierung von Rauschgiftdelikten. Erhöhung der Höchststrafe für besonders schwere Fälle von 10 auf 15 Jahre. Bildung von Verbrechenstatbeständen. Absehen von Strafe wie bisher bei Bezug und Erwerb geringer Mengen zum Eigenverbrauch – erweitert auf die Einfuhr geringer Mengen. Herabsetzung des Strafrahmens bei Verbrechen in minderschweren Fällen mit der Möglichkeit, nur auf Geldstrafe zu erkennen. Strafmilderung für Bandenmitglieder, durch deren Informationen Straftaten der Bande verhindert werden können.

C. Alternativen
keine

Eine Unterscheidung zwischen sog. «harten» und «weichen» Drogen hat sich auch in der Zwischenzeit seit der Bekanntmachung des BtMG 1972 nicht als erforderlich und vertretbar erwiesen. Die gesundheitlichen Risiken beim Verbrauch von Cannabis-Produkten sind von der Wissenschaft immer wieder betont worden, zumindest kann die Unschädlichkeit nicht nachgewiesen werden. Auch in den mit Suchtstoff-Fragen befaßten Gremien der

Vereinten Nationen wird die Gesundheitsschädlichkeit des Cannabis-Mißbrauchs mit ganz überwiegender Mehrheit als gegeben angesehen (so zuletzt im Jahresbericht des internationalen Suchtstoff-Kontrollamtes für 1978). Für die Haltung des Gesetzgebers in der Bundesrepublik Deutschland gelten deshalb die gleichen Gründe für eine fehlende Unterscheidung zwischen harten und weichen Drogen in der Strafandrohung wie bei der Änderung des Opiumgesetzes im Jahre 1971 (siehe Begründung des Gesetzentwurfs in BR-Drucksache 665/70 [neu] Seite 5 bis 8), nämlich: nicht erwiesene gesundheitliche Unbedenklichkeit, Hinweis auf die mögliche Schrittmacherfunktion als sog. «Einstiegs-Droge» und fehlende brauchbare Kriterien für eine solche Unterscheidung. Als Regulativ für eine Differenzierung steht den Gerichten die Ausschöpfung des Strafrahmens nach beiden Seiten zur Verfügung. Die Rechtspraxis (Gerichte und Staatsanwaltschaften) plädiert mehrheitlich für die Beibehaltung des bisherigen Systems, das inzwischen zu einer gefestigten Rechtsprechung geführt habe. Eine brauchbare bessere Alternative habe sich bisher in der Diskussion nicht abgezeichnet. Die Feststellung von Verbrauchseinheiten im Einzelfall erfordere standardisierte Untersuchungsverfahren, sei zeitraubend und kostenträchtig, schwierig bei Gemischen verschiedener Betäubungsmittel und in vielen Strafverfahren überhaupt nicht möglich.

Eine Differenzierung in den Strafrahmen des Gesetzes auf Grund unterschiedlicher Gefährlichkeit der einzelnen Betäubungsmittel soll nach alldem nicht stattfinden.

Aus der Anhörung vor dem Bundestagsausschuß am 21. April 1980:
Auf diesem Hintergrund sind weder die «Verführungstheorie noch die Ab-

schreckungstheorie, noch die Einstiegstheorie» im sozialwissenschaftlichen Sinne haltbar oder für die Praxis relevant.

(Thies Pörksen, Drogenhilfe Tübingen)

Der Unterschied zwischen der Problematik der schwer psychisch und körperlich Abhängigen, also der Opiatabhängigen (Heroin) und der leicht körperlich oder nur psychisch Abhängigen ist so groß, daß für diese beiden Gruppen besondere Regelungen getroffen werden müssen. Eine einheitliche Regelung schafft in der Praxis mehr Probleme als sie löst, beides im Strafverfahren und in der Therapie: siehe die Erfahrungen in den USA.

(Dr. Karl J. Deissler, Luzern)

Ich möchte empfehlen zu bedenken, ob das englische Modell einer Drei-Gruppen-Einteilung nicht optisch, politisch zu übernehmen wäre. Ich habe sehr viele Diskussionen mit jungen Leuten gehabt, die immer kritisierten: Die Gesellschaft stellt Hasch neben Opiate, und dann wird zum Opiumkonsum verführt! – Dann kommen immer diese Slogans, die man so hört. Man sollte wohl doch überlegen, ob nicht eine Einteilung in zwei oder drei Gruppen sinnvoll wäre, damit auch ein bißchen mehr Rechtsgleichheit in deutsche Lande einzieht. Es sind doch, wie ich höre, zwischen Nord und Süd, West und Ost sicherlich sehr unterschiedliche Verurteilungen möglich. Es würde vielleicht, wenn man das mit einem Strafrahmen kombiniert – aber bitte, ich überschreite meine Grenzen und komme in juristisches Gebiet –, vielleicht der Rechtsgleichheit dienen.

(Dr. Dietrich Kleiner, Bonhoefer-Nervenklinik, Berlin)

Und die Juristen:
Was die Verwarnung mit Strafvorbehalt oder die Einstellung des Verfahrens nach § 153 a der Strafprozeßord-

nung angeht, so sind, wie ich meine, diese Bestimmungen für die Behandlung und die Bekämpfung von Drogenkriminalität völlig ungeeignet. Damit können gerade Probierer erfaßt werden, die man ohnehin, wenn sie von der Droge los sind und nicht allzu tief darin gesteckt haben, mit einigen Streicheleinheiten noch entlassen könnte.

(Hans-Alfred Blumenstein, Amtsgericht Stuttgart)

Optimismus aus Bayern:
Die Maßnahmen gegen das Rauschgiftangebot dürfen aber nicht isoliert betrachtet werden. Der Kampf gegen die illegalen Drogen ist nur zu gewinnen, wenn auch die Nachfrage eingedämmt und so nahe wie möglich an den Nullpunkt zurückgeführt wird.

(Kriminaloberrat Konrad Beer, LKA München)

Pessimismus aus Berlin:
Härtere Gesetze, höhere Strafen, mehr Kontrolle, mehr Polizeieinsätze scheinen mir eine Entwicklung in eine falsche Richtung zu sein, alle diese Maßnahmen produzieren die Tatbestände ständig mit, die sie bekämpfen.

(Ingo Warnke, Synanon, Berlin)

Abg. *Frau Dr. Balser* (SPD): Herr Deissler, Sie haben in Ihrem Vortrag sicher sehr zu Recht empfohlen, wir sollten aus den Erfahrungen in den USA lernen. Haschisch und die sogenannten sanften Drogen sind hier noch nicht erörtert worden. Wie schätzen Sie diese, gerade auf Grund der Erfahrungen in Amerika, ein? Wie sollte man sich dagegen verhalten? In dem Vorschlag der Bundesregierung ist ja eindeutig keine Trennung vorgenommen worden. Ich persönlich halte das auch für völlig richtig. Aber vielleicht gibt es ja auch noch andere Meinungen. In der Literatur und in der vorhin erwähnten Zeitung ist das ja gelegentlich anders betrachtet worden.

Dr. Karl J. Deissler:
Zur Frage des Haschisch: Entschuldigen Sie, daß ich mich hier drücke. Aber darüber zu reden, lohnt sich für jemanden, der so lange in Amerika war, nicht mehr. In San Francisco sind Cannabis-Produkte Konsumartikel, nicht verschieden von Coca-Cola, Kaugummi und ähnlichen Methoden der oralen Befriedigung.

Und noch einmal zur Verherrlichung:
Es sollte jedoch sichergestellt werden, daß eine mündliche oder schriftliche Verharmlosung des Konsums, der Anleitung zum Anbau oder der Herstellung von Betäubungsmitteln strafbar ist.

(Franz Lux, Ministerium für Arbeit, Gesundheit und Sozialordnung, Stuttgart)

Wir haben festgestellt, daß diese Drogenideologie von doch sehr einflußreichen Persönlichkeiten – sei es aus dem Bereich der Kultur oder sogar der Politik – an den Mann gebracht wird.

(Krim.-Haupt-Kommissar Peter Loos, Frankfurt)

---

bringt». Da fehlte doch was? Richtig, und das Oberlandesgericht Hamburg stellte es auch fest, anläßlich eines Verfahrens, wo es um einige Hanf-Pflänzchen ging, die ausgerechnet in einer Gefängniszelle gesprossen waren. Sie seien zu Unrecht von der Polizei geerntet worden, denn fällig sei der Häftling erst gewesen, wenn er die Blättchen gepflückt hätte, also das Rauschgift «gewonnen». Das sprach sich herum, und ein erfindungsreicher Blumenladen in Berlin konnte beispielsweise die schlimme Sache in Blumentöpfen auf den Markt bringen. Die Polizei durfte sich, offiziell, der Sache jeweils erst annehmen, sobald geerntet wurde. Natürlich war auch die Polizei erfindungsreich. Wann immer sie irgendwo irgendwelche Pflänzchen rupfte, unrechtmäßig also, brauchte ja nur behauptet zu werden, man sei «prophylaktisch» tätig geworden, um eine mögliche Straftat zu verhindern, oder man habe die strafbare Bald-Absicht durchschaut. Um wieder Rechtsboden unter die Beine zu bekommen, mußte das richtige Wort gefunden werden. Was war das nur bloß?

Wie alle Kolumbuseier hat auch der Begriff «Anbau» einen Knacks. Hanf ist nun zwar in allen Erscheinungsformen außer dem Strick kriminalisiert, aber was geschieht mit den deutschen Mohnpflanzen? Sie wachsen, vor allem im süddeutschen Raum, unschuldigst sogar auf Feldern, ihrer Samen wegen. Doch ehe sie reif sind, enthalten ihre Kapseln auch bis zu 15 Prozent Morphin, jederzeit zur Rauschgiftgewinnung verwendbar. Und auch die vertrockneten Kapseln sind noch äußerst mißbräuchlich. Daran habe man, wurde mir im Bundesgesundheitsministerium gesagt, gar nicht gedacht. Da haben die Hanfpflanzen wohl den Blick verstellt.

Noch ein wenig war von Hanf die Rede. Ein norddeutsch-liberaler

Außenseiter unter den damaligen FDP-Abgeordneten, Wolf-Dieter Zumpfort brachte sich im Mai 1980 mit einem seiner älteren Vorschläge noch einmal in die Debatte. Ob es nicht besser sei, Haschisch gleich aus der Apotheke ...? Damals hielten auch die Jungdemokraten in Hamburg eine Versammlung unter dem Titel «Kein Knast für Hasch» ab, und das Ganze wirkte wie eine Reformbewegung mit zehn Jahren Verspätung. Schon am Vorabend der jungdemokratischen Session hatten die interessierten Behörden in der Presse die Weichen gestellt. In der *Bild*-Zeitung vom 9. Mai durfte Dieter Maul von der Landesstelle gegen Suchtgefahren, in der Drogenberatungsszene auch für seine Kontakte zum Verfassungsschutz bekannt, die Behauptung aufstellen: «Auch bei Haschisch gibt es eine tödliche Dosis», und darunter stand: «Polizei: Immer mehr Drogentote.»

So billig konnte man Zumpfort natürlich nicht erledigen. Da mußte Heckmann ran, dessen leider immer wieder zu zitierendes Opus aus diesem speziellen Anlaß entstand und der jede Liberalisierung gleich deutlich mit Verrücktheit bezeichnet. Seltsam ist nur, daß er in diesem Zusammenhang von einer «Cannabis-Lobby» spricht. Es gibt ja tatsächlich eine. Aber daß diese im Sinn einer Liberalisierung tätig sei, kann nicht festgestellt werden – die wunderbar konzertierte Aktion, die von Unterstellungen über Diffamierungen bis zu groben Unwahrheiten so ziemlich jeden Trick gegen eine differenziertere Behandlung von Hanf auffuhr, war doch eine Lobby anderer Qualität.

Immerhin hatte sie geschafft, daß von nun an in den Diskussionen über das kommende Gesetz von Hanf nicht mehr die Rede war. Es ging nur noch um Heroin, bei sämtlichen Beratungen und auch bei den Hearings.

Lange Zeit lag der Gesetzesentwurf bei dem Mann, den die Dame Huber so lobte. Er heißt Oskar Schröder und bezieht seine politische Couleur aus dem Spektrum der Rechten. Seine Arbeit, den angeblich zu liberalen Referentenentwurf wieder auf das Bewährte zurückzuschreiben, kann nicht sehr schwer gesehen werden. Seine Inspiration bezog er schließlich, auch das ist nachzulesen, aus den bekannten Terroristengesetzen.

Das wurde denn auch am Entwurf kritisiert, und die Diskussion entzündete sich fast ausschließlich an dem neu entdeckten «Verherrlichungs-Paragraphen» und an dem vom Innenminister Baum eingebrachten Waschmittel-Slogan «Therapie statt Strafe». Da es für Hanf-Raucher keine Therapie gibt, war die ganze Rederei von vornherein eine ausschließlich von Heroin bestimmte, und die Formulierungen erlebten ein buntes Variantenspiel, bei dem schließlich etwas herauskam wie «Therapie statt-vor-und-nach-als Strafe».

Straftaten und Ordnungswidrigkeiten
§ 29. Straftaten.

(1) Mit Freiheitsstrafe bis zu vier Jahren oder mit Geldstrafe wird bestraft, wer

1. Betäubungsmittel ohne Erlaubnis nach § 3 Abs. 1 Nr. 1 anbaut, herstellt, mit ihnen Handel treibt, sie, ohne Handel zu treiben, einführt, ausführt, veräußert, abgibt, sonst in den Verkehr bringt, erwirbt oder sich in sonstiger Weise verschafft,

2. eine ausgenommene Zubereitung (§ 2 Abs. 1 Nr. 3) ohne Erlaubnis nach § 3 Abs. 1 Nr. 2 herstellt,

3. Betäubungsmittel besitzt, ohne sie auf Grund einer Erlaubnis nach § 3 Abs. 1 erlangt zu haben,

4. Geldmittel oder andere Vermögenswerte für einen anderen zum unerlaubten Handeltreiben mit Betäubungsmitteln oder zu deren unerlaubter Herstellung bereitstellt,

5. entgegen § 11 Abs. 1 Satz 3 Betäubungsmittel durchführt,

6. entgegen § 13 Abs. 1 Betäubungsmittel
a) verschreibt,
b) verabreicht oder zum unmittelbaren Verbrauch überläßt,

7. entgegen § 13 Abs. 2 Betäubungsmittel in einer Apotheke oder tierärztlichen Hausapotheke abgibt,

8. entgegen § 14 Abs. 5 für Betäubungsmittel wirbt,

9. unrichtige oder unvollständige Angaben macht, um für sich oder einen anderen oder für ein Tier die Verschreibung eines Betäubungsmittels zu erlangen,

10. eine Gelegenheit zum unbefugten Verbrauch, Erwerb oder zur unbefugten Abgabe von Betäubungsmitteln öffentlich oder eigennützig mitteilt, eine solche Gelegenheit einem anderen verschafft oder gewährt oder ihn zum unbefugten Verbrauch von Betäubungsmitteln verleitet oder

11. einer Rechtsverordnung nach

§ 11 Abs. 2 Satz 2 Nr. 1 oder § 13 Abs. 3 Satz Nr. 1 oder 3 zuwiderhandelt, soweit sie für einen bestimmten Tatbestand auf diese Strafvorschrift verweist.

(2) In den Fällen des Absatzes 1 Nr. 1, 2, 5 und 6 Buchstabe b ist der Versuch strafbar.

(3) In besonders schweren Fällen ist die Strafe Freiheitsstrafe nicht unter einem Jahr. Ein besonders schwerer Fall liegt in der Regel vor, wenn der Täter

1. in den Fällen des Absatzes 1 Nr. 1, 4, 5, 6 oder 10 gewerbsmäßig handelt,

2. durch eine der in Absatz 1 Nr. 1, 6 oder 7 bezeichneten Handlungen die Gesundheit mehrerer Menschen gefährdet,

3. als Person über 21 Jahren Betäubungsmittel an eine Person unter 18 Jahre abgibt, verabreicht oder zum unmittelbaren Verbrauch überläßt oder

4. mit Betäubungsmitteln in nicht geringer Menge Handel treibt, sie in nicht geringer Menge besitzt oder abgibt.

(4) Handelt der Täter in den Fällen des Absatzes 1 Nr. 1, 2, 5, 6 Buchstabe b oder Nr. 10 fahrlässig, so ist die Strafe Freiheitsstrafe bis zu einem Jahr oder Geldstrafe.

(5) Das Gericht kann von einer Bestrafung nach den Absätzen 1, 2 und 4 absehen, wenn der Täter die Betäu-

Nun häkeln sie wieder
(Süddeutsche Zeitung, 2.1.1982)

bungsmittel lediglich zum Eigenverbrauch in geringer Menge anbaut, herstellt, einführt, ausführt, durchführt, erwirbt, sich in sonstiger Weise verschafft oder besitzt.

(6) Die Vorschriften des Absatzes 1 Nr. 1 sind, soweit sie das Handeltreiben, Abgeben oder Veräußern betreffen, auch anzuwenden, wenn sich die Handlung auf Stoffe oder Zubereitungen bezieht, die nicht Betäubungsmittel sind, sie aber als solche ausgegeben werden.

§ 30. Straftaten.

(1) Mit Freiheitsstrafe nicht unter zwei Jahren wird bestraft, wer

1. Betäubungsmittel ohne Erlaubnis nach § 3 Abs. 1 Nr. 1 anbaut, herstellt oder mit ihnen Handel treibt (§ 29 Abs. 1 Nr. 1) und dabei als Mitglied einer Bande handelt, die sich zur fortgesetzten Begehung solcher Taten verbunden hat,

2. im Falle des § 29 Abs. 3 Nr. 3 gewerbsmäßig handelt,

3. Betäubungsmittel abgibt, einem anderen verabreicht oder zum unmittelbaren Verbrauch überläßt und dadurch leichtfertig dessen Tod verursacht oder

4. Betäubungsmittel in nicht geringer Menge ohne Erlaubnis nach § 3 Abs. 1 Nr. 1 einführt.

(2) In minder schweren Fällen ist die Strafe Freiheitsstrafe von drei Monaten bis zu fünf Jahren.

§ 31. Strafmilderung oder Absehen von Strafe.

Das Gericht kann die Strafe nach seinem Ermessen mildern (§ 49 Abs. 2 des Strafgesetzbuches) oder von einer Bestrafung nach

§ 29 Abs. 1, 2, 4 oder 6 absehen, wenn der Täter

1. durch freiwillige Offenbarung seines Wissens wesentlich dazu beigetragen hat, daß die Tat über seinen eigenen Tatbeitrag hinaus aufgedeckt werden konnte, oder

2. freiwillig sein Wissen so rechtzei-

tig einer Dienststelle offenbart, daß Straftaten nach § 29 Abs. 3, § 30 Abs. 1, von deren Planung er weiß, noch verhindert werden können.

§ 32. Ordnungswidrigkeiten.

(1) Ordnungswidrig handelt, wer vorsätzlich oder fahrlässig . . . 1. bis 14. [Formvorschriften verletzt.]

§ 33. Einziehung.

Gegenstände, auf die sich eine Straftat nach §§ 29 oder 30 oder eine Ordnungswidrigkeit nach § 32 bezieht, können eingezogen werden. § 74 a des Strafgesetzbuches und § 23 des Gesetzes über Ordnungswidrigkeiten sind anzuwenden.

§ 34. Führungsaufsicht.

In den Fällen des § 29 Abs. 3 und des § 30 kann das Gericht Führungsaufsicht anordnen (§ 68 Abs. 1 Nr. 2 des Strafgesetzbuches).

§ 35. Zurückstellung der Strafvollstreckung.

(1) Ist jemand wegen einer Straftat zu einer Freiheitsstrafe von nicht mehr als zwei Jahren verurteilt worden und ergibt sich aus den Urteilsgründen oder steht sonst fest, daß er die Tat auf Grund einer Betäubungsmittelabhängigkeit begangen hat, so kann die Vollstreckungsbehörde mit Zustimmung des Gerichts des ersten Rechtszuges die Vollstreckung der Strafe, eines Strafrestes oder der Maßregel der Unterbringung in einer Entziehungsanstalt für längstens zwei Jahre zurückstellen, wenn der Verurteilte sich wegen seiner Abhängigkeit in einer seiner Rehabilitation dienenden Behandlung befindet oder zusagt, sich einer solchen zu unterziehen, und deren Beginn gewährleistet ist. Als Behandlung gilt auch der Aufenthalt in einer staatlich anerkannten Einrichtung, die dazu dient, die Abhängigkeit zu beheben oder einer erneuten Abhängigkeit entgegenzuwirken.

(2) Absatz 1 gilt entsprechend, wenn

1. auf eine Gesamtfreiheitsstrafe von nicht mehr als zwei Jahren erkannt

worden ist oder

2. auf eine Freiheitsstrafe oder Gesamtfreiheitsstrafe von mehr als zwei Jahren erkannt worden ist und ein zu vollstreckender Rest der Freiheitsstrafe oder der Gesamtfreiheitsstrafe zwei Jahre nicht übersteigt,

und im übrigen die Voraussetzungen des Absatzes 1 für den ihrer Bedeutung nach überwiegenden Teil der abgeurteilten Straftaten erfüllt sind.

(3) Der Verurteilte ist verpflichtet, zu Zeitpunkten, die die Vollstreckungsbehörde festsetzt, den Nachweis über die Aufnahme und über die Fortführung der Behandlung zu erbringen; die behandelnden Personen oder Einrichtungen teilen der Vollstreckungsbehörde einen Abbruch der Behandlung mit.

(4) Die Vollstreckungsbehörde widerruft die Zurückstellung der Vollstreckung, wenn die Behandlung nicht begonnen oder nicht fortgeführt wird oder wenn der Verurteilte den nach Absatz 3 geforderten Nachweis nicht erbringt. Von dem Widerruf kann abgesehen werden, wenn der Verurteilte nachträglich nachweist, daß er sich in Behandlung befindet. Ein Widerruf nach Satz 1 steht einer erneuten Zurückstellung der Vollstreckung nicht entgegen.

(5) Die Zurückstellung der Vollstreckung wird auch widerrufen, wenn

1. bei nachträglicher Bildung einer Gesamtstrafe nicht auch deren Vollstreckung nach Absatz 1 in Verbindung mit Absatz 2 zurückgestellt wird oder

2. eine weitere gegen den Verurteilten erkannte Freiheitsstrafe oder freiheitsentziehende Maßregel der Besserung und Sicherung zu vollstrecken ist.

(6) Hat die Vollstreckungsbehörde die Zurückstellung widerrufen, so ist sie befugt, zur Vollstreckung der Freiheitsstrafe oder der Unterbringung in einer Entziehungsanstalt einen Haftbefehl zu erlassen. Gegen den Widerruf kann die Entscheidung des Gerichts

des ersten Rechtszuges herbeigeführt werden. Der Fortgang der Vollstreckung wird durch die Anrufung des Gerichts nicht gehemmt, § 462 der Strafprozeßordnung gilt entsprechend.

§ 36. Anrechnung und Strafaussetzung zur Bewährung.

(1) Ist die Vollstreckung zurückgestellt worden und hat sich der Verurteilte in einer staatlich anerkannten Einrichtung behandeln lassen, in der die freie Gestaltung seiner Lebensführung erheblichen Beschränkungen unterliegt, so wird die vom Verurteilten nachgewiesene Zeit seines Aufenthalts in dieser Einrichtung auf die Strafe angerechnet, bis infolge der Anrechnung zwei Drittel der Strafe erledigt sind. Die Entscheidung über die Anrechnungsfähigkeit trifft das Gericht zugleich mit der Zustimmung nach § 35 Abs. 1. Sind durch die Anrechnung zwei Drittel der Strafe erledigt oder ist eine Behandlung in der Einrichtung zu einem früheren Zeitpunkt nicht mehr erforderlich, so setzt das Gericht die Vollstreckung des Restes der Strafe zur Bewährung aus, sobald verantwortet werden kann zu erproben, ob der Verurteilte keine Straftaten mehr begehen wird.

(2) Ist die Vollstreckung zurückgestellt worden und hat sich der Verurteilte einer anderen als der in Absatz 1 bezeichneten Behandlung seiner Abhängigkeit unterzogen, so setzt das Gericht die Vollstreckung der Freiheitsstrafe oder des Strafrestes zur Bewährung aus, sobald verantwortet werden kann zu erproben, ob er keine Straftaten mehr begehen wird.

(3) Hat sich der Verurteilte nach der Tat einer Behandlung seiner Abhängigkeit unterzogen, so kann das Gericht, wenn die Voraussetzungen des Absatzes 1 Satz 1 nicht vorliegen, anordnen, daß die Zeit der Behandlung ganz zum Teil auf die Strafe angerechnet wird, wenn dies unter Berücksichtigung der Anforderungen, welche die

Behandlung an den Verurteilten gestellt hat, angezeigt ist.

(4) §§ 56a bis 56g des Strafgesetzbuches gelten entsprechend.

(5) Die Entscheidungen nach den Absätzen 1 bis 3 trifft das Gericht des ersten Rechtszuges ohne mündliche Verhandlung durch Beschluß. Die Vollstreckungsbehörde, der Verurteilte und die behandelnden Personen oder Einrichtungen sind zu hören. Gegen die Entscheidungen ist sofortige Beschwerde möglich. Für die Entscheidungen nach Absatz 1 Satz 3 und nach Absatz 2 gilt § 454 Abs. 3 der Strafprozeßordnung entsprechend; die Belehrung über die Aussetzung des Strafrestes erteilt das Gericht.

§ 37. Absehen von der Verfolgung.

(1) Steht ein Beschuldigter in Verdacht, eine Straftat auf Grund einer Betäubungsmittelabhängigkeit begangen zu haben, und ist keine höhere Strafe als eine Freiheitsstrafe bis zu zwei Jahren zu erwarten, so kann die Staatsanwaltschaft mit Zustimmung des für die Eröffnung des Hauptverfahrens zuständigen Gerichts vorläufig von der Erhebung der öffentlichen Klage absehen, wenn der Beschuldigte nachweist, daß er sich wegen seiner Abhängigkeit seit mindestens drei Monaten der in § 35 Abs. 1 bezeichneten Behandlung unterzieht und seine Resozialisierung zu erwarten ist. Die Staatsanwaltschaft setzt Zeitpunkte fest, zu denen der Beschuldigte die Fortdauer der Behandlung nachzuweisen hat. Das Verfahren wird fortgesetzt, wenn

1. die Behandlung nicht bis zu ihrem vorgesehenen Abschluß fortgeführt wird,

2. der Beschuldigte den nach Satz 2 geforderten Nachweis nicht führt,

3. der Beschuldigte eine Straftat begeht und dadurch zeigt, daß die Erwartung, die dem Absehen von der Erhebung der öffentlichen Klage zugrunde lag, sich nicht erfüllt hat, oder

4. auf Grund neuer Tatsachen oder Beweismittel eine Freiheitsstrafe von mehr als zwei Jahren zu erwarten ist.

In den Fällen des Satzes 3 Nr. 1, 2 kann von der Fortsetzung des Verfahrens abgesehen werden, wenn der Beschuldigte nachträglich nachweist, das er sich weiter in Behandlung befindet. Die Tat kann nicht mehr verfolgt werden, wenn das Verfahren nicht innerhalb von vier Jahren fortgesetzt wird.

(2) Ist die Klage bereits erhoben, so kann das Gericht mit Zustimmung der Staatsanwaltschaft das Verfahren bis zum Ende der Hauptverhandlung, in der die tatsächlichen Feststellungen letztmals geprüft werden können, vorläufig einstellen. Die Entscheidung ergeht durch unanfechtbaren Beschluß. Absatz 1 Satz 2 bis 5 gilt entsprechend.

(3) Die in § 172 Abs. 2 Satz 3, § 396 Abs. 2 Satz 2, § 397 Abs. 2 und § 467 Abs. 5 der Strafprozeßordnung zu § 153a der Strafprozeßordnung getroffenen Regelungen gelten entsprechend.

§ 38. Jugendliche und Heranwachsende.

(1) Bei Verurteilung zu Jugendstrafe gelten die §§ 35 und 36 sinngemäß. Bei Verurteilung zu Jugendstrafe von unbestimmter Dauer richtet sich die Anwendung der §§ 35 und 36 nach dem erkannten Höchstmaß der Strafe. Neben der Zusage des Jugendlichen nach § 35 Abs. 1 Satz 1 bedarf es auch der Einwilligung des Erziehungsberechtigten und des gesetzlichen Vertreters. Im Falle des § 35 Abs. 6 Satz 2 findet § 83 Abs. 2 Nr. 1, Abs. 3 Satz 2 des Jugendgerichtsgesetzes sinngemäß Anwendung. Abweichend von § 36 Abs. 4 gelten die §§ 22 bis 26a des Jugendgerichtsgesetzes entsprechend. Für die Entscheidungen nach § 36 Abs. 1 Satz 3 und Abs. 2 sind neben § 454 Abs. 3 der Strafprozeßordnung die §§ 58, 59 Abs. 2 bis 4 und § 60 des Jugendgerichtsgesetzes ergänzend anzuwenden.

(2) § 37 gilt sinngemäß auch für Jugendliche und Heranwachsende.

Aus der Begründung:
Der ständige Anstieg der Rauschgiftdelikte zwingt, zum Schutze der Volksgesundheit und der sozialen Interessen der Gesellschaft, als äußerste Maßnahme auch verschärfte strafrechtliche Vorschriften gegen diese Kriminalität zu erlassen. Zu berücksichtigen ist außerdem, daß in viele Familien durch Jugendliche, die naturgemäß für Rauschgiftverführung am ehesten anfällig sind, jahrelanges Leid gebracht wird.

Wie war das noch?
Der Kampf gegen die Rauschgiftsucht wird durch die Pflicht zur Pflege der Volksgesundheit geboten. Wodurch droht aber der größte Schaden für ein Volk? Durch Verminderung der Volkstüchtigkeit, der physischen Volkskraft und, was die neuere biologische Rechtslehre bisweilen übersieht, der moralischen Gesundheit.
(R. W. Fraeb, Untergang der bürgerlich-rechtlichen Persönlichkeit, Berlin 1937)

Zurück in die BRD, Drucksache 546/79
Die Verbrechenstatbestände des § 29 Abs. 1 sollen eine an der Tatsache, dem Unrechtsgehalt und der Schuld ausgerichtete Einstufung bestimmter Arten von Rauschgiftdelikten als besonders gefährliche und verabscheuungswürdige Angriffe gegen das Schutzgut «Volksgesundheit» ermöglichen.

Ach ja, und damit jeder weiß, wer über den Gesetzen steht, gibt es noch ein kleines Bonbon für die Pharmaindustrie, im allgemeinen Teil versteckt:
Abs. 3 soll gewährleisten, daß innerhalb einer Frist von zwei Jahren neue Betäubungsmittel, die Fertigarzneimittel sind (§ 4 Abs. 1 AMG 1976), noch nicht nach den betäubungsmittelrechtlichen Vorschriften gekennzeichnet zu werden brauchen.

Von Hanf war nicht die Rede, obwohl die Pflanze doch von allen kriminalisierten Drogen die mit den meisten strafrechtlichen Folgen ist. Im Hearing vor dem zuständigen Bundestagsausschuß wurde die Sache nur ein einziges Mal erwähnt, und auch das nur sehr am Rand.

Wie wurden eigentlich die Sachverständigen für dieses Hearing ausgewählt? Ich habe mir versichern lassen, es habe dabei keine Lotterie gegeben. Der Regisseur, Herr Schröder, möchte sich dazu auch nicht äußern. Die Teilnehmerliste verweist auf eine gekonnte Regie, vergleichbar den «sicheren» Klassiker-Inszenierungen in einem Provinztheater. In den vorab gestellten Fragen war keine, die sich auf Hanf bezog, es sei denn, man nimmt die Frage 12: «Sollte eine besondere Regelung zugunsten aller Betäubungsmittelabhängigen oder *nur* zugunsten der *physisch* Abhängigen getroffen werden?» Da dachte wer wohl an die psychische Abhängigkeit, doch die Frage war so wohl gar nicht gemeint.

Einige Antworten: «Aus strafrechtlicher und aus vollzuglicher Sicht sind keine Gründe ersichtlich, zwischen psychischen und physischen Abhängigen zu differenzieren» (Ministerialdirigent Dr. Altenhain aus dem nordrhein-westfälischen Justizministerium). – «Wer als Drogenabhängiger von einem Strafgericht bestraft wird, hat *verschuldetes* Unrecht begangen, *sonst* ist er nach unserer Strafrechtsordnung nicht strafbar ... Für den nichtdrogenabhängigen Straftäter ... sieht die Lage nicht anders aus ...» (Prof. Dr. A. Böhm, Fachbereich *Rechts- und Wirtschafts*wissenschaften, Universität Mainz). – «Eine Differenzierung, auch *im Hinblick* auf die bestehenden Institute der Justiz, nach Abhängigkeiten von sog. harten oder weichen Drogen ist nicht angezeigt. *(Es ist überflüssig, auf die Gründe einzugehen)*» (Dr. med. H. Heinze, Ministerialrat, Sozialministerium Hannover). – «Auch unterschiedliche Regelungen für (nur psychisch Abhängige) z. B. Halluzinogen-Abhängige gegenüber Heroin-Abhängigen (die sowohl als auch körperlich und psychisch abhängig sind) sind nicht angebracht. *(Die Frage ist nicht eindeutig)*» (Dr. Dietrich Kleiner, s. o.). – «Nein! Häufig ist nicht zu unterscheiden, ob eine psychische oder eine physische Abhängigkeit vorliegt. Auch kann eine ‹herausgehobene, bevorzugte Betrachtungsweise› *negative Rückwirkungen auf das Drogenproblem* haben» (Ass. Prof. Dr. med. Bernd-Michael Becker, Sozialpsychiatrie Berlin). – «Es gibt *schwerste Suchten* ... ohne daß eine körperliche Abhängigkeit vorhanden sein muß ... Insbesondere schwer abhängige Politoxikomane zeigen häufig keine oder nur geringe körperliche Entzugserscheinungen» (Prof. Dr. med. K. Wanke, Direktor der Nervenklinik der Universität des Saarlandes). – «Grundlage des Suchtverhaltens ist ... die psychische Abhängigkeit. Diese ist, wenn sie einmal vorliegt, bei *allen* Drogenabhängigen im wesentlichen gleich. Nur zu ihrer Behandlung ist überhaupt eine Langzeittherapie erforderlich» (Hans-Alfred Blumenstein, Jugendrichter am Amtsgericht Stuttgart). – «Da meines Erachtens die *psychische* Abhängigkeit das Hauptproblem darstellt, sollte nicht differenziert werden» (Gerhard Engelskircher, Richter am Amtsgericht Mainz). – Kein Kommentar.

Am Montag, dem 21. April 1980, fand dann das öffentliche Hearing statt. Ein teilnehmender Abgeordneter empfand es als «trauriges Kabarett und Jahrmarkt der Eitelkeiten». Die einzige Erwähnung von Hanf geschah durch Dr. Karl Deissler aus Luzern, den ich nicht persönlich kenne, von dem ich aber annehmen muß, daß er ein Methusalem ist. Sagte er doch zu seiner Vorstellung: «Ich habe die Entwicklung der Drogenepidemie in Amerika *von den allerersten Anfängen* in der Gegend von San Francisco erlebt ...»

Schade, daß er sich dann, noch einmal nach Hanf befragt, aus der Affäre zog.

Das war das letzte Mal, daß von Hanf beim Gesetzgeber die Rede war. Nachdem sich die Parteien geeinigt hatten, den Strafrahmen um minde-

stens ein Jahr zu heben, und nachdem die Sache eine Wahl über liegenge-
blieben war, wurde das Gesetz am 28. Juli 1981 ohne weitere Fragen beschlossen, und seit dem 1. Januar 1982 müssen wir damit leben.

Mäuse, Ratten, Spreu und Weizen

Das erste Zitat stammt von einem Praktiker, schon an der Berufung auf
den Gesetzgeber erkennbar. Hans Zühlsdorf war Leitender Kriminaldirektor in Hamburg und galt als Kapazität bei der Bekämpfung organisierten Verbrechens, von dem er allerdings im Sommer 1979 behauptete, es
gäbe keines. Seine polizeitaktischen Überlegungen, seit den frühen Siebzigern weit publiziert, machten Schule: Zur Bekämpfung des Rauschgifthandels hatte er V-Leute, Untergrund-Fahnder, Scheinkäufe und den
Bruch von Grundrechten wie Telefongeheimnis und Unversehrbarkeit der
Wohnung vorgeschlagen, außerdem Erweiterung von Haftgründen («Vor-
beugehaft»). Diese ungeheuerliche Ausdehnung polizeilicher Möglichkeiten wurde auch von seinen Kollegen begeistert aufgegriffen und gilt
mittlerweile als «unverzichtbare Forderung zur Rauschgiftbekämpfung»
bzw. als «unentbehrlich gewordene Praxis». Am 4. Oktober 1979 erstattete
sein Polizeipräsident gegen Zühlsdorf Strafanzeige wegen verbotener
Kontakte zur Unterwelt; zwei Tage später wurde der Kriminaldirektor
vom Dienst suspendiert. Eine Serie dubioser Ermittlungsverfahren und

---

«Bei dem Streit über die Gefährlichkeit von Haschisch und Alkohol wird allerdings kaum bedacht, daß der Gesetz-
geber, wenn er heute vor der Wahl
stünde, Alkoholgenuß zu legalisieren
oder zu verbieten, sich möglicherweise
dahin entschiede, den Konsum von Alkohol nicht zu dulden. Das Problem,
den Alkohol zu verbieten, stellt sich
deshalb nicht, weil er seit eh und je in
unserem Leben eine Rolle gespielt hat,
was man von den *modernen* Rauschdrogen nicht sagen kann. Wer schon
Mäuse in seinem Haus hat, wird nicht
darauf versessen sein, auch noch Ratten
anzusiedeln.»
    *(Hans Zühlsdorf, Drogenprobleme
und Polizei, Stuttgart 1973)*

«Die polizeiliche Kriminalstatistik erlaubt jedoch keine weiteren Differen-
zierungen. Ein drogenabhängiger Verkäufer von 10 Gramm Haschisch wird
statistisch genauso gesehen wie ein pro-
fessioneller Rauschgifthändler.»
    *(Manfred Hammer, Rauschgiftkrimi-
nalität, Kriminalistik 9/1980)*

«Die gegenwärtige deutsche Drogenpolitik erschöpft sich in der nimmersat-
ten Expansion des polizeilichen Verfol-
gungsapparats ...»
    *(Sibylle Kappel, Sebastian Scheerer,
Das Fiasko der deutschen Drogenpolitik, Kriminalogisches Journal 1/1980)*

ebenso dubioser Prozesse begann, als «Hamburger Polizeiskandal» eine Weile lang von der Presse verfolgt und schließlich diskret unter den Teppich gekehrt. Herr Zühlsdorf ist seither Frühpensionist, ein anschauliches Beispiel für die Annäherung von Kriminalen und Kriminellen, die er selbst für unverzichtbar hält.

Die Eigengesetzlichkeiten der Bürokratie sind bei der Polizei besonders ausgeprägt – um effektiver werden zu können, braucht man nichts als mehr Personal, mehr Mittel und mehr Befugnisse, also mehr Macht. Eingennutz (z. B. Beförderung und Kompetenzerweiterung bei vergrößerter Neueinstellung) und Gemeinnutz (z. B. mehr Sicherheit) scheinen sich aufs schönste zu treffen. Und der Zustand unserer Demokratie ist für ein solches Wachstum der ideale Boden.

Es lohnt zu rekonstruieren: Als 1979 die Heroin-Toten aus allen Zeitungen quollen, beauftragte das Bundesinnenministerium das Bundeskriminalamt mit der Ausarbeitung von Vorschlägen. Das BKA war in den frühen Siebzigern von einer ursprünglich wenig bedeutenden Koordinationsstelle zwischen den Landeskriminalämtern zu einer der wichtigsten Polizeistellen geworden, in Verbindung mit der Terrorismusbekämpfung und den dafür initiierten umfangreichen Computer-Überwachungs- und -Koordinationsprogrammen. Dem damaligen BKA-Chef Horst Herold wurde gelegentlich sein «Computer-Fetischismus» vorgeworfen, doch keines seiner geplanten Programme wurde je gestrichen, denn Herold konnte seine Vorgesetzten stets von der «präventiven» Möglichkeit umfassender Datensammlungen überzeugen und sah die Rolle der Polizei bereits als «Sozialingenieur von morgen». Originalton: «Was ich anstrebe, ist die Polizei als *gesellschaftliches Diagnoseinstrument*. Stellen Sie sich mal vor, was uns da zuwachsen würde: Auf Knopfdruck kann ich Zusammenhänge feststellen – wie Fingerabdruck und *Vererbung*, Körpergröße und Verbrechen … Drogen – kurz: wie Menschen zu etwas kommen. Ich kann ständig wie ein Arzt – deshalb das Wort gesellschaftssanitär – den Puls der Gesellschaft fühlen und mit Hilfe rationaler Einsichten unser Rechtssystem dynamisch halten … Das heißt: die Ersetzung des bisherigen Maßstabs des Strafrechts, das sich orientiert am Eigentumsschutz, durch ein Prinzip der Sozialschädlichkeit. Als *Kopplungsstelle* zu einem dynamischen gesellschaftlichen Prozeß *müßte die Polizei* sagen: Gesetzgeber, siehst du, hier ist ein sozialschädlicher Tatbestand, da mußt du eine *Normglocke* drübersetzen, und hier ist noch einer … Die Polizei ist als ein kybernetisches System zu konstruieren, das *von sich aus* wirkt» (*Trans-Atlantik* 11 / 1980). Diese Worte waren für die Öffentlichkeit zu deutlich, und Dr. Herold wurde darauf aus dem Verkehr gezogen. Doch dieses System bestimmte bereits seine Vorschläge zur

Die polizeiliche Arbeit bei der Bekämpfung des international organisierten Rauschgifthandels gestaltet sich aufgrund folgender Faktoren zunehmend schwieriger:

– der zunehmenden «Internationalisierung» der Tätergruppen, der zunehmenden Mobilität der Täter und des konsequenten Ausnutzens der technischen Errungenschaften auf den Sektoren Verkehr, Wirtschaft und Nachrichtenübermittlung

– des Umfangs des heutigen Reise- und Transportvolumens und der zur Bewältigung dieses Verkehrsaufkommens notwendigerweise «offenen Grenzen», durch die Rauschgiftsicherstellungen ohne konkreten Hinweis lediglich Zufälle sein können

– der Schwierigkeiten für die Kontrollorgane, die sich aus dem ständig zunehmenden Warenverkehr mittels Containern ergeben

– der Problematik des sogenannten «Diplomatengepäcks»

– der zunehmende Versand von Kleinmengen (Heroin und Kokain) per Post

– der ständig steigende Transport von Rauschgift in Körperhöhlen oder am Körper

Die Produktion bzw. die Lagerbestände von Cannabisharz im Libanon, im Iran und im afghanisch-pakistanischen Grenzgebiet sind nach wie vor sehr hoch und die Erzeuger und Händler auf Grund der politischen Situation in diesen Ländern praktisch ungestört.

Der Trend läuft eindeutig auf Großtransporte hinaus, und zwar per Schiff (Libanon / Pakistan), per Luftfracht (Pakistan) und per TIR-Transporter (Iran, Libanon, Syrien). – Daneben spielt auch Marokko als Herkunftsland eine bedeutende Rolle.

Die Gefahren gehen also eindeutig vom Heroin aus. Dennoch teile ich keinesfalls die Ansicht derer, die die Forderung erheben, die Polizei solle sich ausschließlich der Bekämpfung des Heroinhandels widmen und die Cannabis-Produkte völlig unbeachtet lassen. Cannabis ist nämlich nach wie vor das quantitativ am stärksten gehandelte Rauschgift, und nach wie vor kommen in der Bundesrepublik Deutschland (auch wenn uns die Medien vielfach etwas anderes glauben machen wollen) die meisten Verbraucher harter Drogen über Cannabis-Genuß mit dem Heroin in Berührung.

Gerade der Kleindealer und Zwischenhändler ist es doch, von dem die Gefahr ausgeht. Kein Großhändler und kein Schmuggler steht als Verkäufer auf dem Schulhof oder in der örtlichen Szene, es ist der Klein- und Zwischenhändler, der ständig bemüht ist, seinen Kundenstamm auszuweiten, der die ersten Schüsse kostenlos abgibt und den Ungeübten oder Unerfahrenen experimentieren läßt und auf diese Weise nicht nur neue Konsumenten, neue Abhängige, sondern möglicherweise auch «tödliche Unfälle» (Überdosis) «produziert».

Die Ermittlungsvoraussetzungen bei der Bekämpfung des Rauschgifthandels unterscheiden sich gravierend von dem eingefahrenen Rhythmus polizeilicher Tätigkeit:

Straftat – Anzeige – Ermittlungen – Aufklärung – Anklage – Verurteilung. Die Unterschiede zum normalen Kriminalitätsgeschehen liegen ja im wesentlichen in dem Mangel

– an konkret abgrenzbaren Tatorten,

– an Geschädigten, die unsere Hilfe erbitten und Anzeige erstatten, sowie an Zeugen. Ansatzpunkte für kriminalpolizeiliches Vorgehen liegen lediglich in mehr oder weniger begründetem Tatverdacht innerhalb mehr oder weniger großer Kreise von Verdächtigen.

Weil dem aber so ist, müssen wir unser taktisches Konzept, unsere polizeilichen Mittel und Möglichkeiten, dieser

Erscheinungsform der Kriminalität adäquat anpassen.

Und dies ist eigentlich unser tägliches Brot: Das Bundeskriminalamt hat in vielen Fällen Ermittlungskomplexe erst nach erfolgtem Zugriff, zum Beispiel nach Zugriffen von Zollbehörden, ausschließlich unter dem Gesichtspunkt der Überführung der Organisatoren entsprechender Aktionen übernommen.

So beginnt sich sowohl in den Ländern als auch bei der Zollverwaltung mehr und mehr die Erkenntnis durchzusetzen, daß Spezialdienststellen bei Zentralstellen (Landeskriminalämter, Bundeskriminalamt) keine Konkurrenzunternehmen sind, sondern daß diese Spezialdienststellen einen ganz anders gelagerten, einen weiterführenden Ermittlungsauftrag haben, der wiederum seine eigenen Problematiken beinhaltet.

Der frühere langjährige Leiter des Frankfurter Einbruchsdezernats, Karl Mörschel, ein Kriminalist, der insbesondere wegen seiner V-Leute in der Unterwelt gefürchtet war, hat gesagt: «Eine Armee kann noch so gut ausgerüstet und ausgebildet sein, es wird ihr im Ernstfall an Effektivität und Schlagkraft fehlen, wenn sie nicht auch über einen guten Nachrichtendienst verfügt, der ihr die Absicht des Gegners, seine Taktik, seine Gliederung und seine Bewaffnung vor dem Ernstfall vermittelt.» Diese Aussage ist nur zu unterstreichen.

Bei der Bekämpfung der organisierten Händler und Schmuggler können wir aber auf verdeckte Informationsbeschaffung nicht verzichten, sie erst schafft die Voraussetzungen, eine anfänglich vielfach vage Verdachtslage zu konkretisieren.

Zu den weiteren unverzichtbaren konspirativen Ermittlungsmethoden bei der Bekämpfung bandenmäßig organisierter und international arbeitender Tätergruppierungen, die das Zu-sammenwachsen der Völker und Länder ebenso nutzen, wie die offenen Grenzen, die zunehmende Verkehrsdichte und die Errungenschaften der Technik, gehören heute insbesondere
- der Einsatz von Informanten,
- die Arbeit durch Polizeibeamte im Untergrund,
- alle Arten der Observation,
- Telefonüberwachungsmaßnahmen,
- die Verwendung optischer und akustischer Hilfsmittel,
- es gehören dazu Vertrauens- und Scheinkäufe sowie
- kontrollierte Rauschgiftlieferungen.

Alle aufgeführten Ermittlungsmethoden, die lediglich Grenzbereiche berühren, sind ja nicht gesetzeswidrig. Wer jedoch von den Ermittlungsbehörden Erfolge erwartet, die im Prinzip nur noch mit konspirativen Methoden erreicht werden können, muß auch bereit sein, im Zweifel für eine Ausschöpfung der gesetzlichen Möglichkeiten bis an die Grenze des rechtlich Vertretbaren zu plädieren.

- Wir erfragen von der V-Person bei ihr bereits vorhandenes Wissen über begangene Straftaten, über Aufenthalt und Tätigkeit potentieller Straftäter und über bestehende kriminelle Gruppen dieser Organisation und deren Arbeitsweise usw.
- Wir erteilen einer V-Person konkrete Aufträge, z. B. bestimmte Informationen zu beschaffen und/oder
- wir beauftragen eine V-Person, eine bestimmte Rolle zu spielen, z. B. bei der Rauschgiftbekämpfung die eines Transporteurs, eines Vermittlers, eines Käufers oder
- ein als Kaufinteressent getarnter Polizeibeamter erhält den Auftrag, sich an eine Tätergruppe heranzuspielen.

Im Bereich der Bekämpfung des internationalen organisierten Rauschgifthandels läuft es vielfach auf ein bestimmtes Rollenspiel einer V-Person hinaus. Insbesondere in diesen Bereichen kommt es aber immer wieder zu unterschiedlichen Beurteilungen durch die Justiz, aber auch durch die Polizei selbst.

Schon in allgemeinen Kriminalitätsbereichen müssen wir uns beim Einsatz von V-Personen darüber im klaren sein, daß es den V-Mann aus «edlen Motiven» kaum noch gibt (sofern es ihn je gegeben hat); im Bereich der Bekämpfung des international organisierten Rauschgifthandels kann es diesen V-Mann im Grunde auch gar nicht geben.

Hier geht es um den aktiven Teilnehmer am Rauschgifthandel, um den Mann also, der innerhalb der Organisation eine bestimmte Position bekleidet (hat) und der das Vertrauen der Gruppe genießt. Einer solchen Person geht es aber in der Regel aller Fälle um persönliche Vorteile, die keineswegs im materiellen Bereich liegen (müssen), so z. B. um Vorteile in einem gegen sie selbst gerichteten Ermittlungsverfahren, z. B. durch Verschonung von der U-Haft, durch einen gewissen «Strafrabatt» hinsichtlich seiner eigenen Handlungen, durch Einflußnahme auf eine durch die Ausländerbehörde evt. vorgesehene Abschiebung oder durch Verschaffen von Aufenthalts- oder Arbeitserlaubnissen.

Wohin die Interessenlage der V-Person auch tendiert, immer ist für den V-Mann-Führer erstes Gebot, alle geplanten Aktionen und sämtliche vorgesehenen Ermittlungsschritte mit einem zuständigen Staatsanwalt abzusprechen. Erstens können und dürfen wir nichts zusagen (z. B. im strafrechtlichen oder strafprozessualen Bereich), was später nicht eingehalten werden kann, andererseits müssen wir von Anfang an die Aktenlage so gestalten, daß die zugesagte Vertraulichkeit auch bei der späteren Gerichtsverhandlung gewährt werden kann.

Ist das alles generell schon nicht leicht zu bewerkstelligen, es wird in den Fällen gänzlich unmöglich, wo die V-Person sich zur Mitarbeit nur deshalb entschließt, um sie im eigenen noch offenen Strafverfahren vom Gericht entsprechend honoriert zu bekommen.

Leider bewirkt ein derartiges Verhalten heute vielfach noch das Gegenteil, die Interessen der Polizei und der Justiz laufen in diesem Punkt auseinander.

Das führt zu Interessenkollisionen dergestalt,
– daß uns ein kooperationsbereiter Rauschgifthändler möglicherweise auf freiem Fuß mehr nützt als in Haft,
– daß wir bestimmte Verfahren trennen und bei anderen Staatsanwaltschaften, an einem anderen Ort, anhängig machen möchten, um in diesem Komplex z. B. eine noch laufende Telefonüberwachung oder eine sonstige Erkenntnisquelle nicht oder noch nicht aufdecken zu müssen,
– daß es darauf ankommt, ja daß wir darauf angewiesen sind, gegen bestimmte Täter einen sogenannten «Internationalen Haftbefehl» zu bekommen, d. h. also die Zusicherung des sachbearbeitenden Staatsanwaltes, daß er im Falle der Festnahme im Ausland die Auslieferung begehren wird.

Alle diese Erfordernisse, Notwendigkeiten und Probleme im Bereich der polizeilichen Arbeit in umfangreichen Komplexen mit komplizierten Sach- und Personenzusammenhängen sprengen den normalen Ablauf eines Verfahrens im Bereich der Justiz. Wegen der aber auch dort herrschenden Arbeitsbelastung werden wir auf Verständnis für unsere Anliegen nur hoffen können, wenn es uns gelingt, mit den Vertretern der Justiz ins Gespräch zu kommen. Hierzu müssen wir folglich jede Chance nutzen.

(Werner Pietrzik, BKA Wiesbaden, Kriminalistik 7,8/1980)

Rauschgiftbekämpfung, und es wurde so vom Innenminister gebilligt und übernommen. Die Zahl der im BKA für Rauschgift tätigen Beamten wurde im Eilverfahren von 45 auf zunächst 121 erhöht, und das Computer-Programm PIOS-Rauschgift wurde auf volle Touren gekurbelt. Wer wann wo in der BRD wegen *irgendeiner* Rauschgiftsache in einen Akt geriet, findet sich seitdem auf Band, an allen Grenzstationen sowieso und auch sonst. Auch wer, aus Holland kommend, mit einem Gramm Haschisch erwischt wurde, darf nun bei jedem Grenzübertritt seines Lebens auf sorgfältigste Durchsuchung hoffen.

Ich sähe das falsch, bekomme ich von allen interessierten Stellen zu hören. Es ginge ja auf keinen Fall gegen die Kleinen, sondern natürlich gegen die wirklichen *Gangster*, und es ginge auch gar nicht so sehr gegen Hanf, sondern selbstverständlich vor allem gegen Heroin. Das sei doch klar.

Bei Prüfung der Tatsachen erweisen sich beide immer wieder vorgebrachte Behauptungen als glatte Lügen. Alle polizeilichen Maßnahmen und Mittel der Drogenbekämpfung richten sich vor allem gegen Hanf und treffen vor allem die Kleinen. Was mühelos zu beweisen ist.

1. Spaziergang mit dem Zoll

«Die harten Drogen sind das Hauptproblem», sagt der freundliche Herr vom Zoll, «denn bei denen gibt es das Tausendfache an Möglichkeiten. Nehmen Sie einmal Heroin. Ist es gut hergestellt, dann ist es ein völlig unschuldiges Pulver, je nach Herkunft bräunlich, gelblich oder so was, höchstens ganz schwach nach Essig riechend, aber meistens völlig geruchlos. Das ist höchstens zu finden, wenn's wer bei sich hat – was macht der mit diesem Pulver? Wird er dann nervös, weiß man ja: Aha. Aber wenn's beispielsweise in der Puderdose einer soliden Mami mit Kind ist, kann man es sogar sehen, wird es aber nicht erkennen. Natürlich: Bei Türken schauen wir uns auch das Baby-Puder genau an. Aber was glauben Sie, was da los wäre, würden wir das auch bei Mitteleuropäern machen. Und vor allem: Bei allen! So werden höchstens die jüngeren Leute ein wenig genauer angesehen, wenn sie gerade aus Asien kommen, aus den einschlägigen Ländern.

Und an die Großen ist gar nicht heranzukommen. Da gibt es ja hunderttausend Möglichkeiten. Wir können doch nicht jeden Lkw, der über den Brenner gekommen ist, nach Verstecken absuchen. Und wenn, würden wir auch nur die Dummen erwischen. Bleiben wir beim Baby-Puder – wenn da nun ein Transport von ein paar tausend Packungen kommt, da

Nürnberg (dpa) – «Alle Jahre wieder», dachte auch eine Nürnberger Familie beim vergangenen Weihnachtsfest und freute sich auf ein Paket mit Nürnberger Lebkuchen und Fruchtplatten, das unter dem Christbaum lag. Doch die Fruchtplatten waren ungenießbar: Es waren keine Nürnberger Spezialitäten, sondern Haschisch. Insgesamt zweieinhalb Kilogramm bester Qualität im Wert von etwa 10000 Mark. Das Lebkuchenpaket hat vermutlich ein 27jähriger Kanadier per Luftpost von Nürnberg nach Montreal an sich selbst verschickt, wo die Sendung aber wieder zurückgeschickt wurde, als sie nicht abgeholt worden war. Der Nürnberger Absender aber weigerte sich, das Paket anzunehmen, weil er es nicht abgeschickt habe. So wurde der «Weihnachtsgruß» zur Deckung der Unkosten von der Post versteigert und von einem Nürnberger für zehn Mark erworben.
(Süddeutsche Zeitung, 3. 4. 1973)

Drei Jahre lang fuhr ein Lehrer in der westfälischen Stadt Werl elf Kilo Haschisch im Wert von 55000 Mark mit seinem Auto durch die Lande, ohne etwas von der Fracht zu wissen. Erst jetzt wurde der «Stoff» in einer Reparaturwerkstatt von Mechanikern in einem Hohlraum hinter dem Armaturenbrett entdeckt.
(Süddeutsche Zeitung, 10. 4. 1974)

Ein äußerst raffiniertes Rauschgiftversteck einer 21 Jahre alten Türkin haben Zollfahnder im Hellas-Expreß zwischen Salzburg und München entdeckt. Sie fanden, wie die Oberfinanzdirektion München am Donnerstag mitteilte, zehn Kilogramm pulverisiertes Haschisch im doppelten Boden eines Schachbretts.
(Frankfurter Rundschau, 30. 12. 1977)

Von ‹Heidi› über ‹Die Budenbrooks› bis zu billigen Liebesgeschichten reichten die Titel einer Büchersendung, die ein 26jähriger türkischer Schuhmacher per Post aus Istanbul erhalten hatte. Obwohl es sich bei den insgesamt 40 Büchern um türkische Übersetzungen handelte, erwiesen sie sich auch für die der türkischen Sprache nicht mächtigen Rauschgiftfahnder der Würzburger Kriminalpolizei als höchst aufschlußreiche Lektüre. Denn in jeden Buchdeckel war eine 75 Gramm schwere, dünne Haschischplatte eingearbeitet worden.
(Süddeutsche Zeitung, 9. 10. 1980)

---

könnten einige hundert präpariert sein, und wir würden es nie herausfinden. Auch wenn da ein Verdacht ist, kann man nur zusehen. Das Risiko nimmt doch keiner auf sich: Ein paar hundert Packungen aufreißen und nichts finden. Dann steht man da mit dem Schaden, und da hilft einem auch kein Vorgesetzter.»

Wann immer ich mit Zöllnern oder Beamten der Rauschgiftfahndung sprach, bekam ich ein ähnliches Klagelied zu hören. Gelegentlich mündete es in den Refrain: «Da sind wir einfach überfordert, und wir wün-

Nur knapp dem Tod entkam ein 31jähriger Kanadier, der sich im vergangenen Herbst auf einen riskanten Rauschgiftschmuggel eingelassen hatte. Mit 41 Präservativen voll Haschisch-Öl im Magen, die er in Pakistan geschluckt hatte, war der Angeklagte auf dem Rhein-Main-Flughafen gelandet – ohne Bewußtsein, nachdem ein Beutel sich aufgelöst hatte.
(Frankfurter Rundschau, 14. 1. 1982)

Ein raffinierter Schmuggel ist vom Westberliner Zoll aufgedeckt worden. In einer in Amsterdam aufgegebenen Sendung entdeckten Zollbeamte in Schallplattenform gepreßtes Haschisch. Nach den Begleitpapieren enthielt die Sendung sieben Langspielplatten. Es waren aber nur drei Schallplatten eingepackt: in den anderen Plattenhüllen war Haschisch mit einer Gesamtmenge von 1070 Gramm «von guter Qualität».
(Süddeutsche Zeitung, 20. 2. 1979)

Letzte Grüße vom Bhagwan!

Ein ungewöhnliches Versteck zum Haschisch-Schmuggel hatte sich ein 15jähriger Schüler ausgesucht, dem seine Eltern eine Indienreise zu Meditationszwecken ermöglicht und finanziert hatten. Als er jetzt zurückkehrte und Zollfahnder sein Gepäck filzten, fiel den Beamten in einem Koffer das Foto eines indischen Gurus auf, das in einem ungewöhnlich voluminösen Rahmen steckte.

Der Rahmen wurde geöffnet. Hinter dem Bild des «Göttlichen» waren zwei Hohlräume mit einer Füllung von Plattenhaschisch im Gesamtgewicht von 750 Gramm.
(Süddeutsche Zeitung, 19. 8. 1981)

PS.: Und welcher Trick fehlte?

Der weltweite Rauschgiftschmuggel wird immer raffinierter. Auf dem Flughafen Hamburg wurden nach Angaben des Bundeswirtschaftsministeriums zwei Kisten mit 155 Kilogramm Haschisch und fünf Kilogramm Cannabiskonzentrat sichergestellt, die mit Vorwarn-Funkgeräten ausgestattet waren. Beim Öffnen der Kisten erfahren so die Rauschgifthändler durch einen über Funk ausgestrahlten Signalton, daß ihre Ware – in diesem Fall als Ingwerwurzeln deklariert – entdeckt worden ist.
(Süddeutsche Zeitung, 29. 12. 1979)

schen uns auch nicht, *alle* Sendungen genau durchwühlen zu müssen und *jedes* Pulver zu überprüfen. Das wäre ja das Ende allen freien Verkehrs.»

Bei Hanf kommen dieselben Beamten geradezu ins Schwärmen. Die Sache ist, auch bei bester Pressung, verhältnismäßig voluminös, riecht intensiv und ist schon ihrem Erscheinungsbild nach auffallend. «Wer da was mitnehmen will oder schicken, muß ein sorgfältiges Versteck bauen. Das geht nicht so einfach wie mit einem unschuldig aussehenden Pulver. Und wir müssen dann nur nach geeigneten Verstecken suchen. Doppelte

Kistenböden, ausgehöhlte Figuren – alles schon gehabt. Sogar als Schokoladentafel verpackt. Das ist wirklich einfach zu finden, manchmal einfach mit der Nase, und dann gibt es jedesmal einen Punkt. Auf der Statistik sind keine Unterschiede zu sehen – rums, wieder ein Rauschgiftfall, und nur, wenn die beschlagnahmten Stoffe angegeben werden, weiß man den Unterschied. Aber in den BTM-Verstößen, wenn also die entdeckten Fälle gezählt werden, sieht man nichts von Hanf oder so. Deshalb stehen wir dann auch schön erfolgreich da. Daß man mit unseren Möglichkeiten Heroin auf die Spur kommen könnte, glaubt doch ohnedies niemand ernsthaft. Aber durch das Cannabis können wir unsere Bilanzen wieder aufbessern.»

Als mich der nette Herr ansieht, muß er grinsen. «Natürlich erwischt es meist auch nur die Dummen. Da hatten wir einmal bei der Luftfracht ein paar Kisten Ingwer. Nun – da muß man ja lachen. Da sind doch die Frachtkosten ein Vielfaches vom Wert der Ware. Also sahen wir nach und fanden das Haschisch. Hätte sich der Trottel Heroin schicken lassen, von mir aus als irgendein Medikament verpackt, hätte niemand was gemerkt.»

Ich habe im Laufe der Jahre viele solche Gespräche geführt, und sie alle liefen auf dasselbe hinaus. Ich spreche über das Problem mit einem hohen Beamten des BKA.

«Ich würde die Chance, Heroin aufzuspüren, für höchstens ein Hundertstel annehmen im Vergleich zu Haschisch. Das liegt nicht nur an der unterschiedlichen Substanz, sondern auch am unterschiedlichen Preis. Bei Heroin gibt es ja ganz andere Gewinnspannen. Gut, auch Haschisch ist, wenn es hier ankommt, das Zehnfache vom Preis im Herstellerland wert, aber das ist im Verhältnis immer noch wenig Geld. Bei Heroin kann sich's einer leisten, die Sache rund um die Welt zu schicken, in Italien umpacken zu lassen oder sonstwo und die Sache dann unter dem Etikett eines ganz anderen Landes einschleusen zu lassen. Bei Haschisch lohnt das nicht, und das Zeug ist auch zu voluminös. Wenn Sie an einem Kilo Haschisch, sagen wir, 3 000 Mark verdienen können und an einem Kilo Heroin 90 000 – was würden Sie als Geschäftsmann machen?

2. Lokal-Augenschein

Nicht jeder kann das so hinreißend ausdrücken wie Kriminalrat Wolf Plewka vom Hamburger Rauschgift-Dezernat: «Wenn wir den Kleinhandel hundertprozentig ausschalten, gibt es keine Großen mehr.» Natürlich:

Wenn alle Tante-Emma-Läden dichtgemacht werden, gehen die Kaufhaus-Konzerne von selbst pleite, oder?

Herrn Plewkas bezaubernde Überlegung ist überhaupt nicht nötig für die Erklärung, warum zwei von drei Rauschgiftfahndern nicht hinter den stets beschworenen «großen Fischen» her sind, sondern sich mit unendlicher Geduld auf das Plankton stürzen. Das Gesetz mache keinen Unterschied zwischen groß und klein, und daher müsse man eben, blutenden Herzens und so weiter, *alle* Verstöße verfolgen. Der Gesetzgeber ist schuld. Und wann immer irgendein Büro dieses Gesetzgebers überlegt, ob da nicht gesetzgeberisch differenziert werden solle, kommen von Polizei und Staatsanwaltschaften entsetzte Proteste. Man darf ihnen das nicht verdenken – diese winzig kleinen «Fälle» machen, da in der Kriminalstatistik ja auch mit jeweils einem Punkt gezählt, mehr als 98 Prozent aller Erfolgsmeldungen aus.

Um zu vertuschen, daß sich der polizeiliche Erfolg auf die Verfolgung von (überwiegend) Konsumenten stützt, ist immer von den «Dealern» die Rede, denen das Handwerk gelegt werden müsse. Das Wort rechtfertigt vieles, doch bereits in den amtlichen Beschreibungen sieht der Dealer anders aus als in der Presse. Will Herr Zühlsdorf die von ihm zitierten

---

«Selbstgedrehte Joints zu 3 Mark», offerierte ein junger Gitarrenspieler am Sonnabend am Rande der Popszene im Eilenriede-Stadion. Ob sich das Geschäft für ihn gelohnt hat, ist nicht bekannt.
(Hannoversche Allgemeine, 17. 7. 1973)

In der Nacht zum Donnerstag überprüfte eine Funkstreife in der Schmiedestraße vier 16 bis 19 Jahre alte Männer. Bei dem Quartett fanden die Beamten etwa 40 Gramm Haschisch, zwei Opium-Waagen sowie vier Haschischpfeifen. Die Festgenommenen behaupteten, das Rauschgift aus Holland erhalten zu haben. Nach Meinung der Kriminalpolizei dürfte es sich bei den vier Festgenommenen um Rauschgifthändler handeln. Die Ermittlungen dauern an.
(Hannoversche Allgemeine, 27. 7. 1973)

Bei einer Razzia zur Bekämpfung der Rauschgiftkriminalität kontrollierten die Polizei, die Zollfahndung, die Kriminalpolizei und der Gewerbeaußendienst in der Nacht zum Sonnabend in der Zeit von 22 Uhr 30 bis 0 Uhr 20 das Lokal *Home* in der Wilmersdorfer Bundesallee. Es wurden 220 Gäste überprüft; 36 Personen, darunter neun Frauen, wurden vorübergehend festgenommen. Bei der Razzia beschlagnahmte die Polizei einen Schreckschußrevolver, eine Stahlrute, einen Totschläger, 258 Gramm Haschisch, sechs Spritzen, zwei Kanülen und sechs LSD-Trips.
(Tagesspiegel, Berlin 10. 3. 1974)

13,5 Prozent Hamburger Mittelschüler, die gelegentlich Haschisch weiterverkauften, also «dealten», wirklich in einen Topf mit Großhändlern werfen? Nein, aber diese Nichtunterscheidung ist für die Öffentlichkeitsarbeit genauso praktisch wie die Nichtunterscheidung zwischen den einzelnen Drogen.

Was aber macht eine brave Polizei mit ihrem Verfolgungsauftrag vor dem Hintergrund, daß eine ganze Menge Hanf-Raucher die Sache auch mit anderen teilen, manchmal umsonst, manchmal gegen Unkosten, manchmal geschäftlich?

Herr Kriminal-Hauptmeister B. sieht mich gequält an. «Eine harte Linie ist da natürlich nicht drin. Wo das versucht wurde, hat es Probleme gegeben. Je größer der Druck ist, desto raffinierter und vorsichtiger wird gedealt. Da sind die uns dann bald wieder eins voraus. Dann läuft die Sache nicht mehr in Lokalen, sondern auf Straßen, in irgendwelchen Hauseingängen und Wohnungen, und wir machen gar keine Meldung mehr. Deshalb sehen wir eben mit halbgeschlossenen Augen eine Weile zu. Wir wissen genau: In dem und dem Lokal wird gedealt. Wir haben auch unsere Leute drin, und wir wissen oft, wer da dealt und wie sehr. Offiziell dulden dürfen wir so was natürlich nicht. Aber wenn wir zuschlagen, verläuft sich die Szene wieder anderswohin, und wir schauen durch die Finger. Das ist ein echtes Problem. Deshalb gibt es immer Plätze und Lokale, wo wir unser Auge drauf haben, aber vorerst nichts tun.»

Also: Geduldeter Rauschgifthandel?

«Das ist unfair, so darf man das nicht sehen. Wir schlagen ja auch gelegentlich zu.»

Bei welchen Gelegenheiten?

«Prinzipiell: Sobald wir die Erkenntnis haben, daß dort unerlaubte Handlungen stattfinden. Es gibt natürlich auch einen Verfolgungsdruck durch die Öffentlichkeit. Wenn also in der Presse steht, das Rauschgiftproblem sei fürchterlich, dann werden wir aktiv. Und natürlich: Erfolge muß jeder von uns vorzeigen können. Wir pflücken also einige Früchtchen vom Baum. Nicht immer die saftigsten – die gehen uns oft durch die

---

Beim Handel mit Haschisch wurde – wie erst jetzt gemeldet wurde – am 8. Mai ein 18jähriger junger Mann auf der Bärenwiese in Ludwigsburg festgenommen. Der Haschischhändler, der 55 Gramm des Rauschmittels bei sich hatte, versuchte nach den Angaben der Polizei, am hellichten Tag geeignete Käufer für seine Ware zu finden. Der junge Mann wurde in die Vollzugsanstalt nach Stuttgart-Stammheim eingewiesen.

(Stuttgarter Zeitung, 16. 5. 1974)

Wie bereits berichtet, hatten vor etwa 14 Tagen rund 100 Beamte das Gelände um eine Diskothek im Erdinger Vorort Aufhausen umstellt, da Observationen der Kriminalpolizei ergeben hatten, daß in dem Lokal Drogen konsumiert und gehandelt werden. 258 Diskothekenbesucher wurden in dieser Nacht über mehrere Stunden kontrolliert. Das Ergebnis war für Polizeidirektor Reinhold Bauer überraschend: «Ich hätte nicht geglaubt, daß in Erding so viel geht.» Gegen 13 Personen wurde Anzeige wegen Drogenmißbrauchs erstattet, gegen vier weitere erließ der Ermittlungsrichter Haftbefehl.

50 junge Leute wurden vorübergehend festgenommen und zur Personalienfeststellung in die Erdinger Polizeidirektion gebracht. Mit fünf Rauschgifthunden wurde nach der Razzia die Diskothek durchsucht, wobei allerdings nur eine geringe Menge Marihuana (62 Gramm) gefunden wurde.
(Süddeutsche Zeitung, 2. 12. 1979)

Vergeßlichkeit überführte einen 22jährigen Mann aus Gröbenzell. Er hatte in einer Telefonzelle in Bad Aibling seine Papiere und drei Gramm Haschisch liegengelassen. Eine Passantin fand die Sachen und trug sie zum nächsten Polizeirevier. Der junge Mann wurde auf Grund der Papiere ermittelt. In seinem Wagen fand die Polizei weitere 15 Gramm Haschisch und drei Pfeifen. Er wurde vorläufig festgenommen, jedoch wieder auf freien Fuß gesetzt.
(Süddeutsche Zeitung, 12. 12. 1979)

Nach einem Tip haben Rauschgiftfahnder des Bayerischen Landeskriminalamts einen Marihuana-Händler und dessen Kunden in Ambach im Landkreis Wolfratshausen-Bad Tölz festgenommen. Der Dealer, ein 30jähriger Architekt, hatte nach Angaben der Beamten 1 Kilogramm Marihuana bei sich. Als er sie einem 29jährigen Studenten auf einem abgelegenen Parkplatz übergeben wollte, griff die Polizei zu.
(Süddeutsche Zeitung, 10. 11. 1980)

Lappen –, aber immer so viele, daß niemand was gegen unsere Arbeit sagen kann. Aber das schreiben Sie bitte auf keinen Fall!»

Ist das nicht sehr selektive Gerechtigkeit?

«Das sehen Sie so falsch. Bedenken Sie einmal: Wenn wir jetzt wirklich alle einfangen, von denen wir genau wissen . . . wohin damit? Die Gefängnisse platzen allesamt aus den Nähten, die Gerichte sind überlastet – wohin mit ihnen? Würden jetzt hundert neue Gefängnisse eröffnet, wir könnten sie alle über Nacht füllen. Das würden wir dann auch tun. Aber es fehlt an Gefängnisplätzen, und die Justizminister beschweren sich reihum, daß ihnen die Häuser mit Drogenfällen gefüllt werden. Also sehen wir notgedrungen zu, und wenn irgendwo Kapazitäten frei werden, schlagen wir wieder zu.»

Das Kleinzeug also als Lückenstopfer für die Gefängnisse oder als Poliersand für die Erfolgsbilanz?

«Sie sind verbohrt.»

Ich spreche mit einem Drogenbeauftragten. «Im Grunde ist das alles nur noch die Verlagerung eines Problems auf dem Verwaltungsweg. Da wird eine Szene abgeräumt und ins Gefängnis gesteckt. Dann klagen die Justizbehörden. Also kommen sie wieder zurück auf die Szene. Dann wird in dem einen Stadtteil eine Serie von Razzien gemacht, also wandert die Szene in einen anderen, und die dortigen Kommissariate haben den Ärger. Als überall von Heroin die Rede war, hat man verstärkt die Fixer-treffs abgeräumt, aber Fixer sind in Gefängnissen die größten Probleme. Haschisch-Fälle machen da überhaupt keine Schwierigkeiten. Aber am Knast kommen sie auch nicht vorbei. Und dann füllen uns diese kleinen Deppen die Gefängnisse.»

Wen meint der Herr mit diesem Ausdruck?

«Beide Seiten. Eine völlig schizophrene Situation. Aber an der will niemand was ändern, weder bei der Polizei noch in der Justiz. Sonst könnte man ja nicht ständig neue Planstellen fordern, neue Anstalten und so weiter. Man sagt: Wir werden die Sache schon in den Griff bekommen, irgendwann. Wir brauchen dazu nur mehr Mittel. Und wenn man dafür die geeignete Presse macht, bekommt man sie auch.»

Saturday-Night in irgendeiner Stadt, vor dem jeweiligen «in-Lokal». Pünktlich um zehn, von München über das Ruhrgebiet bis Hamburg, kommen die bekannten, unauffälligen Herren in Parka oder Lederjacke (Rauhleder), paarweise oder als Quartett, und schnappen sich zwei, drei Junge aus der Menge, die da herumlungern. Man kennt sich, duzt sich, und durchschnittlich jeder zweite wird abtransportiert. Kein Widerstand, kein Fluchtversuch. Zwei, drei andere aus der Menge machen sich unauf-fällig aus dem Staub. Das Ganze erinnert an ein Ritual, an ein fürchterlich langweiliges übrigens.

«Nein, Fixer machen wir heute keine», sagt einer der Beamten in Ham-burg zu mir. «Heute sind die Hasch-Puppies dran.» Vier haben sie schon, um elf Uhr werden noch einmal drei eingesammelt, vielleicht um eins noch einmal zwei, drei. Ich erzähle den Herren von Jens Clausen, einem Kollegen von ihnen, der 1970 die Tür eines bekannten Dealertreffs aufriß und mit geschlossenen Augen in den Raum rief: «Wer noch was wegzu-werfen hat, soll's wegwerfen! Eins – zwei – drei – Razzia!» Und da quollen die Beamten in den Raum.

«Das waren noch Zeiten», sagt der ältere Beamte und klingt etwas müde. «Diese sanfte Gangart ist bei uns nicht mehr drin. Damals war ja alles noch sehr liberal. Jetzt weht da ein viel härterer Wind. Das sehen Sie schon an den Urteilen. Den Kleinen da hinten haben wir jetzt zum vierten-mal. Ein paar Gramm, aber schon in Stückchen geschnitten. Eindeutig der Beweis, daß er dealen wollte. Der geht jetzt nach dem neuen Gesetz mindestens zwei Jahre in den Bau. Schade um ihn.»

Sein Kollege schweigt hartnäckig und sieht finster drein. Zuerst hat er das Wort «Rauschgift-Gangster» gebraucht und auf meine erstaunte Frage: «Ja, genau solche Typen!» gesagt. Ich frage ihn, was er erwartet, wenn der Junge nun aus dem Gefängnis kommt.

«Das ist doch nicht meine Sache. Auf jeden Fall wird er dann schnell wieder drinnen sein. Das geht doch mit den meisten so.»

Ob hier nicht Kriminelle eher produziert werden als Kriminalität verhindert?

«Das interessiert mich nicht. Ich habe meine Vorschriften.»

«Sie müssen ihn entschuldigen», sagt der etwas ältere Kollege. «So ein Job schlaucht auch ganz schön.»

Ich muß an Herrn Plewka denken und frage, ob ihnen bei diesen Streifzügen schon einmal ein größerer Fisch in die Hände gefallen sei.

«Ach was, das ist doch ohnedies ausgeschlossen.»

Der Jüngere stößt ihn an. Mit einer winzigen Kopfbewegung deutet er auf die andere Straßenseite. Dort steht ein Junge und schaut auf die Traube vor dem Lokal. Er ist vielleicht neunzehn, hat das Haar nicht ganz schulterlang und ein ziemlich weiches, offenes Gesicht.

«Den kennen wir noch nicht. Den greifen wir uns mal.»

Sie ziehen los. Der Junge sieht sie nicht, da sie von hinten herankommen, fährt er erst herum, als ihm der Jüngere der beiden hart auf die Schulter tippt. Ich möchte kotzen.

«Nicht selten geben Händler der Polizei selbst den Tip», berichten die Sachverständigen. Sie wollten sich damit «freizeichnen», wie es im Polizeijargon heißt. Der Kunde, der an Polizei oder Zoll verpfiffen werde, bekomme meist minderwertige Ware, die die vom Staat gezahlte «Fangprämie» nicht wert sei. So erhalte der Dealer doppelt Geld und könne sich der Polizei gegenüber sogar noch kooperationswillig zeigen.

(Süddeutsche Zeitung, 26.6.1981)

Die Mengen werden kleiner, die Hysterie wird größer – was tun? Richtig! Bei einem von der Polizei errechneten Grammpreis von 26 Mark ...
Fahnder des Bayerischen Landeskriminalamts nahmen am Dienstagabend in der Königinstraße eine 20jährige Schülerin fest, die sie bei der Abwicklung eines Rauschgiftgeschäfts überrascht hatten. Die 20jährige versuchte, in ihrem Auto zu entkommen und hielt erst an, nachdem die Beamten Schüsse auf die Reifen ihres Wagens abgegeben hatten.

Unter dem Fahrersitz ihres Wagens wurde ein Beutel mit 770 Gramm Haschisch im Konsumentenwert von 20 000 Mark entdeckt und sichergestellt. Die Schülerin kam in Haft.

(Süddeutsche Zeitung, 29.10.1981)

3. Trichterpolitik

Herr Eckhard Günther hört sich gern reden, und was immer er sagt, gerinnt ihm zu Anekdoten. Die heißen auf hamburgisch Döntjes. Das Wort wird korrekterweise wie «Dünnschiß» ausgesprochen, aber diese Fähigkeit war es wohl nicht, die ihm den Posten des Drogenbeauftragten der Freien und Hansestadt einbrachte.

Es muß 1972 oder 1973 gewesen sein – Hermann Prigann, der damals *Release* machte, kennt das genaue Datum –, als der drogenbeauftragte Herr einen erstaunlichen Vorschlag machte. Man solle doch für diese ganzen anpassungsunwilligen oder -unfähigen Jungen einfach «irgendwo bei Mutter Grün» eine Art Lager errichten. Er sagte wirklich «Lager». Mit «netten Baracken, Werkstätten, ein paar Ausbildern und so. Und wer mit Drogen auffällt, kommt dort eben eine Weile hin und bekommt Erziehung. Am Wochenende könnten die dann ja von ihren Muttis besucht werden, die könnten ihnen ja Kuchen mitbringen. Aber den Kuchen werden wir uns *sehr genau* ansehen.» Und dazu lachte der Herr.

Prophet oder Wahnsinniger? Er nennt sich selbst «einen Realpolitiker», und über seine sonstigen Qualifikationen möchte ich mich nicht äußern. Seine Selbsteinschätzung bezieht er daraus, stets gesagt zu haben, das Drogenproblem sei nicht zu lösen. Es sei, zumindest mit Hanf, «wie mit den Homosexuellen – man kann sie nicht einfach ausrotten, aber man muß ihnen verdammt genau auf die Finger sehen», so Herr Günther 1980. In Klartext: Es muß, ähnlich wie bei den Schwulen vor der Reform des BRD-§ 175, Plätze geben, wo sie einander treffen können und gleichzeitig unter Getto-Aufsicht stehen.

Ich will genauer wissen, wie er sich das vorstellt, aber Herr Günther sieht mich schräg an. «Das wissen *Sie* doch schon längst. Ich will Ihnen doch nicht auch noch Argumente liefern, mit denen Sie uns dann schlechtmachen können.»

Ich versuche es freundlich, und da schmilzt der Herr dann auch bald. «Das läuft bei uns mittlerweile sehr gut koordiniert. Aber auch in anderen Städten funktioniert das. Die mit Haschisch wollen ja mit den Fixern nichts zu tun haben. Also von der Szene aus entstehen da immer ganz getrennte Lokale, auch in verschiedenen Stadtteilen. Wir bekommen ja von der Polizei die entsprechenden Erkenntnisse immer ins Haus geliefert. Immer wieder ergibt sich irgendwo eine Hascher-Kneipe, und dann gibt es auch die Fixertreffs. Lokale, wo beides läuft, gibt es ja von sich aus nicht. Das wissen Sie ja – Sie sagen doch immer, das sei ganz gut so. Aber Sie vergessen dabei das administrative Problem. Das wäre ja ein ungeheurer Aufwand, mehrere Plätze gleichzeitig unter Beobachtung zu

Mittlerweile haben sich «harte» Kerne gebildet, die vor und in Jugendlokalen und anderen Jugendtreffs den Ton angeben und eine subkulturelle Verfestigung der Drogenszene mit sich bringen. Man schottet sich raffiniert nach außen ab, und nicht selten beobachten wir bei größeren Transaktionen geheimdienstähnliche Abwehrmethoden gegen polizeiliche Ermittlungsaktivitäten.

Wo Rauschgifte sind, sind auch Konsumenten; wo Konsumenten sind, sind auch Rauschgifthändler. Alle drei Faktoren beeinflussen sich gegenseitig.

Es ist somit nur folgerichtig, wenn die Polizei versucht, diese Kausalität schon an den Nahtstellen zu unterbrechen und, besser noch, wenn sie versucht, einzelne Faktoren auszuschalten. Das aber kann nur gelingen, wenn wir unser Augenmerk schwerpunktmäßig insbesondere auf die verfügbaren Rauschmittel und auf die Handelsaktivitäten im weitesten Sinne richten. Das ist das Feld, auf dem die Polizei zuallererst herausgefordert ist und wirksam Einfluß auf den Umfang der Rauschgiftkriminalität nehmen kann.

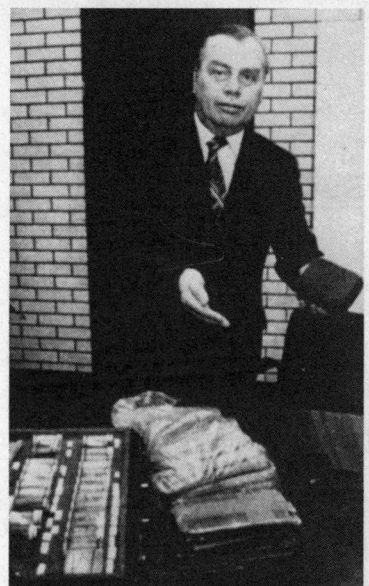

Drogenbekämpfer Bux

Das bedeutet in der Konsequenz, daß wohl kaum in einem anderen Kriminalitätsbereich wie dem der Rauschgiftkriminalität durch repressive Maßnahmen (z. B. Beschlagnahme von Rauschgift, Zerschlagung von Händlerringen) präventive Wirkung erzielt werden kann.

Dies aber setzt eine enge Kommunikation und Koordination der Behörden der beteiligten Staaten voraus. Leider hat die Vergangenheit gezeigt, daß für eine schnelle und reibungslose Koordination der Interpolweg zu schwerfällig ist. Aus diesem Grunde wurde eine ganze Reihe von internationalen Arbeitsgruppen gebildet, in denen Praktiker der Rauschgiftbekämpfung über ihre Erfahrungen im Kampf gegen die Drogen berichten und in denen nach

neuen Arbeitsmethoden gesucht wird.

Aufgrund dieser Zielrichtung nehmen an den Arbeitsbesprechungen Vertreter der Bundesländer Bayern, Hessen und Baden-Württemberg sowie von Österreich teil. Zwischenzeitlich finden Kontakte statt mit Bulgarien, Jugoslawien, Rumänien und Ungarn. Nachdem beim Landeskriminalamt Baden-Württemberg Verbindungen zwischen Straftätern aus unserem Bundesland zur Schweiz und Italien immer häufiger festzustellen sind, wollen wir in naher Zukunft eine Arbeitsgruppe Südwest einrichten. In ihr sollen die Kontakte zwischen den Strafverfolgungsbehörden der Schweiz, Italiens, Österreichs, Frankreichs und der Bundesrepublik intensiviert werden.

Traditionelle kriminalpolizeiliche

Ermittlungsmaßnahmen laufen gegenüber diesen Täterkreisen leicht ins Leere; hieraus waren Konsequenzen zu ziehen.

Nach meiner Meinung könnte hier die Erstellung eines realistischen Suchtlagebildes Abhilfe schaffen. Dazu wäre aber auch eine umfassende Erhebung von Erkenntnissen notwendig, die im Zuge von Rehabilitationsmaßnahmen in medizinischen und sozialen Einrichtungen erhoben werden. Es sollte endlich erreicht werden, daß die Gesundheitsbehörden entsprechende abstrakte Daten an die Polizei weitermelden. Nur mit solchem statistischen Material ist eine echte Grundlagenforschung möglich.

Vorbeugende Bekämpfung der Rauschgiftkriminalität ist vom Ansatz her schwierig, weil es eben in diesem Bereich im Unterschied zu anderen Deliktsarten so gut wie keine Geschädigten gibt, denen die Polizei Verhaltensweisen zum Selbstschutz vorschlagen kann, sondern nur Beteiligte, die Strafverfolgung zu gewärtigen haben. Dennoch sind wir der Überzeugung, daß durch Ansprechen der Zielgruppen durch spezifische, realistische und – ich betone ausdrücklich – unschöne Aufklärung und Warnung ein Beitrag zur Eindämmung dieses Gesellschaftsproblems geleistet werden kann.

(Kuno Bux, Direktor des LKA Baden-Wttbg., Kriminalistik 5/1980)

---

halten. Da kommen eben die Typen in den Trichter ...» Herr Günther läßt urplötzlich seine Kaffeetasse sinken, sieht mich wieder herbe an und schweigt.

«Trichterstrategie» heißt dieses Verfahren auch bei der Polizei: Die Lokale, die als Umschlagplätze und Treffpunkte der verschiedenen Drogenszenen in Betracht kommen könnten, werden tunlichst auf einen überschaubaren Stadtteil konzentriert, der dann insgesamt unter Aufsicht steht. Das ist ganz einfach zu bewerkstelligen. Kiffer-Kneipen sprechen sich schnell herum, auch bei der Polizei. Nach ein bis zwei Razzien entziehen die zuständigen Ordnungsämter die Konzession, und der Laden wird dichtgemacht. Dafür gibt es in ganz bestimmten Stadtteilen Läden, wo dasselbe läuft, ohne daß die Behörden einschreiten. Dort finden natürlich auch Razzien statt, aber ohne Konzessionsentzug für den Wirt. Höchstens, daß ihm nahegelegt wird, «mit der Polizei zusammenzuarbeiten», was begreiflicherweise bei so freundlicher Aufforderung auch geschieht. Das letztere wird in der Szene meist später bekannt, als daß es dort Dope gibt, und so setzen die Wallfahrten ein, meist rund um die Uhr kontrolliert.

Die polizeiliche Verfolgungspflicht bringt es mit sich, daß solche Idyllen nicht allzulange gedeihen. Wenn sie allzuoft in die Presse geraten sind, meist mit Heroin-Toten, wird in diesem Reusensystem ein anderer Stadtteil eröffnet.

Beispiel Berlin: Als der Bahnhof Zoo durch das einschlägige Buch so bekannt wurde, daß Reisegruppen dort eigens einschneiten und gelegent-

lich kleine Mädchen aufgegriffen wurden, die – das Buch unterm Arm –
ein abenteuerliches Leben starten wollten, fand eine Kette von Razzien
statt. Sehr bald hatte sich die Heroin-Szene nach der Potsdamer Straße
verlagert, die Hanf-Szene in das Umfeld der besetzten Häuser in Berlin-
Süd-Ost. Ende 1981 wurde immer öfter «die Potse abgeräumt», also
ebenfalls amtlichen Augenmerks fühlbar würdig empfunden. Die Zuhälter hatten sich beschwert, daß ihnen die Langhaarigen die Freier verekel-
ten. Seit dieser Zeit finden überall in Berlin rasante Rauschgift-Razzien
statt, nur nicht in – erraten! – Berlin-Süd-Ost. Die politische Szene dortselbst stöhnt, denn es reicht ihr, daß der Stadtteil als «Chaotendistrikt»
der Hausbesetzer diskriminiert wurde, und sie weiß auch, daß der polizeiliche Kampf gegen Rauschgift mehr Sympathien der Normalverbraucher-
Gesellschaft genießt als der gegen Hausbesetzer. Aber das ist es eben.
Und noch dazu eine Verwaltungsvereinfachung. «Wir können uns hier
wenigstens mit der politischen Polizei ablösen», sagt ein dienstlich für das
Rauschgiftdezernat Beobachtender. Die Polizeiführung, bekomme ich zu
hören, erspart sich so die Bezahlung vieler Überstunden.

Das Hamburger Polizeihochhaus wirkt etwas deplaciert. Der Architekt
hatte es einst für Mittelindien entworfen, schick und im Stil Corbusiers,
und dann wurde der Entwurf von Hamburg gekauft, samt den Beton-
Sichtblenden gegen die tropische Sonne. Die nordeuropäisch-industrielle
Umweltsäure verbiß sich mit solcher Begeisterung an dieser Exotik, daß
der noch verhältnismäßig junge Bau stets ehrwürdig restaurativ einge-
rüstet erscheint, aber auch im Inneren zeigt er geradezu indische Ver-
schleißerscheinungen. Trotzdem gibt es in diesem ungemütlichen Innenleben gelockerte Minuten.

Herr Köster, Leiter der Abteilung FD 641, Rauschgift, lehnt sich in
seinem Stuhl zurück. Er ist ein sehr kultivierter, aufmerksamer Zuhörer
und höflich vorsichtig in dem, was er sagt. «Sie können doch nicht im
Ernst erwarten, daß ich Ihnen etwas darüber sage, welche Lokale wir
dulden und welche nicht. Da würden Sie ja von uns auch das Eingeständnis verlangen, daß wir unserer Verfolgungspflicht nur selektiv nachgin-
gen. Nach welchen Gesichtspunkten wir die Rauschgift-Szene koordinieren, ist außerdem von wechselnden Überlegungen abhängig.»

Haben Sie «koordinieren» gesagt?

«Vergessen Sie das Wort. Das wissen Sie doch auch, daß die Polizei das
Rauschgiftproblem nicht lösen kann. Wir müssen nach Gesichtspunkten
taktischer Effizienz vorgehen.»

Aber kann die Vermengung unterschiedlicher Drogenszenen mit taktischen Effizienz-Überlegungen verantwortet werden?

«Vom moralischen Standpunkt mögen Sie recht haben. Wir schießen uns manchmal –» Lachen – «wie die von der *Bild*-Zeitung die Leichen selbst.» Ende der Heiterkeit. «Vergessen Sie nicht: Wir sind immer ein zu schwach besetztes Ressort. Da gilt für jeden einzelnen Beamten das Gesetz größter Effektivität. Sicherlich, die ‹großen Fische› sind sehr viel interessanter. Aber an die heranzukommen, erfordert auch einen unverhältnismäßig höheren Einsatz.»

Unverhältnismäßig?

Herr Köster sieht mich traurig an. «Wie das mit Heroin läuft, wissen Sie doch selbst. Und ich nehme an, Sie wissen auch, wie das mit Haschisch en gros läuft. Wenn ich da fünfzig Beamte ansetzen könnte, würden sich vierzig die Finger verbrennen, zehn würden nicht fündig werden, und wenn der siebzigste Erfolg hätte, gäbe es plötzlich Ärger mit der Staatsanwaltschaft oder mit höheren Stellen hier im Haus. Man sei unvorsichtig gewesen und hätte doch noch etwas abwarten sollen. Wer will schon solche Risiken eingehen? Da hält man sich an den Spatzen in der Hand.»

Im rechtlichen Niemandsland

Aus verständlichen Gründen wird Machiavelli in keiner europäischen Verfassung als geistiger Vater geführt; doch daß der Zweck die Mittel heiligt, wird außerhalb von Wahlveranstaltungen jeder Politiker bestätigen. Daß demokratische und bürokratische Ideale einander immer wieder im Weg stehen und in der Regel widersprechen, hat viele Gründe. Kein bürokratischer Apparat ist aus demokratischen Traditionen entstanden, und wenn man dies schon beim Schweizer annimmt, müßte zumindest nach dem Bewußtseins-Hintergrund gefragt werden.

Um die verdeckten Ermittlungen, die für eine erfolgreiche Bekämpfung der Rauschgiftkriminalität unverzichtbar sind, weiterführen zu können, muß für die Tätigkeit der Beamten der OEG ein Ermächtigungsraum geschaffen werden, da auf die Dauer ein Arbeiten unter Berufung auf den rechtfertigenden Notstand des Strafgesetzbuches nicht vertretbar erscheint. Ebenso ist es auf die Dauer gesehen unabdingbar, die Beamten der OEG, die ja Polizeibeamte sind, zumindest zeitweise von der Strafverfolgungspflicht der Strafprozeßordnung zu entbinden.

Die Erfüllung dieser Forderung ist, wie ich meine, einerseits unverzichtbar, andererseits nicht geeignet, Angstgefühle zu erregen, daß unser Rechtsstaat dadurch gefährdet würde.

Es liegt auf der Hand, daß derartige Bekämpfungsmaßnahmen keine breite Publizität vertragen.

(Kuno Bux, Direktor des LKA Baden-Wttbg., Kriminalistik 5/1980)

«Wenn Sie es ganz genau wissen wollen: Er war sogar sehr gut im Bett», sagt Marianne Abel voller Wut. Sie ist soeben von einem Beamten des Stuttgarter Landeskriminalamtes gefragt worden, ob «Archie» denn wirklich «eingeführt» habe. «Archie» gehört auch zum Landeskriminalamt. Er ist V-Mann, ein *agent provocateur*, der keine Mühen scheut, seinen Kripo-Kollegen Haschisch-Händler zu liefern – auch wenn er dabei mit seinen Opfern ins Bett gehen muß, auch wenn er sie erst zu Dealern macht.

Kein Einzelfall, daß ein Drogenfahnder die Straftat erst selber produziert: In Berlin, wo der Einsatz von *agents provocateurs* seit Apo-Zeiten finsterste Tradition hat, betätigte sich Zollinspektor Rainer Stullich, 26, als Anstifter. Er benutzte einen 17jährigen Schüler als Mittelsmann. Der kannte den 22jährigen Gelegenheitsarbeiter Stephan Ogriseck, der dringend Geld brauchte. Der Schüler brachte ihn dazu, zusammen mit einem Freund, der sich in der Drogenszene besser auskannte, ein Kilo Hasch zu besorgen, das dann dem Zollinspektor verkauft wurde. Dabei wurden Ogriseck und dessen Freund verhaftet. Der 17jährige Schüler, der im Dienst des Zöllners bei dem Handel dabei war, tauchte in den Protokollen von Polizei und Zoll nicht mehr auf.

Sogar der Staatsanwalt sprach beim Prozeß vor dem Berliner Landgericht von einer «Verführungssituation», und Richter Ortwin Halbedel erkannte: «Allein wäre Ogriseck nie auf die Idee gekommen.» Dennoch wurde der verführte Ogriseck Anfang Dezember verurteilt: zwei Jahre und vier Monate ohne Bewährung.

(Stern 2/1981)

So gesehen, ist das natürliche Interesse beispielsweise der Polizei an einer Einschränkung demokratisch-rechtsstaatlicher Freiräume zu verstehen, und da es in einem demokratischen Konsens geschehen muß, braucht jede Freiheitsbeschränkung auch eine «verkaufbare Begründung». Es beginnt mit lancierten Pressenotizen: «Bundesanwaltschaft zeigt sich besorgt über ...» Die Besorgnis muß eine «mehrheitsfähige» sein, beispielsweise Terrorismus oder Rauschgift. Und die Erweiterung polizeilicher Möglichkeiten, die gleichzeitig eine Einschränkung bürgerlicher Freiheiten ist, muß so dargestellt werden, daß sie einerseits ungeheuer effektivitätsträchtig wirkt, andererseits sich fast niemand vorstellen kann, von ihr praktisch betroffen zu werden.

Gedenken wir des «Extremistenerlasses», über den anfangs nur eine Handvoll Linker zeterte, bis Tausende merkten, was der Begriff «Berufsverbot» in der Praxis bedeutet. Seither versprechen die Politiker immer wieder, die «ungerechtfertigten Härten» abzubauen, aber die «vorsorgliche Überwachung» sämtlicher politischer Jugend-Szenen (mit fühlbarer Schwachsichtigkeit auf dem rechten Auge) ist geblieben. Selbstverständlich werden heute «Daten», «Erkenntnisse» und «Anamesen» gespeichert, deren Erfassung noch vor fünfzehn Jahren als Ungeheuerlichkeit gegolten hätte. Man gewöhnt sich daran, und aus angeblich vielerlei Gründen ist die immer gründlichere Durchleuchtung des Bürgers unabdingbar.

Solche Prozesse sind überaus dynamisch. Teilnehmer an Demonstrationen werden selbstverständlich durch Video und Kamera «erfaßt», und da solche Fotos immer wieder eine Einstellung in den öffentlichen Dienst verhinderten, zogen es immer mehr der noch nicht dadurch Eingeschüchterten vor, sich unkenntlich zu machen. In jüngster Zeit wird immer wieder einmal ein «Vermummungsverbot» gefordert, angeblich nur, um «gewalttätige Demonstranten, also Chaoten *aussondern*» zu können (Berlins Lummer). Natürlich nicht nur *dafür*, aber ... nun ja.

Auch der verdeckte Fahnder wurde in die «Rauschgift-Szene» nur eingeschleust, um die «großen Fische» zu fangen. Vor gut zehn Jahren waren das für die BRD insgesamt sieben. Nun hat schon jedes einzelne Rauschgiftdezernat mehr von der Sorte auf Lager – wurden deshalb mehr «große Fische» gefangen? Der Blick auf die Statistik zeigt: Nein. Aber so dürfe man das nicht sehen, wird mir gesagt. Man möge sich doch nur einmal ganz genau die Beschlagnahmen ansehen: Jedes zweite Kilogramm Haschisch sei durch solche Untergrundfahnder erbeutet worden. Zugegeben, bei Heroin sei die Bilanz nicht so großartig, aber immerhin, bei Hanf.

Jedes zweite Kilo, na bitte. Allerdings pro Fall nur ganz selten mehr als ein Kilo. Und die Situation ist, vergleicht man die Fälle, jedesmal nahezu identisch: der Untergrundfahnder wollte von irgendeinem Typen um jeden Preis, wirklich um *jeden*, ein Kilogramm Haschisch haben. Er setzte nach, drängte, tat alles mögliche, bis er's bekam und der Verkäufer abgeführt werden konnte. Zweifellos, man darf die Beteuerungen der so vor Gericht Gelandeten nicht blind glauben, aber es ist mehr als wahrscheinlich, daß sechs von zehn dieser Geschäfte nie gemacht worden wären, hätte sie nicht erst ein Polizist gefordert und in Gang gebracht.

Ich habe Verständnis für diese Untergrundfahnder. Wer an so einem Posten steht, steht unter noch größerem Erfolgszwang als die meisten anderen Kollegen. Und über weite Strecken seiner Aktivitäten wird er ganz bewußt nicht kontrolliert. Er arbeitet ja gewissermaßen im rechtlichen Niemandsland. Der Erfolg zählt, und der Zweck heiligt die Mittel.

Als Kai Hermann sich, gängige Praktiken nicht glauben wollend, von Hamburgs Fahndern verhaften ließ und seinen sowie ein paar andere Fälle im *Stern* 2/81 veröffentlichte, meldeten sich eine Unzahl Betroffene, denen es so und noch schlimmer ergangen war. Die so gesammelten Fälle landeten bei seinen Anwälten, die wiederholt zu diesem Thema eine Pressekonferenz ankündigten. Schon durch diese Ankündigungen wurde die Staatsanwaltschaft nervös. Oberstaatsanwalt Dr. Kock meinte sogar, «eine solche Aktion», also Pressekonferenz, sei «geeignet, das Vertrauen in die Polizei grundsätzlich zu erschüttern», und so kam es zu Verhandlungen. Das Verfahren gegen Kai Hermann wurde eingestellt, und das brisante Material blieb unter Verschluß. Bequem für beide Parteien, schlecht für die Demokratie, denn auch an miesen Praktiken der Ordnungskräfte hat die Öffentlichkeit ein doch hoffentlich berechtigtes Interesse. Wer kontrolliert die Kontrolleure?

«Das sind doch radikal-demokratische Ideen», sagt Kai Hermann, als wären sie deshalb verwerflich.

Ich selbst habe auch versucht, solchen, in meinen Augen extrem unmoralischen Methoden auf die Spur zu kommen. Zwei Polizisten, die ich im Auge hatte, traten mir darauf an einem unschönen Nachmittag die Tür ein, und ich durfte eine siebenmonatige Justizgroteske erleben, bei der ich zunächst als angeblicher Haschisch-Händler mit 0,328 Gramm (Anklagepunkt ohne Begründung eingestellt) und schließlich als «geistiger Mitbesitzer» geringer Hanf-Mengen, vorwiegend Samen meines Mitbewohners genervt wurde. Amtsrichter Soltmann sagte, ehe er zum Urteil schritt: «Wer über solche Sachen recherchiert, muß doch damit rechnen, Ärger zu bekommen.» Um mir solche sehr kostspieligen Belästigungen zu ersparen, habe ich gelobt, hinfort korrupte Polizeibeamte für die Verkörperung der Rechtsstaatlichkeit zu halten.

Die amtliche Auskunftsfreude über Untergrundfahnder ist, um ein Modewort zu gebrauchen, Minus-Null. Es bedurfte einer schon sehr entspannten Biertischsituation, daß ich einen hohen Polizeibeamten auf dieses Thema wenigstens antippen durfte. Nach seiner Auskunft sind durch Untergrundfahnder zu buchende Erfolge bei Heroin «weniger als 1 Prozent» und bei Hanf von Kilogramm-Mengen aufwärts «so etwa 90 Prozent». Ich halte dagegen, daß ich gelesen habe, der Schwerpunkt diesbezüglicher Polizeitätigkeit solle doch auf Heroin liegen. Der Herr

Hamburg (Reuter). Wegen des Verdachts der Vortäuschung einer strafbaren Handlung hat die Staatsanwaltschaft Hamburg Ermittlungsverfahren gegen drei Hamburger Journalisten eingeleitet. Es handelt sich um den freien Mitarbeiter des Magazins *Stern*, Kai Hermann, den *Stern*-Redakteur Heiko Gebhardt, den Redakteur der Hauptabteilung Zeitgeschehen des Norddeutschen Rundfunks (NDR) Horst Hano sowie mehrere technische Mitarbeiter des NDR.
(Süddeutsche Zeitung, 24. 12. 1980)

Im Zusammenhang mit dem vorgetäuschten Haschhandel, womit ein *Stern*-Reporter nachweisen wollte, daß die Polizei Jugendliche als «Lockvögel» einsetzt, betonte der Senator sein Interesse an einer sinnvollen Zusammenarbeit bei der Bekämpfung der Rauschgiftkriminalität auch mit den Medien.

Für kritische Aufmerksamkeit habe er Verständnis, sagte Pawelczyk in einem dpa-Gespräch. Er bedauerte jedoch, daß der Polizei auf diese Weise «Fallen gestellt» würden.
(Hamburger Abendblatt, 24. 12. 1980)

Keine Gefahr für den Rechtsstaat (s. o.) ...

Am ersten Verhandlungstag ging es allerdings weniger um die Straftat «Verstoß gegen das Betäubungsmittelgesetz», sondern um Praktiken der Rauschgiftfahnder des bayerischen Landeskriminalamts.

Auf Befragen von Verteidiger Jürgen Arnold gab der Detektiv zu, mehrfach vorbestraft zu sein: Betrug, Hehlerei, Sachbeschädigung, ein Verfahren wegen Nötigung ist noch anhängig.

Für Spitzeldienste in der Drogenszene, so versicherte B., zahle ihm das Landeskriminalamt keine «Prämien», sondern ersetze lediglich die Spesen. Sein Engagement beruhe ausschließlich auf seiner «negativen Einstellung zu Drogen».

Der Vorsitzende Richter Klaus Gulitz unterbrach kurz die Verhandlung. Ihm war das ständige Hin und Her im Zuhörerraum aufgefallen. Wie sich herausstellte, handelte es sich bei den «Störern» um Kriminalbeamte. Sie hätten, gab einer der Beamten auf Fragen des Richters zu, ihre auf dem Gang als Zeugen wartenden Kollegen über den Gang der Vernehmung auf dem laufenden gehalten.
(Süddeutsche Zeitung, 10. 4. 1982)

---

wird nachdenklich. «Sehen Sie – prinzipiell müssen wir *alle* Rauschgifte fassen, und woran wer kommt, liegt doch stets am Kollegen. Und auch von denen ist doch keiner lebensüberdrüssig. Wer sich mit Heroin, nicht einmal unbedingt in größeren Mengen, einläßt, begibt sich in ganz andere Gefahren, als wenn er ein paar Kilo Haschisch an Land zieht. Das ist eben so, und da muß ich die Kollegen auch verstehen. Schon aus Fürsorgepflicht.»

Wie hoch er die Anzahl der Fälle von Aktiv-Fahndung einschätzt, wo also erst die Polizei den Täter macht?

«Ich hoffe doch sehr, daß so was nur selten vorkommt. Allerdings bekomme sogar ich das ziemlich oft zu hören. Das ist ein sehr heikles Gebiet. Aber bedenken Sie – *wie denn sonst* hat einer die Möglichkeit, an einen Verbrecher heranzukommen?»

Aber diese Jungen, die da angestiftet werden?

«Sehen Sie sich doch die Mengen an. Das sind fast immer Kilos, keine geringen Mengen mehr. Das muß man *objektiv* sehen. Sentimentalitäten zählen da nicht.»

Nachdem alle mit Kriminologie Befaßten – Polizei, zuständige Ministerien, Strafrechtsprofessoren usw. – von der absoluten Notwendigkeit des Untergrundfahnders überzeugt sind und stets nur an der rechtlichen Absicherung ihrer Methoden und keinesfalls an deren Begrenzung arbeiten, wage ich nicht, eine abweichende Meinung zu haben. Ich möchte allerdings, gemessen an den Erfolgen dieses Systems, für eine etwas relativiertere Betrachtungsweise plädieren. Und das gilt nicht nur für den James Bond, sondern für viele polizeiliche Methoden, die unter dem Segen der Rauschgiftbekämpfung etabliert wurden.

Da der Zweck die Mittel heiligt, wurde in der letzten Zeit im Kampf gegen das Rauschgift das Postgeheimnis, das Telefongeheimnis und das Grundrecht der Unverletzbarkeit der Wohnung ganz schön angeknabbert. Natürlich gab es immer gewichtige Gründe, beispielsweise den, daß sich infolge Kontrolle aller Lokale die Szene in Wohnungen verlagert

---

Mit Methoden, die nach geltendem Recht eindeutig gegen die Gesetze verstoßen, soll, so regt die Kommission unter Vorsitz des baden-württembergischen Landespolizeipräsidenten Alfred Stümper an, die organisierte Kriminalität bekämpft werden.

Die Kommission fordert, auch der Polizei müsse, wie etwa dem Verfassungsschutz, der Einsatz von «Under Cover Agents» erlaubt werden – in die Szene eingeschleuste Fahnder, die mit konspirativen Wohnungen und falschen Papieren ausstaffiert werden. Diese Agenten sollen sich an Waffen- und Rauschgiftgeschäften beteiligen dürfen, um das Vertrauen der Kriminellen zu gewinnen.

Neu sind solche Methoden der Verbrechensbekämpfung nicht, sie gehö-

ren in die Grauzone polizeilicher Ermittlungspraxis. Jetzt schon berufen sich Ordnungshüter, die in Erfüllung eines Auftrages Gesetze gebrochen haben, oft auf den Paragraphen 34 des Strafgesetzbuches («rechtfertigender Notstand»).

Danach handelt derjenige «nicht rechtswidrig», der «in einer gegenwärtigen, nicht anders abwendbaren Gefahr für Leben, Leib, Freiheit, Ehre, Eigentum» eine weniger schwere Straftat begeht, «um die Gefahr von sich oder einem anderen abzuwenden».

Ein neues Gesetz soll, wünscht sich die Stümper-Gruppe, solche Arbeitsweise zur üblichen Praxis im Kampf gegen Verbrecherbanden erheben.

(Spiegel, 29. 3. 1982)

habe und Deals per Telefon verabredet werden. Natürlich wird in diesem Zusammenhang immer nur von Heroin gesprochen. Doch die vom BKA geschätzten 2,5 Millionen Kiffer fallen undifferenziert unter dasselbe Gesetz. Also Aufhebung der Grundrechte für jeden 25. Bundesbürger? So schlimm dürfe man das alles nicht sehen, wird immer gesagt, aber die theoretischen und gesetzlichen Grundlagen dafür werden geschaffen. Das System und die Methoden wurden im «Kampf gegen den Terrorismus» entwickelt und erprobt. Dabei hielt sich, des kleinen betroffenen Personenkreises wegen, der Abbau der Demokratie noch in Grenzen. So wird das zumindest immer dargestellt. Beim Kampf gegen das Rauschgift könnten ganz andere, wesentlich weitere Kreise der Bevölkerung prophylaktisch unter Aufsicht gestellt werden. Natürlich werden solche Möglichkeiten stets unter dem Stichwort «Kampf gegen Heroin» gehandelt. In den entsprechenden Dienstanweisungen aber steht nur «Rauschgift». Dort steht auch nichts von der Größenordnung der «Fische», sondern höchstens, daß «jeder Konsument auch ein potentieller Händler» sein kann.

Paranoide Gemüter sehen immer schon die Entwicklung zum Polizeistaat. Tatsächlich hätte, würde im deutschsprachigen Raum irgendeine Exekutivgruppe einen Putsch planen wollen, die Polizei die allerbesten Karten. Außer den Geheimdiensten darf niemand so unkontrolliert in Grundrechte eingreifen. Ein Polizeistaat ist dennoch nicht unbedingt zu befürchten. Alle Beamten höherer Ränge sind rührend demokratiegläubig. Aber es geht ihnen allen um «mehr Effektivität», und derzuliebe müßten eben immer wieder «Kompetenzen erweitert», «neue Methoden erlaubt», «bessere Erfassungsmöglichkeiten zugesichert» und «umständliche Rechtswege ausgeräumt» werden. All das ja nur im Namen von Recht und Ordnung.

Zu bedenken ist allerdings, ob bei diesem fortgesetzten Prozeß nicht sehr bald vom Recht nur der Name bleibt und die Ordnung, ursprünglich der Erhaltung freier Verkehrsräume dienend, ein Würgeisen wird.

Gefallene Engel

Wenn schon, und das ist selten genug, der Verdacht aufkommt, der polizeiliche Beamtenstatus sei auch nicht der universelle Schutz gegen kriminelle Anfechtungen, wird das Volk auch von der Presse schnell beruhigt. Schlimmstenfalls, wird versichert, sei die Kriminalitätsquote genauso hoch wie bei der Normalbevölkerung, was zwar nur ein schwacher Trost ist, aber doch noch tröstlich. In Hamburg, wo das so nicht mehr ganz geglaubt wurde und sich eine Sonderkommission der dunklen Angelegenheiten annahm, rechnete der Innensenator vor: bei fast 10000 Beamten seien schließlich 89 Strafverfahren übriggeblieben, notabene im Bereich der gewichtigeren Korruption. Was ja, man bedenke die kleine Zahl, zu Vertrauen Anlaß gibt.

So zum Vertrauen aufgefordert, vergesse ich, daß Polizisten gemeinhin nur äußerst blutenden Herzens gegen Kollegen ermitteln und daß im Fall Hamburg Zeugen eingeschüchtert wurden oder gleich ins Jenseits entschwanden. Ich nehme meinen Taschenrechner – tatsächlich, nur jeder 112. Engel fiel, obwohl da sämtliche Verkehrspolizisten mitgerechnet sind und die Engel in einigen Dezernaten besonders dicht fielen. Tatsächlich geschieht jedem 24. Bundesbürger jährlich mehr oder minder schweres Unrecht, allerdings, will man der Statistik glauben, nur von jedem 476. Mitmenschen angetan. Aber das sind Zahlenspiele wie die meisten Statistiken, mit denen man bekanntlich auch nicht mehr so perfekt lügen kann, wie früher geglaubt wurde. Von allen Kriminalstatistiken beispielsweise, die ich abbekomme, erheitert mich die bayrische stets am meisten, obwohl sie Innenminister Tandler mit wahrem Bierernst vorträgt. Da Bayern stets erfolgreicher sein will als Deutschland, liegt dort die behauptete Aufklärungsquote von Straftaten bei 56,7 Prozent (10,7 Prozent über dem Bundesdurchschnitt) und bei Rauschgiftdelikten gar auf – man staune! – 97,5 Prozent. Da allerdings auf diesem Strafgebiet laut polizeilicher Selbsteinschätzung höchstens 1 Prozent aller Taten erfaßt wird, schrumpfen die stolzen Prozente bei nüchterner Betrachtung. Nein, keine Zahlenspiele mehr.

«Auf hundert Beamte kommen drei, die kriminell werden», sagt der Leiter eines westdeutschen Landeskriminalamtes. Über die vermutlich enorme Dunkelziffer will der Chefsoziologe der hessischen Polizei, Horst Grimminger, vorsichtshalber «nichts sagen», aus dem zwingenden Grund, daß «es ja sonst keine Dunkelziffer wäre».
(Der Spiegel 23/1981)

«Hamburg kann seiner Polizei vertrauen.»
(Der dortige Innensenator am 7.1.1982 beim Schlußbericht der Sonderkommission über Polizei-Korruption.)

Gießen. Zwei Bereitschaftspolizisten sind unter den fünf Haschisch-Händlern, die von der Gießener Kriminalpolizei in der vergangenen Woche festgenommen wurden.
(Frankfurter Rundschau, 7.7.1973)

Frankfurt (dpa). Der ehemalige Sicherheitsbeauftragte der israelischen Luftverkehrsgesellschaft El Al in Frankfurt ist von einem Frankfurter Schöffengericht wegen Hasch-Handels zu drei Jahren Freiheitsstrafe verurteilt worden.
(Hannoversche Allgemeine, 7.3.1975)

Auch keine Scherze, denn das Thema ist traurig. Ich möchte da keine Schadenfreude haben. Als der Erzbischof von Paris in einem Bordell per *Mort douce* verschied, war dies eine zwar makabre, aber natürliche Folge des Zölibats und erzählte mir weniger über den wahrscheinlich nicht ersten Sündenfall dieses Herrn als über die Fragwürdigkeit katholischer Regelungen. Ähnlich geht es mir bei gestrauchelten Polizisten – konfrontiert mit der Tatsache, daß sich im kriminellen Dunkel mühelos Millionen machen lassen und daß dubiose Geldgeschäfte demokratischer Politiker im Zweifelsfall immer noch ein Ehrenmäntelchen finden, selbst jedoch auf die relativ bescheidenen Besoldungen gesetzt – nicht im Vergleich zu normalen Arbeitnehmern, aber im Vergleich zu den Staatsdienern allgemein –, erscheint der Wert einer weißen Weste doch nicht als allerhöchster. Die Versuchung ist groß, und nicht jeder kann mit ihr leben. Wer gefallen ist, wird – zugegeben: nur im schlimmsten Fall – als individuell-schwarzes Schaf an den Pranger von Justiz und Öffentlichkeit gestellt, meist jedoch nur innerdisziplinär behandelt; aber niemand der Verantwortlichen möchte von der Individualschuld einmal weitersehen auf die Tatsache, daß Korruptionsversuchung zur Arbeitswelt vieler Kriminaldezernate gehört.

Bei Rauschgift ist sie möglicherweise noch größer als bei Eigentumsdelikten, und nicht immer nur, weil da das ganz große Geld zu locken scheint. Um bei dieser möglichen Treppe ganz unten zu beginnen: Immer wieder und in verschiedenen Städten bekam ich von Kiffern die ähnliche Geschichte zu hören. Sie waren mit 50 bis 100 Gramm gutem Dope gegriffen worden (mit gutem, denn über mindere Qualität wurde mir derlei nie berichtet), und als sie dann vor ihrem Richter standen, fanden sie in der Akte wesentlich kleinere Mengen angegeben. Natürlich hat sich kein einziger der Typen deshalb beschwert – oft reichte der Schwund ja aus, daß nur noch eine Verurteilung wegen «geringer Menge» herauskam. Eine menschliche Regung des beschlagnahmenden Beamten? Kann sein, ich möchte es hoffen und will dann auch nicht wissen, was mit dem fehlenden Stoff geschieht. Einen genau umgekehrten Fall konnte ich in Hamburg erleben. Dort lag plötzlich mehr vor dem Richter, als zuvor gefunden wurde. Diese wundersame Stoffvermehrung war auch in diesem Fall ziemlich augenscheinlich auf eine menschliche Regung der beamteten Ersttäter zurückzuführen, wenn auch auf eine weniger schöne.

Aber was geschieht eigentlich mit dem Differenz-Stoff? Es ist doch nicht anzunehmen, daß er nur solche Betriebsausflüge im wahrsten Wortsinn bestreitet wie in den des Frankfurter Rauschgiftdezernats.

«Wir sind doch auch keine Kostverächter», lacht ein Fachbeamter, des-

**Deutschlands bester Rauschgiftjäger
verhaftet – als Hasch-Händler**
(Bild, 13. 8. 1975)

elü. Hamburg, 6. Januar. Der Gangster, der aus einem Panzerschrank im Hamburger Polizeipräsidium Heroin für 130 000 Mark und 6650 Mark Bargeld geraubt hat, kann nur ein Kriminalbeamter gewesen sein.
(Hamburger Abendblatt, 6. 1. 1977)

ust. Karlsruhe. Januar. Ab Montag wird sich die erste große Strafkammer des Karlsruher Landgerichts mit einem einmaligen Fall in der Geschichte der Drogenkriminalität befassen müssen. Der 43jährige Angeklagte aus Karlsruhe wird von der Staatsanwaltschaft beschuldigt, mindestens drei Jahre lang (von 1973 bis 1975) «in großem Umfang» Haschisch und Heroin verkauft zu haben.
Er war Leiter des Dezernats zur Bekämpfung von Rauschgiftkriminalität.
(Frankfurter Rundschau, 8. 1. 1977)

dpa, Essen. Zwei junge Polizeibeamte und ein Komplice wurden am Wochenende in Essen und Herne als Rauschgifthändler entlarvt und festgenommen.
(Welt, 7. 10. 1977)

Ein Berliner Polizist, der mit Rauschgift handelte, wird als Mordverdächtiger gesucht
(Stern, 2. 6. 1978)

Verden (dpa). Der wegen Mordes an einem Rauschgiftsüchtigen angeklagte ehemalige Berliner Polizeimeister R. ist am Montag in einem zweiten Prozeß in Verden überraschend wegen mangelhafter Beweise und zweifelhafter Zeugenaussagen freigesprochen worden. Der Staatsanwalt hatte zuvor wegen Mordes lebenslänglich für den 34jährigen Angeklagten beantragt.
(Tageszeitung, 5. 7. 1978)

Paul G., 39 Jahre alt, verheiratet und Vater eines Kindes, dem die Anklagebehörde 37 Verstöße gegen das Betäubungsmittelgesetz zur Last legt, war immerhin etliche Jahre Dienststellenleiter bei der Zollfahndung in Nordhorn und einen Monat lang Rauschgiftsachbearbeiter beim Zoll in Heidelberg, ehe ihn die Polizei am 4. Juli 1977 in Kaiserslautern überraschte, als er laut Anklage 100 Gramm Heroin für 20 000 Dollar verkaufen wollte.
Bei der Festnahme fanden die Beamten dann eineinhalb Kilogramm Haschisch hinter dem Ersatzreifen. Weitere schwerwiegende Punkte der Anklage: Handel mit 250 Gramm Heroin, Verkauf von zehn Kilogramm Haschisch für 10000 Mark.
(Stuttgarter Zeitung, 10. 3. 1978)

Als Rauschgifthändler betätigte sich in Bremen ein Bundesbeamter. Der Polizei zufolge, hatte der 34jährige gemeinsam mit einer 19jährigen Prostituierten aus Frankfurt Heroin nach Bremen gebracht und über Dealer in der Hansestadt abgesetzt.
(Süddeutsche Zeitung, 2. 10. 1979)

Polizist als Dealer – 21 Monate
*(Hamburger Abendblatt,
14. 12. 1978)*

Waldshut-Tiengen (zz). Der bisherige Leiter des Dezernats Sitte und Rauschgift bei der Kriminalpolizei Waldshut ist nach einem peinlichen Vorfall strafversetzt worden. Der Beamte hatte das Autoradio im amerikanischen Straßenkreuzer eines Rauschgifthändlers aus der Schweiz gegen ein älteres Modell ausgetauscht. Der junge Kriminal-Oberkommissar hat deswegen vom Amtsgericht Waldshut bereits einen

Strafbefehl über rund 4000 Mark erhalten.

(Berliner Zeitung, 13.10.1979)

Beamte des Rauschgiftdezernats und der Zollfahndung nahmen in den späten Abendstunden des Dienstag vor einem Lokal an der Lüderitzstraße in Wedding einen 31jährigen Polizeiobermeister und als dessen Komplicen einen 23jährigen Mann unter dem Verdacht des Rauschgifthandels fest. Bei einer Durchsuchung der Wohnung des Jüngeren wurde dessen 19jährige Freundin ebenfalls vorübergehend festgenommen. Die Polizei beschlagnahmte insgesamt drei Kilogramm Haschisch-Konzentrat, das einem Wirkstoffgehalt von 90 Kilogramm Haschisch entspricht.

(Tagesspiegel, Berlin, 24.5.1979)

Polizeibeamte als Dealer

Nach zahlreichen Trunkenheits- und Diebstahlsdelikten und den noch immer ungeklärten Todesschüssen in einem Bordell, bei denen Vater und Sohn ums Leben kamen, muß die Berliner Polizei gegen Rauschgiftdealer in den eigenen Reihen ermitteln. Gegen drei 21 Jahre alte Beamte wurde Haftbefehl erlassen. Bei ihnen wurden insgesamt 560 Gramm Heroin gefunden.

(Hamburger Abendblatt, 10.3.1980)

Wegen möglicher Beteiligung an Rauschgiftgeschäften ist ein 21jähriger Bonner Polizeibeamter vorläufig vom Dienst suspendiert worden. Wie ein Sprecher der Behörde am Freitag mitteilte, war die Polizei bei der Überwachung von vier Drogenabhängigen auf den Wagen des Polizisten gestoßen.

(Tagesspiegel, Berlin, 18.10.1980)

Seine dienstlichen Kenntnisse nützte ein niederösterreichischer Polizeibeamter, um im Raum Krems einen Suchtgiftring aufzubauen.

(Kurier, Wien, 21.8.1980)

In den Bücherregalen seines Brüsseler Büros hatte der Chef der belgischen Antirauschgift-Brigade, des Bureau National des Drogues (BND), jene Beute aufgebaut, die seiner Truppe beim Kampf gegen den illegalen Drogenhandel in die Hände gefallen war.

Und nun erst wurde publik, daß der oberste Rauschgiftfahnder selbst mit Rauschgift gehandelt hatte, womöglich sogar dafür verantwortlich war, daß Brüssel zu einem Zentrum des internationalen Rauschgift-Schmuggels wurde.

Dabei unterliefen dem BND-Chef peinliche Pannen. So wurde einer seiner Agenten an der belgisch-holländischen Grenze mit 1,5 Kilo Heroin im Gepäck geschnappt, das er in den Niederlanden für anderthalb Millionen belgische Franc (gegenwärtig 92 400 Mark) gekauft hatte.

Nach Bangkok setzte der Hauptmann einen Kurier mit dem Auftrag in Marsch, 5 Kilo Heroin zu beschaffen.

Statt fünf erwarb der BND-Vertraute 27 Kilo des begehrten Stoffes. Den Zukauf wollte er auf einem Umweg über Kenia bei einem Bekannten in Nairobi zu Geld machen. Der Trip flog in Karatschi auf: Das Heroin wurde beschlagnahmt, der Kurier kam ins Gefängnis, wieder waren Millionen verspielt.

Offen bleibt auch, aus welchen Kanälen die Mittel stammten, mit denen François seine kostspieligen Operationen finanzierte und jene Löcher stopfte, die allein die bekanntgewordenen Fehlschläge in sein Budget rissen.

Brüsseler wollen wissen, daß François aus alter Anhänglichkeit eng mit DEA-Agenten in der amerikanischen Botschaft zusammenarbeitete und eventuell Geld aus US-Fonds erhielt. Kurz vor der Verhaftung wurden zwei DEA-Leute in die USA zurückberufen.

Wo immer die Mittel auch hergekommen sein mögen, François stand offensichtlich unter Druck, die verlorenen Einsätze wiederzubeschaffen, und sei es um den Preis eigener Rauschgift-Verkäufe. Wie unterderhand versichert wird, habe es sich dabei freilich niemals um harte, sondern stets um sogenannte weiche Drogen gehandelt.

Hohe Gendarmerie-Offiziere und sogar Mitglieder der Staatsanwaltschaft sollen, so heißt es, die dubiosen BND-Methoden gekannt und Léon François Deckung versprochen haben.
(Spiegel, 4. 2. 1980)

Scotland Yard hat «alte Kontakte» zu einem verurteilten Kriminellen benutzt, um beschlagnahmtes Haschisch wieder auf den Markt zu bringen. Fast eine Viertelmillion Mark verdienten die Beamten an dem Haschisch, das sie ihrem Wiederverkäufer im Polizeiauto in die Garage brachten.
(Hamburger Abendblatt, 21. 9. 1977)

Für fünf Teilnehmer endete der Betriebsausflug des Frankfurter Rauschgiftkommissariats dieser Tage im Krankenhaus. Nach dem Genuß von Back-werk, mit dem die Beamten ohne ihr Wissen zugleich Haschisch konsumiert hatten, mußten die Kriminalpolizisten an Vergiftungserscheinungen behandelt werden. In zwei Fällen befanden sich die Beamten sogar vorübergehend in Lebensgefahr. Gegen den Bäcker, einen Kollegen aus dem Kommissariat, ermittelt die Limburger Staatsanwaltschaft. Deren Leiter Alfred Gerber zur *FR*: «Ein makabrer Scherz.»

Nach bisherigen Ermittlungen waren in den Teig 300 Gramm Haschisch gerührt. Der Bäcker hatte sie aus einer kurz vorher sichergestellten Gesamtmenge von 30 Kilogramm entnommen und als Zutat für den Kuchen *nach einem Rezept aus dem «Haschkochbuch»* verwendet.

Der «Haschisch-Bäcker» wurde inzwischen vom Dienst suspendiert.
(Frankfurter Rundschau, 2. 7. 1981)

Ich kenne den Drogenabhängigen aus der «freien Wildbahn», nicht aus einer Institution, sondern von draußen.
(Frankfurts RD-Chef Loos vor dem Bundestag)

---

sen Namen ich natürlich nicht verraten will. Aber das allein sei es nicht, fügt er gleich hinzu. Ein Teil werde von Untergrundfahndern in der Szene verbraucht – wozu denn bloß? –, tja, und dann gäbe es manchmal auch Recycling. Dealende Polizisten? Ja, auch das.

«Höchstens 1 Prozent solcher Fälle kommt je an die Öffentlichkeit», sagt ein melancholischer Beamter der Hamburger Sonderkommission. «Da ist die Aufklärung womöglich noch niedriger als bei BTM allgemein. Nur wer allzu dumm dealt, fällt auf. Aber das gilt ja für alle, auch für Nicht-Polizisten.»

Nein, es gibt keine offiziellen Zahlen über polizeiliche Kriminalität, und die in den einzelnen Präsidien gehorteten sind auch nicht repräsentativ. Wie aber könnte man sich dann den Umfang solcher polizeilicher Neben-Aktivitäten halbwegs realistisch vorstellen?

«Mit BTM sind vorwiegend zwei Gruppen befaßt, die Dezernate und, in zweiter Linie, die Zivilfahnder der einzelnen Reviere. Gehen Sie davon aus, daß auch Polizisten nur Menschen sind und nicht krimineller. Ein bestimmter Prozentsatz aus der Drogenszene dealt ja auch. Der wird auch bei den entsprechenden Polizisten nicht höher liegen.»

Wie gesagt: Ich kann über gefallene Engel nicht lachen. Wer aber die Polizei, womöglich noch mit erweiterten Kompetenzen, für die geeignete Kraft hält, das allgemeine Drogenproblem in den Griff zu bekommen, sollte sich dieses traurige Kapitel noch einmal und genau durchlesen. Ich halte es übrigens für wirklich keinen Zufall, daß unter den gestrauchelten Polizisten der Anteil von Untergrundfahndern der höchste ist.

Kommissar Zufall & Co.

Tja, und als er dann einmal einen Erfolg verkaufen wollte, ging's nicht ohne großen Rabatt. Ich würde Herrn Plewka das Aufwärmen dieser traurigen Geschichte gern ersparen, aber da sie so symptomatisch ist, nicht nur für die Hamburger Behörde, muß sie doch gewürdigt werden.

Ihr erster Teil liest sich wie ein Märchen, aber da auch Journalisten Menschen sind und ihr Bedarf an Gläubigkeit nicht immer durch eine Religionsgemeinschaft befriedigt wird, kam die schöne Sache so in die Zeitungen.

Das Märchen hatte allerdings auch eine Vorgeschichte, die nicht so ganz dazu passen wollte. Schon Wochen vorher hatte die Szene von Gerüchten gesummt, eine gewaltige Ladung roter Libanon sei im Anzug, und da die von Herrn Plewka präsentierten Säckchen absolut nicht nach dem behaupteten «grünen Türken» aussahen, entschloß sich der Journalist Peter Saalbach, einige weitere Fragen zu stellen.

Die Sache wurde einigermaßen peinlich, wobei noch das geringste war, daß ein RD-Boß von Dope offensichtlich nichts versteht, sagte er doch: «Grüner Türke ist eine besondere Hanfart, die jetzt auch im Libanon angebaut wird.» Einige andere Merkwürdigkeiten wurden auch in der Zeitung zerpflückt, und der Zoll war ganz froh, daß nach dem einen Artikel kein weiterer mehr kam. So wie die Geschichte heute rekonstruierbar ist, dürfte sie allerdings auch nicht unbedingt für die Öffentlichkeit geeignet sein, also denn: Im Haschisch-Großhandel gilt seit Jahren die Regel «Cash & Carry». Bei der Bezahlung wird die Ware ausgehändigt, und Kunde und Verkäufer trennen sich. Die Preise sind am höchsten, wenn die Ware den Zoll passiert hat und somit sicher im Abnehmerland ist. Dazwischen ist der Stoff oft durch mehrere Hände gewandert und hat etliche Preissteigerungen durchgemacht. Wer ihn hat, trägt jeweils das Risiko. Soweit die Spielregeln.

«Außerdem ist Rauschgift-Fahndung und -Ermittlung ein schlechtes Gebiet, um Erfolge verkaufen zu können . . . weil niemand wissen soll, wie weit wir in unserer Arbeit wirklich sind.»
(Hamburgs Wolf Plewka am 5. 12. 1980)

Zivilfahndern der Polizeirevierwache 70 war in der Nacht zum Dienstag in der Veddeler Brückenstraße (Veddel) ein Mercedes-Lieferwagen aufgefallen, der stark überladen aussah. Da die Polizei im Bereich Wilhelmsburg-Veddel in der letzten Zeit verstärkt mit Speditionsdiebstählen zu tun hatte, vermuteten die beiden Beamten ein Delikt in dieser Richtung und hielten das Fahrzeug an.
Die beiden Insassen, Student Andreas H. (26) aus Berlin, der Fahrer, und sein Beifahrer, Erzieher Hans-Joachim Ha. (29) aus Berlin verwickelten sich bei der Überprüfung immer mehr in Widersprüche. Den Schlüssel vom Laderaum des Mietwagens hatten sie angeblich auch nicht dabei.

Die beiden Zivilfahnder schalteten den Kriminaldauerdienst und die Kripo Süd ein und stellten das Fahrzeug sicher.

Inzwischen war auch das gemeinsame Rauschgiftfahndungskommando von Zoll und Polizei verständigt. Drei Zollbeamte rückten mit Haschhund «Pluto» an.

Schon als der schwarze Cokkerspaniel aus dem Dienstwagen sprang, schlug er wahre «Purzelbäume». Was da in seine feine Nase drang, hatte er in seinem kurzen Hundeleben noch nicht gerochen. Jetzt wußten die Beamten, was in dem Wagen war.

Der Schlüssel wurde von der Mietfirma herbeigeschafft und die Hecktür geöffnet.

Was die Fahnder sahen, versetzte sie selbst ins Staunen. In 100 Plastiksäcken lagen dort 2,5 Tonnen «Grüner Türke»

bester Qualität. Schwarzmarktwert: 10 Millionen Mark.
(Hamburger Morgenpost, 12. 3. 1981)

Hamburg, 18. 3. (taz) – In der Nacht zum 10. 3., Punkt 1.30 h, stoppten Hamburger Zivilfahnder einen Miettransporter. Ein folgender Kastenwagen konnte in diesem Augenblick flüchten.
(Tageszeitung, 19. 3. 1981)

Doch eine Reihe von Widersprüchen und Fehlinformationen der Polizei rückt die Fahndungs-Arbeit in ein eher trübes Licht.
Nebensächlich erscheint noch die Falschmeldung, die 2,5 Tonnen Haschisch in einem Wert für den «Endverbraucher» von 50 Millionen Mark seien der größte Erfolg in der Geschichte bundesdeutscher Rauschgiftfahndung. Tatsächlich wurde schon im Jahre 1977 im Emdener Hafen ein Schiff mit 2,9 Tonnen Haschisch aufgebracht.

Andere Widersprüche wiegen schwerer:

Die Polizei stützte ihre Aussage, der Rauschgift-Fund sei zufällig geschehen, mit folgender Behauptung: Der mit Haschisch beladene Möbel-Transporter sei offensichtlich überladen gewesen und so den Zivilfahndern aufgefallen. Tatsächlich beträgt die zugelassene Nutzlast des in Hamburg gemieteten Mercedes-Kastenwagens nach Auskunft der Verleih-Firma 2,3 Tonnen. Bei einer Belastung mit der gefundenen Rauschgift-Menge sei dem Wagen eine «Überladung» von außen nicht anzusehen. Kriminalrat Wolf Plewka, Leiter des Rauschgiftdezernats: «Der Wagen war ungleich beladen, mit der Hauptlast auf der Hinterachse.» Ein von der Polizei selbst gemachtes Foto zeigt jedoch: Die 100 Säcke à 25 Kilo waren gleichmäßig über die Ladefläche verteilt.

Das Rauschgift ist nach Auskunft der Polizei in erster Linie «Grüner Türke», eine Bezeichnung für Farbe und Herkunftsland. Zwei vorgezeigte Leinensäcke deuten aber darauf hin, daß der «Stoff» aus dem Libanon kommt. Denn nur dort wird das Haschisch in dieser Verpackung auf die Reise geschickt. Der «Rote Libanese» wird heute fast ausschließlich unter der Kontrolle rechtsgerichteter christlicher Milizen angebaut und in den Handel gebracht. Er dient vor allem der Finanzierung von illegalen Waffen für den Bürgerkrieg: «Roter Libanese» gegen blaue Bohnen? Wolf Plewka will davon nichts wissen: «Waffengeschäfte im Zusammenhang mit Rauschgift werden immer wieder vermutet, sind aber nicht bekannt.» Im übrigen sei die Analyse des in Hamburg gefundenen Haschisch noch nicht abgeschlossen. Bekannt ist aber – ein Prozeß in Emden brachte es im Jahre 1978 an den Tag: Über den ostfriesischen Hafen kam im November 1977 tonnenweise Haschisch nach Europa – zur Finanzierung von Munition und Waffen der christlichen Falange-Partei im Libanon.

Ein weiteres Indiz für libanesischen «Stoff» ist die Aussage des Berliner Rechtsanwalts Dietrich Scheid, der Auftraggeber seiner in Hamburg beim Haschisch-Transport festgenommenen Mandanten sei ein in Berlin lebender Libanese. Inzwischen allerdings hat der Anwalt diese Behauptung wieder zurückgezogen. Warum?

Nach wie vor steht aber die Frage im Raum: Wie konnte die Riesenmenge Haschisch aus dem Freihafen kommen? «Deutsche Zollbeamte sind prinzipiell unbestechlich!» Mit dieser pauschalen Ehrenerklärung weist Wolf Plewka alle Vermutungen auf möglicherweise «geschmierte» Zollbeamte zurück. Es bleibt die Tatsache, daß der Transporter nur wenige hundert Meter vom Zollübergang Niedernfelde entfernt angehalten wurde und der «Stoff»

nach Polizeiauskunft höchstwahrscheinlich aus dem Hafen stammt. Zoll-Pressesprecher Klaus Plauschinat (42): «Alle Lastwagen werden überprüft. Eine solche Menge Rauschgift kann auch nicht über den Hafenzaun nach draußen gelangen.» Aber wie denn? Kriminalrat Wolf Plewka: Das Haschisch sei vielleicht ja nicht im Freihafen auf den Wagen geladen worden, sondern bei einem Depot außerhalb der Zollgrenzen. So nahe am Zoll?

Peter Saalbach (Hamburger Abendblatt, 17. 3. 1981)

Preisfragen:
1. Was ist ein Zufall?
2. Was sind Zufälle unter so verworrenen Umständen?
3. Was sind Zufälle, welche sich regelmäßig wiederholen?
Haschisch im Schwarzmarktwert von rund *sechs Millionen Mark* ist in einem Lastzug auf einem Rastplatz nahe dem *Biebelrieder Dreieck* bei Würzburg an der Autobahn München–Frankfurt sichergestellt worden. Die Würzburger Staatsanwaltschaft teilte am Mittwoch mit, im Zuge der Beschlagnahme des Rauschgifts im Gewicht von 1,1 Tonnen seien zwei Schweizer festgenommen worden, die sich bei dem Lastwagen befunden hätten.

Der aus dem Libanon kommende Lastzug war nach den *Niederlanden* unterwegs. Die Beschlagnahme am Biebelrieder Dreieck war in diesem Jahr bisher weltweit einer der größten Erfolge im Kampf gegen den internationalen Rauschgifthandel. An der Aktion waren auch Beamte des Bundeskriminalamts in Wiesbaden beteiligt.

(Neue Zürcher Zeitung, 2. 3. 1979)

Alle Jahre wieder, mal aus Hessen ...
Ahnungslose Marokko-Urlauber als «Schmuggler» großer Mengen von Haschisch benutzt ein internationaler Rauschgiftring, dem die Kriminalpolizei im Rhein-Main-Gebiet auf der Spur

ist. Wie das hessische Landeskriminalamt in Wiesbaden mitteilte, besteht der begründete Verdacht, daß deutsche Autoreisende in Marokko «unbeabsichtigt» in leichte Unfälle verwickelt werden, «hilfreiche» Marokkaner erbieten sich dann, das Fahrzeug in kürzester Zeit zu reparieren. Dabei werden auf raffinierte Weise Haschischplatten in den Wagen eingebaut. Der Heimweg wird verfolgt, bis Angehörige des Ringes in der Bundesrepublik das versteckte Rauschgift unauffällig oder nach einem Diebstahl des Wagens ausbauen.

Zum Beweis dafür, daß der Ring auch eigene Leute zum Haschischschmuggel einschleust, nannte das Landeskriminalamt drei Fälle. 1973 wurde ein Offenbacher in Marseille festgenommen, der mit einem Fährschiff aus Marokko gekommen war und in dessen Auto 64 Kilo Haschisch versteckt waren. Ende Februar 1974 konnte in Darmstadt ein französisches Ehepaar verhaftet werden, in dessen Wohnwagen 200 Kilo «eingebautes» Haschisch aus Marokko lagerten.

(Süddeutsche Zeitung, 6. 6. 1974)

... mal vom Bundesinnenminister:
Mit seiner «Warnung an Touristen vor unfreiwilligem Rauschgiftschmuggel» machte Baum am Donnerstag in Bonn darauf aufmerksam, daß immer mehr Touristen aus der Bundesrepublik beim Urlaub in Südostasien, im Nahen und Mittleren Osten, Nordafrika und Südamerika in ilegale Rauschgiftgeschäfte verstrickt werden.

«Mit raffinierten Tricks wird ahnungslosen Touristen von gewissenlosen, aus schnöder Geldgier handelnden Verbrechern Rauschgift untergeschoben. Touristen werden als Kuriere mißbraucht. Aber auch Selbstversorger suchen durch ‹Hamsterkäufe› ihren Bedarf an Drogen für die Nachurlaubszeit zu decken. Das hiermit verbundene Risiko für sich selbst vermögen sie häufig

nicht abzuschätzen.»

Auch Urlauber ohne Auto können in Gefahr geraten. «Sie haben ihren Koffer im Abteil und gehen in den Speisewagen. An der Grenze fliegen sie dann auf, weil Hasch oder Heroin im Gepäck gefunden wird», berichten Experten.

Auch hinter der Bitte, Briefe, Päckchen oder sonstige Kleinigkeiten aus Gefälligkeit bei der Heimreise in die Bundesrepublik mitzunehmen, verbirgt sich nicht selten ein versteckter Rauschgiftschmuggel.

(Süddeutsche Zeitung, 26. 6. 1981)

Das Auswärtige Amt hat den Ersten Botschaftsrat von Senegal zur «Persona non grata» erklärt, nachdem in seinem Gepäck 48 Kilogramm Haschisch gefunden worden waren. Wie das Auswärtige Amt in Bonn mitteilte, muß der Senegalese nach den diplomatischen Regeln nun die Bundesrepublik «in angemessener Frist» verlassen. Nach Angaben der Staatsanwaltschaft in Köln hatten Zollfahnder auf dem Flughafen Köln-Bonn das Haschisch im Gepäck des Senegalesen entdeckt.

Aufgrund seines diplomatischen Status konnte der Botschaftsrat aber zunächst weder festgenommen noch verhaftet werden.

Offenbar kam der Diplomat aus Indien in die Bundesrepublik.
(Süddeutsche Zeitung, 1. 4. 1982)

Und das war der ganz große Schlag:
Rauschgiftzentrale ausgehoben
Eine Rauschgift-Verteilerzentrale für den Großraum Düsseldorf, Essen und Mülheim haben Zollbeamte auf einem Bauernhof beim niederrheinischen Geldern ausgehoben. Zwölf Personen wurden vorläufig festgenommen und gegen vier Bewohner des Hofes zwischen 21 und 33 Jahren Haftbefehl erlassen. Die Zöllner glauben damit einen entscheidenden Einbruch in die am linken Niederrhein aktive Drogen-

«Wie ich soeben erfahre, soll die Polizei einen Agenten in unseren Rauschgiftring eingeschleust haben!» *(Markus, Stern)*

Mafia erzielt zu haben. Bei der Durchsuchung des Gehöfts wurden unter anderem in einem Komposthaufen zwei Blechdosen mit insgesamt einem Kilogramm Haschisch gefunden.
(Süddeutsche Zeitung, 5. 11. 1981)

Im konkreten Fall hatte der Parkplatz, wo angeblich nur die ahnungslosen Zivilfahnder lauerten, schon eine gewisse Tradition – hier waren in den letzten Jahren zweimal größere Haschisch-Mengen aus Autos beschlagnahmt worden, nachdem sie unmittelbar vorher dieselbe Zollstation passiert hatten. Wie das?

«Man kassiert und tut trotzdem seine Pflicht», lacht mein Gewährsmann von der Polizei. «Die Sache war ja längst angekündigt und auch beschattet.»

Warum wurde dann die Fracht nicht vorher sichergestellt?

«Den letzten beißen eben die Hunde. Da war ja noch ein zweites Auto dabei. Genau: der Wagen wurde gewechselt. Die beiden Typen händigten das Geld aus, die beiden anderen übergaben die Fracht, stiegen in den

Pkw und fuhren ab. Schade, daß niemand ihre Nummer notieren konnte – die sind ganz einfach mit der Kohle verdampft. Ja, und dann wurde eingegriffen.»

Das verstehe ich alles nicht.

«Also gut, du darfst dich auch dumm stellen. Nimm also einmal an, der Stoff kam nach Deutschland, um irgendein gewichtiges Geschäft zu finanzieren. Das waren ja auch 2,75 Millionen, die da auf dem Parkplatz ihren Besitzer wechselten. Dann geht es dem einen um die Kohle, dem anderen um den Stoff. Da kann man ja verhandeln. Und wenn alles gut läuft, sind beide glücklich. Der eine hat die Kohle und bekommt keinen weiteren Ärger, weil er ja auch mit der Polizei zusammengearbeitet hat, die Polizei hat einen Bombenerfolg, und bezahlt wurde das Ganze von dem Konsortium, das sich gerade noch so klug vorkam. Wenn zwei sich einigen, blutet der dritte. Alles klar?»

Um ein atypisches Geschäft handelte es sich in diesem Fall nur, weil der Verkäufer aus irgendwelchen Gründen mit der Polizei zusammengearbeitet hatte. Dafür wurde auch von dem Geld nie ein Scheinchen gefunden. Traurig allerdings endete diese Geschichte für den Journalisten, der die bösen Fragen gestellt hatte. Der Chef seines Blattes bekam von polizeilicher Seite zu hören, solche Fragestellungen seien doch gar nicht schön, vor allem, wenn man weiterhin an gedeihlichen Kontakten zur Polizei interessiert sei und auf solche doch als Lokalzeitung nicht verzichten könne. Eine Zensur findet in der BRD laut Grundgesetz nicht statt, und der Journalist wurde prompt auf einen trostlosen Außenposten versetzt.

Soweit so schlimm. Das Bundeskriminalamt schätzt, daß tagtäglich in der Bundesrepublik rund 800 Kilogramm von dem Zeug verpafft werden, dessen größere Beschlagnahmungen jedesmal dem Kommissar Zufall gelingen. Oder war es in diesem Fall vielleicht sein Genosse, der Kommissar Markt? Unmittelbar nach dieser Libanon-Geschichte tauchte in Norddeutschland überall dieser Stoff in der Szene auf. Wer nicht annehmen will, daß Hamburgs Asservatenkammer zwei Türen hat, darf annehmen, ein weiterer Lkw sei dem Kommissar Zufall doch durch die Lappen gegangen. Ein US-Rauschgiftfahnder in Frankfurt hat allerdings eine andere Erklärung: «Der Großhandel ist überall und vor allem in Deutschland straff und bestens organisiert. Wenn zuviel auf den Markt kommt und die Preise verderben könnte und wenn es dann auch keine Möglichkeit gibt, den Stoff zu ‹bunkern›, wird ein größerer Posten an einen Außenseiter verkauft, der da schnelles Geld machen will, jedoch prompt auffliegt. Das ist ein eisernes Gesetz des Marktes.»

Er erklärt mir vieles über die Strategie des Haschisch-Großhandels, der sich nicht mit einigen lächerlichen Kilos abgibt, sondern erst ab einer halben Tonne beginnt. Solche Mengen fallen natürlich auch in den Herstellerländern auf, zumindest Agenten der DEA, die darüber wachen sollen, daß dieser Stoff nicht in die USA kommt. In Mitteleuropa kommen solche Großtransporte jedoch immer an, vorbei an scheinbar blinden Zöllnern und Fahndern.

«Wer solche Sachen in den Herstellerländern betreibt, ist dort äußerst einflußreich und auch stets von einem diplomatischen Nutzwert. Er ist also unangreifbar. Wer erfolgreich im Europageschäft unterwegs ist, hat auch keinen Mangel an Bargeld, ist gern spendabel und im übrigen eine meist höchst angesehene Person, sagen wir: ein Großimporteur. Das Risiko beginnt eigentlich erst bei Mengen von 10 Kilo abwärts, wenn der Stoff über viele, vorsichtig gesicherte Schleusen in die Szene sickert. Die Untergrenze des Großhandels ist die Obergrenze der Polizei, da wird sie tätig. Was darüber ist, kann praktisch nicht gegriffen werden – da führen die Kontakte in die Wirtschaft und hin zur Politik. Vergessen Sie nicht: Manche Herstellerländer wären ohne Nebeneinkünfte aus Haschisch schon lange zahlungsunfähig.»

Und wofür dann die ganze Polizei?

«Für die Kleinen eben. Man zeigt, daß man was tut.»

Wäre es dann nicht sinnvoller, die ganze Sache einfach zu legalisieren?

«Das ist keine Frage, obwohl es überall Firmen gibt, die auf das Geschäft geradezu warten. Aber eine Legalisierung ist nicht drin, nicht wegen der Konvention, sondern deshalb: Das Geschäft wird von der höchstetablierten Unterwelt kontrolliert, soweit es den Großmarkt betrifft. Eine Legalisierung würde die Preise purzeln lassen und es würde, um es mal so zu sagen, ganz andere, schlimmere illegale Geschäfte geben müssen. Und welcher Staat könnte offiziell bei Gangstern einkaufen? Und an ihnen käme keine Regierung vorbei, denn seit gut zehn Jahren beherrschen sie alle Märkte, von den Herstellerländern bis Deutschland, jeweils regionale Syndikate, aber innigst miteinander verbunden.»

Wir genehmigen uns einen Whisky.

«Da ist die Sackgasse, an die keine Legalisierungsgruppe denkt. Als die Prohibition aufgehoben wurde, schossen in den USA die Destillen aus dem Boden, und binnen kurzem waren sie von ein paar Großkonzernen verschluckt, die noch heute das Geschäft machen. Haschisch aber ist ein Importartikel, und auch bei Aufhebung der Prohibition würden jene dunklen Kreise den Markt versorgen, die schon bislang dazu die Möglichkeit haben. Die Regierung müßte praktisch auch sie legalisieren, und gegen ihre wirtschaftliche Macht fiele das Druckmittel der illegalen Einkünfte weg. In den USA, wo die Sache nur toleriert wird, haben wir diese Kröte auch schlucken müssen – das Geschäft wird natürlich von der Cosa betrieben, was das Große betrifft, und als freundliche Gegenleistung hält sie sich ein wenig mit Heroin zurück. Das ist für den Augenblick vorteilhaft; aber ganz wünschenswert ist es doch auch nicht. Aber: würde im Rahmen einer Legalisierung dieses Geschäft von der Unterwelt weggenommen und unter staatlicher Verwaltung betrieben – auf welche Geschäfte steigt dann die ehrenwerte Gesellschaft um? So wie die Sache jetzt läuft, sind eigentlich beide Parteien am besten bedient. Der Staat gerät nicht ins Zwielicht, weil die Unterdrückung dieser Geschäfte ja auf der fühlbaren Ebene demonstriert wird, und die kriminellen Energien der Unterwelt sind mit genügend Geld besänftigt. Daß die Jüngeren dafür bestraft werden und eingesperrt, ist daran zwar traurig, *but that's usual.*»

An der Höllenpforte

Ich zitiere polemisch? Gewiß doch. Die deutsche Justiz hat die Gnade einer ungebrochenen Biographie. Kein einziger Nazi-Richter, und sei er auch Beisitzer am Volksgerichtshof gewesen, wurde je wegen Rechtsbeugung verurteilt. 94 von 100 Richtern wurden aus dem Tausendjährigen Reich ohne nennenswerten Urlaub in das Rechtswesen der Bundesrepublik Deutschland integriert. Ein einziges Mal nur gab es in diesem weisungsungebundenen, immer wieder Worte wie Standesbewußtsein rollenden Riesenapparat ein verunsichertes Knirschen – Ende der Sechziger trat der Prozeß gegen Fritz Teufel etwas los, was sich wie eine Reform anließ. Sitzunterschiede wurden ein wenig planiert, und eine Weile wagten liberale Gemüter sogar, ohne den klassischen Talar aufzutreten. Das ist schon wieder lange, lange her. Die allgemeine Terrorismus-Hysterie gestattete eine weitgehende Diskriminierung vor allem «linker» Anwälte, und wer heute in Justizkantinen sitzt, hört auch von Jüngeren wieder den preußischen Kavallerieton, der in allen anderen Branchen ausgestorben scheint. Wer's nicht glaubt: Gerichte tagen öffentlich, man sehe sich das an.

Es ist die Aufgabe der Justiz, mitzuhelfen an der Erhaltung und Sicherung des Volkes vor jenen Elementen, die sich als Asoziale entweder den gemeinsamen Verpflichtungen zu entziehen trachten oder sich an diesem gemeinsamen Interesse versündigen. Damit steht über der Person und der Sache auch im deutschen Volksleben von jetzt ab das Volk.

(Adolf Hitler am Deutschen Juristentag, 30. 1. 1937)

Im Namen des Volkes! *(Eröffnungsformel bei Urteilen, BRD)*

Die starke Zunahme der Rauschgiftdelikte macht sich mehr und mehr auch im Geschäftsgang des höchsten Gerichts in Zivil- und Strafsachen bemerkbar. Besorgt stellte der Präsident des Bundesgerichtshofs, *Professor Dr. Gerd Pfeiffer*, vor Journalisten fest, daß von den 3730 zwischen dem 1. November vorigen Jahres neu eingegangenen Strafsachen bereits 503 (13,5 Prozent) Rauschgiftdelikte betrafen. Beim 2. Strafsenat, der für Frankfurt, den Hauptdrogenumschlagplatz, zuständig ist, beträgt der Anteil der Rauschgiftfälle bereits 23 Prozent.

(Stuttgarter Zeitung, 22. 11. 1979)

Weil das Strafjuistzgebäude schon längst zu klein ist, den Andrang zur Rechtspflege zu fassen, verhandelt die BTM-Abteilung des hamburgischen Amtsgerichts im Klinkerbau der Deutschen Angestellten-Gewerkschaft. Die Durchschnittsdauer einer Sitzung beträgt von der Anklageverlesung bis zum Urteil 45 Minuten, und beschäftigt sind: 1 Richter, 1 Staatsanwalt, 1 Protokollführer/in (allesamt schwarze Talare), 1 Justiz-Wachtmeister + 1 Angeklagte/r, gelegentlich mit 1 Verteidiger (ebenfalls Talar, denn die Justiz schreibt Partner-Look vor). Stehen «nicht geringe Mengen» zur Verhandlung oder Wiederholungstäter, kommen noch 2 Schöffen hinzu. Dies ist in Hamburg jedoch nur bei jedem neunten Verfahren der Fall. Im Klartext: acht von neun Verstößen, die vor Gericht landen, sind «Kleinkram», wie die Richter selbst sagen. Und die da als Angeklagte sitzen, nennt ein korpulenter RIAG einmal auch «Kleinvieh». Für nur jede vierte Verhandlung werden auch Zeugen benötigt. Meist sind das die Polizeibeamten, die den Angeklagten gegriffen haben. In den meisten anderen Verfahren sind die Richter damit zufrieden, deren schriftliche Aussagen zu verlesen. «Sonst käme die Polizei ja gar nicht mehr dazu, noch andere Arbeit zu leisten», bekomme ich von einem zu hören. Die Aufrufe der Justiz-Wachtmeister unterstreichen den Fließbandcharakter des Ganzen: «Der nächste bitte!» Sprechstunde der Gerechtigkeit.

In Schriftsätzen, beispielsweise von Amtsrichter Hans Soltmann, ist oft von der «angespannten Geschäftslage» die Rede. Ein jeder geht an sein Geschäft, nicht nur Schillers Tell, und seines ist das Recht. In seinem Dienstzimmer liegt ein fast meterhoher Aktenstapel Geschäftsgrundlage,

Der Weg in die «gefestigte Rechtsprechung», wie sie vor dem Bundestag genannt wurde, betrachtet an der Gültigkeitsdauer eines Gesetzes. Man vergleiche bitte Mengen und Strafen.

«Eine der unangenehmsten Entscheidungen, die ich als Strafrichterin treffen mußte», bedauerte Frau Forester, als sie am Freitag das Urteil der 14. Strafkammer beim Landgericht im Rauschgifthandelprozeß begründete: Keine Bewährung für drei wegen Abgabehintergehung und Vergehen gegen das Opiumgesetz bestrafte Jungkaufleute, die nun ihre Freiheit einbüßen.

Vor drei Jahren waren die drei Angeklagten in das profitreiche Haschischgeschäft eingestiegen. In einem präparierten Auto schmuggelten sie fast drei Zentner Haschisch von Tanger in die Bundesrepublik.

Die Kammer konnte nicht übersehen, daß es sich hier um ein größeres Rauschgiftgeschäft handelte: in «profitartiger Weise verübt». Das hatte auch Staatsanwalt Dr. Leistner erkannt, der als Rauschgiftspezialist bereits beim Handel von 10 oder 30 Kilogramm gelegentlich auf Freiheitsstrafe ohne Bewährung plädiert – so auch in diesem Fall.

«Obwohl wir wissen, daß man aus dem Strafvollzug nicht gebessert herauskommt», argumentierte Frau Forester, «müssen wir diese Strafe aussprechen.»

Eine Hoffnung bleibt: der Gnadenerweis, für den sich Frau Forester «als Richterin positiv aussprechen würde».

– Zweieinhalb Jahre für Wolfgang L., 18 Jahre alt; ein Jahr und neun Monate für seine Mittäter, 33 und 29 Jahre alt.

(Frankfurter Rundschau, 10. 3. 1973)

Die Fünfte Strafkammer des Landgerichts hat in einem Urteil erneut darauf hingewiesen, «daß im Kampf gegen den Rauschgifthandel nur empfindliche Freiheitsstrafen beeindrucken und abschrecken». Trotz der Aussage eines Gefängnispfarrers, daß zumindest bei einem der Angeklagten Ansätze zur Umkehr und zur Distanz gegenüber Drogen vorhanden seien, verurteilte die Strafkammer einen Gelegenheitsarbeiter und einen Angestellten, beide 23 Jahre alt, wegen Vergehen nach dem Betäubungsmittelgesetz und Steuerhehlerei zu Freiheitsstrafen von fünf und drei Jahren sowie zu Geldstrafen von 6000 und 3000 Mark. Den beiden Angeklagten wurde die Fahrerlaubnis entzogen und eine Sperrfrist von fünf Jahren angeordnet. Die jungen Männer waren bei Kaiserslautern festgenommen worden. In ihrem Wagen fand die Polizei Waagen und drei Pakete mit je acht Platten Haschisch, insgesamt 480 Gramm.

(Süddeutsche Zeitung, 28. 2. 1974)

und das Zimmer der zu Schreibarbeiten verurteilten Damen heißt «Geschäftsstelle». Die Sprache ist deutlich – Recht ist ein Geschäft, erstklassige Lage im Stadtplan, angespannte durch die vielen Kunden, und die meisten Verhandlungen erinnern ein wenig an Basar. Staatsanwalt, Verteidiger und Richter verhandeln und werden schließlich handelseins über das Stück Mensch, das da auch noch sitzt. Aufstehen! Urteil. Sind Zuschauer im Raum, unterliegen die Rechtsakteure meist der Versuchung, das Ganze etwas feierlicher zu gestalten. Es wird nicht bloß um das Strafmaß gefeilscht, sondern das Ganze wird, stehend, in kurze Plädoyers verpackt. Das gibt dann meist auch höhere Strafen.

Von Kollegialität ist in diesen Geschäften so oft die Rede, daß man sie suchen muß. Die Amtsrichter unterscheiden sich, und viele können einander schon deshalb nicht leiden. Als weißes Schaf der schwarzen Zunft gilt derzeit Amtsrichter Goebel, anscheinend den 68ern in den Staatsdienst entkommen. Er versteht sich «als juristische und vielleicht dadurch nicht ganz geeignete Lebenshilfe» und ist in der Branche für seine «allzu milden» Urteile (Staatsanwalt Bunkowski) berüchtigt. Herr Soltmann, der sich selbst als gar nichts versteht, gilt unwidersprochen als «harter Brocken», desgleichen sein Kollege Harder. Dementsprechend variieren die Urteile, nicht nur der Anlässe wegen, sondern bei vergleichbaren Fällen auch zwischen den einzelnen Buchstaben. Von Arbeitsauflagen bis zu Gefängnis (sechs Monate, bedingt auf *drei* Jahre) ist schon bei 10 Gramm Haschisch alles drin. Ein zusätzlicher Roulettefaktor ist, ob der Richter gerade einen «guten» oder einen anderen Tag hat. «Richter sind auch Menschen», sagt Herr Soltmann. Wenn er jedoch den Talar anhat, scheint er das oft zu vergessen, und was den Richtern recht, ist den Staatsanwälten billig. Auch sind Richter bei aller gesetzlich erzählten Unabhängigkeit dies nicht so ganz: Es gibt intern ein Punktesystem, das sich auf die Beförderung auswirkt. Unter anderem zählt der «Ausstoß» von Urteilen. Daß die deutsche, die Schweizer und die österreichische Richterschaft betont konservative Vereine sind, braucht nicht mehr gesagt zu werden, und was da mit Hanf vor ihnen landet, ist nur selten geeignet, guten Eindruck zu machen, bei solchen Voraussetzungen, versteht sich. Worte wie «Respekt» und «Anstand» fallen erschreckend oft, und manche Jungen werden *auch* dafür verurteilt, «strafschärfend», daß ihnen diese Begriffe nicht die wünschenswertesten sind.

Am schlimmsten sind jene dran, die keinen festen Wohnsitz nachweisen konnten und daher aus der U-Haft vorgeführt werden. Das Wort stimmt im schlimmsten Sinn: Mit Handschellen an einen Wachtmeister gekettet, sitzen da verstörte Siebzehn- bis Zwanzigjährige im Gerichtsflur, von allen Vorübergehenden in allen Verachtungsgraden beäugt. Daß es sich bei ihnen nicht um Schwerverbrecher handelt, erfährt man erst bei Verlesung der Anklageschrift, kurz nachdem dem so an den Pranger Gestellten die Ketten abgenommen werden. Aber der verheerende Eindruck, der entstand, wirkt bis zum Urteil nach und dann erst recht.

«Wir sind keine pädagogische Einrichtung», sagt Amtsrichter Soltmann. Zweifellos. Und es gibt auch keine zur Behebung des Schadens, der da angerichtet wird. «Wer da einmal ist, kommt wieder», sagt Herr Soltmann. Warum denn bloß?

374

In einem Jahr: Norddeutschland, 2880 kg ...

Aurich (dpa). Zu einer Freiheitsstrafe von zehn Jahren für Vergehen gegen das Betäubungsmittelgesetz hat am Donnerstag das Landgericht Aurich den 27 Jahre alten britischen Staatsbürger David Charles Llewellyn Mears verurteilt. Nach Überzeugung des Gerichts ist Mears einer der Hauptbeteiligten an einem illegalen Rauschgiftgeschäft, das im November 1977 im Hafen von Emden aufgedeckt wurde. Dabei fiel den Behörden die bisher größte Menge Rauschgift in die Hände, die jemals in der Bundesrepublik entdeckt wurde: 2880 Kilogramm Haschisch und rund 80 Kilogramm Haschisch-Öl (Haschisch-Konzentrat) im Verkaufswert von rund 24 Millionen DM.

Die Staatsanwaltschaft hatte in dem Prozeß neun Jahre Freiheitsstrafe sowie eine Geldstrafe von 540000 DM gegen Mears beantragt.

(Tagesspiegel, Berlin, 23. 1. 1979)

Süddeutschland, 24,8 kg:

Daß auch junge Dealer von der Justiz keine Milde zu erwarten haben, zeigt das Urteil eines Jugendschöffengerichts unter Vorsitz von Richter Klaus Stoeckle gegen die Büroangestellte Christiane H. (19): Acht Jahre Jugendstrafe wegen unerlaubten Rauschgifthandels. Das Geschäft mit Opiaten, hieß es in der Begründung, gehöre «nach den Tötungsdelikten zur schwersten Kriminalität» und müsse entsprechend geahndet werden.

Bei der Durchsuchung der Wohnung fand sich nämlich fast ein halber Zentner Haschisch von guter Qualität in 50 Platten.

So sprach zu ihren Gunsten nur der Umstand, daß sie bisher noch nie mit dem Gesetz in Konflikt gekommen war. Erschwerend fiel hingegen neben der Menge des Rauschgifts ins Gewicht, daß sie die Gelegenheit nicht wahrgenommen hatte, die Hintermänner in Berlin zu nennen.

Das Gericht trat auch der Auffassung entgegen, daß Haschisch gar nicht so gefährlich sei: Der regelmäßige Genuß könnte immerhin zu Chromosomenschädigungen, Stoffwechsel- und Hormonstörungen und zu einer Veränderung der Persönlichkeitsstruktur bis zum geistigen Verfall führen. Vor allem sei Hasch aber als «Einstiegsdroge» gefährlich, die über härtere Mittel zu einem «Tod in Raten» führe. Daher müßten sich bei solchen Delikten auch die Jugendgerichte nicht nur vom Erziehungsgedanken, sondern auch von dem der Generalprävention leiten lassen.

(Süddeutsche Zeitung, 8. 3. 1979)

Wer als Pächter, Inhaber oder Geschäftsführer eines Lokals duldet oder zuwenig dagegen unternimmt, daß in seinem Lokal der Handel mit und der Konsum von Rauschgift blüht, macht sich damit strafbar. Dies mußte jetzt Georgios K. (42), der Wirt des in der Drogenszene bestens bekannten und im Mai 1978 nach einer Razzia geschlossenen Ring-Stüberls im Lehel erfahren: Ein Schöffengericht unter Vorsitz von Richter Dr. Herbert Wielgoss verurteilte ihn wegen Verschaffens der Gelegenheit zum Handel und Genuß von Rauschgift zu einem Jahr Freiheitsstrafe, das gegen 2000 Mark Buße zur Bewährung ausgesetzt wurde. Gegen seinen Geschäftsführer Andreas A. (44) wurde ein halbes Jahr mit Bewährung und 600 Mark Buße verhängt.

(Süddeutsche Zeitung, 12. 7. 1979)

Der Richter wollte es dem 23jährigen Angeklagten vor Gericht nicht glauben, daß er den in Briefpäckchen aus Indien nach Lörrach geschickten

«Stoff» Marihuana für sich selbst verwendete. Und zwar als Marihuana-Tee gegen Bettnäßen. Erst als der Richter beim Durchlesen einschlägiger Literatur auf die entsprechende Rezeptur stieß, wonach man Tee aus Marihuana für Heilmittelzwecke ebenso verwenden könne, wendete sich das Blatt für den Angeschuldigten.

So beließ es der Richter nach Antrag des Staatsanwalts bei einer Bewährungs-Gefängnisstrafe von einem Jahr und einer Buße von 1200 Mark an eine Fachklinik für Suchtkranke.

(Welt, 1.2.1980)

Rechtsstaatliche Praxis und eine Ausnahme von Richter:

An einem Herbstabend im vergangenen Jahr, es war der 21. September, kamen am S-Bahnhof in Hamburg-Ohlsdorf zwei Männer wie zufällig ins Gespräch. Der eine war Chef der Sicherheitsgruppe in der Justizvollzugsanstalt Fuhlsbüttel, der andere ein Drogentäter – und beurlaubter Insasse des gleichen Hauses. Die Kripo schaute aus Distanz zu.

Elf Tage später, am 2. Oktober, schlug der Sicherheitsbeamte mit seiner Truppe los. Auf dem Weg zur Essenausgabe schnappten sich die Vollzugsfahnder den Häftling Klaus-Peter T. und fanden in dessen Unterhose, was sie gesucht hatten: einen Briefumschlag mit 17 Portionen Haschisch. Alltag im Knast, wie es schien.

Doch als T. vergangene Woche in Hamburg vor Gericht stand, wandelte sich, was wie eine Routineverhandlung aussah, zu einem Skandalprozeß, der geeignet ist, den Strafvollzug ins Zwielicht zu bringen: Nicht der Angeklagte geriet in Bedrängnis, sondern seine Häscher. Der Stoff war T. offenbar untergeschoben worden.

Nach drei Verhandlungstagen sprach Richter Rüdiger Göbel den Beschuldigten frei und warf der S-Gruppe und deren Chef Klaus Rettinger «Ungeheuerlichkeiten» vor, «die diesem Gericht so noch nicht untergekommen sind». Göbel: «Die Grenze zur Falschaussage ist überschritten.»

Denn offenbar wurde vor dem Amtsgericht Hamburg, daß im westdeutschen Strafvollzug möglich ist, was sonst nur, via TV, in den Straßen von San Francisco oder Szenen aus Alcatraz gezeigt wird: Beamte, die drogenabhängige Häftlinge als V-Leute dingen, Unschuldige, denen Rauschgift eingeschmuggelt wird, Vernichtung von Beweismitteln und womöglich Meineid.

(Spiegel, 23.6.1980)

Und eine allerhöchste Absegnung rechtsstaatlicher Praxis:

Ein Rauschgifthändler kleineren Stils, der durch einen *agent provocateur* aus Polizeikreisen erst zu einem Handel mit Betäubungsmitteln in größeren Mengen angestiftet wird, kann durchaus auch wegen dieses größeren Rauschgiftgeschäfts bestraft werden. Eine Bestrafung entfällt nur dann, wenn ein solcher Dealer «zum bloßen Objekt staatlichen Handelns» herabgewürdigt worden ist. Dies hat der Bundesgerichtshof (BGH) in einem jetzt in Karlsruhe veröffentlichen Urteil entschieden.

Dem Urteil des Ersten Strafsenats des BGH lag folgender Sachverhalt zugrunde: Ein Polizeibeamter hatte sich bei einem Treff mit dem angeklagten Dealer «als Rauschgifthändler großen Stils» bezeichnet, worauf der Angeklagte mit einer *connection* geprahlt und erklärt hatte, er könne Haschisch in größeren Mengen besorgen. Daraufhin überredete der polizeiliche Lockspitzel den Angeklagten, den er nur als Kleindealer kannte, sich auf ein

«Heroin-Geschäft größeren Umfangs» einzulassen, weil «eine kleine Menge es doch nicht bringt». Beide vereinbarten drei Tage später, der Dealer solle etwa 40 Gramm Heroin-Zubereitung kaufen. So geschah es auch. Der Angeklagte kaufte das Heroin in Frankfurt, verkaufte ein paar Gramm an Konsumenten und übergab den größten Teil, nämlich 36 Gramm, dem Polizeibeamten. Nach der Übergabe wurde der Mann festgenommen.

(Süddeutsche Zeitung, 5. 6. 1981)

Und irgendwann folgt einmal der Knast. Hamburgs Drogenbeauftragter Günther hat einmal behauptet, keinen einzigen Fall zu kennen, wo jemand wegen geringer Mengen Haschisch zu Gefängnis verurteilt worden sei. Er bräuchte nur einmel in das Amtsgericht gehen. Wer zum drittenmal (spätestens) vor seinem Richter sitzt, geht ab. Und da er nicht nur «seinem» Richter, sondern auch «seinen» Beamten bekannt ist, wird er, wo immer sie ihn sehen, durchsucht, bis was gefunden wird. «Sie hätten eben ihre Finger von dem Zeug lassen sollen», sagt ein Richter. So einfach wäre das eben.

Andererseits: Das Bundeskriminalamt nimmt an, daß täglich in Sachen Haschisch 200 000 Gesetzesverstöße begangen werden. Wer, der kifft, will schon von sich glauben, daß er ausgerechnet heute unter den Promillesatz fiel, für den die Sache verhängnisvoll wird? «Die Dummen erwischt es», sagt das Sprichwort, und für so dumm will sich niemand halten. Dabei gibt es nicht nur die Dummheit, sondern auch Spitzel, Denunzianten und vieles andere mehr, was einen vor den Rechtsstaat bringt.

Bekannt ist das «Nord-Süd-Gefälle», das eigentlich umgekehrt heißen müßte: Bei gleichem Delikt ergehen im norddeutschen Raum deutlich mildere Strafverhängungen als im Süden, und die härtesten Urteile werden in Bayern gefällt. Das mag damit zusammenhängen, daß die bajuwarische Toleranzschwelle noch nie für sonderliche Höhe bekannt wurde und damit, daß in diesem Bundesland Richter zur Staatsanwaltschaft wechseln können und umgekehrt. Bei solchen Bocksprüngen muß man sein Denksystem nicht sonderlich ändern, aber große Unterschiede sind auch unter anderen Verfassungen zwischen Richtern und Staatsanwälten selten festzustellen. Der Ruf deutscher Staatsanwaltschaften als «objektivste Behörde der Welt» (Selbstdarstellung) hat seit Nürnberg ein wenig gelitten, aber in dieser Beziehung ist Nürnberg schon längst überall.

Man höre den Jugendrichter Hans-Alfred Blumenstein vom Amtsgericht Stuttgart: «Die Strafen für Drogenabhängige liegen nach der Praxis z. B. der Jugendrichter des Amtsgerichts Stuttgart aus *spezialpräventiven Erwägungen* in der Regel zwischen zehn und zwanzig Monaten ... *Wir sind, was die Strafen angeht, nicht billig.* Unter einem Strafmaß von zehn Monaten – in der Regel zwölf Monaten – bis zwanzig Monaten, verläßt

Rauschgift und Gefängnis:
Nach den Auswertungsergebnissen
beim Bundeskriminalamt sind in der
Zeit vom 1. 1. bis 15. 10. 1979 in den
deutschen Haftanstalten insgesamt
229 Verstöße gegen das Betäubungsmittelgesetz registriert worden. Dabei
handelt es sich in der Mehrzahl um
Fälle des illegalen Besitzes von Rauschgift. Der Anteil der einzelnen Rauschgifte stellt sich wie folgt dar:

Cannabis-Produkte	134 Fälle
Heroin	66 Fälle
Heroin und Cannabis	9 Fälle
sonstige	20 Fälle

Bei dieser Ausgangslage sind die
Chancen für eine drogenfreie Vollzugsanstalt praktisch nicht gegeben. Den
herkömmlichen Kontrolltechniken und
Sicherheitsmaßnahmen sind Grenzen
gesetzt.

Soweit dies aus polizeilicher Sicht zu
beurteilen ist, stehen geeignete Thera-
pieplätze auch nicht in annähernd ge-
nügender Anzahl zur Verfügung. Es
wird in der täglichen Praxis vor allem
dadurch deutlich, daß der Haftrichter
immer wieder gezwungen ist, sich für
die Notlösung zu entscheiden, den
Drogenabhängigen in die Untersuchungshaft zu schicken in der Hoffnung, der Therapiewillige werde später
in die Therapie überführt oder der The-
rapieresistente zu einer späteren Therapie motiviert werden können. Dies
muß dann mißlingen und der Drogenabhängige wird wieder in den Rückfall entlassen, der nicht selten durch
den «goldenen Schuß» – also durch
Tod – endet.

Die größte Problematik ergibt sich
für die Polizei immer wieder daraus,
daß die Drogenabhängigen und vor allem der drogenresistente Abhängige,
von dem die gefährliche epidemische
Ausbreitung der Drogensucht in den
Szenen ja ausgeht, wegen fehlender
Möglichkeiten immer wieder in die
Drogenszene zurückgedrängt bzw.

dorthin entlassen wird und der teuflische Kreislauf von neuem beginnt.

Die besondere Situation der anson-
sten in den einzelnen Bundesländern
sehr unterschiedlichen Verhältnisse
läßt sich vielleicht am besten am hessischen Beispiel verdeutlichen. Dort haben von 4400 Einsitzenden und Strafge-
fangenen allein 800 gegen das Betäubungsmittelgesetz verstoßen. Das sind
18 Prozent. Dieser Anteil hat sich im
März 1980 auf 27 Prozent erhöht, also
1400 Gefangene in hessischen Untersu-
chungshaft- und Strafanstalten sitzen
dort wegen Verstoßes gegen das Betäubungsmittelgesetz. Die geschätzte Anzahl der Drogenabhängigen betrug
1979 730, etwa 16 Prozent. Die meisten
Drogenabhängigen befinden sich unter
den einsitzenden Frauen, bei der
U-Haft 60 Prozent drogenabhängig, in
der Strafhaft ca. 40 Prozent, bei Jugendlichen in der U-Haft 40 bis 50 Prozent, in der Strafhaft ca. 30 Prozent.

Die Polizei müßte an sich mit diesem
Gesetz sehr zufrieden sein; denn die
Akzente beider Entwürfe liegen entschieden auf verschärfter Strafandrohung. Ich muß aber aus meiner mehr
als zehnjährigen Praxis ganz klar sagen,
daß diese verschärfte Strafandrohung,
die sich erklärtermaßen nach diesem
Gesetz voll gegen das Gewinnstreben
der handelnden Großtäter, der Im-
porteure, und der gewerbsmäßig handelnden Straftäter richten soll, unter
Umständen doch eine nicht gewünschte Nebenwirkung haben
könnte. Es muß vor allen Dingen verhindert werden – das muß die Praxis erweisen –, daß eine zusätzliche Kriminalisierung im Bereich der kleinen und
mittleren Rauschgiftkriminalität, insbesondere beim drogenabhängigen Täter, also dem Opfer, entsteht.

*(Leitender Kriminaldirektor im Bun-
deskriminalamt Wiesbaden, Erich
Strass)*

378

Das Mitrauchen von Haschisch in ge-
selliger Runde ist nach dem Betäubungsmittelgesetz für jeden Beteiligten
strafbar, wenn er die Zigarette oder
Pfeife dem nächsten Raucher zum Genuß überläßt.

Oberlandesgericht Köln –
1 Ss 692/80
(Stern, 21.5.1981)

---

kein Betäubungsmittelabhängiger bei uns den Saal, *auch dann nicht,* wenn
es sich um Leute handelt, die *nur sogenannten Eigenverbrauch* haben.»
Das sagte der Herr vor dem Bundestagsausschuß, und kein Abgeordneter
entsetzte sich.

Bleibt der Knast. Ich kenne ihn nicht von innen und möchte mich zu
diesem speziellen Teil der Rechtspflege hier nicht äußern. Bezüglich
Knast und Drogen gibt es andere Experten. Ich möchte aber Behauptungen wie diese bezweifeln: «Das *Zuchtmittel* des Jugendarrestes kann bei
noch nicht drogenabhängigen Tätern ... geeignet sein, zumal heute auch
im Arrestvollzug unter Beteiligung engagierter Vollzugsleiter und Sozialarbeiter *wertvolle Erziehungsarbeit* geleistet wird. Ein Dauerarrest etwa
von vier Wochen führt zusätzlich auch zu einer zwangsläufigen Entziehung des gefährdeten Milieus.» So der Leitende Oberstaatsanwalt Rudolf
Brunner aus Nürnberg. Aber der Herr füllt ja nur die Gefängnisse.

Zum allerletztenmal Heckermann: «Es dürfte außerdem leichter sein,
die Schizophrenie von staatlicher Erlaubnis und Besteuerung von Alkohol einerseits und Haschisch-Verbot andererseits zu ertragen, als den Folgen einer weiteren *legalen* Droge hinterherzuarbeiten.»

Für Herrn Heckmann vielleicht. Ich kenne viele Jugendliche, die erst
im Gefängnis heroinabhängig wurden. Und ich kenne sehr viel mehr Jugendliche, die durch die Justizbehandlung schwer geschädigt wurden, als
sie es durch die härteste Droge hätten werden können. Wer einmal durch
die Höllenpforte der Rechtspflege getrieben wurde, hat im Namen der
Gerechtigkeit schwerste Zerstörungen erfahren. Katja beispielsweise,
eine ziemlich robuste Frau, fährt heute noch, nach fünf Jahren, öfter aus
dem Schlaf hoch, weil sie im Traum jene schlimmen Schreie der Frauen
hört, wenn im Untersuchungsgefängnis das Licht abgedreht wird. Sie saß
nur eine Woche in diesem Haus. Wenn es ein entscheidenes Argument
gegen das Hanf-Verbot gibt, dann dieses: Die sogenannte Rechtspflege,
die Rechtspraxis. Auch das allerschlimmste amotivationale Syndrom
kann keinen solchen Schaden anrichten, wie die Gerechtigkeit im Namen
des Volkes. Hier werden Menschen zerstört.

PS: Ich habe absichtlich den alltäglichen Gerichtsrahmen nicht verlassen. Prominente oder groteske Fälle finden gelegentlich Presse, sie sind nachzulesen. Doch sie sind, was die unbeachtete Masse betrifft, nicht einmal die Spitze eines Eisberges. Ich nehme noch einmal die Kriminalstatistik des bundesdeutschen Jahres 1980. Sie erwähnt 62 395 Fälle von Verstößen gegen das Betäubungsmittelgesetz. Da die BRD ein wachstumsbewußtes Land ist, wird ein «Anstieg der Rauschgift-Kriminalität um 23,6 Prozent» erwähnt. Natürlich ist nicht die tatsächliche Kriminalität gestiegen, sondern es wurde, Christiane F. sei Dank, gründlicher durchgegriffen. Von diesen 62 395 Fällen waren knapp 43 000 welche von Hanf. Von diesen betrafen mehr als 41 000 Mengen unter 10 Gramm. Von diesen wieder hatten über 38 000 ein Nachspiel vor dem Gericht.

PPS: Der § 31 des neuen BTM-Gestzes schreibt das Prinzip des Kronzeugen aus dem bisherigen rechtlichen Niemandsland in rechtliches Neuland. Der gute, weil sangesfreudige Mittäter wurde zwar schon in den Terroristen-Prozessen präsentiert, doch war er da noch kein sanktioniertes Rechtsgut, und die Erfahrungen, die hinsichtlich des Wahrheitsgehalts solcher Aussagen gemacht werden konnten, hätten es angebracht sein lassen, auf solche Neuerungen zu verzichten.

In der Praxis gibt es den «Kronzeugen» der Republik schon längst: Immer wieder werden Jugendliche und jüngere Menschen mit Drohungen und Verheißungen zu Spitzeldiensten gepreßt oder als Lockvögel eingesetzt. Haben sie ihren Verwendungszweck erfüllt, landen sie entweder selbst vor Gericht oder sie werden nur in die Abgründe ihres Gewissens fallengelassen. Fast jede Drogenberatung kennt ein, zwei solche Fälle, und ich halte es für sehr notwendig, einmal zu fragen, was da im Namen eines Gesetzes, wenn auch meist ohne gesetzliche Grundlage, im Menschen angerichtet wird. Das Wort Verräter hat aus gutem Grund keinen guten Klang, und der angeblich unverzichtbare Kronzeuge hat, von seinem zweifelhaften Nutzen abgesehen, meist einige «Freunde» verraten. In vielen BTM-Prozessen kann man das beobachten: Es geht um geringe Mengen Haschisch, und als Zeuge muß ein Junge aussagen, von wem er den Joint gereicht bekam oder von wem er etwa 5 Gramm Haschisch erwarb. Für das eigene Verfahren wurde Milde verheißen – und was dann?

Mir sind zwei Fälle bekannt, wo Jugendliche Selbstmord begingen, nachdem sie so zu Zeugendiensten gezwungen wurden. Die Polizei hatte sie davor mit Lockungen und Drohungen bearbeitet. Im Mittelalter und bis zur Zeit der Aufklärung wurde zu demselben Zweck noch die Folter eingesetzt. Heute geht es etwas sanfter, doch das Ergebnis ist in vielen Fällen, gerade bei jüngeren Menschen, was Jean Améry feststellte: «Wer der Folter erlag, kann nicht mehr heimisch werden in dieser Welt.»

11. High Society

Im Mutterland der freien Welt

Es sind nicht unbedingt die schwächsten Witze, die schon in kurzer Zeit von der Wirklichkeit eingeholt werden. Worüber die Leser des *Esquire* 1967 noch schmunzeln konnten, ist heutigen Besuchern der USA schon fast ein gewohntes Ritual. Gastfreundschaft ist, so sie stattfindet, gern überdimensioniert wie so vieles dort, und ein Freund, der sie umfänglich erlebte, nannte die einleitenden Fragen dazu das «Zwei-zu-eins-Spiel» – mindestens jedes dritte Mal nämlich heißt es: *«Wanna smoke or a drink?»* Smoke ist der gute, alte Reefer.

Die «grüne Göttin des Todes» – wie lange ist das nur her, daß sie in der Presse diesen Namen hatte? – hat nicht nur die Grenzen aller Bundesstaaten überwuchert, sondern auch die viel strenger abgeschotteten des US-Klassensystems. Der Joint kreist heute mit derselben Selbstverständlichkeit in der bunten Spät-Freak-Szene Kaliforniens wie auf den Grünflächen der Universitäten, in den bieder gerasterten Unendlich-Suburbs und in fashionablen New York Flats, die aussehen, als entstammten sie einem Hollywood-Film, wahrscheinlich aber eher die Anregung für Hollywood liefern. Und dann erklärt Dr. Robert DuPont, ehemals Chef des nationalen Instituts für Drogenmißbrauch, auch noch im Fernsehen: «Marihuana is no problem at all.» Dieselbe Auskunft von den Gesundheitsbehörden ... Was ist da bloß geschehen?

«Es hat eine Entwicklung gegeben», sagen die Sprecher der verschiedenen Behörden. Aber wann und wodurch sie begann, wird stets unterschiedlich erklärt. Die einen nennen den 21. Oktober 1967. Damals, beim berühmten Friedensmarsch auf Washington, wurde direkt vor dem Weißen Haus auch das erste große Smoke-in abgehalten. Einige hundert Teilnehmer wanderten mit Joints auf die Polizeistellen und zeigten sich selbst

---

«Amerika, du hast es besser ...»
(J. W. Goethe)

«We just cooled it down, and we can live with it»
   (P. B. Bensinger, Chef der Drug Enforcement-Administration DEA, Washington, 14. 3. 1983)

---

an, ohne daß ein Verfahren folgte. Von nun an wurden die jährlichen Dope-Wallfahrten so etwas wie eine amerikanische Tradition – am 1. Mai 1970 kamen in Ann Arbor, Michigan, zum «First National Marihuana Day» fast 30 000 Menschen zusammen, und mehr als 20 000 rauchten am Nationalfeiertag ihre Friedenspfeife vor dem Capitol. Es sei diese Massenbewegung gewesen, die man nur durch etwas mehr Toleranz hätte besänftigen können.

Andere nennen spektakuläre Medien-Ereignisse, die zu einer Art demokratischer Bewußtseinsveränderung geführt hätten. Am 27. Oktober 1969 schlug in einem auch TV-übertragenen Senatshearing die angesehene Antropologin Margaret Mead vor, die USA sollten Hanf für Bürger ab sechzehn legalisieren. Kein Entsetzen in der Öffentlichkeit. Ausgerechnet am 1. April 1970 interviewte ABC Peter Lemon, den «Helden von Vietnam», der zwei Vietcong-Angriffe aufgehalten hatte und dafür ausgezeichnet wurde. Auf die Frage, wie er sich während dieses Gefechts gefühlt habe, sagte der Held: «Well, I was just fully stoned ...» Großes Gelächter in der Öffentlichkeit. Am 10. August 1975 sagte Betty Ford, die Frau des damaligen Präsidenten, wieder im Fernsehen, sie sei «nahezu sicher», daß ihre Kinder schon einmal Marihuana versucht hätten. «Aber das hätte ich auch getan, wäre die Sache in meiner Jugend so populär gewesen.» Kaum mehr großes Erstaunen. Am 25. September entschied dann auch das Domestic Council des Präsidenten, die Einhaltung der Marihuana-Gesetze und die polizeiliche Verfolgung der Pflanze sei «eine Angelegenheit nur sehr geringen öffentlichen Interesses» und solle daher «nicht weiter betrieben werden, was kleinere Cannabis-Mengen betrifft». Da wunderte sich schon niemand mehr.

Das Schlagwort der Siebziger in den USA hieß, die Sache betreffend: Entkriminalisierung. Zwar lehnte die Demokratische Partei 1976 eine bundesweite Entkriminalisierung ab, doch in einigen Staaten der USA war schon damals der Besitz von einer Unze Marihuana keine Angelegenheit mehr für die Polizei. Den Anfang hatte am 5. Oktober 1973 Oregon gemacht. 1975 folgten Ohio und Alaska, wo ja bekanntlich ein bayrischer Politiker einmal auch Ananas züchten wollte. Am 1. Januar 1976 wurden in Kalifornien zur Feier der Entkriminalisierung die Joints entzündet, am 29. Juni 1977 unterzeichnete New Yorks Gouverneur den entsprechenden Erlaß, und 1982 sind es bereits zwölf Bundesstaaten geworden. Negative Erfahrungen? Keine. Auch nicht in dem Sinn, wie der Herr aus Berlin befürchtete, der hier so oft zitiert werden mußte? «Das sind doch europäische Verrücktheiten», sagt ein Beamter der Gesundheitsbehörde. «Wer die Angelegenheit realistisch sieht, wird schnell merken, daß sich durch die Entkriminalisierung die Lage entspannt hat.» Größere «Um-

Im Juli 1971 legten zwei angeschlossene Komminissionen der Amerikanischen Juristischen Vereinigung der Kommission ihre Berichte vor.

Beide drängten auf Entkriminalisierung für einfachen Besitz und gelegentliche Verteilung von Marihuana.

Die Kommission empfahl, daß der private Besitz von Marihuana für den persönlichen Gebrauch nicht länger ein Verbrechen darstellen solle. Basierend auf dem Befund, daß beinahe 70 Prozent aller Gebraucher die Droge das erste Mal von Freunden erhalten, ohne sie kaufen zu müssen, drängte die Kommission ebenfalls darauf, daß die gelegentliche private Abgabe nicht bestraft werde.

Beschlossen wurde, daß, da die individuellen und sozialen Kosten der bestehenden Gesetze, die den persönlichen Gebrauch oder einfachen Besitz von Marihuana bestrafen, etwelche daraus entstehende Vorteile substantiell überwiegen, die Bundes-, Staats- und Kommunalgesetze, die den persönlichen Gebrauch oder den einfachen Besitz von Marihuana bestrafen, aufgehoben werden sollen.

(Am. Bar. Journal 58/1972; Organ der US. Juristischen Vereinigung)

---

2. September, 1976: Rosalyn Carter, Gattin von Präsident Carter, sagte in einem Interview, daß ihre Söhne schon Marihuana geraucht hätten, doch daß sie sich nur dann Sorgen über ihre Kinder mache, wenn sie ihr nichts davon sagten. Später wurde bekanntgegeben, daß einer der Carter-Söhne aus der U. S. Naval Academy in Annapolis entlassen wurde, weil er Marihuana rauchte.

(Reuter)

«Die Strafen für den Besitz einer Droge sollten für den einzelnen nicht schädigender sein als der Gebrauch der Droge selbst. Dies tritt nirgends klarer zum Vorschein als in den Gesetzen betreffend den privaten Gebrauch von Marihuana für persönliche Zwecke.

... Die National Commission on Marihuana and Drug Abuse kam vor fünf Jahren zu dem Schluß, daß der Gebrauch von Marihuana entkriminalisiert werden sollte, und ich meine, es sei an der Zeit, diese grundlegenden Empfehlungen auszuführen.

Aus diesem Grund befürworte ich eine Gesetzgebung, die das Bundesgesetz ändert, um jegliche bundesgesetzliche Strafen für den Besitz von und bis zu einer Unze Marihuana zu tilgen.»

(Präsident Jimmy Carter in einer Botschaft an den Kongreß, 8. 2. 1977)

«Die Bundesregierung sollte nicht Millionen von Dollars an die gelegentlichen Gebraucher von Marihuana verschwenden.»

(Edward Kennedy in einer Ansprache an die Studentenschaft der Vanderbilt University, November 1979)

Robert Randall aus Washington dürfte der amerikanische Meister im Marihuana-Rauchen sein.

Nach Schätzungen der nationalen Organisation für die Reform der Marihuana-Gesetze konsumiert er wöchentlich 70 Marihuana-Zigaretten und hat in den letzten drei Jahren auf diese Weise fast 10 Kilogramm des Rauschmittels inhaliert.

Randall erhält den «Stoff» mit Billigung der amerikanischen Regierung. Er leidet nämlich an grünem Star und hofft, durch den Genuß von Marihuana eine weitere Verschlechterung seiner Sehfähigkeit verhindern zu können. Der 31jährige hat einen Prozeß gewonnen, der es ihm ermöglicht, Marihuana auf Rezept von einem Arzt zu erhalten.

Die Regierung unterstützt Forschungsprojekte, durch die herausgefunden werden soll, ob der Genuß von Marihuana wirklich den Druck in den Augen von Patienten, die an grünen Star erkrankt sind, reduziert. Mit staatlicher Billigung wurde auch Krebspatienten Marihuana verabreicht, um die Übelkeit bei einer medikamentösen Behandlung zu vertreiben.

(Abend, Berlin 27. 11. 1979)

steigequoten»? – «Nonsens. Eher das Gegenteil – die Kids wissen: Solange ich mich an meinen Joint halte und die Angelegenheit nicht übertreibe, kann mir nichts passieren. Und sie wissen auch, daß die Sache bei anderen Drogen ganz anders liegt. Das muß man bedenken. Soweit wir die Lage überblicken können, war die Entkriminalisierung ein guter Riegel gegen das Vordringen anderer Drogen.» Der Herr muß es wissen, denn er leitet die Abteilung für die Erhebung von Drogenschäden bei der Nationalen Gesundheitsbehörde.

Auch für medizinische Zwecke wird der Hanf allmählich wiederentdeckt.

Sehr viel deutlicher sichtbar sind die Folgen der Liberalisierung auf einem anderen Sektor, einem wirtschaftlichen. Die Betreiber dieses Geschäfts nennen ihre Branche «Paraphernalia», und die Verteilerläden heißen Head-Shops. Aus der Hippie-Kultur der späten Sechziger ist eine regelrechte Industrie geworden, meist von kleineren Werkstätten betrieben, aber mit einem Gesamtumsatz von mindestens 300, wahrscheinlich 500 Millionen Dollar jährlich. Wer da fürchtet, Hanf schaffe ein «amotivationales Syndrom», sehe sich einmal an, mit welchem Erfinderehrgeiz da ununterbrochen neue Überflüssigkeiten auf einen sehr *straight* organisierten Markt geworfen werden. Auch die Werbemethoden sind nicht weniger smart als für andere Produkte.

Dennoch glauben auch optimistische Manager nicht an eine bevorstehende Legalisierung. «Da sind zu gewichtige Interessen dagegen», ist die Standardantwort.

Die vom Innenministerium als «schizophren» bezeichnete Situation: Ginge es nach dem Gesetz, wäre jeder fünfte US-Bürger in Sachen Hanf gelegentlich kriminell, jeder elfte täglich. Augenblicklich ist es nur jeder hundertste, nämlich, wer damit kommerziell befaßt ist. Tatsächlich aber ist es jeder nur in dem Maße, wie Landesbehörden, aber auch lokale Polizeistellen Wert darauf legen. Einige Prozesse wurden bereits gegen «diese Tatsache staatlicher Willkür» geführt (so ein demokratischer Senator), scheiterten aber prompt an der berühmten Single Convention, die auch

«So groß ist die Nachfrage, daß der (illegale) Import aus Mexiko oder Kolumbien nicht mehr ausreicht und man
sich allerorten im Eigenanbau versucht
– in Balkonkästen, im Hintergärtchen
oder in den Grünanlagen der Studen-
tenwohnheime.»

(Der Tagesspiegel, Berlin 16. 5. 1979)

«Wir sind ja froh, wenn die nicht
importieren.»

*(Ein Beamter der Drug Enforcement-
Administration)*

«Marihuana», erklärte der amerikanische Wirtschaftsprofessor Milton
Friedman in einem *Spiegel*-Gespräch,
«ist in der kalifornischen Landwirtschaft vom Umsatz her der eindeutige
Spitzenreiter.» Der geschätzte Groß-
handelswert der Marihuana-Ernte im
bevölkerungsreichsten US-Staat be-
läuft sich dieses Jahr auf über eine Mil-
liarde Dollar.

Ähnliche Dimensionen, argwöhnen
Sheriffs und Drogenexperten, könnten
Anbau und Ernte der illegalen Rausch-
pflanze schon bald auch in anderen US-
Staaten annehmen. In Oklahoma etwa
dürfte die Marihuana-Ernte dieses Jahr
einen Umsatz von 200 Millionen Dollar

erzielen – nur die Weizenfarmer werden mit geschätzten 751 Millionen
mehr umsetzen.

Jeder zehnte Amerikaner raucht,
nach Ansicht des National Institute on
Drug-Abuse, wenigstens einmal monatlich seinen Joint. In Blumentöpfen,
Gewächshäusern und Hinterhofgärten
ziehen etwa eine Million US-Bürger
Marihuana-Pflanzen für den Eigenverbrauch, schätzt die Nationale Organisation für die Reform der Marihuana-
Gesetze. Etwa 1000 Pflanzer, schätzen
die Drogenbehörden, betreiben den
Pot-Anbau professionell.

(Spiegel, 12. 11. 1981)

Paraquat ist die übliche Bezeichnung
für 1,1'-dimethyl-4,4'-dipyridium-Salz,
eines von der Imperial Chemical Company in den Fünfzigern entwickelten
Unkrautbekämpfungsmittels, das für
landwirtschaftliche Zwecke erstmals
1962 in Großbritannien auf den Markt
kam.

Dank seinr Nützlichkeit in verschiedenen landwirtschaftlichen Funktionen
wurde Paraquat in den frühen siebziger

Jahren untersucht und versuchsweise
als eine Substanz, um *Cannabis sativa
L.* zu kontrollieren, ausgewählt. Nach
praktischen Auswertungen wurde Paraquat als wirksamstes Unkrautbe-
kämpfungsmittel in der Kontrolle von
Cannabis befunden. Wenn angewendet, würde Paraquat theoretisch den
Fluß illegaler Drogen im Rohzustand
aus *Cannabis* verringern.

(Bulletin of Narcotics, 10. 12. 1978)

für die USA gilt – «Anslingers fucking heritage», wie ein republikanischer Kongreßabgeordneter sagte.

Seit dem Sommer 1974 gibt es, allmonatlich neu, *High Times,* das Magazin für den besonderen Geschmack, von 1 Dollar 50 und 2 und mittlerweile 2 Dollar 50 gestiegen. Das Vorbild ist unverkennbar *Playboy,* und daß Hefner an der herausgebenden «Trans High Corporation» beteiligt sei, wird weder bestätigt noch dementiert. In der Mitte des Blattes aber ist keine Nackte ausgebreitet, sondern jedesmal ein Haufen vom Besten. Wie bei jedem Magazin machen auch hier Inserate den buntesten Teil des Blattes aus: Die Firma Rizla zeigt eine Badeanzug-Schönheit mit dem neuesten Plastic-Bong, und wer glaubt, seinen Eigenbau elektronisch veredeln zu können (Isomerisieren heißt das), tut dies angeblich am besten mit einem Gerät namens KIK, unendliche Rauchwonnen für 69 Dollar 95. Nichts, was der Raucher unbedingt braucht, wurde vergessen: Edelsteinverzierte Kippenhalter für den allerletzten Paff, Bongs mit eingebautem Feuerzeug (was bei mangelndem Kurzzeitgedächtnis ja praktisch sein mag), schicke Ledertaschen mit Glasphiolen für die verschiedenen Stoffsorten ... Auch in Gefängnisbibliotheken darf das Magazin geführt werden; Verkaufsauflage 300 000.

Was noch? 1970 wurde in San Francisco die «Fitz Hugh Ludlow Memorial Library» gegründet, die alles sammelt, was je über die Sache geschrieben wurde; die And / Or Press in Berkeley gibt alljährlich das *Marihuana Datebook* heraus, dann gibt es auch die Stonehill Press und fünfzehn andere Verlage mit ausschließlich auf die Sache konzentriertem Programm. Da aber auch die anderen Buchproduktionen mithalten wollen, gibt es einen jährlichen Durchschnittsausstoß von 200 Hanf-Titeln, Kleinverlage nicht gerechnet.

Wenn auch die Legalisierung der Sache in den Sternen steht – vermarktet ist sie schon längst. Kein noch so kleiner Nebenerwerbszweig, der nicht schon besetzt ist. Gelegentlich nimmt der Kult der grünen Göttin Formen an, die den um das Auto mühelos in den Schatten stellen. Ganz am Rande möchte ich noch das Beeindruckenste erwähnen, was ich je zu Gesicht bekam. Der Inhaber einer New Yorker Werbeagentur führte mich in den Keller des Wolkenkratzers, in dem der Firmensitz war. Hinter einer doppelten Feuerschutztür erstreckte sich ein riesiger Kellerraum, gut fünfzehn Meter breit, sechs Meter hoch, unübersehbar lang. Wir waren gut drei Stockwerke unter der Erde, und das gleißende Tageslicht blendete mich. Es kam aus dicht montierten Lampen, und darunter wucherte ein wahrer Dschungel Hanf. Sein Eigentümer sah in diesem Augenblick natürlich nicht auf die Pflanzen, sondern auf mich, stolz wie jeder Kleingärtner.

Unkraut-Warnung

Indem sie Paraquat und die verbotenen Kampfstoff-Organe-Unkrautbekämpfungsmittel benutzte, begann die venezulanische Armee in der Nähe der kolumbianischen Grenze Pot-Plantagen mit einem Umfang von über 76 Meilen zu bombardieren. Am Vorabend der von DEA finanzierten Besprühung ist Dr. Richard Hawks des National Institute on Drug Abuse im Begriff, die mit Paraquat behandelten mexikanischen Proben zu testen. Die Blätter des mit Paraquat behandelten Pots sind gelb und weiß. Wenn Sie Pot besitzen, auf das diese Beschreibung paßt, rauchen Sie es bitte nicht. Senden Sie eine Probe davon an Dr. Hawks, NIDA, 11 400 Rockville Pike, Rockville, Maryland 20 852.

(NIDA – National Institute on Drug Abuse – Washington)

In starken Händen liegen die Waffen der Freiheit ... (Schiller)

Mäßiges Haschischrauchen übt keine nennenswerten Nebenwirkungen aus, aber bei starken Rauchern konnten ganz erhebliche Beeinträchtigungen der Persönlichkeit beobachtet werden. Das berichteten zwei Ärzte des US-Marinekorps als Ergebnis einer dreijährigen Untersuchung von 720 in Deutschland stationierten amerikanischen Soldaten. Soldaten, die täglich drei bis vier Haschzigaretten rauchten, wiesen kaum irgendwelche physischen oder seelischen Nebenwirkungen auf, mit Ausnahme einer leichten Affektion der Atemwege, die als «Hasch-Kehle» bekannt ist.

Bei 392 Soldaten, die monatlich nicht mehr als 12 Gramm Haschisch zu sich nahmen, wurde als einziges Symptom die «Hasch-Kehle» festgestellt.

Wo der tägliche Haschischgenuß 17 bis 20 Marihuana-Zigaretten entsprach, waren ausnahmslos bei den Rauchern Apathie, Lethargie, Stumpfheit und häufig ernsthafte Störungen der Urteilskraft, des Konzentrationsvermögens und der Merkfähigkeit festzustellen. *(Welt, 28. 7. 1972)*

Fast die Hälfte aller US-Soldaten, die im Jahr 1980 vom Zugang zu Atomwaffen ausgeschlossen wurde, legten die US-Streitkräfte nach Informationen eines Kongreßabgeordneten Drogen- und Alkoholmißbrauch im Dienst zur Last.

Der Abgeordnete Joseph Addabbo, Vorsitzender im Unterausschuß des Repräsentantenhauses für die Bewilligung von Rüstungsausgaben, erklärte am Mittwoch in Washington, in einer einjährigen Untersuchung von Drogen- und Alkoholmißbrauch in den Streitkräften sei zutage gekommen, daß 44 Prozent der 5342 Abgelehnten aus diesem Grund keinen Zugang zu Atomwaffen erhielten.

Mißbrauch von Alkohol und Drogen sei eines der verbreitetsten Probleme in der US-Armee, sagte Addabbo. So habe seine Untersuchung unter anderem ergeben, daß deutsche und amerikanische Behörden in einer Raketenartilleriebatterie in der Bundesrepublik 125 Marihuana-Raucher festgestellt hätten, von denen 23 besondere Erlaubnis zum Umgang mit Atomwaffen besaßen. In einer 400 Mann starken Raketeneinheit der Marineinfanterie seien in der ersten Jahreshälfte 1981 35 bis 40 Drogenvorfälle gemeldet und mehrere Unteroffiziere wegen Drogenhandels festgenommen worden.

Im Januar 1980 hatte das Washingtoner *Critical Mass Journal* berichtet, daß im Reaktorpersonal des Atomkraftwerks Trojan, Oregon, 28 Mitarbeiter, davon 25 aus dem Werkschutz, wegen Drogenhandels verhaftet oder entlassen wurden.

(Frankfurter Rundschau, 26. 2. 1982)

Bis zu drei Monate lang drückten neue Mitschüler an elf Oberschulen in Los Angeles die Schulbank. Dann holten sie ihre Polizeimarken hervor und nahmen 283 Schüler wegen Rauschgifthandels fest.

(Süddeutsche Zeitung, 22.12.1980)

In Florida wird die Eignung von Marihuana zur Stromerzeugung getestet. Es handelt sich ausschließlich um Rauschgift, das vom Zoll beschlagnahmt wurde. Allein im letzten Jahr waren es 462 Tonnen.

(Süddeutsche Zeitung, 29.1.1981)

Die angegebenen Preise, wie sie uns vermittelt wurden, entsprechen nicht unbedingt durchschnittlichen Werten. *High Times* nimmt auch anonyme Hinweise entgegen, doch bitten wir Sie, uns in diesem Fall wenigstens Verkaufsgegend, Sorte, Menge und Qualität der betreffenden Droge bekanntzugeben.

(High Times, Oktober 1975)

«Ich kann es einfach nicht glauben.» Mit diesen Worten reagierte der Dekan der Universität von Illinois in Chicago, Oscar Miller, darauf, daß die Studentenzeitung *Illini* für ihre Bezieher eine Preisliste der gängigsten Drogen veröffentlichte.

«Machen können wir nichts. In unserem Land herrscht Meinungsfreiheit.» Und Mort Edelstein, Chef des Chicagoer Büros für die Bekämpfung von Drogensucht, fügt hinzu: «Die Preise sind korrekt.»

(Welt am Sonntag, 26.10.1980)

Bernd-Olaf Hagedorn: Autostop mit Granny Smith

Juni 79, Highway Number One, mit schnuddeligem Rucksack und selbst nicht anders zwischen Ontario und Quebec. Es hält ein Thunderbird, schneeweiß, beiges Leder in Aprilfrische, o Gott! Drinnen ein Pärchen Ende der Sechzig als Traum in Pink und Hellblau – er mit dem beknackt amerikanischen Sonnenhütchen, sie mit dem passenden Wagenrad, Sonntags-Spazierfahrt.

Vorn sind diese Ami-Dinger ja unheimlich groß, aber auf dem Rücksitz muß ich mich mit dem Rucksack schmal machen. Die übliche Platte – «ouh, from Germany? How far from home!» Dann Schweigen, eher untypisch. «Well, wir haben eine Farm, in sunny Ontario. Aber die machen jetzt unsere Kinder. Wir machen nur noch ein kleines Stück vom Besten.» – «Einen Garten?» – Pause. Plötzlich Daddy: «Do you smoke in Germany?» Auch die übliche Frage. Jaaa, die meisten rauchen Haschisch, aber ich steh' mehr auf Gras. Die Alten werden locker, und Granny raschelt in der Handtasche.

«Wir haben unser homegrown Canadian seit vierzig Jahren!» Omi macht sich an die Arbeit. Ihre große Handtasche ist eine erstaunlich funktionale Wundertüte: Tütchen, Pinzetten samt Anhängerchen, Blättchen (Spezial) ordentlich an ihren Plätzen, der Taschendeckel als Rollunterlage. Fein säuberlich wurde gekrümelt, Stiele und Samen kamen in ein Extratütchen. Die Tachonadel war weit über den erlaubten Neunzig, auch die Straßenbreite wurde von Grandad voll ausgenützt. Dabei ließ er die Handtasche ebensowenig aus den Augen wie die Straßenmitte. Granny stand unter Leistungsdruck, und die Sache war wie üblich nicht schnell und nicht ordentlich genug. Erst als der Wagen voller Qualm war, nach wirklich wahnsinnigen Zügen, sahen die Alten wieder sanft amerikanisch drein.

Inland	Ostküste			
Normaler Mexiko	alle Sorten	Unze	$	15– 25
		Pfund	$	150– 250
Erstkl. Mexiko	Michoacan, Guerrero	Unze	$	20– 40
		Pfund	$	225– 450
Conoisseur Jamaika	gut bis besser	Unze	$	20– 35
	dunkel, Spitzen schlecht	Pfund	$	250– 350
Kolumbianer	grün, unreif	Unze	$	35– 50
		Pfund	$	250– 350
Goldener Kolum-bianer	Santa Marta am potentesten	Unze	$	35– 50
		Pfund	$	350– 600
Thai Sticks	grün gut, gold besser	ein St.	$	20– 30
		Pfund	$	175– 225
Thai Grass	schütteln, Achtung auf Surrogate aus Hawaii	Unze	$	175– 225
		Pfund	$	2200–3000
Schwarzer Kongo	selten	Unze	$	100– 125
Maui	fein	Unze	$	125– 150
		Pfund	$	1200
Marokko Hasch	grün, gold, versiegelte Platten	Unze	$	75– 120
		Pfund	$	700–1200
Blonder Liban	Säcke mit Rotem Löwen, Kümmel	Unze	$	90– 120
		Pfund	$	1100–1500
Kolumbianisches Hasch	krümlig, wie Kiff	Unze	$	60– 100
		Pfund	$	700–1300
Afghani Fladen	primo, weich	Unze	$	100– 150
		Pfund	$	1400–2000
Pakistani Fladen	walnußfarben	Unze	$	100
		Pfund	$	1200–1600
Nepal-Finger	ordentlich	Unze	$	125– 150
		Pfund	$	1250–1600
Afghan, marmoriert	ordentlich	Unze	$	110– 150
		Pfund	$	1200–1500
Afghan-Öl	Kohle-filtriert, rein	Gramm	$	30
		Unze	$	300– 450
Liban-Öl	rot, gut	Gramm	$	20– 30
		Unze	$	300– 500
Indien-Öl	kleine Mengen	Gramm	$	40
		Unze	$	500

(High Times, Oktober 1975)

«Unsere Kinder mögen es nicht», sagte Omi. «Die wollen nur Bourbon, Bier und Big Money.» Grandad: «Aber unsere Enkelkinder kommen uns oft und gern besuchen.»

Well, what's wrong with it?

Minnie Hall, 82jährige Angeklagte, bekannte sich vor Richter Ken Porter in Sevierville (US-Bundesstaat Tennessee) schuldig, mit Marihuana gehandelt zu haben, versicherte jedoch, sie werde es ganz bestimmt nicht wieder tun, weil ihre Mutter sie bereits ausgeschimpft habe. Mama ist 98. Richter Porter verlangte von der reuigen Sünderin, sich zu Hause zu entschuldigen und 250 Dollar Strafe zu zahlen.

(Süddeutsche Zeitung, 21.10.1981)

Legalize it!?

Unter solchen Umständen war es doch einmal höchste Zeit, daß die ja nicht nur in Sachen NATO laschen Europäer einen Rüffel verpaßt bekamen. Natürlich hielt der unermüdliche Keith Stroup die Kapuzinerpredigt: «Die Europäer sind noch nicht einmal am Beginn unseres Weges. Sie sollen sich da einmal uns zum Vorbild nehmen und besser organisieren.» Der Anlaß war passend: Die erste Weltkonferenz zur Legalisierung von Hanf, abgehalten vom 8. bis 10. Februar 1980 in Amsterdam.

Nun, was die Liste der teilnehmenden Organisationen betraf, konnte man eigentlich nicht den Eindruck haben, die Kiffer seien schlecht organisiert. Geladen hatte die ICAR, gewissermaßen die Hanf-UNO, angeführt von dem telegenen Geistlichen Rev. Dean, und die hatte zu diesem Zeitpunkt immerhin dreizehn exklusive Mitglieder. Außer der US-NORML waren da NORML-Kanada, NORML-Neuseeland und die Legalize Cannabis Campaign London. Auch die Radikale Partei Italiens ist im Verein, die australische Cannabis Research Foundation, die Stichting Anti Drugs-Propaganda und die schon ehrwürdige (Geburtsjahr 1973) Stuf Vrij Partij Hollands, Stot Fri Hash aus dem dänischen Christiania, das belgische Cannabis-Reform-Committee und aus dem fernen Island sogar die Organization for the Reform of Drug Laws. Leider fehlte die mitveranstaltende Clear Light Society aus Japan, aber das war eine traurige Geschichte: Im Januar 1980 hatten Tokios Zöllner mit sicherem Griff aus der Tasche Paul McCartneys 220 Gramm Hanf gefischt und den zu einer Konzerttour Eingeflogenen arretiert. Die geplante Demonstration hatte jedoch unvorhergesehene Folgen – Tausende Japaner bekannten sich plötzlich lauthals zu demselben Laster und noch viel mehr begannen, einfach aus Sympathie mitzukiffen. Wie jede autoritäre Gesellschaft versuchten auch Japans Behörden nicht, die Wogen zu glätten, sondern verweigerten, jetzt erst recht, der Hanf-Delegation die Ausreise zur Tagung. Die Abwesenden wurden als Märtyrer gefeiert, ja, und dann war da noch aus der BRD ein Verein namens INHALE, Initiative Haschisch legal, aber das ist ein eigenes Kapital. Zusätzlich waren Beobachter der deutschen Jungdemokraten erschienen, acht Österreicher und sechs Schweizer, und es fehlten programmgemäß die bösen Jungen: CAMP beispielsweise oder die mit ähnlichen Methoden operierenden britischen Smokey Bears. Die trafen sich am zweiten Tag, zusammen mit kanadischen Kollegen und Dissidentengruppen der braven ICAR-Leute, und gründeten eine Direkte-Aktions-Gruppe. Ja, es zeigte sich, daß es jede Menge Organisationen gab. 86 Vereine aus 28 Ländern waren vertreten und auch ein Beobachter aus Polen, aber dennoch wurden die meisten

... das gibt's nicht nur in den USA, aber in der BRD eben doch etwas anders:

Neuss – Allein die Pfeife schien nicht so richtig zu der 74jährigen Rentnerin zu passen. Doch das, was sie darin rauchte, hätte auch jeden anderen aus den Schuhen geworfen: Haschisch pur! Und so mußte die alte Dame schließlich auch zwei Tage nach dem Trip in den siebenten Himmel das Bett hüten. Dann ging sie zur Polizei.

«Ich will mal über das Haschischrauchen auspacken», so überraschte die alte Dame die Neusser Kripo-Beamten.

Das 16jährige Enkelkind, so die 74jährige bei der Kripo, hatte ständig von dem «tollen Gefühl» beim Haschrauchen gesprochen. Deshalb wollte die Dame es einmal selbst probieren. Heimlich stibitzte sie eine Portion Stoff aus der Jackentasche des Enkels, kaufte sich eine Pfeife und schloß sich im Zimmer sein.

Anschließend wußte die Familie nur: Oma ist zwei Tage lang krank im Bett. Bis sie jetzt bei der Kripo auspackte, «damit es jungen Menschen, die ihre Neugier auch nicht bezähmen können, nicht so schlecht ergeht».

(Expreß, Köln, 15. 4. 1980)

«Der Weltverband der Cannabis-Reform, die International Cannabis Alliance for Reform (ICAR), betrat in New York die Bühne der Vereinten Nationen (UN). Die UN-Alliance on Crime Prevention and Criminal Justice (ACPCJ) stimmte über den Antrag der ICAR als Beobachter der Alliance ab. Das Ergebnis waren fünf Ja-Stimmen, eine Nein-Stimme und eine Enthaltung. Die Gegenstimme kam von Captain Jerry Shapiro vom Verband der Polizeichefs, die Enthaltung von Margot Picken von Amnesty International.»

(New York Times, 13. 5. 1979)

Einstmals, als nach Steuerplänen
der Finanzminister haschte,
da begab sich's, daß ein Gähnen
ihn zur Unzeit überraschte.
Freundlich ihm die Stirne fächelnd
trat Oneiros, der geheime
Traumrath, ein und führt ihn lächelnd

in das goldne Land der Träume.
In dem goldnen Land der Träume
führt er ihn umher geschäftig,
Kräuter zeigt er ihm und Bäume,
die er rühmt als steuerkräftig.

(Johannes Trojan: «Scherzgedichte».
Leipzig 1894)

Die Polizei zeigt sich nicht besorgt über die bevorstehende ICAR-Konferenz. Sie fand statt, mit demonstrierenden Dope-Rauchern aus 18 Ländern und etwa 300 Zuschauern im Cosmos, einem an einem Kanal gelegenen vierstöckigen Meditations-Zentrum, das reizenderweise mit den Friedens- und Liebesattributen der sechziger Jahre ausgerüstet worden ist und über ein vegetarisches Restaurant, Biofeedback, chinisische Massage und Anzeigen für die sogenannt nichtkompetitiven «Neuen Spiele», statt den aggressiven alten, verfügt.

Die Polizei verhaftete jedoch letztes Jahr sechs SVP-Demonstranten, weil sie an Pop-Festivals Cannabis verkauften. Die SVP klagt, die Holländer würden irrtümlicherweise glauben, Cannabis sei jetzt legal, doch besteht keinerlei Zweifel, daß das Amsterdamsche Modell der «geschlossenen Augen» wirklich genug ist, wenngleich beschränkt.
(The Guardian, 11. 2. 1980)

Ein Inserat einer seltsamen Kirche:
Koptisches Allgemeinwissen:

Alle Völker der Welt kennen den wahren und überlegenen Wert des Gebrauchs von Ganja als Kommunion zwischen allen Rassen. Schwarz, weiß und asiatisch. Weiter, daß Ganja die geistige Trennung, die jetzt von allen Völkern empfunden wird, heilen kann, indem es alle Menschen in einem freien und unverdorbenen Geist, wie er im natürlichen Ganja-Kraut enthalten ist, vereint.

Trotz brutaler und grausamer Unterdrückung dieses göttlichen Wissens leuchtet über alle Nationen die innewohnende Weisheit der Schöpfungswissenschaft und der Kräuterheilkunde unter den verbleibenden Ganja-Rauchern, die sich heute im Namen der rechten Regeln vereinen.

Was sind die bösen fleischlichen Gelüste, die unsere Seelen bedrängen und das geistige Bewußtsein des Menschen zerstören?

Sodomie – Ehebruch – Fleischeslust
Onanie – Oraler Sex
Geburtenkontrolle und Abtreibung.
Die Bibel irrt nicht!

Während Ganja und geistige Gemeinschaft ein Balsam für die Seele sind.
(High Times, 9/1979)

Besucher das Gefühl nicht los, daß bei der ganzen schönen Kiste etwas nicht stimmte. Was war da nur los?

Was hat es zum Beispiel mit der «Ethiopian Zion Coptic Church» auf sich, die sich an den Unkosten der Konferenz mit einem Drittel beteiligte, nach eigenen Angaben nur rund 40 aktive Mitglieder hat, aber Zeitschriften mit 120000 Auflage und scheinbar unerschöpfliche Geldmittel? Mitteleuropäisch konsequente Freaks kommen da leicht in Gewissensnöte, wenn eine Kirche einerseits den Hanf propagiert, andererseits eine mehr als reaktionäre Sexualpolitik und auch keine progressivere andere. Und: Wer steht hinter dieser finanziell so potenten Religion? Von einer Dealer-Mafia bis zu einem cleveren Vertrieb von Reggae-Platten wurde so ziemlich alles vermutet, und da war es plötzlich wieder, dieses Mißtrauen, das die meisten Legalisierungsgruppen umgibt.

Sie können zusammen nicht kommen. Die einen wollen nur ihr unbestraftes Dope und ihre Ruhe, und die anderen scharren ungeduldig in den Startlöchern, um beim großen Geschäftsrun, der mit einer Legalisierung käme, ja nicht zu spät zu kommen. Den politischen Spielregeln folgend, gibt es in den meisten Gruppen zwei Fraktionen: die «Freaks»,

hinreißend im Organisieren von Konzerten, Smoke-ins oder kleineren Subversivitäten, und die Paraphernalia-Leute, die schon jetzt ihren Klimbim bei den Freak-Veranstaltungen verkaufen, geschäftstüchtiger sind aber auch, das bringt das mit sich, angepaßter. Zweifellos: Bei einer Legalisierung führe der Staat mit ihnen nicht schlecht. Es würde ein neuer Geschäftszweig entstehen, der seine Steuern genau so brav zahlt wie jeder andere, betrieben von bestimmt sehr dynamischen Managern der jungen Generation. Und genau davor fürchtet sich die «Freak-Fraktion».

Was die Amsterdamer «Weltkonferenz» betraf, kann das herausgeforderte Establishment erst einmal ruhig schlafen. Dem ersten Meeting der Vereine folgte kein zweites, und das hatte auch ein wenig mit der Unvereinbarkeit der Absichten zu tun, die da in einen einzigen Joint gerollt werden sollten. Außer daß viel gekifft und einige wenige Resolutionen verabschiedet wurden, blieb keine Wirkung.

Ja, und was war mit INHALE, Deutschland? Das ist eine sehr deutsche Geschichte und auch ein kleines Lehrstück über die Unvereinbarkeit der Fraktionen. Zunächst, von den Geburtswehen an, hatte die Paraphernalia-Fraktion das Geschäft betrieben. Rechtzeitig zur Amsterdamer Konferenz kam das erste Magazin des Vereins heraus, *Insight* genannt und vom Layout her nur mühevoll von den Aufklärungsschriften zu unterscheiden, die das Gesundheitsministerium *gegen* die Sache herausgibt. INHALE-Vorsitzender – ohne Titel geht es ja nicht – Christian Albin lud dann Anfang Juni zur Jahreshauptversammlung nach Wildbad Burgbernheim, mit deren Ergebnis sich ein Teil des 2. Hefts füllen ließ und wo erstmals das Grollen der Freak-Fraktion hörbar wurde. Über das, was dann geschah, gibt es verschiedene Interpretationen. Auf jeden Fall erschien das angekündigte Heft 3 erst im Spätsommer 1981, und da gab es keinen Vorstand mehr und vor allem kein Geld in der Kasse. Die Frage nach dem Warum führte zu bösen Streitereien, und im Augenblick, 1982, ist nicht zu ermitteln, ob INHALE durch finanzielle Auszehrung verschied, nur scheintot ist oder bereits unter viel Frust begraben. Da jeder

Die Bundesprüfstelle für jugendgefährdende Schriften hat zum sechstenmal ein Buch über Drogen indiziert. Wie am Freitag in Bonn mitgeteilt wurde, ist das ‹Haschisch-Kochbuch› aus dem Joseph Melzer Verlag in Darmstadt in die Liste der jugendgefährdenden Schriften aufgenommen und damit unter die Ladentische verbannt worden. Die Bundesprüfstelle, die sich überwiegend mit Pornographie beschäftigt und im vergangenen Jahr auch den Kampf gegen nationalsozialistisches Schriftgut aufgenommen hatte, hatte erstmals im Februar zwei Bücher indiziert, die ihrer Ansicht nach geeignet sind, Jugendliche zum Drogenmißbrauch zu verleiten.

(Frankfurter Rundschau, 18. 10. 1980; na ja, ein Jahr davor wurde auch bemerkt, daß es in der BRD NS-Literatur gibt . . .)

der Beteiligten immer noch die Schuld beim nächsten sucht, wird INHALE als Streit-Thema noch lange aktuell bleiben.

«Die ganze Bewegung ist einfach eingeschlafen», sagt Ronald, der von Anfang an dabei war. «Da war nur wenig Schwung und viel Gelabere, und als der große Jubelsturm der vereinten Kiffer ausblieb, war's auch schon aus.»

So bleiben als einzig Sichtbares der ganzen Bewegung ein paar «Head-Shops», die nach dem Prinzip natürlicher Auslese in einigen deutschen Großstädten überlebten. Man führt: Ansteckknöpfe, Ohrringe – «Hanf-Blätter sind im Augenblick überhaupt nicht mehr gefragt», sagt Julia vom Hamburger Head-Shop –, Comics, ein paar Bücher und natürlich Rauch-geräte, außerdem noch Waagen, na ja. Das meiste kommt aus den USA als Kleinimporte, und es gibt auch einige deutsche Glaspfeifenbläser. In der Hippie-Zeit war das Angebot bunter und phantasievoller, und die meisten Comics haben schon einige ehrwürdige Jährchen auf dem Im-pressum. Hier werden keine Radikalen oder Protestierer gezüchtet. Mich erinnert das Angebot immer an Tante-Emma-Läden mit zart Anrüchi-gem, ähnlich steril wie Sex-Shops, nur wesentlich harmloser, was beispielsweise Pornographie betrifft. Das bundesweite Angebot an Onanievorlagen und Ehe-Peppern ist jedenfalls, vom Standpunkt Men-schenwürde und Moral, bedenklicher als die biederen Rauchgeräte und spätpubertären U-Comix.

Dennoch stürzen sich Jugendschutz- und alle möglichen anderen Be-hörden mit einer Begeisterung auf die Head-Shops, als würde durch sie die Abruchbirne an die Fundamente unserer Gesellschaft geschwungen. Die einfachste Methode ist eine vom Zoll entwickelte: Irgendwelche Sen-dungen aus den USA werden mit der Begründung beschlagnahmt, hier würde zu strafbaren Handlungen und Verstößen gegen das BTM-Gesetz aufgerufen. Manchmal werden auch schwere Kaliber aufgefahren und

(Gerhard Seyfried, TAZ, 19.10.80)

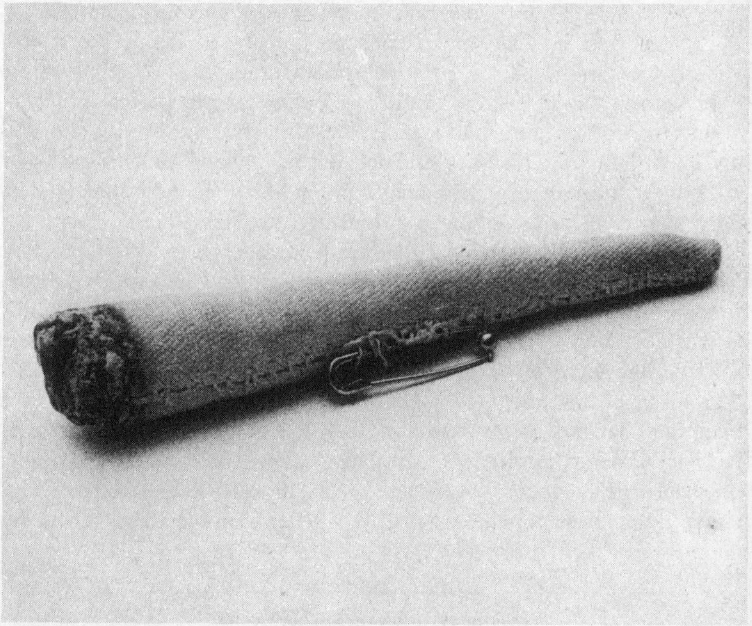

«Baseler Brosche», Stoff mit Wattefüllung, Acrylbemalung, Sicherheitsnadel, Länge 10,7 cm. Erworben 1982 auf dem Barfüßermarkt von Basel.

Bücherregale polizeilich ausgeräumt. In Berlin wurde dabei auch kräftig danebengegriffen, denn unter den beschlagnahmten Machwerken fanden sich auch Lewins ehrwürdige ‹Phantastica› und ‹Das Ritual der Drogen› des anerkannten Psychiaters Thomas Szasz.

Auch die Bundesprüfstelle nahm sich in jüngerer Zeit kräftig der Gefahr an. Nachdem ohnedies die meisten der bunten Hanf-Bücher indiziert sind, also nur unter dem Ladentisch gehandelt werden dürfen, waren jetzt auch die kleinen Buttons dran, die überall auf den Straßenmärkten verhökert werden. Als wäre die Sache damit erledigt, daß sie nicht mehr zu sehen ist.

Sex & Drugs & Rock ’n’ Roll

Wir leben, soweit es das «Establishment» betrifft, in einer jugendfeindlichen Gesellschaft, und darüber sollte der kommerzielle Jugendkult nicht hinwegtäuschen, obwohl der so verinnerlicht wurde, daß kaum jemand über den Inseratentext «junger Mann von 40 Jahren» lacht, zumal man ja auch noch mit 60 kein bißchen weise sein möchte. Jugendlichkeit zählt alles, zumal bei knappen Arbeitsplätzen und drohendem Personalabbau, und dafür werden jene instinktiv gehaßt, die tatsächlich jung sind. Hier kommt die künftige Bedrohung, hier nistet die Unanständigkeit, hier ist man geil, widerlich frei, ja, ja, diese Jugend. Hoffentlich nimmt es mit der früher ein schlechtes Ende als mit uns. Natürlich läuft die Sache auch andersrum, denn es gibt nicht nur den Markt über die Jugend, sondern auch den *für*, wo dann, mit viel nackter Haut, die gescheiterten Hoffnungen der Gestrigen als Lebenshilfe angeboten werden, von *Bravo* bis *Twen*. Wie sich die Märkte gleichen, zeigt das Etikett, das hier der kommenden Generation aufgeklebt wird: Sex & Drugs & Rock ’n’ Roll.

Was aber berichten diese Reports, wenn sie halbwegs ernsthaft sein wollen? Die feuchten Träume von jugendlichem Gruppensex finden jedenfalls nicht statt, nicht einmal auf Bestellung. Die Jüngeren fühlen sich nicht mehr so verklemmt, was ihre Haut betrifft. Sie gehen notfalls auch mit nackter Haut durch die Gegend, und selbst dann sind sie nicht prüder oder unsittlich zügelloser als unsere Omas, die allerdings schon ihre Barchent-Unterhosen nur «die Unaussprechlichen» nannten. Es wird offener ge*redet*, aber nicht mehr ge*tan*.

There’s no easy way to be free . . .
(Peter Townshend & The Who, Slip Kid, 1975)

Ultrakonservative religiöse Gruppen in den USA wie die Fundamentalisten wollen die Pop-Stars nicht nur verbrennen. «The Peters Brothers», Steve, 27, Jim, 26, und Dan, 29, rufen als Pastoren in ihrer 1976 von Vater Leroy gegründeten Kirche in St. Paul, Minnesota, täglich den Heiligen Krieg gegen den Teufel in der Rock'n'Roll-Musik aus.

Heute, nach etwa 60 Fegefeuern, prahlen die flammenden Christen von über einer halben Million Dollar, die schon im Rauch aufgegangen seien.

Nach der Plattenverbrennung geht's ins winzige Hauptquartier der Peters-Familie. Vater Leroy, 67, der Patriarch und Gründer der Kirche.

Das Sprechen überläßt er seiner energischen Frau Josephine, 62. Sie erzählt: «Als mein Sohn Steve mit einer Beach Boys-Platte heimkam, wußte ich schon nach einmaligem Zuhören, daß diese Musik nichts für unsere Familie ist. Wenn man singt, muß man Gott loben.»

(Stern, 7. 1. 1982)

Und im unfreien, bösen roten China:
Im Parteiorgan *Volkszeitung* hieß es, über den Tod John Lennons im Dezember hätten Milliarden von Menschen in aller Welt getrauert. Alle diese Menschen könnten nicht alle Gefangene der korrupten, dekadenten, bourgeoisen Kultur sein. Aber selbst wenn man davon ausgehe, daß sie alle Gefangene sind, die «geistiges Opium» genommen haben, selbst dann lohne es sich zu untersuchen, warum diese Musik und diese Lieder solch großen Einfluß hätten.

(Süddeutsche Zeitung, 12. 3. 1981)

Und bei Drugs? Da neigt man noch eher dazu, Sodom und Gomorrha im Nachwuchs zu sehen, doch auch hier sollte einmal genauer gefragt werden. Was die Generation der heutigen Großeltern betrifft, ist bei Vorbildern Vorsicht geboten, zumindest in Sachen «harte Drogen». Die Zunahme des Alkoholismus ist nicht *nur* ein Jugendproblem, und Opiate sowie Kokain haben eine schrecklich ehrenwerte Tradition. Noch zur Zeit des Wideraufbaus, also schon nach dem Zweiten Weltkrieg, waren etwa 30 Prozent der Ärzte- und Apothekerschaft morphinabhängig, und daß die Verschreibungen von Kokain höchstens zu 10 Prozent medizinisch zu verantworten waren, konnte man noch 1953 im *Spiegel* lesen. Hat die Zahl der Opiatabhängigen unter den Jugendlichen zu- oder abgenommen? Wer die Erhebungen der letzten siebzig Jahre vergleicht, wird eine geringfügige Abnahme der Opiatabhängigen entdecken, aber das ist wirklich nicht eine Folge der Kriminalisierung der Drogen, sondern eher eine Folge des breiten Pharmaangebots mit ähnlicher Wirkung. Medikamentenmißbrauch – unter der Jugend, über sechzig Jahre beobachtbar: konstant; bei den über Dreißigjährigen: rapide zunehmend.

Aber die Pop-Szene, höre ich jetzt, die ist doch mit Drogen nur so verseucht, und die wird von der Jugend als Vorbild gesehen, und so wird

Mani Neumeier, weiland Guru-Guru, posiert in seinem Schwarzwald-Gärtchen für die allerletzte Nummer des DGB-Jugendmagazins, Dezember 1979

die Jugend verdorben. Wirklich? Ich muß wieder so unverschämt sein zu vergleichen. Es geht ja wohl um den oft gefragten Zusammenhang von Drogen und Show-business. Ich fürchte, er ist so alt wie beides. Der Beruf eines Stars verschleißt, und wer sich da mit Drogen peppen will, kommt unter die Drogen, erschreckend häufig zumindest. Aber aus den tragischen Drogenschicksalen oder dem bekannten Drogenkonsum von Stars eine Verführung ihrer Fans ablesen zu wollen, ist eine mehr als gewagte Konstruktion. Aus den Fan-Alben unserer Großeltern und Eltern ließe sich eine lange Liste von Opiat- und Kokain-Leichen zusammenstellen, von Jean Harlow bis zu Marilyn und Valentino über Humphrey Bogart bis Montgomery Clift. Außer Krebs und Alkohol führen immer schon harte Drogen bei der Aufzählung der Todesursachen von Stars, auch in der jeweiligen Musik-Szene, und wer da mit dem Knochenfinger auf Janis Joplin, Jimmy Hendrix oder Jim Morrison zeigt, möge nicht die Morphinisten Sibylle Schmitz und Gustaf Gründgens vergessen, obwohl die nicht gerade zur Subkultur gehörten.

Jaaa, aber früher wurde darüber nicht geredet oder gar gesungen! Das ist's? Vielleicht ist es dasselbe wie mit dem Sex: Man redet darüber, geht auch gelegentlich nackt, aber schlimmer ist es deshalb nicht geworden, höchstens ehrlicher.

Wer den etwas komplizierten Zusammenhängen von Drugs & Rock nachspüren will, muß tiefer gehen und vielleicht einmal beim etablierten Drogenverständnis anfangen. Es ist kein Zufall, daß im Schrifttum der Sechziger stets die «klassischen» Rauschgifte Opiate und Kokain gegen das (angeblich) «neue» oder «fremdartige» Haschisch gestellt werden. Da ich nicht annehmen möchte, die Verfasser erhofften von den jugendlichen

Konsumenten eine möglichst baldige Rückkehr zur «Klassik», muß die Sache wohl andersherum gelesen werden, und zweifellos geriet Hanf in das Umfeld der Rock-, Protest-, Pop- oder sonstwas Musik als *eines* der vielen Ausdrucksmittel dafür, daß man mit den klassischen Vergnügungen nichts vorhatte.

Die frühen Barden des Rock sangen dementsprechend begeistert über die Sache, vor allem, weil das provozierte. Hätte die Farbe Blau einen ähnlich verruchten Ruf gehabt wie Hanf, könnte auch darüber eine dicke Diskographie geschrieben werden. Das liegt an der Jazz-Tradition. Und dann gab es immer wieder auch plumpe Spekulationen, musikalisch unbedarft und daher nur durch die Texte *darüber* verkäuflich, von dem Schinken ‹Have a Marihuana› des Jahres 1968 angefangen bis zu ‹Legalize it› von Peter Tosh.

Es ist erheiternd, daß die Provokationen immer wieder auch ganz plump treffen. Auch die Walzer-Musik des vorigen Jahrhunderts wurde schon als «jugendgefährdend» bekämpft; das Jazz-Progrom (unter Hitler: Nigger-Musik) wurde genügend belächelt, und nun gibt es eben Aktivitäten gegen die gefährliche Rock-Musik. Es sind immer dieselben Vereine und Methoden. Platten werden öffentlich verbrannt, Bücher bekanntlich auch hin und wieder, gegen die unheimlichen Verführer wird gewettert, und keiner der da Mitwirkenden fragt, ob nicht die Jungen

vielleicht nur vor der Widerwärtigkeit davonlaufen, mit der sich die angeblich heile Welt selbst darstellt. Es müssen ja nicht immer gleich Verführer nötig sein, damit man sich von etwas entfernt, und im übrigen hat noch nie jemand die zahllosen deutschen Sauflieder oder Peter Alexanders ‹Kleine Kneipe› als Verführung zum Drogenkonsum angeprangert. Nein, es ist vielleicht gut so, wie es ist: Daß die rechtsradikale «Anti-Drogen-Koalition» auch eine «Kampagne gegen Rock-Musik» in ihr Programm nahm, stellt die langhaarigen Barden fast schon in den Verdacht, Vorposten der Demokratie zu sein.

Ohne Scherz: Wer die Rock-Musik als Urheber des Drogenkonsums Jugendlicher sieht, schlägt einen Sack, dessen Esel er selbst ist. Abgesehen davon, daß da nur eine alte Masche weitergehäkelt wird, die schon beim Jazz lief. Und die diesbezüglichen Geschichten in den diversen Zeitschriften zeigen sich stets zu 99 Prozent als Wiedergabe von gehörtem Tratsch. Da präsentierte beispielsweise der *Stern* 1/81 eine schauerliche Ansammlung wilder Drogengeschichten aus der Rock-Szene. Doch was da in der Geschichte stand – «Nina Hagen und Ex-Freund Herman Brod haben auf ihren Tourneen kein Rauschgift ausgelassen» –, war in nahezu keinem Fall zu beweisen. Daß es so nicht sein kann, bewies allerdings die Meldung, die «Stones» hätten an einem einzigen Abend 30 Gramm Heroin *oder* Kokain gefixt. Das hielte, auch durch zehn dividiert, nicht einmal ein hochgradig Abhängiger aus, und bei Kokain hätte man dann etwa fünfzehn Leichen auf die Bühne stellen können. Eine Ente, aber schön gruselig für jene, die nichts davon verstehen.

Ich verharmlose? Nein, natürlich hat nahezu jeder Musiker einmal Hanf probiert, und zwei von drei Gruppen kiffen. Nicht unbedingt bei Konzerten, aber gern danach. *So what?*

Ich lese ein Statement des Herrn vom Berliner Rauschgiftdezernat, Gerhard Ulber: «Nur weil die Gazetten behaupten, daß die Rolling Stones mit 'ner ständigen Dröhnung auftreten, kann das für uns kein Grund sein, von Rockgruppen Urinproben zu nehmen.»

Es gibt viele Gründe, dies nicht zu tun. Die Zeiten, wo Scotland Yard stolz meldete, man habe John Lennon einige Joints abgenommen, sind schon deshalb vorüber, weil solche Aktionen immer zu einer Solidarisierung der Kiffer geführt hatten, wenn auch – dem hanfbedingten Kurzzeitgedächtnis sei Dank! – nur vorübergehend. Für Japans Legalisierungsvereine war der allerschönste Aufwind, daß Paul McCartneys Japan-Tournee infolge allzu gründlicher Zolldurchsuchung platzte. Daraus wurde gelernt, und die Haus-Dealer von Stargruppen bleiben, zumindest während der Tourneen, ungeschoren.

Was den Stars recht, wurde den Fans billig. Bei großen Konzerten, vorzugsweise in frischer Luft, wird sich die Polizei hüten, eine große Hanf-Razzia abzuhalten. Nicht daß sie unbedingt die Übermacht scheuen würde, aber das Echo eines solches Getöses würde lange nachhallen und nach Liberalisierungsforderungen klingen. Eine solche Massenverhaftung wäre, wenn auch voll durch das Gesetz gedeckt, ein schlimmerer Schaden für das Ansehen der Exekutive als es die Nürnberger KOMM-Aktion am 5. März 1981 war, also wird stillgehalten. Auf diese Weise geraten viele Konzerte zu sehr un-BRDigten Freiräumen, eine Art Vorschuß auf das, was geschehen könnte, würde man Hanf auch sonst nicht so eng sehen. Ordnungskräfte und für andere Fälle bereitgehaltene Polizisten betonen stets, daß sie mit Alkoholisierten mehr Probleme hätten als mit Kiffern.

So kommt es, daß bei Pop-Festen der Rechtsstaat vorübergehend Urlaub feiert, um danach allerdings zuzuschlagen.

Testlauf auf der Milchstraße

Über diesen langen Tisch wurde bereits mehr geschrieben als über jedes andere Möbelstück Hollands, den Thron insbegriffen, und er ist im Laufe der Jahre auch ein regelrechtes Touristenziel geworden, was die Einheimischen nicht unbedingt freut.

«Was ist denn schon dabei?» fragt ein junger Amsterdamer einen staunenden Jung-Deutschen. «Ist doch ein Tisch wie jeder andere.» Das schon, aber was darauf liegt, läßt den Angereisten oft die Augen überge-

«Was Cannabis betrifft, so hat auch in diesem Jahr die bisherige Regelung keinerlei Probleme und keinerlei negative Auswirkung gezeigt. Der Konsum kann als leicht rückläufig gesehen werden.»
(Gesundheitsministerium der Niederlande, Pressemitteilung vom 5.1.1982)

«Repressive Politik ist immer nur die Lösungshoffnung der Kurzsichtigen. Wir müssen die Bedürfnisse von Minderheiten respektieren und dürfen nur so weit regulierend eingreifen, daß kein Schaden für die Mehrheit entsteht, aber auch keine Härten gegenüber der Minderheit. Ein reiner Durchsetzungswille der Exekutive widerspricht einem Staatsverständnis, das auf demokratischer Tradition beruht ... Wir haben auch weiterhin nicht vor, Jugendliche dafür zu unterdrücken, daß sie andere Konsumgewohnheiten haben als wir.»
(Amsterdams Bürgermeister Wim Polak auf eine Anfrage der Opposition zum «Melkweg», Januar 1980)

«Wir kriegen euch schon noch klein.»
(Deutscher Zöllner an der niederländischen Grenze zu Jugendlichen, 15.1.1981)

hen: Kleine Plastiktütchen mit fertig abgepackten Hanf-Blättchen und Haschisch-Stückchen verschiedener Provenienz, daneben auf kleinen Pappschildern die Preise. Über die wird nicht verhandelt, aber sie sind ohnedies mäßig.

Zwei, manchmal drei Typen betreiben das Geschäft, freundlich-gelangweilt wie Verkäufer in jedem Supermarkt: Die lizensierten Hausdealer des «Melkweg» in Amsterdam. Ihre Preise sind mäßig, die Qualität ist gut (ständige Überprüfungen durch das Management des Hauses), der Eigenprofit gering (etwa 15 Prozent), aber dafür werden sie von der Polizei garantiert in Ruhe gelassen und keine Amtsperson kümmert sich darum, wo sie das Zeug herbekommen.

«O ja, es funktioniert prächtig», sagt der Leiter der Polizeistation schräg gegenüber. Er spricht mit mir lieber Englisch – sein Vater wurde von den Deutschen umgebracht. «Wir sind ja auch ein freies Land», betont er (daher und aus vielen anderen Gründen) immer wieder. Zwei jüngere Beamte tun im Melkweg regelmäßig Dienst, um auf harte Drogen zu achten, vorwiegend Heroin. Höchstens eine Meldung pro Monat. «Der Laden ist unglaublich clean geworden, seit das *so* läuft.» *So* heißt: mit dem Hanf leben.

Seit rund fünfzehn Jahren wird Amsterdam in der europäischen Presse je nachdem als Babylon oder freieste Stadt Europas dargestellt, und beides stimmt so nicht ganz. Das einzige, was tatsächlich festzustellen ist, war stets jenes spezifische Laissez-faire niederländischen Demokratieverständnisses, wobei allerdings Amsterdam nicht Holland ist.

Keine andere Stadt der Alten Welt, London eingeschlossen, bekam das Ende des Kolonialismus so hart zu spüren wie Amsterdam. Als der Imperialismus Ladenschluß hatte, strömten alle in die Stadt, die sich dem Herrenvolk anschließen wollten – nicht aus Über-Identifizierung, sondern aus schlicht ökonomischen Überlegungen –, und so mußten mittlere Völkerschaften aus Surinam und Indonesien aufgefangen werden, und ein kleines Chinatown gab es ohnedies schon. Zu integrieren war der Zustrom nicht, weder mit allen Anstrengungen eines Sozialsystems noch mit der liberal-konservativen Methode, den Dingen ihren Lauf und Darwin seine Gesetze zu lassen. Amsterdam ist eine bunte Welt für sich, ein Vielvölkerstaat mit unendlich vielen Reibungsflächen, und zu diesen Problemen kamen noch die mit der wilden Marktwirtschaft, beispielsweise auf dem Wohungssektor, und mit der Jugend.

«In den Griff bekommen» wurde kein Problem, aber bereits diese Formulierung sehen Holländer als einen typisch deutschen Wahn. «Wir können doch leben», sagen sie statt dessen, quer durch die Alters- und Sozialgruppen. Und die auf Prinzipien Versessenen sagen gelegentlich wie der

Die offensichtlichste Veränderung besteht darin, daß Amsterdam beschlossen hat, es sei nicht toleranter oder liberaler als irgendeine andere europäische Stadt, und es kämpft verzweifelt darum, neue Gesetze, die dies bestätigen, durchzubringen, ehe im Juni die traditionellen Tausende von Besuchern eintreffen.

Polizisten sind Polizisten, und Langhaarige sind Langhaarige. In Holland haben manche Polizisten langes Haar, und manche Langhaarige sind Polizisten. Wer immer sie sind, sie haben in unterschiedlichem Maß die Nase voll von ausländischen Besuchern, und ihre Toleranz besteht heute in dem Einverständnis, daß die meisten Touristen der Wirtschaft frisches Blut zuführen – in das Hilton-Hotel und die Hippy Boutique.

Sie dürfen in den Klubs und zu Hause rauchen, doch wenn Sie sich in einer Bar oder in einem Café ostentativ eine anzünden, kann es Ihnen passieren, daß der Besitzer Sie hinauswirft – nicht unbedingt, weil er Schiß hat, sondern weil er den Geruch nicht mag ...

(Janette Grainger, Living Guide to Amsterdam, 1975)

Drogen-Umschlagplatz Nummer eins in Europa ist Amsterdam. Die Preise für Narkotika werden dort auch im Radio bekanntgegeben.

Hilversum hält Hollands Hascher high: «Afghanistan 340, Nepal 420, Deutschland ausverkauft, Kolumbien 10, Thailand 20.» Preisschlager am letzten Wochenende: «Unser nationaler Stolz» für 0,75.

Eingeweihte kennen sich aus. Was da jeden Samstag im 1. Programm des niederländischen Radios ausgestrahlt wird, sind die Grammpreise in Gulden für Haschisch auf dem Amsterdamer Rauschgiftmarkt.

Datensammler und Moderator der Sendung ist Koos Zwart. Seine Offenbarungen nennt er «Notwendige Verbraucherinformationen». Und Andreas Antonius Maria van Agt, Vize-Premier des Landes, Justizminister und Christdemokrat, verteidigt den Radio-

mann vor dem Parlament: «Das ist keine Reklame, sondern macht den Markt durchsichtig.» Meinte der Chef der Amsterdamer Narkotika-Brigade, Kommissar Gerard Toorenaar, gegenüber der WiWo: «Gibt es noch ein Land, wo so was möglich ist?»

Vermutlich nein. Doch das ist nur ein Teil des Superlativs, den das Land Rembrandts mittlerweile zu bieten hat. Innerhalb von fünf Jahren katapultierten sich die Niederlande von ganz unten zum europäischen Spitzen-Umschlag-platz für Heroin hinaus. Die einst berüchtigte gallische Hafenstadt Marseille ist out. Amsterdam ist heute Treffpunkt für Rauschgifthändler und -verbraucher der westlichen Welt.

Tote Chinesen, von Rivalen erschossen oder erstochen, unter Brücken, auf Straßen oder im Wasser aufgefunden, gehören zum wöchentlichen Polizeibericht.

(Igitt! Aber wozu wollen sie sonst gehören?)

Salopp ging es auch im städtischen Jugendzentrum «Pferd von Troja» in Den Haag zu. «Damit Heroin vor der Tür bleibt», propagierte und förderte Hausherr Peter den Haring den Verkauf von Haschisch. Erst ein Urteil des Obersten Gerichtshofs stoppte die Szene. Meinte anschließend erleichtert Heroin-Bekämpfer Toorenaar: «Ein Glück, denn jeder Fixer hat mit *soft-drugs* angefangen.»

Hollands Laschheit in der Drogenbekämpfung rief auch schon viele Kritiker auf den Plan.

freundliche Herr im Polizeipräsidium: «Würden wir nicht so viele Grauzonen tolerieren, hätten wir viel dunklere Schatten.»

Die Grauzonen – das fängt mit den vielen Ausländern an, die hier eigentlich gar nicht leben sollten und sich oft wilde Schlachten liefern, gegen Amsterdamer jedoch und die Polizei solidarisieren. «Kein Öl ins Feuer gießen», heißt da die Parole. Die rund dreitausend Hausboote gehören dazu, von denen gut die Hälfte unerlaubt die Grachten füllt. Hier wurde eine Art Waffenstillstand geschlossen: Nur Neugekommene werden abgeschleppt, die anderen bleiben weiterhin unerlaubt, aber mit Anschluß an das städtische Versorgungsnetz: «Nein, keine Probleme.» Probleme gibt es, gab es gelegentlich mit den Kraakern, den Hausbesetzern. «Aber das sind eigentlich Probleme mit der wild wuchernden Häuserspekulation. Die Kraaker kann man ja als eine Reaktion darauf sehen.» Nein, der Herr verharmlost nicht. «Ich will das nur nüchtern sehen.» Er erwähnt auch die «schwarzen Flecke»: Heroin-Handel, Gewaltkriminalität, Unsicherheit des Eigentums. «Das ist alles schrecklich. Aber es wäre sicherlich noch viel, viel schlimmer, würden wir auch Haschisch wieder in den Untergrund drängen. Man muß das pragmatisch sehen und als eine der Folgen der Entwicklung in den letzten fünfzehn Jahren.»

Amsterdamer Freiheit 1971: Drogenkontrollen von Polizei und Zoll finden nur noch an den Grenzübergängen statt, dort aber relativ gründlich; im Vondel-Park wird das Übernachten jugendlicher Touristen gestattet; drei Parkhäuser fungieren den Sommer über als billige Sleep-ins; Straßenmusik und ähnliches wird toleriert. Das sprach sich schnell ins ganze Europa herum, und ein Strom jugendlicher Touristen setzte ein, der die angestammte Bevölkerung zumindest den Sommer über zu einer Beinahe-Minderheit machte. Und noch eine Entwicklung setzte ein: In immer größeren Mengen und zu immer niedrigeren Preisen strömte aus Chinatown Heroin in die Stadt.

«Wir wußten damals schon ziemlich genau, wie das geschah, aber wir waren machtlos», sagt der Herr im Polizeipräsidium. «Der Vietnam-Krieg ging zu Ende, in den USA wurde die DEA sehr aktiv, und plötzlich wurde das ganze Zeug nach Europa geschleust. Sie dürfen nicht von mir erwarten, daß ich da einen konkreten Verdacht äußere, aber wir konnten gegen die politischen Gegebenheiten nicht anrennen. Es war eine außengesteuerte Katastrophe, und sie traf uns. Gegen die wahren Betreiber dieser Geschäfte konnten wir nicht ran, also mußten wir versuchen, wenigstens den Heroin-Tourismus und die Nachfrage im eigenen Land zu drosseln.»

Schon 1973 verlangten die Behörden an den Grenzübergängen von langhaarigen Touristen den Nachweis von Barschaft. Das reichte natür-

«Eine unqualifizierte Einmischung in unsere Angelegenheiten», erregte sich Gesundheitsministerin Irene Vorrink.

– Überreicht durch «Informations-kreis Drogenprobleme e. V.» (p. A. Dr. Dietrich Kleiner, Berlin 21, Händelallee 7). –
(Frühling 1977)

Was in Holland legal ist, der Besitz von geringen Mengen Hasch, wird in der Bundesrepublik wie in Frankreich unnachsichtig verfolgt.

Jeden Tag, jede Nacht, läuft das Spiel Zöllner gegen «Hasch-Puppies» (Grenzerjargon). Am Grenzübergang Arnheim/Emmerich ist gleich zweimal High-time für Schnüffler und Hascher: beim Amsterdam–Wien-Expreß und beim Holland–Italien-Expreß.

«Haben Sie was anzumelden? Rauschgift oder Waffen?»

Was bleibt, ist die Wut auf die Zöllner. Nobert: «Die spinnen doch. Bei den Mengen, die wir dabei hatten, ist doch klar, daß das Zeug für den Eigenverbrauch bestimmt ist. Nur Leute wie uns erwischen sie. Die Profis holen den Stoff doch sackweise aus den Freihäfen, ohne jemals erwischt zu werden».

Der Zöllner Arnold Jansen in Emmerich meint, da sei «schon etwas dran». Und dann steigt er mit Hasch-Hund Anja in den nächsten Zug.

Mit den kleinen «Hasch-Puppies» haben sie es leichter. Doch ganz wohl ist ihnen selbst nicht, wenn sie die «Zehn-Gramm-Bubis hopsnehmen». Die Zöllner wissen, daß sie keine Verbrecher vor sich haben, sondern Jugendliche, denen häufig jedes Unrechtsbewußtsein fehlt.
(Stern 48/1980)

---

lich nicht, und Ende 1974 wurden einige besonders wild gewachsene Zweige des Freiheitsbaums beschnitten, meist sogar im Einverständnis mit jenen, die ihn gepflanzt hatten. Das Vondel-Park-Projekt wurde beendet, nachdem sich dort der Umschlagplatz harter Drogen breitgemacht hatte, auch die meisten Sleep-ins wurden geschlossen. Und an die Polizei erging die Anweisung, künftig stärker auf die Einhaltung der Gesetze zu achten.

Nach der überall in Europa Ende der Sechziger einsetzenden Liberalisierung begann Mitte der Siebziger das große Swingback zu repressiver Politik, in der BRD so schön «Tendenzwende» genannt. Der holländische Unterschied: auch bei der Rücknahme von Freiheiten wurde differenziert.

«Wir wußten ja: Wenn wir das Heroin-Problem auch nur ein wenig entspannen wollen, müssen wir deutlich zwischen den verschiedenen illegalen Drogen unterscheiden. Wir mußten eine Schwelle aufbauen, was den Handel betrifft, auch was das Bewußtsein betrifft, und so machten wir schon von der Exekutive her den Unterschied deutlich.»

In Klartext: Von nun an wurde Hanf toleriert, nicht auf Grund einer Gesetzesänderung, sondern durch eine Dienstanweisung des Innenministeriums an die Polizei.

Im Frühjahr 1975 machte der private Radiosender Hilversum Schlagzeilen, weil dort der Moderator Koos Zwart allwöchentlich die neuesten Börsenpreise für Hanf durchgab. Der Fall wurde besonders pikant dadurch, daß die Mutter des freundlichen Freaks die damalige Gesundheitsministerin Irene Vorrink war. Die Dame hatte Verständnis für ihren Sohn und die Probleme seiner Generation und brachte, gemeinsam mit Justizminister Van Agt, einen Gesetzesentwurf ein, der deutlich zwischen den einzelnen Drogen unterschied und Hanf praktisch entkriminalisierte. Der Besitz von Haschisch bis zu 30 Gramm sollte nicht mehr als Vergehen, sondern nur noch als «Ordnungswidrigkeit» geahndet werden, Höchststrafe 500 Gulden, ersatzweise einen Monat Gefängnis, jedoch ohne Eintragung als Vorstrafe. Das war alles, aber es reichte für eine mehrjährige Diffamierungskampagne. Mehr als ein Jahr lang wurde über dieses Gesetz immer wieder beraten, dann geriet es in Vergessenheit.

«Wir haben immer noch einen gewissermaßen rechtslosen Zustand», sagt der Herr von der Polizei, «aber wir können damit leben. Wir praktizieren ja schon lange, was dieses Gesetz nur legalisiert hätte, und das gilt auch für die Gerichte. Wir haben alles mögliche versucht. 1978 wurde eine Weile eine härtere Gangart versucht – prompt nahm das Heroin-Problem zu. Wer auf die Jungen Druck ausüben will, darf sich nicht wundern, wenn sie voll in den Untergrund davonlaufen. Es ist nur sehr schwierig, die gegenwärtige Praxis gesetzlich festzuschreiben, denn da wird auch vom Ausland auf uns Druck ausgeübt. Bei allen Konferenzen der EG und dieser Vereine heißt es immer, wir dürften da nicht mehr so liberal sein, unser Beispiel würde sittenverderbend wirken. Wir sagen dazu nichts, aber Sie können trotzdem immer in Ihren Zeitungen lesen, auch als Zitate von Politikern, wir würden die Liberalisierung zurücknehmen, weil wir damit schlechte Erfahrungen gemacht hätten. *Das ist nicht wahr!* Das hat niemand gesagt, der mit diesem Problem befaßt ist, das wird uns immer nur in den Mund gelegt. Wir haben gute Erfahrungen gemacht, bessere als die meisten anderen Länder, ja.»

Ein tiefer Schluck Kaffee. «Jede Droge wurde irgendwann einmal bekämpft, und einige wurden einmal ein ganz normales Genußmittel, andere wurden von der überwältigenden Mehrheit als Gifte anerkannt. Das läßt sich kein freies Volk von einer Regierung vorschreiben, das ist eine Entwicklung, die erst später als Tatsache, durch Gesetze und Verwaltung reguliert werden kann, zumindest in einer Demokratie. Ob das moralisch schön oder nicht schön ist, wäre eine ganz andere Überlegung, die nichts mit realistischer Politik zu tun hat. Viele Jugendliche haben sich eben für Cannabis entschieden. Sie können damit leben. Wenn wir sie dafür unnötig hart bestrafen, vergrößern wir nur den Graben zwischen ihnen und uns. Und das wäre doch der größere Schaden.

Natürlich wäre es uns allen lieber, die gegenwärtige Praxis gesetzlich verankert zu sehen. Aber das gilt ja für viele Bereiche. Meist hinken die Gesetze der Wirklichkeit um Jahre hinterher, und nur Dummköpfe bestehen auf Buchstaben. So wie es jetzt ist, können wir damit leben.»

Die lustigen Freaks von der «Stuf Vrij Partij», hervorgegangen aus der Provo-Bewegung, sehen das natürlich anders als der Herr von der Polizei, obwohl sie mit der Ordnungsmacht nur wenige Reibungen haben. Sie stellen die Hausdealer der Jugendzentren und haben dementsprechende Forderungen. «Es ist ja immer ungeheuer schwierig, gute Ware zu bekommen – da müßte auch die Beschaffung größerer Mengen geduldet werden.» Ein ernsthaftes Argument, auf das angesprochen der seriöse Herr schmunzelte: «Bei den Hausdealern haben wir auch Gewissensprobleme. Wir dürften ja nicht wegsehen, wenn die wo was auftreiben, eigentlich. Nein, besser kein Kommentar.»

Im Frühjahr 1978, der Wind blies wieder von rechts, wurde Koos Zwart die Rundfunk-Durchsage der niederländischen Hanfpreise verboten. Im Oktober 1979 wurde es ihm wieder gestattet unter der Auflage, daraus «keine Institution» werden zu lassen. Nun müssen die Neugierigen stets das ganze Programm hören, und manchmal hören sie nicht vergeblich. Koos Zwart betreibt Preispolitik, ganz eingestanden für die Konsumenten. «Ich nenne immer Preise, die ganz niedrig liegen. Wer da teurer verkaufen will, wird seine Sache nicht los. Das funktioniert auch meistens so, denn Stoff ist genug vorhanden, um auf die Profite drücken zu können.»

Im Melkweg decken sich erstaunlich viele Deutsche mit erstaunlich vielen Tütchen ein. Soviel können sie auf der Milchstraße – so hieße der Melkweg auf deutsch – doch gar nicht rauchen. Das haben sie auch nicht

---

Ausländer, die im Ausland mit Rauschgift handeln, können dafür in der Bundesrepublik bestraft werden. Dieser in Pragraph 6 des Strafgesetzbuches enthaltene Grundsatz verstößt nach einer Entscheidung des Bundesgerichtshofs weder gegen das Grundgesetz noch gegen allgemeine Grundsätze des Völkerrechts.

Mit ihrer Entscheidung haben die Bundesrichter ein Urteil des Landgerichts Kleve bestätigt, das in den Niederlanden erhebliches Aufsehen erregt hatte. Die Richter am Niederrhein hatten den Holländer Harm Klaas Dost, der in Arnheim ein Zentrum für Rauschgiftsüchtige leitete, wegen Vergehen gegen das Betäubungsmittelgesetz zu drei Jahren und neun Monaten Freiheitsentzug verurteilt.

*(Kölner Stadtanzeiger, 22. 10. 1976.
Merke: Am deutschen Wesen soll die
Welt genesen. – Wilhelm II.)*

---

vor, und das schafft immer wieder deutsch-holländische Probleme. Gelegentlich leistet sich die bundesrepublikanische Justiz auch wilde Vorstöße über die Grenzen ihres Geltungsgebiets. Einmal wurden Jugendliche, die Fotos ihrer Amsterdamer Törns unvorsichtig herumliegen ließen, vor Gericht gebeten mit der Begründung, sie hätten den «Vorsatz zur strafbaren Handlung» – zum Ausflug nach Amsterdam – auf deutschem Hoheitsgebiet gefaßt, und ein schon ausgewachsenerer Skandal geschah 1976 im Namen des «Weltrechtspflegeprinzips», so Richter Günther Vohrer vom Landgericht Kleve. Da ging es um den Fall Harm Klaas Dost und den Anspruch deutscher Gerichte, auch außerhalb der BRD und am liebsten weltweit für Recht und Ordnung zu sorgen. «Wenn es nach den Deutschen ginge, würden sie uns am liebsten wieder besetzen und mit uns allen aufräumen», hatte der Herr im Polizeipräsidium von Amsterdam gesagt. «Aber wir sind ein freies Land, vielleicht gerade wegen solcher Nachbarn. Wir können ja sehen, wie es nicht gemacht werden sollte.»

So what?

Derartige Zitate ließen sich seitenweise aufführen. Sie klingen, je nachdem, nachdenklich, vollmundig, gestelzt oder locker, und doch ist die Frage wichtiger, welche Taten solchen Worten folgten. Radio Eriwan würde antworten: Im Prinzip keine.

Wo immer in irgendeinem Land eine liberalere oder differenziertere Drogenpolitik diskutiert wird, erscheint Harry Anslingers Geist in den entsprechenden Ministerialbüros und pocht mit seiner Knochenhand auf die Single Convention der UNO von 1961. Wer auch nur ein Steinchen aus diesem kunstvollen Vertragswerk bräche, brächte den ganzen Bau zum Einsturz und die ganze Drogenlawine ins Rollen, Heroin, Kokain und so weiter. Hier würde an den Säulen des Weltfriedens gerüttelt, denn der würde eben auf so fragilem wie diesem Vertragswerk ruhen. So zumindest interpretieren die dann stets konsultierten Völkerrechtler die Geisterstimme. Ende der Debatte.

Hier müßte sie allerdings erst beginnen. Die Single Convention nennt einige Stoffe, zu deren Kontrolle bzw. Unterdrückung sich die meisten Staaten verpflichtet haben, und sie legt auch fest, daß der unerlaubte Verkehr mit diesen Stoffen von den einzelnen Staaten mit Strafandrohung belegt wird. Doch die Single Convention legt *nicht* fest, daß zwischen den einzelnen Drogen nicht unterschieden werden dürfe, und welche Strafen für welche Drogen fällig seien. Tatsächlich gewährt sie also jeden Spielraum, der sich im internationalen Drogenrecht an den Extremen Türkei

«Wir haben allzu lange den Fehler gemacht, zwischen den unerlaubten Drogen nicht zu unterscheiden. Ich muß gestehen, daß diese Politik verhängnisvoll war, denn sie führte zu unserem heutigen Drogenproblem. Wenn wir nicht wollen, daß uns die mörderische Welle wirklich gefährlicher Drogen überrollt, müssen wir wenigstens jetzt zu unterscheiden beginnen.»

(Italiens Gesundheitsminister Aldo Aniasi im italienischen Fernsehen, 4. Juli 1980)

«Natürlich wäre es uns auch lieber, wenn der Gesetzgeber die einzelnen Drogen differenziert sehen würde, schon um grobe Ungerechtigkeiten zu verhindern.»

(Österreichs Leiter der Zentralstelle für die Bekämpfung von Suchtgiftkriminalität, Herbert Fuchs im österreichischen Fernsehen, 15. September 1981)

In Italien ist der private Gebrauch von Marihuana sogar auf der Straße erlaubt, und die kleine radikale Partei, die über 3,5 Prozent aller Stimmen und 18 Sitze der 600 im Parlament verfügt, vertritt nach einer Umfrage eine vollumfängliche Legalisierung; 20 000 Leute gingen letzthin in Rom auf die Straße, um ihrer Unterstützung Ausdruck zu verleihen.

(The Guardian, 11. 2. 1980)

In der römischen Zentrale der kleinen radikalen Partei Italiens sollen künftig Haschisch-Pflanzen blühen. Dies hat der Chef der Partei Jean Fabre, am Wochenende in Rom angekündigt. Mit dieser provozierenden Maßnahme wollen die Radikalen, die es bei der vergangenen Wahl im Juni auf 3,4 Prozent der Stimmen brachten, die völlige Legalisierung der leichten Drogen erreichen. Die Partei fordert gleichzeitig eine schärfere Bekämpfung des Heroinhandels.

(Süddeutsche Zeitung, 20. 8. 1980)

Der deutsche Komponist Hans Werner Henze ist am Freitagabend am Brenner-Paß bei der Einreise nach Italien festgenommen worden, nachdem die Polizei in seinem Wagen 40 Gramm Marihuana sichergestellt hatte.

(Welt am Sonntag, 10. 5. 1981; viele Grüße!)

Mehrere spanische Politiker verschiedener Tendenzen haben öffentlich eine Legalisierung der «weichen Drogen» gefordert. Ein «Joint» sei «wie ein Glas guten Weines», erklärte Rafel Ribo, Mitglied des Exekutivausschusses der Vereinigten Sozialistischen Partei von Katalonien, der Wochenzeitung *Cambio 16*. Der gleichen Ansicht war der Generalsekretär der Zentrumsunion, der katalanische Zweig der Regierungspartei Union des Demokratischen Zentrums.

(Tageszeitung, 7. 11. 1979)

Die liebevolle Pflege, die die Insassen eines Gefängnisses in Barcelona ihren Pflanzen angedeihen ließen, hat einige der Aufsichtsbeamten mißtrauisch gemacht. Zu Recht, wie eine genauere Untersuchung der Gewächse ergab. Die Häftlinge hatten auf den 16 Quadratmetern des Küchengartens Hanf zur Gewinnung von Marihuana angepflanzt.

(Süddeutsche Zeitung, 26. 6. 1980)

(Todesstrafe) und Kolumbien (Hanf als erlaubter Marktartikel, sofern bei staatlichen Verkaufsstellen bezogen, seit 1981) ermessen läßt. Ist jetzt also der Hanf in Kolumbien legalisiert? Nein, ja. Die *staatliche Kontrolle* wurde ja gefordert und die Bekämpfung des *illegalen* Anbaus. Wer also in diesem nicht gerade demokratischen Land eine Hanf-Pflanze ohne staatlichen Erlaubnisschein wachsen läßt, ist fällig, nach wie vor.

Bei genaueren Nachfragen zeigt sich jedoch, daß die völkerrechtlichen Bedenken vorgeschoben sind, Pappkameraden vor solideren Ängsten, zumal in Europa.

«Wir haben das System offener Grenzen mit viel Mühe erreicht», sagt ein höherer Beamter in Bonn. «Wenn jetzt ein Land seine Drogengesetze lockert, wird es in kürzester Zeit von den Drogenabhängigen ganz Europas überrannt. Das hat sich ja in den frühen Siebzigern schon in Holland gezeigt. Dabei gab es da keine gesetzliche Grundlage. Aber das war für uns ein Test.»

Derartige Ängste bekam ich in verschiedenen Ländern von ähnlichen Stellen zu hören. Sie sind ernst zu nehmen, aber auch nicht die wahren. Die sind am ehesten von den Politikern zu erfahren, vorzugsweise zu späterer Stunde, in alkoholgelockerter Stimme. Es sind demokratische Ängste, die überhaupt nichts mit Hanf zu tun haben.

Abend in einer Botschafts-Residenz mit dezenter Klimaanlage. Von Hanf war nicht die Rede, sondern von jenem politischen System, das mittlerweile zum demokratischen gehört wie die Flöhe zum Igel und Lobby heißt. «Massen sind nicht wahrnehmbar, es sei denn, sie haben einen Sprecher», bekam ich zu hören und: «Die einzige Ausnahme ist da das Kapital. Der Boss ist als Herr über zigtausend Arbeitsplätze der wichtigste Gesprächspartner der Regierenden. Und jene Bosse, die davon am meisten Gebrauch machen, heißen dann ‹die Wirtschaft›! Das ist die wichtigste Lobby, die gewichtigste. Die zweitgewichtigste sind die Sprecher der berühmten schweigenden Mehrheit. Das ist kein Aperçu – niemand findet so laute Stimmen wie die schweigende Mehrheit.

Sie sollten nicht schmunzeln. Nehmen Sie einmal ‹die Kirche›. Das sind doch, sollte man glauben, alle Gläubigen. Doch die halten das Maul, einzeln und im Verein. Für sie sprechen irgendwelche Bischöfe oder deren Sekretäre, und wenn es darauf ankommt, drohen sie den Politikern mit den Gläubigen. Stalin hat einmal gefragt, wie viele Divisionen denn der Papst habe. Ich glaube, er hat höchstens ein Offizierskorps, aber er hat lautstarke Herolde. Wenn er Massen mobilisieren will, muß er schon selbst auftreten, aber die Bilder dieser Massen wirken in den Politikern nach. Wenn da ein Pope mit den Gläubigen droht – nur aus jedem hundertsten Anlaß würden sie ihm wirklich folgen und auch dann nur tröpf-

Mit dem Sachverstand jahrhundertealter Bauerntradition pflegen jetzt die Portugiesen frisch angepflanzte Liambabeete auf Äckern und Feldern, im Garten und auf der Veranda.

In der nördlichen Hafenstadt Porto zog eine alte Frau Liamba sogar auf dem Grab ihres Sohnes – er war als Kolonialsoldat in Angola gefallen.

(Spiegel, 20. 9. 1979; Preisfrage: Wie heißt die Sache auf portugiesisch?)

Der Bürgermeistersessel der kleinen südostfranzösischen Gemeinde Barret de Lioure wird voraussichtlich für einige Zeit verwaist bleiben: Seine bisherige Inhaberin, die 45jährige Andree Boyer, wurde festgenommen, nachdem man mehrere Kilo Haschisch in ihrer Wohnung entdeckt hatte.

(Süddeutsche Zeitung, 24. 12. 1973)

Eine ungewöhnliche Methode, sonst für seine Herde verlorene Jugendliche ins Pfarrhaus zu locken, hat der Pfarrer des 1500-Seelen-Dorfes Graissessac im südfranzösischen Küstendepartement Herault gefunden. In dem von der Außenwelt durch eine hohe alte Mauer nicht einsehbaren Pfarrgarten ließ er zu, daß ein Dutzend Studenten aus der Umgebung zwischen Tomaten und allerhand Unkraut einige Stöcke indischen Hanfs züchteten.

(Süddeutsche Zeitung, 22. 7. 1980)

Britischen und französischen Zollfahndern ist es nach siebenstündiger Jagd auf dem Ärmelkanal gelungen, die neunköpfige Besatzung eines unter der Flagge von Panama fahrenden Schleppers festzunehmen. Der niederländische Kapitän des Schleppers «Sea Rover», der in Nordafrika große Mengen von Rauschgift an Bord genommen hatte, gab seine Fluchtversuche erst auf, nachdem ein französisches Kriegsschiff den Schlepper in Brand geschossen hatte.

(Hamburger Abendblatt, 7. 3. 1981)

Alter schützt vor Strafe nicht – an diese Binsenweisheit hielten sich zumindest die Athener Richter. Sie haben den 83jährigen Griechen Evangelos Vantis für zweieinhalb Jahre hinter Gitter geschickt. Der Großvater (acht Enkel) hatte sich beim Haschischrauchen erwischen lassen. Vor Gericht erklärte der Opa: «Das mach ich schon seit 20 Jahren.»

(Kurier, Wien, 11. 10. 1981)

Das Basellandschaftliche Obergericht hat die Auffassung des Strafgerichts bestätigt, wonach Haschisch als nicht derart gesundheitsschädigend einzustufen sei, daß allein wegen der gehandelten Menge auf ein qualifiziertes Betäubungsmitteldelikt geschlossen werden könne.

Das Obergericht, das sich intensiv mit diversen Drogen-Reporten auseinandersetzte, kam zum Schluß, daß es sich in seinem Urteil auf das Gutachten Uchtenhagen/Ladewig/Kielholz stützen könne, wonach unter anderem dem Haschisch keine Gefährdung der Gesundheit nachgewiesen werden könne. Haschisch sei eher weniger gefährlich als Alkohol, auch wenn es nach unserer Gesetzgebung – über die sich das Obergericht nicht hinwegsetzen könne – als Droge wie Heroin eingestuft werde; deshalb sei eine Differenzierung nötig.

(Neue Zürcher Zeitung, 2. 2. 1980)

Ein Tag und zwei Meldungen ...

Zwei Leichtverletzte und erheblicher Sachschaden war die Bilanz einer Auffahrkollision in der Basler Nauenstraße. Verursacht hatte diesen Unfall ein Kriminalkommissar vom Basler Drogen-Dezernat.

Er war in voller Fahrt in zwei korrekt vor der Signalanlage wartende Wagen geprallt. Die Verkehrspolizei stellte fest, daß ihr Kollege vom Drogen-Dezernat offensichtlich zuviel von der Droge Alkohol erwischt hatte ...

«Die Freiheit ist mir wichtiger. Im Militär darf ich kein Haschisch nehmen. Darum will ich keinen Dienst mehr machen.» Dies erklärte der Sanitäts-Korporal Urs R. (25) den verdutzten Richtern des Divisionsgerichts 9 a. Diese verurteilten ihn nun zu drei Monaten Gefängnis. Gleichzeitig wird er aus der Armee ausgeschlossen. Er war aus dem Bezirksgericht Bülach in Handschellen vorgeführt worden.

(Blick, 11. 2. 1982)

In ihrem Holzbein hat eine Oma Haschisch nach Kopenhagen geschmuggelt.

Den Erlös aus dem Rauschgiftschmuggel (rund 150 000 Mark) hatte die Frau zum Teil wieder in ihrem Holzbein verstaut.

(Morgenpost, Hamburg, 28. 2. 1975)

Grüße aus Kopenhagen ...

Verärgert reagierten dänische Minister, andere Politiker und die Öffentlichkeit auf die Breitseiten norwegischer und schwedischer Parlamentarier gegen Kopenhagen. Der dänischen Hauptstadt wird vorgeworfen, dem Rauschgiftmißbrauch durch den Freistaat Christiania Vorschub zu leisten, anstatt ihn wirksam zu bekämpfen.

In der lauen Haltung der dänischen Regierung sehen die Nachbarn eine Unterlassungssünde, da Dänemark vertraglich verpflichtet ist, den Rauschgiftkonsum zu bekämpfen.

Der angebliche «alternative Freistaat» Christiania ist in mancher Hinsicht ein getreues Spiegelbild der Umgebung: auch im Freistaat gehen die Schwachen unter, nicht zuletzt die jungen Grönländer, die auf eigene Faust nach Dänemark kommen und häufig in Christiania enden. Davon wissen auch die Sozialbehörden der dänischen Hauptstadt ein Lied zu singen.

(Süddeutsche Zeitung, 5. 1. 1982)

Und aus nostalgischen Gründen das berühmte SOMA-Inserat:

Das Gesetz gegen Marihuana ist amoralisch vom Prinzip her und undurchführbar in der Praxis. Jonathan Aitken, Tariq Ali, David Bailey, Humphrey Berkeley, Anthony Blond, Derek Boshier, Sidney Briskin, Peter Brook, Dr. David Cooper, Dr. Francis Crick F. R. S., David Dimbleby, Tom Driberg M. P., Dr. Ian Dunbar, Brian Epstein, Dr. Aaron Esterson, Peter Fryer, John Furnival, Tony Garnett, Clive Goodwin, Graham Greene dsh, Richard Hamilton, George Harrison M. B. E., Michael Hastings, Dr. J. M. Heaton, David Hockney, Jeremy Hornsby, Dr. S. Hutt, Francis Huxley, Dr. Brian Inglis, The Revd. Dr. Victor E. S. Kenna O. B. E., George Kiloh, Herbert Kretzmer, Dr. R. D. Laing, Dr. Calvin Mark Lee, John Lennon M. B. E., Dr. D. M. Lewis, Paul McCartney M. B. E., David McEwen, Alastair MacIntyre, Dr. O. D. Macrae-Gibson, Tom Maschler, Michael Abdul Malik, George Melly, Dr. Jonathan Miller, Adrian Mitchell, Dr. Ann Mully, P. H. Nowell-Smith, Dr. Cristopher Pallis, John Piper, Patrick Procktor, John Pudney, Alastair Reid, L Jeffrey Selznick, Nathan Silver, Tony

Smythe, Michael Schofield, Dr. David Stafford-Clark, Richard Starkey M. B. E., Dr. Anthony Storr, Kenneth Tynan, Dr. W. Grey Walter, Brian Wal- den M. P., Michael White, Pat Williams.

(The Times, Montag, 24. Juli 1967)

Die *Smokey Bears* sind eine locker organisierte Gruppe, deren Hauptziel die Legalisierung von Cannabis ist. Wir betrachten uns als den Teil dieser Kampagne, der es mit direkten Aktionen versucht. Die Smokey Bears sind nicht Teil der Cannabis-Legalisierungskampagne, unsere Forderungen gehen über deren hinaus.

Das Smoke-in steht im Mittelpunkt unserer Bestrebungen. Es ist der Beweis für unsere Geringschätzung ihrer Gesetze, und es ist auch eine Erklärung unserer Liebe für das Kraut und dessen Vorteile.

(Flugblatt der «Smokey Bears», Herbst 1980)

Kurzer Trip ins andere Lager:
Wie ihre westlichen Altersgenossen greifen offenbar auch die jungen Georgier immer häufiger zum Joint und zu harten Drogen.

Ein Teil der Georgier hält sich an «traditionelle» Rauschmittel: Anascha, eine Pflanze, die, so Kenner, die gleiche Wirkung wie Marihuana erzeugt.

Der Rauschgifthandel und der Genuß von Drogen blühen trotz der schweren Strafen, die in der Sowjetunion auf Drogenbesitz stehen: bis zu zehn Jahren Lagerhaft im Wiederholungsfall.

(Welt, 17. 1. 1981)

chenweise. Aber die Angst der Politiker ist da auch irrational, und sie kriechen zu Kreuz, siehe Abtreibung. Oder die anderen Sprecher der schweigenden Mehrheit: Irgendwelche obskurse Vereine mit sehr allgemein klingenden Namen – Bund anständiger Eltern, Verein für Sauberkeit und Jugendschutz usw. –, meist nur eine Handvoll Leute, die behaupten, das ‹gesunde Volksempfinden› auszusprechen, aber in Wahrheit nur gute Drähte zur Presse haben. Die druckt deren Quatsch, und damit wird das auch gesundes Volksempfinden. Die schweigende Mehrheit hält ja das Maul und sagt höchstens: Hab ich schon von gehört oder gelesen, okay, mag ja richtig sein. Und plötzlich wird es richtig, schafft der Schmus irgendwelcher Vereinsmeier Tatsachen.»

Exzellenz hat sich in Fahrt geredet. «Natürlich funktioniert dieses ganze Roulette nur, wenn diese Lobbyisten sich an Themen halten, von denen sie wissen, daß sie Reizthemen sind oder zu welchen gemacht werden könnten. Natürlich geht es gar nicht so sehr um das Reizthema, sondern darum, wie man die Politiker ein bißchen nötigen kann, auf die eigene Linie drängeln. Das geht wunderbar, schon mit der Formulierung von Fragen an die Bevölkerung, wo man ja nur bestimmte Reizworte einsetzen oder verschleiern muß.»

Plötzlich ist doch von Hanf die Rede: «Nehmen Sie einmal die großen Reizworte Kriminalität und Drogen. Wir wissen ja alle, daß es auf diesem Sektor ein heilloses Problemknäuel gibt, der dringend aufgedröselt werden müßte. Aber wie? Da kann sich kein Politiker erlauben, ungestraft für ein behutsameres Herangehen zu plädieren. Diese Fragestellungen der Meinungsforschungsinstitute kennen Sie doch: Nennen Sie die drei größten Probleme: Kriminalität, Drogen, Luftreinheit, Umweltverschmutzung, Arbeitslosigkeit. Ja, welche werden Sie nennen? Also wird Umweltschutz zweitrangig gehandelt oder ganz am Schluß, und wenn Sie schon bei jedem Altemzug husten müssen. Oder die Frage: ‹Sind Sie für eine Freigabe von Rauschgift?› Da weiß man ja schon, welche Antwort kommt. Würde man fragen: ‹Würden Sie Hanf-Anbau erlauben?›, gäbe es ganz andere Antworten, obwohl es auf dasselbe hinausliefe. Denn dann gäbe es sofort wieder das Gezeter: Hanf ist doch, das haben wir leider erst zu spät gehört, ein Rauschgift! Und wieder ist das Reizwort da. Das ist die verfahrene Situation: Da wurde so lange ein Popanz aufgebaut, und jetzt steht dieser Popanz jeder vernünftigen Lösung im Weg und ist ein demokratischer Sachzwang.»

Noch einmal Hanf: «In einer Diktatur wäre das Problem lösbar – man macht entweder mehr Druck und erschießt alle, aus deren Mund auch nur ein Rauchwölkchen kam, oder man gibt die Sache frei, basta. In einer Demokratie ist es unlösbar. Die einzigen, die sich darüber ernsthaft Gedanken machen, sind stets liberale oder linke Politiker, und gegen sie steht dann sofort die schweigende Mehrheit auf, also die Handvoll stets rechts gewirkter Schreihälse. Nicht weil sie von einer liberaleren Drogenpolitik eine wirkliche Gefahr für die Jugend befürchten, sondern ganz einfach, um diese Politiker zu diskreditieren. Man prügelt sie mit gezielten Unterstellungen wieder auf die gewünschte Kleinheit, oder man verteufelt sie, um sie beerben zu können. Um die Sache geht es dabei nur ganz am Rand, sie ist höchstens Anlaß.

Es geht also letztlich darum, wer die lautere Stimme hat. Und darum, wer die stillere Masse hinter sich weiß. Das ist stets schlecht für die Minderheiten gewesen und für die Jugend. Von den Linken weiß man ja, daß sie untereinander chronisch zerstritten sind, wegen allem und jedem. Und von den Rechten vermutet man, sie seien ein Block von Einigkeit, obwohl sie nur ein unendlicher Brei Schweigen sind, der sich für nichts außer sich selbst interessiert. Aber dadurch haben sie die verfahrene Situation. Nur ein halbwegs fortschrittlicher Politiker kann auf die Idee kommen, für eine andere Drogenpolitik zu plädieren, und er wird, aus völlig anderen Gründen, sofort einen Sturm der Entrüstung ernten. Nur konservative Politiker könnten sich erlauben, eine liberalere Drogenpolitik zu betreiben, aber die kommen natürlich nicht auf diese Idee.»

Aber in Italien hat doch auch die Christdemokratische Partei für ein Gesetz gestimmt, das zwischen den einzelnen Drogen unterscheidet?

«Koalitionshandel. Die PSI, die Sozialisten, bestanden darauf, und wir haben ihnen diesen Zipfel gegeben, um einen anderen zu bekommen. Aber Italien hat ein Staatsverständnis, das Mitteleuropäer nicht begreifen können – seit 1945 gibt es eigentlich nur eine einzige Regierungskrise, und trotzdem läßt sich ganz gut leben, sogar mit den ununterbrochenen Streiks. Das Volk hält ohnedies nichts von seinem Staat und arrangiert sich, ohne ihn als Verkehrspolizisten zu brauchen. Damit sind auch den staatlichen Repressionsmöglichkeiten Grenzen gesetzt, will man sich nicht allzuweit von der Wirklichkeit entfernen. Die DC ist eine katholische Partei, und das werden Protestanten nie verstehen. Ihr Gott ist unerbittlich und streng; die größte Tugend des Katholischen ist die Gnade, das Vergeben. Dieser Gnade wird natürlich nur teilhaftig, wer vorher gesündigt hat. Das erzeugt eine ganz andere Moral, auch in der Politik. Jeder weiß bei uns: Politiker sind korrupt. Na und? Sonst wären sie keine. In Deutschland sind sie, notabene, nicht viel weniger korrupt, doch das dürfte das Volk von keinem erfahren, dann müßte der gehen. Doppelmoral gegen Doppelmoral – welche besser ist, weiß ich nicht. In der Drogenpolitik können wir ohnedies nichts machen – da gibt es bestimmte Organisationen, die das betreiben und deren Macht auch in die Politik reicht. Was in den Gärten wächst, können wir auch nicht überwachen. Das neue Gesetz war, wie gesagt, ein Kompromiß, aber auch ein wenig Taktik hat mitgespielt. Wir kümmern uns jetzt auch *de lege lata* nicht mehr um Kleingärten. Eine stille Hoffnung: Wird so durch Eigenbau dem Markt eine Finanzkapazität von, sagen wir: 10 Prozent entzogen, ist auch die Finanzkraft jener Organisation ein wenig geschwächt. Und das wäre nicht schlecht für die Demokratie.

Sehen Sie sich doch überall in Europa um – bei den weichen Drogen hat sich eine seltsame Gleitzone entwickelt. Sie werden mit halbgeschlossenen Augen geduldet, weil es ja wirklich größere Probleme gibt, und sie werden nicht freigegeben, weil das einen furchtbaren Wirbelsturm gäbe.»

In Malaga wird, sinnigerweise vor Picassos Geburtshaus, ziemlich offen mit Hanf gehandelt. Das Haschisch kommt angeblich aus Marokko, die Blättchen wachsen im Land. Der seltsame Rhythmus der Mittelmeerländer swingt durch die Szene: Kommen allzu viele Touristen, um sich hier mit Verbotenem einzudecken, erscheint auch Polizei und greift einen Touristen – auf daß niemand denke, in Spanien würden Gesetze nicht eingehalten. Die Versorgung funktioniert in ganz Spanien, dem südlichen Klima entsprechend, hervorragend, und die dortige Legalisierungs-Bewegung hat auch ein eigenes Hanf-Kampfblatt namens *Globo*. Die Redaktion tagt stilvoll in der Nueva de San Francisco in Barcelona.

Etwas angestrengter funktioniert die Hanf-Welt in Griechenland. Der Stoff kommt aus der Türkei, wächst aber auch im Land hervorragend. Auch hier gelten die strengen Strafandrohungen vorzugsweise für Touristen, an denen jeden Sommer einmal ein Exempel statuiert werden will.

In Dänemark hat sich im Freistaat Christiania auch der freie Hanf-Markt etabliert, den die Polizei nirgendwo sonst in Kopenhagen duldet. Gelegentlich reisen Hamburger Freaks dorthin, um sich mit ein paar Krümeln einzudecken, nicht ahnend, daß der dort relativ teuer gehandelte Stoff fast stets aus Hamburg in den Norden reiste. Die Hafenstädte spielen den Schwarzen Peter ohne Karten, aber dafür in der Presse: Mal wird Hamburg als Tor zur Drogenwelt bezeichnet, mal Rotterdam, und die Häfen Skandinaviens berufen sich zurückhaltend stets auf ihre kleinen Kapazitäten.

In England ist die Sache nach wie vor verboten, und daran hat weder das berühmte Inserat des Jahres 1967 etwas geändert, das die *Times*-Leser erschreckte, noch die vielen Aktionen der Smokey Bears. Der Hanf-Markt ist jedoch bestens versorgt, und ein Beamter von Scotland Yard bezeichnet ihn als «konsolidiert – die Zahl der Konsumenten ist über Jahre hin ziemlich konstant geblieben. Neulinge und Aufhörer halten einander die Waage. Wir kümmern uns einfach nicht darum.» Wie will er dann aber über die Konsumenten Bescheid wissen. «Oh, wir beobachten natürlich genau. Deshalb wissen wir ja: kein Grund zu Besorgnis, kein Grund einzugreifen.

Wir haben ja auch schon gute zwanzig Jahre Erfahrung mit Cannabis-Politik», sagt er schließlich. «Zuerst hatten wir Angst, alle Youngsters würden uns *crazy* werden oder gar *insane*. Dann merkten wir, daß die repressive Strategie uns die Jugend vergraulte. Wir begannen, die Sache gelassen zu sehen. Und siehe da: Hanf ist nichts mehr Exotisches. Es ist für die Youngsters eine normale Droge geworden wie auch Alkohol, und mit Suff und Medikamenten haben wir schlimmere Probleme, natürlich auch mit Heroin. Hanf ist eine normale Droge, mit der gut 20 Prozent aller jüngeren Menschen umgehen lernten – *no problems*.»

Aber die Sache ist doch nach wie vor verboten?

«So what?»

12. Jugendpolitik ist Drogenpolitik

Elternabend

Nun sind wir also in die Jahre gekommen, das Thema des Buches als Konfliktstoff und ich auch. Das spürt man am deutlichsten, wird man zu irgendwelchen Parties eingeladen; rundherum schon lauter Eltern, jeder dritte etwa geschieden, Sorgen um Geheimratsecken, Bierbäuche, Schöner-wohnen-Kinkerlitzchen, und legt dann irgendwer Elvis auf, leuchten manche Augen wie die unserer Eltern bei Charleston – in seligem Rückblick und ein wenig müde. Ich will mich da nicht ausnehmen, und ich bekomme es ja auch sonst zu spüren: Gehe ich irgendwo vorbei, wo Junge paffen, wird das Ding schnell und unauffällig versteckt – ich habe einen anderen Geruch bekommen als die Szene, die wie einst wir keinem über dreißig traut, aus dem Zusatzgrund übrigens, daß man ja auch ein Bulle sein könnte.

«Ein komischer Haufen sind wir schon, wir zwischen vierzig und fünfzig», sagt eine liebe Dame. «Überhaupt nicht unter einen Hut zu bringen.» Was man so als Gastgeberin sagt, wenn es eine kleine Szene gegeben hat. In diesem Fall hatte es ein sonst ganz netter Staatsanwalt «unanständig» gefunden, daß ein Papa seinen Sohn mitgebracht hatte und der seine Pfeife. Das wäre noch nicht so schlimm gewesen, aber nun fielen fast die Hälfte der Gäste über den Rechtshüter her, und plötzlich war nur noch von Hanf die Rede. Zwei Elternpaare waren darunter, deren Kinder wegen Hanf vor dem Kadi gelandet waren, und vor deren Zorn dem

---

«... Dabei lernte ich die ‹Blumenkinder von Haight Ashbury› kennen ... Viele von ihnen waren ‹meine› Studenten. Ich lernte von ihnen, was ein ‹joint› ist ... Und ich erlebte als Vater von unmündigen Kindern, wie an einem altehrwürdigen Hamburger Gymnasium eine förmliche Haschisch-Psychose ausbrach ... bei den gutbürgerlichen Eltern und den unter Druck gesetzten Lehrern ... Ich fühlte mich herausgefordert als Vater und als Journalist. Meinen Kindern erzählte ich ... ‹Wenn ihr unbedingt haschen wollt, besorgt euch den Stoff nicht von Dealern; den besorge ich euch lieber, dann ist er wenigstens sauber.› Erklären statt Verbieten bewährte sich ...»

(Rudolf Walter Leonhardt, «Haschisch heute» in: Rausch und Realität, Köln 1981)

Ein Mann klärt auf

Schonungslos, ja brutal müsse die Aufklärung über die verschiedenen Rauschgifte und deren verheerende Wirkung auf den Körper und die Seele betrieben werden, wenn sie einen jungen Menschen vor der Sucht bewahren solle. Nach dieser Devise hält der Zolloberamtsrat Günter Speckmann aus Hamburg in der Zolltechnischen Prüf- und Lehranstalt Rauschgiftseminare für Schulklassen ab.

Dazu gehört natürlich, vor den unheimlichen Tricks der Verführer zu warnen ...

Zu diesen Tricks gehört zum Beispiel die winzige Menge Heroin, die in Diskotheken heimlich in halb ausgetrunkene Gläser getan wird. Speckmann: «Die Jugendlichen merken es nicht, sie erfahren nur, daß es ihnen an diesem Abend besonders gut gefällt, viel besser als sonst. Daher streben sie am nächsten Tag wieder in dieselbe Diskothek, um von neuem in den Genuß des Gefühls von Unbeschwertheit und Glück zu kommen. Der Trick vom Abend vorher wird dann von den

Rauschgifthändlern wiederholt, vielleicht danach noch ein- oder zweimal. Anschließend aber lassen die Dealer die Kinder zappeln: Keine Pille, keine Stimmung – die ersten Entzugserscheinungen stellen sich ein. Heroin kann schon nach dreimaligem Genuß zu psychischer Abhängigkeit führen. Wenn die Dealer ihren Opfern dann Drogen anbieten, greifen viele zu.»

Und dazu gehört auch die schreckliche, brutale Konfrontation mit der Sache selbst:

«So, nun kommt mal her, riecht mal ordentlich», heißt es dann im Laufe des Seminars. Bläulicher, süßlich riechender Rauch kräuselt sich. Die ersten rümpfen die Nase, husten, schlucken, ziehen sich zurück. «Wenn es auf einer Party oder in einer Disko mal so riecht, dann nichts wie raus, denn dort wird mit Sicherheit gehascht», erläutert Speckmann seinen jungen Zuhörern (ab Klasse acht) und schwenkt den schwarzen Löffel über dem Bunsenbrenner, damit auch jeder etwas von dem Rauch abbekommt.

(Frankfurter Allgemeine, 7.3.1980)

Staatsanwalt auch der Hinweis nicht half, daß ja *er* das Gesetz nicht gemacht habe. «Dann laß die Leute kiffen, wenn sie wollen», bekam er zu hören. «Aber es ist nun einmal verboten», erwiderte er und: «Wo kämen wir denn hin, wenn *alle* Gesetze nicht beachtet werden.» – «Wenn es so blödsinnige sind ...» Die Stimmung war im Eimer.

Eine schwierige Situation für Eltern, gerade in dieser Altersgruppe, die den Stoff selbst noch nicht oder damals doch schon persönlich kennenlernte. Ich werde von ihnen gelegentlich um Rat gefragt, aber ich kann keinen geben.

Jeder Drogenberater kennt diese Situation: Eine verzweifelte Mama kommt hereingeschneit, im Schlepptau eine bockige oder verstörte Leibesfrucht: «Mein Kind nimmt Haschisch – was soll ich jetzt tun?» Manche Eltern waren empört darüber, daß viele Drogenberater dann zuerst einmal lachten und im übrigen den Rat gaben, die Sache nicht so tragisch zu nehmen. «Das ist doch nicht zu fassen», bekomme ich zu hören. Doch, es ist. In den Beratungsstellen kommen meist ganz andere Probleme zur Sprache: Verzweifelte Heroin-Situationen, an deren Anfang oft ein verzweifelnd schmerzhafter Vertrauensriß zu den Eltern stand; drohende Gefängnisstrafen; Panik vor einer Rechtsmaschinerie, in die jemand zu geraten droht; Vermittlung von Therapienplätzen bei schwerer Opiat-Abhängigkeit ... Hanf ist für die Drogenberatungen wirklich kein Problem. Nur ganz, ganz selten kommen Typen, die das Gefühl haben, mit der Sache nicht klarzukommen. Was soll man denen sagen? Laß die Finger davon. Mehr ist nicht zu tun. Es gibt keinen «Cannabis-Entzug», nicht einmal mehr bei besonders ehrgeizigen Ärzten in Provinz-Krankenhäusern, und auch keine *Therapie für Kiffer*. Alle paar Jahre meldet sich zwar in irgendeinem Bundesland irgendein Typ, meist in der Hoffnung auf Zuschüsse, und behauptet, er hätte eine erfunden, aber derlei darf getrost vergessen werden. Was sollte es auch an therapeutischen Möglichkeiten bei Hanf geben können? So was wie Alkohol-Entzugs-Therapie? Nicht zu vergleichen, denn Alkoholismus ist ein objektiv feststellbares Krankheitsbild, und der oft erwähnte Cannabismus ist ein Konsum-Muster, dessen begleitende Störungen andere Ursachen haben: Mit der Umwelt nicht zurande zu kommen, in 99 von hundert Fällen (so es so viele gibt), aus Gründen, die nichts mit Hanf zu tun haben. Wer seine Sorgen übermäßig verpaffte – «sich zurauchte», heißt das in der Szene –, hatte eben die Sorgen, und gegen diese Probleme kann manchmal mit Psychotherapie

Herr Mellenthin, Drogen-Chef von Baden-Württemberg, mit seinem Musterkoffer für Schulaufklärung, 1980

angegangen werden, aber das ist dann keine Drogentherapie. Aber, und das darf nicht vergessen werden: Das gilt nur für einen Bruchteil von Hanf-Konsumenten, und der ist nach allen Erfahrungen nicht größer als unter Nicht-Konsumenten. Ein allgemeines «Jugendproblem».

Was sich hierzulande «Drogenaufklärung» nennt, hat allzu lange auf den «Abschreckungseffekt» gesetzt, mit dem Ergebnis, daß sich Eltern unnötige, nämlich falsche Sorgen machten und für die Jungen der ganze Zinnober unglaubwürdig wurde. Der Schaden, der so angerichtet wurde, wird uns allen noch lange zu schaffen machen.

In Wien hat sich die Praxis eingebürgert, daß Kiffer, die von der Polizei das erste Mal gegriffen werden, zunächst einmal zu den Drogenberatungsstellen geschickt werden. «Das hat sich ganz gut eingespielt», sagt ein lieber Arzt, der dort ehrenamtlich mitmacht, «und wir können so meistens verhindern, daß die Typen unnötig kriminalisiert werden. Aber was sollen wir denen schon groß sagen können? Daß sie damit vernünftig umgehen lernen sollen, wozu natürlich auch gehört, sich nicht wieder erwischen zu lassen.»

Eltern, die das Zeug in jüngeren Jahren selbst kennengelernt haben oder gar selbst noch kiffen, haben es da leichter, wenn auch nicht unbedingt. Ich kenne Väter, die sich von ihren Söhnen bedealen lassen und umgekehrte Konstellationen, aber der grundsätzliche Schmerz bleibt auch ihnen nicht erspart: Daß sich die Kinder einmal abnabeln müssen und, falls die Elternbindung eine sehr starke war, eine Weile ganz schön und nicht schön herumflippen, bis sie dann – hoffentlich! – eigenen Boden unter die eigenen Füße bekommen.

Die wirkliche Problemsituation entsteht immer erst, wenn es ein Kind «erwischt» hat, wenn also ein Verfahren ins Haus steht. Da ist vieles möglich, von Panik – in einem Richter-Haushalt; es war schrecklich – über den seltsamen Verweis «Was warst du für ein Trottel, dich erwischen zu lassen!» bis zu Solidarität. Ich will hier wirklich nicht herunterspielen oder besänftigen. Auch wenn die staatlichen Reaktionen nicht mehr immer maßlos überzogen sind, müssen sich Eltern mit dem Gedanken abfinden: Mein Kind ist künftig vorbestraft, es wird im einschlägigen Computer geführt, unter BTM, ohne daß dabei präzisiert wird, *welches* unerlaubte Rauschmittel zu dieser Vorstrafe führte. Mein Kind wird nun staatlich als BTM-Täter gehandelt, und dieser schwarze Punkt wird es begleiten, an Grenzkontrollen, bei Bewerbungen für den öffentlichen Dienst, er wird den Schulbehörden bekannt sein ... Schreckliche Gedanken, ich weiß, aber ich möchte alle Eltern inständig bitten, sich vor dem Wahnsinn zu bewahren, dieses Schlimme ihren Kindern zum Vorwurf zu machen oder nachzutragen. Sie haben Verbotenes getan, aber dieses Verbotene steht

Aufkleber der rechtsextremen
«Anti-Drogen-Koalition», 1980

Beste Tradition

Onanie (Selbstbefleckung) gehört zum
Gebiet der fleischlichen Verbrechen
und besteht in einer widernatürlichen
Selbstbefriedigung des Geschlechts-
triebs, wodurch geistige und körperliche Schwäche, Entartung und gänzliche Zerrüttung eintritt.

Dieses Elend, welches außerdem
auch noch Nachkrankheiten als Hysterie, Hypochondrie, tiefe Gemüts-
störung usw., sowie männliches
Unvermögen und weibliche Unfruchtbarkeit zur Folge hat, entsteht meist
durch Verführung und ganz besonders
aus einer zu üppigen Nahrung der
Kinder.

Zeichen dieses Lasters sind folgende: Verschlossenes Gemüt, Ver-
drießlichkeit und Unlust zum Spiel und
zur Arbeit. Schüchternes Benehmen.
Derartige Kinder oder Jünglinge entziehen sich merklich fremden Beobachtungen, halten sich gern an einsamen
Orten, z. B. in der Kammer allein auf,
bleiben gern im Bett wachend liegen,
haben die Hände unter der Decke, im
Schlafe immer an den Geschlechtstei-
len. Desgleichen suchen sie mit Vorliebe oft den Abtritt auf.

Nach dem Verlassen solcher einsamen Orte erscheinen sie erregt, mit
gerötetem Gesichte, eigentümlichem
Glanz der Augen, beschleunigtem
Herzschlag und Atem.

Im übrigen graublasse, erdfahle Ge-
sichtsfarbe, Blässe der Lippen, bläuli-
che Augenlider, Ringe um dieselben,
unstäter Blick, Flecken in der Wäsche.
Dann Mattigkeit, nebst allgemeiner
Abmagerung bei starkem Appetit,
welke Haut, leicht eintretender
Schweiß, Zittern, Rückenschwäche,
dumpfer Schmerz in Schenkeln und
Waden.

Nach und nach wird die Sprache stotternd, die Stimme schwach, das Haar
glanzlos, spaltet sich an den Enden und
fällt leicht aus.

Kurvorschrift: Dieses große Übel
muß man durch nachfolgende Maßre-
geln, welche gewissenhaft und streng
durchzuführen sind, zu verhüten und
zu heilen suchen.

Ist dieses Laster eingetreten, dann
muß das betreffende Kind auch auf die
Gefährlichkeit der That aufmerksam
gemacht werden, was besonders von
dem Vater, dem Erzieher, dem Schwager oder Onkel, dem Arzte oder anderen Personen, welche dem Kinde eine
gewisse Autorität sind (die es also ge-
bührend respektiert), geschehen muß.
Auch müssen selbst nach Umständen
Strafen erfolgen.

Vor allem müssen die Eltern ein sehr

421

scharfes Auge auf das Kind haben, man lasse es nicht in einem Zimmer allein schlafen, auch scheue man die Mühe nicht, mehrmals des Nachts an sein Lager zu treten und die Decke, ohne Rücksicht ob es schläft oder wacht, zurückzuschlagen. Von solchen Untersuchungen und Durchsuchungen bedroht, wird das betreffende Kind die Ausführung seines Lasters nicht mehr wagen; im Fall es dies dennoch thut, so lege man ihm recht grobe Handschuhe ohne Finger an, welche am Handgelenk recht fest verknüpft werden.

Auch kann man dem Kinde ein im Schnitt vollständig geschlossenes, für den Rumpf und die Gliedmaßen einheitliches Kleid nachts über anlegen, wodurch dann selbst die härtesten kleinen Sünder mürbe gemacht werden.

Auch drohe man mit dem Arzte.

Kein Laster ist auf der ganzen Welt so weit verbreitet, wie dieses, keines so leicht auszuüben, wie dieses; leider ahnt die große Mehrzahl der Onanisten nicht das Verderbliche ihres Thuns, öffnet man ihnen aber die Augen, so lassen sie meist das Laster.

Onanie, geistige, welche meist von schon reiferen Jünglingen und Mädchen getrieben wird, ist eine in der Phantasie sich vergegenwärtigende Geschlechtsbefriedigung, welcher sich der Kranke ohne jede Kontrolle der Angehörigen hingeben kann. Die Folgen sind ebenso verheerende wie bei der physischen, treffen jedoch vorwiegend die geistige Tätigkeit.

(F. E. Bilz, Das neue Naturheilverfahren, Leipzig 1907)

Erhebliche Gefahren durch Haschisch

Art und Verlauf der Wirkung von Haschisch sind für den einzelnen nicht voraussagbar. Jeder Probierer ist gefährdet durch mögliche Angst- und Panikanfälle, Sinnestäuschungen, Wahnideen. Mitunter werden schizophrenieartige Geisteskrankheiten ausgelöst. Im akuten Rauschzustand sind u. a. Koordination und Konzentration vermindert, es besteht Selbst- und Fremdgefährdung im Straßenverkehr. Bei monatelangem täglichem Konsum wird die Persönlichkeit schwer geschädigt durch starke seelische Abhängigkeit von der Droge, Interessenverlust, Apathie, schleichende Intelligenzminderung und soziale Verwahrlosung. Die körperliche Abwehrlage wird geschwächt. Genetische und hirnorganische Schäden werden vermutet.

Es ist schwer, Drogenmißbrauch oder Abhängigkeit zu erkennen. Viele Eltern merken erst nach längerem Mißbrauch, daß ihre Kinder Drogen nehmen oder abhängig sind.

Sichere Anzeichen gibt es nicht

Alle für den Laien erkennbaren Symptome können auch andere Gründe haben. Drogenmißbrauch oder Abhängigkeit kann sich äußern in:

körperlichen Störungen wie häufigen Kopfschmerzen, Neigung zu Schwindel, Ohnmachten, Herz-, Magen- und Darmbeschwerden, Menstruationsstörungen, Angstzuständen, depressiven Verstimmungen, blasser und fahler Haut, Zittern die Hände, verwaschener Sprache;

psychischen Störungen wie Überempfindlichkeit, Mißtrauen, Ängstlichkeit, Stimmungsschwankungen von «himmelhochjauchzend» bis «zu Tode betrübt», leichter Ermüdbarkeit, Interessenlosigkeit bis hin zur Apathie, Lern- oder Leistungsschwierigkeiten;

Leistungsabfall in der Schule, in der Ausbildung und am Arbeitsplatz ohne erkennbaren Grund;

plötzlicher Lösung von Freundschaften und nachfolgend ständig wechselnden Bekannten;

auffallender Interessenlosigkeit, Aufgabe von Hobbys ohne neue zu entwickeln;

resignatorischer Lebenseinstellung,

Pessimismus und Meinungsschwankungen.

Drogenabhängigkeit verändert Ihr Kind völlig. Es lügt, stiehlt und verspricht alles, um an Drogen zu kommen. Es wird kriminell und verwahrlost bis hin zur Prostitution.

Was Eltern nicht tun dürfen:
Geben Sie Ihr Kind nie auf; manchmal können Rückfälle Schritte auf dem Weg zur Überwindung der Abhängigkeit sein. Auch das Gefängnis muß nicht Endstation bedeuten;

sehen Sie den sozialen Folgen des Drogenmißbrauchs wie Kriminalität, Prostitution und Verwahrlosung ins Auge, verharmlosen Sie sie nicht und decken Sie sie nicht. Jedes Zudecken ist ein Schritt weg von den Chancen der Heilung Ihres Kindes;

verheimlichen Sie nicht die Drogenabhängigkeit Ihres Kindes;

schämen Sie sich nicht, denn Drogenabhängigkeit kann auch in der Familie Ihrer Nachbarn auftreten;

geben Sie Ihrem drogenabhängigen Kind niemals unkontrolliert Geld, denn es wird dieses sofort in Drogen umsetzen.

Weiteres Informationsmaterial und ein Verzeichnis aller Beratungsstellen erhalten Sie kostenlos von der

Bundeszentrale für gesundheitliche Aufklärung, Ostmerheimer Straße 200, 5000 Köln (1981)

Die Kriminalpolizei rät: Verderben Sie dem «Hasch» den Markt!
Ein 14jähriger Schüler bestahl seine Eltern, verkaufte die «Beute» und beschaffte sich vom Erlös Drogen.

Ein 19jähriger erschoß seine Mutter. Er stand unter dem Einfluß einer Überdosis Rauschgift.

(Flugblatt der Arbeitsgemeinschaft der Leiter der Landeskriminalämter mit dem Bundeskriminalamt, BRD-weit verteilt)

---

in keinem Verhältnis zu den Folgen, für die *sie* nicht verantwortlich zu machen sind. Wo selbst viele Erwachsene die staatliche Überreaktion auf diesem Gebiet nicht mehr verstehen können, wäre es zuviel verlangt, dafür von den eigenen Kindern Verständnis oder Respekt zu fordern.

«Du hättest doch wissen müssen, daß du dir damit dein Leben zerstörst.» – «Gibt dir das Zeug denn wirklich so viel, daß du jetzt mit *diesen* Schaden leben mußt?» – «Und was willst du jetzt – *wir* können dir da nicht mehr helfen.» Klassische Elternsätze, verständlich, aber falsch. Sie helfen nicht.

Was soll ich sagen? Eltern vergessen leicht, wie sie selbst in jenem Alter waren, oder sie haben ihre Erinnerungen frisiert, als wären sie Bilanzen. Eltern haben als Jugendliche der Nachkriegszeit auf dem Schwarzmarkt mitgemischt, und das Risiko, dabei erwischt zu werden, war gering. Auch der Respekt vor den Verboten, was diesen Markt betraf. So ähnlich geht es heute vielen Jungen mit Hanf – man weiß ja, das es verboten ist, aber fast jeder macht's, und überhaupt ... Das heißt nicht, daß die Sache in Ordnung ist. Sie ist nur eine Tatsache, genausowenig schön wie der Schwarzmarkt der Nachkriegszeit, genauso wirklich, genauso verboten.

NORMALES VERHALTEN.

VERHALTEN UNMITTELBAR NACH GENUSS VON MARIWANNA.

(Gerhard Seyfried, Wo soll das alles enden? Berlin 1978)

Unter dem Einfluß einer Haschisch-Zigarette hat ein Schimpanse in Las Palmas Schrecken verbreitet. Gäste einer Bar, dessen Besitzer der Schimpanse gehörte, hatten das Tier aus Spaß einen «Joint» rauchen lassen. Die Wirkung der Droge auf den Affen war zunächst drolliger Übermut, dann aber gefährliche Aggressivität. Der Schimpanse griff erst die Gäste an, zertrümmerte Flaschen und Regale und sprang wie ein Wilder im Lokal umher. Dann stürmte er auf die Straße und verfolgte die in Panik in Hauseingänge flüchtenden Passanten. Eine Polizeistreife erschoß den wildgewordenen Affen schließlich.

(Süddeutsche Zeitung 21. 3. 1980)

Und die staatlichen Mittel, Verstöße gegen Verbote zu bestrafen, aus *präventiven Gründen* heißt es immer, obwohl da das Kind schon im Brunnen liegt, sind unglaublich perfekter geworden. Auch die staatliche Hartnäckigkeit, Verbotsverstöße über das Strafmaß hinaus durch Brandmarkung zu bestrafen.

Ich müßte fragen: Haben Sie das Gefühl, einen künftigen Verbrecher erzogen zu haben, oder finden Sie, Ihr Kind sei schon ganz in Ordnung, kleine Schatten insbegriffen? Ich weiß: Eine böse Fragestellung, denn sie ist eine nach Ihrem Selbstverständnis. Ich müßte vielleicht noch unfairer fragen: Wer steht Ihnen im Zweifelsfall näher – Ihr Kind oder Ihr Staat? Und vergessen Sie bei der Antwort Mutter- und Vater-Instinkte; das Problem ist komplexer.

Sprechstunde

Was ist nun eigentlich das Cannabis-Problem?

«Die Droge ist nicht akzeptiert», höre ich.

So einfach ist das nicht. Sie ist *staatlich* nicht akzeptiert, *gesellschaftlich* jedoch bereits weitgehend. Ähnliche Diskrepanzen zwischen staatlichen und gesellschaftlichen Normen gibt es auf vielen Gebieten, allein schon deshalb, weil staatliche Maßnahmen *ursprünglich präventiven* Charakter haben, sehr bald aber, werden sie gesellschaftlich nicht «angenommen», nur noch einen repressiven und den Tatsachen hinterherhinkenden. Unsere Drogengeschichte ist in dieser Beziehung sehr aufschlußreich: Auch gegen Tabak und Kaffee gab es Gesetze. Sie waren nicht zu halten. Andere, ursprünglich nicht gesetzlich bedachte Drogen wie Opiate entwikkelten sich zu einer derartigen Problempotenz, daß gesetzliche Normierungsversuche notwendig wurden.

Wie ist es nun mit Hanf? Zumindest die letzten fünfzehn Jahre leben wir mit der verbotenen Sache. Welches Ergebnis? Trotz Verbots wird die Sache von der überwältigenden Mehrheit der Bevölkerung unter 35 als eine *Normaldroge* akzeptiert, nur vom Gesetz als «Rauschgift» bezeichnet. Man kifft oder nicht, wie man trinkt oder nicht. Und wer es selbst nicht tut, sieht darin keinen Anlaß, jetzt seine Beziehungen zu einem Kiffer abzubrechen. Im Arbeitermilieu ist die Sache weniger verbreitet als in Bevölkerungskreisen mit höherer Schulbildung, aber die Grenzen sind fließend, und auf dem Land ist die Sache begreiflicherweise weniger bekannt als in den Städten. Befragungen und Untersuchungen, die in Städten durchgeführt wurden, ergeben etwa dieses Bild in der Bevölkerungsgruppe zwischen 20 und 35: Mehr als 40 Prozent haben die Sache zumindest einmal versucht, daran aber keinen oder keinen sonderlichen Gefallen gefunden (ich persönlich würde diese Zahl geringer ansetzen, denn es ist anzunehmen, daß sich, ähnlich wie bei Sex, viele nur mit solchen Erlebnissen brüsteten); 15 bis 17 Prozent rauchen gelegentlich Hanf, wobei Gelegenheit die Kiffer macht; 8 bis 10 Prozent rauchen mehr oder minder regelmäßig. Trotz aller Meinungsmache hielten 79 Prozent der Befragten Hanf für eine harmlose Sache, über die – «Jeder soll nach seiner Fasson selig werden» – kein Aufhebens zu machen wäre. In der Gruppe der Fünfzehn- bis Zwanzigjährigen liegen die Zahlen, was die

---

«Im langen Lauf der Geschichte haben Blumen immer gegen
Zäune gesiegt und die Jungen immer über die Alten.»
(F. Dutton, Rektor der University of California, 1969)

---

17. Jahrhundert: Der Fürst des Klein-staates Waldeck zahlt jedem zehn Ta-ler, der einen Kaffeetrinker denun-ziert.

17. Jahrhundert: In Rußland läßt Zar Michael Fjodorowitsch jeden hinrich-ten, in dessen Besitz Tabak gefunden wird. «Zar Alexej Michailowitsch er-klärt, jeder, bei dem Tabak gefunden wird, ist so lange zu foltern, bis er den Namen desjenigen preisgibt, von dem er den Tabak bekommen hat.»

ca. 1650: Der Tabakkonsum ist in Bayern, Sachsen und Zürich untersagt, aber die Verbote sind unwirksam. Sultan Murad IV., Herrscher des Otto-manischen Reiches, verkündet die To-desstrafe für Tabakrauchen: «Wo auch immer der Sultan auf seinen Reisen und militärischen Expeditionen hinge-langte, stieg die Zahl der Hinrichtun-gen entsetzlich an. Selbst auf dem Schlachtfeld liebte er es, seine Männer beim Rauchen zu ertappen und sie durch Enthaupten, Erhängen, Vierteilen oder Zerquetschen ihrer Hände und Füße zu bestrafen ... Doch trotz all der Schrecken dieser Verfolgungen ... ließ die Leidenschaft für das Rauchen nicht nach.»

1691: In Lüneburg (Deutschland) wird das Tabakrauchen mit dem Tode bestraft.

1921: Zigaretten sind in vierzehn amerikanischen Bundesstaaten verbo-ten, in 28 weiteren Staaten liegen 92 Gesetzesentwürfe vor, die den Ziga-rettenkonsum für illegal erklären. Junge Frauen werden wegen Zigaret-tenrauchens von den Universitäten ver-bannt.

(Thomas Szasz, Das Ritual der Drogen, München 1979)

«Probierer» betrifft, etwas höher, auch bei den Gelegenheitskonsumen-ten, doch auch hier dürften die oben geäußerten Bedenken gelten.

Wir leben in einer Gesellschaft, deren Regierungen und Parteien we-gen allem und jedem demoskopische Institute beschäftigen. Es ist doch mehr als eigenartig, daß *eine* Frage noch nie gestellt wurde: «Sind Sie für eine Entkriminalisierung von Hanf-Rauchern?» Ein Beamter im Gesund-heitsministerium: «Gott bewahre! Dann könnten wir unser ganzes Gesetz wieder umschreiben!»

Die Toleranz und Akzeptanz, Hanf betreffend, nimmt bei den Bevöl-kerungsgruppen höheren Alters treppenweise ab, um in einem aus ande-ren Gründen bedingten Desinteresse zu enden. Doch auch hier scheint etwas in Bewegung zu sein – Eltern mit kiffenden Sprößlingen denken anders über die Sache, als sie einmal gelernt haben.

Vor diesem gesellschaftlichen Hintergrund macht das *staatliche* Hanf-Verbot den Eindruck eines mit immer härteren Mitteln ausgetragenen Rückzugsgefechts.

Wortmeldung aus der linken Ecke: «Das Haschisch-Verbot ist die aller-bequemste Sache für die staatliche Politik der allgemeinen Jugendunter-drückung. Man braucht niemanden wegen seiner abweichenden Meinung zu verfolgen – was ja manchmal, siehe Berufsverbot, im Ausland schlech-ten Eindruck macht –, man braucht ihm nur in die Tasche zu langen, denn einen Krümel haben ja die meisten. Die Unterdrückungsmaschine läuft eben nun mit der Begründung: Kampf gegen Rauschgift!»

Soweit möchte selbst ich nicht gehen, denn «der Staat» ist ein Verwaltungsapparat und zuvörderst mit «laufenden Geschäften» befaßt. Daß die, in der Hoffnung auf reibungslose Perfektion, oft mit Mitteln und auf eine Weise betrieben werden, die Verschwörungstheorien – Staat gegen Bürger – fördern, liegt am Wesen dieses Apparats. Es sind allesamt manchmal liebe Beamte, oft aufgeschlossen, dann wieder von «bleibenden Werten» besessen, die sich dem Ziel, alles noch besser, noch praktikabler, noch vernünftiger, noch effizienter zu gestalten mit geradezu irrationaler Hingabe widmen. Irrational, denn: Der Mensch paßt gar nicht zu diesem so schönen erträumten System. Sicher, er braucht seine Ordnung, aber nicht zuviel, er will Verkehrsregelungen, aber keine Gängelung. Man weiß das und versucht daher, dementsprechende Regelungen noch präziser auszuarbeiten. Ein Paradox. Viele menschliche Bereiche sind normativ nicht zu erfassen – aber das hieße auch für den Staatsapparat, gerade vor diesen Bereichen zu resignieren, wo es doch sooo viel zu tun gäbe. Also wird angepackt, nicht einmal mit bösen Hintergedanken, aber mit Beamtennaivität, die sich wieder zu Recht empört, will man ihr Verschwörungsgedanken unterstellen.

Das wird schon am Beispiel «Jugendschutz» deutlich, vom pseudo-pädagogischen Hochmut vieler seiner Bereiche abgesehen. Er *kann* nicht funktionieren, weil viele Jugendliche gar nicht geschützt werden wollen und ihre Identität gerade im Sprung über die fürsorglich errichteten Laufgitter suchen in der Hoffnung, damit aus diesem Betütelt- und Entmündigtsein in das Gehege der Erwachsenen, in die scheinbare Freiheit zu gelangen.

Bei Hanf sind die Probleme des Apparats noch viel größer. Die Sache wurde über viele Jahre in allen Gefährlichkeitsgraden verteufelt und mit allen Mitteln bekämpft, und jetzt soll man zugeben, daß all dies nichts brachte außer Probleme? Da steht schon die *Ideé fixe* des Staatsdieners entgegen, doch dem Volkswohl zu dienen. Man wurde zum Gefangenen

ICH RAUCHE HASCHISCH

weil mir von Förstermeister immer schlecht wird...

Wohl kaum eine Diskussion ist in den letzten Jahren so emotional geführt worden wie die Diskussion um die Liberalisierung des Cannabis-Gebrauchs. «Kein Knast für Hasch» propagierte die Jugendorganisation der Freien Demokraten und meinte damit die Entkriminalisierung von Cannabis-Konsum wohl nach dem Vorbild der Holländer. Bei ihnen zählt seit 1976 der Eigenverbrauch nicht mehr zu den Vergehen, sondern zu den – weniger hart bestraften – Ordnungswidrigkeiten. Der bundesdeutsche drogenpolitische Standpunkt zeigt nach wie vor keinerlei Bestrebungen, die in Richtung Entkriminalisierung gehen.

(Bernd Georg Thamm, Frankfurter Rundschau, 17. 4. 1982)

Es ist kein Zufall, daß bewußtseinserweiternde Drogen zuerst von den Künstlern und später auch von jungen Forschern und Studenten besonders stark verwendet wurden.

(Volbehr)

Die Ursache des weltweiten Konsums von Haschisch, Opium, Wein und Tabak liegt weder im Geschmack noch im Genuß, weder in Entspannung noch Heiterkeit, sondern einfach im Bedürfnis eines Menschen, vor sich selbst die Ansprüche des Bewußtseins zu verbergen, denn der Mensch ist sowohl spirituelles als auch ein animalisches Wesen.

(Leo Tolstoi)

der selbst in Auftrag gegebenen Schreckensvisionen, was alles geschehen *könnte,* würde eine Schleuse geöffnet. Man müßte schon eine überirdische Fähigkeit zum Eingeständnis aufbringen, falsche Wege gegangen zu sein. Und was geschähe dann, wo man doch immer alles prinzipiell sehen will? Generalprävention, Individualprävention, all das, womit «Strafbewehrung» begründet wird ...? Gut, man hat vielleicht *selbst* geirrt, hat die Sache für gefährlicher gehalten, als sie tatsächlich ist ... aber *der Staat kann nicht irren.* Und er ist auch ein Gefangener im selbst mitgezimmerten Gehege von Verträgen, von Sachzwängen und so weiter. Gott sei Dank. «Eine Änderung des Cannabis-Verbots kommt nicht in Frage», heißt es schließlich. Es gibt eben so unendlich viele Gründe.

Es sind alles nette Beamte, die das sagen. Manche kiffen selbst und finden das alles sehr traurig. Die Situation ist eben heillos verfahren, und sie sind ihre Gefangenen. Ja, die derzeitige Regelung ist ungerecht, eine unberechtigte Härte in vielen Fällen, und das ist ja nicht nur bei Hanf, sondern auf so vielen Gebieten, zum Beispiel ... Weiter zur Tagesordnung, bevor die Lawine ähnlicher Probleme über uns zusammenschlägt.

Vielleicht ist es nur dies: Der Staatsapparat, als Problemlöser eingerichtet, überschätzt seine Fähigkeit dazu und reagiert deshalb so oft falsch, mißverständlich und schadend.

Viele Stimmen: «Dann wäre doch das Einfachste und Vernünftigste und Problemloseste, die Sache einfach zu legalisieren!»

Wer war denn das schon wieder? Dagegen sprechen nicht nur die bereits angedeuteten «Sachzwänge», sondern auch eine Reihe anderer Bedenken. Wir leben ja mit einer ganz allgemeinen Drogenproblematik, vor deren Hintergrund das gesehen werden müßte.

Ein Zwischenruf: «Die beste Droge ist ein klarer Kopf!»

Sehr richtig, Udo Lindenberg. Gehen Sie mal mit gutem Beispiel voran! Ich persönlich finde den Spruch übrigens doof.

Ein Diakonissinnenstimmchen: «Aber es wäre doch wünschenswert, wenn die Menschen überhaupt ohne Drogen leben könnten.»

Herr Heckmann (schon wieder! Noch nicht genug blamiert?): «Wozu ist die Droge eigentlich nütze? Bisher konnte keiner der Haschisch-Apostel diese Frage schlüssig beantworten. Denn nützlich sind Drogen mit Sicherheit nur für einen: für den Händler. Und das ist unabhängig von Legalität oder Illegalität. In der Illegalität wird der Profit durch die Höhe des Preises bestimmt, in der Legalität durch die Masse.»

Was Sie nicht alles wissen. Ihre Relativitätstheorie der Drogenökonomie müssen Sie mir einmal erklären, das möchte ich begreifen. Oder waren Sie das gar nicht? Das klang schon so zart wie die moralische Dame.

Aber zur Sache: Natürlich wäre es schön, ohne Drogen zu leben. Seit es die Menschheit gibt, wird das vorgeschlagen. Wann war das der Fall? Angenommen, der Apfelbaum des Paradieses war Calvados – warum haben die beiden danach gegriffen? Weil sie sein wollten wie Gott, lese ich. Vielleicht ist es das, warum die Menschheit immer von Drogen fasziniert war (übrigens auch von Sex und Mystik). Das Bedürfnis nach Ekstase, nach dem außergewöhnlichen Zustand, könnte *ein* Grund sein, wobei die chemische, also die durch Drogen, stets den geringsten Respekt genoß. Vielleicht hat der alte Goethe recht, wenn er das Bedürfnis nach Rausch zur Natur des Menschen zählt. (In der griechischen Bibelausgabe ist die verbotene Frucht übrigens Wein, und auch danach schämten sich die ersten Menschen wie wir nach jedem Rausch.)

Wozu eine Droge «nütze» ist, können Mediziner und Pharmazeuten beantworten. Es gibt *keine* unnütze. Wozu sie sonst genommen wird, muß jeder einzelne Gebraucher beantworten. Ich halte es allerdings für gefährlich, wenn ausgerechnet verklemmte Moralisten das «Nützlichkeitsargument» in die Drogendiskussion einbringen wollen. Denn wer Drogen als «Lebenshilfe» sieht, etwa gar als Krücke, damit langzukommen, wird auf die Nase fallen. Drogen sind (außer für den Arzt) keine Hilfe und keine Lebenshilfe. Sie gewähren höchstens einen *vorübergehenden* Ausflug von der Realität, wobei dieses Bewußtsein nötig wäre. Und sie fordern für diesen Ausflug ihren Preis, vom Kater angefangen.

Drogen sollten kein Thema moralischer oder moralinsaurer Betrachtungen sein. Sie sind alt wie die Menschheit, die mit ihnen immer wieder leben lernen muß.

Wer über die zunehmenden Drogenprobleme jammert, muß auch fragen: In welcher Gesellschaft leben wir, daß unser Bedürfnis, wenigstens vorübergehend auszubrechen, so zugenommen hat?

Die Szene wird etwas chaotisch – immer mehr *Legalize-it*-Chöre. Ja, also was dann?

«Man könnte die Sache aus der Apotheke beziehen, unter staatlicher Qualitätskontrolle», sagt Herr Zumpfort.

«Aus dem Zigarettenautomaten an der Ecke! Oder, von mir aus, ab achtzehn aus dem Tabakladen!»

War das ein Freak oder ein Herr von der Industrie?

Laute Protestschreie: «Wollen wir denn noch mehr Drogen?! Wir haben doch schon mit den jetzt legalen genug Probleme!»

Da ist was dran, aber: Ist nicht der Hanf mittlerweile auch eine Droge mit fast derselben Verbreitung? Und macht nicht die Illegalität samt Folgen die Sache noch problematischer?

Ein alter Hippie meldet sich, vermutlich aus den Sechzigern stammend: «Ich bin gegen eine Legalisierung. Das ist ja der Reiz an der Sache, daß sie verboten ist. Wenn ich mein Dope aus dem Laden holen kann, macht es doch gar keinen Spaß mehr, und ich müßte mich nach was anderem Verbotenen umsehen. Und da gibt es weit und breit nichts Harmloseres.»

Da ist auch was dran, aber: Wer heute zu kiffen anfängt, denkt da nicht mehr so kleinbürgerlich-revoluzzerisch.

Die Szene wird noch chaotischer. Alle schreien durcheinander, und die unauffällig-auffälligen Herren, die schon von Anfang an dabei waren,

---

Wir können uns schwer davon eine Vorstellung machen, daß aus unserem Leben alle Genußmittel verschwinden, und viele glauben kaum, daß wir sie alle würden entbehren können.

(Carl Hartwich, Die menschlichen Genußmittel, ihre Herkunft, Verbreitung und Geschichte, Leipzig 1911)

---

werden allmählich auffällig und machen sich bereit, ihre Ordnung wieder herzustellen.

Ein älterer Herr erhebt sich: «Jeder verstößt ja zuweilen gegen dennoch zu respektierende Ordnungen, wenn er nicht ganz darauf verzichten will, sein eigenes Leben zu leben ... Ich bleibe heute wie vor zwölf Jahren dabei: In einer intakten, liberalen, aufgeklärten Gesellschaft kann und darf der Konsum und (keiner kann konsumieren, was er nicht hat) Besitz von Haschisch kein mit schweren, mit Haftstrafen belegbares Delikt sein.»

Wütende Proteste von rechts, Gelächter von links. Nein, das ist ungerecht. Herr Leonhardt hat sich wieder einmal als einer der seltenen wirklichen Liberalen gezeigt. Vielleicht hat er sich nur im Land geirrt.

Vielleicht Privatsache?

Das Volk der Dichter und Denker hat es wohl nie nötig gehabt, auf einen Ausländer zu hören, noch dazu einen Juden und schon 1677 gestorben. Man konnte sich ja an Kants mißverstandenes *an sich* halten und an die wiederentdeckte preußische Staatsphilosophie, und die Fronten sind ja nicht nur bei der Drogenpolitik verfahren. Zweifellos: die gesamte Jugendpolitik ist, auch bei freundlicher Bestandsaufnahme, gründlich gescheitert, und da nach Schuldfragen zu suchen, beantwortet nicht die dringenderen. Da hilft auch nicht der Hinweis, daß es ja noch viel mehr ungelöste Probleme gibt – wer so argumentiert, würde nur diesen Trümmerhaufen perpetuieren und im übrigen weiter verwalten, als sei er noch ein bewohnbares Haus. Dem von den Gerichten immer wieder zu interpretierenden «Willen des Gesetzgebers» steht, beispielsweise bei Hanf, die Tatsache entgegen, daß jeder 24. Bürger Deutschlands (und in der

---

Sämtliche Gesetze, die gebrochen werden können, ohne daß dabei jemand zu Schaden käme, werden belächelt. Sie sind so weit davon entfernt, irgend etwas zu bewirken, um die Wünsche und Leidenschaften des Menschen zu beherrschen, daß sie, im Gegenteil, des Menschen Gedanken genau auf diese Dinge richten und ihn dazu führen; denn wir streben immer dem zu, was uns verboten ist, und wünschen uns die Dinge, deren Besitz uns nicht erlaubt sind. Und dem Müßiggänger fehlt es nie an der Geschicktheit, die er braucht, um es sich zu erlauben, Gesetze zu umgehen, die dazu entworfen wurden, Dinge zu bekommen, die nicht gänzlich verboten werden können ... Derjenige, der versucht, alles durch das Gesetz festzulegen, wird das Verbrechen fördern, statt es zu verringern.
(*Spinoza*)

In der Bundesrepublik hat eine gefährliche Entwicklung eingesetzt: die Gesellschaft beginnt, sich auf ein «Leben mit Haschisch» einzurichten. Dies stellte Dr. C. Heinemann (Westfälisches Institut für Jugendpsychiatrie und Heilpädagogik Hamm) in einer Zusammenfassung der klinischen Folgen nach Haschischkonsum in der Ärztezeitschrift *Medizinische Klinik* fest. Entscheidend habe zu diesem Trend eine Verharmlosungskampagne beigetragen.

(Frankfurter Rundschau, 25. 2. 1972)

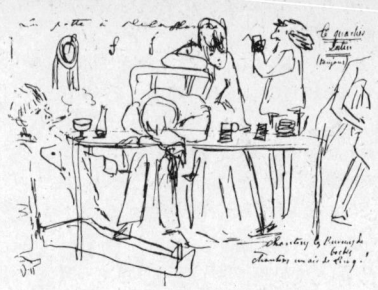

«Das Quartier Latin». Karikatur von Germain Nouveau, um 1875

Das heißt: Vielleicht sind die Drogen nicht die Ursache, daß jemand kaputtgeht, sondern vielleicht benutzt er nur die Drogen, um noch ostentativer kaputtzugehen, als er schon kaputtgegangen ist. Die Drogen sind's meist nicht, die jemanden kaputtmachen, sondern sie sind es, an denen sich zeigt, daß jemand kaputtgegangen ist. Die Droge ist nur ein Ausdruck. Wenn du schreist, hast du einen Schmerz, aber der Schrei ist nicht dein Schmerz, nicht der Schrei macht dich kaputt, sondern das, was dir weh tut. Das Hineinfallen in eine Droge ist der Ausdruck dafür, daß jemand mit diesem Gesellschaftssystem nicht mehr zurande kommt, das ihm genau sagt, wie er sein sollte, aber genauso kann oder will er nicht sein.

Ist Drogenmißbrauch nun nur ein gesellschaftliches Problem oder auch ein individuelles?

Was wir übersehen am Anstieg des Drogenkonsums in einer immer weiter normierten und verwalteten Gesellschaft, ist, daß wir im Rausch das letzte Bewußtsein von Individualität erleben. Jeder ist anders besoffen. Auch die Alkoholwerbung, ja die gesamte Drogenwerbung bedient sich des Appeals an das Individualitätsbedürfnis. Ich rauche keine Zigarette, ich rauche die ganz Besondere, es war immer schon teurer. Es könnte doch sein, um einmal eine provokante Theorie zu formulieren, daß hinter unserem immer weiter ansteigenden Drogengebrauch das Gefühl des Individualitätsverlustes im nüchternen Zustand steht. Wenn ich mir ein Kleidungsstück kaufe, dann weiß ich, es ist millionenfach gefertigt, aber wenn ich besoffen bin, dann bin *ich* besoffen: Ich habe meine ganz eigene Trunkenheit. Da kann man jeden Besoffenen fragen, warum er's gerade ist und wie er's ist: Da fühlt er sich als Einzelwesen. In diesem Extremzustand, der sich vom Normalen entfernt, bekomme ich meine eigenen Konturen, und wenn ich sie doppelt sehe, oder wenn sie auch noch so verschwommen sind. Zweifellos gehört der exzeptionelle Zustand zum Teil zu dem, was wir individuell nennen. Je mehr wir eine formierte, uniformierte Gesellschaft werden, desto mehr versuchen wir, uns an immer extremeren Punkten einen Zipfel von Eigenleben zu erhalten. Die Lebensmöglichkeiten werden immer mehr eingeschränkt, da bleibt eben nur noch dieser Trip, wo man zwar irgendwo an Ort und Stelle sitzt, aber trotzdem seine Abenteuer erlebt, die niemand sonst hat. Der Rausch ist noch Maßarbeit, den züchtest du dir selbst an, den schneiderst du dir jeweils selbst, egal ob illegal oder legal: Der Feige erlaubt, der Kühne unerlaubt.

Der Rausch ist Maßarbeit, die Zutaten
bestimme ich selber: Die Haute Cou-   *(Aus einem Interview mit H.-G. B.,*
ture des kleinen Mannes!   *April 1982)*

Schweiz oder Österreich ist es nicht anders) mehr oder minder regelmäßig diesen Willen mißachtet. So ist also das Hanf-Verbot eines, dessen *Sinn* von einer großen Bevölkerungsgruppe tätlich bezweifelt wird und dessen *Wirksamkeit* in den Augen einer wesentlich größeren Bevölkerungsgruppe gescheitert ist. Es hat sich nicht bewährt, und bei emotionsloser Bestandsaufnahme überwiegt der tatsächliche Schaden dieses Verbots den erhofften Nutzen. Präventionsdenken in Ehren, aber auf dem Sektor der Jugendpolitik und, damit untrennbar verbunden, der Drogenpolitik hat es keine Erfolge gebracht.

Vielleicht liegt es daran: Unser legistisches Denken und unsere politische Logistik ist von *Absichten* bestimmt, und die Exekutive handelt zu dem Zweck, die Tatsachen im Sinne der Absicht zu gestalten. Entzieht sich aber die Tatsache dieser Gestaltung, müßte vielleicht einmal von einer Tatsachenanalyse ausgegangen werden. Dann könnte vielleicht, in einem dialektischen Prozeß, ein Weg gefunden werden, mit den Tatsachen ohne allzu große Preisgabe der Absichten zu leben. Unser tägliches Leben verläuft ja so, als ständiger Kompromiß mit den Tatsachen. Vielleicht sollte das auch für die gesetzgeberische Poltik gelten.

Eine ganze Reihe von Gesetzen will die Jugendlichen vor Drogen schützen. Die Suchtstoffgesetze gehören teilweise dazu, denn sie gelten auch für Erwachsene. Die Absicht dieser Gesetze ist klar, ihre moralischen Begründungen sind plausibel.

Tatsache ist aber, daß nahezu jeder Jugendliche während der Pubertät (also im für den «Reifungsprozeß» wichtigen «Schutzalter») seine Drogenerfahrungen sammelt, quer durch legal und illegal und meistens eine Weile lang extensiv, beängstigend extensiv. Ich lebe in einem «ganz normalen» Großstadtviertel. Zum Straßenbild des Nachmittags gehören betrunkene Fast-noch-Kinder, die Flasche Korn kreisen lassend oder, «knallt genauso», eine Flasche Bier mit einer Schmerztablette. Vor der Schule liegen Plastiktüten, aus denen Pattex stinkt. In den Apotheken, von denen es fast schon so viele gibt wie Kneipen, werden als Appetitzügler getarnte Aufputschmittel auch an Vierzehnjährige abgegeben – «Vielleicht hat er sie für seine Eltern besorgt» –, und gekifft wird auch. «Alles was knallt», heißt die Parole. Kein schöner Anblick, keine schönen Zustände, aber durch noch weitergehende Verbote auch nicht zu ändern.

Die Drogen-Eskapaden während der Pubertät sind die Folge unserer Vorstellungen von «Drogenerziehung», die stets das Ziel der *Bewahrung vor* Drogen anstrebt. Also wird die Erfahrung mit Drogen vor dem Hintergrund unserer generellen Unglaubwürdigkeit gemacht, ohne Netz und extrem, denn nur so werden die Grenzen der eigenen Drogenkapazität erfahren. Oder eben manchmal, leider viel zu oft auch nicht. Aber meistens ist es so: Wer einmal gekotzt hat, weil er zuviel soff oder kiffte, ist das nächste Mal vorsichtiger. Und so lernt nach einer Weile jeder den Umgang mit «seiner» Droge.

Vielleicht könnten Erwachsenen ganz einfach dazu beitragen, daß die Zahl jener geringer wird, die jenen Umgang nicht lernen, indem wir die pubertäre Drogenneugier ernst nehmen und nicht auf sie reagieren wie unsere Omas auf Sex.

Manche Schulen versuchen «Drogenunterricht», und eine sich selbst progressiv einstufende Lehrerin klagt: «Die wollen ja immer nur wissen, *was wie* wirkt – da kann man gar nicht vorbeugen.» Doch, vielleicht einfach dadurch, indem man es *ehrlich* erklärt. Die Drogenerfahrung wird doch trotz und öfter noch wegen der Warnungen ohnedies gemacht, und sie könnte dann ein Beweis für die Glaubwürdigkeit der erwachsenen Drogenaussage sein. Und es wird einem schon gedankt, wenn man sich glaubwürdig gezeigt hat. Wird also Drogenerziehung versucht, sollte ihr Ziel der ausbalancierte *Umgang mit* Drogen sein. Das hätte eine größere Chance, akzeptiert zu werden, als die alte Hoffnung, vor etwas bewahren zu können. Und in dieses Programm müßten *alle* Drogen aufgenommen werden, die verfügbar sein könnten, und bei jeder müßte auch ihr (seelischer und körperlicher) Preis ehrlich genannt werden, nicht in abschreckender Verzerrungshoffnung. Wir leben ja alle mit Drogen, mit allen möglichen. Jeder von uns hat «seine Droge», ab und zu mehrere, mit denen er umgehen kann, und wer Glück hatte, weiß genau, welche Droge für ihn gefährlich werden könnte, weil er für den Umgang mit ihr nicht Selbstdisziplin aufbringen kann. Das ist für jeden Menschen unterschiedlich, denn Drogenkonsum ist auch eine Frage des Individualitätsgefühls.

Es gibt keine «Gesellschaftsdroge», und wo es eine angeblich gibt, fordert sie einen schrecklichen Preis. Die durch Alkoholismus alljährlich anfallenden Kosten der Gesundheitsversorgung (andere Schäden sind kaum zu erfassen, aber noch höher) betragen jährlich in den deutschsprachigen Ländern gut das Dreifache der Einnahmen aus der Alkoholsteuer. Warum? «Man» trinkt eben, Alkohol wird als «Gesellschaftsdroge» gehandelt, gehört zu den Ritualen der Geselligkeit – vor diesem Hintergrund stellt sich jeder einzelne viel zuwenig die Frage, ob Alkohol *für ihn* eine geeignete, sprich relativ unbedenkliche Droge sein könnte. Aber: Wann bitte und von wem wurde er darauf hingewiesen, daß gerade diese Frage die wichtigste ist, außer, wenn es bereits zu spät war?

Und was macht die Sache nun so schlimm?

Besonders mißlich liegen die Dinge aus verschiedenen Gründen im Cannabis-Bereich. Dies hängt zum einen damit zusammen, daß viele Gebraucher die Grenzen des *recreational use* nicht überschreiten, daß zweitens der Anteil der nicht nur behandlungsbedürftigen, sondern auch behandlungsbereiten Cannabis-Gebraucher mit manifester Abhängigkeitssymptomatik am gesamten Konsumentenkollektiv nur gering ist und daß ferner wegen des Fehlens eines ausgeprägten physischen Abstinenzsyndroms weder die Notwendigkeit des sofortigen Beschaffungsdelikts mit seinen Risiken noch jene des gelegentlichen klinischen Entzugs besteht.

(Der Drogenbeauftragte der Freien und Hansestadt, Eckhard Günther, Zum Umfang des Cannabis-Mißbrauchs in Hamburg, 10.10.1979)

Drogen sind eine Individualitätssache, denn der Rausch (vom sanften Wohlbefinden bis zum schweren) wird als intime Erfahrung erlebt. Man kann sich zwar gemeinsam berauschen, einander zuprostend, den Joint kreisen lassend, aber die Wirkung der Droge ist Privatsache. Von dieser Tatsache ausgehend müßte Drogen-Aufklärung und Drogen-Erziehung beginnen. Könnten durch diese neuen Wege auch nur einige Katastrophen verhindert werden, wäre es schon ein Erfolg.

Auch auf dem gesetzgeberischen Sektor müßte Abschied von einigen eingefahrenen Denkgewohnheiten genommen werden, denn sie haben versagt. Kein Mensch, auch nicht die verantwortlichen Referenten, dürfte mehr mit gutem Gewissen behaupten können, es habe sich bewährt, zwischen den einzelnen unerwünschten Drogen gesetzgeberisch *nicht* zu unterscheiden. Es mag *bequem* sein, alle Drogen in einem einzigen Gesetz aufzulisten, für die Autoren der Entwürfe und die abstimmenden Abgeordneten, es mag auch praktikabel aussehen, aber die Folgen haben sich schon jahrelang als katastrophal erwiesen. Mittlerweile unterscheiden viele europäische Staaten zwischen den einzelnen Drogen. Nachprüfbar: mit Erfolg. Unser Drogenproblem entstand auch aus dem Verhängnis, daß Drogen nicht als Drogen gesehen wurden, sondern zunächst einmal als erlaubte (vor denen höchstens die Jugend zu schützen ist und für die gewisse Verkehrsregeln entwickelt wurden) und als unerlaubte mit Straf«bewehrung». Und daß in diese beiden Keller Kraut und Rüben wahllos durcheinandergeworfen wurden.

Drogen sind zunächst einmal Drogen. Prinzipiell ist der Umgang mit *jeder* Droge erlernbar, in der Praxis bei einigen schwerer, dann nämlich, wenn ihre Wirkung auf das Gefühl einem gesellschaftlich scheinbar erstrebenswerten Gefühlszustand ähnlich ist. In einer Gesellschaft, die «Abschalten» als Erholungszustand sieht, werden Beruhigungsmittel und Narkotika problematisch sein, vor allem, wenn sie wie Opiate oder Va-

435

Eine Freie und Hansestadt vergewissert sich:

Ein Vertreter des Amtes für Schule erklärte, daß in bestimmten Stadtteilen der Umgang mit Cannabis unter Schülern ein echtes Problem sei und es nicht ganz zutreffe, daß nach der Schließung bestimmter Lokale der Markt tot sei. In solchen Fällen gebe es neue Umschlagplätze an anderer Stelle, und Schüler, die es wollten, fänden eben doch Zugang zu diesen Drogen.

Auf weitere Fragen der CDU-Abgeordneten, ob Eltern und betroffene Schulen von diesen Erkenntnissen informiert würden und was das Amt für Schule gegen solche Entwicklungen unternähme, antworteten die Senatsvertreter, daß die Drogenberatungsstellen über ihre Beobachtungen die Schülerhilfe, das Amt für Schule und das Amt für Jugend informierten. Das Amt für Schule versuche, über Schule und Elternhaus gegenzusteuern. Man sehe es nicht als sinnvoll an, vertrauliche Mitteilungen an die Polizei weiterzugeben, weil nach den Erfahrungen des Amtes dieser Drogenumschlag dann völlig in den privaten Bereich verdrängt werde und man überhaupt keine Hinweise über den Drogenkonsum im schulischen Bereich erhalte.

Die CDU-Abgeordneten stellten fest, daß den betroffenen Behörden Zusammenkünfte und Treffpunkte von Jugendlichen in den verschiedenen Stadtteilen bekannt seien, wo mit Cannabis gehandelt werde. Es sei darüber hinaus gesagt worden, daß es sich bei diesem Rauschmittel um eine durchaus harte und gefährliche Droge handle. Sie fragten die Senatsvertreter, was man gegen diese Zustände tatsächlich unternehme, denn man könne einer solchen Entwicklung doch keinen freien Lauf lassen.

Die Senatsvertreter erwiderten, man könne die Lehrer und Drogenberater in den Schulen nicht gleichzeitig zu Hilfsbeamten der Staatsanwaltschaft machen.

Vor Hamburger Gerichten würden jährlich rund 550 Rauschgiftdelikte verhandelt. Davon entfielen ca. 170 auf den Heroin-Bereich, während die übrigen Fälle den Haschisch-Konsum beträfen. Den Gerichtsakten sei zu entnehmen, daß die Abhängigen die allgemeine Bevölkerungsstruktur Hamburgs widerspiegelten. Eine besondere Sozialstruktur bei den Betroffenen sei nicht erkennbar. Es bleibe aber festzustellen, daß Kinder aus «einteiligen» Familien überrepräsentiert seien.

Die Senatsvertreter berichteten weiter, daß man es im Schulbereich vor allem mit dem Genuß von Haschisch zu tun habe und daß die Jugendlichen, die mit diesem Rauschmittel in Berührung kämen, immer jünger würden.

Ist der Stoff nun gar das stets gesuchte Verjüngungsmittel? Aber nein, er ist vielmehr die Ursache der Arbeitslosigkeit. Es kann ja auch kein Zufall sein, daß die Zahlen von Kiffern und Arbeitslosen nahezu gleich sind und stets steigen, also:

Die Senatsvertreter traten der gelegentlich geäußerten Vermutung entschieden entgegen, daß die Arbeitslosigkeit Jugendliche zu Rauschmittelkonsumenten gemacht habe. Genau das Gegenteil sei der Fall. Aus Gerichtsunterlagen Verurteilter gehe eindeutig hervor, daß die Arbeitslosigkeit in der Regel die Folge der Drogenabhängigkeit sei, ebenso wie das «nicht in der Lehre sein».

(Bürgerschaft der Freien und Hansestadt Hamburg, Gemeinsamer Bericht des Ausschusses für Soziales und Jugend und des Gesundheitsausschusses, Drucksache 9/4217, 22. 2. 1982)

lium eine euphorisierende Nebenwirkung haben. Wo als höchste Werte «Fitness» und «gesteigerte Leistungsfähigkeit» zählen, werden Aufputschmittel bis hin zu Kokain problematisch offene Türen einrennen, denn sie könnten allzuleicht als Lebenshilfe mißverstanden werden. Würde Phantasie in unserer Gesellschaft als besonders hoher Wert gesehen, müßten wir auch mit der Gefahr einer *Abhängigkeit* von Halluzinogenen leben. *Die mögliche Gefährlichkeit einer Droge bestimmt sich also, von medizinischen Folgen abgesehen, aus der gesellschaftlichen Wertskala von Gefühlen, die durch die verschiedenen Drogen scheinbar vermittelt werden.* Scheinbar, denn die meisten Drogen «geben» nur das, was man von ihnen erwartet.

Zweifellos: Das sind psychologische Gesetzmäßigkeiten, von denen man nicht erwarten kann, daß ihnen der politische Gesetzgeber jemals umfassend gerecht werden könnte. Versucht werden müßte allerdings, sie im Rahmen anderer Gesetzgebungsfaktoren – z.B. Tradition, gesellschaftliche Akzeptanz – möglichst weitgehend zu berücksichtigen. «Strafbewehrung» ist in diesem Zusammenhang zweifellos das ungeeignetste Mittel, doch aus vielen Gründen ein wahrscheinlich unverzichtbares, und es müßte behutsamer angewendet werden als Morphium in den Krankenhäusern. (Der Vergleich hinkt nur scheinbar – manchmal werden Krebskranke im letzten Stadium mit Ersatzstoffen behandelt, die weniger bekömmlich sind als die klassischen Opiate, aber der Arzt fürchtet, der Sterbende könnte auch noch abhängig werden. Und ein paar Betten weiter werden, ohne daß dies die *ultima ratio* wäre, hochgradig suchtpotente Mittel in Massen z.B. an psychosomatisch Erkrankte verordnet.)

Es müßten also auch neue Regelungen für unsere legalen Drogen gefunden werden, denn auch hier haben die bisherigen versagt. Die nur durch einige «jugendschützerische» Kinkerlitzchen bedachte, schrankenlose Drogenwerbung ist vor unserem Drogenproblem nicht zu verantworten. Wer über die hohe Rückfallsquote von Alkoholikern jammert, möge einmal bedenken, wieviel tagtägliche Werbung ihm ins Gesicht springt. Ein *Verbot* der Alkoholwerbung ist aus vielen Gründen nicht durchsetzbar. Vielleicht sollte man sie nur etwas verteuern – derselbe Betrag, den eine Werbung kostet, müßte zur Versorgung von Alkoholopfern erstattet werden, ohne daß dieser Posten auf den Produktpreis abgewälzt werden dürfte. Dasselbe müßte bei der Tabak-Werbung der Fall sein. Der warnende Alibistreifen am Ende jeder Werbung ist eine dumme Kopie eines US-Vorbildes, mehr nicht, höchstens noch in seiner Kleinheit ein eindrucksvolles Bild des Verhältnisses von Industrie- zu Gesundheitsinteressen. (Ich weiß, ich mache illusorische Vorschläge. Die Herren von der Wirtschaft brauchen gar nicht zu jammern – kein Staatsbeamter würde es auch nur wagen, solche Majestätsbeleidigungen zu überdenken.)

Aus ebenso wirtschaftlichen, möglicherweise noch gewichtigeren Gründen habe ich leider auch keine Hoffnung, daß der Breitfrontvorstoß der Pharmawerbung irgendwann einmal abzustellen ist. Wir leben mit – allein in der Bundesrepublik – mehr als einer halben Million durch Pharmakamißbrauch (= allzuviel) zu geistigen und körperlichen Krüppeln Gewordenen, erklären aber deren Elend zu deren Privatsache. Natürlich: *Jedes* Medikament ist mißbrauchbar, und immer neue Rezeptvorschriften fördern nur den bekannten grauen Markt. Aber in allen Illustrierten wird immer mehr für immer mehr Schmerzstillmittel geworben, für alle möglichen Präparätchen, deren Überflüssigkeit oder zweifelhafter Nutzwert auch in den Konzernetagen sehr wohl bekannt ist. Augenzwinkernd den zum «Mißbrauch» verleitenden «Nebeneffekt» einkalkulierend werden mehr «Schlankheitsmittel» auf den Markt geworfen, als es Bäuche gibt, mehr Schmerzstillmittel, als es in der Menschheitsgeschichte Schmerzen gab, und das alles darf nicht als legaler Suchtgifthandel bezeichnet werden (Gott bewahre mich vor den in solchen Firmen gutbesetzten Rechtsabteilungen!), sondern höchstens als «Dienst» an der (in der Nazi-Zeit als Begriff eingeführten) «Volksgesundheit».

Vor diesem Hintergrund, vor dieser aus vielerlei Gründen etablierten Doppelmoral müssen die illegalen Drogen gesehen werden.

Die für sie geschaffenen Gesetze verstehen sich als «Verkehrsgesetze», und wann immer ihre unverhältnismäßige Härte erwähnt wird, finden sich nette Herren und erklären, dem sei doch gar nicht so. Es werde ja

Da bleibt nur eines zu tun:
Die Vorbeugung gegen Drogengefahren muß nach Auffassung der Deutschen Hauptstelle gegen Suchtgefahren (DHS) bereits im Kindergarten beginnen.
(Süddeutsche Zeitung, 22. 11. 1977)

Für 1980 und die folgenden Jahre hat die Gesundheitsbehörde eine Anti-Drogen-Kampagne geplant. Das geht aus der Senatsantwort auf eine schriftliche Kleine Anfrage der CDU hervor. Ein dafür neu zu gründender Förderkreis bestehe allerdings noch nicht.
(Hamburger Abendblatt, 12. 7. 1980)

Zum Glück haben wir ja auch noch die «Bundeszentrale für gesundheitliche Aufklärung», und die erkannte 1981:
Nahezu jede Gesellschaft hat ihre Rauschmittel und entsprechende Mißbrauchsprobleme. Bei uns hat seit jeher Alkoholmißbrauch[1] Probleme verursacht. Die Gefährdung durch ein Rauschmittel hängt nicht nur von seiner stofflichen Wirkung ab, sondern auch von der Art und Weise seines Gebrauchs.

Der Gebrauch von *gesellschaftlich akzeptierten* Rauschmitteln wird erlernt wie andere Verhaltensweisen auch.

Dringt eine kulturfremde Droge in eine Gesellschaft ein, so bedeutet das häufig erhöhte Gefahr.[2]

Materialempfehlung:
[1] «Info-Set Alkohol». Arbeitsmappe. Das Wichtigste über Alkohol mit Material und Anregungen für Gruppenarbeit. (Für Multiplikatoren in der Jugendarbeit.)
[2] «Argumente gegen die Legalisierung von Cannabis». Zwei Stellungnahmen zur Cannabis-Diskussion.

---

wirklich nicht der Konsum bestraft, sondern beispielsweise nur *Besitz* und *Abgabe*. Nun ja, beim alten Opium-Gesetz war es der «Erwerb», und um die Sache besser in den Griff zu bekommen, wurde es 1972 der Besitz. Berichte legen gern extensiv aus, abgesehen davon, daß man nur konsumieren kann, was man besitzt. Ich hörte in meinem Horrorkabinett auch diese gerichtlichen Erkenntnisse: «vorübergehender *Besitz und Abgabe*» durch Weiterreichen eines Joints, «Vermittlung von Rauschgiftgeschäften» durch den Satz: «Vielleicht hat der dort was.» Ich will mich hier nicht mit der Aufzählung obszöner Haarspaltereien aufhalten, aber ein Gesetz, das solche Interpretationen zuläßt, das solche Strafbegründungen erlaubt, ist unmoralisch.

Wer immer an den entsprechenden Gesetzeskochtöpfen behauptet, man wolle «natürlich nicht die Kleinen bestrafen», sollte doch so weit denken können, daß dies auch *de lege lata* nicht möglich ist. Und wer behauptet, die Gerichte würden schon in der Lage sein, zwischen den einzelnen Drogen zu unterscheiden, der sollte sich doch auch als Gesetzesmacher in der Lage fühlen, dies zu tun. Der Zustand, daß sich mit Drogenkleinkram überlastete Richter auf den Gesetzgeber herausreden und pfuschende Gesetzesmacher auf ihre Hoffnungen auf die dritte Gewalt, ist eines sich Rechtsstaat nennen wollenden Gebildes unwürdig und ist zu Recht abstoßend.

Gegen eine Legalisierung oder «Freigabe» von Hanf sprechen viele Gründe, und die Berufung auf die Single Convention ist der am wenigsten gewichtige. Würde die Sache, dem prinzipiellen staatlichen Drogenmonopol unterstehend, in Apotheken abgegeben, gelten die kriminologischen Bedenken, auf welches Geschäft sich die derzeitigen Betreiber des Großmarktes stürzen würden. Käme Hanf in die Hände der Wirtschaft, wäre eine ebenso schrankenlose Vermarktung und Bewerbung zu erwarten wie bei anderen Drogen, ein auf Zuwachs setzendes Geschäft, das dann tatsächlich ein Cannabis-Problem schaffen könnte. Und wer bei Hanf den Reiz des Verbotenen sucht, müßte sich nach anderen Drogen umsehen. Ganz abgesehen davon: Das Ziel vernünftiger Drogenpolitik sollte ja nicht sein, eine weitere Droge in diese Gesellschaft zu integrieren, sondern die Drogen*konsumenten,* also die zwangsläufige Desintegration von einigen Millionen Menschen, zu verhindern, die eben unbedingt und sogar trotz Repression mit dieser Sache leben wollen.

Zu überlegen ist also eine «Entkriminalisierung». Sie wird schon lange diskutiert, und darüber, daß sie für den Konsumenten nötig sei, herrscht sogar weitgehende Einigung. Daß dennoch kein Schritt in diese Richtung getan wurde, wird jedesmal wieder mit dem schon rührenden Stoßseufzer begründet: «Ja, aber der Handel! Wie sollen wir dieses Problem dann in den Griff bekommen . . .!»

Gehen wir von den Tatsachen aus, den derzeitig ungesetzlichen. Gibt es denn kein Dope? Der Markt funktioniert, trotz aller Unterdrückungsversuche. Das Angebot ist etwas geringer als die Nachfrage, was die steigenden Preise zeigen, aber immerhin groß genug, daß die Preise nicht in den Himmel wachsen. Es gibt ihn, und er gilt selbst bei der Polizei als konsolidiert. Ja, was also dann?

Nein, es gibt keine einfache Lösung, auch keine verbindliche. Vielleicht müßte der Gesetzgeber einmal ein Experiment wagen. In der Praxis geschehen solche Experimente oft, jedoch nie eingestanden. Jedes Gesetz wird in der Illusion beschlossen, es werde unendlich halten, zumindest bis zu seiner nächsten Reform. Da z. B. das Betäubungsmittelgesetz der BRD innerhalb von zehn Jahren gleich zweimal «reformiert» wurde und deshalb nicht weniger katastrophal, möchte ich ein «Gesetz auf Probezeit» vorschlagen mit einer von vornherein festgesetzten Gültigkeitsdauer von vielleicht fünf Jahren. Um fernerhin das Drogen-Tohuwabohu der derzeitigen Gesetze zu vermeiden und schwammige Begriffe wie «weiche» und «harte» Drogen (eine pervers lächerliche Wortschöpfung), sollten zwei Gesetze gemacht werden, eines für Naturdrogen und eines für chemisch aufbereitete. Es müßten außerdem (ich höre den vielzitierten «einzigen Mann» in Bonn schon ächzen) zwei verschiedenartige Gesetze sein, welche die Gesetzmäßigkeiten der verschiedenen Drogengruppen und der mit ihnen Befaßten berücksichtigten. Und es müßten auch andere Durchsetzungsmöglichkeiten solcher Gesetze bedacht werden – die bisherigen, nur mit Straf«bewehrung» arbeitenden, haben versagt, denn sie haben auch, beispielsweise auf dem Gebiet der Opiat-Abhängigkeit, die «Beschaffungs- und Anschlußkriminalität» mitbewirkt. Daß es die bei Hanf nicht gibt, liegt nur daran, daß diese Droge nicht suchtpotent ist, nicht an gesetzgeberischer Weisheit.

Gewiß gibt es viele Gründe, die herkömmliche Drogenpolitik weiter zu fahren. In den Graben steuert unser Staatsvehikel auch mit ganz anderen Rädern, und Drogen sind zweifellos nur ein kleiner Teilaspekt der Jugendpolitik. Es wäre zu fragen, ob die auf anderen Gebieten angeblich bewährte Mechanik ausgerechnet für so ein Sachgebiet zu ändern wäre, womit wir bei Aufwandsproblemen beamteten und politischen Denkens wären. Natürlich muß auch der leicht schürbare «Volkszorn» gegen eine Liberalisierung bedacht werden. Die «Sicherung bestehender Werte» findet stets leichter den berühmten demokratischen Konsensus als ein Experiment. Und gegen die bisherige Drogenpolitik sprechen ja nur zwei Dinge: Humanität und die Tatsachen.

Ein bescheidener Vorschlag, J. Swift gewidmet

Das Wort «Utopie» hat einen schlechten Klang bekommen. Dabei war die Utopie von Platon über Thomas Morus bis in unser Jahrhundert das Denkmodell eines besser funktionieren könnenden Staates. Zu poli-

«Jeder denkende Bürger kann vernünftigere Gesetze machen als die dafür bestellten Räte des Königs. Diese nämlich bedenken die Erhaltung der Krone, jene haben die Erfahrung des Lebens als Untertanen.»
(Montesquieu, Vom Geist der Gesetze, 1748)

«Ich habe mir erlaubt, Euren Vergleich des Staates mit einem Park zu bedenken. Ich sah ihn, mit geordneten Wegen, von emsigen Gärtnern beschnitten und so flach, daß jeder Bürger darin die Vorstellung hatte, sich eigenständig abzuheben. Und da die Gärtner alles besonders schön gestalten wollten, verjagten sie die Böcke, bauten Käfige und Volieren, jedes für jede Art, errichteten Mauern zum Schutz der Blumen ...»
(Voltaire an Preußens Friedrich II.)

«Ein Haufen aufs Geratewohl hingeschütteter Dinge ergibt die schönste Weltordnung.»
(Heraklit, zitiert nach A. P. Gütersloh)

tischer Philosophie haben mittlerweile nicht nur unsere Politiker wenig Zeit und Liebe, denn Pragmatik steht überall höher im Kurs. Außerdem gibt es politisierende Science-fiction von Unterhaltungswert und die hochwillkommenen Anti-Utopien wie ‹1984›, Schreckensvisionen, die uns das Gegenwärtige paradiesisch erscheinen lassen (oft auch: wollen). Seit Huxleys ‹Schöne Neue Welt› spielen die meisten Anti-Utopien in einer perfekt drogengesteuerten Gesellschaft, von der wir allerdings, was die Bereiche der Pharmazeutik und polizeitaktischer Überlegungen mit Chemikalien betrifft, nicht mehr so weit entfernt sind, wie die überzeichneten Visionen hoffen lassen.

In einem Gutachten über den Reizkampfstoff CS lese ich, seine krebserregende Eigenschaft sei «noch nicht mit allerletzter Sicherheit nachgewiesen». Es stünden daher seiner umfassenden Verwendung im polizeilichen Dienst gegen unliebsame Bevölkerungsgruppen «keine begründbaren Bedenken» entgegen. In der Bundesrats-Drucksache 546/79 lese ich über Hanf: «Zumindest kann die Unschädlichkeit nicht angewiesen werden.» Ich möchte das nicht kommentieren.

Unsere «Wertmaßstäbe» in Sachen Drogenpolitik sind nicht zu halten. Bei den unerwünschten Drogen fürchten wir uns vor der Schreckensvision einer *drugged society*, der gedopten Gesellschaft, die wir medizinisch längst geworden sind und aus «gesellschafts-sanitären» Gründen verstärkt werden sollen. In einer Gesellschaft, die Anpassungsunfähige oder -unwillige in Kliniken mit schwersten Drogen «stillstellt», deren Militärs ihre chemischen Arsenale ständig aufrüsten, deren Exekutive «Lähmungsgase» als «Diensterleichterung» fordert und bekommt, erscheint mir die Angst vor Hanf reichlich vorsintflutlich, zumal aus Ländern mit liberalerer Politik auch nach Jahren keine negativen Erfahrungen berichtet werden. Dennoch weiß ich, daß meine Vorschläge für eine andere gesetzliche Beurteilung von Hanf utopische sind. Aber es würde sich lohnen, über diese Utopie einmal nachzudenken:

1. Als einfache Ordnungswidrigkeit gilt der Besitz von Cannabis-Mengen bis zu 5 Gramm THC bzw. bis zu 50 Hanf-Pflanzen. Sie wird mit einem Bußgeld geahndet, ähnlich wie einfache Verstöße gegen die Verkehrsordnung, wobei die Höhe des Betrags 100 DM/g THC und 10 DM/Pflanze betragen könnte.

Begründung: Es ist ausdrücklich nur von *Besitz* die Rede, denn dieser Begriff umfaßt ja auch Einfuhr, Abgabe und Handel sowie Anbau in Erwartung der Ernte. Es ist Nonsens, eine Entkriminalisierung der Konsumenten zu fordern und den *Klein*handel weiter zu kriminalisieren, denn der Konsument muß seine Sache ja von irgendwo herbekommen.

Den THC-Gehalt des Stoffs als Berechnungsgrundlage zu nehmen, erscheint auf den ersten Blick etwas komplizierend, doch wird beschlagnahmtes Dope schon seit einiger Zeit von der Polizei gas-chromatographisch nach seinem THC-Gehalt untersucht (die nötigen Einrichtungen sind also vorhanden), und auch die Gerichte urteilen in ihren Mengenfestsetzungen nach dem THC-Gehalt. Auch für den Alltag entstehen daraus kaum Probleme. Bei Hanf-Blättern («Marihuana») beträgt er zwischen 0,3 bis 2 Prozent des Gesamtgewichtes, bei Haschisch zwischen 1,2 und 10 Prozent, wobei die «dunklen» Sorten die gehaltvolleren sind. In der Regel können Kiffer die «Wirkung» ihres Stoffs ganz gut beurteilen, und wer davon nichts versteht, soll vorsichtigerweise für sein Dope den höchstmöglichen THC-Gehalt annehmen. Und ein bißchen Kopfrechnen schadet ja nicht, wenn man schon kiffen will.

Zweifellos: Wer Eigenbau betreibt und dies nicht gerade im Vorgarten tut, kommt billiger davon, aber er nimmt dann ja auch nicht an dem prinzipiell unerwünschten Geschäftsleben teil. Auch das würde zu einer Entflechtung der Szene beitragen.

Wer polizeitaktisch denkt, wird natürlich fragen, ob sich bei so lächerlichen Bußgeld-Aussichten dann ein Polizeieinsatz lohnt. Richtig! V-Leute, Untergrundfahnder und ähnlich moralisch anrüchige Dinge sind dann unökonomisch. Man könnte höchstens gelegentlich durch die Lokale ziehen wie Wachtmeister durch Straßen mit Parkverbot, und sicherlich wird die Szene auch weiterhin beobachtet werden müssen. Sie braucht nur nicht mehr so unterdrückt zu werden.

Warum dann überhaupt Bußgeld und Beschlagnahme? Nun, die Sache muß ja nicht allzu offen betrieben werden und muß auch nicht allzu leicht verfügbar sein. Einige Dämme muß es schon geben. Wer allzu frech falsch parkt, riskiert ja auch was, und aus denselben Gründen bleibt Hanf *genauso* verboten. Wer sein Dope unbedingt haben will, soll dafür ja auch ein wenig «kriminelle Energie» = Phantasie aufbringen, und wer das nicht schafft, soll lieber seine Finger von dem Zeug lassen.

2. *Als einfaches Vergehen gilt der Besitz von Cannabismengen bis zu 200 Gramm THC bzw. von mehr als 50 Hanf-Pflanzen.* Das Bußgeld beträgt 250 DM/g THC und 20 DM/Pflanze. Es erfolgt außerdem eine Eintragung in das Hanf-Register, da sich bei neuerlichen Verstößen der Bußgeldsatz jeweils um 20 Prozent erhöht.

Begründung: Wer soviel Dope besitzt oder gleich Felder anbaut, hat damit schon Geschäftliches vor und kann also mehr zahlen. Der Handel muß ja nicht in den Himmel wachsen oder sich – daher die Erhöhung der Strafsätze – etablieren. Die Einrichtung eines Registers ist nicht so unerschwinglich wie das scheinen mag. Als aus dem Verkehrsministerium der Vorschlag kam, die berühmte «Flensburger Punktekartei» aufzulösen, wurde dort um den Verlust der Arbeitsplätze gezittert. Wohlan – hier gäbe es neue Arbeit.

3. *Der Großhandel wird weiterhin verfolgt wie bisher.*

Begründung: Er funktioniert ja auch schon jetzt, oder? Keiner der BKA-Spezialisten wird annehmen, daß die tagtäglich verpafften, auf 800 Kilogramm geschätzten Mengen allesamt als kleine Krümel ins Land kommen. Hier sind keine Erleichterungen nötig und auch keine Entkriminalisierung.

Die Vorteile einer solchen Regelung lassen sich mühelos aufzählen. Das berühmte «Kleinzeug» bliebe den Mühlen der Justiz erspart, und die durch eine lässigere Verfolgung der Szene freiwerdenden Polizeikapazitäten könnten, die nötige Intelligenz vorausgesetzt, zur Bekämpfung des illegalen *Großmarktes* bei Opiaten, Pharmaka und Pharmagrundstoffen eingesetzt werden. Sie könnten beispielsweise versuchen herauszufinden, wie Chemikalien der Firma Merck in Heroin-Labors gelangen und ähnliches, wichtigeres als die Bewahrung vor einer Pflanze, deren relative Harmlosigkeit auch ihnen bekannt ist.

Unbedingt notwendig ist bei einer solchen Regelung auch eine umfassende Neugestaltung für chemisch aufbereitete Drogen, aber das ist ein anderes Kapitel. Zwei mögliche Fragen allerdings müssen in diesem Zusammenhang beantwortet werden, die nach Opium (einer Naturdroge) und nach Haschisch-Öl. Rohopium spielt als Naturdroge auch in der Mißbräuchlichkeit nur eine geringe Rolle. Seine Hauptbedeutung ist als Grundsubstanz für chemische Weiterverarbeitung. Es mag etwas inkon-

31.03.1982
Öffentlichkeitsarbeit
Dr. Welters-ke
2578
20.02.1982
DAH/at

E. Merck, Postfach 41 19, 6100 Darmstadt 1
Frankfurter Straße 250
Telefon (0 61 51) 72-1
Telex 4 19 326-0 em d
Telegrammadresse emerck darmstadt

Sehr geehrte Damen und Herren,

wir nehmen Bezug auf Ihre Anfrage vom 20. Februar 1982, in der
Sie von uns Angaben über Präparate unseres Hauses erbitten, die
Cannabis enthalten haben.
Sie werden verstehen, daß wir uns bei diesem Titel die Frage vor-
legen, ob in einer solchen Publikation nicht falsche und somit
rufschädigende Verknüpfungen zwischen unserer Arbeit und der ver-
abscheuungswürdigen Drogenszene hergestellt werden. Die von Ihnen
genannten Schriftsteller helfen uns leider auch nicht weiter, zumal
wir bei anderer Gelegenheit erfahren mußten, wie leicht Soziologen,
Literaten und Vertreter der Kunst und Geschichtswissenschaften die
Tatsache, daß Merck in dem Bemühen, die Entwicklung der Medizin und
Pharmazie voranzutreiben, schon früher Morphin, Kokain und andere
Pflanzenbasen zur Verfügung gestellt hat, das Unternehmen in eine
Reihe mit professionellen Rauschgifthändlern zu stellen.
Daß dies uns vorsichtig macht, werden Sie verstehen. Wir möchten
daher Ihre Fragen nur dann beantworten, wenn wir hinreichend sicher
sind, daß unsere Mitarbeit und Hilfe nicht in solcher Weise ver-
golten wird.

Wir bitten hierfür um Verständnis und verbleiben

mit freundlichen Grüßen
E. M e r c k
Abteilung Öffentlichkeitsarbeit
ppa.   i. V.

Dr. Welters   Schmitt

«Einer der entscheidenden Gründe für den steigenden Heroin-Mißbrauch», analysierte die UN-Kommision, «ist die freie Verfügbarkeit von Essigsäure-Anhydrid.» Diese Chemikalie, deren Handel weltweit keiner Kontrolle unterliegt, benötigen die Giftmischer in den internationalen Drogenlabors, um den aus Mohn gewonnenen Opiumsaft zu Heroin zu verarbeiten.

Die Chemikalie beziehen die Rauschgiftküchen zum großen Teil aus einer Quelle: «90 Prozent aller beschlagnahmten Essigsäuremengen», so heißt es in dem Rauschgift-Report, «kommen von einer einzigen westdeutschen Firma» – dem Darmstädter Pharmaunternehmen Merck.
(Spiegel, 22. 3. 1982)

---

sequent sein, aber ich würde vorschlagen, diesen Stoff auch im Rohzustand zu den «chemisch aufbereiteten Drogen» zu zählen. Haschisch-Öl kam in jüngerer Zeit ausschließlich aus Gründen der Schmuggeltechniken auf den Markt. Durch seine hohe Konzentration ist es ein bedenkliches Zeug, und als Kriterium sollte hier dienen, daß es chemisch aufbereitet ist.

Ich höre noch einmal den ewigen Einwand: «Aber durch eine solche

Regelung könnte sich doch der Hanf ungeheuerlich ausbreiten!» Da gibt es zunächst zwei Vergleiche. Der hinkendere: Hat sich durch eine Lockerung der Homosexuellen-Unterdrückung die Homosexualität verbreitet? Der weniger hinkende: Als die verzopften Pornographie-Regelungen gelockert wurden – versank unser Land im moralischen Sumpf? Kein Zweifel: Die Sache würde etwas sichtbarer werden. Ob sie auch weiter um sich griffe, ist jedoch zu bezweifeln. Aus Holland, wo die liberalere Politik seit 1976 betrieben wird, ist zu hören, daß die Attraktivität von Hanf bei den derzeitigen Teenagern nicht mehr so groß ist. Und die Pornofirmen, die in Dänemark und in der BRD nach der Liberalisierung aus dem Boden schossen, sind meist auch schon wieder pleite gegangen.

Und ich habe noch ein Argument in meiner Utopie für eine Regelung im Sinn einer freiheitlichen, nein: einer freien Demokratie: Sie wäre von Anfang an als Testlauf gedacht. In fünf Jahren müßte doch zu beobachten sein, ob die verkrampfte Situation entspannter wurde oder ob dabei ein Schaden entstanden ist. Und dann könnte man ja weitersehen. Natürlich: Dazu bräuchten wir mündige Politiker und mündige Bürger. Wo mit Slogans wie «Kleine Experimente!» Wahlen gewonnen werden können, bleibt die Vorstellung natürlich Utopie.

Um sie aber – verweile doch, du bist so schön! – noch ein wenig weiter zu träumen: Wie könnte man zu diesem Land mündiger Bürger gelangen? Ich sehe Massen, Massen wie schon die alten Utopisten. Massen *denkender* Kiffer (ich weiß, ich weiß), vielleicht nur jeden zehnten der geschätzten Millionen, aber das wären z. B. in der BRD schon 250 000. Und jeder dieser 250 000 geht eine Woche lang täglich auf sein allernächstes Polizeirevier und legt den Beamten einen Krümel von genau 0,5 Gramm auf den Tisch und *fordert* die ihm vom Gesetz zugesagte Strafverfolgung. Nach einem Tag schon würde ihm nichts mehr geschehen, und man könnte im Laufe dieser Demonstration die Toleranzdosis allmählich erhöhen, ohne daß es – die Auswirkung im Auge – schade um den Stoff wäre.

Ich weiß: Das ist keine Utopie mehr, sondern eine Illusion. Einige Smoke-ins haben zwar bewiesen, daß Kiffer mobilisierbar sind, aber es muß am bekannt gestörten Kurzzeit-Langzeit-Gedächtnis liegen, daß solche kurzen Regungen nie lange vorhielten. Außerdem: Hanf ist ein durch Politik entstandenes Problem, Hanf ist jedoch kein Politikum und das Hanf-Problem keines, das Massen mobilisiert. Öko-Bewegung, Friedens-Bewegung, Jugend-Bewegung von Zürich bis Berlin und rund um die Welt, all das ist möglich, aber eine Kiffer-Bewegung ist ein Traum. Der Prozentsatz politisch Mobilisierbarer ist unter Kiffer nicht höher oder niedriger als unter Nicht-Kiffern, und die politisierten Kiffer sind schon längst in anderen Bewegungen tätig. Sie kiffen *eben auch*, und die aktuelle Bedrohung durch Aufrüstung, Atomrisiken und Umweltzerstörung ist im Bewußtsein neuer, aufregender als das Wissen um Hanf und die Verbote der Sache. Eine Renaissance der Hippie-Bewegung wird es bei aller Nostalgie nicht geben, höchstens in den Boutiquen. Hanf ist nicht neu, die staatliche Überreaktion ist gewohnt – wenn es nicht ein ganz entscheidendes Ereignis gibt, einen großen Knall gewissermaßen, lohnt es nicht, sich darüber täglich aufzuregen.

Zweifellos wäre die neudeutsche Verhärtung ein Anlaß, gegen diese Form von Jugendpolitik vehement zu protestieren. Aber: Sie kann ja nicht schockartig erlebt werden, sie *zeigt* sich ja nicht. Sie findet in Tausenden Gerichtssälen statt, in Zehntausenden Strafverfahren mit *allmählich* steigenden Strafen, an die man sich jeweils gewöhnen wird und über die man nur bei persönlicher Betroffenheit oder bei Urteilen gegen Freunde entsetzt ist. Das Übel schleicht, und das Vaterland kann ruhig sein. Es wird keine Barrikaden geben.

Vielleicht eine Unterschriftenaktion? Würde jeder zweite Kiffer unterschreiben und von jedem Kiffer ein Elternteil, wären das in der BRD auch schon 3,75 Millionen. So viele Unterschriften könnten auf politischen Instanzen als eine Handlungsverpflichtung lasten. *Könnten,* denn Millionen Unterschriften, mit denen für Abrüstung plädiert wurde, haben nicht einmal bei einem einzigen Rüstungsbetrieb zu Kurzarbeit geführt. Und: wer soll die Unterschriften sammeln, wer würde es wagen, sich offen mit ... ja: *Drogenkonsumenten* zu solidarisieren? Die etablierten Parteien? Die Grünen, die Alternativen, die sonstwie Bunten? Die Radikale Partei, die in Italien einiges in Gang gebracht hat, ist eine italienische Angelegenheit.

Ich resigniere? O nein, sonst hätte ich nicht dieses Buch geschrieben. Natürlich möchte ich, daß etwas in Bewegung kommt. Bei den Kiffern selbst, bei ihren Angehörigen und Freunden und dadurch vielleicht auch in der Drogenpolitik.

Von Hanf war die Rede? Ja, auch. Und von einer Hoffnung, die oft schon so weit von der Wirklichkeit entfernt scheint, daß man als «drogengestört» bezeichnet wird, wenn man sie so pathetisch ausspricht, wie das nur Goethe konnte: «Auf freiem Grund mit freiem Volke stehn.» Hanf ist ein ideales Mittel, diese Entfernung zwischen einem auch von Politikern gern zitierten Postulat freier Menschwürde und täglicher Realität sinnlich zu erfahren. Nicht unbedingt, indem man kifft, sondern indem man am Beispiel dieser Pflanze einmal gelassen betrachtet, welche Sehnsüchte, Verrücktheiten, welches Elend durch Unterdrückung und welche Heiterkeit es da so gibt.

Drogen-Karriere . . .

Als ich noch nichts von der Sache
wußte . . .

. . . als ich noch ein anständiger
Deutscher war . . .

Als Demonstrant 1980

Als Experte bei der ARD

Persönliches Nachwort

Auch am Ende dieses Buches bleiben noch viele Fragen offen, auch welche, die an mich persönlich gerichtet sind. Eine überflüssige ist dabei: Ob ich ...?

Natürlich. Wie sollte ich sonst wissen, wovon ich rede? Aber so einfach ist eine ehrliche Antwort auch wieder nicht.

Meine persönliche Beziehung zu Hanf ist leicht erklärt. Ich lernte die Sache in dem Alter kennen, in dem die meisten Mitteleuropäer ihre Begegnung damit haben, durch das Glück meines Jahrgangs allerdings unter äußerst «normalen» Umständen. Die Bauern, zu denen ich als Kind eines anderen Hauses stets gern ging, bauten damals *auch* noch Hanf an, und manche rauchten ihn *auch.* Als dann Haschisch in Mode kam, war für mich der Sensationswert gering. Seit vielen Jahren ist Hanf für mich *eine* Droge von vielen, allerdings eine, mit der ich auch bei vorsichtiger Selbsteinschätzung ganz gut umgehen kann. Ich unterlag nie der Versuchung zu übertreiben – wie es mir mit Zigaretten leider nur allzu oft passiert –, denn ich habe einen gesunden Respekt davor.

Als Rauschmittel interessierte mich Hanf jedoch stets weniger denn als Politikum. Das Getöse drumherum amüsiert mich seit mehr als zwanzig Jahren, wenn es mich nicht gerade ärgert, und so lange sammle ich auch schon alles, was ich darüber in die Finger bekommen konnte. Dieses Buch ist eine Bestandsaufnahme, eine Inventur, zweifellos eine parteiische, aber nicht unbedingt für Hanf, eher gegen die Verbohrtheit und Unehrlichkeit, mit der die Drogendiskussion ganz allgemein und besonders im deutschen Sprachraum betrieben wird. Der aktuelle Anlaß war die in den letzten Jahren überall betriebene «Reform» der entsprechenden Gesetze, die jedoch im deutschen Sprachraum nur noch größere Konfusion oder – trauriges Beispiel BRD – Verhärtung bewirkte.

«6.54 Meine Sätze erläutern dadurch, daß sie der, welcher mich versteht, am Ende als unsinnig erkennt, wenn er durch sie – auf ihnen – über sie hinausgestiegen ist. (Er muß sozusagen die Leiter wegwerfen, nachdem er auf ihr hinaufgestiegen ist.) Er muß diese Sätze überwinden, dann sieht er die Welt richtig.

7 Wovon man nicht sprechen kann, darüber muß man schweigen.»

(Ludwig Wittgenstein, Tractatus logico-philosophicus, Wien 1918, Oxford 1959, Frankfurt / M. 1960)

Das wäre meine persönliche Antwort. Aber es gibt andere, gewichtigere Gründe, warum ich da ein rotziges Ja sage: dieses Klima von Verlogenheit und Feigheit, das in den letzten gut zehn Jahren systematisch gezüchtet wurde, *auch* in Sachen Drogen, vor allem in Sachen Politik und Öffentliches Ansehen, und das uns wieder die viktorianische Doppelmoral und gründerzeitlichen Mief beschert hat. Es ist wieder schick geworden, aus vielen Feigheitsgründen zu lügen.

Wirklich ohne jeden Spott muß ich an den «Fall Augstein» denken. Hätte er damals ganz einfach gesagt: «Ja, das ist *mein* Haschisch», wäre ihm nach dem italienischen Recht nichts passiert, höchstens ein mäßiges Bußgeld. Aber die deutsche Spießermoral hätte sich auf ihn gestürzt wie die mittelalterlichen Truden auf die schlafende Jungfrau: Der gibt selbst zu, daß er *Rauschgift* nimmt! Ich kann die Panik einer «Person des öffentlichen Lebens» verstehen, wenn plötzlich eine Achillesferse entblättert wird, auf die noch jeder Gartenzwerg pinkeln zu können glaubt. Aber: Er hätte es überlebt, und es gibt viel schlimmere Situationen.

Es hat sich ja herumgesprochen, daß ich auch als Drogentherapeut arbeite. Ich kenne viele Kollegen, die auch kiffen, und sie sind wirklich nicht die erfolglosesten. (Natürlich steht schon am Beginn einer solchen Berufsentscheidung ein besonderes Drogeninteresse, und wer da nur aus «karitativen» Überlegungen arbeiten will, sollte die Finger davon lassen, denn er wird sich viele Frustrationen holen.) Aber: Jeder, der nur im entferntesten mit irgendeiner staatlichen Stelle zu tun hat, wäre sofort Existenz- und Arbeitsmöglichkeiten los, würde er sagen «Ich kiffe» oder auch nur für eine Entkriminalsisierung von Hanf reden. Dasselbe gilt für Sozialarbeiter und so weiter. Das ist eine Regelung, die schon viele Opfer gefordert hat und täglich viel Unehrlichkeit fordert.

Wo immer Drogentherapeuten im kleinen Kreis beisammensitzen, gibt es irgendwann dieselben Gespräche: «Da soll ich Klienten zur Ehrlichkeit sich selbst und anderen gegenüber motivieren und muß selbst lügen, wenn sie mich fragen, ob ich gekifft habe oder gelegentlich kiffe.» – «Natürlich wäre eine Entkriminalisierung von Hanf das Notwendigste, um die Szene zu entflechten. Aber das *darf* ich nicht sagen.»

Deshalb: Ja, ich kiffe. Verstehe ich deswegen nichts von Drogen? Oder sind deswegen meine Aussagen weniger ernsthaft als die von «Drogenforschern», die ihr Wissen aus Büchern anderer Forscher schöpfen, die auch nur vom Hörensagen berichten? Ich freue mich schon darauf, was ich jetzt zu hören bekomme.

Natürlich weiß ich, daß ich mir mit diesem Ja-Wort noch ganz anderen Ärger einhandle, und deshalb muß ich etwas klarstellen: Würde mich jemand danach fragen, wäre ich *selbstverständlich* auch ein linksintellek-

Widmung als Danksagung

Prinzipiell:

den 437 500 000 von der Weltgesundheits-Organisation geschätzten Hanf-
Konsumenten

den 12 732 von der Weltgesundheits-
Organisation registrierten Cannabis-
Experten

Im besonderen (ohne konsequente
Angabe von Gründen):

meiner Mutter, vor deren Augen ich
einst acht Pfeifen rauchen mußte, bis
sie mir glaubte, daß der Stoff doch nicht
sofort wahnsinnig macht, außerdem
vielen Eltern.

Anna I. und II., Cascar, Eva G. und
M., Gudrun, Hasna Ratna Shakya,
Herta, Ma Prem Saddha, Marleen,
Marlies, Michiko, Nancy H., Petra
I.-IV., Ragni, Rosy, Steffi, Traudl,
Katja und Vera.

Eckhard Dück, Hans-Günther
Meyer-Thompson, Helmut Drechsler,
Wolfgang Heising, Walter Schmögner,
Bernd Olaf Hagedorn, Andreas
Juhnke, Rainer Neumann, Jürgen
Bonchis, Erhard Schäfer, Arendt Ha-
gedorn, Charles Huguenin, Rolf Brei-
tenstein und Claus Brandt für Sammel-
tätigkeit, Schweiß, Ärger und Geduld.

Barbara und Alfred Hrdlicka

DAH und seinen Frauen

Karl Markus Michel

Tilo Rom

den Familien aus dem Stamm Franz
David

Inka Karsunke

(gegen meine Gewohnheit trotzdem
einmal mit Titeln:)

Dr. Gerardo Zampaglione

Helga Schuchard, MdB

Hannelore Fuchs

Ottfried Henning, MdB (besonders
für seine Offenheit und freundliche
Unterstützung trotz bekannt verschiedener politischer Ansichten).

Herbert Fuchs, Bundesinnenministerium Wien, stellvertretend für erstaunlich viele Beamte im BKA, in
LKAs und ähnlichen Organisationen,
desgleichen fünf Angehörige der DEA,
die mir, wenn auch manchmal mit Bedenken, viele Informationen zukommen ließen.

Bernie Hausner, Carter und Khalid
Malik, stellvertretend für viele freundliche Beamte der UNO,

allen Offiziellen, die manchmal eher
unfreiwillig zu diesem Buch beitrugen.

Gunter Schmidt

den Kulis an der «Drogenfront», insbesondere Jugend hilft Jugend, Hamburg, Mudra Nürnberg, DROB Del-
menhorst, Wolfhard Willeke, Bernd
Georg Thamm, den Essenern und den
Göttingern, den Baslern und den Turi-
nern.

Maria und Ronald, Erwin, Knud,
Jens, Rudi u. v. a. m.

Michaela Huber, Hellmut Karasek,
Gerhard Mauz, Benno Kroll, Robert
Jungk, Rudolf Walter Leonhardt
u. v. a. m.

Michael Conrad

Rev. Tashi Gyaltsen, Thupten Nyan-
dak, Addision G. Smith, David For-
bess, Marc Gershon, Bhai Raja Shakya, Basanta Ratna Shakya, Amir
Ratna Shakya, Seroj K. Shresta, Pur-
sottam R. Kasaju, Uwe Claus.

Daniel Kasztura, Kurt Kupfer-
schmid, Willi Kirch, Dirk und allen, die
mir infolge des bekannt gestörten
Kurzzeit-Langzeit-Gedächtnisses gerade jetzt nicht einfallen.

tueller Negertürkenschwuler. Aus Neugier auf die Reaktion und weil bei
demokratischem Selbstverständnis doch auch ein Angehöriger einer solchen Minderheit respektiert werden sollte.

Im konkreten Fall weiß ich, daß ich mich zwar öffentlich als Kiffer bekennen kann, aber dann wirklich nicht einmal mehr den allerwinzigsten Krümel haben darf, denn nun wird jeder Trottel glauben, bei mir staatsdienlich fündig zu werden. Ich werde sie enttäuschen müssen.

Noch eine Klarstellung: Ich wurde in den letzten Jahren sehr oft als Drogenexperte bezeichnet. Ich kann mit einem solchen Titel nicht viel anfangen. Ich verstehe was von der Sache, weil ich mich mein halbes Leben lang damit intensiv befaßt habe, aber als Schriftsteller bin ich eher Reporter. Da interessieren mich noch ganz andere Themen, und ich möchte bitten, nicht als Strafe für ein bestimmtes Fachwissen in einer bequemen Schublade abgelegt zu werden.

Aber nun endlich zum Angenehmeren. Daß dieses Buch zustande kam, danke ich nicht nur Dieter Hagenbach – er hatte eine Engelsgeduld, als das Manuskript immer noch nicht fertig war und ein Termin nach dem anderen platzte –, sondern sehr vielen lieben (und manchmal auch weniger lieben) Menschen. Ich muß für unendlich viele Hinweise, Anregungen, Archivwühlereien, Interviews und Auskünfte danken, sehr oft auch für einige schöne, entspannte Züge. Viele Amtspersonen sind darunter, und einige wollten aus verständlichen Gründen nicht genannt werden. Ich habe ihnen viel zu danken, zumal die meisten von ihnen wußten, in welchem Kontext ihre Äußerungen einmal stehen werden. Schon ihnen zu Ehren muß ich sagen: «den Apparat» gibt es nicht, doch manche seiner Betreiber leiden ganz schön unter seinen Mechanismen.

Draußen ist mittlerweile Frühling geworden, und die allerersten Hanf-Pflänzchen sprießen auch schon. Seit in dieser Beziehung praktisch alles verboten ist, ziehen anscheinend überall liebe Freaks durch die Gegend. Wo sie die Samen hernehmen, weiß ich nicht genau, vielleicht aus dem Vogelfutter, vielleicht aus Körner-Handlungen. Teuer dürften sie ja nicht sein, denn sonst würde mit ihnen nicht so großzügig umgegangen. Überall fliegen die Körnchen hin – in die betuchten Vorgärten feiner Villen, die öffentlichen Blumentöpfe und -beete, sogar in den Friedhöfen auf sonst unbedachte Gräber. Wer genau hinsieht, kann überall die Blumen des Bösen entdecken, und ich bin gespannt, was aus ihnen wird. Werden im Sommer unsere Ordnungshüter überallhin ausschwärmen und auf den Knien rutschend jäten? Ich werde mir bei einem solchen Anblick das Grinsen nicht verbeißen können, aber vorläufig freue ich mich darüber, wie robust Mutter Natur dies ihr Kind gestaltet hat. Es wächst und wächst.

Alles Liebe!

Karfreitag 1982

Bibliographie

Da dieses Buch fast doppelt so umfangreich wurde wie vom Verleger vorgesehen und dieser gute Mensch bereits verzweifelt ist, möchte ich mich hier kurz fassen. Diese Bibliographie erhebt also keinen Anspruch auf Vollständigkeit und enthält auch nicht alle verwendeten Bücher. Als Kriterium für diese Auswahl diente ein gewissermaßen politisches: Ich erwähne vor allem jene Arbeiten, die am meisten zitiert werden, also sich als besonders folgenreich erwiesen haben. Erst in zweiter Linie ging es mir um inhaltliche Probleme, also Bedeutung der Aussage, Originalität der Feststellung. Zweifellos problematisch ist die grobe Gliederung, für die ich mich entschieden habe. Überschneidungen und partielle Falsch-Zuordnungen ließen sich dabei nicht vermeiden, da ich mich für eine Hauptgewichtigkeit entscheiden mußte. Die gewählten Sammelbegriffe sind daher extensiv zu verstehen. Eigenartig übrigens: Wo dieser ganze Haufen Schriften zu einem Haufen Titel geworden ist, zeigt sich schon auf den ersten Blick, wie bewußt unobjektiv viele der Meister da forschten. Sie werden also mit Vorsicht zu genießen sein. Wer zu anderen Schlußfolgerungen kommen möchte als ich, kann vielleicht ganz gut mit diesem Material arbeiten. Ich wünsche viel Vergnügen!

«Wer aus einem Buch abschreibt, ist ein Plagiator. Wer aus vielen Büchern abschreibt, hat gründlich recherchiert.»

(Sprichwort, Quelle unbekannt)

Abkürzungen

CC *Cannabis and Culture,* ed. Vera Rubin, Paris 1975

MM *Marihuana, the Medical Papers,* ed. Tod Mikurya, Oakland 1973

MP *The Marihuana Papers,* ed. D. Solomon, New York 1966

RR *Rausch und Realität,* ed. Rautenstrauch-Museum, Köln 1981

SM *Sucht und Mißbrauch,* ed. F. Laubenthal, Stuttgart

Allgemeine bis sehr allgemeine Darstellungen, Reefer-Madness bis 1900

Abelson, P.H., *LSD and Marihuana,* Science 159/1968

Ackenheil, M., *Bewußtseinsändernde Drogen,* Die Brücke, Hoechst, 35/1968

Ackerknecht, E.H., *Suchtprobleme im Lauf der Jahrhunderte,* Die Praxis, Bern 60/1971

Adams, E.W., *Drug Addiction,* Oxford 1937

Albuett, T.C., Dixon, W.E., *Opium Poisoning and other Intoxications,* II./1, London 1906

Arnau, F., *Rauschgift,* Luzern 1967

Attler, I., *Case of Poisonig buy Cann. Ind.,* Brit. M.J. II./1896

Bergmark, M., *Lust und Leid durch Drogen,* Stuttgart 1958

Boettcher, C., *Über die Anwendung des indischen Hanfes in der Psychiatrie,* Berliner klin. Wochenschr. 3/1866

Brau, J.L., *Vom Haschisch zum LSD,* Frankfurt 1969

Bretschneider, E.V., *Botanicon Sinicum,* Berlin 1885

Clouston, T.S., *The Cairo Asylum – Dr. Warnock on Hashish Insanity,* Journal of Mental Science 42/1896

Coles, W.H., *Cannabis indica,* London 1935

Cremerius, H., *Was ist Süchtigkeit?,* Zürich 1960

Deniker, P., *Clinical Research on Depence-Producing Drugs,* Genf 1971

De Rios, M. D., *Man, Culture and Hallucinogens,* CC

DuPont, R. L., *Just what you can tell your patients about marihuana,* Medical Times New York, 1/1976

Eddy, N. B., et al., *Drug Dependence ...,* Psychopharmacol. Bull. 3/1966

Ehrhard, H. E., *Perspektiven der heutigen Psychiatrie,* Frankfurt 1972

Eichholz, F., *Pharmakologie und Toxikologie der wichtigsten Genußmittel und Suchtgifte,* SM 1964

Farnsworth, N. R., *Hallucinogenic Plants,* Science 162/1968

Feuerlein, W., *Sucht und Abhängigkeit,* Hamburg 1974

Flueckiger, F. A., Hanbury D., *Pharmacographia, A history of the principal drugs of vegetable origin,* London 1874

Fort, J., *Die künstlichen Freuden,* Gladbach 1968

–, *Pot or not,* Int. J. Psychiatrics 9/1970

Furger, R., *Sucht bei Jugendlichen,* Praxis 60/1971

Gabriel, E., *Die Süchtigkeit,* Hamburg 1936, 1962

Gashill, H. S., *Marihuana an Intoxicant,* Amer. J. Psych. 102/1945

Gaver, K. D., *Today's Drug Problem,* Springfield/Ill. 1970

Goodman, L. S., Gilman A., *The Pharmacological Basis of Therapeutics,* New York 1955

Gorodetzky, C. W., *Marihuana, LSD, Amphetamines,* Drug Dep. 5/1970

Gross, R., Fritz, R., *Die Wissenslawine und ihre Bewältigung durch den Arzt,* Dtsch. Ärztebl. 71/1974

Gruenwaldt, G., *Haschisch, Marihuana, LSD,* Saarl. Ärztebl. 10/1971

–, *Rauschgiftprobleme heute,* Ärztl. Praxis 22/1971

Haas, E., *Selbstheilung durch Drogen?* Frankfurt 1974

Hacker, F., *Drogen,* Wien 1981

Hamaker, W. D., *A Case of Overdose of Cann. ind.,* Therap. Gaz. 15/1891

Hartel, K. D., *Rauschgift-Lexikon,* München 1971

Hartwich, C., *Die menschlichen Genußmittel und ihre Herkunft,* Leipzig 1911

Hegi, F., *Rauschgift empirisch,* Frankfurt 1976

Hesse, E., *Die Rausch- und Genußgifte,* Stuttgart 1968

–, *Rausch-, Schlaf- und Genußgifte,* Stuttgart 1971

Hoffer, A., Osmond H., *The Hallucinogens,* N. Y. 1967

Hofmann, A., *Psychoaktive Stoffe der Pflanzen,* Therapiewoche 35/1967

Ismail, A., *General Discussion – Hashish,* London 1965

Ireland, T., *Insanity form Abuse of Indian Hemp,* Alienist and Neurologist 14/1893

Josuttis, M., *Religion und die Droge,* Stuttgart 1969

Koch, C. A. L., *Der Hanf,* Allg. Zeitschr. Psychiatr. 21/1864

Körner, W., *Drogen-Reader,* Frankfurt 1980

Lawson, I. R., Winstead, D. K., *Toward a Theory of Drug Use,* Brit. J. Addict. 73/1978

Leuenberger, H., *Im Rausch der Drogen,* Berlin 1970

Lewin, L., *Die Gifte in der Weltgeschichte,* Berlin 1920

–, *Phantastica,* Berlin 1924

–, *Beiträge zur Klin. Wochenschr.* 1878–1919

Loo, H., Cottereau, M. J., *Le Cannabis* Ann. Méd. psychol. 136/1978

McGothlin, W. A., *Cannabis, a Reference,* MP

–, *Marijuana, an Analysis ...,* ed. US Bureau of Narcotics and Dangerous Drugs, Washington 1971

–, *The Use of Cannabis,* Harlem 1972

–, *Sociocultural Factors ...,* CC

McGlothlin, W. H., West, L. J., *The Marijuana Problem,* Amer. J. Psychiatrics 125/1968

Moeller, K. O., *Rauschgifte und Genußmittel,* Basel 1951

Mongeri, W., *Über die Ursachen des Irreseins bei den Orientalen,* Allgemeine Zeitschr. für Psychiatrie, 25/1868

Orzechowski, G., *Halluzinogene Drogen,* Med. Welt 16/1969

Pusinelle, C., *Über Cannabinolvergiftung,* Schmidt's Jahrb. 1887

Reynolds, J. R., *On the Therapeutical Use and Toxic Effect of Cann. ind.,* MM

Römpp, H., Schurz, J., *Chemische Zaubertränke,* Stuttgart 1972

DeRopp, R., *Bewußtsein und Rausch,* München 1964

Rosenfeld, H., *Über Rauschgiftsucht,* Psyche 4/1960

Rossi, G.V., *Mischievous Drugs,* Amer. J. Pharm. 140/1968

Rubin, E., Lieber, C.S., *Alcohol, Alcoholism and Drugs,* Science 172/1971

Ruppen, R., et al., *Zur Prüfung der Aussagegenauigkeit bei einer Befragung über Drogenkonsum,* Z. Präv. Med. 18/1973

Salber, W., *Haben Drogen eine Seele?* RR

Schenk, J., *Drogen und Gesellschaft,* Berlin 1975

Schmidbauer, W., Scheid, J., *Handb. der Rauschdrogen,* Frankfurt 1976

Schrenck-Notzing v., *Die Bedeutung narkotischer Mittel für den Hypnotismus mit bes. Berücksichtigung des indischen Hanfes,* Leipzig 1891

Schultes, R. E., *Hallucinogens of Plant Orign,* Science 163/1969

–, *The Plant Kingdom* ... Bull. Narcot. 21/1969

–, et al., *An Example of Taxonomic Neglect,* CC

–, Hofmann, A., *Pflanzen der Götter,* Bern 1980

Schur, E.M., *Narcotic Addiction in Britain and America,* Bloomington 1962

Schwarz, C. J., *Marihuana: An Attempt at Perspective,* Drug Abuse, Springfield/Ill. 1970

Stafford, P., *Enzykl. der psychedelischen Drogen,* Linden 1980

Steckel, R., *Bewußtseinserweiternde Drogen,* Frankfurt 1970

Stübing, G., *Drogenmißbr. und Drogenabhängigkeit,* Köln 1977

Tull-Wash, J.H., *Hemp Drugs and Insanity,* J. Sci. 40/1894

Wagner, H., *Rauschgift-Drogen,* Berlin 1969

Warnock, J., Insanity from Hasheesh, J, ment. sci. 49/1903

Waser, P.G., *Pharmakologie der Halluzinogene,* Praxis 60/1971

Winek, C.L., *Everything You Wanted to Know about Drug Abuse But Were Afraid to Ask,* New York 1974

Monographien, prinzipelle Essays

Andrews, G., Vinkenoog S., *The Book of Grass,* N.Y. 1967

Cano Puerta, G., *Marihuana – accursed herb,* Antioquia/Col. 1967

Cherniac, L., *The Great Books of Hashish,* Berkeley 1979

Cholst, S., *Notes on the Use of Hashish,* MP

Goldmann, A., *Grass Roots,* New York 1980

Haenel, T.A., *Kulturgeschichte und heutige Problematik des Haschisch,* Pharmakopsychiat. 3/1970

Leonhardt, R.W., *Haschisch-Report,* München 1970

–, *Haschisch heute,* RR

Lindesmith, A.R., *The M. Problem: Myth or Reality?* MP

–, *The Addict and the Law,* Bloomington 1967

Mann, T., *Haschisch,* Der deutsche Militärarzt 6/1942

Marcovitz, E., *Marihuana Problems,* J. Amer. Med. Ass. 129/1945

–, Myers, H.J., *The Marihuana Addict in the Army,* War Med. 6/1944

Melody, R., *Ich half den Haschern,* Freiburg 1972 (einfach irre!)

Merlin, M.D., *Man and Marihuana,* New Jersey 1972

Meunier, R., *Le Hachich,* Paris 1909

Mildner, T., *Haschisch in der Bewertung von 1000 Jahren,* Dtsch. Med. J. 23/1972

Moreau, H., *Etude sur le hachich,* Paris 1904

Novak, W., *High Culture,* New York 1980

Pascal, E., *Contribution à L'étude du Cannbis Ind.,* Paris 1934

Pelner, L., *Long Road to Nirvana,* New York 1967

Reiniger, W., *Zur Geschichte des Haschischgenusses,* Ciba 7/1941

–, *Gewinnung, Zubereitung und Gebrauch des Haschisch,* ibid.

–, *Über die Wirkung des Haschisch,* ibid.

–, *Haschisch,* ibid.

–, *Historical Notes,* MP

Robbins, P.R., *Marihuana,* Boston 1979

Schultz, O.E., Haffner C., *Zur Kenntnis eines seditativen Wirkstoffes aus dem deutschen Faserhanf,* Arch. Pharm. Berl. 291/1958

Shaw, W. S. J., *Cann. ind.: A «Dangerous Drug»,* Brit. Med. J. 2/1923

Sloman, L., *Reefer Madness,* Indianapolis 1979

Southern, T., *Red-dirt Marihuana,* MP

Sterne, J., Ducastainy C., *Les artértites du Cann. ind.* Arch. Mal. Cœur 53/1960

Sumach, A. (Pseudonym, N.N.), *A Treasury of Hashish,* Toronto 1976 (köstlich, handgeschrieben und doch seriös)

Täschner, K. L., *Das Cannabis-Problem*, Wiesbaden 1979

Todd, A. R., *The Hemp Drugs*, Endeavour 216/1943

Woggon, B., *Haschisch, Konsum und Wirkung*, Berlin 1974

Yawger, N. S., *Marihuana. Our new addiction*, Amer. J. Med. Sci. 195/1938

Anbau, schmale Auswahl

Backe, H., *Der Hanfbau*, Berlin 1936

Drake, B., *The Cultivator's Handbook*, Berkeley 1970

Frank, M., Rosenthal, E., *Marihuana-Zucht*, Amsterdam 1980

Hansen, F., *Hanfanbau in Südostspanien*, Bonn 1967

Hehn, V., *Kulturpflanzen und Haustiere*, Berlin 1911

Knutsen, G., *Svensk Hampholding*, Stockholm 1943

Margolis, J., *The Grass Garden*, San Francisco 1969

Marquart, B., *Der Hanfanbau*, Berlin 1919

Missbach, A., *Die deutschen Spinnstoffe*, Berlin 1942

Tobler, F., *Deutsche Faserpflanzen und Pflanzenfasern*, München 1938

Kultur und so

1. Direktes, äußerst schmale Auswahl

Benjamin, W., *Über Haschisch*, Frankfurt 1972

Delmar, A., *Haschisch, Oper in einem Aufzug*, Berlin 1896

Fichte, H., *Detlews Imitationen, Grünspan*, Reinbek 1971

Fo, D., *Mama hat den besten Shit*, Theaterstück, Berlin 1979

Ginsberg, A., *First Manifesto to End the Bringdown*, MP

Hartmann, D., *Atini sirpsi*, Frankfurt 1980

Holst, G., ed., *Rembetika*, Berlin 1979

Huxley, A., *The Doors of Perception*, London 1954

–, *Heaven and Hell*, London 1956

Jünger, E., *Annäherung*, Stuttgart 1980

Kerouac, J., am besten alles, jeweils Reinbek

Kühn, V., Neuss, W., *Das Wolfgang Neuss Buch*, Köln 1981

Leary, T., am besten alles, größtenteils bei Sphinx, außerdem: *The Politics, Ethics and Meaning of Marihuana*, MP

Ludlow, F. H., *Der Haschisch-Esser*, Basel 1981

Mrabet, M., Bowles, P., *Haschisch-Geschichten*, Löhrbach o. J.

Reavis, E., *Rauschgiftesser erzählen*, Frankfurt 1967

Schwind, M. v., *Album vom Rauchen und Trinken*, Karlsruhe 1875

Watts, A., *The Joyous Cosmology*, New York 1962

Zahl, P. P., *Die Glücklichen*, Berlin 1979

2. Darüber, Kulturgeschichte u. ä., kleine Auswahl

Arcalides, N., *Toxikomanen in Griechenland*, Athen 1928

Aldrich, M., ed., *Dope Chronicles*, San Francisco 1979

Artbauer, O., *Die Rifpiraten und ihre Heimat*, Stuttgart 1911

Austin, G., *Die europäische Drogenkrise des 16. und 17. Jhdts.* RR

Benet, S., *Early Diffusion and Folk Uses of Hemp*, CC

Bowles, P., *The Story of Lahcen and Idir*, MP

Brotteaux, *Hachich, Herbe de folie et de rêve*, Paris 1934

Brunnhofer, D. H., *Urgeschichte der Arier*, Leipzig 1893

Busse, H., *Pflanzenreste in vorgeschichtlichen Gefäßen*, Zeitschr. f. Ethnol. 29/1897

Don Castro III., *Marihuana and the Assassins*, Brit. J. Addict. 65/1970

Chatelain, M., *Berichte über Drogenkonsum im Alten und Neuen Testament*, RR

Cranach, D., *Drogen im alten Ägypten*, RR

Creighton, C., *On Indications of the Hashish-Vice (!) in the Old Testament*, Cambridge 1903

Dieckhoff, R., *Drogen und Literaten*, RR

Eliade, M., *Schamanismus und arch. Ekstasetechnik*, Zürich 1957

Emboden, W. A., *Cannabis in Ostasien*, RR

Farber, W., *Drogen im alten Mesopotamien*, RR 1821–33

Garbe, R., *Beiträge zur indischen Kulturgeschichte*, Berlin 1903

Gelpke, R., *Vom Rausch im Orient und Okzident*, Stuttgart 1966

Hamarneh, S., *Pharmacy in Medieval Islam and the History of Drug Addiction*, Med. Hist. 16/1972

Hammer-Purgstall, J., *Die Assassinen*, Stuttgart 1818

456

Harner, M. J., *Hallucinogens and Shamanism,* New York 1973

Hauschild, Th., *Hexen und Drogen,* RR

Herodot, dt. Übers., Berlin 1855

Hodgson, M. G. S., *The Order of Assassins,* Den Haag 1955

Huard, P., *Chinese Medicine,* New York 1968

Jettmar, K., *Skythen und Haschisch,* RR

Jones, W., *Musik der Inder,* Erfurt 1802

Kerim, F., *Les troubles psychiques dus à l'emploi de hachich,* L'Hygièna ment. 2/1930

Knoll-Greiling, U., *Schamanen und rauschinduzierende Mittel,* RR

Kühn, K. G., ed., *Galen – opera omnia,* 8 vol., Leipzig

Lane, E. W., *Arabian Society, the 1001 Nights,* London 1883

Lewis, B., *The Assassins,* London 1967

Hui-Lin, Li, *The Origin and Use of Cann. ind Eastern Asia,* CC

Magre, M., *La nuit de hachich et d'opium,* Paris 1929

Maurer, I., *Die rauchenden Götter,* RR

Mayerhof, M., *Haschisch,* Österr. Monatsschr. f. d. Orient 42/1916

Mickel, E., *The Artificial Paradises in French Literature,* Chapel Hill 1969

Monfreid, H., *La Croisière de Hachich,* Paris 1937

van Moos, I., *Bibliotheca Afghanica,* 1980 Liestal

Müller, I., *Kräutergärten im Mittelalter,* RR

Nitzsch, K. G. E., *Psychiatrisches aus Ägypten,* Allg. Z. Psychiat. 14/1857

Oldenburg, H., *Die Religion des Veda,* Berlin 1917

Peyrefitte, R., *Der junge Alexander,* Hamburg 1971

Philippe, A., *Satan, der euch so liebt,* Hamburg 1971

Polak, E., *Persien, das Land und dessen Bewohner,* Leipzig 1865

Ränk, G., *Skythisches Räucherwerk,* Bonn 1972

Ranke, K., *Indogermanische Totenverehrung,* Helsinki 1951

Reed, J., *Mexiko im Aufruhr,* Berlin 1972

Reitzenstein, K. L., *Die hellen. Mysterienreligionen,* Leipzig 1927

Rice, T. T., *Die Skythen,* Köln 1957

Riegler, L., *Die Türkei und deren Bewohner,* Wien 1852

Rolle, R., *Skythen,* Luzern 1981

Rosenthal, F., *The Herb,* Leyden 1971 (exzellent!)

Rudenko, S. I., *Frozen Tombs of Siberia,* London 1970

Sanders, Ed., *The Family,* New York 1971

Schall, P., *Zauber und Medizin in Altchina,* München 1965

Siegel, R. K., *Castanedas Privatapotheke,* RR

Sinha, P., Afghanistan im Aufruhr, Zürich 1980

Taylor, N., *Flight from Reality,* New York 1949

–, *Plant Drugs that Changed the World,* London 1966

–, *The Pleasant Assassin,* MP

Thorwald, J., *Macht und Geheimnis der frühen Ärzte,* München 1962

Vandermerwe, N., *Cannabis Smoking in 13th and 14th Century Ethiopia,* CC

Vavilor, N. J., *The Origin, Variation, Immunity and Breeding of Cultivated Plants,* Chester 1949

Waley, A., *Neun Gesänge der Schamanen,* Hamburg 1957

Widengren, G., *Iranische Geisterwelt,* Baden-Baden 1961

Wirz, P., *Heilkunde in Ceylon,* Bern 1941

Wissman, H., *Im Inneren Afrikas,* Leipzig 1888

(Zusammen etwa 5 Prozent der mir bekannten Literatur zum Thema)

Sozio-Psychologisches, Empirisches etc., kleine Auswahl

1. Die Bürde des weißen Mannes

Allen J. R., West, L. J., *Flight from Violence: Hippies and the Green Rebellion,* Amer. J. Psychiat. 125/1968

Althaus, Ch., *Drogenkonsum bei 19jährigen Züricherinnen,* Zürich 1972

Amendt, G., *Haschisch und Sexualität,* Stuttgart 1974

Anumonye, A., McClure, J. L., *Adolescent Drug Abuse in a North London Suburb,* Brit. J. Addict. 65/1970

Archibald, H. D., *The Non-Medical Use of Drugs in Canada,* Lausanne 1970

Baettig, K., *Drogenkonsum und Drogenwünsche bei Zürcher Studenten,* Z. Präv. Med. 15/1970

Baumann, U., et al., *Sozialer Hintergrund und Persönlichkeit von Drogenkonsumentinnen,* Z. Präv. Med. 18/1973

Bayerisches Staatsministerium des Innern,

ed., *Drogen,* Dokumentation über eine Repräsentativerhebung bei Jugendlichen in Bayern, 1974

Becker, H. S., *Becoming a Marihuana User,* Amer. J. Sociol. 59/1953

–, *Marihuana Use and Social Control,* Soc. Probl. 3/1955

–, *Marihuana a Sociological Overview,* MP

–, *An Exploration of the Social Bases of Drug-Induced Experiences,* J. Soc. Behav. 8/1967

Becker, W., BRD, *Jugend und Rauschgift,* Hamm 1968

Beedle, P., *The Patterns of Drug Abuse in the UK,* Genf 1971

Blaine, J., Bozzetti, L., *Memories, Reflections and Myths; The American Marihuana Commission,* CC

Blum, R. H., et al., *Society and Drugs,* 2 vol, San Francisco 1970

Brotman, R., Suffet, F., *Marijuana Use and Social Control,* Ann. N. Y. Acad. Sci. 191/1971

Bruck, J., et al., *Drogenmißbrauch – ein aktuelles Problem in Österreich,* Wien. Med. Wochenschr. 117/1967

Bschor, F., *Marihuana,* Kriminalistik 4/1950

–, *Junge Rauschmittelkonsumenten in Berlin (W),* FU Berlin 1970

–, *Cannabis-Proben aus Berlin, erste Ergebnisse einer Analysenreihe,* FU Berlin 1971

–, *Die Entwicklung der Drogenszene bis heute,* Z. f. Allgemeinmed. 53/1977

Burchard, J. M., *Individuelle und kollektive Ursachen des Rauschmittelgebrauchs bei Jugendlichen,* Mat. Med. Nordmark 24/1972

Carlin, A. S., *Social facilitation of Marihuana intoxication,* J. abnorm. Psychol. 80/1972

–, Trupin, E. W., *The Effect of Long-Term Chronic Marijuana Use on Neuropsychological Functioning,* Int. J. Addict. 12/1977

Chambers, C. D., *An Assessment of Drug Use in the General Population.* Spec. Rep. no 1, New York Addic. Contr. Comm. May 1971

–, Spec. Rep. No 5, August 1979

Cisin, I. H., Manheimer D. I., *Marihuana Use Among Adults in a Large City and Suburb,* Ann. N. Y. Acad. Sci. 191/1971

–, revidierter Report 1980, teilveröffentlicht von DEA

Clisbee, F. W., *Dallas and Drugs,* Lausanne 1970

Colbach, E., *M. Use by GIs in Vietnam,* Am. J. Psychiatr. 128/1971

–, Crowe R., *Marijuana Associated Psychosis in Vietnam,* Milit. Med. 135/1970 (eine interessante Fallbeschreibung: Befehlsverweigerung als Hanf-*Psychose!*)

Comm. of Inquiry into the Non-Medical use of drugs, *Interim Report (Le Dain Report),* Ottawa 1970

–, *Report on Cannabis,* Ottawa 1972

–, *Report on Cannabis,* Ottawa 1980

Cuk, S., Haasz, A., Haasz, J., *Erscheinungen des Drogenmißbrauchs in Rijeka,* Lausanne 1970

Dembo, R., et al., *Demographic Value and Behavior Correlates of Marijuana Use Among Middle-Class Youths,* J. Health and Soc. Behav. 17/1976

Dezelsky, T. L., Toohey, J. V., *A Six-Year Analysis of Patterns in Non-Medical Drug Using Behavior,* J. Sch. Hlth. 48/1978

Dodge, D. L., *Dimensions of Marijuana Use in a Midwest Catholic University: Subcultural Considerations,* Int. J. Addict. 12/77

Dorn, N., Thompson, A., *English Schoolchildren and Illegal Drugs,* Int. J. Addict. 12/77

Federn, E., «*Drogenmißbrauch» bei Jugendlichen aus einer sozialpädagogischen Sicht,* Prax. Kinderpsychol. 20/1971

Flitner, A., *Soziologische Jugendforschung,* Heidelberg 1963

Forschungsgruppe FU Berlin, *Drogenglossar,* Berlin 1971

Gädeke, R., Gehrmann, J., *Drogenabhängigkeit bei Kindern. Unter Berücksichtigung der ‹Schnüffelsucht»,* Stuttgart 1973

Gale, E. N., Guenther, G., *Motivational Factors Associated with the Use of Cannabis,* Brit. J. Addict. 6613/1971

Gallant, D., et al., *Interpersonal Behavior in Group Discussion During Marihuana Intoxication,* Int. J. Addict. 13/1938

Gerdes, K., Wolffersdorf-Ehlert, Chr., *Drogenszene – Suche nach Gegenwart,* Stuttgart 1974

Gerfeldt, E., *Psychopharmaka bei Jugendlichen in sozialpsychol. Sicht,* Suchtgefahren 4/1970

Glaser, D., et al., *Later Heroin Use by Marijuana-Using . . . ,* Int. J. Addict. 4/1969

Gnirss F., *Emp. Unters. über den Drogen-*

458

mißbrauch Jugendl. aus einem nicht ausgelesenen Schülerkollektiv, Basel 1971

Gomila, et al., *Present Status of the Marihuana Vice in the US, America's New Drug Problem,* Philadelphia 1938

Goode, E., *The Marihuana Smokers,* New York 1970

Gosset, J.T., et al., *Extent and Prevalence of Illicit Drug Use as Reported by 745 Students,* J. Amer. Med. Ass. 216/1971

Green, M., Miller, R.D., *Cannabis Use in Canada,* CC

Gross, G., Huber, G., *Aktuelle Aspekte des Drogenmißbrauches Jugendlicher,* Dtsch. med. Wschr. 97/1972

Grupp, S. E., *Marihuana,* Columbus/Oh. 1971

Hagemann, L.L., *Socio-Cultural Rewards on the Drug Taking Experience,* Lausanne 1970

Haines, L., Green, W., *Marijuana Use Patterns,* Brit. J. Addict. 65/1970

Halikas, J.A., et al., *Marihuana Effects,* J. Amer. Med. Ass. 217/71

–, *M. Use and Psychiatric Illness,* Arch. Gen. Psychiat. 27/1972

Hardy, R. E., Cull, J. G., *Types of Drug Abuse and Their Abusers*, Springfield/Ill. 1974

Harms, E., ed., *Drug Addiction in Youth,* London 1965

Hausner, W. K., *Die Frankfurter Drogenszene,* Frankfurt 1972

Hebblesthwaite, P., *Generationskonflikt in Amerika,* Praxis 60/1971

Hell, D., *Der Gebrauch von Cann. unter Jugendl. Zürichs,* Z. Präv. med. 15/1970

Hendler, H.I., Stephens, R.C., *The Addict Odyssey,* Int. J. Addict. 12/1977

Herha, J., *Erfahrungen mit Haschisch,* FU Berlin 1973

–, *Haschisch und Marihuana,* Naturwissenschaften 61/1974

Herrmann, D., Lotze, J., *Drogenkonsum unter Schülern einer norddeutschen Kleinstadt,* Münch. med. Wschr. 114/1972

Hess. Kultusmin., ed., *Rauschmittelkonsum von Schülern in Hessen,* Wiesbaden 1974

Ho, B.T., et al., *Marihuana: Importance of the Route of Administration,* J. Pharm. (Lond.) 23/1971

Hochhauser, M., *Alcohol and Marihuana Consumption Among Undergraduate Polydrug Users,* Amer. J. Drug. Alc. Abuse 4/1977

Hochmann, J.S., Brill, N.Q., *Chronic Marih. Use and Psyhosocial Adaption,* Amer. J. Psychiatr. 130/1973

Homberg, M.B., Jansson B., *Experiences . . . Gøteborg,* Acta psychiat. scand. 44/1968

Hünneckens, H., *Die Existenzproblematik des Jugendlichen – Motiv für den Drogenkonsum?,* Hamm 1972

Imperi, I.I., et al., *Use of Hallucinogenic Drugs on Campus,* J. Amer. Med. Ass. 204/1968

Jasinsky, M., *Drogenkonsum Hamburger Schüler,* Hamburg 1971

–, Wiederholungsbefragung. Hamburg 1973, Hamburg 1978

Jessor, R., *Predicting Time of Onset of M. Use,* J. cens. clin. Psychol. 44/1976

Joe, G.W., Hudisburg R.A., *Behavioral Correlates of Age at First Marihuana Use,* Int. J. Addict. 13/1978

Johnston, L., *Drugs and American Youth,* Ann Arbor 1973

Josephson, E., et al., *Adolescent M. Use,* New Jersey 1971

Jungjohann, E.E., et al., *Untersuchung . . . unter 2462 Schülerinnen und Schülern an Essener Obersch.,* Prax. Kinderpsychol. 22/1973

Kaiser, C., Gold, R., *Perception, Psychedelics and Social Change,* J. Psyched Drugs 6/1974

Kandal, D., *Entwicklungsstadien beim Drogengebrauch Jugendlicher,* RR

–, et al., *Depressive Mood and Adolescent Illicit Drug Use,* J. gent. Psychol. 131/1977

–, *Psychological Factors and . . .,* Adolescence 13/1978

Kaplan, J.H., *Marihuana and Drug Abuse in Vietnam,* Ann. Y.N. Acad. Sci. 191/1971

–, *Intersection of Anthropology and Law in the Cann. Area,* CC

Kay, E.J., et al., *A Longitudinal Study of the Personality Correlates of Marihuana Use,* J. cons. clin. Psychol. 46/1978

Kimlicka, T.T., Groß, H.J., *A Comparison of Chronic Versus Casual M. Users on Personal Values . . . ,* Int. J. Addict. 13/1978

Kindermann, W., *Das Projekt TU-drop . . . ,* RR

Kopplin, D.A., et al., *Changing Patterns of Substance Use on Campus, 4-Year Follow-up Study,* Int. J. Addict. 12/1977

Kosviner A., Hawks D., *C. Use Amongst*

British University Students, Brit. J. Addict. 72/1977

Lahti, R. E., *The Gen. Practitioner Views Drug Abuse,* Drug Abuse Springfield/Ill. 1970

Lettieri, D. J., *Drugs and Personality,* Washington, D.C. 1976

Lewis, A., *Cannabis,* H. M. Home Office London 1968

Liakos, A., et al., *Social Traits of Heavy Hashish Users and Matched Controls,* Ann N. Y. Acad. Sci. 1976

Lindner, A., *Kultischer Gebrauch psychoaktiver Pflanzen in Industriegesellschaften,* RR

Lipp, M. R., et al., *M. Use by Med. Students,* Amer. J. Psychiatr. 128/1971

Lipscomb, W. R., *Drug Use in a Black Ghetto,* Amer. J. Psychiatr. 127/1971

Louria, D. B., *Some Aspects of Drug Abuse,* Pub. Hlth. Rev. 6/1977

Lucas, W. L., *Predicting Initial Use of M. ... data 1969–1976,* Int. J. Addict. 13/1978

Mabileau, D. J. F., *Patterns of Drug Abuse in France,* Genf 1971

Mac Sweeney, D., Parr, D., *A Pilot Study of Drug Pushers,* Lausanne 1970

Malhotra, M. K., *Rauschmittelkonsumenten im Urteil der Gymnasiasten,* Suchtgefahren 24/1978

Manheimer, D. I., et al., *M. Use among Urban Adults,* Science 166/1966

Maurer, D. W., *The Subculture of the Criminal Narcotic Addict,* Drug Abuse, Springfield/Ill. 1970

McCoy, A. W., *Eine drogenabhängige Gesellschaft entsteht ...,* RR

McLean, B., et al., *Contacts with a Canadian Drug Information and Crises Centre,* Bull. Narc., 29/1977

Mellinger, G. D., *Psychotherapeutic Drug Scene in San Francisco,* Drug Abuse, Springfield/Ill. 1970

Mirin, St. M., McKenna, G. J., *Combat Zone Andjustment: The Role of Marihuana Use,* Milit. Med. 140/1975

Morgan, H. G., Hayward A., *The Effects of Drug Talks to School Children,* Brit. J. Addict. 71/1976

Müller, U., et al., *Mehrdimensionale Klassifikation des Drogenkonsums bei Jugendlichen,* Arch. Psychiat. 216/1972

–, *Persönlichkeitsaspekte jugendlicher Drogenkonsumenten,* Arch. Psychiatr. 217/1973

Much, J. C. (der berühmte!), *M. and Crime,* Bull. Narc. 18/1966

–, *The Toxicity of Cann. sat. (M.),* Curr. med. Dig. 35/1968

Norton, W., *The Marihuana Habit,* Canad. psychiatr. J. 13/1968

Parfrey, P. S., *Factors Associated with Undergraduate Marihuana Use in Cork,* Brit J. Addict. 72/1977

Parow, E., et al., *Über die Schwierkeit, erwachsen zu werden,* Frankfurt 1976

Paul, M. K., *Comparative Attitudes of Un. Stud. and School Teachers on the Use and Legalization of M.,* J. Drug Educ. 7/1977 (lesenswert)

Peralman, S., *Drug Experience in an Urban College Population,* Amer. J. Orthopsychiatr. 37/1967

Peterson, B., Wetz, R., *Drogenerfahrung von Schülern,* Stuttgart 1975

Rathod, N. H., *Early Experience in the Life of a Narc. User,* Lausanne 1970

Reuband, K. H., *Rauschmittelkonsum in der BRD,* RR

Rexed, B., *Patterns of Drug Abuse in Scandinavia,* Genf 1971

Rochford, J., et al., *Medical Students and Drugs,* Int. J. Addict. 8/1977

Rossi, P., *Study of Life Styles and Campus Communities,* Baltimore 1970

Sadava, S. W., Forsyth, R., *Turning on, Turning off an Relapse ... Status Change in C. Use,* Int. J. Addict. 12/1977

–, *Person-Environment Interaction and College Student Drug Use,* Genet. Psychol. Monogr. 96/1977

Salzmann, C., et al., *The Effect of Marihuana on Small Group Process,* Amer. J. Drug Alcohol Abuse 4/1977

Sanborn, D. E., et al., *Drug Abusers ...,* Di. nerv. Syste. 32/1971

Schaer, M., Biener, K., *Jugend und Drogen,* Z. Präv. Med. 16/1971

Schenker, K., *Drogenkonsum bei 19jährigen Zürcherinnen,* Zürich 1972

Scott, E. M., *Happiness: Some Findings Between Non-Drug-Using and Drug-Using Teenagers,* Drug Abuse, Springfield/Ill. 1970

Shean, G., Fechtman, F., *Purpose in Life Scores of Student M. Users.* J. Clin. Psychol. 27/1971

460

Shick, J.F.E., et al., *Adolescent Drug Using Groups in Chicago Parks,* Drug and Alcohol. Depend. 3/1978

Sim, V., *A Summary Report ...* (GIs und Drogen), Springfield/V. 1963

Teigen, A., *Research on Drug Abuse,* Lausanne 1970

Tennant, F.S., et al., *Effectiveness of Drug Education Classes,* Amer. J. Pbl. Hlth. 64/1974

Thamm, B.G., *Zur Entwicklung der Drogenabhängigkeit in Berlin,* Soz. Arb. 27/1/1978

Todd, J., Goldstein R., *Personality and Attitudes of British M. Users,* Psychol. Rep. 40/1977

Traub, S.H., *Perceptions of Marijuana und Its Effects,* Brit. J. Addict. 71/1976

Ungerleider, J.T., *Review of Drug Abuse and Drug Control in California,* Lausanne 1970

Unwin, J.R., *Illicit Drug Use among Canadian Youth,* Cannad. Med. Ass. J. 2/1968

Vaille, C., Stern, G., *Drug Addiction ... France,* Bull. Narcot. 6/1954

Vesell, E.S., Braude, M.C., *Interactions of Drugs of Abuse,* Ann. N.Y. Acad. Sci. 281/1977

Wagner, E.E., Romantik D.G., *Hand Test Characteristics of M. – Experienced ... College Students,* Percept. MOT Skills 43/76

Wallace, B.C., *Education and the Drug Scene,* Lincoln/Neb. 1974

Whitehead, P.L., *The Incidence of Drug Use Among Halifax Adolescents,* Brit. J. Addict. 65/1970

Wininck, Ch., *Marihuana Use by Young People,* London 1965

Zinberg, N., Weil, A., *A Comparison of M. Users and Nonusers,* Nature 226/1970

–, außerdem rund 70 andere Titel zum Thema, allerdings mit vielen, vielen Wiederholungen

–, *Marihuana in Man, Clinical and Psychological Effects,* N.Y. 1978

2. Der Rest der Welt

(entsprechend dem traditionellen Eurozentrismus nur eine geradezu winzige Auswahl)

Abdulla A., *Cann. ind. als Volksseuche in Ägypten,* Schweiz. med. Wschr. 83/1953 (bevor die Pest nach Europa kam)

Aldrich, M.R., *Tantric Cann. Use in India,* J. psychol. Drugs 9/1977

Anwari-Alhosseyni, S., *Haschisch und Opium im Iran,* RR

Anziserow, I., *Haschismus in Turkestan,* Ethnogr. Jb. 1929

Asuni, T., *Socio-psychiatric Problems of C. in Nigeria,* Bull. Narcot. 16/1964

Aubin, H., *Evolutif dans l'intoxication chronique par le kif,* L'Algerie Med. J. 23–26/1944

Bash, K.W., *Patterns of Drug Dependence in Iran,* Genf 1971

Benabud, A., *Psycho-Phathological Aspects of the C. Situation in Marocco,* Bull. Narcot. 9/1957

Benoist, J., *Réunion: C. in a Pluricultural and Polyethnic Society,* CC

Blackford, L.S., *Preliminary Release, San Mateo ...,* M. and Hlth., 2. ann. rep. to the Congress, Washington DC 1972

Boroffka, A., *Mental Illness and Indian Hemp in Lagos,* E. Afr. Med. J. 43/384

–, *Cannabis und Psychiatrie,* Suchtgefahren 24/1978 (!)

Bourhill, C.J.G., *The Smoking of Dagga Among the Native Races of South Africa and the Resultant Evils* (Aufsässigkeit, Streiks etc.!), Edinburgh 1913

Brandenburg, D., *Hygiene und Medizin im Koran,* Med. Mspiegel 6/1968

–, *Priesterärzte und Heilkunst im alten Persien,* München 1969

–, *Medizinisches aus Tausendundeiner Nacht,* ibid. 1973

Carstairs, G.M., *Daru and Bhang,* Quart. J. Stud. Alc. 15/1954

–, *Bhang and Alcohol,* MP

Carter, W.E., Coggins, W.J., *Chronic C. Use in Costa Rica,* CC

Chopra, G.S., Chopra, R.N., *The Present Position of Hemp-Drug Addiction in India,* Ind. Med. Res. Mem. 31/1939

–, Chopra, I.C., *Cannabis Sativa in Relation to Mental Diseases and Crime in India,* Ind. J. Med. Res. 30/1942 (Befund: Trotz aller Suche – negativ)

–, *M. and Adverse Psychotic Reactions,* Bull. Narcot. 23/1971

Codere, H., *Soc. and Cult. Context of C. Use in Rwanda,* CC

Comitas, L., *Social Nexus of Ganja in Jamaica,* CC

Daramola, T., Grange, J.J., *C. Problems*

461

among Prisoners in Lagos, Bull. Narcot. 23/1971 (kiffen wollen sie!)

Dardanne, A., *Contribution à l'étude du chanvre indien,* Pharm. Thèse Paris 1924

Dawson, W. W., et al., *M. and Vision ... Costa Rica,* Univ. Florida

Dhunjibhoy, J. E., *Brief Résumé ... with a Full Description of «Indian Hemp Insanity»,* J. Ment. Sci. 76/1930

Drapkin, I., Landau, S. F., *Drug Offenders in Israel,* Brit. J. Crim. 6/1966

Dube, K. C., *Current Pattern and Incidences in India,* Genf 1971

–, et al., *Drug Use in Health and Mental Illness in an Indian Population,* Brit. J. Psychiatr. 118/1971 (der Mann aus Agra: «Ich kenne *nur* kranke Menschen.»)

–, *Prevalence and Pattern of Drug Use Amongst College Students,* Acta psychiatr. scand. 57/1978 (Zitat: «Cannabis kam durch die Verwestlichung Indiens zu uns ...»)

Du Toit, B., *Dagga: The History and Ethnographic Setting of C.,* CC

–, *Cannabis in Afrika,* RR

–, *Man and Cannabis in Africa,* Univ. Florida 1976

Dwarakanath, S. C., *Use of Opium and C. in the Traditional Systems of Medicine in India,* Bull. Narcot. 17/1965

Elejalde, B. R., *M. and Genetic Studies in Columbia,* CC

Ewens, G. F. W., *Insanity Following the Use of Indian Hemp,* Ind. med. Gaz. 39/1904

Fisher, J., *Cannabis in Nepal: An Overview,* CC

Ginsburg, D., Kaufmann, J. L., *Problems of Drug Addiction in Israel,* Bull. Narcot. 7/1955

Goekay, F. K., *Durch Mißbrauch von Heroin und Haschisch entstehende Geisteskrankheiten in der Türkei,* Z. ges. Neurol. Psychiatr. 158/1937 (Derwischorden als Geisteskrankheit)

Grossmann, W., *Adverse Reactions Associated with C. Products in India,* Ann. int. Med. 70/1969

Hasan, K. A., *Social Aspects of the Use of C. in India,* CC

Hon, K. L., *Patterns of Drug Dep. in S. E. Asia,* Genf 1971

Hoppe, H., *Drogenkunde,* Hamburg 1943 (Islam)

Hutchinson, H. W., *Patterns of M. Use in Brazil,* CC

Joseph, R., *Economic Significance of Cann. sat. in the Moroccan Rif,* CC

Kennedy, J. G., *Erkenntnisse der med. Ostforschung,* RR

Khalifa, A. M., *Traditional Paterns of H. Use in Egypt,* CC

Khan, M. A., et al., *Cannabis Usage in Pakistan,* CC

Koppikar, G. S., *Drug Add. in Bombay,* Ind. J. med. Sci. 2/1948

Kroll, Ph., *Psychoses Associated with M. Use in Thailand,* J. nerv. ment. Dis. 161/1975 (vorwiegend GIs abgehandelt)

Lambo, T. A., *Medical and Social Problems of Drug Addiction in West Africa,* Bull. Narcot. 17/1965

Martin, M. A., *Ethnobotanical Aspects of C. in S. E. Asia,* CC

Michels, P. M., *Rastafari,* München 1979

Moser-Schmitt, E., *Sozioritueller Gebrauch von C. in Indien,* RR

Palgi, Ph., *Traditional Role and Symbolism of Hashish among Moroccan Jews in Israel ... CC*

Parreiras, D., *Census of Drug Addicts in Brazil,* Bull. Narcot.

Partridge, W. L., *C and Cultural Groups in a Colombian Municipio,* CC

Porot, A., *Les Toxicomanies,* Paris 1960 (Algerien, Tunesien)

Prince, R., et al., *C. or Alcohol? – Jamaica,* Bull. Narcot. 24/72

Reko, V. A., *Magische Gifte,* Stuttgart 1938 (vorw. Mexiko)

Roland, J. L., Teste, M., *Le Cannabisme au Maroc,* Maroc. med. 387/1958

Rozenblom, J. R., *Notes on Jewish Drug Addicts,* Psychol. Rep. 5/1959

Rubim de Pinho, A., *Social and Medical Aspects of the Use of C. in Brazil,* CC

Saleh, A., *Alkohol und Haschisch im heutigen Orient,* RR

Schaeffer, J., *Significance of M. in a Small Agricultural Community in Jamaica,* CC

Sharma, B. P., *Cannabis and its Users in Nepal,* Brit. J. Psychiatr. 127/1975 (ein sehr, sehr strebsamer Mann)

Shoham, S., *Patterns of C. Usage in Israel,* Genf 1971

Siler, J. F., *M. Smoking in Panama,* Milit. Surg. 73/1933

Soueif, M. I., *H. Consumption in Egypt,* Bull. Narcot. 19/1967

South African Gov., *Report on the Abuse of Dagga,* 1952

Stefanis, C., et al., *Studies of Chronic Hashish Uses,* Psychopharmakol. Berl. 26 Suppl./1972

–, *Sociocultural and Epidemiological Aspects of H. Use in Greece,* CC

–, *Social Traits of Heavy Hashish Users,* Ann. N. Y. Acad. Sci. 282/1976

True, W. R., True, J. H., *Chronic Cannabis Use among Working Class Men in Costa Rica,* J. Psychedel. Drugs 10/1978

Vetschera, T., Pillai, A., *Use of Hemp and Opium in India,* Ethnomed. 5/1978

Wälti, S., *Einfluß des Tourismus auf den Drogengebrauch in Kuta, Bali,* RR

Wagley, Ch., Galvao, E., *Tenetehara Indians,* Columbia 1949

Williams-Garcia, R., *Ritual Use of C. in Mexico,* CC

Wolff, P. O., *Marihuana in Latin America,* Washington, D. C. 1949

Zur Chemie der Pflanze, Wirkstoffe, Nachweis etc.

Adams, R., *Marihuana,* Bull. N. Y. Acad. Med. 18/1942

–, et al., *Marihuana,* J. Amer. Chem. Coc. 71/1949

Agurell, S., et al., *Metabolism of 7-hydroxy-Delta 1 (16)-THC and CBN,* Acta Pharm. Suecica 8/1971

Asahina, H., *Studies of C. Obtained from Hemp Plants Grown in Japan,* Bull. Narcot. 9/1957

Bicher, H. I., Mechoulam, R., *Pharmacological Effects of Two Active Constituents of M.,* Arch. Int. Pharmacodyn. 172/1968

Branden, O. J., *Cannabis Research at the Division of Narcotic Drugs UN,* Genf 1971

Braude, M. C., Szara S., ed., *Pharmacology of M.,* 2 vol. New York 1976

Brawley, P., et al., *Pharmacology of Hallucinogens,* Pharmacol. Rev. 24/1972

Breimer, D. D., et al., *Some New C.-Constituents,* Biochemical ... Marihuana Research, Haarlem 1970

Burstein, S., Kupfer, D., *Hydroxylation of Trans-Delta-1-THC by Hepatic Microsomal Oxygenase,* Ann. N. Y. Acad. Sci. 191/1971

–, Rosenfeld, J., *Isolation and Characterization of a Major Metabolite of Delta-1-THC,* Acta. pharm. Suecica 8/1971

Cahn, R. S., *Cann. ind. Resin, The Constitution,* J. chem. Soc. 1931

Claussen, U., Korte, F., *Herkunft, Wirkung und Synthese der Inhaltsstoffe der Haschischs,* Naturwissenschaften 53/1974

Dembsky, G., el al., *Untersuchungen zum Nachweis von Cannabis-Inhaltsstoffen in der Mundhöhle mittels chromatographischer Verfahren,* Dtsch. Zahnärztl. Z. 29/1974

Doorenbos, N. J., et al., *Morphological and Chemical Differences Between Variants of C.,* Toronto 1971

–, *Cultivation, Extraction and Analysis of C.,* Ann. N. Y. Acad. Sci. 191/1971

Edery, H., et al., *Structural Requirements für Cannabonoid Activity,* Ann. N. Y. Acad. Sci. 191/1971

Faurbairn, J. W., et al., *Distribution and Stability of the Cannabinoids in C.,* Acta pharm. Suecica 8/1971

Fentiman, A. F., et al., *Identification of Noncannabinoid Phenols in M. Smoke Condensate Using Chemical Ionization Mass Spectrometry,* Analyt. Chem. 45/1973

Gaoni, Y., Mechoulam, R., *Isolation, Structure and Partial Synthesis of an Active Constituent of Hashisch,* J. Amer. Chem. Soc. 86/1964

–, *Isolation and Structure of Delta-1-THC and Other Neutral Cannabinoids from Haschisch,* J. Amer. Chem. Soc. 93/70

Gayer, H., *Pharmacol. Wertbestimmung von orientalischen Haschisch und Herba Cann. ind.,* Arch. exp. Path. Pharmak. 129/1928

Gill, E. W., et al., *Distribution and Metabolism of Tritium Labelled THC,* Acta pharm. Suecica 8/1971

–, *Preliminary Experiments ...,* Nature 228/1970

Hauck, G., Moll, H. R., *Versuche zum Nachweis von C.-Inhaltsstoffen in der Ausatemluft,* Beitr. gerichtl. Med. 32/1974 (Versuche, wie gesagt)

Honecker, H. C., Coper, C., *Dünnschichtchromatographische Nachweismethode von Opium als Beimengung in Haschisch-Proben,* Dtsch. med. Wschr. 42/1970

Just, W. W., et al., *Bestimmung von Delta-1-und Delta-1-Delta-6-THC in Blut, Urin und Speichel von Haschisch-Rauchern,* Naturwissenschaften 59/1972

– *Nachweis und quantitative Bestimmung von THC bei Haschisch-Rauchern,* Diagnostik 5/1972 (Fürchtet euch nicht, es war nichts)

Kanter, S. L., et al., *M. Metabolites in Urin of Man ...,* Res. Dom. Chem. Pathol. Pharmacol. 7/1974 (so ähnlich)

Klug, E., *Methoden zum Nachweis von Rauschmitteln, insbesondere von Haschisch und LSD,* FU Berlin 1971 (s. o.)

Korte, F., et al., *THC-Carbonsäure, ein neuer Haschisch-Inhaltsstoff,* Angew. Chemie 77/1965 (törnt nicht)

Novotny, M., et al., *Gas Chromatography ...,* Analyt. Chem. 48/1976

Lerner, M., Zeffert, J. T., *Determination of THC Isomers in M. and Hashish,* Bull. Narcot. 20/1968

Loewe, S. W., *Studies on the Pharmacology and Acute Toxicity of Compounds with M. Activity,* J. Pharmacol. exp. Ther. 88/1946

Machata, G., Kryspin-Exner, K., *Nachweis von Haschisch im Harn nach experimenteller Einnahme,* Wien klin. Wschr. 82/1970

Mechoulam, R., ed., *Marihuana: Chemistry ...* 409 S, N. Y. 1973

Merkus, F., et al., *TLC, GLC and MS of Cannabidivarin, Tetrahydrocannabivarin and Cannabivarin,* Acta pharm. Suecica 8/1971 (und was sonst so alles in Dope ist ...)

Mikes, F., Waser, P. G., *M. Components; Effects of Smoking ...*

Nakamura, G. R., Thornton, J. I., *Forensic Identification of M.,* J. Police Sci. Adm. 1/1973 (Falls man nicht weiß, wie die Pflanze aussieht, empfiehlt sich Gas-Chromatographie)

Nishioka, I., *Chemistry of M. Compound,* Drug Dependence 4/1970

Nordquist, M., et al., *Method for Identification of Acid Metabolites of THC by Mass Fragmentography,* NIDA Res. 7/1976

Ohlsson, A., et al., *Cannabinoid Constituents of Male and Female C.,* Bull. Narcot. 23/1971 (endlich wird die Legende des botanischen Feminismus widerlegt: auch Jungs törnen an, obgleich etwas schwächer)

Pars, H. G., Radzan, R. K., *THCs and Synthetic Analogs,* Ann. N. Y. Acad. Sci. 191/1971 (gute Tips, aber Natur ist besser)

Perez-Reyes, M., et al., *Metabolism of Delta-9-THC in Human Subjects,* Mexico City 1971

Petcoff, D. G., et al., *Identification of Cannabinoids by Centrifugal Chromatography,* Science 173/1971

Petrizilka, T., et al., *Synthese of (-)Delta-8-11-Hydroxy-THC,* Acta pharm. Suecica 8/1971

Razdan, R. K., et al., *Water-Soluble Derivatives of Delta-1-and Delta-1-(6)-THCs ...,* Acta pharm. Suecica 8/1971

Riedmann, M., *Analytische Methoden des Nachweises von Drogen und Giftstoffen,* Naturwissenschaften 59/1972

Salaschek, M., et al., *Über die Problematik des Nachweises von Haschischgenuß durch dünnschichtchromatographische Urinuntersuchungen,* J. Chromatogr. 78/1973

Segelman, A. B., et al., *6 Variations in M. Preparations and Usage Chemical and Pharmaceutical Consequences,* CC

Shani, A., Mechoulam, R., *Cyclization of Delta-1-THC and other Transformations,* Tetrahedron 27/1971

Shilgin, A. T., *Preliminary Studies of the Synthesis of Nitrogen Analogs of Delta-1-THC,* Acta pharm. Suecica 8/1971

Stearn, W. T., *Typification of C. sat. L.,* CC

Svauholt, K. L., *Synthesen von aktiven Haschischkomponenten,* Zürich 1971 (Schweizer Kunsthanf?)

Turk, R. F., *Identification ... Delta-9-THC,* Bloomington 1970

Valle, J. R., et al., *Pharmacological Activity of C. According to the Sex of the Plant,* J. Pharm. Pharmacol. 20/1968

Villareal, J. E., *Contributions of Lab. Work to the Analysis and Control ...,* Drug Abuse, Springfield/Ill. 1970

Vollner, L., et al., *Haschisch XX. Cannabidivarin – A New Component of Cann. sat.,* Tetrahydron 3/1969 (alles neu ...)

Vree, T. B., et al., *Identification of the Methyl und Propyl Homologues of CBD, THC and CBN in Hashish by a New Method of Combines Gas Chromatography – Mass Sectrometry,* Acta pharm. Suecica 8/1971

Williams, E. G., et al., *Studies on M. and Pyrahexyl Compound,* Publ. Hlth. Rep. 61/1946

Wood, T. B., et al., *Cannabinol,* J. chem. Soc. 75/1899

Klinisches, Psychopathologisch- und noch Schlimmeres

Motto: Der Laie staunt, bis er ein Fachmann ist.

(Anm.: Vor allem in der ersten Hälfte der Siebziger erschienen, statistisch gesehen, 1,2132 wissenschaftliche Arbeiten pro Tag zum Thema. Selbst unter denen, die in meine Finger gerieten, mußte ich daher eine Auswahl treffen. Ich beschränkte mich auf repräsentative 2 Prozent, wobei ich als höflicher Mensch den Horrormeldungen und Übertreibungen den Vorzug gab. Untersuchungen, die nichts Besonderes melden, sind ja nichts Besonderes. Dennoch ist die Summe auch dieser Gutachten, von ihren oft anreißerischen Titeln abgesehen, für Sensationslüsterne enttäuschend – viel Rauch um einen leichten Rausch.)

1. Menschliches

Abel, E. L., *M. and Memory,* Science 173/1971

–, *Changes in Anxiety Feelings Following M. Smoking,* Brit. J. Addict. 6613/1971

–, *Relationship Between C. and Violence,* Psychol Bull 84/77

Aldrich, C. K., *Effect of a Synthetic M.-like Compound on Musical Talent (Seashore-Test),* Publ. Hlth. Rep. 59/1944

Ayd, F. J. K., *Abuse of Psychoactive Drugs – Fact or Muth?* (eine Zusammenfassung für die UNO), Lausanne 1970

Bader, A., *Halluzinogene Drogen und künstlerische Kreativität,* Confin. psychiatr. 16/1973

Beaubrun, M. B., *Pros and Cons of Cann. Use,* Mimeograph. Rep. Jamaica 1971

–, Knight, F., *Psychiatric Assessment of 30 Chronic Users of C. and 30 Matched Controls,* Amer. J. Psychiatr. 130/1973

–, *C. or Alcohol: The Jamaican Experience,* CC

Black, M. B., et al., *Some Effects of (-)-Delta-9-trans-THC and Other C.-Derivatives on Schedule Controlled Behavior,* Pharmacologist 12/1970

Bloomquist, E. R., *M.: Social Benefit or Social Detriment?* Calif. med. 106/1967

–, *Marijuana,* Beverly Hills 1969

–, *Marijuana, The Second Trip,* Beverly Hills 1971

Bowman, M., Pihl, R., *C.: Psychological Effects of Chronic Heavy Use,* Psychopharmacol. (Berl.) 29/1973

Bozetti, L., et al., *The Great Banana Hoax,* Amer. J. Psychiatr. 124/1967

–, *Memories, Reflections and Myths . . .,* CC

Braude, M. C., *Szava S. ed Pharmacology of M.,* 458 S., N. Y. 1976

Bromberg, W., *Marihuana Intoxication,* J. Amer. Psychiatr. 91/1934

–, *M.: A Psychiatric Study,* J. Amer. med. Ass. 113/1939

–, *M.: 35 Years Later,* Amer. J. Psychiatr. 125/1968

Buchwald, S., *Über C.-Präparate nebst Bermerkungen über Cannabinolvergiftungen,* Schmidt's Jahrb. 1886

Cameron, D. C., *Patterns of Abuse . . .,* Genf 1971

Clark, L. D., Nakashima E. N., *Experimental Studies in M.,* Amer. J. Psychiatr. 125/1968

–, *Behavioral Effects of M.,* Arch. Gen. Psychiatr. 23/1970

Cohen, S., *The Personality of the User – Before and After,* N. Y. 1969

–, *Changing Concepts of C. Pharmacology,* Acta pharm. Suecica 8/1971

–, *Medizinischer Stand der M.-Forschung,* RR

Coleman, J. H., et al., *Neurological Manifestations of Chronic M. Intoxication, Part 1: Paresis of the Fourth Cranial Nerve,* Dis. nerv. Syst. 37/1976 (mehr kam nicht)

Collier, H. O. J., *A Pharmacological Analysis . . .,* Haarlem 1972

Coper, H., *Zur klinischen Pharmakologie der Rauschmittel,* Dtsch. med. J. 22/1971

– *Pharmakokinetik moderner Rauschgifte,* Beitr. gerichtl. Med. 29/1972

–, *Hippius CSU / Anti-Drogen-Koalition, Mißbrauch von Haschisch,* Dtsch. Ärzteblatt 67/1971

Council on Mental Health and Committee on Alcoholism and Drug Dependence, USA, *On Cannabis,* J. Amer. med. Ass. 201/1967

Dally, P., *Undesirable Effects of M.,* Brit. med. J. 5561/1967

Darley, C. F., et al., *M. and Retrieval From Short-Term-Meory,* Psychopharmacol. (Berl.) 29/1973

–, *M. Effects on Long-Term-Memory . . .,* ibid. 52/1977

Deliyannakis, E., et al., *Influence of Hashish*

on the Human EEG, Clin. EEG 1/1970

Dittrich, A., Woggon, B., *Experimental Studies ... in Voluteers, Psychopharmacol.* (Berl.) 26/1972

Dornbush, R. L., et al., *Marijuana, Memory and Perception,* Amer. J. Psychiatr. 128/1971

Dorrance, D., et al., *Invivo Effects of Illicit Hallucinogens on Human Lymphocyte Chromosomes,* J. Amer. med. Ass. 212/1970

Duehn, W. D., *Covert Sensizitation ...,* Int. J. Addict. 3/1978

Feinberg, I., et al., *Effects on Chronic High Dosage Delta-9-THC on Sleep Patterns,* M. and Health 4. Report, 1974

–, *Effects ... on EEG Sleep Patterns,* Clin. Pharmacol. Ther. 6/1976

Fisher, G., Steckler, A., *Psychol. Effects, Personality Changes Attributed to M. Use,* Int. J. Addict 9/1974

–, Brickman, H. R., *Multiple Drug Use of M. Users,* Dis. nerv. Syst. 34/1973

Fraenkel, F., Joel, E., *Der Haschischrausch,* Z. ges. Neurol. Psychiatr. 3/1937

–, *Kokainismus und Homosexualität,* Dtsch. med. Wschr. 38/1925

Franzini, L. R., McDonald, R. D., *M. Usage and Hypnotic Susceptility,* J. cons. Psychol. 40/1973

Freemon, F. R., *Effects of M. on Sleeping States,* J. Amer. med. Ass. 220/1972

Freid, P. A., *Behavioral and EEG Correlates of the Chronic Use of M.,* Behav. Biol. 2/1977

Freusberg, C., *Über die Sinnestäuschungen im Hanfrausch,* Allg. Z. Psychiatr. 34/1877

Frosch, W. A., *Irrational Responses,* Int. Psychiatr. 9/1970

Gagnon, M. A., Elie, R., *Les effets ... sur l'appetit, ...,* Un med. Can. 6/1975

Galanter, I. M., et al., *Effects on Humans ...,* Science 176/1972

Garattini, S., *Effects ... on Gross Behavior,* Ciba 21, 1965

Gary, N. E., Keylon, V., *Intravenous Administration of M.,* J. Amer. med. Ass. 211/1970

Gibbins, R. J., et al., *Tolerance to M.-Induced Tachycardia in Man,* Acta pharmacol. toxicol. 39/1976

Gilmour, D. G., et al., *Chromosomal Aberrations in Users of Psychactive Drugs,* Arch. Gen. Psychiat. 24/1971

Ginsberg, I. J., Greenley, J. R., *Competing Theories of M. Use,* J. Hlth. soc. Behav. 1/1978

Globus, G. G., et al., *Effects of M. Induced ‹Altered State of Consciousness› on Auditory Perception,* J. psychedel. Drugs 10/1978

Goenechea, S., Dieckhöfer, K., *Toxizität von C.,* Med. Welt 23/72

Goodwin, D. W., *Absence of Cerebral Atrophy in Chronic C. Users,* J. Amer. med. Ass. 237/1977 (keine Hirnschäden feststellbar)

Gottlieb, L. S., Boylen, Th. C., *Pulmonary Complications of Drug Abuse,* West. J. Med. 120/1974

Gottschalk, L. A., et al., *Effect ... on Psychophysiological Cardiovascular Functioning in Anginal Patients,* Biol. Psychiat. 12/1977. (Bei Angina sollte man also nicht kiffen.)

Graham, J. T. B., ed., *Cannabis and Health,* London 1976

Grinspoon, L., *Marihuana Reconsidered,* Harvard 1971

Hameister, H. J., et al., *Bewußtseinserweiternde oder bewußtseinszerstörende Drogen?,* Dynamische Psychiatr. 4/1/1971

Hartmann, K., *Rauschmittelmißbrauch aus der Sicht des Jugendpsychiaters,* Dtsch. med. J. 22/1971

Hill, S. Y., *M.: CNS Depressant or Excitant?,* Amer. J. Psychiat. 131/1974

Himmelsbach, C. K., *With Reference to Physical Dependence,* Fed. Proc. 2/1943

Hirschhorn, I. D., Rosencrans J. A., *Morphine and Delta-9-THC: Tolerance in the Stimulus Effect,* Psychopharmacol. (Berl.) 36/1974

Hobi, V., *Die Persönlichkeit des Toxikomanen,* Basel 1972

Hockmann, C. H., et al., *EEG and Behavioral Alteration Produced by Delta-1-THC,* Science 172/1971

Hrbek, J., et al., *Influence of Smoking Hashish on Higher Nervous Activity in Man,* Acta pharm. Suecica 8/1971

Isbell, H., *Clinical Pharmacology of M.,* Pharmacol. Rev. 23/1971

Janke, W., *Experimentelle Untersuchungen ...,* Frankfurt 1964

Jasinski, D. R., et al., *Effects in Man,* Ann. N. Y. Acad. Sci 191/1971

Joachimoglu, G., et al., *Studies With the UN C.-Reference Sample,* Bull. Narcot. 19/1967

Joel, E. *Haschisch,* Pflügers Arch. 209/1925

Johnson, S., Domino, E. F., *Some Cardiovascular Effects of M. Smoking in Normal Voluteers,* Clin Pharmacol. Ther. 12/1971

Johnstone, R. E., et al., *Combination of THC With Oxymorphone or Pentobarbital ...,* Anesthesiology 6/1975

Jones, R. J., *Behavioral Tolerance: Lessons learned form C. Research,* US-Government/NIDA, Washington, D.C. 1978

Jorgenson, F., *Abuse of Psychometrics,* Acta. psychiat. scand. 44/1968

Kant, F., *Reaktionsformen im Giftrausch,* Arch. Psychiat. Nervenkr. 91/1930

–, Krapf, E., *Über Selbstversuche mit Haschisch,* Arch. exp. Path. Pharmak. 129/1928

Karler, R., et al., *Antikonvulsant Properties of Delta-9-THC and other Cannabinoids,* Life Science 15/1974

–, *Hyperexcitability upon Withdrawal from M.,* Federation Procedings 34/782/1975

Karniol, I. G., et al., *Effects ... in Man,* Pharmacol. 6/1975

Kaymakccalan, S., *Potential Dangers of C.,* Int. J. Addict. 4/1975

Keeler, M. H., *Adverse Reactions to M.,* Drug Abuse 1969

–, et al., *Hallucinogenic Effects,* Am. J. Psychiat. 128/1971

Kew, M. C., et al., *Possible Hepatoxicity of C.,* Lancet 1/1969 (Die Untersuchung ist nur 2 Seiten lang und eine vage Vermutung, daß Hanf Leberschäden bewirken könnte. Beweise oder Beobachtungen fehlen. Aber gerade sie wird immer wieder als Beweis für die Gefährlichkeit zitiert, obwohl sie in der Fachwelt auch, frei nach einem Kipling-Gedicht «The Wildest Dreams of Kew» heißt. Warum denn bloß?)

Kieffer, S. N., *M.-General Statement,* Drug Depend. 4/1970

Kiplinger, G. F., et al., *Dose-Response Relationships to C. in Human Subjects,* Pharmacol. Rev. 23/1971

Klausner, H. A., et al., *Studies on the Interactions of Delta-9-THC with Plasma Lipoproteins,* Acta. Pharm. Suecica 8/1971

Klonoff, H., Clark, C., *Drug Patterns in the Chronic M. User,* Int. J. Addict. 1/1976

Kolansky, H., Moore, W. T., *Effects of M. on Adolescents and Young Adults,* J. Amer. med. Ass. 216/1971

–, *Toxic Effect of Chronic M. Use,* J. Amer. med. Ass. 222/72

Kolodny, R. C., et al., *Depression of Plasma Testosterone Levels After Chronic Intensive M. Use,* New Engl. J. Med. 290/1974

Koukkou, M., Lehmann, D., *Human EEG Spectra Before and During C. Hallucinations,* Biol. Psychiat. 11/1976

Kubena, R. K., et al., *Interactions of THC with Barbituriates and Metamphetamie,* J. Pharmacol. exp. Ther. 173/1970

Ladewig, D., *Drogenabhängige im Vergleich zu Alkoholikern,* Lausanne 1970

–, et al., *Drogen unter uns,* Basel 1971

–, *Aktuelle Aspekte der Toxikomanie,* Basel 1972

Lasagna, L., et al., *Drug-Induced Mood Changes,* J. Amer. med. Ass.

Lemberger, L., et al., *Metabolism et Disposition of Delta-9-THC in Man,* Pharmacol. Rev. 23/1971

–, ... *in Long-Term M. Smokers,* Science 173/1971

Leonard, B. E., *C ... Possible Dangers,* Brit. J. Addict. 64/1969

Lewis, E. G., et al., *Sensory, Perceptual, Motor and Cognitive Functioning and Subjective Reports Following Oral Administration of Delta-9-THC,* Psychopharmacology 47/1976

Liedgren, S. R., et al., *Effects of M. on Hearing,* J. Otolar. 5/1976

Linn, L. S., *Psychopathology and Experience,* Brit. J. Addict. 67/1972

Liskow, B., et al., *Allergy to M.,* Ann. intern. Med. 75/1971 (angeblich keine Behördenkrankheit)

Longo, V. G., et al., *Neuropharm. Investigation,* Quebec 1969

Malit, L. A., et al., *Intravenous THC: Effects of Ventilatory Control and Cardiovascular Dynamics,* Anesthesiol. 6/1975

Manno, J. E., et al., *Comparative Effects of Smoking M. or Placebo on Human Motor and Mental Performance,* Clin. Pharmacol. Ther. 11/1970

–, *Influence of Alcohol and M ...,* ibid. 12/1971

Melges, F. T., et al., *Temporal Disintegration and Depersonalization During M. Intoxication,* Arch. Gen. Psychiat. 23/1970

467

–, *M. and the Temporal Span of Awareness*, ibid. 24/1971

Mendelson, J.H., et al., *Operant Aquisition of M. in Man*, J. Pharmacol. exp. Ther. 198/1976

–, *Alcohol, Aggression, Androgene*, Sexualmedizin 4/1975

–, *M.: The Grass May Not Longer Be Greener*, Science 185/1974

Meyer, R.E., et al., *Administration to Heavy and Casual Users*, Amer. J. Psychiat. 128/1971

–, *The Acute Mental Cffects of M.*, Haarlem 1972

–, *The Progression Hypothesis*, ibid.

Miller, L., et al., *M.: Effect on Nonverbal Free Recall as a Function on Field Dependence*, Psychopharmacol. (Berl.) 3/1978

–, *E ... on Storage and Retrieval of Prose Material*, ibid. 3/1977

–, *M. and Memory Impairment*, Pharmacol. Biochem. Behav. 2/77

–, *M.: Dose Response on Pulse Rate etc.*, Pharmacol. 15/1977

Mims, R.B., Lee, J.H., *Adverse Effects of Intravenous C. Tea*, J. nat. med. Ass. 69/1977 (Wer sich aus Samen Tee kocht und den auch noch injiziert, muß kotzen.)

Miras, C.J., *Clinical Not Anecdotal Evidence*, Int. J. Psychiat. 9/1970

Mirin, S.M., et al., *Casual Versus Heavy Use of M.*, Amer. J. Psychiat. 127/1971

Mullins, C.J., et al., *Variables Related to C. Use*, Int. J. Addict. 3/1975

Murphy, H.B.M., *The C. Habit*, Bull. Narcot. 15/1963

Nakazawa, K., Costa, E., *Pharmacol. Implications of Delta-9-THC Metabolism by Lung*, Ann. N.Y. Acad. Sci. 291/1971

Nazar, B.L., et al., *Acquisition of Tolerance to THC as Measured By The Response of a Cellular Function*, Life Sci. 14/1974

Negrete, J.C., *Psycholog. Adverse Effects*, Canad. med. Ass. J. 108/73

Neu, R.L., et al., *... Effects on Cultured Human Leucocytes*, J. Clin. Pharmacol. 10/1970

Nichols, W.W., et al., *Cytogenic Studies...*, Mut. Res. 26/1974

Paape, W., *Über Brobleme der Rauschgiftsucht*, Pharm. Z. Bl. 108/1969

Pace, H.B., et al., *Teratogenesis and M.*, Ann. N.Y. Acad. Sci. 191/71

Peeke, S.C., et al., *Effects of Practice on M.-Induced Changes in Reaction Time*, Psychopharmakol. (Berl.) 2/1976

Perna, D., *Psychotogenic Effect of M.*, J. Amer. med. Ass. 209/1968

Persaud, T.V.N., et al., *C. in early Pregnancy*, Lancet 2/1967

–, Teratogenic Activity of C. Resin, Lancet 2/1968

Peters, B.A., et al., *Sensory, Perceptual, Motor and Cognitive Functioning and Subject. Rep.*, Psychopharmarkol. (Berl.) 2/1976

Pfefferbaum, A., et al., *M. and Memory Intrusions*, J. Nerv. Ment. Dis. 165/1977

Phil, R.O., Shea, D., *Voluntary Heart Rate Changes and the M. «High»*, J. Clin. Psychol. 4/1978

Podolsky, S., et al., *Effect of M. on the Glucosetolerance Test*, Ann. N.Y. Acad. Sci 191/1971

Ray, R., et al., *Psychosocial Correlates of Chronic C. Use*, Drug Alcohol Depend. 3/1978

–, *Association Between Chronic C. Use and Cognitive Functions*, ibid. (Er forschte nur einen Sommer ...)

Reed, C.F., Witt, P.N., *Factors Contributing the Unexpected Reactions in 2 Human Drug-Placebo Experiments*, Confin. psychiat. 8/1965

Renault, P.F., et al., *Standardization of Smoke Administration and Dose-Effect Curves on Heart Rate*, Science 174/1971

Robins, L.N., et al., *Long-Term Outcome ...*, New York 1970

Robinson, V., *Experiments With Hashish*, MP

Rodin, E.A., et al., *M.-Induced Social High, Neurological and EEG Concomitants*, J. Amer. med. Ass. 213/1970

Rosen, K.M., et al., *Electrophysiological Effects of D-9-THC on Cardiac Conduction*, Aber. Heart J. 94/1977

Rossi, A.M., et al., *Effects of M. on Reaction Time and Short-Term Memory in Human Volunteers*, Pharmacol. Biochem. Behav. 1/1977

–, *M. and Mood in Human Volunteers*, ibid. 8/1978

Roth, W.T., et al., *Ethanol and M. Effects on Event-Related Potentials in A Memory Retrieval Paradigm*, EEG. clin. Neurophysiol. 3/1977

Sapira, J.D., Cherubin, C.E., *Drug Abuse*, Amsterdam 1975

Schaefer, C. F., et al., *Dose-Related Heart Rate, Perceptual and Decisional Changes...*, Percept. Mot. Skills 44/1977

Scher, J., *Patterns and Profiles ...*, Arch. Gen. Psychiat. 15/ 1966

Spector, M., *Chronic Vestibular and Auditory Effects of M.*, Laringoscope 84/ 1974

Stenchever, M. A., et al., *Effect ... on the Chromosomes of Human Lymphocytes in Vitro*, Amer. J. Obstet. Gyn. 114/1972

–, *Chromosome Breakages in Users of M.*, ibid. 118/1974 (Die Entdeckung des Jahres, leider nie bestätigt.)

Stillman, R. C., et al., *M.: Differential Effects on Right and Left Hemisphere Functions*, Life Sci. 12/1977

Susser, M., *Cerebral Atrophy in Young C. Smokers*, Lancet 1/1972 (Wissenschaftlicher Hirnschwund.)

Tashkin, D. P., et al., *Short-Term Effects of Smoked M. ond Left Ventricular Function*, Chest 72/1977

–, *Subacute Effects ... on Pulmonary Function*, New. Engl. J. Med. 294/1976

Thompson, J. L., et al., *Pyrahexyl in the Treatment of Alcoholic and Drug Withdrawal Conditions*, MP (Ludlows Hoffnung)

Tinklenberg, J. R., et al., *M. and Immediate Memory*, Nature 226/70

Uchtenhagen, A., *Gegenwärtiger Stand der Haschisch-Forschung*, RR

US-Dept. of Health, *M. and S. O. Health, 5. Ann. Rep.*, Washington 1976

–, *4. Report, 3. Report, 2. Report* ibid.

Volavka, J., et al., *M., EEG and Behavior*, Ann. N. Y. Acad. Sci. 191/71

Waldmann, H. W., *M.-Bronchitis*, J. Amer. med. Ass. 211/1970

Waskow, I. E., et al., *Psychological Effects of M.*, Arch. Gen. Psychiat. 22/1970

Weckowicz, T. E., et al., *Field Dependence, Cognitive Functions, Personality Traits ...*, Psychol. Rep. 1/1977

Wells, B., et al., *A Further Comparison of C. Users and Non-Users*, Brit. J. Addict. 71/ 1976

Weil, A. T., *Adverse Reactions to M.*, New Engl. J. Med. 282/1970

–, Zinberg, N. E., *Acute Effects of M. on Speech*, Nature 222/69

–, *Clinical and Psychol. Effects*, Science 162/ 1968

Weinstein, R. M., *Avowal Motives for M. Behavior*, Int. J. Addict. 6/1978

–, *Interpersonal Expectations für M. Behavior*, ibid. 2/1977

Widmann, M., et al., *Binding of D-1-THC and 7-Hydroxy-D-1-THC to Human Plasma*, Acta pharm. Suecica 8/1971

Wikler, A., *Clinical and Social Aspects of M. Intoxication*, Arch. gen. Psychiat. 23/1970

Willinsky, M., et al., *EEG and Behavioral Effects of Natural, Synthetic and Biosynthetic Cannabinoids*, Psychopharmacol. (Berl.) 26/Suppl. 129/1972

Zerssen, D., et al., *Cerebral Atrophy ...*, Lancet 2/1970

2. Tierisches

Eine gewaltige Menge Forschungsgelder und Papier wird alljährlich in dieses Sachgebiet investiert, wobei die menschliche Anwendbarkeit der gewonnenen Erkenntnisse fallweise nur sehr bedingt ist. Wer sich für die Literatur *wirklich* interessiert, möge freundlich an den Verlag schreiben, 5 DM in Briefmarken und Rückporto beilegen. Wir servieren dafür die einschlägigen Arbeitstitel, und zwar

ca. 180mal Ratten in allen Zuständen

ca. 70mal Katzen

ca. 35 Rhesusaffen

ca. 40 Hunde (Deutsche Schäfer- und andere Rassen)

ca. 15 größere Mengen Mäuse (weiß)

Aber, bitte, nur wenn's sein muß. Mich hat es sehr genervt, mich da durchackern zu müssen. H.-G. B.

3. Verkehr-tes (ca. 5 Prozent zur Auswahl)

Andreasson, R., et al., *Dependence Producing Drugs and the Traffic Safety*, Genf 1971

Bech, P., *C. and Alcohol: Effects on Simulated Driving*, Haarlem 1972

Boulougouris, J. C., et al., *Effects of Chronic Haschisch Use ...*, Ann. N. Y. Acad. Sci. 282/1976

Crancer, J., et al., *Comparison of the Effects of M. and Alcohol on Simulated Driving Performance*, Science 164/1969

Gostomzyk, J. G., et al., *Vergleichende Untersuchungen zur Verkehrstauglichkeit nach Haschischkonsum und nach einer Kurzzeitnarkose*, Med. Welt 22/1971

–, *Rauschmittelgenuß und Leistungsfähigkeit*, Rechtsmed. 73/1973

Helmer, R., et al., *Experimentelle Untersu-*

chung zur Fahrtüchtigkeit nach Einnahme von Haschisch, Blutalkohol 9/1972

Janowsky, D.S., et al., *M. Effects on Simulated Flying Ability,* Amer. J. Psychiat. 133/1976, Aviat. Space. Environ. med. 47/1976

Kalant, H., *M. and Simulated Driving,* Science 166/1969

Kielholz, P., et al., *Haschisch und Fahrverhalten,* SM 1973

Kvalseth, T.O., *Effects of M. on Reaction Time,* Percept. Motor Skills 45/1977

Rafaelsen, O.J., et al., *Cannabis and Alcohol: Effects on Simulated Driving ...,* Psychopharmacol. (Berl.) 26/Suppl. 125/72

Theale, J.D., et al., *Incidence of C. noids in Fatally Injured Drivers,* J. Forens. Sci. Soc. 17/1977

Thurlow, H.J., *On Drive State and C.,* Can Psychiatr. Ass. J. 16/1971

Woody, G.E., *Visual Disturbances Experienced by Hallucinogenic Drug Abusers While Driving,* Amer. J. Psychiat. 127/1970

4. Medizinisches
(Kleine Auswahl, wobei Beobachtungen eine medizinische Anwendung von Hanf suggerieren. Als aufschlußreicher Sammelband empfiehlt sich:)

Mikuriya, T.H., ed., *M.: Medical Papers 1839–1972,* Oakland/Cal. 1973

Adams, A.J., et al., *Alcohol and M. Effects on Static Visual Acuity,* Amer. J. Optom. Physiol. Opt. 52/1975

Bose, G.C., et al., *Observations on the Pharmacol. Actions of C. ind. L.,* Arch. int. Pharmacodyn. 147/1964

Bright, T.P., et al., *Effects of Beta Adrenergic Blockade ...,* National Research Council Toronto 2/1971

Brown, B., et al., *Pupil Size after Use of M. and Alcohol,* Amer. J. Ophtal. 3/83/1977

Carder, B., *Blockade of Morphine Abstinence by THC,* Science 190/1975

–, *Environmental Influences on M. Tolerance,* NIDA 18/1978

Chrusciel, T.L., *Perspectives in Pharmacol. Research,* Genf 1971

Davies, J.P., et al., *Antiepileptic Action of M. Active Substance,* Fed. Proc. 8/1949

Flom, M.C., et al., *Alcohol and M. Effects on Ocular Tracking,* Amer. J. Optom. 53/1976

–, *M. Smoking and Reduced Pressure in Human Eyes,* Invest. Ophtalmol. 14/1975 (Behandlung von grünem Star.)

Green, K., et al., *C. noid Penetration and Chronic Effects in the Eye,* Exp. Eye Res. 24/1977

–, *Is There a Scientific Basic to the Legislation of C. as a Medicant?* J. psychedel. Drugs 3/10/1978

Grunfeld, Y., et al., *Psychopharmacol. Activity,* Psychopharmacol. (Berl.) 14/1969

Hepler, R.S., et al., *M. Smoking and Intraocular Pressure,* J. Amer. med. Ass. 217/1971 (Der Startschuß zur Glaukom-Diskussion)

Kabelik, J., *Hanf, Antibiotisches Heilmittel* Pharm. Industr. 12/1957

–, Krejci, Z., Santacy, F., *C. As a Medicament,* Bull. Narcot. 12/1960

Krejci, Z., *Hanf, antibiotisches Heilmittel,* Pharm. Ind. 13/1958

Lipparini, F., et al., *Neuropharmacol. Investigation of Some Trans-THC-Derivates,* Phys. Behav. 4/1971

Mikuriya, T.H., *Cannabis in Western Medicine,* J. psychedel. Drugs 3/10/1978

Paton, W.D.M., et al., *General Pharmacol. of C.,* Acta pharm. Suecica 8/1971

Rolls, E.J., et al., *Depersonalization Treated by C. ind. and Psychotherapy,* Guy's Hosp. Rep. 103/1954 (für Psychotherapeuten ganz interessant!)

Schönhofer, P.S., *Pharmakologie C.,* Arzneimittelforschung 23/73

Scholz, H., *Wirkung von Rauschmitteln unter pharmakol. Gesichtspunkten,* Pädiat. Prax. 12, 13/1973/74

Shepherd, M., et al., *Clinical Psychopharmacol.* London 1968

Sofia, R.D., et al., *Comparison of 4 Vehicles for Intraperitoneal Administration of D-1-THC,* J. Pharm. Pharmacol. 1972

Stockings, G.T., *New Euphriant for Depressive Mental States,* MP

Valk, L.E.M., *Hemp in Connection With Ophtalmology,* Ophtalmologica 167/1973

Vogel, V.H., Isbell, H., *Medical Aspects ...,* Bull. Narcot. 2/1950

Wolstenholme, G.E.W., ed., *Hashish,* Ciba 21, London 1965

5. Im Wahn des Hanfes
(eine ganz besondere Auswahl des erlesensten Horrors und nie erlebter Einzelfälle, als Normalzustand den gesammelten Drogenbe-

auftragten zur einzigen Lektüre zugeeignet.)

Allentuck, S., Bowman, K.M., *Psychiatric Aspects of M. Intoxication*, Amer. J. Psychiat. 99/1942

Altman, H., Evenson, R.C., *M. Use and Subsequent Psychiatric Symptoms: A Replication*, Comprehens. Psychiat. 14/1973

Ames, F.R., *Clinical and Metabolic Study of Acute Intoxication With C. sat. and its Role in the Model Psychosis*, MM

Arbeitsgem. f. Methodik und Dok. i. d. Psychiatrie, ed., *Das AMP-System*, Berlin 1973

Angst, J., *Halluzinogen-Abusus*, Schweiz. med. Wschr. 100/1970

–, *Persönlichkeitsentwicklung und psychotische Komplikationen bei Drogenabusus*, Psychosom. Med. 3/1971

–, et al., *Psychologische und klinische Aspekte des C. Mißbrauchs*, Landarzt 48/1972

Baker, A.A., Lukas, E.G., *Some Hospital Admissions Associated with Cannabis*, Lancet I/1969

Baker-Bates, E.T., *A Case of C. ind. Intoxication*, Lancet 1/1935

Barth, I., *Behandlung von akuten Zwischenfällen bei Rauschmittelmißbrauch*, Nervenarzt 43/1972

Bartholomew, A.A., et al., *4 Cases of Progressive Drug Abuse*, Med.J. Aust. 1/1967

Bartolucci, G., et al., *M. Psychosis, A Case Report*, Canad. psychiat. Ass. J. 14/1969

Battegay, R., et al., *Zur Drogenabhängigkeit vom Typ C.*, Schweiz. med. Wschr. 99/1969

–, *Psychodynamische Aspekte …*, in Labhardt ed., *Aktuelle Aspekte der Toxikomanie*, Basel 1972

Beringer, K., et al., *Zur Klinik des Haschischrausches*, Nervenarzt 5/1932

Berner, P., et al., *Zur Psychopathologie der Sucht*, Wien. med. Wschr. 113/1963 (und zum amotivationalen Syndrom)

Bernhardson, G., et al., *46 Cases of Psychoses in C. Abusers*, Int. J. Addict. 7/1972 (der wollte ins Buch der Rekorde!)

Bialos, D.S., *Adverse M. Reactions*, Amer. J. Psychiat. 127/1970

Biel, W., ed., *Jahrbücher zur Frage der Suchtgefahren 1973–76*, jeweils Hamburg

Boor, W., *Pharmakopsychologie und Psychopathologie*, Berlin 1956

Bouquet, J., *M. Intoxication*, J. Amer. med. Ass. 124/1944

–, *Cannabis*, Bull. Narcot. 2/1950

–, *Cannabis*, Bull. Narcot. 3/1951

Brill, N.Q., et al., *The M. Problem*, Ann. intern. Med. 73/1970

Brickenstein, R., *Gefahren der C. Drogen für Heranwachsende*, Z. Allgemeinmed. 47/1971 (Hanf als allergrößte Gefahr)

Bron, B., et al., *Differentialdiagnostische und syndromgenetische Probleme und Aspekte bei Jugendlichen*, Fortschr. Neurol. Psychiat. 44/1976 (auch Ausdrucksschwierigkeiten)

–, *Analyse chronischer psychotischer Zustansbilder bei jugendl. Drogenkonsumenten*, ibid. 45/77

Bull, J., *Cerebral Atrophy in Young C. Smokers*, Lancet 2/1971

Campbell, A.M.G., et al., *Cerebral Atrophy in Young Cannabis-Smokers*, Lancet 2/1971 (es war das Jahr des Hirnschwundes)

Chapple, P.A., *C. – A Toxic and Dangerous Substance*, Brit. J. Addict. 61/1966 (der Titel sagt's)

Charen, S., et al., *Personality Studies of M. Addicts*, Amer. J. Psychiat. 102/1946

Clarmann, M., *Die akute Toxikologie nach Einnahme von Suchtstoffen und Halluzinogenen*, Z. Allgemeinmed. 48/1972

Curtis, H.C., *Psychosis Following the Use of M.*, J. Kans. med. Soc. 40/1939

Davison, K., *Schizophrenieähnliche Symptome durch Drogen?*, Med. Trib. 4/1976

Dieckhöfer, K., et al., *Zur Toxizität von C., 1. Mitteilung*, Med. Welt 23/1972 (wir warten weiter!)

Dietrich, H., *Sucht und Haschisch aus der Sicht des Psychiaters*, Münch. med. Wschr. 113/1971

Drewry, P.H., *Some Psychiatric Aspects of M. Intoxication*, Psychiat. Quart. 10/1936

Eberle, P., *Verursachen Halluzinogene Chromosomendefekte und Mißbildungen?*, Nervenarzt 44/1973

Evans, M., *Cannabis and Cerebral Atrophy*, Roy. Soc. Hlth. J. 94/74

Farini Duggan, J., et al., *M. Psychosis*, Acta psiquiat. psicol. Amer. Lat. 1/22/1976

Favazza, A., et al., *Recurrent LSD Experience (Flash-Backs) Triggered by M.*, Mich. Med. Center J. 35/1969

Fink, D.J., et al., *Cerebral Atrophy in Young C. Smokers*, Lancet 1/1972

Fisher, S., et al., *Hypnotic Susceptibility During C. Intoxication,* Psychopharmacol. (Berl.) 26/Suppl. 126/1972

Freedman, A.M., et al., *C. Psychosis,* Haarlem 1972

Freedman, H.L., et al., *M.: A Factor in Personality Evaluation And Army Maladjustment (!),* J. clin. exp. Psychopath. 7/1946

Freedman, D.X., *Psychotomimetic Drugs and Brain Biogenic Amines,* Amer. J. Psychiat. 119/1963

Geller, A., et al., *What Pot Does,* in: The Drug Beat, N.Y. 1969

George, H.R., *2 Psychotic Episodes Associated With C.,* Brit. J. Addict. 65/1970

Glass, G.S., et al., *Chronic Psychosis Associated With Longterm Psychotomimetic Drug Abuse,* Arch. gen. Psychiat. 23/1970

Glick, I.D., et al., *Childhood Asociality in the Differential Diagnosis of Schizophrenia with Drug Abuser Vs. Psychosis with Drug Intoxication,* Psychiat. Quart. 47/1973

Goodwin, D.W., et al., *Absence of Cerebral Atrophy in Chronic C. Users,* J. Amer. med. Ass. 237/1977 (was nun?)

Gourves, J., et 4 al., *Cases of Coma Due to C. sat.,* Presse med. 79/1389/1971

Halleck, S.L., *Psychiat. Treatment of the Aliemated College Student,* Amer. J. Psychiat. 124/1967

Harding, R., et al., *M.-Modified Mania,* Arch. Gen. Psychiat. 29/1973

Hasse, H.E., et al., *«Flashback»: Spontane psychotische Episoden als Folgeerscheinungen des Phantasticagebrauches Jugendlicher,* Ach. Psychiat. Nervenkr. 214/1971

Hecht, F., et al., *LSD and C. as Possible Teratogens in Man,* Lancet 2/1968

Heilmann, K., et al., *Morphologische Aspekte des Leberschadens bei Rauschmittelsucht und -mißbrauch,* Dtsch. med. Wschr. 96/71

Heinemann, C., *Klinisch beobachtete Folgeerscheinungen nach Haschischkonsum,* Med. Klin. 66/1971

–, *Nachlassende Wirkung initialer Rauscherlebnisse und Dosissteigerung beim Haschischkonsumenten,* Med. Klin. 68/73

Hekimian, L.J., et al., *Characteristics of Drug Abusers, Admitted to a Psychiatric Hospital,* Amer. J. med. Ass. 3/1968

Heindrichx, A., et al., *Toxicological Studies of a Fatal Intoxication by Man Due to C. Smoking,* Pharm. Belg. 24/1969 (zusammen mit Gourves siehe: «Der Fall Nahas». Die beschriebene Untersuchung ist allerdings faktisch unmöglich.)

Hollister, L.E., et al. *Correlations in Schizophrenics and Subjects Treated with LSD, Mescaline, THC and Synhexyl,* J. clin. Pharmacol. 9/1969

–, *Recent Research on the Effects of M. in Man,* Drug. Dep. 4/1970

–, *Human Pharmacol. Studies of C.,* Acta pharm. Suecica 8/1971

Kelly, S.F., et al., *Effects of C. Intoxication on Primary Suggestibility,* Psychopharmacol. (Berl.) 2/1978

Kielholz, P., *Epidemiologie und Atiologie der Drogenabhängigkeit,* Dtsch. med. J. 22/1971

–, *Über Drogenabhängigkeit des Haschischrauchens,* Dtsch. med. Wschr. 95/1970

–, Ladewig, D., *Die Drogenabhängigkeit des modernen Menschen,* München 1972

–, et al., *Zur quantitativen Erfassung psychischer Erlebnisveränderungen unter D-9-THC,* Pharmakopsych. Stg. 5/1972 (seit 1978 wagt der Herr zu behaupten, Hanf sei unschädlich)

Kleber, H.D., *Prolonged Adverse Reactions from Unsupervised Use of Halluc. Drugs,* J. nerv. ment. Dis. 114/1967

Keup, W., *Psychotic Symptoms Due to C. Abuse,* Dis. nerv. Syst. 31/67

–, derselbe Titel auch: Dis. nerv. Syst. 30/1970

–, *Aktuelle Probleme ... unter besonderer Berücksichtigung der Domino-Theorie,* Persp. d. heutig. Psychiat., Frankfurt 1972

–, *Sucht, Abhängigkeit und Mißbrauch,* Dtsch. Ärztekal. 1978

–, ed., *Folgen der Sucht,* Stuttgart 1980

Kolodny, R.C., et al., *Depression of Plasma Testosterone Levels After Chronic Intensive M. Use,* New Engl. J. Med. 290/1974

Kryspin-Exner, K., *Politoxikomanie bei Jugendl.,* Pharmakopsychiat. 3/1970 (amotivationales Syndrom)

–, et al., *Abstinenzsyndrome bei jugendl. Politoxikomanen,* Lausanne 1970

Kugler, J., *EEG bei Rauschgiftsüchtigen,* Dtsch. med. Wschr. 98/73

Leuner, H., *Die experimentelle Psychose,* Berlin 1962

–, *Akute psychiatr. Komplikationen durch Rauschmittelgebrauch und ihre Behandlung,* Nervenarzt 43/1972

472

–, *Kreativtität und «Bewußtseinsverände-rung»*, Confin. psychiat. 16/1973

Llamas, R., et al., *Allergic Bronchopulmonary Aspergillosis Associated with Smoking Moldy M.*, Chest 73/1978

Lundberg, G.D., et al., *M.-Induced Hospitalization*, J. Amer. med. Soc. 215/1971

Matsuyama, S., et al., *Effects of M. on the Genetic and Immune Systems*, M. Research Findings 14, NIDA, US-Government, Washington 1976

Moraese, O., *The Criminogenic Action of C.*, Bull. Narcot. 16/1964

Nahas, G.G., *Toxicology and Pharmacol. of C. sat. With Special Reference to D-9-THC*, Bull. Narcot. 24/1972

–, *Effects of Hashish Consumption in Egypt*, New Engl. J. Med. 287/1972

–, ed.: Morease J.J., *Hashish and Mental Illness*, New York 1973

–, *M.-Deceptive Weed*, New York 1975

–, *Keep Off the Grass*, London 1979

Nowlis, H.H., *Will-O' the Wisp*, Int. J. Psychiat. 9/1970

Peebles, A.S.M., et al., *Ganja As a Cause of Insanity and Crime in Bengal*, Ind. med. Gaz. 49/1914

Persyko, I., *M. Psychosis!*, J. Amer. med. Ass. 212/1970

Rauchfleisch, U., *Vergleichend-experimentelle Untersuchung zur Persönlichkeitsstruktur von Suchtkranken*, Pschiat. Klin. 5/1972

Remschmidt, H., *Haschisch und LSD*, Med. Klin. 67/1972

–, *Psychotische Zustandsbilder bei jugendl. Drogenkonsumenten*, Münch. med. Wschr. 115/1973

Robbins, E.S., et al., *Implications of Untoward Reactions to Hallucinogens*, Boll. N.Y. Acad. Med. 43/1967

Robinson, A.E., *Recovery of C. Constituents From the Hands at Autopsy*, Bull. Narcot. 23/1971

Rosenthal, S.H., *Persistent Hallucinosis Following Repeated Administration of Hallucinogenic Drugs*, Amer. J. Psychiat. 121/1964

Rosentahl, T., et al., *Development of Narcotics Addiction Among the Newborn*, Drug Addict., London 1965

Rubins, J.L., *Role of the Psychoanalyst in the M. Problem*, Amer. J. Psychoanal. 2/33/1973

Schirop, T., Ibe, K., *Der Drogen-Notfall*, Fortschr. Med. 43/1978

Schrappe, O., *Über die Depravation ...*, Randzonen menschl. Verhaltens, Stuttgart 1962

Skliar, N., *Über Anascha-Psychosen*, Allg. Z. Psychiat. 102/1934

–, et al., *Über den Anascha-Rausch*, ibid. 98/1932

Smith, D.E., *Acute and Chronic Toxicity of M.*, J. psychedel. Drugs 2/1968

Soueif, M.I., *Differential Association Between Chronic C. Use and Brain Function Deficits*, Ann. N.Y. Acad. Sci, 282/1976

–, *Chronic C. Users*, Bull. Narcot. 1/1975

Stefanis, C., et al., *Chronic Hashish Use and Mental Disorder*, Amer. J. Psychiat. 133/1976

Stenchever, M.A., et al., *Chromosome Breakage*, Amer. J. Obstet. Cynecol. 118/1974

Stringaris, M.G., *Zur Klinik der Haschischpsychosen*, Arch. Psychiat. Nervenkr. 100/1933

–, *Die Haschischsucht*, Berlin 1939

–, *Die Haschischsucht*, Berlin 1972

Talbott, J.A., et al., *M. Psychosis*, J. Amer. med. Ass. 210/1969

Tart, Ch.T., *M. Intoxication*, Nature 226/1970

–, *On Being Stoned*, Science and Behav. Books, Palo Alto 1971

Tennant, F.S., et al., *Medical Manifestations Associated with Hashish*, J. Amer. med. Ass. 216/1971

–, *Drug Abuse in the US Army in Europe*, J. Amer. med. Ass. 221/1972

–, et al., *Psychiatric Effects of Hashish*, Arch. Gen. Psychiat. 27/1972

Thacore, V.R., et al., *C. Psychosis and Paranoid Schizophrenia*, Arch. Gen. Psychiat. 33/1976

Toll, A.M., *Case Study on the Attitude of Drug Addict to Treatment*, Brit. J. Addict. 65/1970

Tramer, L., et al., *Clin. Psychol. Study on Eastern Drug Addicts*, Confin. Psychiat. 4/1961

Vierth, G., *Psychopathologische Syndrome nach Haschisch-Genuß*, Münch. med. Wschr. 109/1976

Wanke, K., *Neue Aspekte zum Suchtproblem, Multifaktorielle Analysen klin. Erfahrungen mit jungen Drogenkonsumen-*

473

ten, Habilitationsschrift, Frankfurt 1971

Watt, J. M., *Drug Dependence of H. Type,* CIBA 21, London 1965

–, et al., *Forensic and Sociological Aspects of the Dagga Problem in South Africa,* S. Afr. med. J. 10/1936

Weizel, A., et al., *Hepatitiden nach Gebrauch von ... Halluzinogenen,* Dtsch. med. Wschr. 96/1971

Zec, N. R., *Pseudoschizophrenic Syndrome,* Psychiat. Neurol. (Basel) 149/1965

Ein Politisch Lied

1. Strophe: Texte, die Politik machten (kleine Auswahl)

Andrade, O. M., *The Criminogenic Action of C.,* Bull. Narcot. 16/1964

Ball, J. C., *M. Smoking and the Onset of Heroin Use,* Brit. J. Crim. 7/1967

–, *Association of M. Smoking with Opiate Addict. in the US,* J. Crim. Law (Chig.) 59/1968

Chein, I., et al., *Narcotics, Delinquency and Social Policy: The Road to Heroin,* Tavistock, London 1964

Fisher, G., et al., *The Legalization of M.,* J. psychedel. Drugs 6/1974

Gardikas, C. G., *Hashish and Crime,* Enkephalos 1950

McMorris, S. C., *What Price Euphoria? The Case Against M.,* Brit. J. Addict. 62/1967

Mechler, A., *Die Beurteilung der Zurechnungsfähigkeit bei Drogenabhängigen,* Med. Welt 25/1974

Meggendorfer, F., *Intoxikationspsychosen,* Hdb. d. Geisteskrankheiten Bd. 7, Berlin 1928

Miller, R. D., et al., *The* (Canad.) *Commissions Experimental Studies ...,* Psychopharmacol. (Berl.) 26/Suppl. 124/1972

Milman, D. H., *Warning to Drug Users,* New Engl. J. Med. 167/1966

Milner, G., *The Case Against «Pot»,* Aust. Fam. Phycn. 11/1977

Özek, M., *Zur C.-Problematik,* Suchtgefahren 18/1972

Pack, A. T., et al., *Quitting M.,* Dis. nerv. Syst. 37/1976

Schneider, H., *Zur Frage Rauschmittel und Psychose,* Fortschr. Med. 90/1972

–, *Drogenmißbrauch und Schizophrenie,* Arch. Psychiat. Nervenkr. 222/1976

Springer, A., *Ein Beitrag zum Problem des Sexualverhaltens der jugendl. Drogenab-*

hängigen, Wien. Z. Nervenheilk. 31/1973

Steinbrecher, W., et al., ed., *SM,* Stuttgart div. Jhg.

Täube-Wunder, R., et al., *Haschisch und Persönlichkeitsbild,* Dtsch. med. Wschr. 98/1973

Walton, R. P., *M.: Americas New Drug Problem,* Philadelphia 1938

–, *M. Problems,* Amer. med. Ass. 128/1945

Willard, N., *Bedrohung durch Rauschdrogen,* WHO Magazin, Marburg 1970

2. Strophe: Recht und Opfer

Kleine Auswahl, darin nicht berücksichtigt die einzelnen Gesetzestexte und entsprechenden Regierungsdrucksachen der verschiedenen Länder, da diese über Botschaften angefordert werden können. Außerdem nicht berücksichtigt einzelne Zeitungsmeldungen und Magazinberichte zur Gesetzesgebung.

Deutscher Bundestag, *Plenarprotokoll 8/200,* 25. 1. 1980

–, *Ausschußdrucksache 8/155,* 15. 4. 1980

–, *13. Ausschuß, Protokoll Nr. 74,* 21. 4. 1980

Dünkel, F., *Strafrechtl. Drogengesetzgebung im internationalen Vergleich,* RR

Eberth, A., *Drogenrecht,* München 1981

Edwards, G., *C. and the Criteria for Legalisation ...,* Acta psychiat. scand. (Suppl.) 251/1974

Fraeb, W. M., *Untergang der bürgerlichrechtlichen Persönlichkeit im Ruuschgiftmißbrauch,* Berlin 1937

Fraser, H. A., *Law and C. in the West Indies,* Soc. econ. Stud. 23/74

Graham, J. D. P., *Advisory Council on the Misuse of Drugs* (Legal Suggestion), Aytesbury 1977

Hoffman, H. R., et al., *Teenage Drug Addicts Arrainged in the Narcot. Court of Chicago,* J. Amer. med. Ass. 149/1962

Huber, B., *Drogengebrauch und Strafverfolgung in Großbritannien,* RR

Joachimski, J., *Betäubungsmittelrecht,* Stuttgart 1974

Kampe, H., Kohler, B., *Drogenmarkt und -abhängigkeit,* Prävention 2/1978

Lezak, S. I., *Today's Drug Abuse Law at Work,* Drug Abuse 1970

Loeb B., *Rechtl. Aspekte des BTM-Mißbrauchs,* Praxis 60/1971

Lüdersson, K., *Verspricht das Gesetz zur Neuordnung des BTM-Rechts Abhilfe?,*

RR (vgl. Behr, Psychologie heute 10/81, Stellungnahme ARGE Nord 1980)

Moellhoff, G., *Sucht in rechtlicher und versicherungsmedizinischer Sicht*, Dtsch. med. J. 22/1971

Moerlose, J., *National Legislation on the Control of ... Drugs, Principles and Trends*, Genf 1971

Musto, D.F., *The M. Tax Act of 1937*, Arch. Gen. Psychiat. 26/1972

Parentheau, F., *Government Policies Adopted in Quebec*, Toxicomanies 10/1977

Peat et al., *M.: A Study of State Policies and Penalties*, Washington, D.C. 1977

Phillipson, R., *English Drug Program*, Drug Abuse 1970

Schulz, E.O., et al., *BTM-Ges. «Nicht geringe Menge»*, Kriminalistik 1/1979

Stern, G., *Reforming M. Laws*, Am. Bar. Assoc. J. 58/1972

–, *M. and the Law*, Criminology 11/1973

Waller, C.W., *Supplies for the M. Program*, Report to the Congress 1970

–, et al., *The National M. Program*, Drug Depend. 4/1970

3. Strophe: Zur Verfolgung

Kleine Auswahl, wobei folgende, jährlich erscheinende Berichte nicht aufgenommen wurden:

UN – Report of the Intern. Narcot. Control Board

BRD – Jahresberichte von BKA und LKAs entsprechende Berichte der einzelnen EG-Staaten, der Schweiz und Österreichs

DEA (USA) Jahresberichte seit 1973

Anslinger, H.J., *The Murderers*, New York 1961

Bauder, R., *Das Haschischproblem aus der Sicht der Polizei*, Praxis 60/1971

Bauer, G., *Rauschgift*, Lübeck 1972

–, *Der gegenw. Rauschgiftmißbrauch aus der Sicht der kriminalistischen Praxis*, Münch. med. Wschr. 112/1970

Bulletin of Narcotics, alle Jahrgänge

Bux, K., *Polizeil. Prävention b.d. Bekämpfung der Rauschmittelkriminalität*, Kriminalistik 5/80

Emerick, C.A., *Control Program of the US Bureau of Customs*, Washington, D.C. 1962, 1965, 1973

Ferguson, R.W., *Drug Abuse Control*, Boston 1975

Gemmer, K.H., *Nationale und Internationale Situation des Rauschgifthandels*, DHS, SM 1971

Herrmannsförder, H., *Rauschgift und Rauschersatzmittel aus der Sicht einer Jugendstrafanstalt*, Mat. Med. Nordm. 1, 2/1972

Kreuzer, A., *Drogenpolitik und strafrechtl. Dorgenkontrolle der BRD*, RR

–, *Drogen und Delinquenz*, Wiesbaden 1975

Miller, D.E., *Narcot. Drug and M. Controls*, Washington 1967

Pietrzik W., *Der International organisierte Rauschgifthandel*, Kriminalistik 7,8/80

Pommerening, H., *Die Entwicklung der Rauschgiftkriminalität in Baden-Wttbg. aus kriminalpol. Sicht*, Z. Allgemeinmed. 48/1972

Presidents Comm. on Law Enforcement ..., *Narcotics and Drug Abuse*, Washington 1967, 1969, 1971–1981

Rebscher, E., *Aktuelle Rauschgiftsituation aus der Sicht des BKA*, Partner 2/1979

Stadtpolizei Zürich, *Statistische Angaben über Vergehen gegen das Bundesgesetz über Betäubungsmittel/Suchtstoffe*, 1971–1981

Steinig, I., *International Aspects of Drug Control*, Genf 1971

Ulamec, K., *Probleme der Polizei in der Kontrolle des Drogenmißbrauchs*, Lausanne 1970

Zühlsdorf, H., *Drogenprobleme und Polizei*, Stuttgart 1973

–, *Probleme der polizeilichen Untergrundarbeit hier: bei der Bekämpfung der Rauschmittelkriminalität*, Kriminalistik 28/74

4. Strophe: Der Background-Chor

Ausgewählte Stimmen, soweit nicht bereits in anderen Zusammenhängen notiert

FU Berlin, ed., *Jugendliche und Drogenkonsum*, 1971 und folg.

Bertschinger, U.P., *Rauschgiftkontrolle in der Schweiz*, Lausanne 1970

Bewley ,Th.H., *Drug Addiction*, Brit. med. J. 1967

Biener, K., *Jugend und Drogen*, Derendingen-Solothurn 1978

Birdwood, G.F.B., *Soziale Ursachen der Drogenepidemie unter Jugendlichen*, Bull. Schweiz. Akad. Med. Wiss. 27/1971

Blachly, P.H., *The Seduction Threshold as a*

Concept for Prophylaxis of Drug Abuse, Drug Abuse, Springfield/Ill. 1970

Blum, R. H., et al., *Drug Education,* J. Drug Issues 4/1978

Bonnie, R. J., ed, *Legal Aspects of Drug Dependence,* Cleveland 1976

Braunschweig, B., et al., *Prävention des Drogenmißbrauchs bei Jugendlichen,* Öff. Ges. Wesen 41/1979 (Bericht über ein Hamburger Anti-Drogen-Festival mit T-Shirts und ähnl. Klimbim)

Busch, D., *Handbuch der Drogenerziehung,* Tübingen 1972

Bussewitz, F., *Tiefenpsychol. Aspekte der Sucht und Drogenabhängigkeit,* Grundlagen d. Kriminalistik, Bd. 9, Hamburg 1972

Cerletti, A., *Experimentelle Möglichkeiten der Abschätzung des Drogen-abhängigkeitspotentials,* Bull. Schweiz. Akad. Med. Wiss. 27/1971

Clark, S. C., et al., *Contacts With a Canad. Drug Inform. and Crisis Centre,* Bull. Narcot. 29/1977

Dahlin, O., *Social Psychiatric Approach of RFHL* (Drogenhilfe Schweden), Lausanne 1970

Departm. Health and Social Security, *Reports on Drugs* 1970–80

Fagerberg, S. und K., *Student Attitudes Concerning Drug Abuse Education and Prevention,* J. Drug Educ. 6/1976

Faust, V., *Drogen – Ausdruck unserer Zeit, Teil 2,* Hamm 1974

Franke, M, *Gesundheit und Drogen als Gesellschaftl. Problem,* Das Parlament B 39/1971

Guenther, E., *Zum Umfang des C. Mißbrauchs in Hamburg,* Manuskript der Landesstelle für Suchtgefahren, Hamburg 10. 10. 1979

Habermas, J., *Protestbewegung und Hochschulreform,* Frankfurt 1969

Halpin, G., et al., *Drug Education: Solution or Problem,* Psychol. Rep. 40/1977

Homann, U., *Das Haschisch-Verbot,* Frankfurt 1972

Indian Hemp Drug Commission: *Report on M.,* Simla 1894

Interdepartmental Committee on Narcotics, *Report to the President of the USA,* Bull. Narcot. 8/1956

Irwin, S., *Pros and Cons of M. Legalization,* Springfield 1970

Johnson, W. T., et al., *Arrest Probabilities for M. Users as Indicators of Selective Law Enforcement,* Amer. J. Sociol. 83/3/77

Kalant, O. J., *Interim Guide to the C. Literature,* Toronto 1968

–, *Rep. Ind. Hemp Drug Comm. 1893–94,* Critical Review, Int. J. Addict. 1/1972

Kievelitz, U., *Der Krieg gegen Drogen, kritische Anm. zu Thomas Szasz,* RR

Kleiner, D., *Haschisch und Alkohol,* Unsere Jugend, Sonderdr. 1971

–, *Warum ich eine «Hasch-Jungfrau» bin,* Berl. Ärztekammer 8/1971 (Wer will ihn denn verführen?)

Kuiper, P. G., *Rauschmittel und das Problem der menschl. Freiheit,* Dtsch. med. J. 22/1971

Kusevic, V., *Drug Abuse: The International Point of View,* Genf 1971

La Guardia-Report (Mayor's Committee, ed.), *The M. Problem in the City of New York,* New York 1944

Laufenberg, W., *Rauschgift, der stille Aufstand,* Opladen 1971

Lennertz, E., *Zur Frage der anti-sozialen Persönlichkeit jugendl. Haschischraucher,* Z. Sozialpsychol. 1/1970

Lenz, R., *Der neue Glaube,* Wuppertal 1969

Lösel, F., et al., *Untersuchung zum perzipierten elterlichen Erziehungsstil bei jugendl. Delinquenten,* Z. exp. angew. Psychol. 23/1976

Lowenfeld, H. et Y., *Die permissive Gesellschaft und das Überich,* Psyche 24/1970

Mitscherlich, A., *Vom Ursprung der Sucht,* Stuttgart 1947

Nilson, G. M., *Drogenerziehung – Erziehung wozu?* RR

Obenaus, K., *Pioniere an der Drogenfornt,* Ärztl. Praxis 28/1976

Peterson, B., et al., *Drogenerfahrung von Schülern,* Stuttgart 1975

Pittrich, U., *Der Wandel des Haschischkonsums im Spiegel der Tagespresse und versch. Drogenpublikationen,* Diss. Frankfurt 1975

Redhardt, R., *Zur Psychopathologie der ideologischen und soziokulturellen Motivationszusammenhänge des Haschischmißbrauchs,* Z. Rechtsmed. 68/1971 (und so ist der ganze Text!)

Reichard, J. D., *The M. Problem,* J. Amer. med. Ass. 125/1944

–, *Addiction: Some Theor. Considerations as*

to its Nature, Cause Prevention ..., Amer. J. Psychiat. 103/1947

Release-Report, Helft euch selbst, Reinbek 1971

Robert, L., Haschisch-Information-Öffentlichkeit, Praxis 60/1971

Ruiz, P., et al., Social Rehabilitation of Addicts, Int. J. Addict. 12/1977

Schadewaldt, H., Med. historische Betrachtungen zum Rauschgiftproblem, Ärztl. Praxis 33/1971

Scheuch, E. K., Haschisch und LSD als Modedrogen. Osnabrück 1970

Schmitt, L., et al., Drogengebrauch unter Jugendl. in Baden-Wttbg., Dtsch. Ärztebl. 69/1972

Schwarz, J., et al., Repräs. Umfrage bei Oberschülern in Schleswig-Hostein ..., Beitr. gerichtl. Med. 28/1971

Secr. of the Department of Health ..., Annual Report to Congress, M. and Health, 1971–1981 (Es ist erstaunlich, wie die Betrachtungsweise immer gelassener wird.)

Siegmund, G., Rausch und Religion, Hamm 1971

Smith, J.P., The M. and Health Report: Quest for a Scientific Basis for Public Policy, Toronto 1971 (wird verneint)

Solurah, L. P., et al., Hallucinogenic Drug Abuse: Manifestation and Management, Canad. med. Ass. J. 98/1968

Stahl, C.D., et al., Soziales Umfeld und Familiensituation bei drogengefährdeten Jugendl., Praxis Kinderpsychol. 22/1973

Strunk, P., et al., Drogenabhängigkeit und Familienkonflikte, Jahrb. f. Jugendpsychiat. Bd. 8, Bern 1971

Szasz, Th., Das Ritual der Drogen, München 1979

Tenbruck, F.H., Jugend und Gesellschaft, Freibrug 1965

Tongue, A., et E., ed., Intern. Seminar z. Verhütung und Behandlung der Drogenabhängigkeit, Lausanne 1970

Triesman, D., Logical Problems in Contemporary C. Research, Int. J. Addict. 8/1973 (ganz interessant)

Tylden, E., A Case for C.?, Brit. med. J. 3/1967

Vogt, A.T., Will Classrom Instruction Change Attitudes Toward Drug Abuse?, Psychol. Rep. 41/1977 (die Antwort war: Nein.)

Wechsler, H., et al., Social Context of Drug Abuse, N.Y. Law J., spec. ed. 12/1971

Wespi, H., Zur Psychologie unserer Jugend im Hinblick auf das Suchtproblem, Praxis 60/1971

Willis, J.H., Drug Dependence, London 1969

Winterfeld, A., Die Rauschmittelsucht – Begegnung und Konflikt des Arztes, Med. Klin. 69/1974

Wormser, G., Drogenkonsum und soziales Verhalten bei Schülern, München 1973

Zutt, J., Anthropologie von Rausch und Sucht, SM 1975

Nachtrag (nicht nur aus Eitelkeit):

–, Das Haschisch-Kochbuch, Darmstadt 1970, ca. 60 Raubdrucke

–, Die Hasch-Gangster, Zeit, Magazin 32/1971

–, Weltmacht Droge, Düsseldorf 1980

–, Die Ware Droge, Ref. Jugendpolitisches Forum 1980

–, Um eine Drogenpolitik von innen bittend, Ref. Parteitag der CDU, Gütersloh 1981, Montags-Club Bonn 1981

–, Interview Psychologie heute 10/1981

–, Da stehen wir nun vor dem Scherbenhaufen, Referat KOMM, Nürnberg 1982

P.S.:

«Wir wissen immer noch zuwenig über Cannabis.»

(Min. Dir. Dr. Oskar Schröder, Bonn)

«Die Geschichte des Hanfes ist noch nicht geschrieben.»

(H. H. Nowliss)

Fitz Hugh Ludlow

DER HASCHISCH ESSER

198 Seiten, Grossformat
Mit 22 Illustrationen von Sätty
broschiert, 38.–

Was die Sensibilität der Beobachtung
betrifft, kann Ludlow durchaus mit
Baudelaire verglichen werden und
darüber hinaus auch mit Thomas de
Quinceys «Confessions of an English
Opium Eater».
Tageszeitung

SPHINX VERLAG BASEL